事業再生学

中小企業の経営管理と危機対応

杉田利雄 [編著]
高橋章／山本広高／井原吉男／紙野愛健 [著]
BFCA経営財務支援協会 [監修]

C&R研究所

■**権利について**
- 本書に記述されている社名・製品名などは、一般に各社の商標または登録商標です。
- 本書では™、©、®は割愛しています。

■**本書の内容について**
- 本書は著者・編集者が実際に操作した結果を慎重に検討し、著述・編集しています。ただし、本書の記述内容に関わる運用結果にまつわるあらゆる損害・障害につきましては、責任を負いませんのであらかじめご了承ください。

●本書の内容についてのお問い合わせについて
　この度は本書をお買い上げいただきましてありがとうございます。本書の内容に関するお問い合わせは、下記まで、ご連絡ください。

〒160-0022
東京都新宿区新宿1-9-4中公ビル604
株式会社エム・エム・プラン
TEL 03-5367-1558
FAX 03-5367-1668
URL http://www.kaikei-web.co.jp
E-mail sugita@kaikei-web.co.jp

はじめに

　『事業再生学～中小企業の経営管理と危機対応～』は、全13章の共通テーマとして「中小企業の経営管理と危機対応」に焦点を当てている。あえて「中小企業の・・」と題しているのは、その数が約400万社と多いこと、大手企業に比べ資本や財務基盤が脆弱なこと、経営管理部門の人材投入や組織対応が希薄なことなどから、一般の経営書籍と区分したかったためである。

　また、「経営管理と危機対応」というタイトルは、平時の経営（管理）と有事の経営（対応）の何れにも着目し、対応したいと考えたからだ。平時の経営論は、優れた経営や成長する経営を目指すものが多い。有事の経営論は、破綻処理の計画や債務対応の技術に特化することが多い。本巻は、平時の経営管理においても有事に想いを馳せ、想定外の危機対応にあっても平時の経営管理にいち早く戻すことを目論むものとしたつもりだ。

　『事業再生学』シリーズは、筆者が2005年に編著した「ターンアラウンド・マネジメントの基礎と実務」の改訂版といえるものだ。前著「ターンアラウンド～」を執筆している時と並行するように会社法が編纂され、国会審議を経て可決成立、公布、施行された。2005年2月に、法制審議会が公表した「会社法制の現代化に関する要綱」では、「現代語化」と「実質改正」の2つが基本方針として掲げられ、その結果、条文のひらがな化を始め用語や条文の解釈の整理が行われた。その上で商法と有限会社法、商法特例法をまとめて再編成し会社法とされた。従来、商法旧第2編会社（以下「旧法」）、有限会社法、株式会社の監査等に関する商法の特例に関する法律（商法特例法または監査特例法）等の総称として「会社法」が用いられてきており、単一法典は存在しなかった。本法はそれらを統合、再編成する法律として制定され、2006年（平成18年）5月1日に施行された。

　前書から9年が経過し、会社法のみならず、経営を取り巻く環境が大きく変化した。本書は、前書の11章を基礎としながら経済社会と経営環境に内容を改編し、13章とした。

　1章～5章は、「経営管理の基礎」と題し、経営のあるべき姿や経営環境を理解するための、経済学や経営学、会社法務、経営戦略論などの大きなテーマを取り上げている。高度で精緻な数理や理論の展開でなく、経済や経営の基本要素の「カネ」の動きや役目の理解を目的としている。事業再生の現場や指導において「カネ」のパワーやベクトル、功罪を知ることが大切である。窮境な企業の立て直しには本編を「遠回りの理論」と考えずに活かして欲しい。

　6章～9章は、「経営管理の実務」として、経営者が最低限押さえておくべき管理機能である会計、財務、税務、金融について実務に即して記載した。平時には、日常の出来事として特に気にかける必要のない事柄も、将来の有事を想定すれば、「転ばぬ先の杖」としての準備事項も多い。ある事象を放置すれば有事に至るかもしれない、という綻びを早期に発見して予防するのも経営の重要課題である。中小企業の経営指導に携わる者にとって、経営管理の実務の理解は、企業ドクターとして必要不可欠な知識だ。本編がこれに資することを願ってやまない。

　10章～13章のテーマは「事業再生の実務」であり本書の中核となる事業再生の技術（スキームやストラクチャ）を論じている。図らずも有事に至ってしまった経営者や事業再生や組織再編、M&Aを指導するコンサルタントの参考書として活用してほしい。

2016年5月　著者

はじめに ……………………………………………………………………… 3

第1章◆事業継続に必要な経済の基本知識

1 貨幣の動きでひも解く経済の本質 …………… 26
- 1-1 金融政策と経済の動向 ………………………………… 26
- 1-2 貨幣の信用と価値のバランスで成り立つ経済の仕組み ……… 28
- 1-3 カネはどこから生まれるのか ………………………… 31
- 1-4 政府と中央銀行 ………………………………………… 34
- 1-5 経済の血流であるカネの流れを把握することの意味 ……… 37

2 経済を構成する要素から知る経済のメカニズム … 38
- 2-1 家計部門の役割 ………………………………………… 38
- 2-2 家計部門の経済モデル ………………………………… 39
- 2-3 企業部門の役割 ………………………………………… 41
- 2-4 企業部門の経済モデル ………………………………… 41
- 2-5 政府部門の役割 ………………………………………… 43
- 2-6 政府部門の経済モデル ………………………………… 43

3 経済モデルから見る経済体制の違い ………… 44
- 3-1 経済体制の類型 ………………………………………… 44
- 3-2 資本主義の経済体制 …………………………………… 45
- 3-3 社会主義の経済体制 …………………………………… 45
- 3-4 混合経済体制 …………………………………………… 45

4 市場を知れば経済の本質を知る ……………… 46
- 4-1 市場機構の役割 ………………………………………… 46
- 4-2 市場機構におけるカネの役割 ………………………… 47
- 4-3 経済市場(市場システム) ……………………………… 48

4-4	財市場(モノの交換の場)	48
4-5	金融市場(カネとカネの交換の場)	48
4-6	労働市場(雇用経済)	49
4-7	外為市場	49
4-8	実物経済と貨幣経済	49
4-9	金融経済	50

5 日本の実情を知るための経済統計 … 50

5-1	経済のミクロ分析とマクロ分析	50
5-2	ミクロ経済学とマクロ経済学	51
5-3	経済指標	51
5-4	GDPとGNPまたはGNI(経済力の指標)	52
5-5	名目GDPと実質GDP	54
5-6	国民所得の統計	55
5-7	経済成長率	55
5-8	GDPデフレーター(GDP deflator)	57

6 さいごに(経済の課題) … 59

第2章◆経営者のための経営学基礎

1 経営の構造 … 62

1-1	経営を支える3つの機能	62
1-2	経営力	63
1-3	経営体系図	64

2 事業の発想 … 66

2-1	社会的使命	66
2-2	社会の潮流	67

2-3　自社の強み ……………………………………………… 69

3　事業構想力 ……………………………………………………… 70
3-1　事業構想力とは …………………………………………… 70
3-2　事業構想の構成要素 ……………………………………… 71
3-3　事業構想の上位概念 ……………………………………… 72
3-4　ビジョン形成の外的要因 ………………………………… 72
3-5　ビジョン形成の内的要因 ………………………………… 73
3-6　構想力を磨くための基本要素 …………………………… 74
3-7　先達の構想力に学ぶ ……………………………………… 74

4　問題解決力 ……………………………………………………… 77
4-1　問題解決力とは …………………………………………… 77
4-2　問題発生(発見)時の対応 ………………………………… 78
4-3　問題を解決するためのクリティカル・シンキング …… 79
4-4　問題解決力をアップする思考法やツール ……………… 80

5　リーダーシップ ………………………………………………… 87
5-1　リーダーシップ力 ………………………………………… 87
5-2　リーダーの評価 …………………………………………… 88
5-3　リーダーシップのスタイル ……………………………… 89
5-4　経営タイプ分類とリーダーシップ ……………………… 90
5-5　リーダーシップ・スタイル ……………………………… 91

第3章◆会社法務と企業統治

1　会社、法人、法人格とは …………………………………… 94
1-1　法人格とは ………………………………………………… 94
1-2　法人税法上の法人の種類 ………………………………… 94

1-3	日本の法人の種類	95
1-4	会社法上の会社とは	96
1-5	株式会社の事業統制	96
1-6	株式会社の機関設計とは	99
1-7	株式会社の機関設計の要素	100
1-8	株式会社の機関の概要	101

2 会社法の基礎知識 …… 102

2-1	会社法制から(新)会社法へ	102
2-2	会社法の概要	102
2-3	日本版LLP(有限責任事業組合)	104
2-4	会社法の活用	105
2-5	商法と会社法	108
2-6	商法とは	108
2-7	商号と商業登記	110
2-8	商業帳簿	113
2-9	会社の設立	114
2-10	出資の方法	115
2-11	定款	117
2-12	株主名簿	120
2-13	株式と株券	122
2-14	自己株式	125
2-15	株式管理の基礎	127
2-16	株主の権利	132
2-17	株主総会	136
2-18	取締役と取締役会	140
2-19	取締役会	146
2-20	代表取締役と業務執行取締役	149
2-21	監査役	150
2-22	会計監査人	153
2-23	会社計算規則	155
2-24	資本金規制	156
2-25	法定準備金	159
2-26	任意準備金	159

- 2-27 利益配当 ……………………………………………… 160
- 2-28 社債 …………………………………………………… 162
- 2-29 ストックオプション制度の概要 …………………… 164
- 2-30 組織変更と事業再編 …………………………………… 165
- 2-31 会社の消滅 ……………………………………………… 166

3 株主の権利と取締役の責任 …………… 170

- 3-1 株式会社と株主権利（会社の支配権）………………… 170
- 3-2 株主権利の概要 ………………………………………… 171
- 3-3 代表的な株主権利 ……………………………………… 174
- 3-4 株主総会と株主権利 …………………………………… 176
- 3-5 取締役と代表取締役の実務 …………………………… 178
- 3-6 取締役の不正行為に対する株主の権利 ……………… 181
- 3-7 代表取締役の職務執行の適正を確保する制度 ……… 183

4 株式会社の戦略的な設計 ………………… 185

- 4-1 多様化した機関設計 …………………………………… 185
- 4-2 種類株式の活用 ………………………………………… 186
- 4-3 会社の機関と役職者 …………………………………… 191

5 コーポレート・ガバナンスと機関設計 ………… 192

- 5-1 コーポレート・ガバナンス …………………………… 192
- 5-2 執行役員制度 …………………………………………… 198
- 5-3 企業統治と内部統制 …………………………………… 198
- 5-4 委員会設置会社 ………………………………………… 199
- 5-5 各国のコーポレート・ガバナンスの概要 …………… 202

第4章◆コンプライアンスと内部統制

1 中小企業のコンプライアンス ……208

2 中小企業のコンプライアンスの対象 ……209
- **2-1** コンプライアンス対象としての「法令」……210
- **2-2** コンプライアンス対象としての「社内規則」……211
- **2-3** コンプライアンス対象としての「倫理」……212

3 中小企業のコンプライアンスの機能 ……212
- **3-1** コンプライアンスと企業価値 ……212
- **3-2** 中小企業のコンプライアンスの対象 ……213

4 中小企業の内部統制 ……214
- **4-1** なぜ会社に内部統制が必要なのか ……214
- **4-2** 内部統制の基本的概念 ……216

5 全社的な内部統制 ……221
- **5-1** 統制環境 ……221
- **5-2** リスクの評価と対応 ……225
- **5-3** 統制活動 ……265
- **5-4** 情報と伝達 ……267
- **5-5** モニタリング ……269
- **5-6** ITへの対応 ……271

6 業務プロセスに係る内部統制 ……273
- **6-1** 業務プロセスに係る内部統制の理論 ……273
- **6-2** 企業における業務プロセスの分類 ……276

6-3	販売プロセス	277
6-4	購買・製造プロセス	283
6-5	在庫管理プロセス	289
6-6	人事・労務プロセス	292
6-7	有形固定資産プロセス	297
6-8	経理プロセス	304
6-9	ITに係る内部統制	310

第5章◆経営者のための経営戦略・経営計画

1 経営戦略概要 ... 320
- 1-1 ランチェスターの法則 ... 322
- 1-2 ドラッカー博士の金言に学ぶ ... 327
- 1-3 経営における戦略と戦術 ... 329
- 1-4 経営計画と経営戦略 ... 330

2 経営戦略の策定 ... 331
- 2-1 成功要因（KFS、ケー・エフ・エス）の設定 ... 332
- 2-2 CSF:重要成功要因 ... 333
- 2-3 競争優位の基本戦略 ... 333
- 2-4 競争優位のための業界分析（ファイブフォース分析） ... 333
- 2-5 競合に勝つための3つの基本戦略 ... 334
- 2-6 SWOT分析 ... 335
- 2-7 STEEPモデル ... 337
- 2-8 損益分岐点（BEP）分析 ... 340

3 マーケティング戦略 ... 342
- 3-1 マーケティング・プロセス ... 343
- 3-2 マーケティング戦略の構築手順 ... 343
- 3-3 コア・コンピタンスの確立 ... 346

目次

4 企業の成長戦略 ……346
- **4-1** 製品／市場マトリクス ……347
- **4-2** マーケティング・ミックスと新製品戦略 ……348
- **4-3** PPMプロダクト・ポートフォリオ・マネジメント（products portfolio management）……349
- **4-4** ブランドとブランディング ……350

5 シナリオプランニング ……351
- **5-1** シナリオプランニングで危機を乗り切ったシェル ……352
- **5-2** 事例で学ぶシナリオプランニングのステップ ……353

6 経営計画 ……360
- **6-1** 経営計画策定ステップ1　＜経営の全体像をとらえる＞ ……363
- **6-2** 経営計画策定ステップ2　＜経営の方向性を検証する＞ ……363
- **6-3** 経営計画策定ステップ3　＜可能性を追究してみる＞ ……364
- **6-4** 経営計画策定ステップ4　＜環境分析から経営戦略を構築する＞ ……364
- **6-5** 経営計画策定ステップ5　＜数値化する＞ ……366

7 事例で学ぶ経営計画策定のステップ ……366
- **7-1** ステップ1　＜経営の全体像をとらえる＞ ……367
- **7-2** ステップ2　＜経営の方向性を検証する＞ ……367
- **7-3** ステップ3　＜可能性を追究してみる＞ ……368
- **7-4** ステップ4　＜環境分析から経営戦略を構築する＞ ……369
- **7-5** ステップ5　＜数値化、レポート化する＞ ……372

第6章 ◆ 経営実務の会計

1 会計の種類 … 376
- 1-1 マクロ会計とミクロ会計 … 376
- 1-2 企業会計と非営利会計 … 377
- 1-3 財務会計と管理会計 … 377

2 会計の機能 … 378
- 2-1 情報提供機能 … 379
- 2-2 会計責任履行機能 … 379

3 会計の基準 … 380
- 3-1 わが国における会計基準 … 381
- 3-2 企業会計原則 … 381
- 3-3 中小企業における会計基準 … 384

4 資本家と会計 … 385
- 4-1 エイジェンシー理論 … 386
- 4-2 信託関係論 … 386
- 4-3 事業再生と会計 … 387

5 財務会計への法規制 … 389
- 5-1 金融商品取引法による会計 … 390
- 5-2 会社法による会計 … 391
- 5-3 法人税法と会計 … 392

6 財務会計とディスクロージャー ... 393
- 6-1 会社法による開示制度 ... 393
- 6-2 金融商品取引法による開示制度 ... 394

7 株価と会計 ... 395
- 7-1 株価重視の経営 ... 396
- 7-2 企業価値評価指標 ... 397

8 会計ビッグバン ... 402
- 8-1 会計ビッグバン ... 402
- 8-2 会計ビッグバンの概要 ... 403
- 8-3 会計ビッグバンに至るまでの日本の会計史 ... 406
- 8-4 時価会計 ... 408
- 8-5 時価会計における金融商品会計基準 ... 409
- 8-6 デリバティブ取引 ... 409
- 8-7 ヘッジ会計 ... 410

9 キャッシュフロー会計 ... 413
- 9-1 キャッシュフロー計算書とは ... 413
- 9-2 キャッシュフロー計算書の表示区分 ... 414
- 9-3 キャッシュフロー経営 ... 415
- 9-4 営業活動キャッシュフローの改善 ... 416
- 9-5 投資活動キャッシュフローの改善 ... 416
- 9-6 DCF法(Discounted Cash Flow) ... 417
- 9-7 財務活動キャッシュフローの改善 ... 418

10 会計と企業価値算定 ... 418
- 10-1 M&Aにおける企業価値算定 ... 419
- 10-2 DCFMによる企業価値算定 ... 420

第7章 ◆ 経営実務の財務

1 財務諸表の利用者 …………………………… 424
- 1-1 証券投資者 …………………………… 424
- 1-2 株主 …………………………………… 425
- 1-3 社債権者 ……………………………… 426
- 1-4 銀行 …………………………………… 427
- 1-5 従業員 ………………………………… 429
- 1-6 国及び地方自治体 …………………… 431

2 財務諸表による経営分析 …………………… 434
- 2-1 分析の意義 …………………………… 434
- 2-2 分析の方法 …………………………… 435
- 2-3 財務諸表分析にあたっての注意事項 … 436
- 2-4 収益性分析 …………………………… 437
- 2-5 安全性分析 …………………………… 442

3 財務諸表と金融機関の信用格付 …………… 446
- 3-1 信用格付とは ………………………… 446
- 3-2 債務者区分 …………………………… 446
- 3-3 信用格付と銀行取引 ………………… 447
- 3-4 信用格付の例 ………………………… 448
- 3-5 与信格付査定システム(信用金庫版)の概要 … 449

4 財務分析による危機管理 …………………… 452
- 4-1 財務分析による企業経営の平時とは … 453
- 4-2 平時の経営管理こそが「危機管理」 … 454
- 4-3 経営計画書の作成 …………………… 456
- 4-4 月次決算の励行 ……………………… 459
- 4-5 財務体質改善のヒント ……………… 460

第8章 ◆ 経営実務の税務

1 税金の基礎 …………………………………………………………… 464
- **1-1** 税金とは ………………………………………………… 464
- **1-2** 税金の役割 ……………………………………………… 465
- **1-3** わが国における税金の歴史 …………………………… 467
- **1-4** 税金の種類 ……………………………………………… 471
- **1-5** 税金と法律 ……………………………………………… 473
- **1-6** 徴税方法 ………………………………………………… 474

2 法人税 …………………………………………………………… 475
- **2-1** 法人税と財務会計 ……………………………………… 475
- **2-2** 納税義務者 ……………………………………………… 476
- **2-3** 課税所得の範囲 ………………………………………… 477
- **2-4** 事業年度 ………………………………………………… 478
- **2-5** 納税地 …………………………………………………… 479
- **2-6** 確定申告 ………………………………………………… 480
- **2-7** 中間申告 ………………………………………………… 482
- **2-8** 青色申告 ………………………………………………… 483
- **2-9** 納付と還付 ……………………………………………… 485
- **2-10** 連結納税制度 …………………………………………… 488
- **2-11** グループ法人税制 ……………………………………… 490
- **2-12** 組織再編税制 …………………………………………… 491

3 事業再生と税務 ……………………………………………… 495
- **3-1** タックスマネジメント ………………………………… 495
- **3-2** 滞納 ……………………………………………………… 495
- **3-3** 不良債権と税務 ………………………………………… 498
- **3-4** 法的整理と税務 ………………………………………… 507

第9章◆経営実務の金融

1 金融とは何か ……………………………………………510
2 経済主体と資金循環 ……………………………………512
3 家計部門の金融 …………………………………………514
- 3-1 家計部門(消費者)の資金調達 …………………………515
- 3-2 家計部門(消費者)向けの問題金融 ……………………518
- 3-3 家計部門の借金過多(過剰債務)対策 …………………520

4 企業部門の金融 …………………………………………522
- 4-1 企業部門の資金調達方法 ………………………………523
- 4-2 金融取引形態による分類 ………………………………524
- 4-3 調達資金の原資による分類 ……………………………525
- 4-4 資金の性格による分類 …………………………………526

5 金融機関の分類 …………………………………………527
- 5-1 政府系金融機関 …………………………………………527
- 5-2 民間金融機関 ……………………………………………527

6 企業の資金調達(融資) ………………………………529
- 6-1 公的機関による中小企業向け融資 ……………………529
- 6-2 自治体の融資 ……………………………………………530
- 6-3 普通銀行(預金取扱機関)の融資 ………………………531
- 6-4 銀行以外の預金取扱金融機関 …………………………532
- 6-5 ノンバンク ………………………………………………534

目次

7 企業の資金調達（出資） ... 535
- **7-1** 公的機関による直接金融 ... 535
- **7-2** 中小企業基盤整備機構（産業基盤整備基金） ... 536
- **7-3** DBJキャピタル株式会社 ... 537

8 補助金制度・助成金制度 ... 537
- **8-1** 中小企業庁の助成制度 ... 537
- **8-2** 厚生労働省の助成金制度 ... 538
- **8-3** 自治体の助成制度 ... 539

9 信用補完制度 ... 539

10 その他の間接金融による資金調達手段 ... 541
- **10-1** リース ... 541
- **10-2** ファクタリング ... 541

11 中小企業と資金調達 ... 542
- **11-1** 開業資金 ... 542
- **11-2** 開業時の銀行の選び方 ... 543
- **11-3** 成長期の資金調達 ... 544
- **11-4** 安定期の資金調達 ... 545
- **11-5** 成熟期の資金調達 ... 545

12 証券取引による資金調達 ... 546
- **12-1** エクイティ・ファイナンス（株式で行う資金調達） ... 547
- **12-2** 公募による新株発行増資（株式公開・上場） ... 547
- **12-3** 新興企業向けの株式上場市場等 ... 548
- **12-4** ベンチャーキャピタル（VC）の利用 ... 550
- **12-5** 投資ファンド（Investment fund）とは ... 551

- **12-6** 私募債 ……………………………………………………… 552
- **12-7** 証券会社 …………………………………………………… 553

13 クラウドファンディング …………………………………… 555
- **13-1** クラウドファンディングの類型 ……………………………… 555
- **13-2** 購入型の仕組み ………………………………………………… 556
- **13-3** 購入型の活用ポイント ………………………………………… 558
- **13-4** 投資型と法規制 ………………………………………………… 559

第10章◆経営破たんと危機管理

1 事業のライフサイクルとターンアラウンド（事業再生）…562

2 経営破たん事案多発の背景 …………………………… 563
- **2-1** 人口増加の急停止 ……………………………………………… 563
- **2-2** 地価の下落 ……………………………………………………… 564
- **2-3** 地価下落と経営環境変化 ……………………………………… 565
- **2-4** 政策的な外部環境の変化 ……………………………………… 566
- **2-5** バブル崩壊で危機に陥った「金融機能」の安定化策 ………… 568

3 バブル経済崩壊後の主な中小企業支援施策 …571
- **3-1** （中小企業）金融安定化特別保証制度 ………………………… 571
- **3-2** 中小企業経営革新支援法 ……………………………………… 572
- **3-3** （景気対応）緊急保証制度 ……………………………………… 572
- **3-4** 中小企業金融円滑化法 ………………………………………… 573
- **3-5** 中小企業経営力強化支援法 …………………………………… 574

4 基本的な事業再生方法（メソッド） ……576
- 4-1 事業再生方法の選択 ……576
- 4-2 事業再生方法の分類 ……577
- 4-3 窮境な状況に陥った中小企業の近未来想定像 ……578

5 事業再生（ターンアラウンド・マネジメント）の基本（スキーム） …579
- 5-1 ターンアラウンド・マネジメント（財務再構築）の基本設計 ……579
- 5-2 事業再生の基本手順 ……580

6 ターンアラウンド（財務再構築）の基本モデル …582
- 6-1 中小企業の経営破たんと財務破たんのモデル ……582
- 6-2 財務再構築（財務リストラ）の基本モデル ……583
- 6-3 代表的な財務再構築スキーム例 ……584

7 事業再生に向けた「債権者（金融機関）との交渉」 …587
- 7-1 交渉相手（金融機関）の実情を知る ……587
- 7-2 金融検査マニュアルを理解し、金融機関の融資姿勢を知る ……588
- 7-3 金融機関による、融資先の何を見て判断するのか ……591

8 事業の再成長（真の事業再生、ターンアラウンド） …598
- 8-1 資金繰りの安定化 ……598
- 8-2 なぜ利益計画表だけではダメなのか ……601
- 8-3 目標利益の策定とコスト管理 ……603
- 8-4 人事・組織の再編 ……604
- 8-5 リーダーシップ ……607

第11章 ◆ デューデリジェンス

1 デューデリジェンスとは ……612

2 デューデリジェンスの対象と目的 ……614

3 一般的なデューデリジェンス業務の流れ ……616
- 3-1 設計段階 ……616
- 3-2 計画段階 ……617
- 3-3 調査実施段階 ……618
- 3-4 分析段階 ……619
- 3-5 報告段階 ……620

4 目的別のデューデリジェンス ……621
- 4-1 事業デューデリジェンス ……622
- 4-2 財務デューデリジェンスの概要 ……625
- 4-3 財務デューデリジェンスの留意点（PLの調査ポイント）……629
- 4-4 財務デューデリジェンスの留意点（BSの調査ポイント）……632
- 4-5 財務デューデリジェンスの留意点（BS、PL以外の財務関連調査）……637
- 4-6 法務デューデリジェンス ……639
- 4-7 組織再編における不動産デューデリジェンス ……644
- 4-8 事業再生における不動産デューデリジェンスの事例 ……645
- 4-9 その他のデューデリジェンスの1（人材と組織のデューデリジェンス）……647
- 4-10 その他のデューデリジェンスの2（ITCのデューデリジェンス）……649

5 極めて簡便なデューデリジェンスのフォーマット例 ……652

第12章 ◆ 組織再編・M&A

1 経営の命題としての企業価値向上 …… 656
- **1-1** 企業価値とは何か …… 657
- **1-2** 企業価値の向上とは何か …… 658

2 組織再編の目的 …… 660
- **2-1** 事業環境の変化 …… 661
- **2-2** 組織再編に係る法的基盤の整備 …… 662
- **2-3** 高まるM&Aへの関心 …… 665

3 組織再編の概要 …… 666
- **3-1** 組織再編の目的による分類とその概要 …… 667

4 組織再編の手段 …… 674
- **4-1** 資本参加（株主権利の活用） …… 674
- **4-2** 取締役派遣（取締役会議決権の活用） …… 678
- **4-3** 事業上の契約（契約の活用） …… 678
- **4-4** 合併・事業譲渡（営業実態の活用） …… 678
- **4-5** 合弁会社 …… 678

5 組織再編の法的手続き …… 679
- **5-1** 組織再編の概要 …… 679
- **5-2** 簡易組織再編行為 …… 680
- **5-3** 略式組織再編行為 …… 681

6 組織再編の実務 ·· 682
- 6-1 組織再編における定款の重要性 ······················· 682
- 6-2 事業譲渡 ·· 685
- 6-3 会社の合併 ·· 688
- 6-4 会社の分割 ·· 693
- 6-5 株式交換(株式移転)制度 ································ 705
- 6-6 組織再編成の当事者である法人の課税の取扱い ··· 714
- 6-7 組織再編の事前に検討しておくこと ··················· 715
- 6-8 その他の組織再編の注意点 ······························ 715

7 資本の充実 ·· 716
- 7-1 資本とは何か ·· 716
- 7-2 資本コスト ··· 718
- 7-3 投資のケース研究 ··· 720
- 7-4 資本調達の戦略的バリエーション ······················· 723

8 株式上場(IPO) ·· 726
- 8-1 株式上場の意義 ·· 726
- 8-2 株式上場による経営上のメリット ······················ 727
- 8-3 株式上場の経営上のリスク ······························ 728
- 8-4 株式上場の手続概要 ······································· 728
- 8-5 子会社の株式上場 ··· 728
- 8-6 エクイティ・コンサルティング(IPOの協力者)の必要性 ··· 729
- 8-7 資金調達手段としてのPE(PEファンド) ············· 730

9 海外進出による合弁会社 ·································· 735
- 9-1 海外法人設立と税制 ······································· 736
- 9-2 中国進出の事例から学ぶ ································· 739
- 9-3 海外事業からの撤退 ······································· 741

第13章 ◆ ターンアラウンドの実務

1 ターンアラウンドとは ……………………………………………… 744

2 ターンアラウンドの出口（戦略） ………………………………… 746
- **2-1** 再生させる事業の選択 ……………………………………… 747
- **2-2** ノンコア事業の対応 ………………………………………… 747
- **2-3** 主要株主（オーナー経営者）の処遇 ……………………… 748
- **2-4** 従業員の処遇 ………………………………………………… 749
- **2-5** 顧客群への配慮 ……………………………………………… 750
- **2-6** 取引先群への対応 …………………………………………… 751
- **2-7** 資金先群（金融機関等）への対応 ………………………… 751

3 ターンアラウンドの設計 ………………………………………… 752
- **3-1** ターンアラウンドの認識と対応 …………………………… 752
- **3-2** ターンアラウンド・マネジメントのベーシックフロー …… 752

4 代表的な再生スキーム（ターンアラウンド）の概要 … 753
- **4-1** 事業再生の基本的な手続き ………………………………… 753
- **4-2** ターンアラウンドの代表的なスキーム（計画・手法）と
       ストラクチャ（構造・体制）の概要 …… 754
- **4-3** ターンアラウンドの基本的な手順 ………………………… 755

5 事業再生アドバイザー（コンサルタント）による再生コンサルティング・アプローチのモデル … 756
- **5-1** コンサルティングの流れ …………………………………… 757
- **5-2** 再生コンサルティングの初期に必要な情報 ……………… 757
- **5-3** 事業再生の初期段階で（利害関係者説明のために）
       整理すべき情報 ……… 759

6 法的整理 ……………………………………………… 761
- 6-1 民事再生法の活用 …………………………………… 762
- 6-2 会社更生法の活用 …………………………………… 769
- 6-3 特定調停の活用 ……………………………………… 771

7 事業再生のモデル・スキーム ………………………… 773
- 7-1 コア事業集中スキーム(第二会社方式、グッド・バッド分離対策、会社分割、ノンコア事業の分離と廃棄など) …… 773
- 7-2 会社分割 ……………………………………………… 774
- 7-3 新設法人への事業譲渡 ……………………………… 785
- 7-4 事業の漸次的移転 …………………………………… 787
- 7-5 民事信託法の活用 …………………………………… 787
- 7-6 DDS デット・デット・スワップ(債務の劣後化) …… 789
- 7-7 DES デット・エクイティ・スワップ(債務の株式化) … 792
- 7-8 DPO(ディスカウント・ペイオフ) ………………… 795
- 7-9 再生ファンドの活用 ………………………………… 798
- 7-10 リスケジュール(リスケ) ………………………… 800

8 中小企業の事業再生に係るシステム的な取り組み … 802
- 8-1 私的整理に関するガイドライン …………………… 802
- 8-2 事業再生ADR ……………………………………… 806
- 8-3 中小企業再生支援協議会 …………………………… 808

9 中小企業の事業再生支援の諸課題 …………………… 812
- 9-1 中小企業の再生を難しくしている連帯保証と担保の問題 …… 812
- 9-2 担保と抵当権の理解 ………………………………… 815
- 9-3 詐害行為取消権の問題 ……………………………… 818
- 9-4 詐害行為否認権の問題 ……………………………… 825

索引 ……………………………………………………… 827

第1章
事業継続に必要な経済の基本知識

1 貨幣の動きでひも解く経済の本質

1-1 ◆ 金融政策と経済の動向

　『事業再生学〜中小企業の経営管理と危機対応〜』は、中小企業の平時の経営管理のあり方と、何らかの要因によって窮境な状況に置かれた際の有事対応のあり方をテーマとしている。全13章のうち前段5章は、経営実務の入り口となる「経営管理の基礎」として経済学や経営学、経営戦略論などを取り上げている。特に本章では、「事業継続のために必要な経済知識」を解説している。

　企業経営に係る社会環境は、金融ビックバンによる金融メカニズムの構造的変化や経済のグローバル化を遠因とした会社法の相次ぐ改定、これら金融や会計の変化に対応した税法の改定など激しく変化している。これらの変化は、経営管理に直接的な影響を与えるものばかりで、経営に携わる人にとって無関心ではいられないものばかりだ。経営に影響する変化を把握し、経営戦略や経営管理に反映させる責務が経営者層にはある。「知らなかったから躓いた」、「分からないからミスった」、は通用しないのが経営者だ。

　今起きている経営環境の変化は、国際的な経済メカニズムに起因しているものが多い。グローバル化等の要因によって経済社会のルールや構造が変わらざるを得なくなり、この変化に金融や法律、国際協定などが後追い的に対応している。特に近年は、リーマンショックや極端な金融緩和など、これまでの経済理論が通用しない事態がしばしば起きている。

　経営者が知っておきたい経済学のキーワードに、「金融政策論」がある。

　"景気が良くインフレ傾向の場合、金利を上げて調整する。景気が悪い場合、金利を下げて投資を喚起して市場を刺激する"

これは2000年まで、一般的な金融政策論だった。しかし、日本ではゼロ金利政策をとっても長期のデフレが続いた。米国でも金利を下げたものの、雇用統計上の雇用は改善されず、大きな景気浮上はなかった。今見えている景気回復施策は"景気が良くなるまでお金を刷り続ける"というものだ。いわゆる量的緩和と呼ばれるものだが、実体経済が伴わずに通貨量だけが増えるという事態の"先にある世界"への恐怖はぬぐい難い。

　このように経済学は、数学のように「一度理論化（定説）されればそれが滅多に覆ることは無い」というような普遍的、固定的な存在ではない。経営者は、最新の経済学（経済情勢の分析）を常に学びたいものだ。経済の知識がなくとも経営は可能だろう。しかし、経済の知識なく市場に立ち向かうことが経営においてリスクであるということを認識してほしい。

　本書を手に取り、事業再生を学び、実践しようとする読者の方々にとっては「いまさら経済学でも無いだろう」との思いもあろうが、経済（学）を今一度ひも解くことによって、近未来の経済動向を洞察することが可能となり、より確度の高い経営戦略が選択できるはずだ。経済を構成する一要素として、個々の企業経営があり、家計があり、政府がある。経営者は、ダイナミックにまたグローバルに展開する経済社会の一員としての視点と観点に立つ。これによって、正しく経済トレンドを把握することが可能となる。この知力と感性を磨くことで経営目標を達成する確率が高くなり、また早道となる。

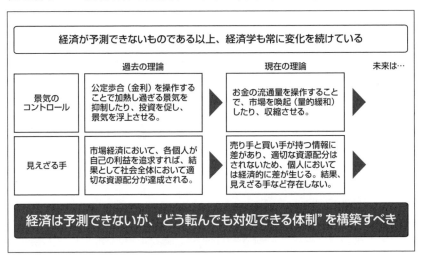

1-2 ◆ 貨幣の信用と価値のバランスで成り立つ経済の仕組み

　経済とは、人間社会の仕組みのひとつで、主に「モノ」や「サービス」の交換システムのことを通常、指す。モノやサービスの交換において「カネ」が一般的には介在する。言い換えれば「カネによってモノやサービスを売買するシステム」が経済ということになる。さらにモノとカネが交換される経済を「実物経済」といい、モノを介せずにお金だけが動く経済活動のことを「金融経済」という。

　ある書物に「国民一人一人は、このしくみ（経済システム）の中で、働いてお金を得て、消費者としてモノやサービスを買っている」という定義があったが、これは経済の一面を捉えたに過ぎない。確かに、モノやサービスは誰かが生産しなければならないが、生産活動がそのままカネに直結するとは言い難いし、働かなくてもカネがあればモノを買うことは可能だ。

　「カネが介在しなければ、経済活動ではないのか？」という疑問がある。単純な物々交換は、経済活動といえない。しかし、交換過程に「通貨＝金額」の概念が入り込んだ場合は、経済活動になる。例えば、株券とダイヤモンドを交換しても経済活動として税務当局に申告するというルールがある。現代社会においては、ほとんどのモノに「価格」が存在するため、モノやサービスの交換そのものが経済と言わざるを得ない。

　モノやサービスの交換に必要な、価格と通貨は、実体が曖昧なため理解する上で厄介な代物といえる。価格とは、売買双方の相対的な価値判断の結果の基準値に過ぎないし、通貨とは紙切れや金属に過ぎない。有名なオランダのチューリップの話が示すとおり、価格とは実に曖昧で必ずしも「価値」と相関していない。

> **コラム&エピソード　オランダのチューリップ**
>
> 　チューリップは16世紀の末、オスマン・トルコからオランダに伝えられた。スペインから独立したオランダは、17世紀の前半スペインに代わって世界貿易の覇者となり、オランダの首都アムステルダムは、商業資本経済の中心になった。オランダ市民たちの多くが、東インド会社（世界初の株式会社）の株主となり、配当を得た。
>
> 　そんな経済状況のオランダにチューリップが上陸した。栽培が難しかったのか、大量栽培ができなかった。そんなこともあり、チューリップは当初、貴族や大商人のステイタスシンボルになった。その人気は市民階級にまで広がりを見せた。やがて珍しい球根は高値を呼ぶようになった。中には、3000ギルダー（今日のアメリカドルで1500ドル）で取引される品種も現れる始末だ。この品種は、数ヶ月後に4500ギルダーにまで急騰した。チューリップへの投機が始まり、チューリップバブルが起きた。
>
> 　このバブルは、1637年まで続いた。残念なことにバブルは、ハジケルもの。数千人の人々が一夜にして無一文になったという史上の実話だ。

　一方の通貨も実体が無く掴みどころが難しい。同一通貨（日本では円、中国では元など）でもインフレやデフレによって、カネとモノとの交換量が変化する。ハイパーインフレについては、1922年から23年に掛けてのドイツの出来事が有名だ。当時の伝説的な逸話を2題挙げる。

> **コラム&エピソード　ドイツのハイパーインフレ**
>
> ● 逸話①
> 　「賢兄愚弟」の兄弟がいた。兄は毎日懸命に働いた。弟は毎日ビールを飲んで過ごした。ある日、弟はあまりにも部屋に散乱するビール瓶を売った。その売価は、兄の働いた給与よりも多かった。
>
> ● 逸話②
> 　ドイツ政府は、高額紙幣の発行が間に合わず、旧紙幣の数字の末尾に0をいくつも付けて流通させた。ある男は、ビールが飲みたくなって重い

札束を抱えてレストランに行った。彼は、先ずビール1杯を注文しドサッと代金を支払った。彼は、2杯目を注文した。その間にビールの値段が上がっていた。

　どちらにもビールが出てくるあたりはドイツらしいが、笑ってはいられない。その後もロシアやペルーなどがハイパーインフレに見舞われた。
　事例のように同一通貨でもモノとの交換レートが変動するが、他の国や地域の通貨との交換にも為替というレートの変動がある。日本の対外為替レートは、2014年1月現在(104円前後/ドル、141円前後/ユーロ)のところ安定している。しかし、この10年間だけでも82円/ドル(2010年)から124円/ドル(2007年)と大幅に変動している事実がある。貿易立国といっていい日本にとって為替の変動は、単に輸出入業者だけの問題でなく、他のさまざまな経済に影響を及ぼす。借金大国(一説には、1000兆円を超えるとも言われている)で、債務超過(財務省発表の国の貸借対照表23年度版で、450兆円の債務超過)となった日本に対して、デフォルト(default:債務不履行)の懸念を示す識者も多い。現在の物価水準と為替水準が続くことだけを前提とした、経営では心もとない。経営者にとっての経済とは、通貨と価格(交換レート)の仕組みを知ることから始まる。

● 歴史上の主なバブル

時期	名称	国・地域	投資対象
1637年	チューリップ・バブル	オランダ	球根
1720年	南海会社バブル	イギリス	株式
1840年代	鉄道バブル	イギリス	株式
1920年代後半	大恐慌前のバブル	アメリカ	株式・不動産
1980年代後半	日本のバブル	日本	株式・土地
1994年	中南米バブル	中南米	経済全般
1997年	東南アジアバブル	東南アジア	経済全般
1999-2000年	ITバブル	世界	株式
2003-2007年	信用バブル	世界	リスク資産全般
2008年	コモディティバブル	世界	原油・穀物

※バブルの名称については必ずしも一致した呼び名があるわけではない。

1-3 ◆ カネはどこから生まれるのか

　カネはモノとの等価交換であるという考え方は、金融の歴史を知らなければ本質を理解できない。そもそもカネを作ったのは昔のユダヤ人だったと言われている。かつてのヨーロッパでは、ユダヤ教徒は"キリストを十字架にかけて殺した罪人"として、迫害されていた。そのため、ユダヤ人はほとんどの職業に就くことが許されておらず、当時のキリスト教徒が嫌っていた"利子を取り扱う職業"＝高利貸し(質屋)や金塊の保管人、両替商(貿易決済業)などに就くことが多かった。驚くかもしれないが、当時、ユダヤ教もキリスト教やイスラム教も、利子の徴収は原則として禁じられていた。理由は定かではないが、利子を取るということはお金がお金を生む不道徳なこと、というような認識があったようだ。日本でも昔から"働かざる者食うべからず"と言わ

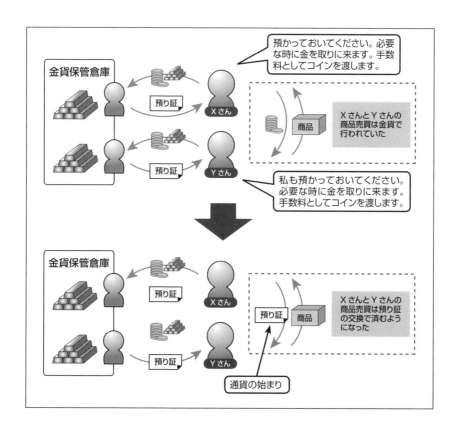

れるように、モノを生産すること、サービスを提供することが職業として認知されている中で、金貸しという職業は一段卑下されていたと想像できる。

中世には、弾圧を受けたユダヤ人がヨーロッパを転々と移動した。ユダヤ人の金融家は、この離散状態を生かし、記名された証券でなく、無記名の証券、つまり"銀行券"を扱う銀行業を始めたのである。これが各国の中央銀行の始まりである。また、各国との流通に関わるようになり、各国との流通を円滑にする貿易決済業、個人や企業のリスクを売買できる保険業、事業リスクを多人数で分散させる株式など、様々な金融商品を開発し、販売してきた。この流れは現代における債権の証券化というビジネスに繋がっていると言えるだろう。

①金庫の保管業務から生まれた通貨

こうした歴史的背景からユダヤ人は金融のスペシャリストとなった。時に国家をも脅かす存在となったカネを扱う金融業は資本主義の台頭と共に経済の中心を担う存在となっていく。さらに、銀行という企業は実は"信用創造"と呼ばれるお金を作り出す仕組みを持っている。この仕組みを少し紹介する。

②お金を作る仕組み"信用創造"とは

Aさんの手元に100万円の現金が存在する。現金で持っているには大金であるため、Aさんは銀行に100万円預けた。銀行の口座は100万円と記帳された。そこで、銀行は100万円の内、10万円を保管し、事業を拡大すべく資金を必要としているX社に90万円を貸し出した。X社はもちろん銀行に口座を持っているので、すぐに現金が動くわけではなく、X社の通帳に90万円の入金と記載される、つまり電子的に90万円という存在を作ったことになる。さらに、90万円はすぐに引き出される分けではなく、同じくX社の取引先であるY社への支払に当てられる。また、Z社も同様に資金を必要としているため、銀行は90万円の内、9万円を保管し、81万円を貸し出した。

この時点でのお金の存在を見てみる。

1. Aさんの預金100万円

2. X社の口座90万円
3. Z社の口座81万円

　さて、この状況を見て分かるように、本来なら、100万円のお金だけの存在であるはずが、合計271万円の流通へと変化している。これを続けると、銀行は、81万円の10%を保持し、72万9000円を貸し出す。72万9000円の10%を保持し、65万6100円を貸し出す。これを続けた場合、Aさんの預金100万円に対し、約1000万円のお金が市場に流通する可能性も出てくる。

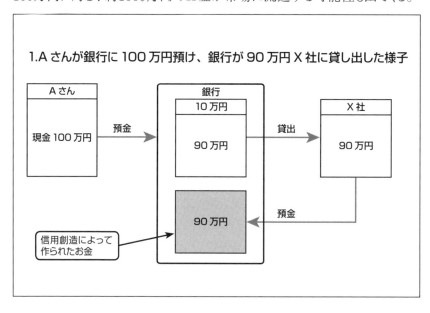

　ここでは銀行がお金を作り出すことの善悪を議論していない。銀行という企業体は国家から認可されて合法的に信用創造という力を持ち、市場の血液となるお金を流通させることができるということを述べているに過ぎない。この信用創造が行き過ぎると、前述の通りバブルと化してしまう。銀行の能力以上に貸し出してしまい、銀行が破綻することが有り得るのだ。だからこそ、銀行は高い倫理観を持ち、金融活動を行うことが求められている。

1-4 ◆ 政府と中央銀行

　前章において、銀行の存在意味がお金を信用創造することであることを述べた。実は銀行という存在は各国の中央銀行が統括している。日本においては"日銀"と呼ばれる組織である。
　まず、日本銀行とはどのような組織なのか、を理解するために、下記に引用してみる。

> 日本銀行(にっぽんぎんこう、英:Bank of Japan)は、日本銀行法(平成9年6月18日法律第89号)に基づく財務省所管の認可法人であり、日本の中央銀行である。略称は日銀(にちぎん)。
>
> 【概要】
> 日本銀行は、政府から独立した法人とされ、公的資本と民間資本により存立する。資本金は1億円で、そのうち政府が55%の5500万円を出資し、残り45%にあたる約4500万円を政府以外の者が出資する。出資者には一般の株式会社の株式に相当する出資口数を証した「出資証券」が発行されるが、出資証券はジャスダックに上場され、株式に準じて取引されている(ただし、一般の上場株式とは違い、一部の証券会社では日銀出資証券を取り扱っていない場合がある)。証券コードは8301。取引の1単元は100株(便宜上の呼称で、正しくは100口)。

※「日本銀行」『フリー百科事典　ウィキペディア日本語版』2014年8月25日(月) 09:03 UTC、
　URL: http://ja.wikipedia.org/wiki/日本銀行

　注目すべきは、「財務省所管の認可法人」という部分だ。一般的にはあまり知られていないが、日銀は許認可法人である。政府の一部ではなく、別組織なのである。
　日銀の役目は、発券銀行として日本銀行券の発行および管理を行い、他の金融機関への貸し出しを行うことだ。つまり、銀行の銀行として機能している。同時に、以前は公定歩合、今では政策金利と呼ばれる金融機関への貸し出し金利の調整を行う。この政策金利の調整、及び貸出額の調整によって景気の乱降下を防ぐ役目を担っているのである。

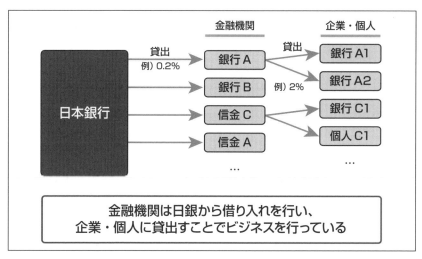

平成10年3月末まで施行されていた旧「日銀法」では、日銀が「日銀券」を発行するには、担保が必要とされ、金融資産的裏づけを必要とするものと規定されていた。しかし、平成10年4月より施行されている現行の「日銀法」では、「日銀券」の発行には、とくに担保を必要とはしていない。但し、日銀が際限なく日銀券を発行することはなく、政府が国債を発行し、日銀がそれを買い受ける、という仕組みになっている。日銀は金融機関に国債を販売し、金融機関はその国債という金融商品を運用することによって政府から金利を受け取る仕組みである。

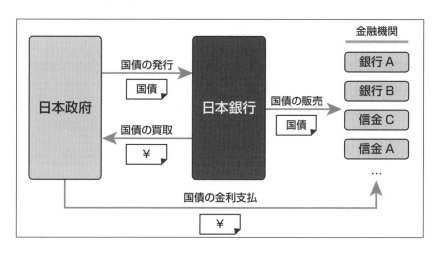

ここまで、日銀券とよばれる通貨を日銀が発行し、国債を政府から買取り、政府は税収以外の収入を作っていることを説明した。一方で政府が全くカネを発行していないかというと、実は政府通貨が存在する。いわゆる1円、5円、10円、50円、100円、500円硬貨である。一般的には政府通貨ともよばれる。

　政府通貨は様々な議論を呼んでいるが、その発行メリットは、国債と異なり、政府自身が発行するため、国の借金とならない、という点にある。政府通貨の発行額（額面価額）から、その発行のための原料代や印刷費や人件費などのコストを差し引いた額は「造幣益」として国の直接収益となる。この収益は国債を発行して得る日銀券と同じ円であり、行政サービスの運営・管理や、国防、社会保障など、様々な用途に使うことができる。政府通貨はまさに打ち出の小槌とも言える。

　ところが、政府通貨の発行はインフレのリスクを伴う政策とも言える。理由は、市場にお金を大量に投入し過ぎるとハイパーインフレを招く危険性があるからだ。近年、政府通貨を大量に発行し、ハイパーインフレを導いた例がジンバブエにあった。

> **コラム&エピソード　卵3個で1000億ジンバブエ$**
>
> 　問題の発端は白人排斥運動による世界各国からの経済制裁に起因しているが、自国通貨を発行しすぎたせいで、ジンバブエは天文学的なハイパーインフレ（2億3,100万％／年）を導いてしまった。例えば、卵3個の価格が1000億ジンバブエドルだった。あまりのハイパーインフレに通貨発行が追い付かず、ジンバブエの中央銀行は、100兆ジンバブエドルを発行すると発表したほどだ。
>
> http://f.hatena.ne.jp/yumyum2/20080723231610

　だからと言って、政府通貨は危険だから発行すべきでない、ということにはならない。実際、硬貨を発行している現状を見ればわかる。適切なコントロール下であれば、インフレには進まないと主張する経済学者も多い。この件に係る学者の意見は、デフレ経済下において、余剰生産能力（デフレ

ギャップ）が約400兆円あり、これに相当する通貨（日本円）を発行しても問題ないと主張する。

　経済学でノーベル賞を受賞したスティグリッツ氏は、2003年4月16日に、日本政府の財務大臣の諮問機関である関税・外国為替等審議会の専門部会において、日本の政策への提言として、「政府紙幣の発行を提言したい、緩やかに政府紙幣を市場に出せばハイパーインフレを引き起こすことはないし、国債では債務を借り替える必要があるが、政府紙幣ならそうする必要がないという利点がある。また会計上政府の債務の一部として計上されることはないし、国家としての格付けも下がらない」と述べている。

　政府通貨の発行によって、1000兆円を超える日本の借金が消える日が来るかもしれない。

1-5 ◆ 経済の血流であるカネの流れを把握することの意味

　経済を人体に例えれば、血流はお金である。人体に異変が起きればそれを身体は自己治癒力を持って正常化させようと働く。時に外部からの薬によって治癒する場合もある。経済の状態も同じで、世界のどこかでバブルが起きれば白血球が殺菌のために大量発生するかのごとく、お金が流れ込む。このお金（カネ）の大きな流れが、金（キン）の価格、原油価格、穀物の価格であったり、通貨の動きであったりしてきた。このカネの大きな流れを観察し分析することが、複雑化する経済社会で成功を収めようとする経営者に必要なことのひとつだ。

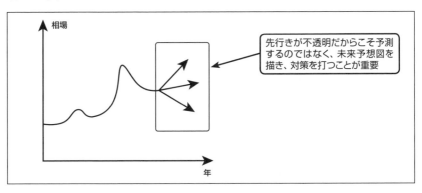

1 ■ 貨幣の動きでひも解く経済の本質

金融緩和によってその国の通貨（為替レート）は下がる。貿易国であれば、通貨が下がれば輸入価格は相対的に上昇し、輸出はディスカウント効果によって伸びる可能性がある。このようなことから、金融政策による経営へのインパクトは大きいと言える。例えば、日本では円安を歓迎するムードがあるが、製造業や小売業で商品や材料を輸入している場合、仕入価格の高騰を招きその価格上昇分を販売価格に上乗せできなければ、経営破たんの可能性まで生じる。

しかし経営者自らが、経済の流れを知り、為替予約でリスクヘッジ取引を行ったり、為替の変動リスクを海外事業者に移転させたりなど、何らかの対策は取れるものだ。カネの流れを知り、市場の動きを早期に検知すれば、対策を考えることができる。市場はギャンブラーのように予測するのではない。経済の大きな波を知り、先んじて手を打つことが大切だ。

経済を構成する要素から知る経済のメカニズム

経済活動は、マクロの部門単位で考えると把握しやすい。このマクロの部門単位を「経済主体」と呼ぶ。基本的には、経済主体を、家計・企業・政府の3つに分ける。あるいは、「海外」取引を加えて4つとすることもある。それぞれの経済主体は、社会システムの中で、モノやサービス（以下、モノとだけ記した場合もサービスを含む）の交換を通して結びついている。通常は、貨幣を媒介し、経済主体間におけるモノの交換が行われている。経済活動における、各経済主体の特徴や役割を知り、経済メカニズムを理解したい。

2-1 ◆ 家計部門の役割

家計は、モノを購入・消費する部門で、消費者のことを指す。家計は、個人的な欲望や満足の充足を目的として行動すると位置づけられている。家計には、次の役割があるといわれている。

(1) 企業からモノを購入する「消費者」の役割
(2) 企業に生産要素を貸し出す「生産要素の供給者」の役割
(3) 政府に税金や社会保険料を納める「納税者」の役割
(4) 生産要素を貸し出す見返りとして、所得(賃金、地代、利子、利潤)を得るという循環的役割

2-2 ◆ 家計部門の経済モデル

各家計は、自営業も含め企業に労働力を提供し、代わりに賃金を得ている。家計は所得から税金を払い、残りの所得(これを可処分所得という)を消費と貯蓄にまわす。平均的には所得の8割が消費され、2割が金融機関などに貯蓄される。これが家計部門のモデルだ。

ここで、少し経済のモデルを簡略に表現してみる。

例えば、昔は一次産業のみで世の中は構成されていた。そこで、畜産、石工、漁師、農家、金物屋が世の中のすべての職業だと仮定する。これらの職業で働く人々は、自国の通貨でやり取りをすることになる。但し、過去における政府の代わりとなる権力者は登場しないものとする。

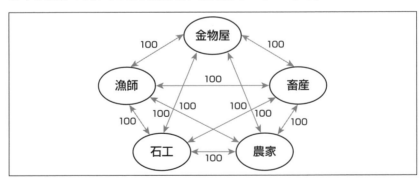

矢印はいずれもお金の流れを示している。経済が閉じているとすると、お金の流通は100×20で、2000のまま動くことはない。誰もが同じ額のお金を使うことを前提としているので、現代の基準で見ると現実的ではないものの、物々交換とほぼ同じと見なせば経済として成り立つ。

ここに政府が登場した場合、以下のように変わる。政府が税収として、

各職業従事者から100を徴収し、行政機関を運営・管理し、サービスを提供する。行政機関に従事する公務員に対して給与を支払い、公務員は生活のために各種の業種の商品・サービスを購入する。公務員という枠組みであるものの、業種が増えただけに他ならない。金融という視点でも、お金の流通量は増えるだけで、基本的な考え方は変わらないことが分かる。

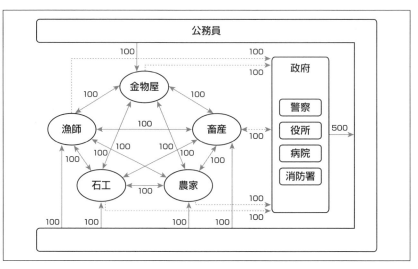

ところが、ここに金融機関が入ると状況は一変する。

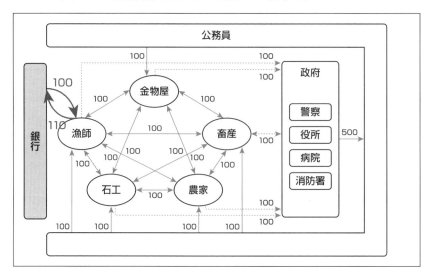

理解しやすいように、銀行から借り入れるのは漁師のみとした。漁師は、これまで所有していた船をより大きなものにして、もっと稼ぎたいと考える。しかし、手元の資金が足りないため、銀行から100借り入れた。漁獲高は高まり、単価が下がるので、市場ではもっと多くの魚が消費される。また、この経済圏では消費しきれない場合、他の村へ販売することも考えられる。そうして得た利益から銀行に利子を10%支払うものとする。

これまで、一定量の通貨分しか流通していない村に、銀行が現れ、流通量に変化が出た。銀行に110返すということは、市場から10分を多く得なければならない。ということは、誰かの収入がこのままであれば10減るのである。金利の存在は経済の不均衡を作っているということに他ならない。必然的に、"借りたお金を返せなくなる事業者"が現れてもおかしくないのである。

同時に、常に消費が増えることを前提に考えられているとも言える。個人は家計において、100であった収入を110、120にしなければ金利は返せない。そのため、これまで1日8時間の労働であったが、さらなる収益を得るため、10時間、12時間の労働が必要となる。"金利"という存在が家庭事情を大きく変革させたと言えるだろう。

2-3 ◆ 企業部門の役割

企業は、モノの生産・販売・流通を行う部門で、生産者のことを指す。企業は、利潤の極大化を目的として行動すると位置づけられている。企業には、次の役割があるといわれている。

（1）モノを生産して家計に販売（分配）する「生産者」の役割
（2）家計から生産要素を借り受ける「生産要素の需要者（購入者）」の役割
（3）政府に税金を納める「納税者」の役割

※生産要素とは、企業がモノを生産するのに必要な資源（資本、土地、労働など）のこと

2-4 ◆ 企業部門の経済モデル

企業は家計から労働力を買い（雇用し）、1年間に約500兆円のモノ（国

内総生産＝GDP）を作る。経済活動の中心的存在であり、個人はその構成要素と言える。前述の家計で表現したものと同様、企業も銀行との取引によって事業体が成り立っている。銀行は市場での決済機能、貨幣の管理機能を有し、企業の経済活動を円滑に進める存在だ。

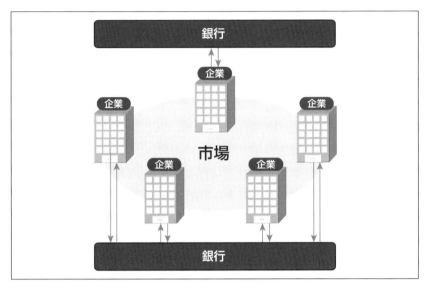

しかし、ここでも企業間で取引が閉じていれば、発生しないはずの"金利"という存在が銀行を介すことで発生する。企業は成長するために、投資を行い、施設や工場などを購入するが、一括で支払えないため、その後の利益から支払うことが前提となる。その際には、借りたお金よりも大きなお金を返さなければならず、銀行との取引は必然的に成長することを前提としている。資本主義経済の宿命とも言えるだろう。

ここでは資本主義が良い悪いの議論は行わないものとする。経営者は既存の枠組みの中でどう対応、対処して企業を継続的な成長に乗せるかが重要であって、資本主義をいくら批判しても始まらないからである。行き過ぎた資本主義が経済合理性だけを追求し、強い企業とその他の企業の2極化が進む不条理な仕組みであっても、環境に適合できる企業しか生き残らない。

政府の施策として、その選別は始まっているようであるが、その中で新た

な商品を開発したり、サービスを開発する事業者への手当もしている。これらの施策をうまく活用し、例え一時的に事業の継続が困難であっても、変革し、再び成長させる可能性はどんな事業者にも平等である。

2-5 ◆ 政府部門の役割

政府は、経済政策の立案・遂行を行う部門で、公的な経済調整を担う。政府は、公的需要の充足を目的として行動すると位置づけられている。政府には、景気を安定させ、富が集中し過ぎないよう分配する役割や企業や家計から徴収する税の見返りとして、道路や公園の整備・教育や福祉の充実などを行う義務を負っている。経済における政府部門の役割は、次のものがある。

- 企業と家計から租税(所得税や法人税)を徴収する
- 家計や企業に公共サービス(治安や国防)を提供する
- 家計に対して、社会福祉・融資・公務員給与の支払(租税の一部を労働の対価として支払う)などを行う
- 企業に対して、公共事業の発注(モノの購入)・融資・価格補助金・投資などを行う

2-6 ◆ 政府部門の経済モデル

家計も企業も、所得があれば税金を払う。
- 家計が払う代表的な税金(直接税)は所得税で、約14兆円。
- 企業が払う税は法人税(直接税)で、約8兆円。
- 別に、家計も企業も公平な間接税として消費税(購入金額の5%)を、約10兆円支払っている。
- 他の税目も合わせて、税収は約47兆円。
- 一般財政(約93兆円)で不足する約45兆円を借金(国債発行)で充足している。

支出の半分近くを新規の借金でまかなうという超借入依存体質となっている。一般会計の他、特別会計や地方自治体も合わせて、政府部門はさまざまな財政活動を行なうことになっている。(上記数字は平成24年度のデータを元に算出)

3 経済モデルから見る経済体制の違い

3-1 ◆ 経済体制の類型

　社会におけるモノの交換システムを経済体制という。経済体制は「財の所有形態」と「財交換の調整原理」2つの分類がなされている。財の所有形態による分類は、財産(土地、資本設備)の私有を認める「資本主義」と財産を公有制とする「社会主義」に分類する。財交換の調整原理による分類では、モノの流通が市場を通じて民間(各個人)の意思で行われる経済の仕組みを「市場経済」と呼び、モノの配分の意思決定を、国(政府)に集中して一元的に行う経済の仕組みを「計画経済」と呼ぶ。

　この財の所有と経済の調整による、2×2の経済体制は、「資本主義市場経済」と「社会主義計画経済」という組み合わせで機能すると思われてきた。しかし、現実には両者の中間的な混合経済体制が広く行われてきた現実がある。日本は、資本主義市場経済と言われながらも、政府(官僚、地方行政)による統制・規制が多いことから、日本型資本主義統制経済などと揶揄されている。一方、中国は共産党による一党政治支配の社会主義ながら、多くの経済面において市場経済を取り入れている。

　これらの混合経済が施行される要因として、経済主体の家計部門にまで計画原理を適用することの難しさや、政府部門に市場原理を適用することの非現実性などが挙げられている。各国が国際経済社会の中で、自国の経済力を計りながら、混合経済のバランス調整を行っている、というのが現状だろう。

3-2 ◆ 資本主義の経済体制

　資本主義社会では、財の私有を認めると共に、モノの生産と消費にかかわる資源配分の調整を民間主導で行うことが原則となっている。従って、資本主義には市場経済体制が馴染む。
　資本主義市場経済には、民間による自由な活動が経済に活力を与えるという大きなメリットがある反面、市場の自由度が高いことに起因した貧富の差や、資力の差に関係した不公平な資源分配が生じるなど、パワーバランスの問題点が内在している。

3-3 ◆ 社会主義の経済体制

　社会主義では、モノの生産と消費にかかわる資源配分の調整を国(政府)の主導で行うことが原則となっていた。この富生産との再配分を計画的に行う経済体制を、社会主義計画経済という。
　社会主義計画経済は、平等な資源配分を行うという理想社会としての目標はあるものの、民間の自由な活動が制限され、経済が活力を失っていくというデメリットがある。また、平等な資源配分という理想は、政治を主導する為政者の資質に因るところが多く、現実社会のほとんどで富の一極集中と多くの貧困を生んだ事実が残っている。

3-4 ◆ 混合経済体制

　資本主義国の多くが、民間が市場で決める市場経済に、政府が調整をはかる計画経済の考え方を併せた「混合経済」を採用している。政府による計画経済の役割を大きくすると、自由な市場経済による民間の経済活力を奪ってしまう傾向があるばかりでなく、特定一部の権益保護や不公正な資源配分の危険性が生まれる。戦後の日本が正にそれで、政府の市場経済への関与をできるだけ小さくする「小さな政府」が叫ばれる要因となっている。

市場を知れば経済の本質を知る

4-1 ◆ 市場機構の役割

　市場機構とは、生活者(家計)の欲するモノが、企業によって生産され家計に届けられる仕組みのことをいう。家計に必要なモノを、どの企業がどれだけ作って過不足なく家計に届けるのか、というのは経済の大きな課題だ。この課題に対応する一連の仕組みを市場機構と呼ぶ。

　市場機構の役割は、生産(供給量)と消費(需要量)が過不足ない状態の維持にある。市場経済においてその仕組みは、モノの価格変動を通して、生産量と消費量の過不足(需給ギャップ)が自動的に調整されるという原則に基づいて運営されている。これを市場メカニズムという。計画経済においては、需要と供給を政府がコントロールする前提に基づくため、市場による価格変動はないというのが原則だ。政府が供給するもの以外を欲してならない社会では、これが通用するかも知れないが、現実的には「闇市場」が形成され、そこでは裏価格でモノが交換される。また、計画経済で家計部門に対して充分なモノが供給され続けたという歴史はない。

　市場経済では、戦時経済統制などの特別な政策が実施されない限り、需要量と価格は反比例する。通常、価格が安くなれば、需要量は増え、逆に、価格が高くなれば、需要が減る。需要量が供給量を上回っていれば、商品の人気があがり、品薄状態となり、モノの価格は上がる。価格が高騰すると購入を敬遠する消費者層が出ることから需要量は減る。市場価格原理が働き、やがて需要量と供給量は一致するといわれている。
　逆に、あるモノの需要量が供給量を下回っていれば、売れ残りを避けるためモノの価格は下落する。価格の下落によって、新たな消費者層によって需要量が増える。需要量と供給量はやがては、一致するというのが通説となっている。

生産部門(企業)と消費部門(家計)によるモノの交換経済が世界に広がっている。かつて大航海の商業資本時代もモノの国際流通が経済を大きく動かしたが、その多くが農作物や鉱業品だった。以降の産業資本主義時代おいては、工場用地と労働力を経営資源とした生産が行われ、国内の家計部門に供給された。さらにグローバル化が進み、モノの生産と消費は国を跨ぐようになった。需給量と価格のバランスは、国際的なものと成りつつある。

4-2 ◆ 市場機構におけるカネの役割

家計と企業の間には、モノやサービスを交換する場としての市場(しじょう)がある。買い手(需要)と売り手(供給)が出会う場所だ。企業が生産したモノは、交換取引を通して循環し、家計へ流れていく。市場は、この交換取引を円滑に行わせる。市場では、モノと貨幣の交換メカニズムが働き、交換される数量と価格が調整される。

家計は、企業からモノを購入し、代価(カネ)を企業に支払う。企業は、そのカネで設備投資や、原材料の購入、給与の支払いなどを行う。また、政府(国や地方公共団体)には、税を支払う。企業から給料をもらった家計では、企業からモノを購入し、政府に税金を払い、残りを貯蓄にまわす。というように、カネを通して経済は、経済主体を循環する。政府は、企業や家計から支払われた税金を、社会資本の充実や公共サービスなど、公務員給与も含めて使い切り、モノの生産は行わない。この一連の循環でカネが不足するとき、経済主体(家計・企業・政府)は、借金をすることになる。

このように、カネを媒介してモノ交換されていく過程を経済活動という。経済活動は、カネの流れそのものと言って良く、経済の活動状態のバロメータとなっている。市場でモノ交換が活発に行われると、当然のことながらカネの流れも活発になる。これを好景気といい、逆にモノの交換が沈滞化しカ

ネ回りが悪い状況を不景気という。

4-3 ◆ 経済市場（市場システム）

　経済市場とは、経済的な価値の交換市場である。価値の交換ルールやメカニズムを市場システムと呼ぶ。代表的な経済市場は「財市場」で、ここではモノとカネが交換される。財市場以外に金融市場、労働市場、外国為替市場がある。それぞれの市場において需給を調整する要素には、価格や利子率、賃金、為替レートなどがある。市場の機能と仕組みは、資本主義経済の根幹をなすものであり、経済を理解する上で重要であるとともに、そのルールの変化をキャッチし分析することは経営を正しく導く大きな課題だ。

4-4 ◆ 財市場（モノの交換の場）

　モノとカネあるいは、企業と家計の両者が出会う場所を市場という。市場といっても、魚市場や青果市場のように、取引がなされる特定の場所があるわけではなく、ここで言う市場は抽象的な概念といえる。企業部門や海外部門によって、1年間に生産された約500兆円のモノのうち約6割が家計によって買われ（消費されて）、他は生産財の取引や、事業所向けサービスの利用など企業間でのモノの取引（BtoBともいう）や政府への事業サービスなどによって取引されている。

4-5 ◆ 金融市場（カネとカネの交換の場）

　家計部門で余ったお金は、タンス預金を除き銀行や証券市場などを通して企業と政府に貸しつけられる。その仲立ちをするのが金融市場だ。一般に、家計が金融市場における供給部門で、企業と政府が需要部門といわれているが、消費者ローンを利用する家計があったり、余裕資金を供給に回す企業があったりもする。金融市場の需給は、国内では日銀の通貨供

給量や利子率によって調整されるといわれている。

4-6 ◆ 労働市場（雇用経済）

　労働力を提供したい家計と、これを雇い入れる企業や政府が出会う場が労働市場だ。労働市場も、財市場の好不況に左右される。一般的に、不況になると企業はあまり人を雇わないようになるため、労働需要が落ち込み賃金は下がる。好況時は、逆に労働需要が高まり賃金が上昇する。

4-7 ◆ 外為市場

　輸出によって得た外貨（ドルなど）を円に交換したり、輸入代金を支払うための外貨を買ったりする場が外国為替市場（略して外為市場）という。実際は、貿易に伴う取引ばかりではなく、投資や投機を目的とした為替取引も多い。

4-8 ◆ 実物経済と貨幣経済

　「企業」、「家計」、「政府」、「海外」の4つの部門間を、毎日カネとモノが頻繁に行き交うことによって経済は成り立っている。市場での交換取引は、カネを媒介にして行われるのが一般的だが、これをモノとカネの2つの流れに分けて捉える考え方がある。モノやサービスの流れを実物経済と呼び、カネの流れを貨幣経済と呼ぶ。
　カネは数値化（量と単位）されているため、その流れを、モノの流れ（実物経済）よりも把握し易いという特徴を持っている。一方、実物経済は統計値を把握するのに時間を要するが、カネの流れを把握することによって、間接的ではあるがすばやく把握することができる。これが、日常的な経済状況の把握や分析において、貨幣の交換量と流通量が注視される所以となっている。

4-9 ◆ 金融経済

　貨幣経済に似た「金融経済」という用語もある。貨幣経済と金融経済は、両者ともカネにまつわる事であるため用語として混同しやすいが、両者は意味合いが違う。貨幣経済とは、モノの交換を貨幣が仲立ちする経済をいう。社会一般に、極めて普通に貨幣が流通する経済のことで、明治以降の戦時を除く日本社会そのものだ。貨幣経済においては、モノとの交換レートである「物価」が家計や企業に大きな影響を与える。

　一方、金融経済は、カネの貸借を行う経済活動を指す。金融とは「資金の融通」すなわち資金の貸借を指す。カネの貸し借りのことで、実物経済の取引と少なからず乖離する。貨幣経済が実物経済と一体であるのに対して、金融経済は実体経済を側面から支援しているに過ぎない。たとえば、銀行は資金を預金の形で受け入れて、それを企業に貸し出し、その際に利鞘を稼いでいるだけで、自動車やパソコンなどのモノの生産活動に直接は寄与しない。金融経済（資金貸借）は、それ自体では何らモノを作らないが、経済活動を円滑にする機能や経済主体の企業部門の活性化させる役割がある。金融経済が、実物経済の裏方役を超えて活動すると、バブル経済やインフレなどの要因になることがある。

5 日本の実情を知るための経済統計

5-1 ◆ 経済のミクロ分析とマクロ分析

　経済分析は、大きく分けて二つの方法がある。ひとつはミクロ分析（価格分析）と呼ばれるもので、家計や企業、あるいは両者の接点となる市場において、どのような法則があるかを観察する。家計（主体）は、自らの効用を最大化するように行動し、企業（主体）は、自らの利潤を最大化するように行動する。このような行動特性の結果として、需要曲線と供給曲線が導出

され、市場において価格を媒介として需給が調整されていく。家計や企業といった経済主体顕微鏡で見るように観察しながら、市場経済にどのような影響を与えるのかを解明していくのがミクロ分析だ。

一方、マクロ分析(所得分析)は1930年代の世界恐慌をきっかけに、ケインズによって樹立された分析方法だ。国全体の経済を巨視的に観察し、不況の原因や、インフレのメカニズムなどを解き明かそうとする。国全体の経済活動を、遠くから望遠鏡で観察するような分析方法といえる。

5-2 ◆ ミクロ経済学とマクロ経済学

ミクロ経済学は、消費者と生産者の行動原理を明らかにし、それが市場経済にどのような影響を与えるかなどについて係数モデルなどを用い解明しようとする学問といえる。価格には需給の不均衡を調整する働きがあり、これを価格の自動調節機能といい、アダム・スミスはこれを「神の見えざる手」と呼んだ。価格が完全に弾力的で、かつ売手も買い手も価格に影響を及ぼさないような市場を完全競争市場という。しかし今日このような完全競争市場は、株式市場や外国為替市場、財市場の一部(野菜や魚などの市場)などに例外的に見られるにすぎない。

一方マクロ経済学は、企業や消費者の経済行動原理を明らかにし、それら経済主体間の市場取引に焦点をあてて研究する学問といえる。それら経済主体間の取引を研究することによって、不況や失業など種々の経済問題の原因を解明するとともに、対応すべき手段や(政府の)政策などを導き出そうとするものだ。

5-3 ◆ 経済指標

経済指標とは、経済成長率(GDP:国内総生産の伸び率のこと)や物価上昇率、失業率、財政収支の赤字(黒字)率、経常収支の赤字・黒字額などのことで、国の経済の基礎的な統計値である。

5-4 ◆ GDPとGNPまたはGNI(経済力の指標)

　国の経済力をはかる指標として、国内総生産(GDP)と国民総生産(GNP)、2000年以降はGNI(国民総所得)が一般的だ。いずれも、国民経済(家計、企業、政府などの経済主体)が一定期間(年間や四半期など)に生産した価値を集計したもので、国の生産力の指標となっている。GDPもGNIも国の年間の生産高を示す指標だが、国内企業の生産高(売上高)の単純合計(総生産額)ではなく、中間生産物を控除して算出する。中間生産物とは、最終生産物を作る上で必要な部品や材料などがこれに当たる。たとえば、自動車という最終生産物に必要なエンジンや座席シートなど指す。これらの中間生産物はすでに車の値段のなかに含まれていると考え、部品を作っている会社の売上を総生産額から控除し、GDPやGNIを算出する。

年 項　目				実質成長率 年　度			名目成長率 年　度		
				2010	2011	2012	2010	2011	2012
国内総生産（GDP）				3.4	0.3	0.6	1.3	-1.4	-0.2
国　内　需　要				2.7	1.4	1.4	1.3	0.9	0.6
				(2.6)	(1.4)	(1.4)	(1.3)	(0.8)	(0.6)
	民　間　需　要			3.4	1.6	1.4	1.9	0.9	0.6
		民間最終消費支出		1.6	1.4	1.5	0.1	0.7	0.6
		家計最終消費支出		1.5	1.4	1.4	0.0	0.5	0.5
		除く持ち家の帰属家賃		1.6	1.3	1.4	0.0	0.5	0.5
		民　間　住　宅		2.2	3.2	5.3	2.3	3.7	4.7
		民間企業設備		3.8	4.8	0.7	2.0	3.8	0.5
		民間在庫品増加		(1.1)	(-0.3)	(-0.1)	(1.0)	(-0.3)	(-0.1)
	公　的　需　要			0.3	0.5	1.4	-0.2	0.6	0.5
		政府最終消費支出		2.1	1.2	1.5	1.4	1.2	0.5
		公的固定資本形成		-6.4	-3.2	1.3	-6.5	-2.5	1.1
		公的在庫品増加		(-0.0)	0.0	(-0.00)	(-0.0)	(0.0)	(0.00)
(再掲)総固定資本形成 ※2				1.2	2.8	1.5	0.0	2.4	1.2
財貨・サービスの純輸出 ※3				(0.8)	(-1.0)	(-0.8)	(-0.0)	(-2.2)	(-0.8)
	財貨・サービスの輸出			17.2	-1.6	-1.2	14.4	-3.9	0.7
	(控除)財貨・サービスの輸入			12.0	5.3	3.7	15.5	11.2	4.5

(2013年10～12月期四半期別GDP速報：内閣府経済社会総合研究所より抜粋)

(1) GDP(Gross Domestic Product:国内総生産)

　GDPとは、その国の領域内(地理的空間内)で生産された所得の総額のこと。GDPは、日本人(企業)であれ外国人(企業)であれ、日本国内で生産されたものをすべて含む。

(2) GNP(Gross National Product:国民総生産) またはGNI(Gross National Income:国民総所得)

　GNPは、その国の領域内で生産された所得(GDP)に加え、海外での所得収入や海外への所得支払いを含んだもの。したがって、対外投資が盛んな国で、利子・配当・利潤など海外からの所得の受取りが大きい場合、GNPはGDPより大きくなる。

　GDPとGNPの関係は、次のとおりとなる。

　GNP＝GDP＋[海外からの純所得(国民の海外からの所得収入－国民の海外への所得支払)]

　2000年以降、内閣府統計局の発表はGNIが使用されている。GNIはGDPに「交易利得＋海外からの所得純受取」を加えたものである。

※交易利得:輸出入価格(デフレーター)の差によって生じる所得の実質額(参照:内閣府HP 93SNA移行による主な変更内容)

●世界のGDPとGNI

国・地域	名目GDP(億ドル)	GDP構成比(名目)	1人当たり名目GNI(ドル)
アジア	198,821	27.4%	－
うち日本	59,611	8.2%	47,870
うち中国	82,271	11.3%	5,720
うち韓国	11,296	1.6%	22,670
うちインド	18,587	2.6%	1,550
米国	162,446	22.4%	52,340
カナダ	17,796	2.5%	51,570
EU27	166,684	23.0%	33,850
うちドイツ	34,281	4.7%	45,070
うちフランス	26,129	3.6%	41,750
うちイギリス	24,758	3.4%	38,500
うちイタリア	20,147	2.8%	34,640
うちユーロ圏	122,207	16.9%	38,030
ロシア	20,148	2.8%	12,700
中南米	56,320	7.8%	－
うちブラジル	22,527	3.1%	11,630
その他	102,682	14.2%	－
世界	724,897	100.0%	10,181

(2012年、2014年4月 主要経済指標:経済局国際経済課)

5-5 ◆ 名目GDPと実質GDP

(1) 名目GDP

名目GDPは、その年の経済活動の水準を算出したものである。その年に生産された財（モノ）について、それぞれ生産数量に市場価格をかけて、生産されたものの価値を算出し、それを全て合計することで求める。

【名目GDP算式】
$\{その年の財iの値段 \times その年に取引された財iの数量\}$
※i=市場の実勢価格のある財

名目GDPでは、財の値段が一気に2倍になったとき、名目GDPは単純に2倍になる。しかし経済の規模が2倍になったとはいいきれないことから、物価変動の影響を除いた「実質GDP」を経済の実状を示す指標として重視することが多い。

(2) 実質GDP

実質GDPは物価の変動による影響を取り除き、その年に生産された財（モノ）の本当の価値を算出したものである。

【実質GDP算式】
$\Sigma\{基準年次の財iの値段 \times その年に取引された財iの数量\}$
※i=市場の実勢価格のある財

名目GDPでは、財の値段が2倍になったとき、名目GDPも2倍となるが、経済規模も2倍になったとはいいきれない。なぜなら、個人の所得も2倍になったとすると、個人の購入できる財の量は変わらないからである。実質GDPは、このように、財の値段が変化（物価の高騰や下落）することでGDPの数値が変化してしまうことを避けるため、指標となっている。

2012年速報による、日本のGDPを下記に示す。
名目GDP・・・約480兆円
実質GDP・・・約527兆円

5-6 ◆ 国民所得の統計

(1)国民純生産(NNP)
　GNPには、それを生産するために使った機械の減価償却分も含まれている。そこで、1年間の純粋な生産額を知るためには、減価償却分(これを資本減耗という)を差し引く必要がある。こうして得られたのが国民純生産(NNP)である。

(2)国民所得(NI)
　しかし、NNPにもまだ余分なものが含まれている。市場価格で集計されたNNPには、消費税などの間接税の分だけ高く表示され、政府補助金の分だけ安く表示されている。そこでNNPから(間接税−補助金)を引いた値を、国民所得と呼ぶ。国民所得は、GDPの約7〜8割になることが多い。

(3)三面等価の原則
　国民所得は、1次・2次・3次産業のいずれかで生産(付加価値)され、これを生産国民所得という。生産された付加価値は、賃金や利潤などに分配され、これを分配国民所得という。分配された付加価値は、いずれ何らかの形で支出され、これを支出国民所得という。したがって、生産量の計測は、生産面、分配面、支出面のいずれからでも可能となる。これら三つの国民所得は、どの局面で見ても金額的には同じであり、これを「国民所得の三面等価」と呼んでいる。

5-7 ◆ 経済成長率

　GDPの大きさ(とくに一人あたりGDP)を国際比較すると、その国の豊かを計ることができる。しかし、GDPの大きさだけではその国の景気の良し悪しまでは分からない。そこで、景気の状態をはかる指標として使われるのが経済成長率だ。経済成長率は、GDPの前年比で求める。
{(G1−G0)／G0}×100
　こうして求めた数値を「名目経済成長率」と呼ぶ。名目経済成長率から

物価上昇率を引いたものが「実質経済成長率」だ。物価が下落していくデフレ局面では、名目経済成長率は、実質経済成長率より低くなる。実質経済成長率が高ければ景気はよく、実質経済成長率が低ければ景気は悪いといえる。

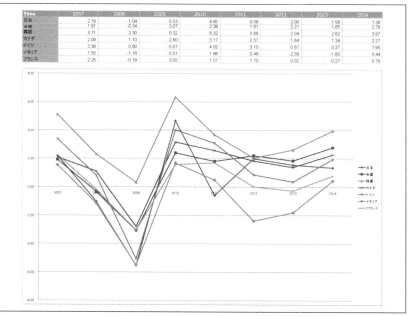

（Economic Outlook No.93-Jane2013-OECD Annual Projectより抜粋）

＜経済成長率と所得倍増＞

近年の中国や昭和50年代高度成長期の日本、IMFショック直後の韓国など、10％近い経済成長をするタイミングもあるが、先進諸国ではここ数年の実質経済成長率は、2％～4％前後で推移している。その中において日本は、バブル崩壊の対応処理に手間取り、長く低迷している。この低迷は今後も続く可能性が高いが、2013年現在において「失われた20年」とも呼ばれている。

経済成長を実質経済成長率などのように数値で表現されると実感がわき難い。そこで経済成長を所得の伸びと考え、所得が倍増するのに必要な年数で換算するとわかり易い。物価が横ばいとして、500万円の所得

が1000万円になるためには何年間を必要とするのを算出する。成長率が2%ならば、1年目が500万円×102%＝510万円、2年目が510万円×102%＝520.2万円と計算していく。これを繰り返し、1000万円となる年数を算出する。$(1+成長率2\%)^{求める年数}=2$倍・・・求める年数＝$\log_{1.02}2=\log2\div\log1.02$で、求める年数の35年が求められる。

雑学になるが、70を年間の成長率で割ると、2倍になるまでの年数が求められる。もし、経済成長率が3%であれば、約23.3年間（＝70÷3）、4%であれば17.5年で2倍になる。覚えておいていい算式だろう。

5-8 ◆ GDPデフレーター（GDP deflator）

物価動向を把握するための指数のひとつで、GDPの計算をする上で使用する物価指数。

GDPデフレーター＝名目GDP÷実質GDP

名目GDPが大きくても同時に物価が上昇していれば、経済活動が高まったとは必ずしもいえない。よって、物価の変動による影響を取り除いた実質GDPをもって、経済活動の水準の変化を測ることが重要であり、この名目値と実質値の差額を調整する値が、デフレーターだ。

年4回ほど総務省より国内総生産（GDP）の速報値が発表される。この中に「GDPデフレーター」も掲示される。物価を示す指標では、店頭価格の動向を示す消費者物価指数が一般的だが、GDPデフレーターは消費だけでなく、投資なども含めた経済全体の物価動向を示す数字だ。この2つの数値には最近、乖離が拡大する傾向が見られ、物価の実態が見えにくくなっているとの意見もある。

GDPデフレーターはGDP統計の中で、物価変動を反映する名目GDPと、物価変動の影響を除く実質GDPが、どれだけ離れているかを表す。GDP

統計は、消費や設備投資、住宅投資、公共投資、輸出などのデータを項目別に算出し、積み上げる。個別のデータの多くは名目の数字だ。このため、各項目を構成する品目の価格が、どれだけ変動しているかを調べ、この影響を除いた実質値も集計する。その上で、実質GDPと名目GDPを比べれば、全体的な物価変動が分かる。

一方、消費者物価指数は生活に身近な商品などの物価動向を示す。ただ、対象が個人消費に限定される。これに対し、GDPデフレーターは設備投資や公共投資など幅広い分野の物価変動を反映しており、デフレの状況を判断するには、GDPデフレーターを重視すべきだろう。

最近の両指標の動きをみると、数字の開きが大きくなる傾向にある。2つの数値が乖離する理由としては、GDPデフレーターは、消費者物価指数に含まれない企業の設備投資を組み込んでいる点がある。設備投資には、コンピューターなどの情報技術（IT）関連財の比率が高いが、IT分野では、技術革新を受け、性能の向上が急速に進んでいるにもかかわらず、パソコンなど価格が同じでも性能が2倍に向上すれば半値になったとみなす計算方式をとっているため、価格下落率は大きくなる。

一方、消費者物価指数にも、品目ごとの構成比（比重）が、5年に1度しか見直されないという問題がある。GDP統計は、積み上げ方式をとっているため、デフレーターを算出するたびに品目の比重が変わる。価格下落の激しい品目の総額が、販売の増加などで膨らみ、比重が高まれば、デフレーターの下落幅は大きくなる。さらに、現在のGDP統計の基準年が1995年となっているため、比較するデータが古いことも下落幅を大きくする要因となっている。

●主な物価の指標

指標	発表元	特徴
GDPデフレーター	内閣府	GDP統計を基に算出され、消費のほか、設備投資なども含めた経済全体の物価動向を反映する
消費者物価指数	総務省	消費者が店頭で買うモノやサービスなどの価格を指数化。食品から消費財、教育、医療まで598品目が対象。身近な物価動向をみる代表的な指数
国内企業物価指数	日本銀行	企業間で取引される商品の価格を指数化。対象は910品目。最終製品のほか、原材料や部品などの中間製品を多く含む

このほか、GDP統計が輸入を差し引いて計算することも消費者物価指数との乖離拡大に影響している。仮に、原油価格が上昇して、名目の輸入額が増えた場合、国内製品の価格にそのまま転嫁されれば、輸入を差し引いても影響はない。しかし、国内製品に転嫁されるのが遅れた場合や一部だけの転嫁となった場合、輸入価格の上昇分は、名目GDPを目減りさせ、GDPデフレーターの下落幅が広がる。

日本銀行は、展望リポートで「GDPデフレーターの下落幅が他の物価指数に比べて大きめになる傾向が強まっている」と指摘した。内閣府は2005年に行うGDP統計の基準変更の際、算出方法を見直す方針を打ち出している。基準年を毎年見直していく「連鎖方式」という手法を使い、数字の振れを小さくすることを狙っているようだ。

6 さいごに（経済の課題）

世界には異なる言語、文化、社会構造をもつ数多くの民族が存在し、単独あるいは共同で国民国家を形成、発展させている。この異なる国家間でのモノの流通、つまり経済交流をしない限り国家の繁栄も経済の発展もなし得ない時代となった。日本が、日本の国益だけを主張し守りきることは困難だ。それは米国においても中国においても同様だ。皆、国益を守りつつ経済交流を深め、違和を受入れ折合いながらも国益も主張するという時代が続くだろう。政府や行政が、国際社会の中の日本として概ね間違いのないスタンスを取っているかどうかを評価するためにも、各国の経済動向を知る必要があるだろう。

各国の経済がどのような仕組みで成り立っているかを知ることから始まる。しかし、単にその国の経済システムや経済指標を知るだけではなく、国・地域の経済の違いを比較検討することによって、より深く理解できる。国・

地域の経済を比較する重要な目的は、経済システムの多元性や多様性を明らかにすることだ。たとえば、日本とアメリカはともに先進工業国であり、市場経済システムを採用しているという点では共通している。しかし、個人主義が発達し、貧富の格差が大きいアメリカ社会と、個人よりも集団が尊重され、平等に高い価値が置かれる日本社会とでは、同じ市場経済といっても実はかなり異なったシステムが形成されている。また、ロシアと中国は市場経済への移行を目指す移行形の経済という意味では同じだが、改革手法やその成果は大いに違う。これもまた、経済システムの多元性を表している。

　遠い将来において、経済システムは一つに収斂するかもしれない。しかし、当面の間は、各国の政治体制や経済状況、金融事情などから、多様な経済システムの並存と経済的な駆け引きが続くことになるだろう。われわれ経営者や経営管理者は、日本のみならず東南アジア、アメリカ、ヨーロッパ、ロシアといった主要な国や地域の経済動向を注視し、経営戦略構築の一助とするとともに、政策の判定人となるべきだろう。より良い政策の国家にこそ、経済は生長し、企業が繁栄する下地がある。

第2章

経営者のための経営学基礎

1 経営の構造

1-1 ◆ 経営を支える3つの機能

　経営機能の基本構造は、「経営権」、「経営財」、「経営力」の3点である。この3点は、事業を継続させるうえで必要不可欠な機能ともいえる。またこの3点は、経営学で取り上げられる「経営の三要素」のヒト、モノ、カネと相関させ、ヒト=経営力、モノ=経営財、カネ=経営権とできるだろう。

　経営機能3点の中で「経営権」とは、会社という仕組みの中で株主議決権を活かし、様々な施策を決定することのできる権利、さらにその施策を実行する組織を監督する人事権の2つであると言える。「経営財」とは、資本をいかに運用するかという経営の見地から資本の調達とその運用そのものである。資本の運用こそが経営活動であり、その転換過程を数値化したものが財務諸表となっている。「経営力」とは経営者の持つ能力そのものであり、経験と努力によって身につけるべき重要な経営機能といえる。法務や税務、金融といった各課題は専門家の支援によっても対応可能なことが多い。これに対し「経営力」は、ヒトの持つ能力の発揮によってのみ実現できる機能のため、多くを専門家に依存することは難しい。いかなる事業体においても経営力こそが事業の継続、繁栄に欠かせない機能といえる。

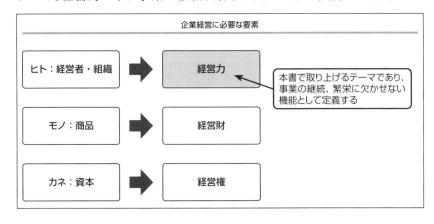

1-2 ◆ 経営力

　「大辞林」による経営の説明は、「方針を定め組織を整えて、目的を達成するよう持続的に事を行うこと。特に、会社事業を営むこと」とある。これに従うと経営力とは、方針を定める能力と組織を整える能力、目的達成向けて事を行う能力の総和となる。この能力の総和は、経営体として具備し発揮すべき能力で、経営者固有のものとは言い難い。当然ながら、一人の経営者がこれらすべての能力を保持することを否定するものではない。経営者によって特徴・個性があり、経営者個人が自分に足りない能力と、得意分野を把握することが重要である。

　経営者に不可欠な経営力とは何か。この答えは、どのようなタイプの経営者を目指すのかによって異なってくる。現場の最前線の部下の目前で指揮を執る「リーダー型」。組織を整え取締役会の最高指揮者として事業を統制する「トップマネジメント型」。組織を整え部門に権限を与えながらもこれを指揮する「オフィサー型」(オフィサーは、将校や士官の意)。経営権の掌握(支配株主)による人事権によって事業を統制する「オーナー型」。このような独自の解釈による経営タイプを想定したが、それぞれの経営者に必要な能力要素に違いがあることが判るだろう。

　1-3で示す図(経営体系図)は、経営力を発揮する機能を体系的に表したもので「経営体系図」と名付けている。経営の説明において筆者が独自に使用するチャートでこれがスタンダードというものではない。経営者は、経営体を活用し社会に「価値提供」する。経営者がこの経営体系のどこで能力を発揮するのか、経営タイプによって差が生じると前述した。しかし、企業構想(ビジョン)だけは何れのタイプの経営者にも不可欠な要素と行為だ。経営者は、企業(事業)の目指すところ(ビジョン)を経営体に明示し、理解が不足するものには解るまで説明する。ビジョンを示せない者は、たとえオーナー型の経営者でもその任にふさわしくない。自ら経営する企業にビジョンを見いだせないならM&Aで事業売却し、その資金を以てETFやハ

ンドなど他の金融商品に投資すべきだろう。

1-3 ◆ 経営体系図

　経営体系図は、経営力を発揮するための組織と機能を図式化したものだ。経営体系は、5つの階層（デビジョン＆ステージ）があり、事業の意思決定やその影響力は上層から下層へと順に流れ広がりを示す。
①事業発想（ビジネス・アイディア）
②事業構想（プロジェクト・プランニング）
③経営戦略（ビジネス・ストラテジー）
④経営計画（マネジメント・スキーム）
⑤業務執行管理（マネジメント・アドミニレーション）

　企業規模や事業期間の長短に差があっても経営体系は同じだ。老舗と云われるような社歴の長い企業であっても、ベンチャー企業の経営者であっても事業発想や事業構想は求められる。なかでも、経営者として果たすべき最大の機能は、企業構想（ビジョン）の明示と説明だ。経営者が何を成そうとしているのか、経営幹部や従業員、取引先等は、その明示を期待と不安を以て待っている。

　ビジョンをいち早く実現させるには、高いリーダーシップ力やマネジメント力も備えるべき機能と言えるが、経営機能としてはビジョンが優先する。ビジョンがあってこそのリーダーシップだろう。

　次章以降では経営体系図の各要素について説明する。

■ 経営体系図 (2011MMP)

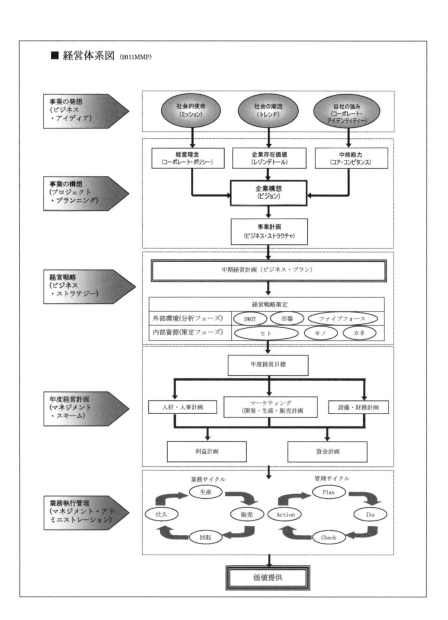

1 ■ 経営の構造

2 事業の発想

　事業の発想は、事業構想(ビジョン)に先んじて、経営者がいわばアイディアレベルで行う経営行為だ。経営体系における事業の発想ステージは、経営者個人が受けてきた教育や体験の中で生まれる。体験を通じた感動や悲しみ、怒り、喜び、使命感などが発想の要素となる。これをシステマティックに、カテゴライズすると社会的使命、社会の潮流、自社の強みの3点で構成するものといえる。

　事業を始める段階で、事業家は何等かの社会課題や、個人の課題解決をサービスや商品で提供し、解決することを考える。その際に、自社に取って何が強みなのか、その商品・サービスは社会の潮流に合っているか、社会的使命を持った事業か、というリトマス試験紙を通す。例え事業計画にすべて盛り込まれていなくとも、経営者の頭の中では分析を行っていると言っても過言ではない。そうした事業発想の段階がビジネスアイデアとして定義される。

2-1 ◆ 社会的使命

　成功した経営者は、皆口をそろえて、「利益を求めることが経営ではない」と主張している。どれだけ社会に貢献し、社会を豊かにするか、そういった仕事をすることによって、個人もいかに幸福になるかを追求していると言える。

　著名な経営学者であるドラッカーは「企業にとって利益は目的ではない。手段である。目的はいかに社会に貢献できるかだ」と言っている。事業継続が困難になった多くの企業経営者は、目先の資金繰りに自分の意識が奪われてしまいがちだ。そのような状況下こそ、創業時の考えや、強い思いを再度見つめなおし、社会的使命は何だったか、ということを考えることが重要である。

　例えば、飲食業であれば、「安心安全な食生活の提案」が社会的使命

となりうる。製造業であれば「物づくりを通じて循環型社会へ貢献する」、流通業であれば「高品質、高付加価値を持つ商品を提供する」かもしれない。自社にとって何が社会的使命であるか、創業時の原点を見なおすきっかけを作ってほしい。継続可能な事業は、多くの場合、単純利益追求型のビジネスモデルではない。社会を構成する顧客や、従業員などとの関係性を、どう維持するかという視点を持っている。経営の再建時には、自社の存在価値を考えてみることが、改善への意欲につながる。

2-2 ◆ 社会の潮流

社会の潮流と言うと難しい話のようだが、「企業を取りまく経済環境、市場動向はどうなっているか」ということだ。例えば、身のまわりで起きている社会現象は何か、という視点でも良い。その現象や変化、動向を事業構想に反映させる。また、日常的にはそれが自社のビジネスにどう影響しているか、今後どう影響するのか分析する。

例えば、少子・超高齢化社会を考えてみよう。自社のメイン商品が人口増加を前提とした商品やサービスであった場合は、調達から製造、販売、マーケティングのあり方は変えていく必要があるだろう。一方、日本国内は少子高齢化であっても、海外を見ると、アジア圏ではまだまだ成長過程の国々が多く、若い世代の人口比率が高いので、日本で飽和を迎え成熟期となった商品やサービスであっても、海外市場の需要を見込んだ計画策定もあるかもしれない。

世界的な経済市場は、19世紀、20世紀のアメリカ一極集中型から、中国や東南アジア、EU、南米、アフリカへとひろがり、多極化の時代に移っている。かつての世界経済は、幾つかの強いリーダー国が存在し、これに追従したり保護されたりするフォロアー国がいた図式だった。しかし、現代はリーダー国の牽引力が凋落し、一方で新興国の激しい成長があり、経済の勢力分布もわかりにくい時代へ突入している。国家間の貿易のルールも、FTAやTPP、EPAといった新たな取りくみが活性化しますますボーダーレスの方向へと動きつつある。

これによってあらゆる分野において競争が激化することが予想される。多くの中小企業の競争相手は、これまで国内企業だった。しかし海外から新規参入してくる相手に対して防衛しなければならない時代は、すぐ目の前にきている。アジアでいち早く先進国入りした日本は、諸外国の人々に先がけて、物の豊かさだけでなく安全性や環境保全など社会的な生活を重んじるライフスタイルを選択する人が増えている。また、職業の選択が広がり、付加価値の高いサービスが増えることで、個人の購入行動も極めて多様化してきている。これ等のことから企業のマーチャンダイジングも強く影響を受け、これまで以上の、幅ひろい品揃えやサービスメニューなど市場ニーズを捉えた商品開発が求められている。

　さらに、2011年に起きた東日本大震災によって、日本人に意識変化が生まれ、地域社会との接点や人との関わりを求めるようになってきた。また日本国内の今後を見通しても、首都圏直下型地震や、南海トラフ大地震などが想定でき、これに備えて、都市における公共の防災対策や隣近所といった地域ぐるみでの対策準備が活発になると考えられる。2011年の災害時において、携帯電話や固定電話はダメでもインターネットがつながるというケースが起きた。これによってその後にソーシャルメディアの普及に拍車がかかった。災害からの体験が、個人の行動様式の変化をまねいた。この事例に限らず、こうした社会の変化、潮流を踏まえて、事業構想や経営計画、戦略の策定に反映させたい。

　飲食業のケースでは、「外食産業はデフレ経済下で厳しい経営環境に置かれているが、ダイエットブームは続いている。ヘルシーメニューは、品ぞろえを強化する」などが、考えられる。

　建設業のケースでは、「ここ数年、公共事業が大幅減となっていたが、復興特需により、まず東北地方の需要は続き、東京オリンピックに向けて東京や関東は好調だろう」といったことが考えられる。

　経営者は、わが社の商品やサービスが時代に即しているのか遅れてしまったのか常にクリティカルに分析する。時代に即せないのであればマーケットをどこに変えるべきか研究し判断する。あるいはこれまでの技術を生か

し、新商品開発をするのか決断する。経営者は、社会情勢を見て経営判断する力が求められている。

2-3 ◆ 自社の強み

同業他社と比較して、自社の強みは何なのか冷静に分析する。比較視点は多様に、無数にあるといってよい。「経営者の能力」、「地域性」「組織力」、「商品力」、「技術力」、「キャッシュフローなどの財務力」など、事業を成す能力を凡そ「人・物・金」でスライスしてあらゆる視点で自社の強みは何かを考えたいものだ。また別な角度からこれを解説すると、「他社の立場に一度立ってみて、自社の強みを考えてみる」ということにもなる。

以下は、自社の強みを計る一般的な手法だが、これにとらわれる必要はない。

●自社の強み分析

内部分析の視点	評価要素
1. 財務の視点	・ROA（総資本利益率） ・収益性 ・生産性
2. 顧客の視点	・顧客満足 ・代理店との関係
3. 業務プロセスの視点	・顧客に提供している価値 ・仕入先、得意先との関係（サプライチェーンの健全化） ・業務のシステム化、リスク管理制度
4. 学習と成長の視点	・組織風土 ・従業員のコンピタンス（技術や能力） ・技術のインフラ

これらの4つの視点を中心に自社の内部分析を行うと、これまで気づかなかった自社の強みや長所が見えてくる。老舗であることや創業100年以上の継続事業であることは、自社の強みとすることができる。また小さな会社であってもニッチな業界であるため自社がナンバーワン企業であったりする。自社の強みを分析をすることで、これまで気づかなかった自社の良さを発見でき、それを掘りおこし、伸ばすことが、不透明な時代を生きぬくための事業構想に結びつく。

2 ■ 事業の発想

3 事業構想力

3-1 ◆ 事業構想力とは

　事業構想は、経営者(特に社長・代表者)がなすべき最も重要な経営行為といえる。あえて極論を言うならば、経営体系(図)における企業構想以降の経営戦略や経営計画、業務執行管理は、社長以外の者に任せても構わない。もし事業構想を、他社に任せる社長がいたならば、彼は本来の社長では無いと明言できる。

　前項で経営機能について、「経営権」、「経営財」、「経営力」の3点を挙げた。中でも「経営力」は人の能力に依存する機能だけに、その承継は極めて難しい。この経営力は、経営体系を推進する能力のことであり、事業構想はその中の最重要項目といえる。経営機能の中で、経営権は概ね議決権割合といえるものであり、経営財は概ね事業上の財産(工場や土地、のれん、優れた職人等)といえ、ある種の判り易さがある。これに対し経営力は、ある時点の一片を切り出して秤で測れる類のものでなく、取締役会や経営戦略会議などの経営行為という時間軸の中で発揮され、その効用もまた時間を経て成果が現れるものといえる。

　経営という捉え難い対象は、これまであまり図式化、体系図化されたことがない。この捉え難く説明し難い"経営"を「事業を成功に導くシステム」という観点でチャート化したものが「経営体系図」だ。筆者が2003年頃の著書から使い始めその後、少しずつ手を加えている。筆者の経営体系は、先ず経営システムを事業のプロセスに着目し大きく①事業発想、②事業構想、③経営戦略、④経営計画、⑤業務執行管理の5階層に分類した。どの階層も経営を成立させる上で不可欠な機能と行為だが、経営者だけで行うものではなく事業の大小や、経営システムの深化度合いによって多少の違いがあっても通常は複数の人や機関(取締役会等)が分担して行う。

経営体系を解りやすく説明してみたい。ある会社はこれらすべての経営体系を一人で完結できる状態にある。これを一方の極"A"としスーパー経営者と呼ぶ。真逆の極を"Z"としこれをエクセレント経営者と呼ぶ。エクセレント経営者は何を自身で行い何を自身以外の者に委任するのか。Z局の経営者の残された究極の経営事業、それは②の事業構想階層であり、さらに中心となる経営行為は「事業ビジョンの宣言」といえるだろう。当然ながらビジョンが妄想でない証として、関係者が理解できる言語体系を以て当該ビジョンにいたる経緯や実現の方向を示す義務を負う。スーパー経営者を目指すにしてもエクセレント経営者を目指すにしても経営者は、事業構想力を磨かなければならない。

3-2 ◆ 事業構想の構成要素

事業を成功に導くビジョンを構築する「妙薬」「妙手」は無い。経営は事業という生き物を扱っている。このことから成功した経営者のビジョンが結果として「優れたビジョン」ということになるが、これでは経営科学とはいえない。ビジョン（事業構想）構築とその説明行為が経営者の最重要事業であり、これを構築するために経営者が取り組む思念（思考）として最低限次の3つの要素が必要になる。

- 「理念」、事業に取り組む根本決意（フィロソフィー）
- 「使命」、責任を持つべき重要任務（ミッション）
- 「方針」、事業が目指す方向（ポリシー）

後継経営者から利害関係者（社員や取引先等）へ示されたビジョンに、共有できる「理念」があり、連帯できる「使命」があり、理解可能な「方針」があるなら、多くの者がビジョン実現の協力者になり得る。「何かの聞きかじりだろう」「思いつきのレベルだ」「実現はムリ」と思われたのでは、ビジョン実現は程遠い。ビジョンの明示は、説明能力やこれまでの実績や人間性をも問われる行為と認識しなければならない。

3-3 ◆ 事業構想の上位概念

　事業構想(ビジョン)は、ある日突然にお告げのごとく現れたり浮かんだりするものでない。四六時中、事業や経営を考え、これを成功させる方法を練って敲いてようやく出てくるものだ。ようやく出てきたビジョンでさえ、事業リスクに怯え事業着手に躊躇することが多い。

　事業の優劣は事業者自身が行うものであって、他者があれこれと評価するのは難しい。同様にビジョンの優劣も評価し難いが、ビジョンの構造には一定の評価基準を与えることができる。
- 「経営理念」(創業の理念など)との整合性はあるか、齟齬は無いか
- 「企業の存在価値(意義)」は、社会の変化に合わせ継続できるか、向上できるか
- 「企業の中核能力」を内外の環境変化に照らし、活かしているか

　この3項目は、事業体系の「事業構想」の川上に位置する。ひねり出したビジョンを推敲し、この3項目をある程度満たすものにしなければならない。

3-4 ◆ ビジョン形成の外的要因

　四六時中考え、ひねり出したビジョンを整える方法を前項に示した。これも事業を成功に導くビジョンづくりの方法だが、ここではビジョンを生み出すスタンダードな流れを考えたい。
　事業を興し(あるいは承継し)社会に適合し成長させることが経営者の課題だ。経営者の成すべきことは多様だが、その中核課題が事業構想の構築とその宣言だ。一般に経営者の能力の発揮によって事業の成功が決定づけられる。従って、事業構想の優劣が経営に与える影響は重い。経営者が事業構想を練る上で配慮すべき外部要因として、次の3点を挙げることができる。
- 社会的使命・・・その事業に経営者として、社会的使命を感じるか

- 社会の潮流・・・社会の潮流をわが社は掴み、その事業に反映できるか
- 自社の強み・・・自社の内部要因を知り、その強みを以て事業を通じ社会貢献できるか

　経営者は経済の基盤となる社会（国内外）の動向に関心を持ち、法律や技術、生活者の志向の変化を掴み自社の事業にこれを反映させる努力を怠らない。そして成したい事業、成りたい人物のイメージを膨らませ、これが事業へと展開させた時、ビジョンが構築される。

3-5 ◆ ビジョン形成の内的要因

　ビジョン形成における内的要因は、ヒト・モノ・カネの経営資源そのものだ。どんなに経営者が優れていても、その経営者を助けてくれる経営陣、スタッフなくして事業の成功は難しいだろう。ヒト・モノ・カネに付帯する能力を以下に列挙したが、それらの顕在能力や将来性などを勘案し、事業は構想されなければならない。充分な資金が無い現状のまま、巨額の設備を必要とする事業は難しい。同様に、市場競争力のない商品のままで、売上拡大の構想はあり得ない。また、ヒトは、社内のひとり一人の個人的な能力の他に技術力や発想力、人脈といった要素も評価、分析する必要がある。

- ヒト・・・経営者を含むひとり一人の能力、組織力、人脈、商品開発力、営業力等
- モノ・・・商品力、不動産、IT資産、資格等
- カネ・・・資本、議決権、資金調達力、財務力

　モノは企業における商品だけでなく、企業が事業を行うに必要な資源も含む。店舗や、IT資産といった有形なものと、サービス提供に必要な資格（医師免許や会計士の資格等）などの無形なものの2種類に分類される。
　商品の販売のために仕入をしたり、従業員に給与を支払ったり、設備投資を行ったりするといった事業活動にはカネは不可欠である。金融機関からの格付けによって資金調達の可否判断がされることもあり、事業構想の

構築と事業活動におけるカネの動き(利益状況)は欠かせない要素といえるだろう。

3-6 ◆ 構想力を磨くための基本要素

　優れた構想力の発揮が、勉学と研究活動からだけで生み出されないことは、皆の同意を得られるところだろう。「良く学び良く遊べ」が諺なのか日本の故事から引用しているのか定かでないが、構想力を磨く原点がここにあるような気がする。「学ぶ」とは学習や教育を指し、知力の向上を目指す。高い知力は、技術向上や情報解析制度には貢献するが、決断や統率といった組織活動の優劣にはあまり強く相関しない。経営が資源の総合力で発揮されるように構想力も人が持つ能力の総合的な発揮から生まれる。人の能力を語るには、勉強不足と自認するがだいぶ前に学んだ佛教解説書に、智情意(ち・じょう・い)というものがあった。「良く学び良く遊べ」の理解を深めるため引用と解説をしたい。
- 知性(智)・・・教育、訓練、学習
- 感性(情)・・・家系、環境、生活
- 徳性(意)・・・体験(感動、絶望、歓喜、嫌悪、憧れ)

　知性を以て事業を計画し、情熱を以て組織を導き、徳性を以て製品、サービスの企画と推進を実践する、というものだ。特に徳性(意)は、豊かな経験、遊びの中で育まれるものだろう。

3-7 ◆ 先達の構想力に学ぶ

　経営者(後継者)にとってのビジョンの大切さを強く提唱する背景には、成熟した日本社会と巨大化した日本企業、官僚機構の多くにビジョンなき経営(リーダー)の問題がある。ビジョンなきリーダーの下では、組織は官僚化し、事業の衰退を招く。一方で、成功した経営者はほぼ例外なく「構想力が豊かな人」であることに注目したい。

①孫正義氏－カンブリア宮殿２０１０年１２月抜粋

◆孫正義（理念・ビジョン・戦略・戦術・計画日記を語る）

理念－企業の根本的な存在意義や活動意義など。普遍的なもの。たいてい抽象的。

ビジョン－理念を具体的にイメージでき共有できるようにするもの。

戦略－ビジョンを達成するための長期的・大局的な計画。

戦術－戦略に沿った局所的な作戦、技術、方法、など。

計画－短期的な計画。

"理念"はどういうことをやりたいか「情報革命で人々を幸せにしたい」というのが理念。理念を実現するためにどんな人々の生きざま、社会をどういうテクノロジーで実現させるのか・・まるで実現後を見せるかのように語れるのが"ビジョン"。それをどう実現するかが"戦略""戦略"の下に"戦術"があって一番下に"計画"がある。

普通の会社の経営会議や株主総会では"計画"ばかり語る。3カ年計画とか5カ年計画とか、マニフェストも3カ年計画と思えるものが多い。3年後に達成できたもしくはできなかったといったように、すぐ点数をつけたりする。それは方法論であり単なる計画に過ぎない。

②堀江貴文氏－ブログ：堀江貴文（ホリエモン）の理念・ビジョン抜粋

「やりたいことがあるなら、迷うな！　やってみればいいじゃん」私のこの考えはずっと変わらない。やりたいと思うのなら、そこで失敗のことなんか考える必要はない。やるかやらないかだけ。もちろん失敗する人もいるが、成功を手にできるのは、やった人だけなのだ。やらずに成功をつかめる人なんて、どこにもいない。

できないことなど、何もないのだ。それに気付けずに、自分の能力はこんなもんだと思い込んでしまい、本当はもっと才能があって、それを育んでいけるはずなのに、小さくまとまってしまう人も結構いるだろう。私はそういう人たちを見ていたくはない。大きく人生を変えられるかもしれないのに。どんどんチャレンジして、自分の力で切り開いていってもらいたい。

もちろん、社会の道徳や論理観などに、合わない部分も出てくるが、そん

なことは、気にする必要はない。あなたが切り開く道は新しい道なのだから、あなたが変えていくのだ。やりたいことに直結する近道を、ひたすら突き進めばいい。そして、優秀な人が、世の中にどんどん出現してもらいたい。私もそうして突き進んできた。

③稲盛和夫氏－日経新聞2012.10.31「日経フォーラム世界経営者会議」抜粋

　リーダーは、次の4つのことを果たす人だ。第1は組織の目指すビジョンを高く掲げる人。第2は組織のメンバーとビジョンを共有できる人。第3は人間性。最後に業績が向上する仕組み作りの能力。

　時事通信 2012.10.23抜粋：日本外国特派員協会で講演し、「リーダーが明確なビジョンを持ち、それを実現するという強い思いを持つことが必要だ」と強調した。その上で「社員の心に火を付け、全社員が持てる力を存分に発揮できるようにすれば、日航が短期間で復活したように多くの企業が新たな発展の道を歩める」と力説した。

④カルロス・ゴーン氏－日経新聞2012.10.31「日経フォーラム世界経営者会議」抜粋

　日産は、原価低減やリストラの結果再生できたのではない。あるべき姿、ビジョンを描いたから再生できた。そのビジョンを従業員が共有し、同じベクトルに向かってモチベーションを上げた。組織やプロセスを優先させると残念なことになる。

⑤D社元社長T氏－匿名（ビジョンなき経営の末路か？）

　2001年D社経営再建を託されR専務からD社長に就任。経営再建中にも関わらず、オーナー家の意向に配慮し不良資産、遊休資産の阻止をする。一方で、経営者自ら店頭に立つなどTPOがマッチしない行動を多発する。メーンバンクからは産業再生法等の法的再建を勧められるが、オーナー家の資産保全にこだわりこれを拒否して自主再建の姿勢を保持。後に、債権者銀行に半ば押し切られる形で、産業再生法適用を承諾し、D社は倒

産した。現在、産業再生機構の支援を経て商社主導で再建中。

問題解決力

　前項までに「経営力とは、方針を定める能力と組織を整える能力、目的達成に向けてことを行う能力の総和」と定義した。一方ここでいう経営力は、経営者が単独に発揮するものでなく、経営体の全体的機能として具備すべきものであり、後継者を含む経営者個人とって最も必要な能力は、「事業構想力」に他ならないと提唱した。

　事業構想力は、経営者に必須の能力であり経営に不可欠な機能に違いないが、優れた事業構想と経営者の高い説明能力だけで、事業を成功させ成長させるのは希なことだ。経営者に次に必要な能力として「問題解決力」を取り上げる。問題解決力は、事業構想の実現に向けた事業活動において事業推進を補完し、事業を成功に導くための経営者に必要な能力といえる。

4-1 ◆ 問題解決力とは

　仮に経営体系が高度に整った組織体であれば、最高経営責任者(経営者)が練った事業構想(ビジョン)を経営幹部や従業員等の関係者に提供しその推進を指示することによって経営は機能し、成功に向けて推進されるはずだ。しかし現実には、トップがビジョンを唱えただけでビジョンの実現に向けて経営推進される企業は少ない。なぜなら、ビジョンの実現を阻む阻害要因や障害物が殆どの場合に存在する。この障害を問題という。

　問題とは、「あるべき姿」と現実のギャップだ。事業では、経営トップが描いたビジョンの実現が「あるべき姿」だ。ビジョンの実現を阻害したり、遅延させたり、規模を縮小させたりする要因の全てが「問題」なのだ。問題は企

業活動に相関するように、何時も何処にもどの部門にもあると言っていい。
- 価格競争が激しくなった
- 予想外の業界参入があり業界慣習が崩れてきた
- 技術革新が進みこれまで競合で無かった業界との競争が出てきた
- コア商品においてトップブランドイメージの維持が難しい
- インターネットを使った買い手の情報収集力の高さに手を焼くようになった

4-2 ◆ 問題発生（発見）時の対応

　問題が発生しても、これを認識しないケースがある。従って、問題とは現象認識の個体差ともいえる。問題発生を認識すると一般に、原状回復策と再発防止策を施す。この原状回復策や再発防止策にも、担当者の能力や企業姿勢によって優劣の差が大きく表れる。

①来客中の応接室で運んできたコーヒーを盆から落とし、来客用と社長用のカップを壊した
- 原状回復策は？
- 再発防止策は？

この様な小さな問題でも問題解決力は要求される

②ビルのイメージを決定づけるシンボルの回転ドアだが今日もうまく乗れない老人が挟まれ軽いけがをした
- 原状回復策は？
- 再発防止策は？

　この②の例では、再発防止策が拙く後に死者を出すほどの大事項が発生した。

③宿泊した顧客が書類を忘れていることに気づいたが既に帰京の途

についている。幸い宿泊名簿と書類から住所は把握できた
- 原状回復策は?
- 再発防止策は?

4-3 ◆ 問題を解決するためのクリティカル・シンキング

　問題解決力は、計算ロジックを理解したり膨大な事例を記憶したりしても大して向上しない。問題は予想外に悪いタイミングで発生する。問題を起こした原因が複雑すぎて解決の糸口が見えない。問題発生によって予定をはるかに超える経営的悪影響が発生する。これ等のように問題の発生要因が一様でないことから問題の対応には高い思考能力が要求される。

　経営者に最も必要な「構想力」は、個人が生活の中で築き上げた人間性や人間力に依存する能力であるのに対し、「問題解決力」は学習や道具を利用した思考法の訓練によって向上させることが可能な能力だ。

　クリティカル・シンキングとは、「論理的かつ構造的に考えること」だ。一部の書籍等では、直訳からして「批判的に考える」と解説しているが、ここで批判の対象になっているのは自分自身の考えだ。問題の分析や解決にあたって自分がきちんと論理的に構造的に考えているかを批判しながら進めていくことがクリティカル・シンキングの本質だ。

　クリティカル・シンキングで欠かせないプロセスは「目的や前提を明確にする」ということ。問題解決に向けて思考するとき「取りあえず目に付いた課題（解決案）」にとらわれ、本質を見逃してしまうことがある。また、問題要因を分析する際に「情報が少なくて判断できない」、「原因関係が複雑すぎて結論を出せない」ということがある。これは「思考停止」といい、クリティカル・シンキングが最も嫌う結果だ。情報が少ないなら、「ほかにどんな情報が必要なのか」、複雑すぎるならば幾つか前提を設定し「こういう場合にはA、こういう条件ならBだ」とするのが得策だ。

4-4 ◆ 問題解決力をアップする思考法やツール

①SWOT分析

　SWOT(スオット)は、経営戦略構築を前提とした経営環境分析のひとつで、自社の内部環境分析と自社を取り囲む外部環境を分析するための"4つのキーワード"の頭文字を取ってSWOTと名づけられている。
- 内部要因(自社)分析として次の2点・・・①Strength(強み)
　　　　　　　　　　　　　　　　　　　②Weakness(弱み)
- 外部要因(環境)分析として次の2点・・・③Opportunity(機会)
　　　　　　　　　　　　　　　　　　　④Threat(脅威)

　SWOT分析の目的は、その企業が持っているビジネス機会や外的脅威などの「外部環境分析」と、コア・コンピタンスや組織体制などの「内部要因分析」から、経営課題を具体化し、事業の進むべき方向を明確にすることにある。外部環境分析で扱う「要因」の特性は、基本的にその企業・組織の力で変えることが不可能なものと定義でき、経済状況や技術革新、規制緩和などの「マクロ要因」に関するものと、顧客ニーズや競合他社動向、ビジネス機会の変化といった「ミクロ要因」に関するものに分けて分析する。内部要因分析で扱う「要因」の特性は、その組織内の努力や改革で改善可能なものと定義でき、その企業が持っているリソース(人材、財産、キャッシュフロー、技術、情報リテラシー、販売拠点など)について強み・弱みを分析する。

②成功要因(KFS、ケー・エフ・エス)の設定

　KFS(Key Factor for Success、キー・ファクター・フォー・サクセス)は、主成功要因や成功要件と訳し、目標達成のために決定的に重要となる要因のこと。また、目標達成のために最も力を入れて取り組むべき活動や課題のこと。

　組織や個人が目標達成に向けて行動するにあたり、限られた資源を最も

効率よく活用するために設定するもので、目標の成否を左右する様々な要因や活動の中からKFSとして選択されたものには優先的・集中的に資源が投下される経営目標を達成するための要因や要件を絞り込む手法のひとつ。

また、KFSを過去の経営における成功と失敗の原因分析として活用することもある。

③重要成功要因（CSF、シーエスエフ）の分析

KFSと類似する戦略策定用語にCSF（Critical Success Factor、重要成功要因）がある。CSFは、経営学者のJ.F.ロッカートが「企業を繁栄させるために必ず実行されなければならない重要な要因」のことをクリティカル・サクセス・ファクター（CSF）と定義したもので、KFSと同義に使われることも多い。

経営戦略を計画的に実施する際、その目標・目的を達成する上で重要（決定的）な影響を与える要因のことで、経営目標の達成に大きな影響を及ぼす戦略・戦術上の重点な管理項目といえる。経営戦略を実行する上での達成目標でもあり、それを分析／検討、決定することは重要な意味を持つ。

経営戦略においてCSFは、戦略／戦術レベル、全社／部門／個人と段階・レベルを追って設定され、またこれらに対し、具体的で定量的なKGI（重要目標達成指標）、KPI（重要業績評価指標）にまで落とし込むことが必要である。

④マーケティング戦略

企業がモノやサービスを市場で顧客に提供する一連の経営活動をマーケティングという。マーケティングという言葉を使うかどうかは別として、よほど特殊な企業でない限りマーケティング活動を行っているはずだ。作れば売れた戦後まもなくの時代を除き、現代のほとんどの企業においてマーケティングは経営活動の中で極めて大きな役割を果たしている。経営者が提唱した「事業構想」を実現するためには、ヒト・モノ・カネの経営資源の3要

素がうまくかみ合うことが必要だが、市場競争社会においては、マーケティング戦略も最重要な課題として位置づけられる。

⑤競合優位の戦略

マイケル・E・ポーターが提唱した競争優位を創出するための3つの基本戦略をいい、1985年に出版されたポーターの書籍名でもある。この中で、競争優位を築くためには、①コストリーダーシップ　②差別化　③集中　という3つの基本戦略があると主張している。

⑥コストリーダーシップ

コストリーダーシップ（Cost Leadership）は、競合他社より低いコストを実現することで、より優位な立場を獲得している状態、あるいはそのための戦略を指す。ここでいうコストとは、原材料調達から生産、流通、販売に至るまでのすべてのコストを含む。

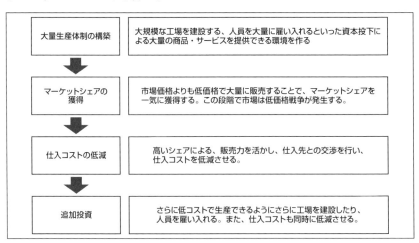

⑦差別化

商品や事業モデルにおいて、他社との違いを明確にすることで競争優位を確立しようとする手法や考え方を差別化という。ブランド（力・イメージ）によって他社の製品・サービスとの違いを際立たせる手法も差別化に当てはまる。例えば、マクドナルドの素早い商品提供や手ごろな価格という顧客

サービスに対して、手間を掛けて商品を提供するという別なサービス手法をとったモスバーガー（モスフードサービス）や濃くて香りの強いコーヒーで勝負している「スターバックス」は、差別化の成功例といえる。

また差別化とは、企業が自社自身あるいは自社の製品を競合他社と識別するために、一連の意味のある違いをデザインする活動とも定義でき、この場合に差別化手法を3分類することができる。

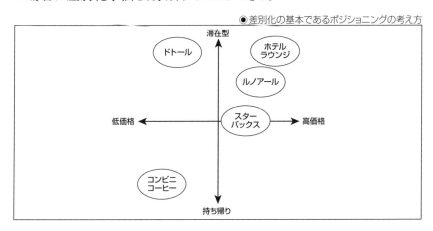

●差別化の基本であるポジショニングの考え方

⑧集中

集中とは、特定の客層や地域、あるいは特定の商品やサービス、ビジネスモデルに経営資源を集中する戦略をいう。他社がやりたがらない商品や参入しにくい市場に特化し、ニッチ（すきま）を狙う手法も集中戦略のひとつだ。

集中戦略には、特定の商品やサービスに対して徹底的なコスト削減を行う「コスト・集中」と、特定の商品やサービスに対して徹底的な差別化を行う「差別化・集中」がある。

⑨損益分岐点分析

事業構想の実現に、財務やコスト、資金をないがしろにできる会社は少ない。徹底的なコスト管理は必須だが、一方で闇雲なコスト削減は、従業員のモラル低下やサービスを含む品質の劣化、仕入先等の取引条件の悪化によるサプライチェーンの破綻など、事業構想実現の阻害要因となり

かねない。経営者といえども、事業における利益創出の構造を理解すべきだ。収益(利益)算出ロジックのひとつに、損益分岐点式がある。

■損益分岐点＝固定費÷限界利益率
　(※限界利益＝1－変動比率　・・・　≒原価率)
■目標利益＝(限界利益率×必要売上高)－固定費

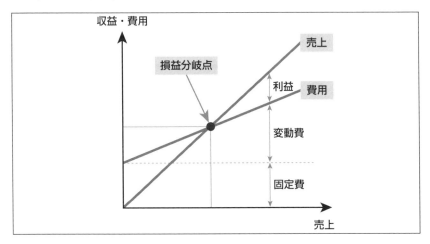

(必要売上高＝(固定費+目標利益))

　限界利益率は、おおむね粗利益率と同義で、仕入れコストや原価率を下げることで向上させることができる。限界利益率の向上は、売上高の増加策とあわせてマーケティングと密接に関係している。マーケティングの成功は、順調な販売を意味し、企業の資金調達にも少なからず好影響となるはずだ。

⑩中長期経営計画書

　経営計画が必要だと言われる。しかし、多くの経営者は、これを部下や担当部門あるいは顧問会計事務所の役割と認識している。それで良いとも考えるが、経営者が寡黙であったり口下手であったり、逆に多弁であったりするとビジョンの核となるものや事業推進の方針などが伝わりにくい。添付の中期経営計画書は、経営者が書き込むフォームとして設計している。ここに何も書き込めないようであれば、能弁かもしれないが実はビジョンがないと

判断すべきだろう。

⑪ビジネス・モデル・キャンバス(Business Model Canvas)

『ビジネスモデル・ジェネレーション　ビジネスモデル設計書』アレックス・オスターワルダー(著)/イヴ・ピニュール(著)/小山龍介(訳)/翔泳社(出版社)の中で紹介されている「ビジネス・モデル・キャンバス」という事業構想を成功に近づけるツールを紹介する。

ビジネス・モデル・キャンバスとは、ビジネスモデルを着想し、完成させ、評価するための柔軟なテンプレートで、ビジネスモデルの設計や分析においてパワフルなツールとなっている。

ビジネスモデルを考える時に、企業の顧客や提供する価値、インフラ、財務など9つの要素、全てを考える必要があり、ビジネス・モデル・キャンバスでは、この9つの要素全てを網羅し視覚的に捉えることができる。

1)顧客セグメント(Customer Segment)
　ビジネスモデルの核である顧客について、顧客のタイプを1つ以上のターゲットに絞り、「マス」マーケットや「ニッチ」マーケット、または「60歳以上」「山梨県の住民」などとし、提供価値を、どのターゲットにたいして提供するのかを考える。

2)提供する価値(Value Proposition)
　顧客に提供する価値を考える。競合他社が提供する商品やサービスではなく、自社の製品やサービスを利用したいと思わせるような価値を考える。

3)チャネル(Channel)
　販路のことで、製品やサービスをどの販路で販売・提供するかを決める。インターネットで直販する、小売店に卸して販売するなどの選択肢がある。

4)顧客との関係(Customer Relation)
　顧客と、どういった関係を構築するかを考える。顧客セグメントや提供す

る価値によって異なってくる関係性を考える。

5) 収入の流れ(Revenue Stream)
　ビジネスモデルを構築する上で重要な収入を考える。何によって何時、どの程度収益が上がるのかを考える。

6) 主なリソース(Key Resource)
　リソースは最も重要な資産だ。物的資産、金融資産、知的資産、人材、特許など、様々なリソースが存在する。特に、競合他社と差別化するような要因となる資源を考えなければならない。

7) 主な活動(Key Activity)
　収益をあげるための主な活動を考える。例えば、製造業者は製品を生み出すこと。コンサルは問題を解決すること、サービス業は接客の在り方などを考える。

8) 主要パートナー(Key Partner)
　他の企業とパートナーとなることで、事業規模を拡大することができる。自社では持ち得なかったような技術力を獲得したり、製品開発を行ったりできることがある。パートナー形式も通常のアライアンスからジョイントベンチャーの設立まで多岐に渡るのでこの点についても考える。

9) コスト(Cost Structure)
　コスト構造を考える。コスト主導でビジネスモデルを考えるか、価値主導でビジネスモデルを考えるかによっても構造は大きく変わる。固定費や変動費なども含めてここで考える。

●ビジネス・モデル・キャンバス

主要パートナー	鍵となる施策	顧客価値	顧客との関係	顧客セグメント
	鍵となる資源		顧客チャネル	
コスト構造			収益構造	

5 リーダーシップ

　経営者にとって最も重要な能力として、リーダーシップが挙げられることがある。これに対し筆者の意見は、「経営者が具備すべき能力として「リーダーシップ力」は優先的にあるいは高く位置づけられるものでない」と考える。リーダーシップとは、歩行や言語、学習といった能力と同様に一般に健常者であれば誰でも有する能力といえる。経営者のミッションのひとつに「事業を成功に導く」がある以上リーダーシップ力が高いに越したことは無いが、どうしても優れたリーダーシップを必要とするものではない。必要条件でなく十分条件という言い方もできるかもしれない。

5-1 ◆ リーダーシップ力

　あえてリーダーを定義するならば「つき従う者（フォロワー）がいる」ということ。リーダーは、従う者（達）の行動を活用し事業を推進する。従う者が1人の場合も数万人の場合もある。

複数の人で構成されるチームや組織を動かしながら仕事を進める上で、リーダーは必須の存在でありリーダーシップは必須の機能といえるだろう。当然ながら仕事の品質や効率を高めるには、優れたリーダーの貢献度は大きい。しかし、仕事の品質や効率を高めるための日常的なリーダーシップの発揮が必ずしも経営トップの最優先事項とは思わない。

　経営者が宣言した「事業構想」は、組織上のセカンド以下の経営陣が推進して問題ない。中小企業の経営者に対し、事業構想力に先んじてリーダーシップ力を求めすぎる傾向に警鐘を鳴らしたいところだ。むしろ組織体としての経営力を問うならば、経営者のリーダーシップに社員全員がすがる図柄を理想形とするよりも、組織内のあちらこちらにリーダーシップを発揮する人材がいる状態を理想とし、これに近づけるべきだろう。

5-2 ◆ リーダーの評価

　日経新聞電子版（2013.01.07）に、「迷走シャープ　リーダーは誰なのか」と題する記事が掲載された。記事は「誰が会社を動かしているのか――。台湾・鴻海（ホンハイ）精密工業グループとの資本提携交渉が難航するなど再建の軸が定まらないシャープ。社内はリストラに追われ、迷走が続く。問題はリーダーシップが見えないことにある」で始まっている。2012年3月期に3760億円、そして2013年3月期も4500億円と、2期連続で巨額の最終赤字が見込まれるシャープの経営陣が批判されるのは無理からぬこと。

　また、講談社系の週刊誌2月2日号にパナソニックの経営凋落が取り上げられた。2年連続の史上最悪の赤字（合計1兆5000億円）の原因は、歪んだリーダーシップによる「人事の失敗」としている。

　一方近年で、優れたリーダーシップを発揮したと評されるのは、日産自動車を窮地から救ったカルロス・ゴーン氏やJALを破たんからV字回復させた稲盛和夫氏、凋落傾向にあった自民党を復活させた小泉純一郎氏など

が上げられる。

　これ等のリーダーシップ評価から言えることは、事業を成功させあるいは衆目の人気を得たものが優れたリーダーシップを発揮したと高く評価されるようだ。逆に、民主党の3首相やシャープのように、事業を窮地に追い込んだり短期間のうちに衆目の人気を失ったりしたものがリーダーシップ不足として悪い評価を受けることになる。

　ここに示した通り、多くの場合にリーダーシップの優劣やリーダーの評価は、能力を発揮した後の結果が評価される。良い結果を出すのは良いリーダーシップで、結果を指せないのは劣るリーダーシップということになる。以降では、良い成果を出すためのリーダーの在り方や優れたリーダーシップ発揮法などを考える。

5-3 ◆ リーダーシップのスタイル

　「戦国武将のリーダーシップ」に有名な例えがある。
- 織田信長「鳴かぬなら殺してしまえホトトギス」
- 豊臣秀吉「鳴かぬなら鳴かしてみせようホトトギス」
- 徳川家康「鳴かぬなら鳴くまで待とうホトトギス」

　小学高学年の日本史で習う戦国時代の三大武将の性格を表す伝説だ。日本人ならば誰でも知っているこの三武将の「人を従わせる基本手法」は、リーダーシップの類型としても伝えられている。本章前項にて「構想力」を磨く手法として智情意（ち・じょう・い）を紹介したが、この3武将のリーダーシップスタイルをこれで分類することも可能だ。
- 織田信長・意（強い意志、多様な体験）
- 豊臣秀吉・智（高い知力、たゆまぬ工夫）
- 徳川家康・情（深い情け、人間観察・自然観察）

　ただしこの類型はリーダーシップの類型ではなく、信長は「短気」、秀吉は

「わがまま」、家康は「気長」という本人の気質や性格を捉えたものに過ぎない、という考えもある。優れたリーダーシップの発揮は、リーダー(経営者)の気質や性格と融和し協調したものでなければならない。少なくとも経営者が採ろうとするリーダーシップ・スタイルが、経営者本来の性格や気質と相反する者であっては、良い成果を生むことは難しい。

5-4 ◆ 経営タイプ分類とリーダーシップ

経営者によって経営執行スタイルは千差万別だが、分析してみると幾つかの型に分類できる。筆者は、以下の4つの方に分類し「経営タイプ」と名付けた。経営者がどのような「経営タイプ」を目指すのか、これによってマネジメントの立ち位置とリーダーシップのあり方が決まってくるだろう。

経営タイプ	マネジメントの立ち位置
リーダー型	現場の最前線の部下の目前で指揮を執る
トップマネジメント型	組織を整え取締役会の最高指揮者として事業を統制する
オフィサー型	組織を整え部門に権限を与えながらもこれを指揮する ※オフィサーは、将校や士官の意
オーナー型	経営権の掌握(支配株主)による人事権によって事業を統制する

経営者の必要能力として第一が「構想力」、次に「問題解決力」としてきたが、経営者が上記の「リーダー型」経営者を望むならば、当然ながら「リーダーシップ力」は上位に位置づけられることになる。

●リーダーの種類(例)

リーダー型	職場の最前線の部下の目前で指揮を執る人物像。特に現場上がりでスペシャリティを持っていつつも、組織管理、人心掌握に長けた人が理想。
トップマネジメント型	組織を整え取締役会の最高指揮者として事業を統制する人物像。事業継続のために組織を俯瞰的に把握し、外部環境を見据えて事業活動の方向性を判断する。事業の大きな流れを作る人物。
オフィサー型	組織を整え部門に権限を与えながらもこれを指揮する人物像。権限の範囲で最高の結果を求めるため、統率力を大事にし、方向性が決まれば部下を率いて一途に遂行する人物。
オーナー型	経営権の掌握(支配株主)による人事権によって事業を統制する人物像。常に経営ビジョンを強く持ち、自社の次の一手を考えることを重要視する人物。

5-5 ◆ リーダーシップ・スタイル

　事業構想や事業目標に向かってよい成果を上げた場合の、担当部署やその上部系列の組織長は、リーダーシップがあると称賛される。これが一般的なリーダーシップの社会的な扱いだろう。従ってリーダーシップの手法に優劣や高度な技術は無いと云えなくもないが、自らの経営経験とコンサルティングの中からリーダーシップのスタイルを考えてみた。

①高圧型リーダー（使命感を人質にする）
　共感できる理想に見合った高い理想を掲げ、フォロワー（構成員）にこれを復唱させ、「自分たちが掲げた目標だ」と一度は言わせる。少なくとも目標に対しハイとは言わせる。実績管理において未達や不足が生じると、結果重視を金科玉条とばかりにフォロワーをなじる。フォロワーは、屈辱を果たさんがために、目標達成にまい進する。このタイプのリーダーは、目標達成者に極めて優しく接し、褒章も与えることが多い。

②牽引型リーダー（人々の先頭を走る）
　世の中の流れを察知し、組織の強みをこれに活かした「事業構想」を提唱し説明する。鋭い洞察力を持ちながら同時にこれをフォロワーに共感させることができる。このリーダーは、組織の内外に事業構想を提示し、発言し、露出することによってフォロワーの多くを"尊敬"（リスペクト）にまで持っていく。

③激励型リーダー（高いところから見守る）
　自分の倫理観や価値観に基づいた一定の基準によりリーダーシップを発揮する。その基準から組織がぶれないように教示し、見守る。組織やフォロワーの問題点は、鋭く指摘し時には叱咤するが多くの場合に最後は優しく激励する。

④議長型リーダー(調整による推進)

　有能で多様な人材を集め、そういった人材の特徴や弱点を掴み、組織活動を促し成功に導こうとする。単なる調整役で無いのは、このリーダーが人事権を持つ場合。フォロワーは、このリーダーに属することによって、働きやすい環境と組織力によって自分の力以上の何かを生み出すことができる可能性に惹かれる。

　ここに示したリーダーシップ分類は、リーダーシップ・スタイルに優劣をつけようというものではない。これから経営を指揮しようとする後継者や起業家は、自ら執るべきリーダーシップの参考にして欲しい。後継者を指導しようとする経営者や経営コンサルタントは、後継候補の資質や性格を把握して、執るべきリーダーシップ指導の参考にしてほしい。

第3章
会社法務と企業統治

会社、法人、法人格とは

1-1 ◆ 法人格とは

　法人格とは「法律に基づいて団体に与えられる法律上」の人格を言い、法律に従い一定の手続きを経たものだけに法人として人格が認められる。法律上の人格とは、権利・義務の主体となることのできる資格をいう。人（自然人）は、生まれながらに人格を有しているが、法人は法律によって「人」とされている。「人」とは、法律的には、権利義務の主体たる資格（権利能力）を認められた存在をいう。法人は、自然人以外で、権利能力を認められた存在だ。日本において法人は、一般社団・財団法人法や会社法などの法律によって成立（設立）することができる。

　法人格を持っていない団体は、一般的に任意団体と呼ばれる。任意団体は、法人格がないため団体名で財産を所有できない。財産を所有する際は、仮のルールとして代表者個人名義で対応することとなり、財産の所有や処分に係る事故の保障が代表者個人にかかる可能性が大だ。前述のとおり、法人格を持つことにより、法人名（団体名義）での財産所有や契約行為が可能となる。

1-2 ◆ 法人税法上の法人の種類

　法人税法上の法人の種類は、大きく分けて内国法人と外国法人に区分される。その上で、普通法人や公共法人、公益法人等、協同組合等、人格のない社団等に細分される。国内法として法人格の認められていない、人格のない社団であっても税法上は、社団として課税対象となる。

● 内国法人（国内に本店または主たる事務所を有する法人）

種類	該当例
普通法人	株式会社、合名会社、合資会社、合同会社(LLC)、医療法人等
公共法人	地方公共団体、国立大学法人、株式会社日本政策金融公庫等
公益法人等	宗教法人、学校法人、社会福祉法人、一般社団法人（※）、一般財団法人（※）、公益社団法人、公益財団法人
協同組合等	農業協同組合、漁業協同組合、信用金庫等
人格のない社団等	PTA、同窓会、同業者団体等

※非営利型法人に該当するものに限ります。営利型法人については普通法人に区分される。

● 外国法人（内国法人以外の法人）

普通法人
人格のない社団等

1-3 ◆ 日本の法人の種類

法人は「法律に基づいて団体に与えられる法律上」の資格で人格が与えられる。別な表現を取ると、法律さえあれば、様々な団体に法人格を与えることができる。本書の執筆時点でも、100種を超える法人格の種類がある。列挙は止め、代表的なものだけを以下に記載する。

種類	根拠法等
株式会社	会社法
(廃止)有限会社	有限会社法 - 会社法の特例有限会社として存続
有限責任事業組合	(LLP)有限責任事業組合契約に関する法律 - 法人格はない
合同会社	(日本版LLC)会社法
合名会社・合資会社	会社法
特定非営利活動法人	(NPO法人)特定非営利活動促進法
特定目的会社	(SPC)資産の流動化に関する法律
事業協同組合	中小企業等協同組合法
信用協同組合	中小企業等協同組合法
一般社団法人	一般社団法人及び一般財団法人に関する法律
一般財団法人	一般社団法人及び一般財団法人に関する法律
公益社団法人	一般社団法人及び一般財団法人に関する法律および公益社団法人及び公益財団法人の認定等に関する法律
宗教法人	宗教法人法
社会福祉法人	社会福祉法
司法書士会	司法書士法
司法書士法人	司法書士法
独立行政法人	(独法)独立行政法人通則法
市や県	地方自治法
監査法人	公認会計士法
日本放送協会	(NHK)放送法

※順不同

1-4 ◆ 会社法上の会社とは

　会社法では、株式会社と持分会社（合名会社、合資会社及び合同会社）の2種類の会社類型を規定している。

　株式会社は、株式を発行して投資家から資金を調達し、その代金で事業活動を行なう会社のこと。株式出資という形で幅広く資本（資金）を集めた上で経営者（取締役）に経営を委託する。出資者は、適切な経営を監督するため、株主としての地位と権限を有し、取締役は経営者としての地位と権限を持つ（資本と経営の分離）。

　会社が株式を上場（公開）していれば、株式を購入することで誰でも出資者（株主）になれる。株主は、会社の利益が上がることに、株価の上昇によるキャピタルゲインと、持株数に応じて配当金や株主優待等のインカムゲインを期待できる。半面、事業が不調であれば配当金は無く、株価も下落することになる。株式会社制度の下では、事業を遂行する人（経営者）と株主は異なり、経営者と出資者（株主）が別人でも構わない。このため経営手腕のある人は、自己資金が無くても、株式発行により投資家を集めての事業が可能となる。

　これに対し、持分会社は、相互に人的信頼関係を有する少人数の社員が自ら事業を行うことを想定した法的機構をとる。信頼関係を前提とするため定款の作成及び変更は原則として総社員の同意を必要とする。同様に社員の持分を譲渡する際も他の社員の全員の承諾を必要とする。会社の管理（運営）についても、定款に別段の定めがない限り、全社員に業務執行の権限がある。また、持分会社は、社員以外の者が業務を執行することはできない（資本と経営の一致）。

1-5 ◆ 株式会社の事業統制

　株式会社の事業統制を議論する際に「会社は誰のものか」という議論になることがある。その答えとして、「株主」「経営者」「社員」「お客様」「地域

社会」などが挙げられる。多様な答えが出てくる背景には「もの」という言葉の概念にあるようだ。誰のためのものか、と誰のものか、が明確でないため起きる混乱で、通常「のもの」という場合、それは「所有」を表わす。その視点では「株主のもの」と言えるようだ。株主は、投資という経済的なリスクを取って、株式の割合に応じて会社を「所有」する。

　資本主義の先達のアメリカでは、株主に送られる通知書類の宛名に「Your Company」と記載するそうだ。日本でも株主への通知書の宛名も「あなたの会社」とするのが正しいだろう。

　ただ、良く考えると「会社は株主のもの」だとは言い切れない面もある。会社は、法律的に認められた"人格"を持っている。その人格に対して、「誰のものか」という問いは、妻や子、従業員などに対して「あなたは誰のものか」という様な問い掛けをしているようなもので、愚問だろう。会社も人も、社会の貴重な欠くことのできない構成員ということだ。

　株式会社制度が進展する中で、企業統治(コーポレート・ガバナンス)が注目されるようになった。企業価値の最大化や企業理念の実現に向けて、経営陣を動機づけると共に、企業経営の公平性や健全性、透明性を確保し、維持・推進する制度(仕組み)の総称が企業統治ということだろう。企業統治についての詳細は後述することとし、ここでは株式会社の機関設計について解説する。

① 「株主主権型」と「利害関係者重視型」

　会社の統制をモデリングすると、株主(ストックホルダー:stockholder)と利害関係者(ステークホルダー:stakeholder)という当事者が見えてくる。株主を重視しようとする「会社主権論」では、ステークホルダーのなかで、株主は投下資本自体およびそのリターンが不確定で、かつその他のステークホルダーが企業から所与の利益を与えられた後に、残った利益の中から分配を受ける(場合によってはゼロになる)。つまり、株主は最終利益の享受者であるとともに、最終的なリスクを引き受ける。したがって、利害関係の中で

最も高いリスクに応じた高いリターンを必要とするという理論だ。それを「株主主権型」ともいう。

一方、会社は利害関係者のものであり、株主だけでなく顧客、従業員等利害関係者を重視すべきという考え方もある。「利害関係者重視型」とも「ステークホルダー型」ともいう。日本的な経営が優れているとされた時代の中心的な考えだ。様々な関係者が相互の利害関係を調整することが円滑で望ましいガバナンスをもたらすという概念だが、最近は株主価値重視という考え方が主流であり、この考え方は少数派となった。しかし、短期的な株主価値重視経営では、株価上昇のため経営者が不正を働くリスクが高く、会社の長期成長の観点では問題点も多いため、見直される傾向も出始めている。

②「エージェンシー理論」と「信託関係論」

「エージェンシー理論」とは、主たる経済主体（プリンシパル）とその主たる経済主体のために活動する代理人（エージェント）の間の契約関係をエージェンシー関係と呼ぶ考え方である。株式会社の統制に当てはめると、プリンシパルが株主で、エージェントが取締役（会）だ。エージェントはプリンシパルの利益を最大化するような行動を期待されるが、両者の利害はかならずしも一致しない。利害の不一致や情報の非対称性によって、エージェントがプリンシパルの利益ではなく自己の利益を優先させて行動してしまうというようなモラル・ハザードが発生し、プリンシパルに対して虚偽の報告をしてしまうということが起こりうる。そういった問題が発生することを防ぐために、「プリンシパルの利益に合致する行動をエージェントに取らせるようなインセンティブを与える」ことや「エージェントの行動を常に監視する」ということが行われる。

これに対し「信託関係論」とは、株主（投資家）を信託上の受益者とし、経営者を信託上の受託者とした信託関係として捉える考え方だ。信託関係においては、受託者である経営者が信託財産としての会社（事業）を信託契約に基づいて義務履行し、受益者である株主に対して企業価値の

向上や配当という信託目的を果たすということである。

1-6 ◆ 株式会社の機関設計とは

　会社の目的を達成するための組織、または意思を決定する者を「機関」といい、株式会社の「機関」には「株主総会」「取締役」「取締役会」「監査役」「監査役会」などがある。会社法の範囲内で機関は自由に設置でき、その設計を機関設計と呼ぶ。2005年の（新）会社法の施行以降、機関設計の自由度が増した。

　具体的な仕組みとしては、委員会設置会社の設計や、取締役と執行役の分離、社外取締役の導入、監査役・内部監査の権限強化、独立した指名委員会・監査委員会・報酬委員会の設置など、組織面の構築が挙げられる。また、機関設計を補完するものとして、企業憲章や定款、社則などによるポリシーやルールの明確化や、法定監査・株主代表訴訟・公益通報などの内外の諸制度を挙げることができる。

　なお、OECD（経済協力開発機構）では、企業統治に関する世界共通のルール作りを目指しており、そこでは指針となる「企業統治原則」を度々更改している。OECDが示す、企業統治の主要項目は以下のようになっている。

- 透明で効率的な市場を促し、法に整合する仕組みにする
- 異なる当局間の責任分担を明確にする
- 株主の権利を守り、権利の行使を促す
- 少数株主や外国株主も含め、全株主の扱いを平等にする
- 社員ら株主以外の利害関係者の権利を尊重し、会社との協力を促す
- 財務、株主構成、統治体制を含む、重要事項の開示を徹底する
- 取締役会は執行経営陣を監視し、会社や株主への説明責任を果たす

1-7 ◆ 株式会社の機関設計の要素

　機関とは、株主総会や代表取締役、取締役、取締役会、監査役、会計参与といった、会社の意思決定や業務執行に係る決定権限について法律で定めた会社内の部門をいう。これらの機関は、必ずしもすべて設置する必要はなく、一定の組合せによる選択も可能だ。組合せ方によっては、組合せ方そのものが不可であったり、機関の決定に制限が掛かったりすることがある。

　これら機関の組合せを決めることを、機関設計と言う。以下の表が、会社法の機関設計の基本パターンだが、設計内容に優劣は無く、会社の目的や理念に合わせた設計が重要だ。会社設立や組織変更など際の具体的な機関設計については、司法書士や税理士、経営コンサルタントなどの専門家に相談するといい。

機関			取締役	取締役会	会計参与	監査役	監査役会	委員会	会計監査人	(備考)
非公開会社	中小会社	①	●							最小構成
		②	●			●				
		③	●						●	
		④		●						従来構成
		⑤		●	●注					
		⑥		●		●	●			
		⑦		●		●			●	
		⑧		●		●	●		●	
		⑨		●				●	●	執行役
	大会社	⑩	●			●			●	
		⑪		●		●			●	従来構成
		⑫		●		●	●		●	
		⑬		●				●	●	執行役
公開会社	中小会社	⑭		●		●				
		⑮		●		●	●			
		⑯		●		●			●	
		⑰		●		●	●		●	
		⑱		●				●	●	執行役
	大会社	⑲		●		●	●		●	
		⑳		●				●	●	執行役

注)これ以外に会計参与の任意設置が可能

● 左ページの表の用語解説

公開会社とは	①その発行する全部の株式の内容として譲渡による当該株式の取得について株式会社の承認を要する旨の定款の定めを設けていない株式会社 又は ②その発行する一部の株式の内容として譲渡による当該株式の取得について株式会社の承認を要する旨の定款の定めを設けていない株式会社をいう よって、定款上、すべての種類の株式について譲渡制限が付されている株式会社のみが「公開会社でない株式会社」(非公開会社)となる
大会社とは	①最終事業年度に係る貸借対照表に資本金として計上した額が5億円以上であること 又は ②最終事業年度に係る貸借対照表の負債の部に計上した額の合計額が200億円以上の株式会社

1-8 ◆ 株式会社の機関の概要

機関名	機関の機能	備考
取締役	すべての株式会社に必ず置かなければならない機関。株主総会において選任され、経営を委任された者	取締役会非設置会社においては、対内的に会社の業務執行を行い、対外的に会社を代表するものであり、取締役会設置会社においては、会社の業務執行の決定機関である取締役会の構成員である
取締役会	株式会社のうち取締役会設置会社における業務意思決定機関	代表取締役の選任、新株の発行、準備金の資本金組み入れ、社債発行などは取締役会で議決できる
会計参与	取締役と共同で会社の計算書類を作成するために、会社が任意で設置する機関	税理士・公認会計士などの会計専門家からなる
監査役	取締役および会計参与の職務の執行を監査する会社の機関。会計監査・業務監査を任務とする。株主総会において選任され、監査を委任された者	従来、すべての株式会社に監査役の設置が義務づけられていたが、現行の会社法では、非公開会社の監査役の設置は任意となっている
監査役会	監査役でつくられた組織。株式公開している大会社は3人以上による監査役会を置く必要がある	独立性を保つため、その半数以上は社外監査役でなければならない。取締役の不正行為などが懸念される場合、意見を述べることができる
委員会	委員会設置会社は、取締役会の中に指名委員会、監査委員会及び報酬委員会という機関を置くことができる	社外取締役が過半数を占める委員会を設置し、取締役会が経営を監督する一方で業務執行については執行役にゆだね、経営の合理化と適正化を目指すもの
会計監査人	会社法においては「株主総会以外の機関」のひとつとして規定され、会社の計算書類などを会計監査することを主な職務・権限とする	公認会計士または監査法人のみが就任することができる

会社法の基礎知識

2-1 ◆ 会社法制から(新)会社法へ

　2005年、「会社法」と呼ばれる法案が公布、施行された。この「会社法」は、新しい法典でありながら「新会社法」と呼ばれることが多い。本来「新会社法」と呼ばれるからには、「旧会社法」がなくてはならない訳だが、日本にはこれまで「会社法」という法律はなかった。「会社法」という名称の法律はなかったが、「会社関連法律」または「会社関連法制」と呼ばれる会社を規定する一連の法律があった。このため、新法典でありながら「新会社法」と呼ばれるようになった。

　新会社法は、従来の商法第2編の内容や有限会社法、株式会社の監査等に関する商法の特例に関する法律(商法特例法)等において、個別に規定していた「会社関連法律」をひとつの法典としてまとめたものだ。新会社法の制定目的を当時の法制審議会は、「最近の社会経済情勢の変化に対応するために会社に関する各種制度を見直すとともに、これを現代用語の表記にし、分かりやすく再編成する措置を講じようとするものである」と説明している。

2-2 ◆ 会社法の概要

　旧会社法制と比較し会社法では、有限会社が無くなり株式会社に統一された。旧法で4種類(株式会社、有限会社、合資会社、合名会社)あった会社定義から有限会社を株式に統合し、新たに合同会社を加え、合名会社、合資会社、合同会社の3種類は、持分会社と総称するとした。新たに加わった合同会社は、日本版LLC(Limited Liability Company)といえるもので、きわめて柔軟な自治経営を行うことができるものとなった。

　株式会社の中には、年商規模1兆円超の企業がある一方で、株主も社

員も親族だけという企業もある。このようなバラつきのある企業（会社）に対して、会社法は柔軟な機関設計（株主総会や取締役会などの意思決定や経営監督の機関）で対応している。

　会社法は、株式会社を規模の大小と株式公開の有無の2軸（2×2=4、大会社の公開会社など）で区分し、会社の実態に合わせ、さまざまな機関設計を可能なものとしている。特に中小会社の株式譲渡制限会社（株式未公開会社）については、経営の実情に合わせ次のような簡易な会社運営を可能としている。

- 取締役会を置かなくてもよい
- 監査役を置かなくてもよい
- 最低資本金（旧法は、株式会社は1,000万円以上）を設けない
- 定款により取締役の任期を10年まで延長できる

● 会社法上の会社分類と特徴

会社の形態	会社の特徴
株式会社／（株式会社の分類） ・大会社 　（資本金5億以上 　　又は負債総額200億以上） ・大会社以外の会社 　（上記以外の中小会社） ・株式譲渡制限会社 　（すべての株式が譲渡制限） ・公開会社 　（株式譲渡制限でない会社）	類： 最低資本金規制：なし 機関：会計参与など柔軟性のある設計可能。 特に、譲渡制限会社は自由な機関を選択可能。 ①総会＋取締役会＋監査役 ②総会＋取締役会＋会計参与 ③総会＋取締役会＋監査役＋会計参与 ④総会＋取締役 ⑤総会＋取締役＋監査役 ⑥総会＋取締役＋会計参与 取締役及び会計参与の任期は原則2年、監査役の任期は原則4年。ただし、譲渡制限会社は定款により最大10年まで延長可能。 取締役の員数は、取締役会を置かない場合は1人以上、置く場合は3人以上。（譲渡制限株式会社のみ取締役会を置かない機関設計の選択が可能） 取締役会の書面決議：可能 議決権等特段の定め：可能（譲渡制限会社のみ） 決算公告義務：あり
持分会社 　（合名会社、合資会社、合同会社）	合名会社・合資会社を一本化 （有限責任社員がいない合資会社＝合名会社） 合同会社：（新設） 出資者の有限責任が確保され、会社の内部関係については組合的規律が適用される新たな会社類型（日本版LLC）
有限責任事業組合（LLP）	組合出資者の有限責任を確保する民法組合の特例制度

2 ■ 会社法の基礎知識

2-3 ◆ 日本版LLP（有限責任事業組合）

　会社法の外にある事業団体として、有限責任事業組合（LLP）がある。従来からある組合（民法組合）は、無限責任制で仮に組合で多額の損失を出した場合、組合員が個人財産を処分してでもその責任を負わなければならなかったが、LLPは有限責任制のため、出資者は出資額以上の責任を負う必要がない。

　会社法の中に、日本版LLC（Limited Liability Company、出資者全員有限責任の人的会社）がありながら、別な法律として日本版LLPがあり、やや混乱しそうだ。これはLLPが民法の組合のカテゴリーであり、会社ではないとの判断に起因している。LLPは、英米等において会計事務所や法律事務所、デザイン事務所、IT産業等で「自由な組織運営ができる共同事業体」として幅広く活用されていた。日本はこれらを参考にし、組合出資者の有限責任を確保する民法組合の特例制度として立法した。日本版LLPの特徴は、次のとおりだ。

- 出資者全員の有限責任：出資者は出資金の範囲で責任を負う。
- 内部自治の徹底：組織内部の取決めは自由に決められる。即ち、株主総会や取締役会等を設ける必要は無い。
- 柔軟な損益配分：労務やノウハウの提供による各自の事業への貢献度に応じて、出資比率と異なる柔軟な損益分配を行うことが可能。
- 構成員課税（パススルー課税）：LLPには課税されず、その出資者に直接課税。

　会社法による「合同会社（日本版LLC）」は、LLPほぼ同じ特徴を有する制度だが、LLCは法人格を有することからパススルー課税は認められない点に違いがある。一方で日本版LLPには、租税回避防止の為に一定の仕組みが創設された。先ず、組合員の損益分配の割合は、総組合員の同意により別段の定めをした場合を除き、各組合員の出資の価額に応じて定めるものとし、本来自由であるべき損益の分配に一定の制限を課した。また、

出資者の共同事業への参加（業務執行の決定には、原則として総組合員の同意が必要）を義務付けている。

これは、民法組合制度を利用した租税回避行為の典型例であるレバレッジド・リース（出資額を大きく上回る借金をして、航空機や船舶を購入し減価償却費を分配して、損益通算を行うことで節税効果をあげる）に類する利用を回避するためだ。このようなケースでは、大多数の出資者は資金を出すだけで経営に参加していないことから、①組合員所得に関する計算書の提出、②出資額を超える組合損失は必要経費や損金に算入しないこととされている。

しかし日本版LLPは、「総組合員の同意による別段の定めがあれば」自由な損益分配が可能であり、また、パススルー課税も適用されることから、さまざまな事業形態の創業を経産省は期待している。経産省では、日本版LLPを産業活性の一助とするため、さまざまなLLP活用ケースを自省のWebサイト（http://www.meti.go.jp/）に掲載している。経産省のWebサイトは巨大なため、LLPに関する情報を探すためには、サイト内検索を活用するといい。

2-4 ◆ 会社法の活用

①株式会社の新設（起業）がしやすい

会社法の特徴のひとつに、最低資本金制度の撤廃がある。少ない資金で起業できるばかりでなく、以下の通り株式会社の創設のしやすさがある。

会社設立の用件	設立容易の概要
最低資本金制度の撤廃	少ない資金で会社設立できる
商号規制の緩和	・類似商号チェック手続きの廃止（同一住所は不可）により自由な商号を使える（ただし、著名な商号は保護対象） ・会社の目的（定款上）は、記載基準が緩和し包括記載が認められることから起業しやすい
登記手続き規制の緩和	・銀行等の払込金保管証明が不要となり通帳のコピー等で可能（発起設立の場合） ・従来は資本金を一定期間銀行に置いた上で払込金保管証明を得たうえで、これを添えた登記手続きが必要だった

会社の機関に関する規制の緩和（中小会社＋一部、株式譲渡制限会社）	・取締役は一人でも良い ・監査役はいなくても良い ・取締役の任期を10年まで延長できるため登記手続きを頻繁に行わなくても良い

　以上のように会社法には、起業奨励策とでも呼べる「さまざまな案」が盛り込まれている。この背景には、起業促進による経済活性という国家の意思（日本再興戦略／産業競争力強化法2013年12月など）がある。ここ数年の米国では、年間約50万社の起業があり景気回復の原動力となった。50万社の起業の裏には、約40万社の倒産・廃業があったものの、それは経済の新陳代謝であり、約10万社がネットで増加することは大きな経済活性要因となる。バブル崩壊以降の日本における会社数の増加は、さまざまな起業促進策があったにもかかわらずほぼ横ばい状態が続いている。会社法を活用した、株式会社や合同会社（日本版LLC）の積極的な創業が望まれている。

②会社の組織再編を促す

　会社の新規創業が経済活性のプラス要因であるように、既存の会社の組織再編も経済の活性化を促す。会社の組織再編とは、経営を取り巻く経済情勢や経営環境の変化にあわせ、会社を分割したり、合併したり、ガバナンス体制（会社の機関設定）を改革したりすることだ。

　先ずは、小さな会社を考えてみよう。有限会社は、有限会社として存続は可能だが、株式会社や合同会社（LLC）への組織変更の良い機会となる。実際には取締役会を開催することなく、社長一人ですべての経営判断や経営執行している会社は、この際取締役を1名とし、監査役を廃止することもできる。経営管理コストを削減できるだけでなく、経営のスピードアップにも繋がる。

　会社法は、従来の商法・会社法制度と比較し、積極的な組織再編を促しているように見える。この背景には、「産業再生法で設けた組織再編に係る特例が一定の効果があった」との認識がある。この認識の基に会社法

で一般化し、会社経営の機動性・柔軟性の向上を図るため、広く再編を促すというものだろう。具体的には、以下の図が示すとおり「会社の合併・分割を行う際には、株主総会で2／3以上の賛成が必要」という条項に特例を設けたものと組織再編に係る対価に柔軟性を持たせたものがある。

組織再編事項	組織再編の簡便化	組織再編簡便化の概念図
簡易組織再編の範囲拡大	「会社の合併・分割を行う際には、株主総会で2/3以上の賛成が必要」との原則に対して、資産規模20％以下の場合、株主総会の承認が不要で取締役会決議で可能。これにより大型の合併・分割をのぞいて、組織再編の手続きが大幅に簡略化される	会社法 20％に拡大／取締役会決議のみ／B企業がA企業の資産規模20％以下／合併企業A — 合併 — 対象企業B
略式組織再編の導入	既に支配関係にある株式会社間の組織再編の場合、子会社の株主総会決議を不要にした	完全子会社に近い関係にある会社（9割以上保有）間の組織再編の場合、子会社の株主総会決議を不要とする。／親会社 — 9割以上保有・合併 — 子会社／株主総会決議が不要
スピンオフの容易化	子会社を独立させる際は、これまで親会社株主に対して原則金銭での支払い（配当）を求められたが、子会社株式で配当することを解禁し、独立を容易にした	子会社株式で配当（特別決議）／株主／親会社／旧子会社 ← 独立 ← 子会社
合併等対価の柔軟化	いわゆる三角合併と呼ばれるもので、合併の際に「存続会社の株式以外の財産（現金、親会社の株式等）を交付できるようにする」というもの。この三角合併は、外国企業が日本企業を完全子会社化する際にも活用可能な制度だ。外国企業の子会社と日本企業の経営者同士が合併契約に調印し、株主総会の承認を得てはじめて活用できる制度であり、友好的なM&Aに使われることを想定している	現金、親会社の株式等を交付／株主／合併企業（存続会社） — 合併 — 対象企業（消滅会社）／①経営陣の同意（合併契約の調印）／②株主総会の特別会議（2/3以上）／③流動性の低い株式を活用する場合には、更に特殊決議（総株主の過半数が賛成するとともに総株主の議決権の2/3以上の賛成が必要）

2 ■ 会社法の基礎知識

2-5 ◆ 商法と会社法

　会社法制とは会社に関する法律という意味だが、「会社法」という名の法律は、2005年の会社法の公布までなかった。民法典が私法関係の原則的法律で、商法典、会社法典はその特別法になる。商行為に関する部分を詳しく定めたのが商法典、会社の部分につき詳しく定めたのが会社法典だ。会社の組織・運営に関する基本的な法律は「商法」に含まれている。商法は、4つの編に分かれていて、会社に関する一般的法規は「第2編 会社」に規定されていた。その他、商法規程が会社法制の全てではなく、他に「有限会社法」、「株式会社の監査等に関する商法の特例に関する法律」（商法特例法と略称される）、「担保附社債信託法」、「証券取引法」、「株券の保管及び振替に関する法律」、等多くの法律が存在し、これら会社に関する法制度を総称して、会社法制と呼んでいる。

2-6 ◆ 商法とは

　商法とは、商取引を行う人々の間の法的関係について定めた一連の法律のことで、広い意味での商法には、手形法や小切手法も含まれる。狭い意味では、「商法典」と呼ばれる法律の名前が「商法」で、その中で、最も重要で多くの条項があるのが、会社という企業の仕組みに関する部分であったため、商法を「会社法」と呼ぶこともあった。商法では、会社に関するルールの他に、個人事業者等の商人にも適用される一般的なルールや、運送業者、保険業者等の特別な事業者についてのルールも定めている。以下「会社法」という場合は、商法も含めた広義の意味として話を進める。

①商法による会社の性質

会社の社団法人性	商法の定めによると、会社は、商行為その他の営利行為を業とする目的をもって設立された社団であり、かつ法人である。従って、会社はその種類を問わず全て社団法人ということになる。

会社の営利法人性	会社は、営利を目的とする法人だから営利法人ともいえる。会社は、対外的活動によって利益を得て、それを社員等に配することを目的とした法人である。また、社員等に対する利益配分の方法も、年毎の利益配当でも残余財産の分配でもよい。
会社の商人性	会社は、営利事業を存在目的とし、この目的のために設立されかつ存在する。従い、会社は生まれながらの商人であり、また商人以外のなにものでもない。よって、会社は、営業財産の他に私有財産を有することなく、また商号の他に名称は無く、さらに営業所の他に住所は無い。

②商法と民法の関係

　商法は、民法の特別法といえる。民法も商法も共に私人間の法律関係について定めたもので、民法が一般的に広く民事上のルールを定めており、それに対して、商法は民事のうちの商事関係についてのルールを特別に定めているという関係にある。従い、商法に定めがない場合には、民法の一般ルールに立ち戻って考えることになる。

　民法は、法人を社団法人と財団法人とに区別している。この場合、社団法人は人を中心とする法人、財団法人は物または財産を中心とする法人と理解される。会社が社団法人であるということは、「人」が会社に出資等をして会社の構成員、即ち社員または株主となり、構成員として会社の運営に参加する権利及びその他の権利を取得することを意味する。その場合、会社の構成員の人数は複数であるのを通常とするが、一人でもよい。これに対し、財団法人には法人の構成員という概念は無く、構成員が法人の運営に参加する権利を有しない。

③法律上の人格「法人格」

　本来、「人格」というのは、人間だけに認められるものだが、会社は人（社員）の集まりであることから、会社にも法律により人格（即ち、法人格）を認めることで、人間と同じように、自己固有の商号や住所を持ち、権利を獲得したり、義務を負ったり、またその名前で訴訟の当事者となりえたりするようにした。これにより、法人格のある会社は、法人と呼ばれることになる。

　ただ、会社に法人格が認められるといろいろなメリットがある反面、それを逆手にとって悪用されることもある。そのため、法人としての形式的な独立性をそのまま認めてしまうと、会社と取引した人の利益を害することがあるの

で、そのような場合には、その法人としての存在を認めつつも、妥当な解決の為に必要な範囲で法人格の機能（即ち、会社と社員の分離）を否定して、会社と社員を同一視したり、有限責任を否定したりする必要が出てくる。これを法人格否認の法理という。

④**法律上の会社の社員**

　法的な概念としての社員は、社団の構成員のことをいう。会社に出資した人のことを、会社法では「社員」という。株式会社であれば株主が社員であることになる。一方、一般的に会社員という意味で使われる「社員」のことは、法律的に混同しないように「従業員」とか「労働者」という。このように、会社が「社員の集まり」だという場合は、従業員ではなく出資者のことを指す。こうした考え方をするのは、会社を作るにはお金が必要で、会社は出資されてできたのが起源とされるからであり、そういう出資者が会社の所有者だといえる。

　また、会社法では、会社に出資した人と会社を実際に経営する人の関係を定めている。つまり、会社の経営者や従業員は、会社に使われる人達だということになり、会社はそうやって実際に働く人達によって運営される。会社が小さければ取締役だけでも運営でき、会社が従業員を雇う必要が無ければ従業員はいなくてもいい。しかし、多くの場合は、株主から経営を委託された取締役だけでは手が足らず、人を効率的に使う必要がある。そこで、会社は、従業員（労働者）を雇い、組織を作り、様々な仕事をさせることになる。この雇用主（会社）と従業員との関係は、労働基準法を中心とした所謂労働法が扱う分野であり、会社法には殆ど定められていない。会社法は、あくまで会社に出資した人（株主）と経営者（取締役等）との関係やその出資の仕組みとしての株式制度等について基本的なルールを定めている。

2-7 ◆ 商号と商業登記

①商号とは

商人は、営業上、自分を表わすために商号という名称を使う。商号には、その氏や氏名以外の名称も使用できる（商号選定自由の原則）。ただし、正当な理由も無く2年間その商号を使用しないと、商号を廃止したものとみなされる。会社の商号の中には、会社の種類に従って、合名会社、合資会社、株式会社、有限会社（会社法特例）という言葉を使わなければならない。逆に、会社でもないのに、商号中に会社を示すような言葉を使うと過料の制裁を受ける。

また、他人が登記した商号を、同一住所において登記できない。商号の登記があれば、他人が不正の競争の目的で同一または類似の商号を使用している場合に、その使用の差止めと損害賠償の請求ができる。

商号は、それ単独で、あるいは営業権と共に譲渡できる。ただ、商号の譲渡は、その登記がなされていることが前提で、登記されていない場合は第三者に対抗できないので譲渡の対象にはならない。なお自己の氏、氏名あるいは商号を使用して営業することを他人に許諾した場合、自己が営業主だと誤認して取引をした人に対して、その取引によって生じた債務について、誤認された他人と連帯して債務を弁済する責任が生じる。

②商業登記とは

会社は多くの人々と経済的取引をするため、その基本的な情報を誰もが確実に知り得るように、会社の基本的な情報は登記しなければならない。この公示制度が商業登記制度である。商業登記は、不動産登記と同様に法務局で管理しているので、誰でも法務局でこうした商業登記を閲覧し会社の基本情報を確認できる。

どういう事項を登記し、また、どういう場合に、いつまでに登記しなければならないかも会社法に定められている。例えば、会社の設立や解散の他、役員の名前等登記事項として定められていることについて変更があった場合は、登記が必要となる。逆に、法律で登記事項として定められていなければ登記はできない。登記をする為の手続や必要書類等は、商業登記法や商業登記規則等に詳しく定められている。

また、インターネットの普及により登記のオンライン化(申請と閲覧等)が進んでいる。閲覧型の「登記情報提供サービス」は、登記所が保有する登記情報についてインターネットを通じてパソコンで確認できる有料サービスだ。(http://www1.touki.or.jp/)

提供される登記情報	提供情報の概要
不動産登記情報(全部事項)	コンピュータ化後の閉鎖登記簿も閲覧できる
不動産登記情報(所有者事項)	所有者の氏名・住所のみ
地図情報	地図又は地図に準ずる図面
図面情報	土地所在図／地積測量図、地役権図面及び建物図面／各階平面図
商業・法人登記情報	現存会社等の場合は履歴事項の全部、閉鎖会社等の場合は閉鎖事項の全部
動産譲渡登記事項概要ファイル情報及び債権譲渡登記事項概要ファイル情報	現在事項又は閉鎖事項の全部、それらの事項がない旨の情報

　申請型の、登記情報システムとして「登記・供託オンライン申請システム」がある。同システムは、申請・請求をインターネット又はLGWAN・政府共通ネットワークを利用して行い、2011年2月、法務省オンライン申請システムとは別のシステムとして運用を開始した。同システムを利用することにより、登記所等の窓口に出向くことなく、自宅やオフィスなどからインターネットによる申請・請求や電子公文書の取得が可能となった。

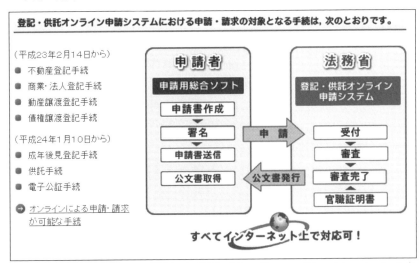

※登記・供託オンライン申請システム 登記ねっと 供託ねっと(http://www.touki-kyoutaku-net.moj.go.jp/)

③虚偽登記の責任

　会社の登記は、会社と安心して取引ができるようにするための公示制度であることから、商業登記は、会社の状態を正確に表示していなければ意味がない。こうした考え方から、登記事項は、会社が登記・公告した後でなければ、新しい登記の内容を「善意の第三者」に対して主張できないとされる。もっとも、会社が登記・公告した後であっても、第三者が知らないことについて正当な理由がある場合には、同様に第三者が保護される。例えば、日常取引を継続している取引先に対し、新しい登記の内容を会社が知らせていなかった場合には、その取引先が知らなかったことについては正当なる理由があるといえる。いずれにせよ、会社の登記事項に変更・消滅等があった場合、会社は遅滞なくそれを登記する必要がある。

2-8 ◆ 商業帳簿

①商業帳簿とは

　商人には、営業上の財産と損益の状況を明らかにする商業帳簿を作成する義務があり、どんな商人も必ず会計帳簿と貸借対照表を作成しなければならない。加えて、会社の場合には、損益計算書や附属明細書も作成する。ただ、会計帳簿は商業帳簿に含まれるが、計算書類には含まれない。計算書類とは、貸借対照表、損益計算書、株主資本等変動計算書、個別注記表を指す。

②会計帳簿と貸借対照表

　会計帳簿は、事業者の経営状態を正確に反映し、客観的に理解できる内容のものでなければならず、所定の事項を整然と明瞭に記載、記録する。例えば、開業の時と毎年一回一定の時期における営業上の財産とその価額、会社の場合にはその成立の時と毎決算期における営業上の財産とその価額を明らかにする。また、取引その他事業上の財産に影響を及ぼすような事項も同様である。

　貸借対照表は、開業の時と毎年一回一定の時期、会社の場合にはそ

の成立の時と毎決算期において会計帳簿に基づいて作成し、10年間、商業帳簿と営業に関する重要な資料を保存しなければならない。こうした期間は、商業帳簿の閉鎖の時から起算する。

2-9 ◆ 会社の設立

　新しい会社を作ることを「設立」という。設立の手順は、会社の根本規則である「定款」を作り、その社員となる出資者を集め、会社の活動に必要な取締役等の機関を決めて、設立登記をする。会社の設立は、会社設立の登記が終って、会社が法人格を取得して完了となる。それまでの間は、「設立中の会社」ということで、まだ法人格が無いので活動できない。株式の発行価額の全額が払い込まれ、取締役と監査役が選任され、代表取締役によって設立登記がなされると、株式会社として成立する。

①発起人

　会社を設立する事務を行う人を「発起人」という。定款に「発起人」として署名をした人が発起人となる。発起人は、①定款の作成　②株主の募集と株式の割当　③株式の払い込み　④創立総会の招集から終了までの議事進行（募集設立のとき）など、設立事務を担う。なお、定款に署名して発起人となった人は、必ず1株以上の株式を引き受けなくてはならない（出資する）。

　株式会社であれば、発起人が原始定款を作成し、株式を引受けて出資する社員が株主となる。原始定款とは、会社が設立される場合に最初に作られる定款のことをいう。発起人には、会社設立に必要不可欠な原始定款の作成、株式引受人の確保や役員の選任といった行為だけでなく、設立後に会社が事業をなし得るようにするための準備行為をする権限がある。その準備行為には、事務所の賃借とか、株主募集のための書類の作成、創立総会の準備、宣伝行為等、設立後の事業を行うための開業準備行為が含まれる。これら、発起人が会社設立のために行った行為は、設立後の会社に帰属する。

②株式会社設立の方式

株式会社の設立方式として、「発起設立」と「募集設立」がある。発起設立とは、会社の設立に際して発行する株式の全部を発起人が引受ける方式で、会社設立後の役員選任は発起人議決権の過半数で決める。会社設立の際には、ほとんどの場合、この発起設立が利用される。

募集設立とは、発起人が一部の株式を引受け、残りの株主を募集する方式で、創立総会が必要となる。一般に対する公募でも、特定の人達に対する縁故募集でも可能である。発起人が会社の設立に際して発行する株式の全部を引受けない場合は、この方式で株主を募集して設立する。

いずれの場合でも、発起人が定款を作り、その定款に公証人の認証を得る必要がある。

2-10 ◆ 出資の方法

①株式発行

株式会社の場合は、予め発行できる株式の総数を決め定款に記載する。この株式数を「授権株式数」という。一般に、会社の設立に際して実際に発行する株式総数は、授権株式数の4分の1以上でなければならず、また、授権株式数は発行株式総数の4倍を超えられない。ただし、株式の移転に取締役会の承認を必要とする閉鎖会社（譲渡制限会社）の場合は、自由に定められる。

②株式発行価格と資本の額

設立時の株式発行価額の総額は、会社の資本とされる。しかし、株式発行価額の半分を超えない額は、資本に組入れず資本準備金にできる。そのためには、発行する株式に関する事項として、①株式の種類と数、②株式の発行価額、③株式の発行価額のうち資本に組入れない金額を定款に定めておく。会社の設立に際してそれらが定款に定められていない場合には、発起人全員の同意に基づいて別途定めることになる。なお、株式の申込期間や払込期日等の事項は、発起人の過半数で定める。

③現物出資

「現物出資」とは、会社の設立時や設立後に金銭以外の財産（会社に使用するパソコンや不動産、商品在庫など）をもって出資する場合をいう。設立に際しての現物出資は、発起人しか行えない。現物出資者は、払込期日迄に出資する財産の全部を給付して、その現物出資によって株式を取得することになる。もっとも、設立中の会社名義では登記・登録ができないから、登記・登録その他権利の設定や移転等第三者に対抗するために必要となる行為は会社設立後となる。

ただ、金銭とは異なって、現物出資は財産の評価が正しいかどうかをチェックする必要がある。そこで、原則として検査役の調査等が必要とされている。ただし、以下の条件を満たす場合は、検査役の調査を不要とする。

(1) 現物出資財産の総額が500万円以下の場合
(2) 現物出資財産が、市場価格のある有価証券であり、定款に記載された価額（定款の認証の日における最終市場価格、がその相場を超えない場合
(3) 現物出資財産について定款に記載された価額が相当であることについて弁護士、税理士等の証明（現物出資財産が不動産である場合にあっては、これらの者の証明及び不動産鑑定士の鑑定評価）を受けた場合

④財産引受と事後設立

「財産引受」とは、会社の設立に際し、発起人が、会社の成立を条件として、会社が事業用の財産を譲り受ける旨の契約をすることであり、開業準備行為の一つである。財産引受の場合にも、財産の評価が適性に行われないおそれがあるので、チェックを行うために検査役の調査等が必要とされる。なお、財産引受の場合も、現物出資と同様の簡易な方法が認められている。

また、会社の成立前から存在する財産で会社の営業のために継続して使用する予定のものを、会社成立後会社が譲り受ける契約をすることを「事

後設立」という。この契約は会社成立後2年内で、その財産が純資産額の20％以上に当たる対価で取得する場合には、株主総会の特別決議を必要とする。

⑤検査役の選任

設立時の現物出資や財産引受等については、簡易な方法の適用を除いて、対象財産の相当性をチェックする必要があるため、検査役選任を裁判所に請求しなければならない。この場合、裁判所は検査役の報告を聞き、変態設立事項を不当と認めた場合、その変更を発起人に通告する。この変更に同意しない発起人はその株式引受を取り消すことができる。また、発起人は、その全員の同意によって、裁判所が変更の決定をした事項を廃止する定款の変更を行い、設立手続きを続行できる。ただ、裁判所の通告後1週間以内に前述の定款変更を行わない場合には、定款は通告に従って変更されたものに確定する。

しかし、検査役による調査には時間もかかり、かなり面倒なので、所定の場合に、弁護士、弁護士法人、公認会計士、監査法人、税理士や税理士法人の証明を受ければ検査役の選任は不要とされ、また、その財産が不動産であれば、その証明と不動産鑑定士の鑑定評価でもよいことになっている。

取締役と監査役は、株式総数の引受、払込・現物出資の給付の調査義務と発起人への通告義務を負い、検査役の調査がない場合には証明と鑑定評価を記載・記録した資料等所定の事項の調査義務も負う。この場合、証明等の誤りで第三者に損害が生じた場合、その証明等をした者は無過失を証明できない限り損害賠償責任を負う。

2-11 ◆ 定款

①定款の作成

会社を設立するには、会社の基本ルールとなる「定款」を作る。最初に作成する定款を「原始定款」という。株式会社では発起設立（一般的方

法)でも募集設立でも発起人が定款を作り、公証人の認証を得る。持分会社(合同会社等)では、公証人の認証を必要とせず、設立時社員全員の署名又は記名捺印があればよい。

　会社の定款には所定の事項を記載しなければならず、最低限度必要な事項を「絶対的記載事項」という。株式会社の場合は、以下の通りで、これ等の記載がないと公証人による定款認証がなされない。
- 事業目的
- 商号
- 本店の所在地
- 設立に際して出資される財産の価額またはその最低額
- 発起人の氏名・住所

　この他定款には、定款に記載していないと効力が認められない「相対的記載事項」と、定款に記載しなくても有効と認められ、定款に記載してもかまわない事項である「任意的記載事項」がある。

②相対的記載事項
　定款の相対的記載事項は以下があり、これらの事項は定款に明示しないと効力を持たない。
- 発起人が受取る特別の利益とそれを受ける者の氏名(発起人の特別利益)
- 現物出資をする者の氏名、給付する財産とその価格、現物出資者に対して付与する株式の種類と数
- 会社の成立後に譲り受けることを約した財産とその価格、譲渡人の氏名
- 発起人が受ける報酬額
- 会社の負担する設立費用(ただし、定款の認証料や株式払込の事務取扱について銀行に支払う手数料・報酬は除く)

これらの事項を定めると、設立手続きに特別な手続きが追加的に必要となるため、これらの事項を「変態設立事項」という。具体的には、発起人や取締役は、変態設立事項を調査させるため、原則として検査役の選任を裁判所に請求する。ただ、検査役による調査は費用も時間もかかることから、対象財産が少額のものや取引所の相場のある有価証券または不動産の場合は、現物出資等の場合と同様の変態設立事項のチェックを簡易にする例外が設けられている。

③会社設立の登記

　株式会社は、法律に従った形式的な手続だけで法人格が与えられる。これを「準則主義」といい、必要な添付書類が揃っていれば設立登記ができる。

　会社の設立登記は、会社を代表する者、通常であれば代表取締役が申請する。ただ、実際の登記手続は、弁護士や司法書士等の専門家に依頼することが多い。

　株式会社の設立登記は、発起設立の場合は調査手続の終了の日、募集設立の場合は創立総会の終った日か所定の日から2週間以内に行う。登記事項は、①事業目的、②商号、③会社が発行する株式の総数、④会社が公告をする方法、⑤本店と支店の場所、⑥発行済株式の総数とその種類と数、⑦資本金額、⑧取締役や監査役の氏名、⑨社外取締役、⑩代表取締役の氏名と住所、等がある。

④発起人と取締役の責任

　発起人が会社設立に関して任務を怠ったと認められる場合、発起人は会社に対して連帯して損害賠償責任を負う。加えて、現物出資や財産引受の対象財産の会社成立当時の実際の価額が、定款に定めた価額から著しく不足している場合、発起人と会社設立当時の取締役は、会社に対して連帯してその不足額を支払う義務を負う。これを「財産価格填補責任」という。

　ただし、それらの対象財産について検査役の調査を受けていた場合に

は、その財産の現物出資者や譲渡人ではない発起人や取締役は、不足額について責任を負う義務はない。これらの責任は株主代表訴訟の対象にもなり、さらに、発起人に悪意または重大な過失がある場合には、第三者に対しても連帯して損害賠償責任を負うことになる。

⑤会社の不成立

設立手続が途中で挫折して設立登記まで至らなかった場合には、会社は不成立となる。この場合、発起人は会社の設立に関して行ったことについて連帯責任を負うこととなり、不成立となった会社の設立に関して支出した費用は、発起人が個人的に負担しなければならない。

⑥設立の無効

会社の設立登記に至った場合であっても、実質的な法令違反等何らかの設立無効原因がある場合は、「会社設立の無効の訴え」を提起できる。会社設立の無効は、その設立の日から2年以内に株主、取締役、清算人、執行役または監査役に限って認められる。

設立無効の判決が確定すると、本店や支店の所在地でその登記がなされ、解散の場合に準じて清算をすることになる。ただし、設立無効の判決が確定した場合でも、その無効原因がある特定の社員(株主)にある場合には、他の社員の全員一致で会社を継続することができ、無効原因のある社員は退社したものとみなす。

この他、会社の社員(株主)がその債権者を害することを知って会社を設立した場合に、債権者がその社員と会社に対し「会社の設立取消」を請求できる制度もある。この会社の設立取消は訴訟によってのみの請求となる。

2-12 ◆ 株主名簿

①株主名簿とは

『株主名簿』とは、株主の氏名・住所等を記載したもの。株式会社は株主名簿により株主の管理を行う。会社は作成した株主名簿をその本店に、

株主名簿管理人があるときはその営業所に備え置かなければならない。株主名簿管理人とは、会社に代わって株主名簿の作成及び備え置きなどの事務を取り扱う者をいう。また株主や債権者は、会社の営業時間はいつでも株主名簿の閲覧と謄写（コピー）の請求ができるとされている。

しかし、株主名簿の閲覧等は、登記簿と異なり誰でも請求できるわけでなく、株主や債権者に限られる。株主名簿の閲覧等の目的が、株主と債権者がその利益を確保するために認められたものだからだ。株主名簿は、書面の他、電磁的記録で作成することもできる。以下に一般的な株式会社の株主名簿の記載事項を示す。

- 株主の氏名及び住所
- 株主の有する株式の数
- 株主が株式を取得した日
- 株式会社が株券発行会社である場合には、株式（株券が発行されているものに限る）の株券番号

②**名義書換**

株式の譲渡等による移転があった場合、取得者の氏名と住所を株主名簿に記載・記録しなければ、株式が移転したということを会社に主張できない。つまり、株主名簿への名義書換は、会社に対する権利移転の対抗要件である。株式を取得した人が適法に名義書換を請求するのは正当な株主の権利の行使であり、会社がこれを不当に拒絶すると損害賠償責任を追及される。

会社は定款で名義書換代理人を置くことができ、この場合、名義書換代理人が取得者の氏名と住所を株主名簿に記載すると名義書換があったものとみなされる。また、株券保管振替制度のもとでは、保管振替機関が株主名簿上の名義株主となるが、株主名簿に加えて作成された実質株主名簿により権利行使が認められることになる。

2-13 ◆ 株式と株券

①株式譲渡自由の原則

　株式は、原則として他人に自由に譲渡でき、これを「株式譲渡自由の原則」という。株主が株式を自由に譲渡できるように、株式は「株券」という有価証券として発行される。

　株券は「有因証券」(原因関係の無効・取消しの影響を受ける証券)なので、会社の設立後、新株の払込期日後でなければ株券の発行はできず、この規程に違反して発行された株券は無効となる。この場合、株券を発行した者に対し、損害賠償請求ができる。株式は、株券が発行されて株主に交付されていることを前提とするため、株券の占有者が適法な所持人となる。ただし、株主名簿の書き換えを以て株主としての権利の主張が可能となる。

②「株式の発行」と「株券の発行」

　株券とは、株式(株主に地位)を表章する有価証券だ。出資者が投下資本を回収しやすくするため、株式の自由譲渡性を確保し、その譲渡を容易にするため証券化が認められている。しかし、会社法は株券の発行を義務付けていない。株券は定款の定めがあって発行することができる。

　株券発行会社であっても、株券不発行会社であっても、株主名簿は必ず備え置かなければならなず、そこに記録することで発行した会社に対して自身が株主であることを主張できるようになる。「株式の発行」と「株券の発行」は別物であり、株式の譲渡がなされる場合は、その株式を取得した者の氏名又は名称及び住所を株主名簿に記載し、又は記録しなければ、株式会社その他の第三者に対抗することができない。

③株券の様式

　株券には、会社の商号、株数、株券の番号、株式の内容(普通株式か、種類株式であるか)、代表取締役の署名、などを記載することが要求される。

株主権の移転（株式の譲渡）は株券の交付のみにより、株券の占有者は適法の所持人と推定される。会社は、株券を提示され名義書換を求められた場合、正当な理由のない限り、これを拒否することはできない。また、株券を紛失または盗取され、それが第三者に善意取得される可能性があり、善意取得されると、株主名簿の記載有無にかかわらず当該株券記載の権利を失うこととなる「無記名証券」との性質を持っている。ただし、前項で述べた通り、株主名簿に変更を記載しない限り、株主としての権利行使はできない。

　一枚の株券には、1個の株式だけでなく複数の株式の株券も認められるので、通常は、定款で株券を1株券、10株券、100株券等とすると定める。また、数種の株式がある場合は、その株式の内容等も記載する。株式の譲渡に取締役会の承認が必要である場合（譲渡制限株式）には、そのことも記載しなければならない。

●株券の記載例

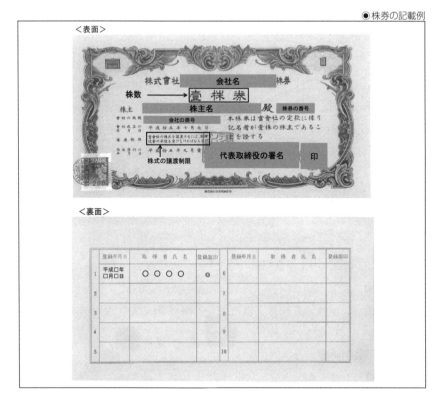

④譲渡制限株式

　株式会社は、株式を発行しそれを資本とし営業する。投資家は株式を投資の見返りとして取得する。この株式を自由に譲渡することを前提とし、投資の回収や保全を約束する。しかし、中小企業においては投資家と経営者が一体であることが多く、この場合は株式の流通や譲渡を望まない。自由な株式譲渡を規制したい会社のために「譲渡制限株式」がある。

　「譲渡制限株式」の採用により、定款で取締役会の承認がなければ株式の譲渡できない旨を定めることができる。このような譲渡制限株式を発行している会社を「閉鎖会社」とも呼ぶ。これに対して、株式を自由に譲渡できる株式を発行している会社を「公開会社」と呼ぶ。

⑤譲渡制限株式の譲渡手続

　株式に譲渡制限がある場合にも、株式が完全に譲渡できないわけではない。「株式譲渡自由の原則」があるので、誰かに株式を譲渡しようとすることを妨げることはできない。

　ただし、株式の譲渡に取締役会の承認が必要とされている以上、株式を譲渡しようとする株主は、会社に対して原則として譲渡の相手方、譲渡しようとする株式の種類と数を明らかにした上で、譲渡を承認するよう請求することになる。会社の取締役会がその譲渡を承認しない場合には、会社はその旨をその請求がなされた日から2週間以内に、請求をした株主に譲渡を承認しないことを通知し、取締役会は他に譲渡の相手方を指定する。なお、会社自らを譲渡相手方として指定することもできる。しかし、2週間以内にその通知がなされなければ、株式の譲渡について取締役会の承認があったものとみなされ、株主が行った譲渡が会社に対しても有効なものとして扱われる。これに対して、会社が他の譲渡人を指定した場合には、会社から指定された譲受人(指定買受人)は一応の売買価格を供託する等して株式の売渡請求をし、譲渡人も株券を供託して当事者間で先ず交渉する。

⑥株券不所持制度

　株式会社は、原則として株式発行の効力発生後、遅滞なく株券を発行

しなければならない。しかし、株主の権利行使は株主名簿の記載・記録によってなされ、株券の呈示は不要であり、株式を譲渡しない株主にとっては株券を所持している必要はなく、株券不所持制度が認められている。この制度のもとでは、株券の紛失を回避できるメリットがあるが、会社の事務処理において煩雑な面もあるため、会社は定款によって株券不所持制度を排除することができる。

2-14 ◆ 自己株式

①自己株式とは

自己株式とは、株式会社が有する自己の株式をいう。英語の直訳から金庫株と呼ぶ。また、その性格から社内株という別訳もある。

株式会社が発行した株式のうち、自己株式という文言は以下のとおり二つの意味を含有している。会社法の施行により、自己株式に関する文言に使い分けが明確になされるようになった。

- 発行会社以外の者が有している（市場に流通している）発行会社の（未取得）株式－「自己の株式:Own Share」
- 発行会社が有している（貸借対照表に計上される、取得済み）株式－「自己株式:Treasury Share、金庫株」

②自己株式の取得制限

かつて、株式会社が自社株（自己株式、金庫株）を取得することは原則として禁止されてきたが、1994年の商法改正により配当可能利益の範囲内で解禁され、2001年の改正で、原則として数量規制や取得目的の制限もなくなり、保有のための自己株式の取得も認められた。自己株式を取得する範囲が大幅に拡大したことを「金庫株解禁」というが、会社法施行以降も一定の手続規則や取得財源の規制等はある。

手続規制としては、原則として定時総会の決議か定款に基づく取締役会の決議が必要であり、自己株式の買受価額の総額は配当可能利益等を越えることはできない。その他、その営業年度末に資本の欠損等が生じ

る恐れがある場合も、自己株式を買取ることはできない。営業年度末日に資本の欠損等が生じた場合には、会社の機関として自己株式の買受けをした取締役は、会社に対し連帯して欠損額等について賠償責任を負う。

③金庫株の利用方法と代用自己株式

　金庫株解禁によって、会社が自己株式を保有し続けることが可能となった。この金庫株の活用方法として、単元未満株主や端株主(会社法のもとでは端株制度は廃止)からの請求に対し保有する金庫株の一部をこれに充てることができる。また、新株予約権が行使された場合にも、新株発行に代えて保有している自己株式を充てることができ、この新株発行の代わりに充てる株式を「代用自己株式」という。

　この代用自己株式の応用は、ストックオプションを付与した場合の他、吸収合併、株式交換、吸収分割の際に発行されるべき新株の代わり等も可能だ。

　会社は、代用自己株式を割当てて資本金の増加を伴わず、新株発行のように株式価値が薄まる心配もない。また、新株発行事務が省略できることから、より経済的に、機動的に企業再編を進めことができるというメリットが考えられる。

④親子会社間の自己株式の取引

　子会社(株式会社あるいは有限会社)が、その親会社の株式を取得することは原則として禁止されている。例外的に、株式交換、株式移転、会社分割、合併または他の会社の営業譲受の場合や、会社の権利の実行に当ってその目的を達成するために必要な場合は、親会社の株式を取得することもやむを得ないとされる。しかし、子会社はその株式を相当の時期に処分する必要があり、この場合、親会社が子会社から自己株式を買受けることを認めている。

　この際は、株主総会の決議は不要で、取締役会(委員会等設置会社では執行役への委任も可)の決議で済む。この決議では、買受ける株式の種類、総数及び取得価額の総額を決めるが、その取得価額の総数は

中間配当の限度額等を超えることができない。これは、定時株主総会の決議によらないので、配当可能利益によらず期中における中間配当を行う場合に準じ、所定の財産規制がかけられる、ということである。

2-15 ◆ 株式管理の基礎

①単元株

　株主の1個の議決権を行使できる単位を「1単元」という。会社は、定款によって一定の数の株式を1単元の株式と扱うことができ、これを「単元株制度」という。ただし、1単元の株式は、1,000株を超えることができない。会社が数種の株式を発行する場合は、株式の種類毎に1単元の株式の数を定める。

　従前の単位株制度は、株券の額面額の合計が5万円となる数の株式を1単位とするものだが、これを廃止して単元株制度が導入された。この改正法の施行時に単位株制度をとっていた株式会社は、自動的に1単元の株式の数として、その1単位の株式の数を定める旨の定款の変更を決議したものとみなされた。1,000株で1単位としていた場合は、1,000株で1単元となった。

　単元株制度によると、1単元当りの数が大きいと、単元未満株が多く生じる。逆に1単元を小さくすれば単元未満株は少なくなる。単元を下げると管理コストは上がるが、株主にとってはメリットがある。会社が、1単元の株式数を減少し、またはその数の定めを廃止（1株単位）する場合は、取締役の決定または取締役会の決議による定款変更が必要になる。逆に1単元の数を引上げる際は、株主に不利になることから、株主総会での特別決議を必要とする。

②単元未満株式

　株主は1単元ごとに1個の議決権を有する。1単元に満たない株式（単

元未満株)しか持たない株主は株主総会での議決権が無い。会社は定款で単元未満株式なる株式を発行しない旨を定めることができるが、株主のために必要と認めるときは単元未満株式の株券を発行できる。

単元未満株主は、単元未満株式の買取を会社に要求できる。市場価格のある株式については、その最終の市場価格が売買価格とされる。市場価格のない単元未満株式については、裁判による手続等も用意されている。

また、会社は定款で定めることにより、単元未満株主が当該株式会社に対して単元未満株式売渡請求(単元未満株主が有する単元未満株式の数と合わせて単元株式数となる数の株式を当該単元未満株主に売り渡すことを請求すること)の制度を設けることもできる。この制度を設けると、単元未満株式売渡請求を受けた株式会社は、当該単元未満株式売渡請求を受けた時に、単元未満株式の数に相当する数の株式を有しない場合を除き、自己株式を当該単元未満株主に売り渡さなければならない。なお、1単元の株式の数を定めた会社では端株は認められない。

なお、1単元に満たない株式を「単元未満株式」と呼び、1株に満たないものは端株という。両者の混同、混乱は避けたい。

③株式の分割と併合(会社の分割や合併ではない)

会社は、単元株や単元未満株などの株式を分割したり併合したりできる。株式を分割や併合しても会社財産には変化が無く、株主の権利や財産は不変だ。ただし、株式分割すると1株式の価格が低くなることから流通性が高まる傾向にある。株式併合すると、流動性が減るとともに端株が多くなり、株主に不利な影響を与える傾向にある。

「株式分割」とは株式を細分化することで、発行済み株式総数を増やすことを意味し、増えた分の株式を株主に与える。会社は取締役会の決議で株式の分割ができる。その場合、株式分割後の1株当りの純資産額が5万円以上を要するといった規制もない。ただし、2種類以上の株式を発行する会社では、株主総会での定款変更決議が必要となる。株式分割をし

た場合、会社は株主と株主名簿に記載・記録のある質権者に対して、株式分割で株主の受ける株式の種類と数を遅滞なく通知する義務がある。

「株式の併合」とは株式の単位を大きくすることで、発行済みの株式総数を減らすことを意味する。例えば、2株を1株に併合すると株式の数は減る。その場合、1株は0.5株という端株になってしまい、株主の権利を害する可能性があるため、株主総会の特別決議が必要となる。

④端株制度

株式の発行、併合、分割等によって1株に満たない株が生じる場合、これを端株と呼ぶ。端株制度は会社法の制定時（2005年）に廃止されたが、現存する端株は、従前通りに取り扱われる。端数は、原則としてその部分について新たに発行した株式を競売し、その端数に応じた代金を株主に交付する。

会社は、端株を株式として管理し難く、株主もメリットが少ないための処理だが、そのような競売が適切だとは限らず、事実上できないこともある。そこで、会社は競売に代えて、市場価格のある株式の場合は、市場価格で売却したり自ら買受けたりすることもできる。市場価格の無い株式は、裁判所の許可を得て競売以外の方法による売却もできる。会社が自ら買い受ければ金庫株として、もしくは代用自己株式として将来利用することもできる。

例外的に、端株原簿への記載により端株を残すこともできる。端株原簿に記載した端株の部分はお金で処理する必要はない。端株原簿に記載する端株とは、株式の発行、併合、分割によって1株の100分の1の整数倍に相当する端数が生じた場合のもので、その端株は所定の事項を端株原簿に記載・記録しなければならない。

端株主は、その端株と合わせて1株となる端株を取得したら株主となるが、そうでない限り株主ではない。そのため、端株主は原則として、利益・利息の配当の受け取りなど財産権は有するが、これ以外の議決権など株

主としての権利は行使できない。しかも、会社は定款によって端株主に対し、財産権の一部の権利を与えない旨を定めることもできる。このため端株主は、会社に対して自己の有する端株を買取るよう請求できる「端株の買取請求権」や、会社に1株となるべき端株を売渡すよう請求できる「端株主の買増請求」が用意されている。

⑤株式の質入れ

株式は、担保として質入れすることができる。その方式には、略式質と登録質があり、いずれの場合も質権者は継続して株式を占有しないと質権を第三者に対抗できない。

略式質とは、株主名簿に記載せず、株式を質権の目的とするために株券を交付するだけで済ませる方法で、質権を第三者に対抗できるためには質権設定の合意に加え株券の交付が必要となる。一方、登録質は、質権設定の合意と株券の交付に加えて株主名簿への記入をする。登録質の場合、質権者の氏名・住所を株主名簿に記載・記録することによって質権者は、会社に直接に利益や利息の配当、残余財産の分配や金銭の支払を受けることができる。

これによって他の債権者よりも先に自己の債権の弁済に充当でき、質権者は会社に対して株主の受けるべき株券の引渡しを請求できる。これにより、質権の設定された株式について消却、併合、分割、転換、買取があった場合、本来ならば株主が受取ることができる金銭や株式を質権者が取得することもできることになる。

こうした株式質がある場合、主たる債権を譲渡すると株式質も権利質の一種として被担保債権と一緒に移転する。この場合、被担保債権の譲渡に際して株券を交付するか株主名簿に記載する。なお、株式質に準じて株式を譲渡担保に供することもできる。これにも略式と登録の二つの方式があり、株式質の場合に準じた取扱いがなされる。

⑥所在不明株主の株式売却制度

歴史の長い会社になると、株主名簿に記載された住所に通知等を送付

しても住所不明で戻ってきてしまう株主がいる。それでも株主の地位は、時効消滅しない。会社が株主に対して行う通知や催告は、株主名簿の住所（または株主が会社に通知した住所）に宛てて送れば足り、発送した通知や催告が継続して5年間到達しない場合には、会社は株主に対して通知や催告をしなくてもよい。

　ただ、それでも株式管理を省くことはできないため、所在不明株主が多いと定足数の確保に悪影響を与える。この対策として、所在不明株主の株式売却制度がある。この制度により、株主や株主名簿上の質権者等に対する通知や催告が継続して5年間、所定の宛先に到達しない等の要件を満たした場合、取締役会の決議でその株式を競売できる。

　競売が原則だが、市場価格のある株式は法務省令で、市場価格の無い株式は裁判所の許可を得て、競売以外の方法で売却することもできる。会社は、取締役会議決議で売却される株式を買うこともでき、代金について支払先が不明であれば法務局に供託する方法で代金を支払って処分する。

　会社は、株式を競売・売却するには、株式に関する所定の書類と株式を競売・売却する旨、また、利害関係者に対して異議があれば一定の期間内に会社に申し出るよう公告し、所定の関係者がいたら個別にも通知する。異議を述べる期間は3ヶ月以上設け、所定の期間内に利害関係者が異議を述べないとその株券は期間満了の時に無効となる。株式を競売する場合は、その株式の株券が再発行される。

⑦株券失効制度

　株券は有価証券の一種だが、公示催告と除権判決の制度が適用されない。その代わりに、株券喪失登録制度によって株券に関する権利の調整が図られている。

　株券を無くした者は、会社に「株券喪失登録」を請求する。株券喪失登録請求をするには、株主名簿に記載または記録がある日以後に当該株券を所持していた事実を証する書類を会社に提出する。株券喪失登録が

あった場合、株券喪失登録がされた株券の所持者は「株券喪失登録の抹消」の申請で対抗できる。登録抹消の申請をするには、株券喪失登録がされた株券を添付して、これを会社に提出する。

しかし、その株券喪失登録がされた日の翌日から起算して1年を経過すると、この抹消の申請ができなくなる。そして、株券喪失登録が抹消されない限り、株券喪失登録がされた日の翌日から数えて1年を経過した日に、株券は無効となる。その場合、会社は「株券喪失登録簿」のその株券が無効となった旨とその無効となった日を記載・記録する。株券が無効となった場合には、会社は、当該株券についての株券喪失登録者に対し、株券を再発行しなければならない。

株券喪失登録者は会社に対して株券喪失登録の抹消を申請できる。その抹消の申請がなされた日に、会社はその申請に係る株券喪失登録を抹消しなければならない。他方、株券喪失登録の抹消を申請した者が株券を持っていることが判明するわけだから、その株券所持者を相手に株券の引渡しを請求する等して、株式の実質的な権利の帰属を争うことになる。

2-16 ◆ 株主の権利

①株主の権利と義務

会社の財産は、株主が出資したものが起源となることから「株主は会社の所有者である」といわれる。株主は、会社に出資して会社の持分（財産や運営益など）ともいうべき株式を取得する。株主は、会社運営が成功し、企業価値が上がれば自分の持ち分の株式価値も上がる。この点において株主と会社の利害は一致する。一方、会社が膨大な負債を抱えたり倒産したりした場合であっても「株主有限責任の原則」に準じ出資した金額以上の負担はない。

株主の権利と義務の視点で、株主は、企業に出資する義務を負うこと

で、会社から経済的便益を享受する権利(自益権)と会社の経営に参加する権利(共益権)を取得する。

(1) 株主の自益権(自益権は株式数に関係なく、全ての株主に平等に認められている権利)
- 利益配当請求権：配当を受け取る権利
- 残余財産請求権：会社解散時に、残余財産を株数に応じて取得できる権利
- 株式買取請求権：合併・譲渡などに株主が反対する場合は、会社に持ち株を買い取るように請求する権利

(2) 株主の共益権
- 議決権
- 帳簿・書類閲覧権
- 株主代表訴訟提起権

(3) 他にも一定の株式数を有する株主には、株主総会で議案を提案できる権利等も認められている

また、1株の権利は平等であるという株式平等の原則から、株式総会における議決権は1株につき1票与えられ、これを1株1議決権の原則という。

●株主の権利

種類	内容	単元株主	単元未満株主	端株主
自益権 会社から経済的な利益を得る	配当を受取る	○	○	○
	会社に株を買取ってもらう	○	○	○
	株式分割・株式交換の際に株や金銭等を受取る	○	○	○
	名義を書換える	○	○	○
共益権 経営に参加する	株主総会での議決権	○	×	×
	総会の議題を提案する	×	×	×
	代表訴訟を起こす	★	★	×
	取締役の違法行為の差止めを求める	★	★	×

注：○=権利がある　×=権利はない　★=6ヶ月以上継続保有すると権利を得る

● 株式保有数による株主の権利と義務（6ヶ月以上継続保有した場合）

議決権の保有数	権利	義務
1％以上	総会検査役選任請求権	
1％または300個以上	株主提案権	
3％以上	業務執行検査役の選任申立	
	帳簿閲覧権	
	総会招集権	
	役員の解任の訴え	
5％以上		大量保有報告書提出義務
10％以上	企業の解散請求権	短期売買差益の返還義務
15％以上	一定条件で連結対象会社(持分法適用会社)に	
25％超	相互保有の場合、被保有企業の議決権が消滅	
3分の1超	総会で特別決議の否決ができる	
40％以上	一定条件で連結子会社にできる	
50％超	取締役選任等の普通決議が単独で通せる	
3分の2超	取締役の解任、解散等の特別決議で通せる	

②株主の議決権

　各株主は、原則として1単元の株式につき1個の議決権を有する。ただし、自己株式については議決権がない。また、会社（A社）が、親会社や子会社等と合わせて他の株式会社（B社）の総株主議決権の25％を超える議決権を有する場合、B社は、A社の株式を持っていても議決権を行使できない。こうした株式を「相互保有株式」という。

　また、種類株等で議決権が制限されている部分についての議決権は無い。さらに単元株制度がある場合には、単元未満株の株主は議決権が無い。端株主にも議決権は無い。

③株主平等の原則

　株式会社の株主は、株主としての資格に基づく法律関係においては、その内容及び持ち株数に応じて平等に扱われなければならないとする原則を「株主平等の原則」という。趣旨を直接に表現するなら「株式平等の原則」というべきかもしれない。

　類似の言葉に「頭数の平等」があるが、これは保有株式数に関係なく、株主等の権利者一人一人を平等に扱うことをいう。

また、「1株1議決権の原則」という表現もあるが、これは「株主は、株主総会において、その有する株式1株について1個の議決権を有することを原則とする」ものであって株主平等の原則を議決権について表明したものだ。ただ、どんな場合でも常に株主が平等に扱われるわけではなく、数種の株式の発効が認められていることからもわかるように、その平等性は各種類株式毎に確保されればいいと考えられている。

④少数株主の権利

少数株主権とは、株式会社の株主の権利の分類の1つであり、一定割合または一定数以上の株式を保有する株主が行使できる権利だ。単独株主権と対になる表現である。ここでいう少数とは「少ない株を持ったもの」ではなく「単独では会社の経営権を握れないがそれなりの大株主」という意味で、むしろ一定数以上の株式を有する大株主が経営陣と対立したときに行使されることが多い権利といえる。

●少数株主の権利

議決権数・株式数の要件	株主の権利
総株主の議決権の1%以上または300個以上	提案権
総株主の議決権の1%以上	総会検査役選任請求権
総株主の議決権の3%以上または発行済株式総数の3%以上	帳簿閲覧権、検査役選任請求権
総株主の議決権の3%以上	取締役等の責任軽減への異議権
総株主の議決権の3%以上または発行済株式総数の3%以上	取締役等の解任請求権
総株主の議決権の3%以上	総会招集権
総株主の議決権の10%以上または発行済株式総数の10%以上	会社の解散判決請求権
総株主の議決権の6分の1以上	簡易合併等の反対権

※株式の保有については、一定期間以上の保有を要求する場合がある。

また、取締役が法令・定款に違反する行為によって会社に回復できない損害を生じさせる恐れがある場合、6ヶ月前より引続き株式を有する株主は、会社のためにその取締役に対してその行為を止めるよう請求できる。これらを少数株主の監督是正権という。

⑤株主代表訴訟

　取締役(以下、執行役も含む)が経営判断のミスなどに会社に損害を及ぼした場合、取締役は会社に損害賠償をする義務を負う。会社が取締役に対して、この損害賠償を請求するときには、監査役が会社の代表になり、これを行うことを原則とする。しかし、監査役が故意や過失によりこれを懈怠することもあり、この場合に、株主が監査役に代わって、取締役に対して「会社に及ぼした損害を賠償しろ」と請求するのが、株主代表訴訟だ。

　なお、株主代表訴訟で株主が勝ったとしても、取締役が会社に対して損害賠償責任を負うのであって、株主に対して責任を負うわけではない。ただし、株主代表訴訟で株主が勝った場合には、株主は、訴訟に要した費用や、弁護士に対して支払う報酬などを、会社に対して請求することができる。

2-17 ◆ 株主総会

　株主総会とは、総株主の意思を決定する機関のことで、通常の株式会社では、株主総会の決議により、会社を経営する取締役やその業務執行を監査する監査役を選任し、計算書類の承認をする。また、定款変更等会社の基本的な重要事項も株主総会で定める。ただ、株主総会で決議できるのは、会社法等の法律や定款で定められた事項に限られており、当然に万能の権限を有しているわけではない。具体的な経営に関する事項は、取締役会に決定権限を委ねており、株主総会があらゆる事項について議論して決定することにはなっていない。

①株主総会の決議

　株主総会決議の種類には、普通決議、特別決議、特殊決議の3種類がある。会社法では、決議事項によりその決議方法が定められており、決議方法が会社法に違反した場合には、総会決議取消しの訴えが認められる。

　株主総会の決議の種類は、以下のように定められている。

●株主総会の決議の種類と主な決議事項

決議の種類	定足数	決議要件	主な決議事項
普通決議	定款に別段の定めがある場合を除き、議決権を行使できる株主の議決権の過半数を有する株主の出席	出席株主の議決権の過半数	役員の選任・解任やその報酬決定、共有物の果実たる剰余金の配当、欠損填補の為の行為など、会社を共有物、株主を共有者とした時の管理行為に当たるものが多い
特別決議	株主総会で議決権を行使できる株主の議決権の過半数(3分の1以上の割合を定款で定めた場合は、その割合以上)を有する株主が出席	出席株主の議決権の3分の2(これを上回る割合を定款で定めた場合は、その割合)以上 (決議の要件に加えて、一定の数以上の株主の賛成を要する旨その他の要件を定款で定めることも可能) ※頭数要件も可能	会社の重要事項に関する決議事項で、会社法上、特別決議を要する事項が定められている
特殊決議(a)	なし (事実上決議要件の数以上)	①頭数株主総会で議決権を行使できる株主の半数以上(これを上回る割合を定款で定めた場合は、その割合以上) ②議決権 株主総会で議決権を行使できる株主の議決権の3分の2(これを上回る割合を定款で定めた場合は、その割合)以上 ※頭数と議決権の両方が必要	株主総会の普通決議や特別決議よりもさらに厳重な決議要件が定められてい事項の決議。例えば、取締役の会社に対する責任を免除するには総株主の同意を要する
特殊決議(b)	なし (事実上決議要件の数以上)	①頭数 総株主の半数以上(これを上回る割合を定款で定めた場合は、その割合以上) ②議決権 総株主の議決権の4分の3(これを上回る割合を定款で定めた場合は、その割合)以上 ※頭数と議決権の両方が必要	非公開会社での株主の権利に関する事項について、株主ごとに異なる取扱いを行う旨の定款変更の決議

※会社の機関設計において、取締役会や監査役(会)の設置の有無によって、普通決議と特別決議の範囲が異なってくる。また、株主総会事案を株主全員が書面や電磁的記録により承諾した場合は、株主総会を開催することなく株主総会が有効(株主総会の決議省略)になる。

②株主総会の招集

　定時株主総会は、毎年一回一定の時期に招集し、定款に特別の定めがない限り、本店所在地か、そこに隣接する地で開催する場合が多い。これに対して、臨時株主総会は、必要のある場合に随時召集する。

　株主総会の招集は、原則として会日より2週間前に各株主に対して招集通知を出す。また、招集通知には会議の目的となる事項を記載し、株主が招集通知の記載を見て出席するかどうかを決めることができるようにする。

ただ、総会で議決権を行使できる全株主の同意さえあれば招集手続きを経ないでも開催できる。また、招集通知の発送は原則2週間前だが、これも譲渡制限株式を発行する会社では定款変更によって1週間迄短縮できる（取締役会設置会社に限る）。

③株主総会の議長

総会の議長は、定款で特に定めていなければ総会の場で選任する。しかし、実際の総会で選任するとなると株主総会を円滑・迅速に進めることが難しいので、多くの会社では定款に予め誰が総会の議長になるか定めている。

株主総会の議長は、総会の秩序を維持し議事を整理する権限を有することから、議長はその命令に従わない者等総会の秩序を乱す者を退場させることができる。

④総会での取締役・監査役の役割

株主総会において、取締役や監査役は株主が説明を求めた事項について説明をする義務を負っている。株主が株主総会の会日から相当の期間前に書面で総会において説明を求める事項を通知した場合には、取締役と監査役は事前に調査する必要があり、調査の必要を理由に説明を拒むことができない。

⑤株主議決権の行使方法

株主が議決権を行使する方法としては、本人やその代理人が株主総会に出席して行使する他、書面や電磁的方法による行使もある。代理人による議決権行使の場合は、株主か代理人が代理権を証する委任状を会社に提出する。この代理権の授受は総会毎にする。ただ、株主が2人以上の代理人を総会に出席させようとしたら、会社はこれを拒むことができる。

また、取締役会の決議により、総会に出席しない株主が書面または電磁的方法で議決権を行使できるように定めることができる。電磁的方法での議決権行使を認めた会社では、招集通知を電磁的方法で受取ることを承

諾した株主に対して、議決権行使書面の内容となる事項を通知のメールと共に電磁的方法によって提供する。電磁的方法による議決権の行使は、必要事項を記録した電磁的記録を総会の前日までに会社に提出する。こうして行使された議決権の数は、出席した株主の議決権の数に算入される。

⑥書面投票制度

議決権を有する株主が1,000人以上いる会社法上の大会社には、書面投票制度が義務付けられる。書面投票制度では、株主は総会に出向くことなく、会社は定足数の確保が容易となるなどの利点がある。大会社以外の株式会社でも、定款変更せずに取締役会の決議でこの制度を取り入れることができる。株主が書面によって議決権を行使するには、議決権行使書面に必要事項を記載して、これを株主総会の会日の前日迄に会社に提出する。書面によって行使された議決権の数は、出席した株主の議決権の数に算入される。

⑦総会議事録の作成

株主総会では会社の重要な事項が決議されることから、議事録の作成を義務づけられている。議事録には、議事の経過の要領と総会の日時、場所、議長名、出席株主数、委任状・議決権行使書面を提出した株主の株式数、議案の内容、取締役の報告や説明、決議の結果等を記載する。総会議事録には、議長と出席した取締役が署名または記名捺印するが、議事録作成者のみでもよい。総会議事録は電磁的記録で作成することもでき、この場合は作成者が電子署名を付すことになる。

⑧総会議事録の備置き

株主総会の議事録は、会日から10年間は本店に、その謄本は5年間にわたって支店に備置きする。この備置きは、総会終了後遅滞なく行う必要があり、違反すると罰則もある。株主や会社債権者は、営業時間内であればいつでも株主総会議事録を閲覧または謄写できる。また、親会社の株主は、権利行使のために必要ならば、子会社の株主総会議事録についても

裁判所の許可を得て閲覧・謄写を求めることができる。

⑨株主総会決議の取消

会社法は総会決議の瑕疵を争う方法として『決議取消しの訴え』『決議無効確認の訴え』『決議不存在確認の訴え』の3種類の訴えを定めている。

決議取消の訴え	訴えの要因
決議取消しの訴え	招集手続きや決議の方法が法令・定款に違反し、または著しく不公正な場合や、決議の内容が定款に違反している場合など。 裁判所は、決議取消しの訴えがあっても『その違反事実が重大でなく、かつ、決議に影響を及ぼさないものであると認められる』ときには、請求を棄却することができ、これを『裁量棄却』という。
決議無効確認の訴え	決議の内容が法令に違反する場合に提起できる訴え。
決議不存在確認の訴え	決議が存在しないことの確認を、訴えをもって請求することができる。

この3つの種類の訴訟手続きの管轄は、本店所在地の地方裁判所とされ、株主が決議取消の訴えを提起した場合、その株主が取締役や監査役である場合を除き、裁判所は会社の請求によって相当額の担保提供を命ずることができる。

この取消請求ができるのは、株主、取締役、監査役で、問題とされる総会決議の日から3ヶ月以内に提起する。

2-18 ◆ 取締役と取締役会

①取締役の選任と任期

選任方法	株主総会での取締役の選任は、議決権を行使することができる株主の議決権の過半数(3分の1以上の割合を定款で定めた場合にあってはその割合以上)、を持つ株主が出席し、出席した当該株主の議決権の過半数(これを上回る割合を定款で定めた場合にあっては、その割合以上)をもって決議される。
員数	取締役の員数は、取締役会設置会社においては3名以上とされ、定款をもってその上限を定めるのが一般的。 取締役会を設置しない会社(取締役会非設置会社)について取締役は1人でもよい。
任期	取締役の任期は、選任後2年以内に終了する事業年度のうち最終のものに関する定時株主総会の終結の時までとなるが、定款または株主総会の決議によって任期を短縮することができる。また、任期の到来する前に退任した取締役の後任または増員として選任された取締役の任期は、他の取締役の在任期間に限る旨の規定をする例が多い。非公開会社(株式譲渡制限会社)では定款で10年まで延長することがでる。委員会設置会社では1年となる。

資格	次の『欠格事由』に該当する場合は就任できない。任期途中に該当することとなった場合には退任しなければならない。 ・法人 ・成年後見人または被保佐人 ・会社法、証券取引法や倒産処理関連法規の違反者で、刑に処せられ、その執行を終わり、又はその執行を受けることがなくなった日から2年を経過していない人 ・上記以外の法令の規定に違反し禁固以上の刑に処せられ、その執行を終わるまで又はその執行を受けることがなくなるまでの者(刑の執行猶予中の者を除く)
一時取締役	取締役が欠けた場合または、会社法もしくは定款に定めた取締役の員数を欠くことになった場合には、任期満了または辞任により退任した取締役は、新たに選任される取締役が就任するまで取締役としての義務を継続する。 この回避に必要な場合には、利害関係人は裁判所に請求し、一時的に取締役の職務を行なうべき者(仮取締役)の選任を求めることができる。この場合、仮取締役の登記については、裁判所書記官が職権で行う。

②累積投票制度

　2人以上の取締役の選任を目的とする総会では、定款に特別の定めがない限り、株主は会社に対して株主総会の会日より5日前に書面で累積投票を請求できる。この請求がなされた場合、株主総会の議長は議決に先立ってそのような請求があったことを宣告する。少数派の株主を代表する取締役を選任できる機会を与えようとするものだ。

　累積投票制度では、各株主は1株(単元株制度がある場合は1単元の株式)につき選任される取締役の数と同数の議決権を有することになる。従って、3人の取締役を選任する場合は、1株につき3票議決権が与えられ、各株主は1人だけに集中して投票したり、あるいは2人以上に分散して投票したりしてその議決権を行使できる。累積投票の場合、投票の最多数を得た者から順次取締役に選任されたものと扱われるから、少数株主も取締役を選任するチャンスがある。

　この累積投票制度は、「少数意見の尊重」という民主主義的なものだというだけでなく、少数派も取締役を送り込み、多数派選出の取締役を監視できると言うメリットがある。ただ、累積投票制度があると、歓迎できない取締役が選任されることもあり得る。定款で累積投票を排除できることから、大多数の企業は累積投票制度を採用していない。

コラム&エピソード　「少数意見の尊重＝累積投票制度」

　一般的な選任制度(投票方式)は、過半数(50％超)の株主群が必ず勝ちます。累積投票制度を使うと過半数に満たなくても、役員を選任できる可能性があります。

　仮に発行済株式総数を10株とし、株主Aは6株、株主Bは4株を保有するとします。株主総会では、取締役2人を選任する議題とします。
そしてAの推す取締役候補者はXとY、Bの推す取締役候補者はZだとします。

　累積投票によらない場合、A(6個)、B(4個)がそれぞれの議決件数です。

Xの選任案「賛成(Aの6個)、反対(Bの4個)」　→　可決
Yの選任案「賛成(Aの6個)、反対(Bの4個)」　→　可決
Zの選任案「反対(Aの6個)、賛成(Bの4個)」　→　否決

　Aの推すXとYが選任され、Bの推すZは取締役になれません。

　累積投票では、一株につき、選任すべき取締役の数だけの議決権を有します。　A(6×2＝12個)、B(4×2＝8個)です。
　投票手順は、得票の上位の候補者から順に選任すべき取締役の数(本事例では2名)を満たすまで行います。

　Bがその議決権の全てをZに投じると、Zの得票は、8個になります。Aがどのように議決権を行使(例えば、Xに9、Yに3)しても、Zは必ず上位2位以上になります。
　その結果、Zは確実に取締役に選任されることになります。

③取締役の退任

　会社と取締役の関係は委任関係にあるため、取締役は原則として、いつでも辞任して退任できる。また、任期満了になれば、再任されたとしても一度は退任する。ただ、退任により法律や定款に定めた取締役の員数を

欠いてしまう場合、任期の満了や辞任で退任した取締役は、新たに選任された取締役が就任するまでは、依然として取締役の権利義務を有することになる。

その場合、必要であれば裁判所は利害関係人の請求によって一時的な取締役の職務を行う者（一時取締役）を選任することもできる。この他、取締役は死亡、破産、後見開始の審判や会社の破産があると、会社との委任関係が終了する。また、取締役の資格制限に抵触した場合にも当然に取締役の地位を失う。

④取締役の解任

株主総会は原則として、いつでも取締役を解任する決議ができる。ただし、正当な事由も無く取締役の任期満了前に解任した場合、解任された取締役は、会社に対して解任によって生じた損害の賠償を請求できる。こうした解任決議は特別決議から普通決議に改正された。

なお、取締役の職務遂行に関して、不正行為や法令・定款に違反する重大な事実があるにもかかわらず、株主総会においてその取締役の解任することを否決した場合は、6ヶ月前から引続き総株主の議決権の3%以上を有する株主は、30日以内にその取締役の解任を裁判所に請求することができる。

⑤取締役の報酬

会社法では、取締役の報酬、賞与その他の職務執行の対価として株式会社から受ける財産上の利益のことを、『報酬等』と定義し規制している。取締役の報酬等は、定款で定めていない限り、原則として株主総会の決議によって定められる。株主総会の承認がないまま報酬等を決めることはできない。この規定の趣旨は、取締役の報酬額について、取締役や取締役会によるいわゆる『お手盛り』の弊害を防ぐためだ。

株主総会では、少なくとも取締役全体の報酬等の総額を定める必要があり、個別役員への配分方法は取締役会で自由に決定できる。これを代表取締役へ委任もできる。また、個別の受給額を株主総会で説明する義

務も原則的にはないものと考えられている。

● 報酬のタイプ

報酬名	報酬の概要
確定金型	報酬を確定した金額で定める方法。『○○取締役の報酬は、月額(年額)△△円とする』というように個々人で定めるか、プライバシーを配慮して、取締役全員の報酬総額の最高限度額だけを定め、具体的な配分は取締役会(または代表取締役)に委ねるという方法がある。多くの会社では、後者の方法を取っている。この場合、最終的には代表取締役に個々の取締役の報酬額が一任されることから、代表取締役が強大な権限を握ることとなる。こうした強すぎる権限を抑制する機関として、委員会等設置会社の報酬委員会がある。
不確定金額型	『業績連動型報酬』のように、算定方法を定める方法。たとえば、『取締役の年間報酬総額は、前営業年度の経常利益の○○%とする』というように定める。
非金銭型	報酬等のうち金銭でないものについては、その具体的な内容を定める。たとえば、月の家賃が50万円相当に値する社宅に20万円の負担で提供されている場合に、その差額の30万円が報酬となる。
退職慰労金	退職慰労金も報酬等の一部と考えられる。報酬等は取締役が職務執行の対価として受ける財産上の利益で、退職慰労金も、その在職中における職務執行の対価としての報酬の後払い的性格が強いところから、報酬等の一部と解され、通常の場合株主総会で承認を得る。 退職慰労金は、退職した取締役は必ずしももらえるわけではなく、退職慰労金を請求されても、株主総会の決議がなければ、請求に応じる義務はないものとされる。
ストックオプション	ストックオプションも、取締役の報酬等の一つとして、株主総会の決議によって定める必要がある。ストックオプションとは、あらかじめ決めた価格で自社株を購入できる権利のこと。株価が上昇したところで権利行使し、株を売却すれば値上がり益を得られる。

⑥取締役の義務

取締役は、会社の経営上の意思決定に参加し、ときには業務の執行を担当したり、対外的に会社の責任者として行動したりするという大きな権限をもっている。一方で当然そこには、大きな責任と義務が付いて回ることになる。

取締役の義務	義務の概要
善管注意義務	会社の経営者である取締役は、一般的な義務としては、会社から経営を委託された以上、その職務に善良な管理者としての注意を尽くさなければならないという義務を負う。
遵法義務	取締役は、職務の遂行にあたり法令・定款や株主総会の決議を遵守する義務や会社に対する忠実義務を負う。この法令遵守等の義務を「遵法義務」という。ここで取締役が守るべき法令は、我が国の商法以外の法令や外国法も含まれる。この他、取締役会等に対する業務執行の報告義務、秘密保持義務、株主に対する説明義務、競業避止義務、利益相反取引回避義務、資本充実責任等を負う。

監督義務	取締役は、会社が業績をあげるために適切な活動をしているかを監督し、また、会社が適法な活動をするように会社経営全体を監督する義務を負う。元々は、株式会社の取締役会が会社の業務執行につき監督する権限を有しているが、取締役会を構成する取締役は、会社に対して取締役会に上程された事柄についてだけ監視するに止まらず、代表取締役の業務執行一般についても監視しなければならない。
競業避止義務	取締役や執行役は、会社の営業と同種の営業を行うことはできない。これを競業避止義務という。取締役や執行役が自己や第三者のために会社の営業の部類に属する取引をする場合は、取締役会（取締役会非設置の場合は株主総会）でその取引について承認を受ければ行うことができる。この取引をした取締役は、遅滞なく取締役会に報告する必要がある。競業避止義務違反は、特段の事由がない限り解任の正当な理由になる。また、会社に損害が生じた場合には、損害賠償請求の対象となる。競業避止義務は、取締役が第三者と取引をすることを規制する点で、取締役が会社と取引をする利益相反取引回避義務とは区別される。
利益相反取引回避義務	取締役や執行役が自分の財産を会社に売ろうとする行為は、会社と取締役や執行役の利益が相反する行為となる。取締役が利益を得ようとすれば会社が不利益を被ることになる。このような取引を利益相反取引という。取締役や執行役が利益相反取引をしようとする場合は、取締役会（取締役会非設置の場合は株主総会）の承認が必要となる。取締役や執行役が、会社の製品その他の財産を譲り受けたり、会社に対して自己の製品その他の財産を譲渡したり、会社から金銭の貸付を受けたり、会社が取締役や執行役の債務を保証する行為等は、いずれも利益相反取引として取締役会または株主総会の承認を受けなければならない。 利益相反取引によって会社に損害を与えた場合は、取締役会の承認があったとしても、それに関連する取引を承認する決議に賛成した取締役は、その取引から会社に生じた損害を賠償する義務を負う。

⑦取締役の責任

取締役は会社の責任者として権限がある一方で義務や責任を負う。中小企業では、報酬を一銭ももらっていない名目取締役がいることがあるが、この名目取締役も取締役としての責任を負うので注意したい。たとえ、会社との間で責任を負わないという契約をしていたとしても、その契約は当事者間でのみ有効なだけであり、取引先などの第三者には対抗要件として主張できない。

取締役の責任	責任の概要
取締役の会社に対する責任	取締役が、その任務を怠ったり、違法行為をしたりして会社に損害を与えた場合、会社に対して損害賠償の責任を負う（例えば、総会屋に対する利益供与や利益がないのに配当するなど）。

取締役の第三者に対する責任	株式会社が第三者に対して負っている債務については、取締役であるからといって、会社の債務を負うことにはならない。ただし、以下のような場合には、取締役が会社の債務を負うことがある。 (1)取締役が、(連帯)保証している場合 取締役が(特に多くの場合代表取締役が)、会社の債務につき個人で(連帯)保証する場合、会社と連帯して債務の責任を負う。 (2)取締役に職務執行につき故意又は重過失がある場合 取締役がその職務を行うにあたって故意または重過失があったときは、その取締役は、第三者に対して、損害賠償の責任を負う場合がある。貸借対照表、損益計算書等に虚偽の記載をし、または虚偽の登記・公告をしたときも同様の責任となる(例えば、倒産直前に、支払不可能な手形の発行や粉飾決算などによる借入等)。また、この職務執行の故意または重過失に、「代表取締役に対する監督義務違反」も含まれる。
取締役会の決議に基づく行為の責任	責任を負う原因となる行為が取締役会の決議に基づいてなされたは、その決議に賛成した取締役は、その行為をしたものとみなされ連帯して損害賠償責任を負わされる。また、その決議に参加した取締役で議事録に異議を残していない者もその決議に賛成したものとみなされる。 こうした取締役の会社に対する責任は、責任軽減の手続きが取られていない限り、原則として総株主の同意がなければ免除されない。本来であれば、会社がこうした損害賠償責任を取締役に対して追及すべきだが、会社が自らそうした責任追及をしなくても、株主代表訴訟によって責任追及がなされることになる。

2-19 ◆ 取締役会

①取締役会の権限

　一般的に会社は、代表取締役に日常の会社の業務執行に関する意思決定を委任している。しかし、会社法では「重要な財産の処分や多額の借財」など、会社存続に大きな影響を与えるような、重要な業務執行の決定を取締役に委任することができず、取締役会で決定しなければならないとしている。

　「公開会社」では、取締役会の設置が義務となっており、「非公開会社」では取締役会の設置が任意となっているが、取締役会非設置とした場合は、重要な決定を株主総会で行う。また、取締役会設置会社においては、取締役は3人以上とされ、取締役会は3人以上の取締役全員で構成される。

　取締役会は、(1)業務執行の決定、(2)取締役の職務執行の監督、(3)代表取締役の選定及び解職という職務を行う。運営面では、取締役会を最低3ヶ月に1回の割合で開催し、取締役会議事録を作成する必要がある。

会社法の「取締役会の権限等」においては、以下の事項その他の重要な業務執行の決定を取締役に委任することはできないとしており、取締役会で決定する必要があるとしている。

取締役会の権限

- 重要な財産の処分及び譲り受け
- 多額の借財
- 支配人その他の重要な使用人の選任及び解任
- 支店その他の重要な組織の設置、変更及び廃止
- 募集社債の総額その他の社債を引き受ける者の募集に関する重要な事項として法務省令で定める事項
- 取締役の職務執行が法令及び定款に適合することを確保するための体制その他株式会社の業務の適正を確保するために必要なものとして、法務省令で定める体制の整備（大会社である取締役会設置会社では、法定義務）
- 定款の定めに基づく取締役、会計参与、監査役、執行役または会計監査人の会社に対する責任の免除の決定

②取締役会の招集

通常の株式会社において取締役会を招集するには、その会日から1週間前に各取締役に対してその通知を出す。また、中会社・大会社であれば、各監査役に対してもその通知を出す。ただし、その期間は定款によって短縮することができる。もっとも、この招集通知は書面でなくても口頭・電話等でもよく、会議の目的を特定する必要もない。また、取締役（と通知を受けるべき監査役）の全員の同意があれば、招集の手続きがなくても開催できる。

③取締役会の招集権限

取締役会は、各取締役が原則として招集権限を持つ。しかし、取締役会で招集を行う取締役を定めた場合には、その取締役が招集権限を有する。多くの場合、代表取締役が招集する者と定めている。特定の取締役し

か取締役会の招集権限が無い場合、他の取締役は会議の目的となる事項を書面で提出して、招集権限のある取締役に取締役会の招集を請求する。こうした請求があった日から5日以内に、その請求があった日から2週間以内の日を会日とする取締役会の招集の通知が出されない場合、その請求をした取締役は自ら取締役会の招集ができる。

小会社の場合を除き、監査役も取締役が法令・定款違反の行為をしたりその恐れがある場合に、取締役会の招集を請求し、場合によっては自ら取締役会を招集できる。

④取締役会の決議

取締役会の決議は、取締役の過半数が実際の会議に出席して、その取締役の過半数で決議して行う。定款でこの要件をもっと重くすることもできるが、株主総会のように普通決議と特別決議といった区別はなく、各取締役は平等に1個の議決権を有する。ただし、取締役会の決議について特別の利害関係のある取締役は、取締役会の決議に参加できず、取締役の数に算入されない。

取締役会は原則として顔を合わせて議論することが求められているため、書面による取締役決議は認められない。ただ、所定の要件を備えたテレビ会議方式や電話会議方式による決議は認められる。

なお、取締役会の運営は、通常、取締役会規則等によって定められ、その他の会議に関する一般原則によることになる。

⑤取締役会議事録の作成

取締役会の議事については議事録を作成する。議事録には、議事の経過の要領とその結果を記載・記録し、出席した取締役と監査役が署名または記名押印する。取締役会の議事録は、10年間本店に備置することが必要で、株主や親会社の株主は、その権利を行使するために必要であれば裁判所の許可を得て議事録の閲覧・謄写を請求できる。さらに、会社の債権者が取締役や監査役の責任を追及するために必要であれば、裁判所の許可を得て議事録の閲覧・謄写を請求できる。

2-20 ◆ 代表取締役と業務執行取締役

①代表取締役の権限

　代表取締役とは、通常の株式会社において会社を代表する機関である。つまり、代表取締役の行為が会社の行為とみなされ、第三者と何かの法律行為を行えばその行為は当然に会社に帰属する。代表取締役の権限は包括的なもので、裁判上または裁判外の一切の行為をする権限を有している。会社が代表取締役の代表権に制限を加えたとしても、そうした制限は会社内部の事情を知らない善意の第三者に主張することはできない。多くの会社では、社長が代表取締役となり代表取締役社長と呼ばれるが、代表取締役は何人選んでもよく、特に制限はない。副社長や専務取締役等にも代表権を付与して代表取締役としている会社もある。

　代表取締役が絶対的な大株主でない限り、その実権は決して安泰ではなく、実際にも取締役会の中で支持を失い代表取締役を解任された社長もいる。ただし、取締役会で決定できるのは代表取締役を解任して平取締役にするだけであり、取締役を解任して取締役会から追放するには株主総会での決議が必要となる。法律的には、監査役が違法行為にストップをかけることができる他、株主が取締役の解任を請求することも認められている。

②業務執行取締役

　会社の業務執行には、対外的なものと対内的なものがある。このうち、対外的な業務執行は、会社を代表する代表取締役によって行われるのが通常である。つまり、会社を代表して外部と取引するのは代表取締役であり、これに対して、業務執行には対内的に行われるものもあり、これに携わるのが業務執行取締役である。業務執行取締役とは、代表取締役以外の取締役で、取締役会の決議によって会社の業務を執行する取締役に指名され、その指名を受諾した取締役を意味する。通常、専務取締役や常務取締役などの役付け取締役が業務執行取締役となることが多い。もっとも、業務執行取締役は対内的なことだけをやるとは限らず、会社の外部との取引については代理権を授与されて行うことになる。ただ、会社を代理

できるのは業務執行取締役に限られるわけではなく、従業員等も代表取締役から代理権を付与されて取引を行うことが可能である。

③代表取締役の監督

会社は代表取締役社長を頂点としたピラミッド社会のイメージが強いが、現実に社長一人に権力が集中していることがある。その理由の一つに、その社長が大株主でもあることがある。こうしたオーナー社長の会社は、その社長個人の会社であり、実質は個人商店と同じで、他の者はあまりとやかくいえる状況にない。もう一つのパターンは、株主が大勢いて、社長は雇われたにすぎないのに強い実権を握っているケースだ。株主総会が最高の意思決定機関でも、「物言わぬ株主」であると取締役会も株主総会も社長の言いなりになり、代表取締役社長が結果的に実権を握ってしまうことになる。

上記の何れのケースでも、代表取締役が業務執行を適切に行って業績を十分にあげている限りは問題ないが、時として権限を濫用した個人利益の誘導や、株主の利益に沿わないような仕事をする場合も出てくる。そうした代表取締役の業務執行の妥当性や適法性を監督するのが、取締役会や監査役である。取締役会は、代表取締役を取締役会で解任等ができ、また違法行為にまで及んだ場合には、監査役もその差止めや責任追及ができる。

2-21 ◆ 監査役

①監査役の役割

監査役は、株式会社の機関のひとつで会社の会計と業務を監査する。取締役は、経営の適法性などをチェックするが、監査役は経営陣から独立して業務遂行についての調査・監査を公正に行う。そのため、監査役の報酬決定は独立化が図られている。監査役の報酬は、定款でその額を定めていないときは、株主総会の決議で定めることになる。

なお、監査役は、監査の対象となっている会社やその子会社の取締役

や支配人その他の使用人あるいは子会社の執行役を兼ねることはできない。また、監査役も取締役と同じように職務怠慢があった場合には、会社に対して連帯して損害賠償義務を負う。これは株主代表訴訟の対象にもなる。

②監査役の任期

監査役の任期は、その身分を安定させてじっくりと会社経営を監査できるように4年となっている。つまり、監査役は就任後4年内の最終の決算期に関する定時株主総会の終結時迄の任期が必要とされる。また、任期満了前に退任した監査役の補欠として選任された監査役の任期は、定款で退任した監査役の任期の満了する時迄とすることができる。

③監査役の権限

監査役の役割は、会社の業務が適法・適切に行われるように取締役の職務の執行を監査する。こうした監査が十分にできるように、監査役はいつでも取締役や支配人その他の使用人に対し営業の報告を求め、会社の業務と財産の状況を調査できる。取締役は、会社に損害を及ぼす恐れのあるような業務上の問題を発見した場合には、直ちに監査役に報告する義務がある。

また、親会社の監査役は、その職務を行うために必要であれば子会社に対して営業の報告を求め、あるいは子会社の業務と財産の状況を調査することもできる。これに対して、子会社は正当な理由がない限り報告・調査を拒むことはできない。

監査役は、取締役が株主総会に提出しようとする議案その他の事項についても調査する。もし、その調査の結果、法令・定款に違反あるいは著しく不当な事項があった場合には、株主総会にその意見を報告する。万一、取締役が会社の目的にない行為や法令・定款に違反する行為をして、それによって会社に著しい損害を生じさせる恐れがあれば、監査役は取締役に対してその行為を止めるように請求する。

④監査役の意見陳述義務

監査役は、取締役会に出席すると同時に、必要に応じて取締役会で意見を陳述する義務がある。また、監査役を辞任した者は、その後の最初に招集される株主総会に出席して陳述できる。従って、会社は、辞任した者に当該株主総会の招集通知を出す必要がある。他の監査役も株主総会でその辞任について意見を述べることができ、これによって監査役に対する不当な処遇があれば牽制できるものとしている。

⑤監査役の選任と解任

監査役の選任と解任は、株主総会で行われる。監査役は、取締役の業務執行を監査する立場であることから、監査対象の取締役から選任や解任されるわけではない。しかし一般に、株主総会の議案は取締役会で監査役の選任議案も作られることが多く矛盾を内在している。取締役会は監査役解任の議案を決定することができることから、監査役の人事は取締役会に握られることになり、監査役による取締役のチェックが機能しないとの批判がある。

そこで、監査役の選任・解任について株主総会がチェックできるように、監査役は株主総会で監査役の選任・解任について意見を述べることができるものしている。仮に監査役を辞任させられたとしても、その直後の株主総会にで辞任の旨と理由を述べる機会を与えられている。また、監査役が任期の途中で不当に解任された場合は、取締役の場合と同様に損害賠償請求権等ができる。

⑥社外監査役

監査役は、取締役をチェックする機関として定款にその定めがない限り取締役会設置会社では、設置が義務付けられている。しかし監査役は、「取締役会とのつながりが強すぎる」「代表取締役に対する立場が弱い」など問題点が多く指摘されてきた。そのため1993年の商法改正では、監査役の機能の強化が図られた。大会社は監査役会の設置が義務付けられ、監査役の発言権が強化された。加えて大会社では、最低1人の「社

外監査役」を設置することが規定された。社外監査役は「過去に、会社または子会社の取締役、会計参与、執行役、使用人となったことがない者」でなければならない。社外監査役には会社からの独立性が確保された監査が期待されている。

⑦監査役会

監査役会とは、3名以上の監査役全員で構成される株式会社の機関のひとつ。この機関の設置義務のある会社は限定的で、大会社で公開会社（委員会設置会社をのぞく）に限られる。監査役会は、適切な監査意見を形成するための調整機関とされる。

監査役会を構成する監査役の半数以上は社外監査役でなければならず、監査役の中から常勤監査役を選定しなければならない。

監査役会の決議は、原則として監査役の過半数で行うが、会計監査人の解任決議や取締役の責任軽減に関する同意等については、監査役の全員一致が必要です。しかし、取締役に対する監査の権限は、あくまで個々の監査役の権限で行う。その意味で、監査役は「独任制」であり、監査役会があってもこの点は変わらない。

2-22 ◆ 会計監査人

①会計監査人の役割

大会社は、清算中でない限り、貸借対照表、損益計算書、株主資本変動計算書、附属明細表について、監査役または監査役会による監査の他、会計監査人の監査を受ける必要がある。ただ、会計監査人の監査は会計に関する部分に限られる。こうした会計監査人は、監査役のような会社の機関ではなく、会社と契約して会計監査の委任を受ける外部の者であり、会計監査人の行う監査は外部監査とも呼ばれる。

会計監査人は会社外部の者であるが、いつでも会社内部の帳簿や資料を閲覧・謄写し、または取締役及び支配人その他の使用人に対して会計に関する報告を求めることができる。また、会計監査人は、その職務を行

うために必要があるときは会社の業務及び財産の状況を調査することができる。また、子会社(連結子会社)に対して会計に関する報告を求め、その業務や財産の状況も調査できる。ただし、連結子会社の調査は連結計算書類に関するものに限られる。

　こうした会計監査人は、公認会計士(外国公認会計士も含む)または監査法人である必要がある。会計監査人の任期は就任後1年以内の最終の決算期に関する定時総会の終結時迄とされ、会計監査人はその定時総会で別段の決議がされない限りその総会で再任されたものとみなされる。

②会計監査人の選任と解任

　会計監査人は、原則として株主総会で選任される。取締役は、監査役会の同意を得て会計監査人に関する議案を株主総会に提出する。他方、いつでも株主総会の決議で会計監査人を解任できる。株主総会で解任された会計監査人は、その解任について正当な理由がある場合を除き、会社に対してこれによって生じた損害賠償を請求できる。

　会計監査人を解任した場合、監査役会が選任した監査役が、会計監査人を解任した事実とその理由を解任後の最初の招集される株主総会で報告する。一方、解任された会計監査人も、この株主総会に出席して意見を述べることができる。この他、会計監査人は、会計監査人の選任、不再任または解任について株主総会に出席して意見を述べることができる。これを意見陳述権という。

③会計監査人の義務と責任

　会計監査人は、取締役の職務遂行に関し不正の行為や法令・定款に違反する重大な事実があることを発見したときは、これを監査役(会)に報告する義務がある。また、監査役は、その職務を行うために必要があるときは会計監査人に対して監査報告書の説明やその監査に関する報告を求

めることができ、会計監査人はこれに応じる義務がある。この他、公認会計士法等に定められている義務にも従うことになっている。

　会計監査人がその任務を怠って会社に損害を生じさせた場合には、その会計監査人は会社に対して連帯して損害賠償責任を負う。また、会計監査人が重要な事項について監査報告書に虚偽の記載をしたことにより第三者に損害を生じさせた場合には、会計監査人はその第三者に対して連帯して損害賠償責任を負う。ただし、その職務を行う際に注意を怠らなかったことを証明できれば、その責任を免れることができる。

2-23 ◆ 会社計算規則

①株式会社の計算書類

(1) 計算書類等（個別）

種類	内容
(1) 計算書類等 （及びその附属明細書）	■計算書類 貸借対照表 損益計算書 株主資本等変動計算書 個別注記表 ■事業報告 ■附属明細書 計算書類の附属明細書 事業報告の附属明細書
(2) 連結計算書類	連結貸借対照表 連結損益計算書 連結株主資本等変動計算書 連結注記表 又は国際会計基準に従って作成することができる
(3) 臨時計算書類	貸借対照表 損益計算書

　株式会社の「計算書類」とは、貸借対照表、損益計算書、株主資本等変動計算書及び個別注記表をいう。計算書類及び事業報告は、ともに定時株主総会で株主に提供される書類であり、これらを合わせて「計算書類等」と呼ぶが、事業報告は計算書類の範囲には含まれず、事業報告（及

び事業報告の附属明細書)は会計監査の対象とはならない。

(2)連結計算書類

連結計算書類は、有価証券報告書を提出する大会社に作成義務があるほか、会計監査人設置会社は、任意で連結計算書類を作成することができる。また、有価証券報告書における連結財務諸表を国際会計基準(IFRS)に従って作成できるとされた株式会社は、会社法における連結計算書類もIFRSに従って作成することができる。

(3)臨時計算書類

会社法において臨時決算制度が導入され、期中の損益を分配可能額に反映させることが可能となった。この場合には臨時計算書類の作成が必要であり、作成された臨時計算書類には会計監査人又は監査役の会計監査が要求される。

②決算公告

株式会社は、定時株主総会で決算の承認を得た後、遅滞なく計算書類やその要旨を公告する。これを「決算公告」という。決算公告に加え、定時総会の会日の2週間前から所定の計算書類と監査報告書を5年間本店に、その謄本を3年間支店に備置する。電磁的記録で作成した場合は、その電磁的記録を備置する。

なお、電磁的方法による決算公告は、ホームページを利用する。この場合は、株主総会で承認された日から5年間掲示しなければならない。

2-24 ◆ 資本金規制

①資本金の意味

資本金とは、出資者が会社に払い込んだ金額(払込資本)を基礎として設定される一定の額のことで、会計および会社法における用語して使用される。資本金は、会社財産確保のために設定される計算上の数額であっ

て、現実の会社財産とは異なる。会社財産が常に変動するのに対し、資本金の額は、法律（会社法）の規定に基づいて算出されるため、現実の会社財産と連動して増減することはない。

貸借対照表の純資産の部のうち、株式会社にあっては株主資本、持分会社にあっては社員資本を構成するものとされている。資本金の額は、原則として、会社設立や募集株式の発行の際に株主となる者が会社に払込み又は給付をした財産の額であるが、準備金や剰余金の資本組入れ等によっても増額する。また、資本金の額は登記事項とされている。資本金を増額するために定款変更は必要なく、取締役会決議だけで準備金の一部や全部を資本に組入ることができる。

会社設立時の最低資本金制度は、会社法の改正により撤廃された。

②資本の原則

資本の三原則とは、資本に本質的に要請される、資本充実・維持の原則、資本不変の原則、資本確定の原則と3つの原則をいう。

資本充実・維持の原則	会社の設立や新株発行に相当する財産が実質的に確保・維持されなければならないという原則
資本不変の原則	一旦定められた資本は自由に減少できず、債権者保護手続き等の厳格な手続きを取らなければ資本減少は認められないという原則
資本確定の原則	会社の設立または資本の増加には確定した資本に相当する株式全部の引受けが必要だという原則 （無責任な会社設立や増資を避けるためだが、資金調達の便宜上この原則は現実には機能していない）

③資本の減少

資本減少とは、法定の手続きに従い資本の総額を減少させること。略して減資ともいう。資本を減少する（減資）には、株主の利益を不当に害することがないように株主総会の特別決議を必要とする。「実質上の減資」と「計算上の減資」の2種類がある。

実質上の減資は、株主に会社財産の払い戻しを行う減資をいう。会社の解散が予定されているなど、会社の規模を小さくするために行う。実質上の減資が行われると、会社の財産が現実に減少する。なお、自社株に

ついては、金銭の払戻はできない。

　名義上の減資は、株主に会社財産の払い戻しを行わず、計算上資本金額を減少させることをいう。経営不振などですでに会社財産が減少し純資産が資本金額を満たさない資本欠損の状態にある場合に、これを解消するために資本金額を純資産額以下にする場合などに行われる。名義上の減資が行われていても、帳簿上の資本金額が変更されるだけで、会社財産は減少しない。
　名義上の減資は、100％の減資をすることで株主資格を喪失させ、責任の一端を顕在化させることもある。しかし100％減少させる場合以外では、株主の会社に対する支配比率は変更ないので、株の価値は変わらず（株価下落以外に）株主の責任を問うことにはならない。会社法のもとでは、単に100％減資するだけでは、株主の地位に変動が生じない。このため同時に既存の株式に全部取得条項付株式に変更する定款変更、種類株式を発行する旨の規定を設ける定款変更及び全部取得条項付株式を全部取得する旨の特別決議も必要となる。

　減資の方法は、株式数を減少させる方法と株式数を減少させない方法がある。株式数を減少させる方法には、「株式の併合」と「株式の消却」がある。

④**減資差益**
　資本減少（減資）の手続によって減少した資本の額が、株式の消却や払戻に要した金額や資本の欠損に充てた金額を超えていれば、その超過額は利益と考えられる。これを「減資差益」という。減資差益がある場合には、資本準備金の減少が認められ、法定準備金を取崩して、利益配当の財源や自己株式取得の財源に充てることができるメリットがある。この減資差益は、計算書類では「その他の資本剰余金」として計上される。これに対して、合併差益や分割差益等は、資本準備金に積立てることになる。

2-25 ◆ 法定準備金

　法律の定めによって積立てることを義務付けられている準備金を「法定準備金」という。これは、株主総会の決議で積立てる「任意準備金」（任意積立金）とは区別される。
　法定準備金には、「資本準備金」と「利益準備金」がある。資本準備金は株主から払込を受けた金額のうち、資本金に組み入れない分を計上するもの。株式会社が増資をする場合、発行価額の1/2を超えない額について資本準備金として計上することができる。また、株式払込剰余金、株式交換差益、株式移転差益、新設分割差益、吸収分割差益、合併差益は、資本準備金として積み立てることが強制されている。

　利益準備金は、利益剰余金を配当する場合に、配当額とは別に留保しておかなければならない準備金のことで、資本準備金とあわせて、配当額の1/10になるまで積み立てなければならない。。こうした積立て義務に違反すると、罰則の制裁がある。
　利益準備金と資本準備金は合計して資本金の1/4となるまで積み立てることが義務付けられており、合計が1/4を超えた場合は、株主総会の決議により、超過分を減少させ、株主への払い戻しや欠損填補に使用することが認められている。

　資本の欠損填補や資本への組入れを目的とする法定準備金の減少は、取締役決議で行う。また、自己株式の取得原資とすることや配当原資とすること等を目的とした法定準備金の取崩は、株主総会の普通決議となる。この決議では、資本準備金と利益準備金の合計額から資本の4分の1に相当する額を控除した額を限度とする。

2-26 ◆ 任意準備金

　「任意準備金」とは、法律によって積み立てが義務付けられていないが、

2 ■ 会社法の基礎知識　159

配当可能利益のうち、定款の定めや株主総会の決議により積立てる準備金で、「任意積立金」ともいう。これには、将来の事業不振や投資損失等の場合における損失を填補するための「損失填補準備金」、利益配当の額を平均化していくための「利益配当準備金」「配当平均積立金」、社債の償還に備えて用意しておく「社債償還準備金」、「自己株式買受積立金」、特に目的を定めない「別途積立金」等がある。

任意準備金をその特定の目的のために使用する際に、どのような手続を要するかは目的に応じて異なる。例えば、「利益配当準備金」は、利益処分案として株主総会の承認を得るが、「社債償還準備金」は取締役会の決議だけで十分である。

2-27 ◆ 利益配当

①配当利益の規則

配当とは、株主が利益配当請求権（剰余金配当請求権）に基づいて受け取ることができる利益の分配のこと。一般に配当という場合には現金によって支払われる現金配当を指す。

かつては株式分割を、株式による配当（株式配当）と表現していたこともあった。また、現金配当のかわりに株式（新株）自体を配当として株主に配ることもあり、これを株式配当といった。これは、資本構成上は、いわゆるかつての無償増資、現在で言えば小幅な株式分割と同じことであり、一株当たり利益は当然薄まり、株価は下がるので、実質的にはあまり意味がないものであった。単位株制度導入以後は、実質的になくなった。

配当は、会社の利益を源泉として支払われるため、金額は一定ではない。赤字の期や、内部留保を厚くしたい場合には無配（配当が支払われない）場合がある。株式会社は、無配も含め、配当の金額は株主総会の決議による。ただし以下の二種類の会社では、定款で定めることによって株主総会ではなく、取締役会によって配当を決定することが可能になる。

- 委員会設置会社
- 監査役会設置会社でありかつ会計監査人も設置されていて、さらに取締役の任期が1年とされている会社

②違法配当

　株式会社の純資産額が300万円を下回る場合には、配当はできない。利益配当の上限額（剰余金の分配可能額）は、純資産額から資本の額、資本準備金及び利益準備金の合計額、その決算期に積み立てることを要する利益準備金の額、その他法務省令（会社計算規則）に定める額を控除した額である。この限度を超えた配当は、俗に蛸配当と呼ばれる違法なものであり、返還請求の対象となる。

③中間配当等

　中間配当は、事業年度を1年とする会社（取締役会設置会社）が、事業年度中につき1回に限り一定の日を定めてその日における株主に対して取締役会の決議により行う金銭の分配をいう。これをなすには定款の定めが必要となる。

　配当の種類としては、一般の「普通配当」、特別に増益した期に増額する「特別配当」、創立記念や上場記念として増額する「記念配当」がある。

④利益供与の禁止

　総会屋が株主の権利行使を利用して、株主総会で暴れることをほのめかす等により会社から不当な利益を得ているケースがいまだに見受けられるが、そのような行為は会社の利益を不当に害するのみならず、株主平等の原則にも反し、極めて反社会的なものです。会社は、何人に対しても、株主の権利の行使に関して、会社自らまたはその子会社の計算において財産上の利益を供与することが禁じられており、これを「利益供与の禁止」という。

　会社が利益供与の禁止に違反して財産上の利益を株主に供与した場

合、その利益の供与を受けた者は、その利益を会社に返還せねばならない上に、刑事罰を負う。利益供与に関与した役員等は、会社への損害賠償責任を負うと同時に刑事罰の対象となる。また、株主からは代表訴訟で責任を追及されることになる。

2-28 ◆ 社債

①社債とは

社債は、会社の資金調達の方法のひとつ。会社が資金調達を目的として、投資家からの金銭の払込みと引き替えに発行(起債)する債券である。狭義には、会社法の規定するものをいう。

社債は、基本的には資本である株式と異なり、発行企業から見ると負債(借入れ、借金)となる。社債の募集の方法として、公募と私募があり、それぞれ公募債、私募債と呼ばれる。一般には機関投資家向けの社債が多い。私募債は、50人未満の縁故者向けに発行されることが多い。

会社の資金調達の方法として、株式と社債を同じように考える傾向があるが、社債は純然たる債権であり、社債権者は会社に対する債権者の地位であるのに対し、株式は会社における株主の地位である点に大きな違いがある。株主は会社の構成員である点で、債権者とは法律上の性格は全く異なる。社債権者は期限の到来により株主に優先して一般の債権者と同順位で元本の償還を受けるが、株主は原則として会社から払込金の払戻しを受けられない。社債権者は会社解散時には他の債権者と共に株主に優先して弁済を受けるが、株主は解散時にも債権者に弁済した後に残余財産がある場合にのみ分配を受ける。

②転換社債

転換社債は、予め決められた期間に、予め決められた価格(転換価格)で株式に転換できるオプション(特約)が付された社債のこと。2002年の商法改正以降は、「転換社債型新株予約権付社債」が正式名称だが、現在

も一般には転換社債と呼ばれている。

　転換社債を購入する投資家は、株価が転換価格を上回ったら株式に転換して市場で売却すれば利益を得られる。株価が転換価格よりも上がらなければ、そのまま債券として保有し続けて、社債の利子(=クーポン)を受け取ることができる。つまり、元本割れのリスクを回避しながら、株価の上昇局面で利益享受できる機会を得られる点がメリットである。

　一方、企業側にとっては、社債償還時に転換社債発行分を支払わなくてもいいというメリットがある。業績の向上や株価上昇に自信のある企業にとって有効な資金調達手段と言える。

　転換社債の発行は、原則として取締役会決議で決定できる。ただし、発行に際して決定すべき諸事項につき定款に定めが無いとき、株主総会の決議によるべきことを定款で定めた場合、または株主以外の者に対し特に有利な転換条件を付した転換社債を発行する場合は、株主総会の特別決議が必要となる。

③新株引受権付社債(ワラント債)

　新株予約権付社債は、社債の一種で、新株予約権を付した社債をいう。ワラント債とも呼ばれる。普通社債とは異なり、社債部分の他に、その社債を発行した会社の株式を決められた一定価格で買い取る権利が付いている。この権利を「新株予約権」もしくは「ワラント」と呼ぶ。株式会社が、新株予約権付社債を引き受ける者の募集をする場合、公開会社では、募集事項の決定は、有利発行の場合を除き、取締役会の決議による。新株予約権付社債の募集は、募集社債の規定は適用されず、新株予約権の発行の手続に準じて行なわれる。

　新株引受権付社債の発行体(=企業)側の主たるメリットは、低利で資金調達ができること。通常の社債であれば高金利を支払わなければならない企業であっても、新株引受権というプラスアルファを付与することで、社

債金利を低めに抑えることが可能だ。

類似したものに転換社債があるが、新株引受権付社債は社債部分と新株を買う権利が切り離し可能であるため、新株引受権を行使した後でも社債は残る。また、新株引受権を行使するには、別途に株式引受代金を支払わなければならない。

④ライツイシュー（新株予約権無償割当）

ライツイシューは、「新株予約権無償割当」とも呼ばれ、株主割当増資による企業の増資方法の1つ。ライツオファリングともいう。

この増資方法は、既存株主に対して、新株を買える権利（新株予約権＝ライツ）を無償で割り当てる（発行＝イシュー）資本調達のしくみである。増資に応じたい株主は予約権を行使して現金を払い新株を受け取ることができる。増資に応じたくない株主は予約権市場でこの権利を売却して現金を受け取ることができる。通常の株主割当増資とは異なり予約権だけを市場で売買できる。公募増資に比べて既存株主が保有する株券の価値の希薄化が起こり難い。欧米では以前から一般的な増資手法であり、日本でもライツイシューが行えるように2006年に会社法の改正が行われた。予約権が発行されても購入者がこれを行使せずにいると、発行企業は資金を得られないのでその分の増資は行えない。

2009年12月、東証は上場可能な新株予約権は1ライツに対し1株以上という上場ルールを撤廃して端数の生じる予約権の上場が認められ、企業が必要とするライツの付与を可能とした。

2-29 ◆ ストックオプション制度の概要

ストックオプション制度とは、会社の将来の株価と連動した長期インセンティブ制度の1つで、会社が取締役や従業員、その他外部の取引先等を対象として、あらかじめ定められた価格（権利行使価格）で、自社株を購入することのできる権利（ストックオプション）を与えることである。

ストックオプションは、一種の報酬制度といえるもので、権利者が株価上

昇時に権利行使することによって上昇分の報酬が得られる仕組みになっている。また、結果として、業績向上が株価上昇につながることが多く、この場合は株主にも利益をもたらす制度ともいえる。

2-30 ◆ 組織変更と事業再編

①組織再編の特別決議

　会社法は、組織変更や事業再編、これにもとなう定款変更など株主にとって重大な影響を及ぼす事項について、特別決議を求めることにより、株主の権利保護を図っている。株主総会の特別決議を要する決議事項として、合併や事業譲渡、新株の有利発行、株式併合、定款変更などがある。会社の定款は、その会社の根本的なルールを定めた、国家でいえば憲法のようなものだ。商法や会社法は、法律上の人格である「法人」の存立根拠上重要なものと位置づけ、定款の作成や変更について厳格な要件と手続を定めており、一部の人だけで勝手に変えられないものとしている。憲法改正を容易にできないことと類似する。

　株式会社の定款を変更するには、株主総会に総株主の議決権の過半数または定款に定めた議決権の数を有する株主が出席（定足数）し、その議決権の3分の2以上の特別の多数で決議する。これを普通決議に対して「特別決議」という。この特別決議に出席が必要とされる株主の議決権の数は、定款によって過半数よりも少なくすることができるが、総株主の議決権の3分の1以上である必要がある。つまり、定款でその定足数を過半数以下にする場合でも、株主の有する議決権の数を総株主の議決権の3分の1未満にすることは許されない。

②簡易組織再編

　会社の合併や会社分割等の組織再編行為は、原則として再編対象会社の株主総会の特別決議が必要になる。ただし、株主への影響が小さい場合や合併相手の会社規模や分割対象の事業規模が比較的小さい場

合には、株主総会の特別決議を不要とできる場合がある。

　特別決議が不要とされる条件は、自社と合併会社または再編対象事業の規模の比率が従前は5％以下だったが、会社法の改正で20％以下に緩和された。簡易組織再編行為には、簡易合併、簡易吸収分割、簡易新設分割、簡易株式交換、簡易事業譲渡、簡易事業譲受がある。

③略式組織再編行為

　略式組織再編行為とは、会社が特定の会社に支配されている特別支配会社である場合に、通常の組織再編手続よりも簡略な手続によって組織変更・企業組織再編を行うことをいう。

　会社が発行する株式の9割以上（定款で引き上げ可能）を特定の会社に保有されている子会社（特別支配会社という）が、その親会社との間で組織再編行為（合併、会社分割、株式交換、事業譲渡）を行う場合に、会社法の規定により本来の手続を省略して行うことをいう。具体的には、略式吸収合併、略式吸収分割、略式株式交換、略式事業譲渡がある。

2-31 ◆ 会社の消滅

①会社の倒産

　会社が事業に失敗し、資金が回らなくなった状態を一般に「倒産した」や「倒産会社」と呼ぶ。「倒産」や「倒産会社」は、法律用語でなく、経営の行き詰まりを表す日常用語だ。

　倒産状態（窮境な状況ともいう）であっても、会社を清算して消滅させるとは限らず、もう一度会社を再建する場合もある。倒産状態の先の手続には、「清算型」と「再建型」とがあり、処理の方法として「法的整理」と「私的整理」がある。

　法的整理は裁判所の管理下で債務整理を図る手法で、事業を継続して再生を目指す会社更生法や民事再生法と、清算を目的とする破産や特別清算がある。私的整理は債権者の合意の下、裁判所を介さず債務整

理する手法全般を指し、私的整理ガイドラインや事業再生ADR(裁判外紛争解決手続き)などがある。

　清算型の法的手続としては、破産手続や「特別清算」という制度を定めている。破産や清算する場合には、会社の財産を換価して、債権者への弁済をし、それでも残余財産があれば株主に分配する。ただ、財産が殆どない場合は、破産手続は同時廃止（破産廃止）で終了する。清算手続の終了や破産手続の終了をもって、会社は法人格を失って消滅する。これに対して、再建型の法的手続きは、会社更生法や民事再生法を活用し、事業の再建や再生を図ることになる。

　いずれの法的倒産手続においても、会社債権者を出来るだけ平等に扱わねばならない。そのため、配当する財産がありそうな場合や清算事務が必要な場合には、破産管財人や更正管財人、監督委員等が選任される。会社が倒産して管財人等が選任されると、会社財産の管理・処分権等は代表取締役や取締役会ではなく管財人等に移る。会社の倒産に至る過程で、その倒産が取締役等の役員ら経営者の落ち度や違反行為によるものである場合、破産宣告や会社更生開始決定等があった後は、株主は代表訴訟を起こすことができなくなり、管財人等が役員らの責任追及を行うことになる。他方、私的な任意整理で倒産処理を行う場合等は、株主も代表訴訟を起こして責任追及をすることが認められている。

②株式会社の解散
　株式会社は、以下の事由で解散する。
- 存立期間の満了等の定款に定めた解散事由の発生
- 会社の合併において消滅会社になった場合
- 会社の破産
- 解散を命じる裁判の解散命令や解散判決
- 株主総会の特別決議
- 休眠会社でみなし解散となる場合

合併で消滅した会社の場合には合併で存続または新設される会社が引継ぐが、それ以外は解散が決まってから清算手続が始まり、清算手続が終了して会社の法人格がなくなる。

　会社の解散により従業員は、自動的に職を失うことになる。解散による解雇の場合は、解散の決議に異議を申し立てることはできない。会社の解散は、本店の所在地等に解散の登記をしなくてはならない。株主総会で解散の決議をした場合は、株主総会議事録を添付して申請書を法務局に提出する。官公庁の許認可が必要な場合は、許可証または認証の謄本も添付する。解散登記申請には、登録免許税（3万円程度）も必要となる。
　解散登記後も財産の処分、債務の整理、法人税等の申告などの清算業務が残る。この清算事務を行う者を清算人と言い、これも登記しなければならない。清算人の決定は、解散と同時に行うことから、清算人の就任の登記も会社の解散の登記と同時に申請する。なお清算人の登記も会社の解散の登記も、申請人は清算人の代表者（代表精算人）が行うが、清算人は代表取締役でない。
　実務的には、次項で解説する「休眠会社のみなし解散」や税務署に対する「休業届」で対応するケースもあるようだが、この方法を経営者やコンサルタントの方に勧めることはできない。

　解散命令は、公益上の理由から会社を解散させるもので、法務大臣や債権者その他の利害関係者等の請求によって裁判所が下すもの。一方、解散判決は、株主の救済のための制度で、会社に回復できない損害が生じ、または生じる恐れがある場合や、会社財産の管理・処分に著しい不相当があり存続が危うい場合、総株主の議決権の1割以上を有する株主が会社の解散を裁判所に請求でき、この請求に基づいて解散判決が下された場合だ。

③休眠会社のみなし解散
　営業を廃止しても、解散の手続も取らないで長期間にわたって登記が

そのまま放置されている会社を一般に「休眠会社」という。一般にいわれる「休眠会社」には、税務署等に各種届け出を受理された「休眠中の会社」と、届け出等を一切行わない「放置中の会社」がある。「休眠中の会社」は休眠中であっても、税務申告や役員変更登記を行う。「放置中の会社」は、最後の登記がなされてから12年を経過した会社は、解散したものとみなすという制度ができた。これによって解散となった会社は「みなし解散」と呼ばれる。

具体的には、最後の登記後12年を経過した会社がある場合、その会社の本店所在地を管轄する登記所に営業を継続する旨の届出をするよう、法務大臣が官報で公告する。その公告がなされてから2ヶ月以内に法務省令に従って届出をしないと、その会社はその期間満了の時に解散したものとみなされる。ただし、所定の期間内に登記をすれば解散は免れる。また、解散したものとみなされた会社は、その後3年以内であれば、株主総会の特別決議で会社を継続することができる。

なお、その公告があった場合、登記所は対象となった会社に対しその公告があった旨の通知を出し、所定の期間内に届出がない場合は、登記官が職権で解散の登記を行うことになる。

④会社の清算

完全に法人格が消滅するには清算手続の完了が必要となる。解散後も清算の目的の範囲内で存続している会社を「清算中の会社」という。清算中の会社は、当然のことながら営業を前提とした行為は認められない。

合名会社や合資会社の場合は、無限責任を負う社員が会社解散後も債権者に対して責任を負うから、任意の手続による清算が認められている。これを「任意清算」という。

これに対して、株式会社の清算手続には、「通常清算」と「特別清算」が法律に定められており（法定清算）、そのいずれかの法定手続によらねばならない。有限会社の場合は、株式会社の場合に準じた通常清算にあたる方法による。

会社が解散した場合、合併や破産等の場合を除き、取締役がその清算人となるのが原則だが、定款に異なった定めをしたり、株主総会で他の者を選任したりできる。もし、清算人となる者がいなければ、裁判所が利害関係人の請求で清算人を選任する。複数の清算人がいる場合には、清算人会を設けたり、従前の代表取締役が代表清算人になることができる。

⑤**特別清算人**
　会社に債務超過の疑いがあると認められる場合、清算人は特別清算の申し立てをしなければならない。また、清算の遂行に著しい支障をきたす事情があると認められる場合に、債権者、清算人、監査役や株主の申し立て、あるいは裁判所の職権で、裁判所は会社に対して特別清算の開始を命じられる。
　特別清算の清算人は、清算の実行のため必要があれば債権者集会を招集できるので、破産管財人に似たような役割を果たす。また、特別清算の清算人の解任は、普通清算とは異なり、裁判所が決定することになる。

3 株主の権利と取締役の責任

3-1 ◆ 株式会社と株主権利（会社の支配権）

　会社は、出資（資本）をもって設立され、出資者（株主）意思によって選任された取締役により運営（経営）される。株式会社が、自己資本（エクイティ）を調達の際に出資者（株主）に対して、発行する出資証券を株式という。株式は、株主が会社に対して持つ権利（株主権利）であり、会社に対する経営権を具体的に示す有価証券でもある。

3-2 ◆ 株主権利の概要

　会社の基礎的な運営資金(資本金)の出資者である株主は、会社に対して様々な権利を持つことになる。株主権利を大別すると、ひとつは、株主自身の経済的利益のために認められた権利である「自益権」と、会社の管理運営に関与する権利である「共益権」の2つになる。

株主権利	権利の概要	具体的な権利(主なもの)	
自益権	株主の経済的利益のための権利 (単独株主権)	・利益配当請求権 ・残余財産分配請求権 ・新株発行差止請求権 ・転換株式の転換請求権 ・名義書換請求権 ・株券交付請求権 ・株式買取請求権	会社の所有者は、出資者(株主)であるとの考えに基づき、会社があげた利益の分配である配当を受け取る権利を、利益配当請求権という。 会社が解散する場合には、解散処理後残存する会社の純資産を獲得する権利を株主は株式数に応じて持ち、これを残余財産分配請求権という。
共益権	株主が会社の管理運営に関与する権利 (少数株主権または単独株主権)	・議決権 ・株主総会の招集請求権 ・株主決議の取り消しを訴える権利 ・新株発行の無効を訴える権利 ・取締役の違法行為の差止請求権 ・累積投票請求権 ・取締役等の解任請求権	株式会社の最高決議機関が株主総会である。株主総会の議案決定は、原則多数決であり、その決定権限は保有株式数に比例する。

※これらの株主権利の他に、会社が株主向けの特典やサービス、施策を提供することがあり、これを「株主サービス」といい、その代表例が株主優待である。

①単独株主権と少数株主権

　株主の権利には、一人の株主が単独で権利を行使できる「単独株主権」と、会社の発行済み株式の一定の割合以上、もしくは一定数以上の株を保有する株主(単独でも複数でも可能)に限って行使できる「少数株主権」とがある。

　自益権は、株主自身の利益のために認められている権利であるため、すべての株主が単独で行使できる「単独株主権」と考えられるのに対し、共益権は、会社の利益と目的達成のために行使する株主権利であるため、単独株主権と少数株主権との2通りあると考えられる。少数株主権には、株主の提案権などがある。

②**株主の義務**

　株主の義務は、会社に対して引き受けた株式の引受価額を限度とする出資義務のひとつだけだ。株主には、会社の債務を代わりに払う(代理弁済)義務や追加出資に応じる義務もなく、仮に会社が破産した場合であっても、出資額以上に損失を被ることがない。これを、株式会社の株主有限責任制度という。

③**株主平等の原則**

　株主は、その株式の保有する株式数に応じて、平等に扱われるという原則がある。ただし、権利の内容が違う特殊な株式(優先株、無議決権株式など)も発行される場合がある。

> **コラム&エピソード　ドラマに観る「株主権利」の凄まじさ**
>
> 　「株主の権利は、絶大だ」といわれても、多くの経営者にとって実感を伴わない話かもしれない。それは、日本の多くの企業が、株主と経営の一体化した「同属的経営」をしているからだ。自分と自分の親族や友人(人的な繋がりのある人)からの出資を基にした、株主と経営が分離していない資本構造の会社を同属的経営と呼び、この場合は、取締役、中でも代表取締役の権限は絶大となる。しかしながら、商法(会社法)が想定する本来の株式会社という法人形態は、幅広く株式資本を集めた上で資本家から取締役に経営を委託する、というものだ。この、会社の持ち主である資本家が、他人である取締役に経営を委任するという形態において、商法(会社法)はさまざまなルールを設けている。そのひとつの事例を、ドラマ(小説)から引用する。
>
> 　自らが企業法務の弁護士として活躍する、牛島信氏が書いた「株主総会」(幻冬舎文庫)は、株主権利の凄まじさを見事にドラマ化している。ストーリーの概要は、次のようなものだ。
> 　年商二千億円の上場企業が、総務部次長に株主総会で乗っ取られる。(総務部)次長の動機は、自らがリストラを宣告されたことにある。次長は、定時株主総会で突如として「株主総会議長の交代と代表を含む

20名の取締役の解任」を宣言し、自分と自分の身内を取締役に選任する。この暴挙の背景に、総計千五百万株に及ぶ議決権の委任があった。千五百万株は、同社の議決権の過半数を超えることから、株主総会に出席していた同社の顧問弁護士も、目の前で解任された代表取締役の（個人的な）顧問ではなく「会社の顧問」という立場において、発言を抑制され、それに従わざるを得なかった。株主総会は、混乱の中にも終了を宣言される。株主総会直後に元次長によって指名された自分と自分の身内による取締役会によって、自らが代表取締役に就任する。

あくまでも小説でありドラマであるが、現役の弁護士が書いたものだけに法的な裏づけはしっかりしている。つまり、あり得ない御伽噺ではない。この小説の肝となるプロットは、日本型の「物言わぬ株主」の存在だ。株主持合が一般的であった時代が永く続き、そういった企業株主は深い考えや戦略もなく、株主権利である議決権を当該会社に委任する。この小説では、委任先が総務部次長であった。小説では、その後の紆余曲折の末に元次長の代表取締役は会社を去るが、元の社長は解任されたままとなる。

④株主権利の取得と発効

株主とは、株式会社に出資しその見返りに、株式を受け取る出資者のことをさす。出資者は、株主になることによって出資会社に対しさまざまな「株主権利」を得たり、株主優待などの「株主サービス」の権利を得たりする。ただし、株式を購入した後に株主となるために、以下の何れかの手続きをとる必要がある。また、権利割当日（基準日）という「所定の日」までに株主にならないと株主の権利を得ることができない。

- 名義書換の手続きをとって株主になる
- 証券会社の保護預り制度を利用し、かつ保管振替制度を利用し実質株主となる

出資者が株主になることによって、経営参加権（議決権）や利益配当請求権、残余財産分配請求権など株主権利を有する。ただし、2001年の「種

類株式」制度の施行によって、議決権や配当請求権などに特定の制限や優先権を付与した株式の発行が可能となった。経営者は、新株増資において、投資家は新株引受もしくは株式購入において、この種類株式について検討する必要がある。

3-3 ◆ 代表的な株主権利

①経営参加権（議決権）

　株主は、株式投資会社に対して経営参加権を持つ。株主は、株主総会を通じて、企業経営に関する重要事項（＝剰余金の配当や役員の選任など）を認否することができる。株主はこの認否権限を持って、企業経営に参加することになる。また株主は、株主総会に出席し、経営の現状や経営方針について意見表明や疑義についての質問をすることも可能だ。ただし、単元株（＝取引が可能な最低単位）に達しない単元未満株については、株主としての議決権は認められていない。

　通常の株式の場合は、1株につき1票の議決権がある。特定の株主や株主グループが、発行済み株式（議決権株式）数の過半数を握ることにより、その会社の経営を支配することが可能となる。会社は、取締役という経営者によって日々経営されるが、この取締役を選任するのが株主総会だ。過半数を超えるか、それに近い筆頭株主（グループ）が立案した取締役選任案は、株主総会で可決されることになる。

　会社の定款にもよるが、取締役会による経営決議事項は多く、取締役会を制することが会社を制すると事と同義といっても良いだろう。また仮に、取締役会では決議できなく株主総会で行う重要決議事項においても、過半数の株を持つことは、定款変更、合併、営業権譲渡などの「特別決議」を除いて単独で決定できるため、会社を支配したことになる。このようなことから「株式の過半数を握ることにより、会社の経営支配権を得る」といわれる。

②利益配当請求権

　株主が投資会社に対してもつ権利のひとつに利益配当請求権がある。株式を所有し、株主になることで、配当を受け取る権利が生じ、株主総会の決議に基づいて配当を出すことが決まった場合には、会社利益の分配である配当を受け取ることができる。

　一般に会社は、業績が向上することによって、利益が増え、その配分としての配当も増加する。また、会社の業績向上は、株価の上昇や、株式分割の要因となることから株主(資本家)は、経営者にこれを求めることが多くなる。株価は長期的にみると、会社の継続的な業績と緊密な関係にあるといえ、安定株主を求める経営者と最大利益還元を求める株主の利害や思惑が一致する。

③残余財産分配請求権

　株主が投資会社に対してもつ権利のひとつに残余財産分配請求権がある。企業が解散する際に、負債を返済し、なお財産が余る場合、株主はその持ち株数に応じて残った財産(純資産)の分配を受けることができる。この清算分配金を得る権利を残余財産分配請求権という。なお、資産(時価)よりも負債(=借金)が多いとき(債務超過)には、株主への分配金はない。業績悪化等による会社清算の場合は、債務超過のことが多く、分配金は期待できない。会社の清算価値を1株あたりで表示する指標として、一株当たり純資産(=EPS)を用いることもある。

　日本でも、企業買収(M&A)が一般化しつつある現在、会社の清算価値は重要な投資指標となる。清算価値は、会社の資産から負債を差し引いた純資産がベースとなる。純資産は、会社が業績を伸ばすことによって増加する。業績に伴って、当該会社の株式価値(株価)も高まり、ますます企業価値が増大することになる。

　なお、債務超過の会社が解散する場合であっても、株主の責任は有限責任であるため、会社の負債について債権者から追加出資や債務保証などを請求されることはない。

3-4 ◆ 株主総会と株主権利

株主権利の最大の発揮の場が、株主総会と言えるだろう。株主総会は、株主を構成員として、定款の変更や取締役・監査役の選任、会社の解散・合併など、会社の基本的な事項や重要な事項について、株式会社の意志を決定する最高決議機関と位置づけられている。株主総会は、招集の時期によって、定時株主総会と臨時株主総会とに分けることができる。定時株主総会は、原則として年に1回、毎決算期ごとに、決算期後の2ヵ月以内（資本金1億円超の会社は3ヵ月以内）に、主として決算書類の報告や承認について審議するために招集・開催することが義務づけられている。一方、臨時株主総会は、必要に応じて招集・開催することができる。

①株主総会の議決権

株主総会（定時株主総会）は、会社の最高決議機関であるが、会社の運営事項について何でも決議できるのではなく、商法や定款に定められた事項に限られる。2006年の会社法施行以降は、定款自治の概念が浸透し、株主総会の決議事項が増加傾向にあるが、一般的には旧商法に定める事項が株主総会で決議されることが多い。会社法で定めている株主総会の決議事項は、決議要件に応じて、普通決議事項、特別決議事項、特殊な決議事項及び株主全員の同意を要する事項に分けられる。

下表の持ち株比率と議決権の通り、一定の持ち株比率を保有（議決の受任も含む）すると、あたかも会社を支配すると思える権利（権力）を保持したようにも観える。議決権による会社支配の一般的な構図は、(1)大株主の意向で動く取締役（取締役会の過半数もしくは全員）の選任、(2)取締役会で大株主の指定する役員を代表取締役とし、(3)日常的には代表取締役が業務を執行し、(4)重要な事項は取締役会もしくは臨時（定時）株主総会で議決する、というものだ。

しかし、現実にはどのような議決権を持っても、従業員や取引先などの利害関係者が反目したのでは会社はやがて企業価値を失い、議決権も意味

を持たなくなる。

●持ち株比率と議決権

議決権比率	経営への影響力（主な議決事項）	議決要件等
66.7％超 （2/3以上） 特別議決	・定款の変更 ・事業譲渡の承認 ・解散 ・譲渡制限株式の買取 ・特定株主からの自己株式の取得 ・全部取得条項付種類株式の取得 ・累積投票取締役・監査役の解任 ・役員の責任の一部免除 ・資本金の額の減少 ・現物配当	・株主総会で議決権を行使できる株主の議決権の過半数（3分の1以上の割合を定款で定めた場合は、その割合以上）を有する株主が出席 ・出席株主の議決権の3分の2（これを上回る割合を定款で定めた場合は、その割合）以上 （決議の要件に加えて、一定の数以上の株主の賛成を要する旨その他の要件を定款で定めることも可能） ※頭数要件も可能
50％超 普通議決	・取締役、監査役の選任 ・決算の承認 ・株主総会の議長選任 ・取締役・監査役の報酬の承認 ・株主総会の延期または続行 ・剰余金の配当	・定款に別段の定めがある場合を除き、議決権を行使できる株主の議決権の過半数を有する株主の出席 ・出席株主の議決権の過半数
33.4％超 （1/3以上） 〈特別決議の阻止〉	・定款変更の否決 ・営業　譲渡の否決 ・合併契約　書の否決 ・取締役解任の否決 ・第三者に対する新株の有利発行の否決 ・解散の否決 ・有利な価格での自己株式の処分の否決	・定款に別段の定めがある場合を除き、議決権を行使できる株主の議決権の過半数を有する株主の出席 ・出席株主の議決権の3分の1以上の賛成

※上記の外に特殊な決議事項及び株主全員の同意を要する事項がある。2-16を参照してほしい。

②株主総会実務への対応

　株主に株主総会で議決権を行使させる場合には、一定日現在の株主を確定する目的で、会社は、一定の日に株主名簿上に記載・記録された者を株主とみなし、その者に後の時点に権利を行使させる処理をすることができ、これを「基準日の制度」という。振替株式の場合には、会社は、基準日における振替口座簿上の株主につき株主総会開催の通知を受ける。

●株主総会の実務

総会の実務事項名	実務項目	備考
株主名簿の記載事項	・株主の氏名、住所 ・株主の有する株式の種類、数 ・株主の有する株式につき株券を発行したときはその株券番号 ・各株式の取得年月日 ・質権の登録 ・信託財産の表示 ・振替株式につき主務省令で定める事項	
招集の決定と招集権者	株主総会の招集は、原則として取締役会が株主総会の開催の日時と場所、総会に報告する事項、決議を求める議案を決定し、これに基づき招集権者が招集の手続きをする。一般には、定款で代表取締役を招集権者と定めているところが多いので、普通は代表取締役招集権者となる。招集権者の招集によらない株主の集会は、株主総会ではない。	株主全員が出席して同意したときや、発行済株式総数の100分の3以上の株式を所有する少数株主による招集(少数株主権)は効力をもつ。
招集の通知	株主総会を招集するには、総会日より2週間前までに書面で通知する必要がある。発送日と総会日の間に2週間の期間要するので、25日が総会日であれば10日中に招集通知を発送すればよく、2週間前までに到着していなければならないという意味ではない。	この要件を満たしていないときは、招集手続きは違法であり、株主総会決議取消しの原因となる。招集通知には、開催日時・場所、議題を記載する。
招集地	招集地は、定款に定めのない限り、商法の規定するように、本店所在地またはその隣接地であるとされていたがその規制が撤廃された。	隣接の「地」とは、最小の行政区画をいう。一般的には、市町村だが、東京都の場合は区を含む。
添付書類	定時株主総会の招集通知には、取締役会設置会社では計算書類・事業報告を提供しなければならない。非設置会社では計算書類の添付不要。	
株主総会の運営と議決	総会決議事項においては、最終的に議決を行う。一般的な議案決議は、議長が「原案にご異議はありませんか」という採決の呼びかけをし、これに対し株主の「異議なし、原案賛成」の声で、議長が「ご異議ないものと認め、原案どおり賛成多数をもって可決しました(選任されました)」と宣言することによって決議とする。	株主総会における、事業報告などの報告事項は、報告に係る質疑応答の後、議長の報告終了宣言(これをもって報告を終了し・・・など)をもって終了となる。

3-5 ◆ 取締役と代表取締役の実務

①取締役の選任と解任

取締役は株主総会で選任される。株式会社は、取締役が株主でなければならない旨を定款で定めることができない。ただし、公開会社でない株式会社においては、定めることができる。任期は原則選任後2年以内に終了

する定時総会終結の時までだが、非公開会社（委員会設置会社を除く）は定款で、選任後10年以内に終了する定時総会終結の時まで伸長できる。

解任は株主総会における普通決議によればいつでも可能であるが、解任について正当な理由がなければ損害の賠償を請求できる。取締役は原則としていつでも辞任することができる。

②取締役の肩書とは

通常、取締役には会長、社長、専務や常務といった肩書が付与されている。しかしこれらは会社法において規定されたものではなく、各会社が独自に付与したものである。このように何らかの役職名が付与された取締役のことを役付取締役ということがある。これらの役職とそれが表す力関係が取締役会に持ち込まれることで、本来上下関係はなく相互にその業務を監視し合う立場にあるはずの取締役の間に序列が生じることになる。この序列は、業務執行において意義あるものであっても、会社法上で重要とされている取締役の役割であるところの「業務の監督・監査」に支障をきたす弊害も指摘されている。コーポレート・ガバナンス上で留意したい点のひとつだ。

③取締役の職務と責任、報酬

株主が取締役になることは差し支えなく、現実的にも中小企業においては取締役の多くが株主である。

取締役は、業務意思決定を行うほか、割り当てられた業務の執行を行う。特に業務執行権を与えられた取締役を業務執行取締役といい、代表権を与えられた取締役を代表取締役という。業務担当取締役や執行役員といった制度は法律上なく、定款や社内規定において会社で独自のものがほとんどだ。

取締役と会社は、委任関係にある。取締役は会社に対して善管注意義務及び忠実義務を負う。取締役は会社に対し、その任務を怠ったことにより生じた損害を賠償する責任を負う。さらに、会社の業務を執行する際に

故意または重大なる過失(重過失)によって第三者に損害を与えた場合にもそれを賠償する責任が生じる。また、取締役には他の取締役に対する監督責任が課せられている。

取締役の報酬は、定款または株主総会の決議によってその額や算定方法が決定される。報酬の決定は、業務執行に属する性質の行為であることから、取締役会にその権限があってもよい。しかし自分の報酬を自分で決定させると過大な報酬を受け取る危険があるため、このようにしたのだとされている(「お手盛りの防止」といわれる)。複数の取締役がいる場合、個別の報酬額は開示せず報酬の総額が開示されればよいとの判例がある。しかし、会社経営の透明化(ディスクロージャー)を推進するために個別の金額を開示すべきとの意見も少なくない。

④役員報酬と役員賞与の法人税の取扱い

会社法や会計では、役員報酬と役員賞与を同一のように取扱っている。会社法では、役員賞与について、報酬と同様「職務執行の対価として会社から受ける財産上の利益」としている。これを受けて、企業会計上も報酬・賞与ともに費用処理で統一することになったようだが、税務では違う取扱いをしている。

税務上の役員となった場合、報酬や退職給与は不相当に高すぎない限り、全額が損金となる。しかし、賞与については損金とすることができない。

取締役に支払う金銭等のうち、役員報酬を損金算入とし、役員賞与は損金不算入とされる理由は、「役員賞与は利益処分(利益の分配)」との考えからだ。役員報酬は業績に関係なく業務執行の対価として支払うもの、すなわち「費用」であり、役員賞与は業績向上に報いて支給するもので、すなわち「利益処分」であるということらしい。

⑤取締役会の職務

取締役会は、業務執行を決定するとともに、執行機関を選定及び解職し、かつその執行を監督する権限を有する。取締役会設置会社の取締

役会は日々開催されないため業務執行の意思決定を代表取締役や役職員に委任できるが、会社にとって重要な事項については取締役に委任することはできない。

> **取締役会による決定事項（代表的なもの）**
> - 重要な財産の処分及び譲受
> - 多額の借財
> - 支配人その他の重要な使用人の選任及び解任
> - 内部統制システムに係る事項
> - 株主総会の招集に係る事項
> - 計算書類等の承認

監督の機能を果たすため各取締役は3か月に1度、自己の職務の執行状況を報告しなければならない。

3-6 ◆ 取締役の不正行為に対する株主の権利

①取締役の善管注意義務と忠実義務

取締役と会社は委任契約であることから、受任者である取締役は委託者である会社に対して善管注意義務を負う。会社は、取締役に対して経営の専門家もしくは、高い経営能力を前提として職務を委任する。従って、善管注意義務を負った者（取締役）は、自己の私的な財産運用と同等以上の注意義務を持って、会社の財産を管理・運営しなければいけない。専門的能力を認められて取締役に選任された者への期待の水準は高い。

経営には不確実な状況で迅速な判断をせまられる場合が多いので、事後的結果責任を問うのでは消極的になってしまう。善管注意義務を果たしたか否かの判断は、行為当時の状況に照らし合理的な情報収集、調査、検討が行われたか、及びその状況と取締役に要求される能力水準に照らし不合理な判断がなされなかったかを基準になすべきである。会社法には、善管注意義務とあわせて忠実義務が規定されている。取締役は法令、

定款及び株主総会の決議を遵守し、会社のため忠実にその職務を行わなければならない。この規定は、善管注意義務を取締役につき強行規定とする点に意義がある。

②取締役の競業避止義務

取締役は「会社の重要な機密や内部事情等にも通じている者」という前提の基に「競業避止義務」を課せられている。もし取締役に、会社との競業を自由としたならば、その地位を利用して会社の取引先を奪うなど、会社との信頼関係に反して、会社の利益を犠牲にして自己または第三者の利益を図る危険性があると考え、これを防止するものとして制定されている。従って取締役は、個人としても、別会社の代表としても、その会社と同じ業務を行ってはならない。取締役が競業会社の代表取締役に就任する場合には包括的に承認を得るのが通例である。ただし、この競業会社が会社の完全子会社又は完全親会社である場合には承認不要となる。競業避止義務は、取締役在任中の義務で、離任後の競業には言及できないと考えられる。ただし、取締役在任中に競業事業の立ち上げ準備をして部下に不当に退職して自己の事業に参加するよう勧誘する行為は忠実義務違反として追求できる。また、取締役会が承認した競業事業であっても、それによって会社が損害を受けた場合は、善管注意義務や忠実義務に違反したと考えられ、責任を追及されることになるだろう。

③自己取引回避義務

「自己取引」とは、会社と取締役が契約の相手方になる取引行為で、直接的な取引だけではなく、間接的に会社と取締役の利益が相反する行為も自己取引のひとつと考えられている。自己取引も、競業と同じように株主総会（取締役会非設置会社）又は取締役会で承認決議を受ける必要がある。自己取引回避義務は、承認決議があれば手続き上の違反にはならない。たとえば、会社と取締役が、不動産売買や不動産の賃貸契約を結ぶことがあるが、これを承認した場合は、自己取引に関する会社法には違反したことにならない。しかし、その取引が実勢価格と乖離したものであり、

会社に損害を与えた場合は、当該取引を認めた取締役の善管注意義務と忠実義務違反が問われることになる。

　取締役の権限は大きいため、これを濫用し本来の任務に違反して会社の利益を損なうような取締役もいる。そこで会社法は株主に対して事前に不正行為を防止し、その責任を追及する規定を用意している。

④取締役行為の事前の差し止め

会社に損害が生ずるおそれがある場合	取締役が株式会社の目的の範囲外の行為その他法令もしくは定款に違反する行為をし、又はこれらの行為をするおそれがある場合において、当該行為によって株式会社に著しい損害が生ずるおそれがあるときは当該取締役に対し、当該行為をやめることを請求することがきる。容易に差し止めできないように「著しい損害」という要件になっているが、この要件は監査役設置会社や委員会設置会社では「回復することができない」となっている。これらの会社では株主より監査役や監査委員による差し止めが期待されているからである。
株主に損害が生ずるおそれがある場合	不公正な株式の発行や自己株式の処分や略式合併等により株主が不利益を受けるおそれがあるときは、株式会社に対し止めることを請求することができる。

⑤取締役行為の事後の責任追及

会社に損害が生じた場合	取締役が任務を怠った時はこれによって生じた損害を賠償する責任を負う。会社がこの権利を行使しない場合、株主は一定の期間内に訴えを提起しない場合やその期間内に回復することができない損害が生ずるおそれがある場合には自ら訴えを提起することができる。
株主に損害が生じた場合	株主に損害を与えたような場合、その職務を行うについて悪意又は重大な過失があったときは、取締役に対して直接損害賠償責任を追及できる。

3-7 ◆ 代表取締役の職務執行の適正を確保する制度

①株主総会

　取締役会非設置会社では定款で定めることにより代表取締役を解任することができ、代表取締役の特定の行為についてとりやめることを決議することもできる。

②取締役（会）

　取締役会設置会社では代表取締役の選定、解任を行うほか、職務の

執行の監督を義務としている。重要な業務執行の決定は取締役会から代表取締役に委任できないとしている。取締役会は牽制機構として法定された機関である。

取締役会非設置会社ではその業務は取締役の過半数で決することとし、支配人の選任・解任や支店の設置、移転、廃止や株主総会招集の決定などの重要な事項についてはその決定を各取締役に委任することができないとしている。

③監査役

監査役は、取締役からの独立が担保されている。その解任には株主総会の特別決議が必要である。

取締役会への出席や自社及び子会社の財産の状況の調査及び報告聴取、計算書類等の監査を通じて、業務の違法性を調査する。違法行為を発見したときは、会社に著しい損害が生ずるおそれがあるときは、自らやめることを請求でき、取締役等の責任追及のために会社を代表して訴えの提起もできる。

コラム&エピソード　名目取締役の立場

　法律的には、取締役に平取締役も名目取締役も非常勤取締役もなく、代表取締役と取締役の2種類だけがある、との前提に立っている。従って、すべての取締役に、監視義務等の責任がある。社外重役として名目的に取締役に就任しただけの取締役も監視義務があるというのが最高裁の判例だ。

　この監視義務に関して、注目すべき判例がある。その事案の要旨は、「平取締役であるが故に、株主総会に上程されない事項の監視ができず監視義務違反ではない」という主張だった。これに関し最高裁は、「取締役会を構成する取締役は、取締役会に上程された事柄について監視するにとどまらず、代表取締役の業務執行一般につき、これを監視し・・・業務執行が適正に行われるようにする職務を有する」としてその主張を否定した。この判決の背景には、取締役は取締役会の招集権者に取締役会の

> 開催を要求でき、その要求を招集権者が拒んだ時には自分で招集できることがある。
>
> これとは反対に、取締役の地位につくことなく、影響力だけを行使しようとする者もいる。しかし、このように会社を実質的に支配している場合は、仮に登記されていなくても、事実上の取締役や代表取締役として認められる場合は、同様の責任を負うことになる。

株式会社の戦略的な設計

4-1 ◆ 多様化した機関設計

2006年施行の新会社法により、これまで個別に規定していた「会社関連法律」を、「会社に関わる諸制度間の規律の不均衡の是正」および「社会情勢の変化に対応するための各種制度の見直し」しながら、口語体の法典としてまとめられた。

会社法の特徴は、定款自治の拡大や自由な機関設計、株主権利の尊重、組織再編実務への対応など様々上げることができる。中でもこれまでの小規模企業向けの有限会社を廃止し、これを一つの法制度に取り込むべく、多様な機関設計を可能にしたことは大きな変化だ。

事業規模や株主との関係において「実態」に即した柔軟な機関設計は、戦略的な企業運営を可能としている。旧法における株式会社の機関は、総会＋取締役会＋監査役（会）もしくは、委員会等設置（大会社に限り任意選択）に限られていた。

①最小構成の機関設計

株主総会＋取締役（1名）が、最小構成の機関設計になる。自分一人か身内の資金を資本とし、将来的にも事業規模の拡大を望まない時などに向

くだろう。登記事項であるため、会社の信用を低くみられる可能性がある。社長（取締役）に事故や傷病があった時の、対応の難さが考えられる。個人事業の変型判と捉えたい。

②標準的な機関設計

　株主総会+取締役会（取締役3名以上）+監査役の設計で、旧商法時代の株式会社の機関設計方式だ。これを小規模会社に勧める理由は、取締役会が無いと株主総会の決議事項が多くなり、会社の重要な決定に際しその都度、総会を開くことになる。また、監査役が機関として設置していないと、取締役の事務が増えることになる。逆に監査役を設置し、監査役に「会計監査権限」のみならず「業務監査権限」も与えておくと、株主権限の一部を抑えることができる。

③会計参与の利用

　会社法において、会計専門家（公認会計士、税理士等に資格を限定）として取締役と共同して計算書類を作成する役員の設置が認められた。この役員を「会計参与」と呼ぶが、会計監査人とは役割を異にする。より正確な会計帳簿を作成することが望まれており、中小会社において推薦できる機関設定といえる。

④委員会設置会社

　委員会設置会社は、大会社で公開会社の場合の機関設定と限定しがちだが、他の会社でも活用可能な機関設計である。取締役と執行役の機能と責任を分離した経営手法は、経営の迅速化の面で有効であり先進的な機関設定として推奨できる。※委員会設置会社と執行役員制度導入会社、コーポレート・ガバナンスについては、別に記載する。

4-2 ◆ 種類株式の活用

　種類株式とは、議決権や利益配当などの「株主権利」の異なる株式を

発行した場合、その各株式をいう。一般的に発行される普通株式と比較し、株主権利の異なる株式を種類株式と総称する。また、普通株式以外のものを指すこともある。

①種類株式の内容

　会社法上で、「種類株式」という用語自体は用いられず、定義もされていない。会社法は、「種類株式発行会社」について、「剰余金の配当その他の所定事項について内容の異なる2以上の種類の株式を発行する株式会社」と定義している。

　会社法は、株式に付与することのできる権利の内容を以下に掲げる事項で法律によって限定的に定められている。掲げられた事項を自由に組み合わせて、その会社独自の種類株式を発行する事ができる、としている。

●株式に付与できる権利の種類

株式に付与することのできる権利	権利の概要（抜粋）
剰余金の配当規定	配当において他の株式より優越的な株式が、いわゆる優先株式と呼ばれる。標準的な地位に置かれるものが普通株式、劣後的な地位に置かれるものを劣後(後配)株式と呼ばれる。
残余財産の分配規定	会社清算の後、残余財産の分配の優劣を定めたもの。剰余金の配当と同じくこれも、優先株式や劣後株式と呼ばれるため、何に対して優先又は劣後なのかの注意が必要。
議決権制限規定	株主総会での議決権の、全部又は一部を制限するもの。無議決権株式も可能であるが、その場合でも、その株主は種類株主総会では議決権行使できるとされる。通常は、配当優先株式の代償として、議決権制限がつけられる。こうする事で、株式の流通性を高めると同時に、買収防衛策にもなると考えられている。
譲渡制限規定	譲渡に関してその会社の承認が必要である旨を一部の株式について定める規定。
取得請求権規定	全部の株式に付す「取得請求権」とほぼ同じだが、取得対価として、その会社の別の種類株式を設定できるという部分が異なる。
取得条項規定	全部の株式に付す「取得条項」とほぼ同じだが、取得対価として、その会社の別の種類株式を設定できるという部分が異なる。
全部取得条項規定	株主総会の決議により、会社がその全部を取得することができる定め。

拒否権規定	株主総会(取締役会設置会社においては、取締役会も含みます)において決議すべき事項に、拒否権付株式を有する株主の種類株主総会の決議を必要とする内容の株式。 「黄金株」と呼ばれる株式で、拒否権を有している事項であれば、株主総会(又は取締役会)でどれだけ多数の賛成を得たとしても、拒否権付株式の種類株主総会で反対すれば、当該決議事項は効力を生じないとされる。
役員選任権規定	種類株主総会において取締役又は監査役を選任する定めのある株式。委員会設置会社及び公開会社は、発行することができない。
法定種類株主総会の排除規定	株主総会の決議によって、特定の種類株式の株主にだけ不利益を及ぼす恐れがある場合、会社法は、種類株主総会の決議をも要求する。これを法定種類株主総会という。この法定種類株主総会を開く権利を一定の種類株式だけ定款規定で排除することができる。

②種類株式の実務例

「種類株式」の多様化は、取締役会による経営権の確保を維持しつつ、より機動的な資金調達を可能にした。従前は、各株主の議決権に「差異」を設ける手段について「無議決権株」という制度の利用に限定されていた。この無議決権株式を採用するためには、優先株(利益配当を優先的に行うこと)が必須であり、しかもその株数は「発行済株式数の1/3以内」に限定されていた。さらに「優先配当」が実施されなければ、議決権が自動的に「復活」するなど、取締役会の経営権確保を脅かしかねないものだった。

●種類株の事例

実務的呼称	実務の事例等
優先株式	普通株式に比べて優先的に利益の配当を受けたり、残余財産の分配を受けたりする。このうち、利益の配当については、所定の優先株主配当金以外に普通株主配当を受けられる参加型と、所定の優先株主配当しか受けられない非参加型とがある。また、ある事業年度において優先株主にたいして支払うべき株主配当の金額が優先株主配当金の額に達しない場合、その不足分が次期以降の利益から次期以降の優先株主配当金と合わせて支払われる累積型と、その不足分が次期以降には繰り越さない非累積型とがある。
劣後株式	優先株式とは反対に、普通株式の後に利益の配当や残余財産の分配を受けることになる株式。(後配株式と呼ぶこともある)
転換予約権付株式	他の種類の株式に転換できる権利の付いた株式。転換は、株主の希望により行われる(転換株式)。
償還株式	旧商法下で用いられていた分類で、会社や株主の請求など特定の事由が起こる事を条件に会社が株式と現金を交換する旨の規定のある株式。会社法では取得条項及び取得請求権規定に吸収。会社法での解釈では、償還株式は「取得請求権付株式または取得条項付株式で取得対価を現金と定めたもの」となる。

強制転換条項付株式	定款に記載した事由が発生したときに他の種類株式に強制的に転換できる株式。会社法では取得条項の規定に吸収された。
黄金株	拒否権付株式の利用例。
新株予約権付株式	会社に新株を発行させる、または会社の自己株式を移転させる権利付きの株式のこと。新株予約権付株式は、従来認められていなかったが、新株引受に関する規定が緩和された(2002年)。会社法上、新株予約権を株式と一体のものとしては発行できない。同時に双方を発行することはできる。

　これに対し、2002年の改正商法では、まず制度としての「無議決権株式」を廃止し、議決権に関する内容の差異を「種類株」のひとつとしてまとめた。また「無議決権と利益配当優先の関係」を分離し、利益配当優先でなくても株式を無議決権とすることができるなど、株式発行の自由度が増した。

　さらに「特定事項について議決権を与え、その他については議決権を与えない」というような、議決権の内容を弾力的なものとし、加えて、無議決権株式の発行可能数も、発行済株式総数の1/2以内までに拡大させた。その上で、優先配当がない場合の「議決権復活」規定も削除となった。このように、新規株式公開において従来は、発行株式の種類が「普通株」のみしか認めらなかったものが、改正後は「普通株」と「種類株」の並存が可能となり、戦略的な株式発行が可能となった。

③種類株と資本戦略

　2002年改正前の無議決権株式は、優先配当が必須であったことと議決権の自動復活という問題点があり、経営権の安定を望む会社には採用し難かった。一方投資家からも、会社が優先配当している間は、一切の議決権がなく経営参加意識からも投資の魅力が薄かった。投資した以上資本家としては、ある程度、特定の事項についての経営参加（議決権）が欲しいところだった。このように、多様な種類株式の発行が可能になったことによって資本家と経営者の利害調整がなされたといえる。

　例えば、議決権制限付株式は、株主総会において議決権を行使することができる事項について他の株式と異なる定めをした内容の株式であり、議決権が全く無い株式や一定の決議事項のみ議決権を与えること、議決

権行使に条件を定めることも可能となった。経営参加に興味のない投資家向けに、発行価格を安くし、投資しやすい新株を発行することもできる。

> **コラム&エピソード 株主総会における議案例**
>
> 　　　　　　　　第●●号議案　定款一部変更の件
> 　議長より、会社の発行する各種株式の内容およびその数の変更に関し詳細な説明があり、これに伴い定款の定めを下記のとおり変更したい旨の提案があり、その賛否を議場に諮ったところ、出席株主の議決権の3分の2以上の賛成をもって、原案どおり承認可決した。
> 　　　　　　　　　　　　　　　記
> （発行する株式の総数および各種株式の数）
> 　第●●条　当会社の発行する株式の総数は●●●●株とし、うち普通株式を●●●●株、優先株式を●●●●株とする。
> （優先株式の内容）
> 　第●●条　優先株式の利益配当率は年●●％とする。ただし、一営業年度の配当率が年●●％に満たない場合でも、その不足額は次の営業年度の利益をもって補填しない。また、優先株式の固有配当をした残余未処分利益を普通株式に対し配当するが、その配当率が年●●％を超える場合でも、優先株式に対し増加配分しない。また、優先株式に議決権はない。

> **コラム&エピソード 黄金株**
>
> 　拒否権付株式とは、株主総会において重要議案を否決できる権利を与えられた特別な種類株式。黄金株とも言う。元々英国の国営企業の民営化に際し外国企業からの敵対的買収に備え、政府の持分株に防衛策として付したものが始まりと言われている。
>
> 　黄金株（条項）は、少数株ではあっても特定の株主に特別な権限（取締役会決議を拒否する権利）を付した株式のこと。なにやら分かったようで解り難い。事例で示そう。筆者は、普通株式299株、A種類株1株、B種類株400株の会社を作ったことがある。A種類株が「黄金株」だ。

A種類株には、株主総会決議の他にA種類株だけの種類株主総会を定款に定めた。定款変更の他に事業譲渡や減資など9項目を加えた。さらに社長が解任されないよう、取締役決議の他に種類株式の総会を必要とした。B種類株には、議決権を有しない旨と剰余金と残余財産の優先分配を明記した。この処置は、大株主（オーナー）の経済破たんや破産時に、株主が移転することによる事業が停滞することを、想定し、これを防止したものだ。

　これは極端な例だが一般的にも、会社に友好的な株主に黄金株を持たせ、敵対的な株主に株が譲渡された時の防衛策となり得る。ただし、黄金株には、株主平等の原則や一株一議決権の原則を害する面があるとの批判もある。また、黄金株は、友好的な株主が保有していれば敵対的買収の防衛策となるが、逆に買収側が黄金株を取得するというリスクも存在する。

　拒否権を広範囲に定めると、会社の意思決定を拘束されることになるので、M&Aや代表取締役の選解任等の特別な事態に備えるべきであって欲しい。当然ながら、拒否権付株式が第三者に譲渡されるのを避けるために、譲渡制限付にする。

　なお、上場会社の場合は、東京証券取引所では原則として黄金株の発行を控えるように要請されている。

4-3 ◆ 会社の機関と役職者

　株式会社という法人は、自然人である人間（役職者）とその集団（機関）に特定の役割や権限を委任することによって運営されている。会社は会社自体としての法人格により権利義務の主体となるが、実際には人間（自然人）が行為を行うことになる。法人の組織上一定の地位にある者の意思決定または行為が、法律上、法人の意思決定または行為と認められる場合、法人の組織におけるこのような地位を法人の「機関」という。機関はすべての法人にあり、その構造は法人の種類によって異なる。

　以下の解説は、本章の「会社の機関設計」の項とやや重複するが、そ

の役割や機能について、株式会社における法律上の「機関」や「役職者」について、まずは簡単な用語解説を行う。

●主な会社の機関とその機能

会社の機関名	当該機関の機能概要
株主総会	株式会社の最高の意思決定機関。この機関は、株主によって構成される。原則として取締役がこれを招集する。会社の組織・運営・管理その他会社に関する一切の事項の決議をなし得る。株主は一単元につき一議決権を有し(単元株制度採用会社、種類株採用会社では種類株ごと)会社法や定款で定めた議決数獲得によって決定される。定時株主総会と臨時株主総会とがある。
取締役	株式会社において、最高決議機関である株主総会において選任され、経営を委任された者を取締役という。取締役設置会社において取締役は、取締役会を構成しこれを通じて、経営執行に係る意思決定を行う。代表取締役は、取締役会において選任され、取締役会の代表責任者となる。
代表取締役	代表取締役は、取締役会で、取締役の中から選任される。会社の意思決定機関と執行機関の代表を兼任する。株式会社には、代表取締役が1名以上いなくてはならない。
取締役会	取締役会は取締役会設置会社において業務執行の決定等を行う合議体。定款により設置しないこともできる。
監査役	取締役及び会計参与の業務を監査する機関。非公開会社などでは監査役を設置しないこともできる。

上記の一般的に多く採用されている、株式会社の機関の用語説明だ。会社法は、上記以外にもコーポレート・ガバナンス(企業統治)の改善や企業運営の合理化などの目的に合うよう、多様な機関設計とこれを活用した企業運営を認めている。

5 コーポレート・ガバナンスと機関設計

5-1 ◆ コーポレート・ガバナンス

コーポレート・ガバナンス(corporate governance)は、一般的には「企業統治」と訳され、資本と経営の分離を進める企業において、効率的(妥当性)かつ健全(適法性)な企業経営システムに関する理論や方法を指す言葉として一般的に使われている。コーポレート・ガバナンス論の目的は、企業経営に係わりをもつ株主や社債権者、従業員、取引先、消費者、地

域社会といったもろもろの利害関係者(ステークホルダー)の利益を妥当性と健全性の二面から調整しようというものである。

　コーポレート・ガバナンス論が展開される要因は、次の二つと考えられる。第一は、大規模会社における経営者支配(大会社から大株主が消滅し、ほとんど株式を持たない経営者(取締役や執行役員)が取締役会などの会社の機関を通じて会社に意思決定を支配しかねないこと。同時に、人事面でも後継者を指名できる状況が常態化し、組織こう着から企業価値を低迷させるなどの弊害が懸念されたこと。また実際に事件として経営者の不祥事が表面化したことが、日本や欧米おけるコーポレート・ガバナンス論の引き金になった。第二は、会社の資本や資金調達がグローバル化したことによる、海外の投資家の公正な企業統治の要望があったと考えられる。

①コーポレート・ガバナンスの目的

　コーポレート・ガバナンスの目的は、効率的(妥当性)かつ健全(適法性)な企業経営システムの構築にあるが、具体的なテーマは次の3点ほどに絞り込むことができる。

- 会社は経営を監視するためにどのような経営管理機構を持つべきか、
- 非効率・不健全な行為をする経営者にどのような制裁を科すべきなのか、
- 経営者は何を目的として経営をするのか、その目的推進のためのインセンティブを高めるにはどうすればよいか、

　戦後から今日まで、日本の商法(2006年以降は会社法)は何度も改正された。その中で、取締役会や監査役制度の充実と株主によるチェック体制の整備など経営の監視体制を充実させる大規模な改正がおこなわれ、これらはコーポレート・ガバナンス関連の改正であったといえる。その結果、日本の会社法制上の経営監視体制は、強化・改善されたものの、その後も野村証券や当時の第一勧銀など日本を代表する企業の不祥事が相次いだ。時期を同じくして諸外国でコーポレート・ガバナンス論が高揚していた

ため、日本でも学界・経済界でコーポレート・ガバナンスに係る議論が本格化し、2006年の会社法の制定となった。

②会社は誰のものか論

また、コーポレート・ガバナンスを論じる際に必ずといって良いほど「会社はだれのものか」という課題が出される。この命題は、いいかえれば「会社経営者(取締役)は誰のために経営を行うのか」という問いになり、コーポレート・ガバナンス論の入り口となっている。

法制度的には、会社は営利社団法人であり、経済活動で得た利益を会社への出資者である株主に分配する目的をもつ。つまり、会社は株主の金儲けの道具であり、その目的のために取締役は会社に対して忠実義務を負うこととなっている。ここから導き出される答えは、取締役は株主の利益のために経営を行うもので、会社は株主のものということになる。

しかし現実的には、株主のためだけに会社経営を行っている取締役は多くないはずだ。会社は、社会に有益な機能を提供する社会財であり、働くことによって自分の能力を発揮する職場でもある。利益を上げ税金を払うことによって富の再配分を担う国家の機関としての機能もあるだろう。これは、会社は誰のものかというよりも、誰のためのものかという点で、優れた経営意志だと思う。

しかし一方で、株主を不当に軽視するケースも少なくない。取締役や社長になることは、従業員の出世の証し、いわゆる「サラリーマン重役」は社員の到達点でもある。このサラリーマン重役という概念の弊害として、株主の利益より役員や従業員といった組織の利益を第一とする経営手法の横行がある。資本と経営が分離した会社においては、株主が経営に参加することや取締役を監督する機会は株主総会を除いてほとんどない。会社は株主のものだが、経営における取締役(特に代表取締役)の権限は強大だ。コーポレート・ガバナンスが論じられる原点がそこにある。

コラム&エピソード　株主と取締役のパワーバランスにおける会計の役割

◎株主と取締役の情報格差

　一般的に会計は、第三者への報告を前提としているが、経営者（取締役）の指示監督の下になされる。「資本と経営の分離」を前提とした場合は、財産の所有者たる株主が自己の財産管理を他者（経営者）に委託する。会計に限定すれば、会計参与などの取り締まりでないものを情報の監督人として任命できるが、そもそも会計情報の基となる取引は取締役の掌握事項だ。監査役もいるが、一般に監査役は取締役会が推薦し株主総会で承認される。承認の有無よりも推薦の有無が重要なことは明白だ。従って情報的には圧倒的に取締役が優位と言える。このことから株主と取締役の関係は、報告（情報提供）義務と責任（規則遵守）履行が委任と受任の基本機能となる。

　資本と経営の分離により生じた委託と受託の関係における会計の役割について、2つの説明理論がある。そのひとつが、両者の関係を経済的に捉えたエージェンシー理論で、もう一方が、両者の関係を法的に捉えた信託関係論だ。コーポレート・ガバナンス論の基本となるテーマとして把握しておきたい。

● エージェンシー理論

　エージェンシー理論では、1人の人間が、何らかの用役を自らに代って遂行させるべく他の人間と契約関係にあるとき、2人の間にエージェンシー関係があるという。依頼する側をプリンシパル（資本主）、依頼される側をエイジェント（経営者）と呼ぶ。プリンシパルとエイジェントとの間に二つの本質的な不一致があると仮定する。ひとつは個人的利害の不一致で、もうひとつは、2人のもつ情報の不一致である。一般的に、仕事を任されたエイジェントの方がより多くの情報を持つ。エイジェントは、この情報格差を自分に都合良く利用しようとする誘因をもつと考える。このエージェンシー関係を前提に、プリンシパルとエイジェントがともに自己利益最大化を目指す合理的経済人とみなし、そこに生じるエイジェンシー・コストを最少化する一手段として会計を活用する。

> ● 信託関係論
> 　一方、信託関係論では、資本と経営の分離より発生する関係を、株主を信託上の受益者、取締役を信託上の受託者とした信託関係(信託財産は、資本金と当該事業)として捉える。信託関係においては、信託受託者である経営者が、受益者としての株主に対して、義務履行という目的のために会計を活用する。
> 　資本と経営の分離を前提とした場合、会計とは、特定の経済主体の活動を記録し、その結果を報告することである。また、実務上の行為でいえば、企業のひとつひとつの取引を一定のルールのもと認識して、貨幣的な数値として測定し、それらを複式簿記という記録システムを媒介にして、会計帳簿に組織的に記録する行為であり、次に、報告行為とは、差詰め、記録された会計帳簿を基礎として、会計制度に則って作成された貸借対照表や損益計算書といった財務諸表を公表する行為であるといえる。

③コーポレート・ガバナンス上の代表取締役と取締役の違い

　代表取締役と取締役の権限には、代表権の有無という大きな違いがある。代表権とは、会社を代表するということで、代表取締役が行った契約行為は、会社が履行しなければならない。さらに代表取締役は、対内の業務運営に関しても執行全般についての権限も持っている。これに対して取締役は、法解釈上において業務執行権がない。取締役の権限と役割は、取締役会が代表取締役の選任権、解任権を持っていることから、代表取締役が行う業務執行の監督や監視と考えられる。

　しかし実際には、取締役は代表取締役の監督役に徹しているわけではなく、業務執行の一端を担っていることが多い。この場合の取締役は、「使用人兼取締役」と考えられる(税務的な規定や解釈は別途にある)。使用人兼取締役とは、取締役でもあり、従業員でもあるものをいう。使用人兼取締役は、業務執行の補助を従業員の地位として行いながら、一方で、取締役として代表取締役に対する監督義務も担うという2重の身分を持たされた存在ということができる。

この2重の身分を会社との関係で捉えると、取締役と会社との法律関係は委任契約であり、従業員と会社の関係は雇用契約になる。取締役の選任と解任は、株主総会の決議事項だ。会社から保護される存在ではなく、退職慰労金なども株主総会決議がなければ支払われない。一方、雇用契約である従業員としては、会社から保護される存在で簡単に解雇されることもなく、退職金も就業規則等で守られている。一人の人間が、明らかに性格の違う契約を会社と結んで仕事をしている、そこに使用人兼取締役の難しさと問題が潜んでいる。実際には、役員就任に際して、従業員として退職し、同時に役員として就任するケースが多いが、この場合でも兼務と同じような身分である。

　この問題の解消として「執行役員制度」の導入がクローズアップされている。執行役員は、会社法上の役員ではなく従業員の一種にすぎない。執行役員制度を採用する会社の社内規定によるが、概ねのところのポジションとしては大部長といったところだろう。取締役になりたいという夢を持ったサラリーマンの心理を捉えたもので、この制度を取り入れる企業が急速に増えている。とはいえ、執行役員という名称では取締役のような印象を外部に与えてしまい、対外的に紛らわしいという問題も浮上している。さらに執行役員の名称と地位を混乱させているのが、委員会設置会社の「執行役」だろう。この執行役（員が付かない）は、会社法に明記された地位がある。

④コーポレート・ガバナンスと代表権

　法律的な会社の役職名は、代表取締役と取締役で、社長という名称は商法上にない。したがって、法律文書などに肩書きを書く場合は「代表取締役」と書くことになる。「代表取締役社長」という名称でも問題はないが、代表権を持っている代表取締役であるかどうかを明確にしなければならない。

　代表権は、会社の内部規定で制限したとしても、それを取引先等に主張できず、法的な対抗力もない。代表権は、経営の意思決定の取締役を代表するものであり、事業執行の責任者でもあり、強大な権限を持つものと理解しなければならない。

強い権限を持つ代表権を、複数の人間に持たせることができる。そのひとつが「共同代表」制度だったが、2006年会社法により廃止された。もうひとつが複数代表制だ。共同代表とよく間違われるが、複数代表制は単に代表取締役が複数いるだけのこと。各々の代表者ひとりが完全な代表権を持っており、それぞれが自分の名前だけで契約を結ぶことができる。

5-2 ◆ 執行役員制度

執行役員制度は、株主総会によって選任され、企業を管理監督・経営する取締役と企業における業務遂行を司る執行役を分離した制度。執行役員制度でいう「執行役員」とは、一定の業務執行をする権限が委ねられ、会社から「役員」という肩書きを付与された者をいう。執行役員とは、会社の業務執行に対する責任と権限を持つ役員であり、「代表取締役の指揮命令下にある会社使用人」であり、法的定義のある取締役とは異なる。

こうした執行役員は、取締役を減員させる代わりに採用されることもあり、多くの企業が採用している。執行役員は、商法上に何ら根拠規程はなく、どんな会社でも採用でき、株主代表訴訟の被告にもならない。また、執行役員は、委員会等設置会社の執行役とは全く別物で、執行役は会社との委任関係にあるが、執行役員は多くの場合会社と雇用関係にある。

近年のコーポレート・ガバナンスの強化の流れを汲んで、「経営の監督に専念する人（取締役）」と「業務の執行に専念する人（執行役員）」を分離してそれぞれの役割分担を明確にする執行役員制度が導入されてきた。

5-3 ◆ 企業統治と内部統制

コーポレート・ガバナンスは、企業としての使命を達成し、企業を繁栄させるために「効率的で健全な、透明性の高い企業運営」を行うための機能や体制を言う。これを実現する仕組みに内部統制（制度）がある。内部統制とは、組織の業務の適正を確保するための体制を構築し、組織がその目的を有効に達成するためのルールや業務プロセス、運用システムをいう。

内部統制で業務の流れを制御しても、経営者を監督する取締役が機能していないと意味がない。企業統治と内部統制が有効に機能するためには、取締役会、社外取締役、監査役などを適切に監視する必要がある。

●企業統治に係る役割と機能

機能	内容
取締役（経営者）の役割	経営者は、株主等のステークホルダーとのかかわりも含め経営理念や経営方針を明確にし、その理念や方針を達成するための戦略の基盤となる指針を示す。その上で、意思決定の仕組みや内部統制システムに関する方針も示す。
会社を監視・監督する機能	会社が目的や理念に沿って運営されているかを監視や監督する機能。会社法上、最高の意思決定機関である「株主総会」、経営執行機関としての「取締役会」、監査機能としての「監査役」の3つの機関の健全な運用を確保する。
会社の説明責任と経営責任	説明責任とは、会社がその目的や理念に沿って経営が行われていることを、経営者自らの言葉で適格に説明し、ステークホルダーへ透明性のある情報を提供すること。経営責任は、上記2つの機能不全の結果、会社に損害がもたらされた場合、取締役（経営者）が経営責任をとる(とらせる)仕組みを構築し機能させることだ。

　日本では、ガバナンスの強化策として社外取締役を任命して経営者の監督を強化したり、執行役員制度を導入したりして、経営の執行と監督を分離する手法が使われ始めている。2003年に「委員会等設置会社」が制度化された。これは、監査役を置かない代わりに社外取締役を中心とした指名委員会、監査委員会、報酬委員会を設置して経営をチェックする仕組みで、ソニーやオリックスなどが先陣を切って採用した。その後2006年5月施行の会社法において、委員会設置会社に名称を変更して引き継がれた。会社法では、定款に委員会を置く旨の定めを設けることで、その規模を問わず委員会設置会社となることができるよう制度が改められた。

5-4 ◆ 委員会設置会社

　委員会設置会社とは、株式会社の内部組織形態に基づく分類の1つであり、取締役会の中に指名委員会、監査委員会及び報酬委員会を置く株式会社をいう。委員会設置会社は、従来の株式会社とは異なる企業の統治制度（コーポレート・ガバナンス）を有する。取締役会の中に社外取締役が過半数を占める委員会を設置し、取締役会が経営を監督する一方、業

務執行については執行役にゆだね、経営の合理化と適正化を目指した。

①委員会設置会社の取締役会の権限

取締役会は会社運営の大枠を決定する。
- 経営の基本方針
- 監査委員会の職務執行に必要な事項
- 執行役が2人以上ある場合の職務の分掌、指揮命令の関係その他の事項
- 執行役からの取締役会の招集請求を受ける取締役
- 内部統制システムの構築

委員会設置会社の特徴は、取締役が原則として業務執行を許されず、その任は執行役になる。ただし取締役は執行役を兼任することができる。しかし、アメリカのように取締役会構成員の過半数を社外取締役とする必要はない。

取締役会の中には指名委員会、監査委員会、および報酬委員会の3つの委員会を必ず設置しなければならない。別個の委員会(例えば訴訟委員会や顧客対応委員会など)を追加してもよい。ひとつの委員会は3名以上の取締役で構成するが、どの委員会にも属さない取締役をおいてもよい。

各機関で取締役会が最上位にある。
- 各委員会の委員の選定・解職をする
- 執行役の選任・解任をする
- 代表執行役の選任・解任をする

各委員会の決定は拘束力を持ち、委員会を構成する取締役の過半数は社外取締役でなければならない。監査委員会を除き、執行役が委員を兼任できる。

②各委員会の運営

各委員会には一定の調査権限が認められており、取締役と執行役は各委員会から要求があった事項について説明する義務を負う。一方、各委員会もその委員会の職務執行の状況を取締役会に遅滞なく報告する義務を負う。各委員会は、それぞれ独自の権限と機能を有しており、その決定は取締役会決議をもってしても覆すことはできない。

委員会	委員会の権限等
監査委員会	監査委員会が取締役や執行役の職務執行を監査・監督する。監査役が適法性監査に限られていたのに対し、監査委員会のメンバーは取締役であるから適法性監査のみならず妥当性監査についても権限と責任がある。 監査役が単独で判断して行動する各種の権限を有しているのとは異なり、監査委員会の取締役は、全て独自に監査権限を行使できるわけではない。取締役や従業員等に対する調査権や子会社に対する調査権については監査委員会が指名する監査委員に限って認められる。ただし、法令・定款違反等の不正行為・違法行為等に関しては、監査委員が単独でも取締役会への報告や差止請求を行使できる。
指名委員会	一般の会社では取締役会が取締役の選任や解任に関する議案を決定するのに代わり、指名委員会が株主総会に提出する取締役の選任と解任に関する議案の内容を決定する権限を持つ。指名委員会は、その過半数が社外取締役でなければならない。
報酬委員会	取締役の報酬の決定については、株主総会の決議の代わりに、報酬委員会が取締役や執行役の報酬を決定する権限を持つ。報酬の内容に関する方針を定め、この方針によって権限を行使する。 (イ)確定金額を報酬とする場合は、個人別の報酬額を決める。 (ロ)不確定金額を報酬とする場合は、個人別の具体的な算定方法を決める。 (ハ)金銭以外のものを報酬とする場合は、個人別の具体的な内容を決める。 この方針は、営業報告書に記載する必要がある。

③執行役と代表執行役

委員会設置会社では、取締役が業務執行をすることができず、その代わりに執行役や代表執行役が会社の業務執行を行う。執行役は取締役会の決議で決める。

執行役の職務は、取締役会から委任を受けた事項と会社の業務の執行になる。また、執行役は取締役会に対する報告義務を負う。執行役の任期は、就任1年以内の最終の決算期に関する定時総会が終結した後に最初に開催される取締役会の終結の時までとなる。これは、取締役の任期と合わせやすくするためだ。

執行役は取締役と兼ねることができ、会社内部からでも外部からでも採

用できる。ただし、執行役は従業員ではなく、会社の業務執行を行う者として責任があり、株主代表訴訟のリスクも負う。そのため、従業員が執行役に就任するよう命令されても従う義務はない。

委員会設置会社では、代表取締役を決める必要はない。その代わりに委員会設置会社の代表は、代表執行役となる。この場合、対外的に社長という名称を用いても問題ない。一般の会社で代表取締役が複数いる場合があるように、代表執行役も複数選任できる。また代表執行役副社長その他の役職を設けられる。代表執行役は、取締役である必要はない。ただ、取締役と執行役は兼務できる。

④**委員会設置会社のメリット**

委員会設置会社を選択するメリットとしては、従前は取締役会で定めていたことを、大幅に執行役に委ねることが可能となるので、効率的且つ迅速な経営ができることだろう。また、各委員会の過半数が社外取締役でなければならないので、株主の意向が反映され、透明性の高い経営が期待される。さらに、指名委員会・報酬委員会への大胆な権限委譲により、強力なリーダーシップを実質的に発揮できる経営者しかトップになれなくなる点も、企業改革を推進する契機となりえる。計算書類の作成等も専門の執行役が作成することになり、監査役を廃止することにもなるので、効率性をより重視した経営体制を構築することができる。

5-5 ◆ 各国のコーポレート・ガバナンスの概要

①日本のコーポレート・ガバナンス

2002年の商法改正により、日本の株式会社は従来型の監査役設置会社と委員会等設置会社の2種類の企業統治機構（コーポレート・ガバナンス・システム）を選択できるようになった。ただし、委員会等設置会社を選択できるのは、株式会社のうち大会社およびみなし大会社に限定された。2006年の会社法施行により、大会社以外でもさらに多様な企業統治機構を選択

できるようになった。この時、名称も、委員会等設置会社から委員会設置会社に変更された。

②米国のコーポレート・ガバナンスの概要

　米国のコーポレート・ガバナンスは、会社法の他に証券取引法や州法または証券取引所規則等によって規定されるため、一様ではない。しかし、その方向は、所有と経営の分離に始まり、監督機能と執行機能の分離といった投資家（株主）に視点を置いたアカウンタビリティーやチェック機能の強化に進んでいる。この背景には、年金基金等の機関投資家の影響力とエンロン事件（取締役の不正）などが影響しているようだ。

　一般的なアメリカの株式会社の企業統治機構は、株主総会が選任した取締役によって組織される取締役会（board of directors）が経営し、日常業務は執行役（officer）が行う。執行役は、役割に応じて最高経営責任者（CEO）や最高財務責任者（CFO）、最高執行責任者（COO）、執行副社長（vice-president）などの肩書が与えられる。CEOが代表取締役社長（President）を兼ねる場合が多い。また、CEOが取締役をかねず、別途に代表取締役や取締役会長（Chairman）を置くこともある。

　米国の取締役の特徴に、社外取締役（outside director）の多さをあげることができる。これは、取締役は株主の代表もしくは代理人という考えが定着していることにある。

③ドイツのコーポレート・ガバナンスの概要

　ドイツのコーポレート・ガバナンスの特徴は、監督と執行を明確に分離した「二層性」の統治システムといえるだろう。ドイツの株式会社では、取締役選任の前に先ず監査役（会）を選任する。監査役は、株主と労働者（社員）の双方から選任される。この監査役会によって、取締役は選任され、取締役会の決定事項が承認される。これは、ドイツの株式市場（直接金融）が活発でなく金融機関等による間接金融が中心だったためのものと考えられる。

　取締役の業務は、経営の基本方針を決定することであり、監査役との

兼任は認められない。この制度は普通ドイツ商法典（1861年制定）によって導入され、1870年に株式会社の必要的機関構成とされた。しかしドイツでは、上記のような経営適性化のための組織構造を強要される株式会社形態を敬遠して、日本の有限会社にあたるゲゼルシャフト（略称GmbH）が多く用いられている。また、EUの統合や経済のグローバル化の中でドイツにも、直接金融市場の活性化が要求されており、「株主価値の最大化」を目標としたコーポレート・ガバナンス制度への改革が必要とされている。

④中国のコーポレート・ガバナンスの概要

中国の「会社法」は、中国において最初の全国規模の統一会社法として1994年7月1日に施行された。同法は、企業改革、とりわけ国有企業の株式会社化において重要な役割を果たした。しかし、同法は中国固有の政治体制を色濃く反映したものであり、以下のような問題点があった。

(1) 国有企業を株式会社に転換するための規定・制度が立法の出発点になっており、国有企業を優先している。
(2) 会長、社長の任免権は、依然として政府または集団企業に握られている。
(3) 会長、社長の権限は強大であり、彼らを監視する制度がない。
(4) 国有株が株式所有構造の中で極めて高い比率を占めている。
(5) 他の投資家、特に少数株主の権利や利益に対する配慮が足りない。

1999年12月25日に「会社法」の第1回改正が行われたものの、わずか1箇所の追加と改正がなされただけで、国有企業の優遇規定の削除や少数株主の権利保護規定の導入、コーポレート・ガバナンスなどの整備には至っていない。

中国の株式会社の企業統治機構は、株主総会、取締役会（董事会）、監査役会（幹事会）の3局構造をとっている。また、監督と執行の分離も取締役（董事）と執行役（経理）に分離している。しかし現実的には、株主の多くが国有株で、その代表は政府官僚だ。政府の保有株が多く、主要株主の権限も大きい。その権限を持って、董事会と総経理を統制している。

幹事（会）は、株主と組合の合意によって選任されるが、いわば政府と共産党の合意といえるものだ。

　このような実態を背景に中国のコーポレート・ガバナンスは、会社機関が分化しているにも係らず、監査が有効に行われることもなく、監督や執行も特定の人間に権限が集中した、未成熟な状態が続いているといわざるを得ない。

第4章

コンプライアンスと内部統制

中小企業のコンプライアンス

コンプライアンス(compliance)は、「〇〇〇〇に従う」という語意から、一般に法令を守るという意味の「法令遵守(順守)」という用語で使われている。またコンプライアンスは「コンプラ」と略されることも多い。

コンプライアンスは、企業評価要素としても重要視される。「〇〇〇社のコンプラは優れている」や「×××社のコンプラ意識は希薄だ」などの使われ方をする。この場合のコンプラ=「法令遵守」は、単に法律を守っているというだけよりも幅広い概念や意味を含んでいる。「社是」や「経営理念」、「事業構想」、「社会的使命」など経営や業務に対する基本スタンスも意味して使われていることが多い。

近時の事例では、高級ホテルのレストランにおける「偽装表示」の問題があった。芝エビ以外のエビを使用しながら「芝エビ料理」表示した料理を出したことが典型例だが、最初に発覚し報道された関西のホテルのダメージは計り知れないほど大きい。その後、類似の事例があると幾つものレストランが、自発的にあるいは内部告発的にお詫び会見を繰り返したが、当該企業のダメージは数の多さから希薄化した。しかし、外食産業全体へのダメージはむしろ増えたと言わざるを得ない。

みずほ銀行のコンプラ違反については、政府資本の入っている大銀行故に実名を出して説明する。佐藤康博頭取(2013年10月当時)は、信販会社を通じて暴力団などに融資していた問題で初めて記者会見し、当時の西堀利頭取(2011年退任)にも取引が報告されていたことを明らかにした。「佐藤氏らが出席した持ち株会社みずほフィナンシャルグループの取締役会にも11年に問題融資の関連資料が配られていたことも分かった」。同行の経営トップを巻き込んだ法令違反は、今に始まったことではないとされ、その遠因に金融の"護送船団方式"があり、合併後の旧系列(第一勧銀、富士、興銀)による輪番体制の弊害として"コーポレート・ガバナンス"の脆弱性が指摘されている。

さらに、2014年に入り大きなコンプラ違反が、冷凍食品への毒物混入事件として起きた。一般的なスーパーマーケットで大量に販売される食品に農薬を混入させた者がおり、この食品をチェックできないままに消費者に流通させた。日本国内ではありえないと誰もが思っていた"こと"を起こした。この事件を起こした当該企業の、コーポレート・ガバナンスに大きな欠落があるのではないか。企業のコンプライアンスは、確かなコーポレート・ガバナンスの下に策定し、これを運用監督する。このように策定され、運用されるコンプライアンスを確実に実行し、企業価値の向上に繋げる仕組みやルールを「内部統制」という。

　企業が持つ「社会的使命」や「事業構想」を法令や社会通念を踏まえ、これを遵守した企業活動をするための体制（ストラクチャ）と計画（プラン）が、コーポレート・ガバナンスでありコンプライアンスであり内部統制だ。この3つの企業活動は、三位一体となって、中長期の企業価値を向上させる力となる。

中小企業のコンプライアンスの対象

　コンプライアンスは法令遵守と訳されるが、企業活動は「法令さえ守ればいい」というものではない。中小企業のコンプライアンスでも、企業理念や社会的使命を盛り込んだものであって欲しい。以下に中小企業のコンプライアンス策定対象の事例を示す。

法令	国や行政機関によって定められた法律・政令・条例・通達などを含み、違反すると罰則を受けるもの
社内規則	法令に違反しないように会社内で独自に定めた規程・マニュアル・作業手順書・社内通知など。これに違反したからと言って、即国家機関から罰せられることはないもの
倫理	社是・倫理綱領・規範などと言われるもの。具体的な罰則規定があるわけではなく、「考え方」を定めたもの

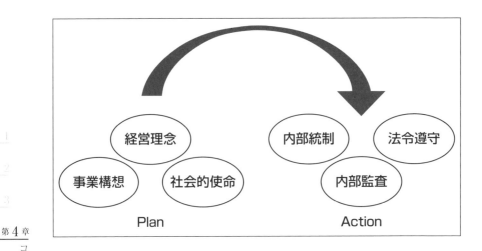

2-1 ◆ コンプライアンス対象としての「法令」

　企業の法令違反は法人格の取り消しなど罰則の対象となる。企業が取り組む事業が許認可を必要とする場合は、取消処分を受けたり、業務停止命令を受けたりする。また、法令違反等がホームページに公開されたり、マスコミ報道されたりすると、顧客や市場の信用を失い企業価値を損なう。法令違反の罰則を乗り越えたとしても、市場からの"ノー"で経営破たんすることもあり得る。そうした意味で、法令はコンプライアンス上の最重要事項だ。

①注視すべき主な法令

憲法	基本的人権の尊重・職業選択の自由・勤労の権利義務・納税義務など
会社法	取締役及び株主総会の義務・会計原則など
法人税法	納税義務
労働基準法	労働者の権利擁護
独占禁止法	公正自由な競争の促進
不正競争防止法	知的所有権の確保
消費者保護法	消費者の保護・契約の取消権など
個人情報保護法	個人情報の管理責任
製造物責任法	製造物の欠陥による損害賠償責任

②主な業種別の法令

建設業界	建設業法・品確法
運輸業界	道路運送法・道路運送車両法
不動産業界	宅建業法・建築基準法・都市計画法
医療業界	医師法・薬事法
食品業界	食品安全基本法・食品衛生法
証券業界	金融商品取引法

2-2 ◆ コンプライアンス対象としての「社内規則」

「法令」には全ての会社に適用されるものと、業界ごとに定められたものがある。法令の対象は多岐に渡り、対象数も多く個々の企業にとって具体的な行動規則になっていない。社内規則は、「法令」を守るための企業ごとの具体的なルールと言える。

法令の文章は法律家以外の一般人には難解で社員が法令を熟知することは難しい。また法令を個々の業務に適応させることはさらに難しい。「社内規則」は、社員が直接法令に触れなくとも、法令違反にならないよう分かりやすいものとする。「社内規則」には、規程・マニュアル・作業手順書・社内通知文などの呼び名で、多くの種類がある。一般的に、業務の基本原則を「規程」とし、「規程」を具体的にしたものが「マニュアル」や「作業手順書」となる。「社内通知文」や「通達」等は、規程やマニュアル類の改定に至る前の現況の微調整に合わせた、最新ルールの告知に使われる。

社内規則には以下のようなものがある。これらの社内規則は、誰にでも分かりやすい文章で書くことが原則だ。社内規則が法令同様に難解な文章で書かれている場合、その趣旨が社内に浸透せず、結果的に法令違反を引き起こす原因になる。社内に配布後のルールの浸透度も図りたいところだ。以下に社内規則の事例を挙げた。

会社の基本規則	定款・株主総会規程・取締役会規程・組織規程・業務分掌規程・倫理綱領・個人情報保護宣言
会社の基本的運用に関する規則	就業規則・経理規程・資産管理規程・広報規程
情報管理に関する規則	情報管理規定・個人情報保護規程・入退室マニュアル
業務に関する規則	業務取扱規程・在庫品管理規程・接客マニュアル

2-3 ◆ コンプライアンス対象としての「倫理」

　倫理とは、「人として守り行うべき道」や「善悪・正邪の判断において普遍的な規準となるもの」で道徳やモラルとも同義とされる。企業の倫理は、会社の基本的な考え方を表したもので、具体的には「社是」、「倫理綱領」、「職場規範」などとして社員等の関係者に示されることが多い。法令や社内規則で想定できない事態や課題が生じた際の判断の礎になるのが企業倫理や経営理念にあたるコンプライアンスだ。

3 中小企業のコンプライアンスの機能

　かつてコンプライアンスは「法令遵守」と考えられていた。この場合の「法令」には、政府・地方自治体の定めた法律、政令、命令、条例、通達、指導事項が含まれ、これらの法規制を守ることが必要であるとの考え方が一般的であった。

　しかし、近年では法規制を守ることは当たり前のことであり、その上で、社内規程を遵守し、企業経営を適切に運営することもコンプライアンスに含まれるとの考えが浸透してきた。その結果、単に法規制を守っているだけでは不十分であり、より積極的にコンプライアンスを企業価値の向上に繋げようとする考えが出てきた。

3-1 ◆ コンプライアンスと企業価値

　以下は、企業価値の向上を軸として「守り」と「攻め」の2側面を視点とした、コンプライアンスの一例だ。それぞれの会社で重視すべき機能（側面）を設定し、これにふさわしいコンプライアンスの仕組み作りが必要だ。

①コンプライアンスの「守り」の側面
　法律に違反していなくても外部から適切でないと見なされる行為を行う企

業は、社会的に非難される可能性がある。したがって、企業の信用が落ちて経営が円滑に行えなくなることを防ぐためには、必要があれば法律を上回ることでも行わなければならない。

②コンプライアンスの「攻め」の側面
　法律を上回る行動をすることによって社会からの信用を高めて、販売先である企業や消費者に安定的な取引や他の会社よりも高い価格で製品・商品、サービスを購入してもらうことを目指す。あるいは、会社の信用が高まることにより、従業員が誇りと会社への愛着を持って働くようになり、企業の価値が高まる。

3-2 ◆ 中小企業のコンプライアンスの対象

　インターネットの普及により企業活動をはじめとするあらゆる情報の収集が容易となり、マスメディアや各種の市民団体による企業行動への監視が日常化し、不正や不祥事の告発が容易になったといえる。また、内部で働く従業員の意識も変わり、自分の会社のことであっても、不正、不祥事があれば外部に通報する事例が増えている。

　こうした時代の流れもあり、企業内部にコンプライアンスの体制をつくることを促す法律も増え（例：会社法、金融商品取引法、個人情報保護法、公益通報者保護法、改正独占禁止法など）、大企業ではコンプライアンス体制を構築しようと、多くの人材と資金を投入されているようだ。しかし、経営資源に限りのある中小企業にとっては、本格的な取り組みは難しいという実態がある。このような中小企業の実情を踏まえ、東京商工会議所は、会員向けに「企業行動規範」を改定し、その中で中小企業のコンプライアンスの対象を「中小企業で起こりうる主要な不祥事等の種類」として以下の通り明示したので、ここに引用する。

1. 社内規程違反
2. 個人情報流出
3. 知的財産権の侵害・違法コピー行為
4. 海外進出
5. 環境汚染(産業廃棄物処理)
6. 消費者契約法・その他違反
7. 製造物責任
8. 営業秘密の不当取得
9. 談合・不当な取引制限・その他独禁法違反
10. 債務不履行
11. 労働法違反・ハラスメント等
    11.1 「サービス残業」
    11.2 ハラスメント(セクハラ・パワハラ等)
    11.3 男女雇用機会均等
12. 粉飾決算・違法配当
13. インサイダー取引
14. 贈賄
15. 苦情処理

参考サイト http://www.tokyo-cci.or.jp/survey/kihan/kihan-kaietsu/yobi01.html
このサイトには、中小企業のコンプライアンス対策に関するQ&Aもあるので、必要に応じて参照してほしい。

4 中小企業の内部統制

4-1 ◆ なぜ会社に内部統制が必要なのか

　日本の上場企業では、金融商品取引法に基づき、2008年4月1日以後開始する事業年度から財務報告に係る内部統制の評価・報告及び監査制度(本稿では内部統制報告制度と呼ぶこととする)が導入された。3月決算の上場企業では既に相当年数の事業年度を経験しており、実務においても十分定着してきていると感じる。内部統制報告制度は、有価証券報告書の開示内容に不適正な事例が多く見られたことにより、ディスクロージャーの信頼性を確保する必要性が高まったこと、アメリカにおいてはエンロン事件などをきっかけとして企業改革法(SOX法)が制定されて内部統制報告制度が導入されており、国際的な潮流となったことなどを背景として日本にも導入された。
　内部統制の構築は、上場企業では金融商品取引法で義務付けられて

いるが、上場していない場合でも大会社（資本金5億円以上、負債200億円以上の会社）である取締役設置会社では、内部統制システムの整備に係る事項を決定する必要がある（会社法362条4項6号、5項）。また、上記以外の会社でも、取締役は委任（同330条）に基づく善管注意義務及び忠実義務（同355条）を負うこと、また会社または第三者に対して責任を負う場面（同423条1項、同429条1項）があることを考えると、レベルの差こそあれ、すべての会社において内部統制システムの整備と運用は法律で求められているとも考えられる。それでは、法律で要請されているから仕方なく内部統制を構築しなければならないのだろうか。

会社を取り巻く利害関係者を考えてみよう。利害関係者は会社に対して何を期待して、それに対して会社の経営者は何をなすべきであろうか。

表はそれらをまとめたものである。

●利害関係者の期待と経営者に必要な要素

利害関係者	会社に対する期待	経営者に求められる要素
株主	・投資の確実な回収 ・多くの配当受取	・会社財産や経営成績の正しい開示 ・配当可能限度額の範囲内での配当実行
債権者 （金融機関、取引先）	・債権の確実な回収 ・利息の受取	・会社財産の保全 ・会社財産や経営成績の正しい開示
税務当局	・法令に基づく正しい納税	・適切な納税意識 ・正しい納税
従業員	・給与の確実な支払	・安定した経営
消費者	・適切な情報開示	・リスク情報も含めた積極的な情報開示
地域住民	・社会貢献 ・法令の遵守	・法令順守が確保できる体制の整備 ・経営者の誠実性

このように利害関係者の期待は様々であるが、経営者に求められる要素の根底にあるものは社会の公器としての体制の維持であると言えるのではないだろうか。それこそが、すべての会社において内部統制を必要とする最大の理由である。中小企業では、オーナーと呼ばれる一部の経営者がすべての権限を掌握した経営を行うケースが多く見受けられる。また、特定の従業員に過度の業務が集中しており牽制機能が不足している会社、権限と責任が曖昧な会社も多いと思われる。そのような会社であっても、上記のような利害関係者は多数存在するために、最小限の内部統制を構築してでも社会の期待に応える必要がある。

適切な内部統制を導入すると、会社にとって様々なメリットを享受できる

一方で、デメリットとされることも生じてきている。既に内部統制報告制度を経験した上場企業では、導入による一定のメリットを享受したとの報告もなされている。

●内部統制導入によるメリット・デメリット

メリット	デメリット
従業員・経営者の意識改革	導入コストの負担
業務の効率性の確保（ムダの排除）	浸透までに時間を要する
企業リスクの低減	内部統制にも限界が存在する
利害関係者の信用力の向上	収益性アップに直接結びつかない

　中小企業では特に導入コストの負担という点がネックとなる可能性がある。しかし、そもそも内部統制が全く存在しないという会社は稀であるために、現存する内部統制に必要な要素を肉付けするという意識があれば、コスト負担以上のメリットを享受できるものと考える。また、収益性アップに直接結びつかないという指摘もあるが、組織として存続していくための基礎作りをないがしろにする会社が、利益を安定的に確保できるとは思えない。経営者が積極的に内部統制の構築を行ってきた会社が利益体質の会社に変わってきた事例は現に存在する。不確実性がますます高まるであろうこれからの経営環境に耐えるためにも、中小企業の経営者による積極的な内部統制の構築が切に望まれる。

4-2 ◆ 内部統制の基本的概念

　大企業と比較して、中小企業では経営者に多くの権限が集中する傾向にあることに加えて、管理部門への人員配置も十分とは言えない状況も多く見受けられるために、適切な内部統制の構築・運用が困難とも思えるが、決してそうではない。会社は、置かれている内外の経営環境、規模や業態、会社の運営方針などによって千差万別のために、自分たちの経営目的に合致した仕組みを構築すればいいのである。「社会の公器」であるという意識が経営者にあれば、身の丈に合ったものがデザインできるはずである。ここではまず、内部統制の定義、目的や限界などの基本的な概念を検討する（本章以降では従業員数が30名〜50名程度の製造業または小売

業の会社を想定している）。

①内部統制の目的と基本的要素

　企業会計審議会が公表している「財務報告に係る内部統制の評価及び監査の基準」（以下、内部統制基準という）には、内部統制を以下のように定義づけている。

　「内部統制とは、基本的に、業務の有効性及び効率性、財務報告の信頼性、事業活動に関わる法令等の遵守並びに資産の保全の4つの目的が達成されているとの合理的な保証を得るために、業務に組み込まれ、組織内のすべてのものによって遂行されるプロセスをいい、統制環境、リスクの評価と対応、統制活動、情報と伝達、モニタリング（監視活動）及びIT（情報技術）への対応の6つの基本的要素から構成される。」

　単純化すると、「4つの目的を達成するために、6つの基本的要素から構成される全社的なプロセス」ともいうことができる。

　4つの目的は、以下のように定義されている。

（1）業務の有効性及び効率性とは、事業活動の目的の達成のため、業務の有効性及び効率性を高めることをいう。

（2）財務報告の信頼性とは、財務諸表及び財務諸表に重要な影響を及ぼす可能性のある情報の信頼性を確保することをいう。

（3）事業活動に関わる法令等の遵守とは、事業活動に関わる法令その他の規範の遵守を促進することをいう。

（4）資産の保全とは、資産の取得、使用及び処分が正当な手続及び承認の下に行われるよう、資産の保全を図ることをいう。

　上記4つの目的を、中小企業の経営者の視点で捉えるとどのように解釈できるであろうか。経営者の大きな目標としては、「売上や利益の最大化」や「市場でのシェアーの拡大」といったところがまず挙げられる。これらの大きな目標を達成するためには、「業務のムダやムラを無くしたい」「実態を反映した正しい情報を入手したい」「法令違反などを犯して会社の評判を落としたくない」「会社の資産を有効に活用したい」などと考えるはずである。つ

まり、経営者が大きな目標を達成するために不可欠な、経営者の会社内部に対する要請こそが、まさしく内部統制の目的と符合しているのである。

また、6つの基本的要素は、以下のように定義されている。
(1) 統制環境とは、組織の気風を決定し、組織内のすべての者の統制に対する意識に影響を与えるとともに、他の基本的要素の基礎をなし、影響を及ぼす基盤をいう。
(2) リスクの評価と対応とは、組織目標の達成に影響を与える事象について、組織目標の達成を阻害する要因をリスクとして識別、分析及び評価し、当該リスクへの適切な対応を行う一連のプロセスをいう。
(3) 統制活動とは、経営者の命令及び指示が適切に実施されることを確保するために定める方針及び手続をいう。
(4) 情報と伝達とは、必要な情報が識別、把握及び処理され、組織内外及び関係者相互に正しく伝えられることを確保することをいう。
(5) モニタリングとは、内部統制が有効に機能していることを継続的に評価するプロセスをいう。
(6) ITへの対応とは、組織目標を達成するために予め適切な方針及び手続を定め、それを踏まえて、業務の実施において組織の内外のITに対して適切に対応することをいう。

上記6つの基本的要素に関しても、中小企業の経営者が既に実施していることに対応している。会社の目標を掲げたり、風通しのいい社風を作ったりすることは統制環境に関連する。会社内外で発生する可能性のあるリスク(たとえば地震などの災害リスク)に備えることはリスクの評価と対応に同義である。業務の役割分担や規程の作成は統制活動、経営者に必要な情報の入手に関する仕組みは情報と伝達、計画通りの業務が実施されているか経営者がチェックすることはモニタリング、業務を効率的に遂行するためにITを導入することはITへの対応というように、ごく身近に行われている会社のプロセスそのものが、6つの基本的要素とどこかで関連しているはずである。

このように内部統制は概念的には難しく定義されているが、中小企業の経営者の思考や会社の業務に照らし合わせて見ていくと案外と理解しやすいのかもしれない。4つの目的と6つの基本的要素に関して、経営者が考えていること及び従業員が行っている業務を関連させて、欠如または不足しているところから整備を進めるのが良いであろう。また、内部統制の目的はそれぞれ独立した形で達成されるのではなく、相互に密接に関連しているものである。例えば、業務の有効性及び効率性を高めるために、会社のある業務を入口から出口まで徹底的に調べて、業務のムダなどを除去したとする。この活動によって、別の側面から資産の保全に関する重要な情報を入手したり、法令に抵触する可能性のある業務を是正したりすることも期待できる。内部統制を整備していく上では、単一の目標達成を視野に入れるのではなく、別の観点からも検討してより効果的に考えていくことが重要なのである。

②中小企業の内部統制の全体像

中小企業の内部統制は、以下のような全体像としてまとめることができる。

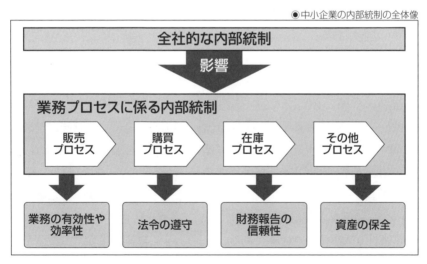

●中小企業の内部統制の全体像

実際の企業活動に組み込まれている内部統制は、大きく「全社的な内部統制」と「業務プロセスに係る内部統制」の2つに分類される。全社的な

内部統制は会社全体に影響を与える内部統制であり、業務プロセスに係る内部統制は個々の業務に組み込まれているチェック機能を指す。これら2つの内部統制が有効に機能することによって、会社の目的が達成可能となるという内容を示したのが上記の図となる。

③内部統制の限界

　内部統制基準によると、内部統制は以下のような限界を有するとある。100%完璧な内部統制というものは、どんな会社にも存在しない。経営者が限界を理解しておくことは、社会の公器として会社を存続させていくためにも必要と考える。

- (1)内部統制は、判断の誤り、不注意、複数の担当者による共謀によって有効に機能しなくなる場合がある。
- (2)内部統制は、当社想定していなかった組織内外の環境の変化や非定型な取引等には、必ずしも対応しない場合がある。
- (3)内部統制の整備及び運用に際しては、費用と便益の比較衡量が求められる。
- (4)経営者が不当な目的の為に内部統制を無視ないし無効ならしめることがある。

　(3)では、費用と便益の比較衡量が求められているとあるが、これは内部統制の整備に必要な人的・金銭的なコストと、そこから得られる便益を比較して、会社が最適と考える内部統制を整備すべきという意味に解される。中小企業では上場企業に求められるレベルの内部統制、すなわち公認会計士の監査でOKが出るレベルのものは必要ない。また(4)は、経営者が不当な目的を達成するために独断で不正行為を働いたりした場合には、いくら強固な内部統制を構築していてもそれを防止することができなくなる可能性が高いという意味である。つまり、内部統制を生かすも殺すも経営者次第ということができる。

　しかし、ある程度のコストをかけないと便益が得られないことも事実である。中小企業では、限られた資源の下でいかにしたら最大の便益を得られ

るかを経営者が十分に考えて、不確実性の大きい経営環境に備えていくという気構えが必要ではないだろうか。売上や利益の拡大、資金繰り、事業承継など中小企業の経営者が考えなければならないことは多岐にわたるが、会社の存続に必要な基盤を整備していくことも以前に増して重要な時代となってきている。

全社的な内部統制

中小企業の内部統制を考えるにあたって、まずは「全社的な内部統制」と呼ばれる概念を考える必要がある。全社的な内部統制とは、会社全体に関わり、会社経営の様々な分野に影響を与える内部統制である。具体的には、全社的な経営方針や理念、組織の構築や運用に関する経営判断、経営意思決定のプロセスなどが挙げられる。

全社的な内部統制は、会社経営の重要なインフラとして機能し、組織全体の雰囲気や組織を構成する人々の内部統制に対する意識に強い影響を与える。例えば、利益至上主義を掲げるワンマン経営者の姿勢や法令遵守の意識に乏しい経営スタンスは、これらと同様の社風が浸透して、組織の構成員の内部統制に対する意識が希薄化することが想定される。一方、社長が内部統制の重要性を認識して、規律ある風通しの良い社風を作ることができれば、全社的な内部統制も有効に機能して不正などが起こりにくい環境が整備されることにもつながっている。

中小企業の経営に必要と考えられる全社的な内部統制を、内部統制の6つの基本的要素（統制環境、リスクの評価と対応、統制活動、情報と伝達、モニタリング、ITへの対応）と関連させて検討していく。

5-1 ◆ 統制環境

統制環境は、組織の気風を決定し、統制に対する組織内すべての者の意識に影響を与えるとともに、他の基本的要素の基礎をなし、影響を及

ぼす基盤をいう。つまり、統制環境が良好な状態であれば、他の基本的な要素も良好な状態が期待できる。統制環境を7つのカテゴリーに分類して、その分類に従って考察する。

①内部統制の役割と基本方針

始めに、経営者が内部統制の重要性や役割を十分に認識することが、中小企業の内部統制構築にあたってのスタート地点といえる。上場企業では、内部統制の基本方針を文書化して内外に公表しているケースが多いのであるが、中小企業ではそこまで行う必要はない。しかし、例えば朝礼など経営者が直接メッセージを伝達する機会に、内部統制の役割などを話すことにより組織全体に内部統制の意識付けを行うことは必要なことと思われる。

②経営理念・行動規範

適切な経営理念を制定することは、構成員の仕事に対する意識や行動に意味を持たせることにつながる。経営理念は会社の存在価値を言葉で表すものであるが、わかりやすく誰にでも理解できることが必要である。パナソニック㈱の経営理念は、「私たちの使命は、生産・販売活動を通じて社会生活の改善と向上を図り、世界文化の進展に寄与すること」とある。適切な経営理念は、それを理解した構成員の意識や行動を通じて、適切な社風の醸成にも貢献する。また、経営理念の他に倫理規定や行動規範があればさらに望ましいが、不正や違法行為を許さないという経営者の意思や、万が一これらが発見された時の対応については明確にしておくことが必要と考えられる。

③適切な会計処理の原則の決定

経営者が適切な意思決定を行うためには、正確な財務情報をタイムリーに把握できることが望まれる。また、金融機関との良好な関係を維持していく上でも、実態を正確に反映した財務情報の作成は重要な論点となる。適切な会計処理の原則を遵守して、適切な決算を行うことは中小企業を取り

巻く利害関係者に大きな利益をもたらすことになる。

④取締役会と監査役の有する機能

　会社法では取締役会で取締役の英知を結集して適切な経営意思決定を行うことが想定されている。中小企業では取締役会が形式的な会議体となっているケースが多いと思われる（実際は開かれていない場合も多いのではないだろうか）。取締役が定期的に集まって経営上の課題などの情報を共有する場として、取締役会のあり方を検討してみるのも中小企業には有意義であると考える。監査役を設置している会社では、経営者のお目付け役（経営者にとって耳の痛いことを進言する役割）として実質的に機能させることを勧める。

⑤組織構造及び慣行

　会社が経営目標を達成するためには、指揮命令系統と役割分担が明確な組織形態が必要となる。理想的な組織とは、上から下、または下から上への情報伝達がスムースであり（いわゆる風通しの良い状態）、一人一人が組織内での役割を理解して最大限の力を発揮している組織である。中小企業では、一人がいくつもの役割を兼務していたり、指揮命令系統がはっきりしないことも見受けられる。まずは、経営上の情報伝達ルートが明確になっているかどうかを確かめる必要がある。また、全体を見て適切な人材が適所に配置されているかどうかも検討して、必要であれば配置換えなどを行うことも組織の活性化につながる。

　さらに、組織内の慣行に問題があれば改善していかなければならない。年長のベテランが行う業務の改善には相当な抵抗があることが想定されるが、それを放置していることにより会社に損害が発生する可能性が高いと判断された場合には、経営者がトップダウンで改善の意思を示すことが求められる。従業員が行う不正行為は年長のベテランに多いことを念頭に置いておくと良いであろう。

⑥権限及び職責

　多数の構成員を抱える企業では、事業活動の目的に適合した職務の分掌や職務権限を明確にすることがどうしても必要となる。一方、中小企業では先述したように一人がいくつもの役割を持っていたり、また過度に集中する傾向が高いと言える。限られた人的資源の中で職務の分掌と職務権限を明確にすることは難しいことかもしれない。しかし、現金預金に関する業務や経理業務など、不正や誤りの発生する可能性の高い領域については特定の構成員への過度な集中を避けて業務を分散化し、かつ権限をはっきりさせておくことは中小企業でも最低限必要であるものと考える。

⑦人的資源に対する方針と管理

　自分の所属する組織での評価が公平でない旨の話を聞くことがある。性格・能力・価値観などが異なる人間が集まっている組織において100%公平な人事評価を行うことは不可能なことかもしれない。しかし、極力客観的な指標を用いて多角的な評価を行い、それに応じた昇格や昇給を行うシステムがあれば、構成員の不満も低減され組織の定着率も高まることが期待できる。また、研修や教育、福利厚生など構成員の能力やモチベーションを高めるための施策も欠かせない。大企業や中小企業を問わず、組織は結局のところ「人間」で構成されているために、構成員が満足して能力を発揮できるステージを整えることが経営者としての役割であるとも言える。

　以上見てきたように、全社的な内部統制のうち、統制環境に関する領域というものは経営者の経営に対する理念や組織構造、構成員への対応など、経営の根幹に関わる最も重要な領域であることが理解されたと思う。中小企業でも上記の7つの視点で統制環境を整備していくことは、構成員が誠実かつ最大限の能力を発揮して、組織の維持成長に大いに貢献することにつながるであろう。

5-2 ◆ リスクの評価と対応

続いて、統制環境と並ぶ全社的な内部統制の重要な基本的要素である「リスクの評価と対応」について検討する。

リスクとは「組織目標の達成を阻害する要因」と定義づけられる。企業を取り巻く経営環境は常に何らかのリスクに晒されているといっても過言ではない。そのため、自社に関わるリスクを適切に評価して、当該リスクに最も相応しい対応を決定することが経営者には求められる。特に中小企業では、リスクに対する経営者の意識が低いと言われている。我が国の経済状況が不確実性を増す中で、自社の経営環境をじっくりと分析して、自社のどこにどのようなリスクが存在し、当該リスクに対してどのように向き合っていくべきかを考える時間を取ることは、組織を存続させていく上でも非常に大切なことである。

①リスクとは

組織目標の達成を阻害する要因であるリスクとは、具体的には天災、盗難、市場競争の激化、為替や資源相場の変動といった組織を取り巻く外部的要因と、情報システムの故障・不具合、会計処理の誤謬・不正行為の発生、個人情報及び高度な経営判断に関わる情報の流失または漏洩といった組織の中で生ずる内部的要因など、様々な要因が挙げられる。外部的要因は企業の裁量の範囲外で起こりうるものなので、企業がどのような努力を行おうとも現実化する可能性を否定できない。一方、内部的要因は、企業の努力次第でリスクに十分対応することができる。

②リスクの評価

リスクの評価とは、組織目標の達成を阻害する要因をリスクとして識別、分析及び評価するプロセスをいう。リスクの評価にあたっては、会社の内外で発生するリスクを、組織全体の目標に関わる全社的なリスクと活動単位の目標に関わる業務別のリスクなどに分類して、その性質に応じて、リスクの大きさや影響の度合い、発生可能性、頻度などを分析し、どのように対

応すべきかを評価することになる。リスクの評価の流れを図示すると次のようになる。

●リスクの評価の流れ

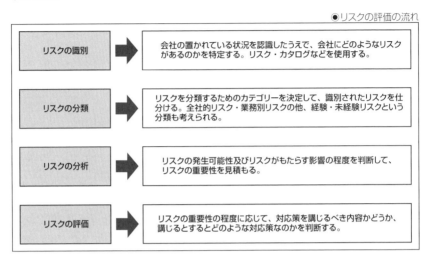

③リスクへの対応

リスクへの対応とは、リスクの評価を受けて、当該リスクへの適切な対応を選択するプロセスをいう。リスクへの対応に当たって経営者は、評価されたリスクについて、回避、低減、移転、受容等、適切な対応を選択することになる(実施基準Ⅰ.2.(2))。

リスク対応	リスク対応の概要と留意点
回避	リスクの原因となる活動を中止または変更することをいう。リスクの発生可能性や影響の度合いが高い場合や、当該リスクを企業がコントロールできないと判断された場合などに選択される。具体的には、商品やサービスの提供中止、事業活動の中止や変更、市場からの撤退、企業目標の改訂などが挙げられる。企業にとって回避は、それによってもたらされる損失をゼロにすることが可能な一方、リスクを克服することによって得られるであろう利益をも放棄することになるので、高度な経営判断が求められる。
低減	リスクの発生可能性や影響の度合いを合理的な水準に低減するために、内部統制の強化を図るなどの対応を選択することをいう。具体的には、牽制機能の強化やモニタリングの徹底、報告体制の整備、リスクを未然に防止するための対策立案、取引規模の縮小、ヘッジ手段の導入などが挙げられる。低減の選択は、言い換えると内部統制の整備や運用を十全にすることなので、組織を存続させるためにも積極的に推進したい対応といえる。
移転	リスクの全部または一部を組織の外部に転嫁することをいい、保険への加入、業務の外注委託、業務の分社化などが挙げられる。移転の選択も低減と同様、組織の存続を考えると積極的な活用を図ることが望ましいものといえる。
受容	リスクの発生可能性や影響に変化を及ぼすような対応を取らないことをいう。リスクに対応するコストが、リスクが顕在化した時に発生する損失より大きい、または損失が許容できる範囲内であると判断された場合に選択されることがある。受容を選択する際には、リスクが顕在化した時に発生する損失の程度を慎重に判断する必要がある。

④リスクのマッピング

　リスクの分析を行う上で有効な手段として、リスクのマッピングがある。リスクのマッピングとは、識別されたリスクを発生の可能性を横軸に、影響度を縦軸として視覚的に表すことを指す。リスクをマッピングすると、自社のリスクについての優先度が明らかとなり、いわゆるリスク・マネジメントを展開しやすくなる。マッピングについては次の表のようなデザインが考えられる。

●リスクのマッピング

影響度 ↑	Ⅱ 発生可能性は低いもしくは不明であるが、インパクトの大きなリスク	Ⅰ 企業の組織目標を達成する上で大きな脅威となるリスク
	Ⅳ 企業にとって影響度の低いリスク	Ⅲ インパクトはないが、発生可能性の高いリスク

発生の可能性 →

（注）矢印の向きに従って高いことを示す。

　会社は、Ⅰに分類されたリスクに関して何らかのアクションを起こす必要がある。なぜなら、これを放置するとリスクが顕在化した時に企業の存続可能性が著しく低下してしまうからである。まず、当該リスクの発生可能性を十分に低減させるために、ある程度のコストをかけて必要な対策を講じるとともに、全構成員に対して意識付けすることがポイントとなる。Ⅱに関しては、例えば地震保険を付すなどの移転を選択することが有効な場合もあるであろう。Ⅲでは、適切な内部統制を整備・運用することでⅣに分類できるような取り組みが求められる。Ⅳに分類されたリスクについては、受容という選択肢も考えられるが、将来的にⅠからⅢに分類されないように定期的に評価することも必要ではないだろうか。

　このように、「リスクの評価と対応」は会社を存続させるために必要不可欠な経営判断と言える。中小企業の経営者においても、収益の拡大という命題の追求と併せて、足元の強化という観点からも「リスクの評価と対応」に対して高い関心をもつべきである。

⑤リスクの洗い出し

　中小企業を取り巻くリスクにはどのようなものが存在するのかを網羅的に抽出する作業をリスクの洗い出しと言う。リスクの洗い出しには、従業員等

からのアンケート方式や特定者によるブレーンストーミング方式などの方法があるが、中小企業の場合は一般的に想定されるリスク・カタログをあらかじめ入手または作成して、当該カタログを自社に当てはめてカスタマイズしていく方法が効果的と思われる。

　一口にリスクと言っても様々な切り口で分類できるが、本章ではまず、①外部環境リスク②業務活動リスク③内部環境リスクの3分類を大分類として定義する。そして当該大分類ごとに中分類を検討して、想定されるリスクの洗い出しを行うアプローチを採用したいと思う。東日本大震災の発生後、各方面で「想定外の出来事」というフレーズを多く耳にした。想定していた状況を超えたことを意味するこの言葉、実際にリスクが顕在化した時の釈明に使われていくのではないかと危惧するのは筆者だけだろうか。これからは「想定外の出来事」に対して、英知を結集して可能な限り想定し、当該リスクに対応していく経営が求められていく。

(1)外部環境リスク

　外部環境リスクとは、個々の企業が影響を及ぼし得る範囲の外部で発生する可能性のあるリスクを指す。これらに分類されるリスクは、顕在化を予測またはコントロールすることが非常に困難であるが故に、発生した場合に企業が被る損害も大きくなる傾向を有する。今回の東日本大震災の発生はまさにその典型である。一般的に外部環境リスクを完全に「回避」することは不可能であるが、企業努力によって損失を最小限に「低減」または「移転」することは十分に可能である。従って外部環境リスクに対しては「低減」または「移転」というリスク対応がポイントになるものと考えられる。

a. 外部環境リスク／自然災害・大規模事故リスク

　東日本大震災の発生は、我々が無意識で前提としている「日本は安全・安心な国」という考え方を根本的に問い直すこととなった。自然災害・大規模事故リスクでは、以下の事象が想定される。

ⅰ 事業停止による、販売に関する機会損失の発生

中小企業では、製造拠点や販売拠点が特定の地域に集中している状況が多いものと思われる。このため自然災害・大規模事故が発生した場合、中小企業は大企業と比較して販売に関する機会損失が相対的に大きくなってしまう。考えられる対応策として「拠点の分散」がある。それなりに金銭的・人的コストもかかるが、事業を存続させていく上では経営者レベルで検討に値する。

ⅱ 復旧コストを含む損失の発生
　自然災害・大規模事故が発生すると、様々な形の金銭的な支出を伴う損失を被ることになる。考えられる損失としては以下のものが挙げられる。
1. 固定資産（建物等の有形固定資産、ソフトウェア等の無形固定資産、投資不動産等）や棚卸資産（商品等）の滅失損失
2. 災害により損壊した資産の点検費、撤去費用等
3. 災害資産の原状回復に要する費用、価値の減少を防止するための費用等
4. 災害による工場・店舗等の移転費用等
5. 災害による操業・営業休止期間中の固定費
6. 被災した代理店、特約店等の取引先に対する見舞金、復旧支援費用（債権の免除損を含む。）
7. 被災した従業員、役員等に対する見舞金、ホテルの宿泊代等の復旧支援費用

　これらに備えるためには、一般的に保険契約に加入する措置が採られる。既に何らかの保険に加入している場合には、災害発生でどこまでをカバーできるのかを棚卸していく必要がある。特に地震による被害の場合には、保険会社による被害レベルの判定で補償の度合いが大きく異なる可能性のあることや保険会社の支払い能力についても注意しなければならない。

ⅲ サプライチェーン寸断による原料調達の困難性
　重要な資材や商品の調達先が自然災害や大規模事故に遭遇した場

合、会社が当該調達先へ過度に依存していると大きなダメージを被る。近年ではタイの洪水によって、バンコク周辺に重要な製造拠点を有している会社が軒並み減産を余儀なくされたのは記憶に新しい。重要な資材や商品に関しては複数の業者からの調達ルートを確保しておく一方で、業者との信頼関係をしっかりと構築していくことが安定的な供給確保を図る上で重要である。

iv キーパーソンの離脱による組織の脆弱化

中小企業では重要な業務が特定の者に集中している傾向があるために、何らかの事情で当該キーパーソンが組織から離脱してしまうと、会社経営が立ち行かないケースが大いに想定される。大企業と比較して業務の分散化に制限がある中小企業では、非常に悩ましい問題である。外部からの一方的な招へいでは組織内の反発が予想されるために、身内を含めた信頼関係のある人材確保の目途を付けておくのが一般的な対応となるだろう。

b. 外部環境リスク／外部者による犯罪リスク

i システムへの攻撃・情報漏えい

ITの普及は我々に多大に便益を与えた反面、ハッカーなどによるシステムへの攻撃など一昔前までは想定し得ない犯罪を生み出した。IT犯罪の特徴は、ターゲットのシステムを無機能たらしめるだけではなく、重要な企業情報が瞬時にインターネットを通じて不特定多数の者にオープンとなってしまうことにある。また顧客情報などが漏えいした場合には、企業イメージや顧客の信頼低下を免れない。中小企業でも販売システムや財務会計・給与システムなどを使用している企業が多いために、これらの犯罪に備えるためのセキュリティ強化を考えなければならない。具体的にはシステムベンダーのセキュリティ対策の導入、物理的なアクセス制限（システムを物理的・地理的に隔離）や論理的なアクセス制限（ID・パスワードの徹底）などが考えられるが、構成員全員の情報に対する意識向上が導入の前提となること

は言うまでもない。

ⅱ 現金または重要な資産の盗難

　近年、大手外食チェーン店で立て続けに強盗の被害があった。夜間で従業員一人に対応させていたことや、現金を店舗の出入り口付近に保管していたことが原因として分析されている。このような盗難リスクを顕在化させないために、やはり重要な資産はセキュリティレベルの高い場所に保管したり、複数の者による定期的な安全点検などの基本が求められる。また、代替不能な資産については保険を掛けておくことも安心材料となるであろう。

c. 外部環境リスク／政治・行政リスク

　政治・行政リスクには、政変やクーデターにより現行制度や法体系そのものが変革するという規模の大きなものから、当局による規制強化など身近に起こり得るものまで様々なリスク要因が考えられる。このうち、我が国においては次のようなリスク要因が考えられる。

ⅰ 法令や規制の強化に起因する法令違反の可能性

　現在の行政は景気浮揚や諸外国との関係強化を前提として、全体的には規制緩和の方向にあるが、特定の業種や取引などには規制強化を行う可能性を否定できない。法令の変更やその影響を熟知していない場合や軽視した場合には、業務停止などの重い処分を受けることになるかもしれない。従って、企業に関連する行政当局の動向や法改正に関する情報などを適宜入手して、自社での影響を評価する仕組みが求められる。また、これに関連して、構成員のコンプライアンスに関する意識の向上を図る必要性についても中小企業の今後の課題として認識しておくべきであろう。

ⅱ 税法の改正

　我が国の税法は非常に目まぐるしく変化しており、近年では消費税法の改正に関わる動向が注目を浴びている。税法に関しても規制強化リスクと同様に、税金計算の解釈を誤り、結果として適正でない申告と納付を行う

可能性がある。これに対処するためには、税制改正に関する情報の入手と自社での影響評価の仕組みに加え、税務の専門家との契約も検討に値する。また、経営環境を説明した際にも述べたが、意図的な脱税行為による信用失墜に至らないためにも、経営者を含めた構成員の誠実性や倫理観の醸成にも留意すべきである。

d. 外部環境リスク／国際関係リスク

ⅰ 宗教・文化・価値観の相違に起因した損失の発生

　縮小傾向にある日本市場を離れて、海外取引に活路を見出そうとする中小企業も近年増加している。海外企業との取引は、宗教・文化・価値観や言語が異なる人たちと交渉することになるために、日本企業との取引からすると想定外の出来事が発生する可能性が極めて高くなる。例えば、生産拠点を中国に構えようとする中小企業では、前触れもなく当局が突然規制の強化や変更を行う可能性があることを理解すべきだろう。また、著作権やノウハウなどの無形財産の保護には特に慎重な対応が必要となる。こういった相手国の宗教・文化・価値観を理解しないままに取引を進めると、想定外の損失を被ることにつながるために、まずは取引相手の商慣習や制度、特殊な環境などを理解する努力が重要となる。また、地域によっては政情や治安が不安定なために、犯罪や誘拐、テロの発生、大規模な労働争議によるストライキなどの発生も検討項目に加える必要がある。これらに対処するためには、海外進出に係るコストとベネフィットの厳密な比較考量、カントリーリスクに対応する保険への加入、さらには迅速な撤退についての段取りの検討などが考えられる。

ⅱ 本社統制の脆弱化

　海外に生産拠点、支店または子会社を設置した場合、本邦からの地理的な距離を原因として本社の管理の目が届かなくなる可能性がある。本社から現地へ管理者を派遣した場合でも、当該管理者へ過度に権限が集中した結果、損益管理の遅滞や管理者不正の発見が遅れるといった事例も

報告されている。このように、海外での業務展開は、上記の慣習の違いのみならず、本社統制が本邦の生産拠点等と比較して脆弱となる恐れがあることを念頭に置くべきである。対応策としては、本社と現地との間の情報と伝達に関する仕組みの見直し、本社からのモニタリング機能の強化、ITの有効活用などが挙げられるだろう。

e. 外部環境リスク／市場リスク

　市場リスクとは、市場で価格が決定する金利、株価、為替が変動することによって、企業が保有する資産価値が下落し、損失が拡大することをいう。金融機関からの借入、有価証券や外貨資産を保有している中小企業にとって市場リスクが顕在化した場合には、財務に与えるインパクトは大きなものとなる。

ⅰ 為替変動による損失の発生

　外貨預金または外貨建債権債務を保有する企業は、為替変動によって円貨に換算した場合に当初の円貨額と乖離する場合がある。例えば1ドルで商品を×1年（当時のレートは1ドル120円）に掛販売したとすると、その時の売掛金は120円となる。×2年（当時のレートは1ドル100円）で売掛金1ドルが決済されても、円貨に換算すると100円しか入金されないことになるので20円の為替差損が発生することとなる。このように円高傾向の場合には、輸出産業に属する企業は一般的には不利な環境となる。為替リスクへの対応策としては、為替予約（予め合意された為替レートでの決済を約束すること）の締結や、外貨建債権と外貨建債務の金額をほぼ同額に設定する（ポジションをスクエアにする）ことなどが採用されている。

ⅱ 金利変動によるコストの増加

　金融機関からの借入金利が固定化されている場合には金利変動リスクは顕在化しないが、変動金利では金利が上昇すると支払利息も増加してしまう。会社が金利変動リスクを回避するために多く採用されている取引の中に金利スワップがある。これは金融機関との間で「固定金利を払い変動

金利を受け取る」という取引を想定することで、企業は実質的に固定金利を支払うことと同様の効果を得る取引をいう。

ⅲ 株価変動による有価証券価値下落

　上場株式は市場取引を通じて市場価格が形成される。市場価格が下落すると企業が保有する有価証券に含み損が生じることになる。また上場していない株式についても発行体企業の財務状況が悪化すれば、実質価値の下落を伴う。株価変動による損失を低減するためには、一定の下落幅になった場合には売却して損失を確定する方法（損切り）、投資銘柄の分散化、デリバティブ取引の利用などが考えられるが、最も大事なことは本業を重視し、かつ企業の身の丈に合った範囲内で投資を行うというマインドであると考える。

f. 外部環境リスク／顧客・他社競合リスク

　インターネットなどの普及に伴い顧客（消費者）の嗜好が多様化する中で、いかに迅速かつ的確に消費者が求める商品やサービスを提供するかを各企業が激しく競争している状況が、現代の企業行動の大きな特徴といえる。そのような状況下では、以下のリスクが想定される。

ⅰ 顧客ニーズや顧客層の変化による経済的損失

　情報の国際化やライフスタイルの多様化などにより、商品やサービスのライフサイクルも短縮化の傾向にある。また、少子高齢化などは人口分布に大きな変動をもたらし、従来からの顧客層にも変化が見られる。これらの変化に対応できなかった場合には、商品の陳腐化による過剰な在庫の保有や設備関係の操業度低下など経営資源が停滞して、資金繰りにも大きな影響を及ぼす可能性がある。特定の商品やサービスを提供する中小企業にとって、複数の事業を同時に展開してリスクを分散化する方法は難しいと思われる。従って、核となる商品やサービスについて顧客ニーズに即して柔軟に対応できるような改良を継続して進めていく一方で、次世代の中核事業への準備も検討していく方法が現実的といえる。また、過剰在庫や過

剰設備を発生させないためにも、在庫数量や設備の稼働状況を定期的にモニターする仕組みも必要となる。

ⅱ 競争力低下による収益性の悪化

　競合他社と価格面で劣後してしまった場合には、販売単価の下落による売上減少を引き起こし、収益性の悪化につながることになる。品質面での競争に後れを取ると、自社の製品やサービスの品質が相対的に後退したことになり、需要の減少が想定される。自社の競争力が低下した場合には、無理な販売戦略を採用した結果として、値引きやリベートの統制が効かなくなり更なる悪循環に陥ることも考えられる。競争力の確保と向上は経営者が自らの経験と信念により決定する経営戦略の中心となる分野であるために、一般的な対応策を示すことは困難となる。内部統制の視点からは、予算と実績の詳細な分析、値引きやリベートを行う際の承認手続の確立、マイナス情報を伝達しやすくなるための企業風土の構築などが考えられる。

g. 外部環境リスク／取引先リスク

ⅰ 取引先の操業停止、技術力低下

　重要な原材料の調達先や生産に関する重要な協力企業が、何らかの事態により操業停止状態となったり自社の品質確保を阻害するような技術力低下に陥る可能性がある。重要な原材料や技術力を、特定の取引先に過度に依存している場合にはリスクの度合いはさらに高まることになる。自社の商品やサービスを安定的かつ高品質に維持するためにも、先に触れたように複数業者からのルート確保と取引先との信頼関係構築がポイントとなってくる。なお、サプライチェーン寸断による事業中断の影響を最小限に抑えるために、事業継続計画（BCP）の策定を検討している中小企業も増えている。

ⅱ 原料調達コストの高騰

　日本は天然資源やエネルギーに対する海外依存度が高いために、海外の情勢を反映した原料調達コストの高騰は、中小企業の経営に重大な影響を与える。コスト上昇分を販売価格に転嫁しにくい現在の経営環境では、いかにしてこれらの影響を克服するかが大きな課題となる。これらに対応する手段としては、代替資源の確保や商品先物などデリバティブ取引の活用などが挙げられる。デリバティブ取引にはリスクヘッジ機能がある一方でハイリスクな側面もあるので、その活用には相当に慎重な検討が求められる。

h. 外部環境リスク／株主リスク

　数年前、日本を代表する企業が敵対的買収のリスクに晒された記事が多く見受けられた。中小企業でも同じようなリスクは存在するが、株式を市場で上場している会社と比較して防衛手段は容易であると考えられる。まず、特定の経営者が他の株主より株式を取得して過半数以上（可能であれば4分の3以上。）保有すると、当該経営者はおおよそすべての意思決定が可能となる。また定款で株式譲渡に関する制限条項を盛り込むことで、会社にとって好ましくないと考える株主の経営参画を阻むことが可能となる。株主構成と定款での譲渡制限の有無の検討は、中小企業の安定的経営を確保する上で不可欠といえるであろう。

i. 外部環境リスク／近隣・風評リスク

　大規模店舗や工場などの進出により拠点を拡大する際のリスク要因として、近隣住民による進出反対運動などを原因とした機会損失の発生が考えられる。また、不適切な商慣習や取引などの表面化により企業イメージが著しく低下していく風評リスクも現在の企業経営では無視できない。いずれの場合も、対応が不適切であったり遅延すると損失が拡大することになる。リスクが顕在化した場合に備えてのマニュアル作成も有効な手段だが、企業が社会の公器としての責任を果たすためには、経営者自らが関係者に対して真摯に向き合うという姿勢が何よりも重要となる。

j. 外部環境リスク／景気変動リスク

　景気変動リスクについては短期的な視点ではなく、5年10年というある程度長期的な視点から考えることが望ましいといえる。景気後退局面ではどうしても足元の基盤固めにベクトルが集中する傾向にあるために、長期的な視点からの分析が手薄になりがちである。現在の状況から将来の景気動向を予測して、景気変動リスクに備えることも中小企業経営者にとっては必要な時間ではないだろうか。

　以上、外部環境リスクは個々の企業が影響を及ぼし得る範囲の外部で発生するために顕在化を予測またはコントロールすることは困難とはいえるが、想定リスクに「備える」ことは十分に可能である。

(2) 業務活動リスク

　業務活動リスクとは、企業の業務活動を通じて発生する可能性のあるリスクで、自社と自社以外の利害関係者の間で生じるリスクと、自社内にて単独で生じるリスクに分類できる。業務活動リスクは外部環境リスクと比較して、リスクの顕在化を予測もしくはコントロールすることが可能であるために、企業の意思により「回避」もしくは合理的な水準までリスクを「低減」することができるものと考えられる。中小企業においても、個々の業務活動の中に有効な内部統制を組み込むように意識していくことが必要な時代となってきている。

a. 業務活動リスク／製品・品質・サービスに係るリスク

i 製造物責任の追及による損失の発生

　企業が顧客に製品やサービスを提供していく上で最も重要な要素の一つに、一定水準以上の品質の確保が挙げられる。業種を問わず、すべての企業には何らかの品質管理を司る部門が存在しており、厳しい自社基準をクリアーして初めて市場への供給が達成されていると思われる。しかし、品質管理業務のマニュアル化が高度に進んで業務への緊張感が欠如し、組織ぐるみでマニュアルから故意に逸脱した結果、消費者を欺く製

品やサービスが流通してしまうケースも見受けられる。

　1995年に施行された製造物責任法は、製造業者等が自ら製造・加工・表示・引き渡した製造物の欠陥により、他人の生命や身体、財産を侵害した時は、過失の有無に関わらず、これによって生じた損害を賠償する責任があることを定めている。この法律によって、消費者は企業に対して責任を追及しやすくなった半面、企業では責任を追及される可能性が高まったといえる。言うまでもなく、品質管理業務は高度な正義感や倫理観を基盤とするために、職員に継続して教育や訓練を実施することが重要となる。さらに、品質管理マニュアルを定期的に見直すことで、品質管理業務を定期的に改善すれば、長期的な観点からのコスト削減及びリスク低減も期待できると思われる。

ⅱ 知的財産権の侵害

　知的財産権とは、財産的価値を有する情報である知的財産を使用して収益を上げていくための権利をいう。知的財産は消費されても物質的消滅がなく、また模倣されやすいという性質を有する。このため、悪意がなくとも他人の知的財産を無断で使用してしまい、結果的に損害賠償を請求されるリスクがあることに留意が必要である。自らが開発した知的財産で財産的価値が高いと判断されたものに関しては、特許権取得などの手続を進めて権利を保護することが経済的損失を回避する手段になる。一方で、自社が業務上使用する他人の知的財産に関しては、他人の権利を侵害していないかを調査したり、弁理士などの専門家に相談したりしておくことが「転ばぬ先の杖」といえるだろう。

ⅲ 物流を原因とした損失

　製造業や小売業など製商品の製造販売を主たる事業とする企業にとって、物流の巧拙は利益水準に大きな影響を与える。多くの中小企業では特定の業者に物流業務を外部委託しているために、物流業務自体がブラックボックス化しているのではないかと思われる。このため、製商品の誤配送や遅延、または毀損が生じた際の責任の所在を契約書などで再度確かめ

て納得することが必要である。また、委託業者の物流体制の非効率性を原因として、通常より多額のコストを負担していないかどうかを確かめることも、コスト削減の観点から重要な手続きである。

b. 業務活動リスク／販売に係るリスク

ⅰ 顧客対応トラブル

　顧客からのクレーム対応を誤ると、マスコミ等の報道による企業イメージの悪化や裁判の対応等、通常業務以外での労力増加を引き起こして、円滑な業務活動が阻害されてしまう。クレームを生じさせないような接客や高品質の製品・サービスの供給はもちろんだが、万が一クレームが生じた場合に備えて、窓口の一本化、想定されるクレームへの事前準備を行うことも必要である。クレームはとかくマイナスのイメージを持ってしまいがちだが、業務改善のヒントを提供する場合もあるので、前向きに捉えてみてはいかがだろうか。

ⅱ 特定得意先への高い依存度

　会社が特定の得意先に依存する場合、安定的な発注を受けることによる経営の安定性というメリットがあるが、当該得意先との関係悪化や倒産などの事象が発生すると、資金繰りなどの悪化や倒産リスクが高まることになる。事業継続の観点からすると、特定の得意先に過度に依存することは、やはりリスクが高いと考えられる。複数の上得意先を確保することや別事業の展開など、会社の置かれている状況に応じた対応策を考えることが必要となる。

ⅲ ブランド力の著しい低下

　企業ブランド力を醸成していく過程は非常に長く、絶え間ない努力が必要な一方で、その失墜は加速度的な速さで進んでいく。大手老舗食品会社の賞味期限改ざん事件や有名ホテルでのメニュー偽装が会社のブランド力を低下させていったことは記憶に新しいところである。ブランド力を低下

させると思われる事象が生じた場合には、素早くかつ正確な情報を真摯な態度で利害関係者に知らせることが経験上最も有効な対応策であることは、多くの方が理解していることと思われる。中小企業においても、ブランド力の向上維持は経営上の大きなテーマとなっている。

iv 商慣習が未成熟な業界での取引

現在の企業活動はITや金融テクノロジーの高度な発達により、複雑かつ高度の知識が求められる取引を数多く生み出している。このような取引は長い時間をかけて関係者によって認知あるいは整備されていないために、当事者間同士で認識のずれや誤解を生じる可能性がある。特に情報システムやコンテンツを取り扱う業界などでは、他の成熟した業界とは異なり商慣習が相対的に未成熟と考えられる。このため会計上は売上の計上時点が不明確になりやすく、また売上債権の回収も不規則になりやすい傾向にある。売上計上時点は通常、商品やサービスを提供するに当たっての重要なリスクと経済価値が相手方に移転する時点を言うが、自社での一連の販売行為の中で、それがどの時点に該当するかをあらかじめ決定しておく必要がある。また、債権回収に際しても、相手先との間でどの時点をもって自社の販売行為が完了したかを明確にしておくとともに、場合によっては何回かに分割入金（例えば、着手、中間、最終引渡などのタイミング）を依頼することも有効だろう。

v 特殊な販売取引

中小企業経営者は自社が属している業界特有の販売取引に関して、その特徴や遵守すべき法令、または不正行為が起きやすい時点などをあらかじめ知っておく必要がある。仮に意図的ではないとしても、そのような情報を知らないがために結果的に自社が法令違反を犯したり、また巻き込まれたりする可能性があるからである。ここでは、そのようなリスクが高いと思われる取引を検討していく。

循環取引	循環取引とは、商品等の移動を伴わずに伝票上の処理だけで転売を繰り返して取引の水増しを行う行為をいう。循環取引は個々の企業間の取引のみに着目すると売買契約が成立しているように見えるが、最終的には循環取引を開始した企業が当該商品を買い戻すことになるために経済実態が無い取引である。なぜこのような取引を行うのであろうか。一つの理由として売上高を大きく見せることが挙げられる。しかし、その売上により受領した資金によって、取引に利用した商品を買い戻さなければならないので資金的な裏付のある利益は獲得できない。また、限りなく粉飾に近い行為であるために主体的に行うだけではなく、循環取引の中に組み込まれないように注意しなければならない。
役員が代表を務めている会社や子会社との取引	会社に役員（役員の親族も含む）が代表を務めている会社や子会社が存在する場合には、通常の第三者との取引と異なり、会社がそれらの会社に対して著しく有利または不利な取引を行う可能性があることに留意すべきである。それらの会社が著しく有利な場合とは、例えば会社が、役員が代表を務めている会社に対して市場価格より大幅に低い価格で会社の資産を売却したり、市場金利より大幅に低い利率で資金を貸し付けたりすることである。また、それらの会社が著しく不利な場合とは、会社の業績を良く見せようとして子会社に対して無理な販売を行なったり、通常の取引価格より低い価格で役務提供を受けたりする場合である。前者では会社に損害を与える可能性があり、その結果として経営者に対して損害賠償請求などのリスクが生じる。後者は利益操作の可能性を指摘されたり、親会社側で受贈益として課税されたりすることにつながる。（ただし、100％子会社など完全支配関係のある子会社からの寄付についてはグループ法人税制の適用を受けるため、受贈益は益金不算入となる。）いずれにしても重要な視点は、それらの会社と取引する場合においても、通常の第三者と行う取引条件と同一の条件として恣意性が働かないようにすることに尽きると考える。
法律により販売行為が規制されている取引	消費者トラブルを生じやすい訪問販売、電話勧誘販売や通信販売などの販売取引は、「特定商取引法」という法律によって事業者が守るべきルールが定められている。具体的には不当な勧誘行為の禁止、広告規制、契約書面の交付義務などであり、違反すると行政処分や刑事罰の対象となる。また、売買代金を分割して定期的に支払うことを約束した割賦販売（クレジット契約）においても、「割賦販売法」で主として購入者の利益を保護する規制が設けられている。これらの他にも、特定の販売取引が法律等により規制されている可能性があるので、自社の取引に関してどのような規制が存在するか一度確認しておくのが良いだろう。

ⅵ 販売代金の回収遅延

　販売取引は、顧客に対して商品やサービスを提供しただけでは不完全であり、代金を回収して初めて取引が完了することになる。しかし、何らかの理由で代金の回収が遅延、最悪の場合は貸倒れることにより会社の資金繰りに影響をきたすことも多々見受けられる。代金回収遅延は得意先に原因があると考えがちだが、実は多くの場合、販売側に債権管理という業務が存在しないために代金回収がおろそかになったことが原因であると考えられる。販売債権管理で重要な業務として、与信管理と販売債権年齢管理の2つが挙げられる。与信管理とは得意先ごとに月額もしくはトータルの販売可能額を取り決めて、それ以上を販売する際には特別の承認手続きを必要とする管理手法である。与信管理は代金の未回収リスクを合理的

な範囲内に留めることが可能な一方で、販売の機会を自ら制限することになるために、与信額設定に関しては社内で良く検討する必要がある。販売債権年齢管理とは、代金の回収がどの程度遅れているのかを得意先ごとに一覧表にして定期的に検討する手法である。与信管理については会社の置かれている状況によって導入するかどうかを検討すれば良いと思われる。販売債権年齢管理については、すべての会社に導入すべきものである。年齢管理を行なえば、回収懸念のある得意先の情報を早めに収集して先手の対応策を講じることが可能となり、また債権回収の実態を情報共有することで組織的な対策も検討できるようになる。

c. 業務活動リスク／人事・労務に係るリスク

ⅰ 労働争議・係争問題の発生

　日本国憲法第28条では、労働者の権利として団結権（組合を結成できる権利）、団体交渉権（使用者と話し合いのできる権利）、団体行動権（集団で行動を起こす権利）が保障されている。我が国の多くの大手企業では労働組合が組成されて、労働者の労働状況改善や賃金向上等を労使交渉の場で訴える機会が比較的確保されている反面、中小企業ではそもそも労働組合が組成されていない場合が多いのが実情である。この原因として、中小企業の労働者の離職率が高いために組成意識が低く、また経営者も組合の組成を嫌う傾向があることが指摘されている。しかし、個別の労働紛争は増加の傾向にあると言われている。

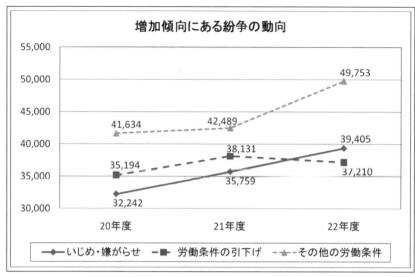

出典：平成22年度個別労働紛争解決制度施行状況（厚生労働省）
http://www.mhlw.go.jp/stf/houdou/2r9852000001clbk-att/2r9852000001clda.pdf

　上記の資料によると、従前は解雇や賃金に関する案件が多かったが、近年は長引く不況や規制緩和等の影響もあってか、いじめ・嫌がらせや労働条件の引き下げに係る案件が増加しており、紛争内容も全体的に多様化の傾向にあるようである。
　労働紛争が多発または長期化すると、通常業務に支障を来たすばかりでなく、企業イメージの悪化や行政庁による処分などの可能性も生じる。中小企業の経営者は大企業と比較して、従業員の行動を比較的観察できる立場にあると思われる。労使間の紛争を未然に防止するためには従業員とのコミュニケーションを活性化して、従業員の不満となる原因を除去するための方策を立案していく必要がある。万が一、紛争が生じた場合においても、弁護士等への相談や「個別労働紛争解決制度」（詳細は厚生労働省ホームページ参照）等を利用して早期の解決を図ることが重要となる。

ⅱ 人権問題の発生
　近年の企業経営に関する概念でよく取り上げられるものに、CSR（Corpo

rate Social Responsibility:企業の社会的責任）がある。CSRが声高に叫ばれるようになった背景には、企業の過度な利益追求の姿勢に対する批判と企業の存在意義の再考があると考えられる。企業の財産である従業員に対する人権侵害もそれに当てはまる。

　従業員に対する人権侵害の代表的なものとしては、性別や出身地を理由とした雇用差別や処遇差別、セクシャル・ハラスメントやパワー・ハラスメントなど職制上の地位を利用した嫌がらせ、インターネット掲示板の匿名性を利用した誹謗中傷の書き込みなどがある。これらの特徴は、加害者が意図的ではなく無意識のうちにそういう行動に出るケースがあるということである。また、被害者も解決の糸口がつかめずに苦悩していることも十分に考えられる。中小企業では、経営者自らが加害者になっていないかどうかを顧みる必要があるとともに、相談窓口の設置や構成員に対する教育研修の時間を確保していくことも時代の要請事項となってきている。

ⅲ 労働災害の発生

　従業員が労働時間中に死亡したり重大な怪我を負う事故の発生が後を絶たない。平成23年5月に厚生労働省が公表した「平成22年における死亡災害・重大災害発生状況等について」によると、平成22年での労働災害での死亡者は1,195名で、そのうち建設業365名、製造業211名、陸上貨物運送事業154名となっている。また、原因別では、墜落・転落311名、交通事故278名、熱中症でも47名が犠牲となっている。労働災害は不可抗力の場合もある一方で、個人的もしくは組織的な不注意を原因とする場合も多く見られる。経営者は、自社の職種が相対的に事故の発生可能性が高い職種と判断しているのであれば、その可能性を低減するための方策を早急かつ慎重に具体化する必要がある。例えば、作業手順や確認の再徹底、事故を未然に防止するための物理的な対応、複数の人員による相互チェックの導入などが考えられる。また、万が一の発生に備えるための保険への加入も視野に入れるべきかもしれない。

iv 人材育成の失敗

　経営者が信頼をおける優秀な人材を多く育成していくことは、企業という組織を維持拡大していく上で非常に重要な論点となる。特に中小企業では、現在および将来の業績が経営者の個人的な能力や属性に大きく左右されるため、経営者に不測の事態が生じると企業の存続そのものが危うくなってしまう。不測の事態への対応、ひいては次世代にうまく事業を承継していくためにも、人材育成の失敗は避けなければならない。人材育成のためのマニュアルが書籍等で発刊されてはいるが、経営者の真摯な態度が最も重要な要素であると筆者は強く思う。

v 不適切な労働環境

　適切な労働環境が提供されている企業では、生産性や従業員の定着度が向上することは想像に難くない。しかし、人材不足や収益性の悪化などを原因として、過重な労働を強いたり、超過労働時間に対する残業代を支払わない企業も数多く存在する。不適切な労働環境は企業の競争力を確実に弱体化させていく。経済環境が悪化している現在だからこそ、経営者が知恵を絞って適切な労働環境を提供することが競争力を高めることにつながるのではないだろうか。

d. 業務活動リスク／情報に係るリスク

　企業活動を行う上で必要不可欠な要素として、ヒト・モノ・カネの3つが従来より知られている。近年ではこれに「情報」を加えて4つの要素として扱われることが多くなった。情報という言葉は日常会話でもよく使用されているが、ここでは「ある特定の目的を達成するための判断や行動、意思決定を行うために必要な資料や知識」と定義付ける。ライバル企業との競争において、新鮮かつ信頼性の高い情報をいち早くキャッチアップすることは優位性を確保する上で重要なポイントである。つまり、情報を制する企業は市場を制するとまで言われる所以である。一方で、情報は物的に実在するものでは無いために、情報の管理という視点が欠かせなくなる。ここでは、中小企業にとっても無視できない情報に係る企業リスクを考察していく。

ⅰ 機密情報の漏えい

　企業活動を行う上で取り扱う情報は、外部に漏えいしてしまうと企業に計り知れない損失を与えることになるという意味で、大多数が機密情報であると考えられる。特に、顧客情報や従業員の個人情報、新しい技術・ノウハウに関する情報、企業の重要な意思決定に関する情報などは最高レベルでの機密性の保持が必要となる。しかし、大企業においても機密情報の漏えいに関する事故が後を絶たない。機密情報の漏えいは以下のような場面で発生した事例が報告されている。また、併せて考えられる対応策も挙げてみた。

●情報漏えいに関する事例と対応策

情報漏えい事例	対応策
自宅に持ち帰って作成するためにカバンの中に入れておいた機密資料(紙、USB等)を、電車の中に忘れてしまい紛失した。	・自宅に機密情報を持ち帰ることを禁止する。 ・酒席等に機密情報を持ち込ませない。 ・USBを使用するときはパスワードの登録、暗号化などを実施する。
社員が居酒屋で会社の機密情報をうっかり話してしまったところ、隣にいた関係者に聞かれて通報されてしまった。	・居酒屋やエレベータなど、不特定多数者の存在が想定される場面では機密情報を口に出さないように徹底させる。
機密情報が記載された書類を裁断せずにそのままゴミ箱に捨ててしまったところ、当該情報が第三者に知られることとなった。	・紙媒体の機密情報は必ずシュレッダーにて裁断するか、専門業者への引き取りを義務化する。 ・紙媒体の場合は印刷部数をナンバリングして引き渡した者を特定化しておく。 ・会議などで使用した機密情報は可能な限りその場で回収する。
インターネットの書き込みサイトに会社の機密情報が投稿されてしまい、不特定多数者に知られる状態となった。	・会社のPCでは、業務上不必要なインターネットのサイトにアクセスできないようにする。 ・社員のモラルの向上を図る。
知らない者からのメールに添付されていたファイルを無意識に開いたところ、ウイルスに感染してしまい機密情報が漏えいしてしまう状況となった。	・知らない者からのメールは削除することを徹底させる。 ・ウイルス感染防止ソフトを導入する。

ⅱ インサイダー取引

　インサイダー取引とは、上場会社の会社関係者や重要な情報を入手した者が、当該重要な情報が公表される前に当該情報に関連する株式などを売買して利益を得る行為をいう。株式市場は公正かつ公平な取引が大前提となるために、インサイダー取引で不当な利益を得る行為が規制されずにいると市場自体が信認を得られなくなる。そのため、金融商品取引法等で厳しく規制されている。

インサイダー取引はあくまで上場企業関係者だけの問題であり、中小企業では関係ないように見えるが決してそうではない。例えば「A社とB社が合併するようだ」というような未公表の重要な情報を偶然にも居合わせた場所で聞いて、それに基づいて株式を売買したところ利益が出た場合にも規制の対象となる。株式を購入することは個人の自由だが、中小企業の経営者という立場上、そのような重要な情報に触れる場面も少なからず想定される。目先の利益に目を奪われて、信用や財産を失わないように自制することが肝要といえる。

ⅲ プライバシーの侵害

職場によるプライバシーの侵害が問題となることがある。プライバシーとは個人の私的領域について他人から干渉されない権利をいう。経営者と従業員の関係で考えると、経営者はその立場を利用して従業員の私的領域に干渉できるポジションにある。例えば、採用時に経歴書等を閲覧して家族構成などを聞き出したり、私物検査と称して所持品を調べたりすることがそれに該当する。労務の遂行や秩序維持に必要と認められる程度を超えるとプライバシー侵害行為となり、法的な追及を受けることになる。労務遂行に関係のない領域に踏み込んだり、私生活に関する情報を正当な理由なく第三者に開示することの無いように、経営者は慎重に配慮することが求められる。

ⅳ 不正アクセス

企業のITシステムに正当な理由なく侵入して、データの盗用や改ざんを行うことを不正アクセスと呼んでいる。不正アクセスによって先に述べた機密情報の漏えいが発生する場合があるばかりでなく、預金等の財産が引き出されることも考えられる。不正アクセスは企業の内部者だけでなく、外部の者がインターネット環境を通じて侵入することも多々ある。これらを防止するためには、IDやパスワードの秘匿の徹底や、パスワードの定期的な変更という手段があるが、不正アクセスの手口がより巧妙化してきている傾向にあるので、セキュリティ水準の高いITシステムに移行することも場合によっ

ては選択肢となり得る。

v システム障害

　ITシステムの利便性を享受することは、一旦大きなシステム障害が発生した場合には企業活動が停滞してしまうというリスクを受け入れることと同義となる。システム障害が発生して情報の流れが遮断されてしまうと自社のみならず、得意先等にも多大な損失を与えてしまう結果となるので、まずは自社で使用しているシステムのたな卸を行ない、障害が発生した場合に企業内外に与える影響を評価する必要がある。そして得られた評価結果及び投資可能な予算に基づいて、障害発生のリスクを低減するための機能向上などを進めていくことになる。

vi データの消失

　上述した不正アクセスやシステム障害、自然災害などによるITシステムの物理的損壊などによって、ITシステムに蓄積されていた膨大かつ重要なデータが消滅するリスクも念頭に置かなければならない。別の記憶媒体に今までのデータを定期的にバックアップ処理する仕組みを導入することの他に、最近では地震等の発生を考えて当該記憶媒体を本社から離れた場所に設置する企業も増えてきている。

e. 業務活動リスク／経理・財務リスク

　我が国の大企業では近年、経理・財務活動に精通している経営者が多くなってきており、そこから得られる情報を有効活用して意思決定しているという印象を受ける。経理・財務活動は企業活動を計数的かつ全体的につかむことができるために、経営者が経理・財務活動の重要性を認識することはある意味で当然と言える。一方で中小企業での経理・財務活動は一般的に、

- 経理部門の人材が不足しているために、税理士等に会計処理などを任せっきりにしている。そのため、自社の経理状況を正しく把握できていない

- 金融機関や他者からの資金調達に苦戦しており、日々の資金繰りに頭を悩ませている
- 現状の経理の状況を分析して、将来の経営計画を策定するプロセスが実施されていない

などの傾向が見られるところである。経理・財務活動は意思決定や経営上の判断を誤ってしまうと、組織の存続を脅かしかねない。ここでは、中小企業の経営者に認識しておいて欲しい経理・財務上のリスクを考察する。

ⅰ 資金調達の困難さ

　会社の規模や業種を問わず、事業資金の調達は経営者の重要な経営課題の一つである。大企業では銀行からの調達の他に、社債や新株の発行、資産の流動化など多彩な調達方法を駆使して資金調達を実行しているところもあるが、多くの中小企業では地元の金融機関からの借入や身内・知人からの融通に依存しているのが現状である。事業に安定的な収益性や将来性を見出すことができれば、資金調達の可能性も比較的高まるが、昨今の経済環境では金融機関の融資行動も委縮傾向にあり、中小企業を取り巻く資金環境は厳しさを増す一方である。政府はいわゆる「中小企業金融円滑化法」を制定したり、同法の期限後にも様々な対応策を講じたりしてはいるが、実効的な効果は出ていない。このような状況において、中小企業では円滑化法の期限到来に備えて、資金調達リスクを真剣に考えなければならない。対応策としては以下のものが挙げられる。

		種類	内容
自社の実情を知る	自社の損益や財産の状況、資金収支の状況を過去にわたって正確に分析する必要がある。そこで、例えば経費の無駄などが発見された場合には直ちに是正していくことになる。また、資産(個人財産も含む)に担保能力があるかどうかも併せて把握する。		
資金調達手段を検討する ※出典:「税理士・会計事務所のための資金調達ガイド」(一部筆者加筆修正)	中小企業の資金調達手段は金融機関ばかりとは限らない。下記に考えられる調達手段を列挙したので、自社が調達できる可能性の検証を推奨する。	融資による資金調達	・親、親族等からの借入 ・日本政策金融公庫からの融資 ・信用保証協会の保証付き融資 ・民間金融機関からのプロパー融資 ・ノンバンクからの融資
		補助金・助成金による資金調達	・研究開発系の補助金・助成金(経産省系、総務省系、各自治体系) ・労働系の補助金・助成金(厚労省系、各自治体系)
		直接金融(出資等)による資金調達	・投資育成株式会社からの資金調達 ・ベンチャーキャピタルからの資金調達 ・個人投資家からの資金調達 ・少人数私募債による資金調達
		法律の活用	・中小企業新事業活動促進法による保証枠拡大(経営革新計画、新連携など)
専門家の活用	資金調達手段の検討や必要な書類の作成には専門家の経験が必要となる場合がある。顧問税理士の他、信頼できる外部のアドバイザーなどに早めに相談しておくことが極めて重要である。		

ⅱ デリバティブ取引

　デリバティブ取引とは、株式・金利・為替などの取引から派生して生まれた金融商品を用いた取引をいう。当該取引は金利の値上がりや為替差損などを回避する目的のみならず、投機目的に行われることがある。特に投機目的の場合、投資額の数十倍の取引が可能となる反面、失敗すると想像以上の大きな損失を被ることになる。近年では、デリバティブ取引を勧誘した金融機関に対する訴訟も多く提起されている。金融機関等が仮にデリバティブを勧めてきたとしても拒否することを原則とし、契約する場合でも自社が被る可能性のある最大損失額の算定や契約内容のチェックなどを専

門家に依頼するのが賢明と言える。

ⅲ 税務リスク

　中小企業経営者の多くは顧問税理士と契約しているために、税務リスク（税務調査で指摘されて税金を多く支払うことになるリスク）は存在しないと考えがちだが、そうではない。最近の税務に関する判断は高度化してきており、税理士の立場からも見解が分かれるケースが多く見受けられるし、税理士の経験や能力によって税務調査の対応に関する巧拙がはっきりと表れる。まずは自社の事業内容において、どこに税務リスクが存在するのかを顧問税理士と検討しておく必要がある。特に中小企業では、会社の経費と個人経費を混同してしまう傾向にあるために、そのような取引については誠実かつ倫理的な判断で対応していただきたいと考える（「支出した接待交際費は会社経費であると胸を張って証明できますか?」「会社で個人的な資産を購入していませんか?」「外部に支払っている経費の金額は適正な水準ですか?」）。

ⅳ 粉飾決算

　会社の正確な実態を意図的に歪めてしまう決算を粉飾決算という。業績の悪い企業では、主に金融機関対策として業績を良く見せかけるために粉飾に手を出す傾向にある。粉飾決算は麻薬と同様、一度手を染めてしまうとなかなか抜け出せなくなるばかりか、最終的には経営破綻に至るケースが圧倒的である。粉飾決算の誘惑に駆られないように、経営者として公明正大なマインドを常に保持しなければならない。粉飾したとしても全く良いことはない。正確な経理情報を関係者に適切に開示する方が、組織の存続する可能性がはるかに高いことを理解していただきたい。

f. 業務活動リスク／法務・コンプライアンスリスク

　コンプライアンスという概念が広く社会に定着してから10年以上が経過している。コンプライアンスは「法令遵守」と和訳されているが、現在では法令や各種の規制を遵守する企業の活動、またはそのための体制の整備と

解釈されている。しかし、コンプライアンスが社会に浸透した現在においても、企業の法令違反や反倫理的な行為は後を絶たない。一たび企業が法令違反を犯すと、行政上や法令の罰則を受けるだけではなく、消費者や取引先の離反を招き、企業存続そのものが危機的状況に陥ることも珍しくはない。本稿では、中小企業でも重視すべき法務・コンプライアンスに関するリスクを検討していく。

ⅰ 債務不履行リスク

債務不履行とは債務者が正当な理由なく債務の本旨を履行しないことをいう。債務不履行には3つの形態がある。

●債務不履行の形態

形態	具体例
履行遅滞	注文した住宅の引渡期日が到来しているにも関わらず、未だ工事が終わらないため引渡がなされていない。
履行不能	注文した住宅の竣工間際に売主の不注意で火災が発生して、引き渡しができなくなった。
不完全履行	注文した住宅が完成して業者に引越しを頼んだが、担当者が乱暴に取り扱ったために大切な家具が損傷してしまった。

債務不履行の具体例を見ると、経営者の意図しない場面で起こり得る可能性があるものばかりである。履行遅滞リスクについては、顧客の受注に対する自社の履行能力を経営者が適切に評価できる体制の整備が必要である。また、履行不能リスクや不完全履行リスクは、経営者が最新の注意を払ったとしても発生する可能性を完全に排除することはできないために、リスクを「移転」するための保険への加入などが対応策として有効と考えられる。

ⅱ 訴訟リスク

近年、会社を相手とした損害賠償訴訟の金額の大きさには驚きを隠し得ない。100億円単位の訴訟案件も珍しいものではなくなった。経営者自らが意図的に違法行為を行った結果のみならず、非意図的な行為による結果責任を訴えられるケースも増加している。例えば雇用している研究者の発明により、会社が多くの利益を得たが故に研究者から多額の対価を請求さ

れる事例などはその代表例である。また、特に近年では株主代表訴訟が比較的廉価で行えるようになるなど、経営者の立場では訴訟リスクを意識せざるを得ない環境となっている。

　このような訴訟リスクは大企業だけではなく、中小企業でも意識しておく時代となっている。訴訟リスクへの対応策としては、弁護士等の専門家と顧問契約して、日常の業務における法的見解をいつでも聴取できる環境を整えておくことが最適といえる。また、従業員に対して必要な教育や研修を継続的に実施することも長期的な視点からは有効である。筆者の経験上、訴訟まで発展するケースでは、経営者にとって「寝耳に水」のケースというものは少ないのではないかと思われる。会社の利害関係者からの意見や主張に耳を傾け、場合によっては当事者と深い議論をする機会を設けることがリスクを低減する最良の手段なのかもしれない。

ⅲ　法令違反リスク

　企業活動を行う上で、関係法令などを遵守すべきことは言うまでもない。一口に関係法令といってもいわゆる法律だけではなく、明文化されていない倫理観を含む場合もある。注意すべきなのは、「法令にさえ違反しなければ何をしても大丈夫!」という発想である。一旦そのような発想に陥ってしまうと、何かと自分に都合の良い解釈を考えてしまいがちになる。その結果、法令の趣旨を拡大解釈あるいは「他社も同様なことを行なっている」といったような正当化の理論によって、行為の違法性がエスカレートする危険性が高まることが考えられる。

　企業が高い倫理規範を持続するためには、経営者が率先してコンプライアンスを進めるだけではなく、社風として従業員に根付かせる必要がある。企業の大小を問わず目指すべき方向は、単に倫理規範やマニュアルを整備することではなく、経営者のみならず従業員が無意識に日常業務の中でコンプライアンスを当然のこととして受け入れられるような企業風土を醸成していくことが重要となる。それは一見、収益性向上とは無関係に思われがちだが、長期的にはブランド価値や業績の安定に大きく寄与するものであると筆者は確信している。なお、中小企業が犯しやすいコンプライアンス違反

の事例分析について、別途検討する。

iv 反社会的勢力との取引

　反社会的勢力とは、暴力団など非合法的行為を常態化する組織をいう。現代の反社会的勢力は資金獲得に係る活動に関して、一般人との区別がつきにくい巧妙な手立てを用いる傾向が高まっている。そのため、意図せざる場面で反社会的勢力と何らかの関係を持つ可能性がある。新規契約を締結する際には、契約書上で反社会的勢力ではない、または反社会的勢力と取引のない取引先であることを予め明記しておくことが重要である。また、調査機関や顧問弁護士等に依頼して、取引先経営者の経歴や社歴に関する情報をあらかじめ入手しておくことも場合によっては必要となるだろう。さらに、反社会的勢力が接触してきた時には敢然と排除する強い意志が求められるのは言うまでもない。一度でも反社会的勢力と関係を持ってしまったら、安易に解決できないということを改めて認識すべきである。

v 法令違反の事例紹介

　法令違反リスクは、それが現実化してしまうと会社ばかりでなく、従業員やその家族、ひいては地域社会など広範な関係者に多大な負の影響を与えてしまう。ここでは、中小企業が侵害しやすいと思われる事例を紹介する。中小企業の経営者にとって身近なものばかりなので、今後の経営を進めるに当たって注意する必要がある。

	事例	対応策
1. 社員の規程違反による損失の発生	社員が会社の与信規程を無視して、得意先に与信額以上の商品を販売した。ところが、代金回収前にその得意先が倒産してしまい、多額の損失が発生してしまった。	社内規程は法律と異なりその会社だけに適用されるために、社内規程違反をもって法令違反になるとは考えにくいと思われる。しかし、経営者が社内規程違反の状況を知りつつも何ら手立てを打たずに、その結果として会社に損失を与えてしまうケースでは、取締役としての善良な管理者の注意義務違反として訴えられる可能性がある。社内規程の違反を発見したら放置せずに、なぜそのような違反が発生したのかを検討して対策を講じることが重要となる。

2. ソフトウェアの違法コピー	当社にある複数のパソコンに、新しく購入した経理のソフトウェアを複製してインストールした。社内で使用するだけであり、他社も同様なことを行なっていると聞いているために問題ないと判断している。	ソフトウェアは著作権法上の著作物に該当するため、著作権者である製作者に無断で複数のパソコンにインストールすることは著作権者の権利侵害、すなわち法令違反に該当する。違反者には懲役を含めた罰則規定が適用されることになる。現在販売されているソフトウェアは違法コピーができないようになっているケースが多いと思われるが、インターネット上の動画や映像などは簡単にダウンロードできてしまうために、罪の意識が軽薄になりがちである（2012年10月から動画や画像の違法アップロードに関しても罰則規定が適用となる）。このような知的財産権と呼ばれるものについては、「他人の権利を侵害してはならない」という意識をしっかりと持たなければならない。
3. 産業廃棄物処理	新製品開発時に大量の産業廃棄物が発生したので、単価の安い産廃業者に引き取ってもらった。後日新聞を見ると、当該産廃業者が不法投棄で摘発されて社長が逮捕されていた記事が掲載されていた。	産業廃棄物の処理を業者に委託する場合には、マニフェストと呼ばれる管理票によって最終的に適正に処分されたことを確認する必要がある。注意しなければならないのは、委託した産業廃棄物に対して不法投棄等の不適正処理が行われ、生活環境の保全上支障が生じ又は生ずるおそれがあると認められる場合、委託者がその支障の除去又は支障発生の防止のために必要な措置をとるよう命ぜられることがある点である。この事例では、まさに委託者に責任が及ぶ可能性がある。産廃業者を選定する際は、十分な処理能力やコンプライアンス意識があるかどうかにも留意する必要がある。
4. 不当表示	大量に売れ残っている商品を売りさばくために、実際には値下げを行なっていないにも係わらず「決算大幅値下げセール！全品50％OFF！」などの広告を行なって販売した。	景品表示法では、事業者が商品やサービスの取引に関して、価格その他の条件について、一般消費者に対して実際よりも取引する者に著しく有利であると誤認する恐れのある表示を禁止している。上記の事例のように、事実と異なる情報の表示により集客や販売の効果を上げたとしても、それは一時的なものに過ぎない。むしろ、顧客の信用を損ねたという事実がいずれ業績悪化を引き起こすことになるだろう。
5. 製造物責任	新製品を開発して販売したところ、予想以上の売れ行きとなった。ところが、あるユーザーが想定外の方法で使用したことにより、当該ユーザーの身体に被害が出たとの報告を受けた。新製品の取扱説明書には、そのような想定外の使用に関する記載はなされていなかった。	製造物責任法では、ある製造業者の製造物の安全性に関する「欠陥」によって生命・身体・財産に被害を受けた場合、その被害者が製造業者に対して損害賠償請求を行うことができる。ここで注意しなければならないのは、「欠陥」には指示・警告上の欠陥も含まれる点である。仮に使用者が常識的には考えられない方法を行なって身体に被害を受けた場合でも、取扱説明書にそのような表示が無いと製造業者に責任が問われることになる。リスクを軽減するには、極めてまれにしか起こりえない状況をすべて想定して取扱説明書に記載しておくしかない。

6. 贈賄等	官庁で受注したシステム構築について、納期を遵守することができなかったために結果として迷惑をかけることになった。お詫びとして担当者に商品券を渡そうと考えている。		公務員に対して便宜を図ってもらうために金品を贈ることは刑法で処罰される。上記事例のように、社交儀礼的な意味合いを持ったケースはどうなのだろうか。このような場合でも、不相当に価値が高いと判断された際には贈賄罪に該当する可能性がある。また、受け取る担当者は国家公務員倫理法による処分を受ける可能性がある。従って、公務員への贈り物は一切しないのがお互いのためにも良いと思われる。
7. 営業秘密の不正使用	同業他社より優秀と噂された人材を雇用した。その社員に当社の新規プロジェクトを任せたところ予想以上の結果を得ることができたため、当該社員に問い合わせると、以前所属していた会社の仕様書やノウハウを利用していることが分かった。この製品を販売市場に送り込むと当社の売上増加は確実なので、非常に迷っている。		不正競争防止法では、不正の利益を得る目的で他社の営業秘密を不正に取得、使用、開示することなどを禁止している。ここで営業秘密とは、①公然と知られていないこと②秘密として管理されていること③事業活動に有用な技術上もしくは営業上の情報であることの3要件が満たされた情報である。左記の新たに雇用した社員はこれら3要件を満たしている前職場の営業秘密を使用している可能性が高いので、製品を販売した場合には損害賠償請求に加えて重い刑事罰の対象となる。新たな人材を確保した場合には、前職からのノウハウを使用しないなどの誓約書を入手するとともに、万が一法律に抵触する可能性を察知したら速やかに中断する決断力が重要となる。
8. 社内ハラスメント	当社の女性社員が上司からスリーサイズを聞かれて困っているとのメールが社長に送られてきた。社長は男女の私的なやり取りであると判断して放置していたところ、その女性社員から訴訟を提起されてしまった。		上記の事例はいわゆるセクシャル・ハラスメントの典型例である。男女雇用機会均等法では、事業主は、労働者が職場での性的言動により不利益を受けたり労働環境を害されることの無いように必要な措置を講じなければならないと定めている。加害者側に違法性が認められれば、加害者は慰謝料の支払いや損害賠償を行なわなければならないのは当然だが、事業主にも雇用管理上の配慮義務違反として責任が問われる可能性がある。しかし、女性からの申し出を一方的な判断材料として当該上司を解雇した場合には、不当解雇で訴えられる可能性もあるので厄介な問題といえる。このようにセクシャル・ハラスメントの問題は公平な事実認定と高度な判断が求められるので、万が一問題が発生した場合には法律の専門家等に相談するのが良いだろう。それにも増して、セクシャル・ハラスメントが発生しないような職場環境の整備に努めることで職員の生産性を上げていくことが中小企業の経営者にも求められる時代なのである。
9. 脱税行為	今期は好調な業績を背景に、創業以来最高の利益が出ることが想定されている。同時に法人税等も多額の支払いが想定されるために、旧来の取引先に懇願して架空の請求書を発行してもらい、それを経費処理して課税所得を圧縮するつもりである。		税金は治安、教育、環境保全などの社会インフラを維持していくために必要なコストであると考える一方で、自分の会社は税金を払いたくない、と多くの中小企業経営者は考えているのではないだろうか。だからといって、左記のような行為を取ることは明らかに脱税行為であり、厳に慎まなければならない。税務当局は我々が考えている以上の情報源を有しているので、安易な脱税行為は必ず摘発されるものと考えるべきである。利益が出た場合には、従業員への決算賞与など認められた方法を顧問税理士と相談して採用するのが健全な判断である。

10. 下請法違反	当社は海外に製品を輸出しているが、急激な円高の影響で販売不振に陥っている。そのため、下請業者に対して発注量の6割だけを受領して、残り4割は受領しなかった。	左記事例は、下請代金支払遅延等防止法の「受領拒否」に該当する事例である。受領拒否は①下請業者の責めに帰すべき事由がないこと②給付の受領を拒むことによって成立する。下請代金支払遅延等防止法はこの他に、「買いたたき」「下請代金の減額」「支払遅延」「不当な給付内容の変更」などを禁止している。貴社が元請業者であれば、事例のような違反を行なわないように留意すべきだが、貴社が下請業者で事例のような場面に遭遇した場合には、泣き寝入りするのではなく元請業者と話し合って解決する姿勢が必要である。特に昨今のような構造的不況といわれている状況下では、元請業者が下請業者に対して負担を強いることが多いものと推察される(2011年に中小企業庁が円高時における下請取引の適正化についてコメントしている)。やはり、苦しいときに一緒にそれを乗り切る共存共栄の精神が業界の永続的繁栄を支えるものと考える。
11. 業界特有の法令違反	当社は生鮮食品販売業を営んでいるが、近所に大型スーパーができたことで大量の消費期限切れ商品が恒常的に発生する事態となった。このため、一部の商品に関してラベルを張り替えるなどして販売していたところ、食中毒の発生が報告された。	左記のような事例は枚挙に暇がない。つい最近も同様の事件が新聞紙上を賑わせていた。業界に特有の法律としては、建設業法、医師法、食品衛生法や金融商品取引法などが挙げられるが、いずれの法律も業界に関連する消費者保護を目的としていることに変わりはない。現在貴社が行なっている企業行動や経営者自身の思想は消費者に対して誠実なものかどうかを冷静に考えることで、このような法令違反は減っていくだろう。自分が何のためにこの事業を行なっているのか真剣に向き合うことが法令違反の最強の防波堤である。 ㈱東京商工リサーチが自社のHPにて2012年4月に公表した「2011年度「コンプライアンス違反」企業の倒産動向」を見ると、コンプライアンス違反が影響した倒産件数が前年度と比較して1.6倍増加したとある。これは2011年度と2010年度との比較におけるデータなので、長期的な傾向を示すものではないが、筆者はこの傾向が当面続くものと予測している。つまり、コンプライアンスに関して真摯に取り組んでいる企業は、得意先との取引の継続性や金融機関からの融資の継続性に関して優位性が保たれる一方で、真摯に取り組まない企業に関しては将来的に不利な状況に立たされる可能性が高くなるものと考えている。コンプライアンスは表面上の条文を守ればいいというものではない。なぜこのような法律ができたのか、法律は我々に対して何を期待しているのかという社会的要請を考えることが重要なのである。 (参考：東京商工会議所 「中小企業にとってのコンプライアンス(法令遵守)」)

(3) 内部環境リスク

　内部環境リスクとは、個々の企業の組織内で発生する可能性のあるリスクであり、組織構成員である経営者と従業員に起因するものをいう。これま

で述べてきた外部環境リスクや業務活動リスクと比べて、内部環境リスクは経営者が直接対処しやすいリスクである反面、これを放置すると組織の効率的運営ひいては組織の存続が阻害されてしまう可能性が高まる。中小企業では大企業と比較して、組織内部の人的つながりが極めて重要となるので、内部環境リスクに適切に対処することで組織が一丸となった目標達成を遂げることができるといえる。

a. 内部環境リスク／経営者への過度な依存

　中小企業では経営者、とりわけ社長に権限や情報が集中する傾向にある。このため、社長に不測の事態が生じた場合、組織の運営が著しく阻害されることになる。そのような状況に陥った場合でも会社の業務に支障を来たさないようにするためには、短期的な対応と長期的な対応を行う必要がある。短期的な対応とは、現時点で社長が不在となったことを想定して、社長が有する責任や権限、情報を移譲する者を決定しておくことを指す。いわゆる番頭さんと呼ばれている、社長が信頼を置いている者がその役割を果たすことになるが、もしそのような立場にふさわしい人物が社内にいない場合には、外部から招へいして時間をかけて信頼関係を構築していくことも検討に値する。長期的な対応とは、後継者を育成することを指す。中小企業では自らの後継者を血族である子供に求める傾向が強いといえる。将来的に事業を子供に引き継がせることを考える場合には、本人の意思を尊重しつつ従業員や取引先との関係にも留意しながらじっくりと進めていくのが望ましいと考える。

　いずれにせよ経営者は、いつリタイアしても組織が従来と変わらない、あるいはそれ以上のパフォーマンスを発揮できるように常日頃から意識する必要がある。

b. 内部環境リスク／ガバナンス関係

　ガバナンスとは企業統治のことをいい、経営者が中心となって規律を重んじながら相互協力することで組織目標を達成するための合意形成や円滑な運営を図る仕組みを意味する。いわゆるワンマン経営者が強大な権限を発

揮して、独善的な意思決定を行なっている企業では、当該経営者が明らかに非合理な意思決定を行ったとしても有効に防止できないためにガバナンス機能が低いといえる。現代の経済環境は非常に複雑でかつ先行きが不透明な状況が今後も続くことが想定されるために、どんなに優秀な（自分で優秀と思っている者も含む）経営者でも適切な判断に迷う局面がこれから多くなるものと考えられる。また、経営者に対して耳の痛い忠告を進言する人物を身近に据えることも適切な意思決定を行う上でますます重要となる。

このように、中小企業においても、現在の難局を乗り越えていくために良好なガバナンスを戦略的に整備する必要性が高まってきている。社外から取締役を迎えることは従来の企業風土や慣習に新しい風を吹き込むことにつながるものと思われる。また、監査役を設置して経営者自らの思考や行動の結果を検証することもガバナンス向上に非常に有効的である。

c. 内部経営リスク／セクショナリズムの発生

会社は、企業全体の利益を最大化するために組織化され、組織に属する構成員は共通の目標を達成するように思考し行動することが求められる。ところが、組織がある程度大きくなり、部門間の利害が衝突する局面が増加すると、組織全体の目標達成よりも自らが所属する部門の利益を優先する傾向が生じてくる。このような状況をセクショナリズムと呼ぶ。セクショナリズムが発生すると、部門間同士の円滑なコミュニケーションが希薄化することで業務の効率性が低下するだけでなく、構成員が組織から離脱する要因にもなり組織の存続にも大きく影響してくる。セクショナリズムを防止するためには、経営者が特定の部門や事業部を優位に扱うことを避け、平等な立場で接することが必要となる。また、部門間の垣根を取り払うべく懇親会の開催などで、従業員が日頃のコミュニケーションを取りやすくする環境を整備することも、経営者の重要な職務といえる。

d. 内部環境リスク／構成員のモチベーションの低下

会社の構成員が生き生きと働いて自らが社会的な存在意義を見出すことのできる会社は、一時的に業績が低迷しても復元力が働く。逆に構成員の

モチベーションが低い企業では、経営環境の悪化に対する抵抗力が弱く、存続可能性も低下していく。経営者としては、組織を維持発展させていくために構成員のモチベーションを高めていく方策を考えなければならない。

構成員のモチベーション向上を考えるうえで参考になる経営理論に「マズローの欲求階層説」が挙げられる。アメリカの心理学者であるマズローは、人間の欲求を低次から高次の順番で5段階に分類し、高次の次元ほど精神的な満足度が高まると提唱した。

会社の構成員としてのモチベーションを高めるためには、④及び⑤の欲求を個人的に充足させることが必要である。そのためには、構成員のパーソナリティーに対して尊敬の念を抱くとともに、構成員の生きがいを提供するためのステージを用意することが中小企業の経営者に求められる。

●マズローの欲求階層説

1. 生理的欲求	人間が生きていくために最低限必要な、生理現象を満たすための欲求(食欲、排泄欲、睡眠欲等)
2. 安全欲求	誰にも脅かされることなく、安全に安心して生活したいという欲求
3. 愛情欲求	集団に属したい、集団の構成員から愛情を得たいという欲求
4. 尊敬欲求	他者から認められ尊敬されたいという欲求
5. 自己実現欲求	自分自身の持っている才能を最大限発揮して、創造的な活動を行いたいという欲求

●マズローの欲求階層説

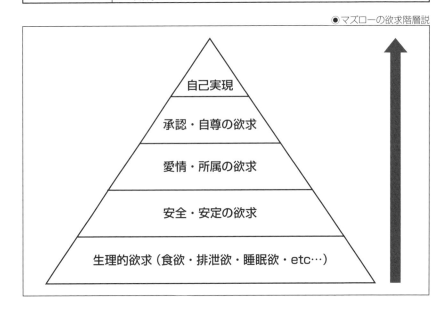

⑥リスク・マネジメントの足掛かりとして

　中小企業を取り巻く経営環境は年々厳しさを増してきている。そのような時代だからこそ、自分たちの足元の基盤をしっかりと見つめる時間が経営者にとって必要となる。本章の内容を一つに集約すると中小企業向けの「リスク・カタログ」が完成する。リスク・カタログの使用により中小企業においても効果的な「リスク・マネジメント」の導入が期待できる。中小企業での「リスク・マネジメント」を図示すると以下のようになるものと考える。

1. PLAN	本章でのリスク・カタログを参考に、自社の経営環境に適合したリスク・カタログを作成してリスクを網羅的に洗い出す。リスクのスコア算定は、発生可能性が高い順に3→2→1、発生した場合の企業に与える影響度が大きい順に3→2→1と評価して、両者の積によってスコア化する(最低1〜最高9)。そして当該スコアの高い項目を「当期の重点リスク」として暫定的に選定し、最終的に経営者が企業の置かれている状況を鑑みて決定することになる。
2. DO	決定された「当期の重点リスク」について適切な部署もしくは人員を選定し、リスクの対応策を計画して実行に移す。
3. CHECK	少なくとも半年に1度は対応策が計画通りに実行されているか、修正すべき点が無いかどうかを点検する。
4. ACT	経営者は必要に応じてトップダウンで改善指示を出していくとともに、経営環境の変化に応じて重点リスクを適切なタイミングで見直していくことになる。

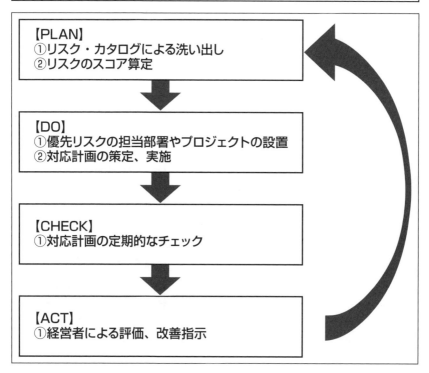

これらの一連の行動をサイクル化して定着させることがリスク・マネジメントの始まりである。中小企業においてもリスク・マネジメントの導入によって、企業価値の維持向上を図っていくことを切望する。

●中小企業向けリスク・カタログ

大分類	中分類		想定されるリスク	発生可能性	重要性	スコア	リスクへの対応策（例示）	当期の重点リスク
外部環境	自然災害・大規模事故リスク	A1	事業停止による、販売に関する機会損失の発生				拠点の分散	
		A2	復旧コストを含む損失の発生				保険への加入	
		A3	サプライチェーン寸断による原料調達の困難性				複数業者からの調達ルート確保	
		A4	キーパーソン離脱による組織の脆弱化				将来的な人材確保の準備	
	外部者による犯罪リスク	B1	システムへの攻撃・情報漏えい				セキュリティ対策、物理的なアクセス制限、論理的なアクセス制限	
		B2	現金または重要な資産の盗難				定期的な安全点検、保険への加入	
	政治・行政リスク	C1	法令や規制の強化に起因する法令違反の可能性				情報入手の仕組構築、コンプライアンス意識の高揚	
		C2	税法の改正				税務の専門家との契約、構成員の倫理観醸成	
	国際関係リスク	D1	宗教・文化・価値観の相違に起因した損失の発生				海外進出に係る十分な評価体制、カントリーリスクに対応する保険の加入、撤退の段取りに関する検討	
		D2	本社統制の脆弱化				本社との情報伝達の仕組、ITの有効活用	
	市場リスク	E1	為替変動による損失の発生				為替予約、外貨建債権債務の均等化	
		E2	金利変動によるコストの増加				金利スワップ取引の導入	
		E3	株価変動による有価証券価値下落				投資銘柄の分散化、損切りルールの確立	
	顧客・他者競合リスク	F1	顧客ニーズや顧客層の変化による経済的損失				継続的な改良、過剰在庫や過剰設備の防止に対するモニタリング	
		F2	競争力低下による収益性の悪化				予算実績の詳細な分析、値引きやリベートに対する承認ルールの徹底	

	分類	番号	リスク内容			対応策	
	取引先リスク	G1	取引先の操業停止、技術力低下			複数業者からの調達ルート確保、事業継続計画(BCP)の導入	
		G2	原料調達コストの高騰			代替資源の確保、デリバティブ取引によるリスクヘッジ	
	株主リスク	H1	敵対的株主の経営参加			株式の過半数以上の取得、株式譲渡制限の導入	
	近隣・風評リスク	I1	近隣の反対運動、風評によるイメージダウン			対応マニュアルの策定、経営者の真摯な態度	
	景気変動リスク	J1	景気後退による収益悪化			長期的な観点からの経営計画策定	
業務活動	製品・品質・サービスに係るリスク	AA1	製造物責任の追及による損失の発生			品質管理マニュアルの見直し、職員への継続的な教育訓練	
		AA2	知的財産権の侵害			特許権取得による法的保護、専門家への相談	
		AA3	物流を原因とした損失			物流業者との契約吟味、物流業者の比較評価	
	販売に係るリスク	BB1	顧客対応トラブル			窓口の一本化、想定されるクレームへの事前準備	
		BB2	特定得意先への高い依存度			複数の上得意先の確保、別事業の展開検討	
		BB3	ブランド力の著しい低下			事象発生時の対応の事前準備、経営者の真摯な態度	
		BB4	商慣習が未成熟な業界での取引			会計処理や債権回収などの事前協議	
		BB5	特殊な販売取引				
			①循環取引			循環取引への参加禁止ルールの確立	
			②役員が代表を務めている会社や子会社との取引			通常の第三者取引条件の徹底	
			③法律により販売行為が規制されている取引			自社の取引に係る法規制の再確認、法律専門家への相談	
		BB6	販売代金の回収遅延			与信管理、販売債権年齢管理の徹底	
	人事・労務リスク	CC1	労働争議・係争問題の発生			従業員とのコミュニケーション、法律専門家や当局への相談	
		CC2	人権問題の発生			相談窓口の設置、職員への継続的な教育訓練	
		CC3	労働災害の発生			作業手順や確認の再徹底、物理的な対応、複数人数による相互チェック、保険への加入	

	CC4	人材育成の失敗			経営者の真摯な態度、職員への継続的な教育訓練	
	CC5	不適切な労働環境			労働環境の定期的な見直し、職員からの意見聴取	
情報に係るリスク	DD1	機密情報の漏えい				
		①職員による情報紛失			機密情報の持ち帰り禁止、USBなどの暗号化	
		②職員による日常での無意識な漏えい			職員への教育訓練	
		③紙媒体の情報漏えい			専門業者への引き取り依頼、ナンバリング付与、回収作業の徹底	
		④インターネットへの書き込み			職員のモラル向上への施策、会社PCからのアクセス制限	
		⑤ウイルスへの感染			ウイルス感染ソフトの導入、不審者からのメール削除の徹底	
	DD2	インサイダー取引の発生			職員への継続的な教育訓練	
	DD3	プライバシーの侵害			経営者の真摯な態度、法律専門家や当局への相談	
	DD4	不正アクセス			IDやパスワードの管理徹底、高度なセキュリティ機能の導入	
	DD5	システム障害			自社システムの評価、機能向上への施策実行	
	DD6	データの消失			別媒体へのバックアップ、離れた場所でのデータ保管	
経理・財務リスク	EE1	資金調達の困難性			自社の実情分析、他の資金調達手段の検討、専門家の活用	
	EE2	デリバティブ取引			デリバティブ取引そのものの禁止、専門家へのリスク評価の依頼	
	EE3	税務リスク			顧問税理士との連携	
	EE4	粉飾決算			経営者の真摯な態度	
法務・コンプライアンスリスク	FF1	債務不履行リスク			リスク評価体制の導入、保険への加入	
	FF2	訴訟リスク			法律専門家との連携、職員への継続的な教育訓練	
	FF3	法令違反リスク				
		①社員の規程違反による損失発生			規程の定期的な見直し	

			②ソフトウェアの違法コピー		職員への継続的な教育訓練
			③産業廃棄物処理		産廃業者評価の仕組導入
			④不当表示		法律専門家への相談
			⑤製造物責任		取扱説明書への詳細な記載
			⑥贈賄等		公務員への贈答禁止
			⑦営業秘密の不正使用		誓約書の入手
			⑧社内ハラスメント		従業員とのコミュニケーション、法律専門家や当局への相談
			⑨脱税行為		顧問税理士との連携
			⑩下請法違反		経営者による共存共栄の意識高揚
			⑪その他の法令違反		経営者による法律の趣旨の理解と実践
内部環境	内部環境リスク	A101	経営者への過度な依存		後継者育成の着手、事業承継の事前準備
		A102	ガバナンス関係		社外役員の導入、企業風土の改善
		A103	セクショナリズムの発生		経営者の平等意識、部門間のコミュニケーション促進
		A104	職員のモチベーション低下		職員のキャリアプラン促進、公正な人事評価の導入

5-3 ◆ 統制活動

　統制活動とは、経営者の命令及び指示が適切に実行されることを確保するために定められる方針及び手続のことをいう。中小企業では人員や組織が大企業と比較して小規模であるが故に、事業の進め方に対する方針や手続の整備が遅れているケースが多く見られる。統制活動は内部統制の目的のうち、業務の有効性及び効率性と関連性が高いために、統制活動の整備を進めることで実際の業務に対する無駄や非効率を無くす契機となり得る。

①職務分掌・職務権限

　会社の成長と共に人員や組織が拡大していく場面では、個人や各部門の役割や権限及び責任を明確にしていく必要がある。これら役割や権限

及び責任については、職務分掌規程や職務権限規程などを整備して決めていくことになる。

　職務分掌とは、会社組織の各部門に配分された業務の範囲とその詳細のことをいう。職務権限とは、会社より具体的に与えられた職務について、実施可能な行為の範囲または能力をいう。従業員が1～3人のいわゆる零細企業では、暗黙裡に個人の職務と権限が決定しているケースが多いと思われる。従って、この規模では職務分掌や職務権限に関する規程を早急に整備しておく必要性は少ないように思われる。しかし、従業員が増加するとともに組織的な企業行動が求められるために、ある一定の規模になると当該規程の整備が必要となってくる。つまり、誰がどの範囲までの業務を行なえば良いのか、意思決定や命令、承認などは誰が行えることができるのかを明確にして、無用な混乱を避けて円滑に業務を遂行することが重要となる。

　職務分掌規程では、組織図等により組織単位を定義して、当該組織単位の業務内容を別表で決める方法が多く見受けられる。ある会社では、当該別表において、部門・分掌事項・分掌事項細目を作成している。職務権限規程では、取締役会、社長、取締役、部長等の職階に応じた職務とその責任を本則で定義して、同じく別表にて各職階ごとの権限を決定するのが一般的と思われる。

　それらの規程が整備されたら、組織の改編等のタイミングで見直して適宜修正していくことになる。

●職務分掌表の例

部門	分掌事項	分掌事項細目
資材部	購買関係	①購入先の選定 ②見積り依頼及び検討 ③購入契約及び発注 〜
	倉庫関係	①入庫、出庫及び保管に関する管理業務 ②入出庫台帳の作成 ③棚卸の計画・実行
経理部	事業計画	①経営計画策定のための資料作成 ②計画と実績の対比分析及び経営者への報告
	資金業務	①短期資金計画の立案及び作成 ②資金調達の計画及び実行 〜

●職務権限表の例

区分	項目	職階						備考
		主任	課長	部長	担当役員	社長	取締役会	
経営	経営計画の決定		✓	✓	✓	✓	◎	
購買	購買先の決定		✓	◎	報			
人事	人事異動・昇格			✓	✓	◎	報	
経費	10万円以上の支出		✓	✓	✓	◎		
	5万円以上の支出	✓	✓	✓	◎			

✓は参画・立案・確認　◎は決裁　報は報告を指す

②統制活動の誠実な実施

　経営者は、経営目的を達成するための業務が組織的に遂行されているかどうかを確かめなければならない。そのためには、何を見れば会社の現状を把握できるのかを見極めておく必要がある。中小企業では経営者がすべての業務について、実際の現場に行って状況を確かめることが可能と思われる。時間の許す限り、できるだけ現場での生の情報を入手して経営判断していくことが求めらる。一方、組織の拡大により、現場で確認する時間が制約されてくる場合には、生きた経営情報が経営者に届くための仕組を作っていくことになる。具体的には、予算と実績の比較分析を実施して経営指標の推移を把握することや、部長会などの定期的な開催によって各部門での問題点に関する報告を受けることなどが考えられる。また、そこで問題点が発見された場合には、速やかに是正措置を講じることで損失の拡大を防ぐことがとりわけ重要なポイントとなる。

5-4 ◆ 情報と伝達

　情報と伝達とは、必要な情報が識別、把握及び処理され、組織内外及び関係者相互に正しく伝えられることを確保することをいう。現代の企業経営にとって、情報はヒト・モノ・カネと並ぶ重要な要素となっている。従って、経営上の情報は関係者同士で円滑に流れる仕組みが必要な一方で、関係者以外の者に漏えいしないよう細心の注意を払うことも要求される。
　情報と伝達は概念上、次ページの図のように整理できる。

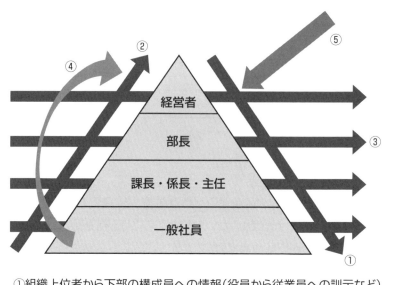

① 組織上位者から下部の構成員への情報（役員から従業員への訓示など）
② 下部の構成員から上位者への情報（稟議書、上長への報告など）
③ 同一階層間での情報（取締役会、部長会、同一階層での研修会など）
④ 通常の伝達経路を超えた情報（内部通報制度など）
⑤ 組織外部からの情報（利害関係者からの情報提供、クレームなど）

①経営者の方針や指示

　企業経営に関する情報経路で最も重要なものは、経営者から下部組織への伝達である。経営者は訓示、1年間の経営方針などを構成員に正しく自分の言葉で伝えることで、組織運営の方向性を周知することができる。中小企業では、社員に直接語りかけることが可能な規模なので、定期的なミーティングなどの機会を設けると良いだろう。

②組織から経営者への伝達

　会社が組織として活動することで意思決定や承認などが必要な場面が多く生じてくる。組織から経営者への情報伝達は稟議書、メールなどの手段が多く使用される。稟議書は意思決定過程が文書で残り責任の所在が明確となるメリットがある反面、機動性に欠けるところがある。メールによる

伝達は迅速性に勝るものの、漏えいなどのリスクは否定できない。組織の規模や決定内容などにより伝達手段を使い分けることになるものであろう。

③取締役会・部長会などの会議体

　上記の会議体は、同一階層間での意思決定や情報共有を行う上で有用となる。特に中小企業では、経営者の意向が強く作用する傾向にあるが、経営者の意向を正しく伝え、またサポートしてもらうためにも面と向かった会議体を定期的に開催することには大きな意味があるといえる。

④内部通報制度

　通常の伝達経路では伝わりにくい情報を経営者がキャッチする手段として、内部通報制度の導入が考えられる。例えば、上長の不正行為などを部下が直接経営者に報告・相談できる経路を確保することは、今までの経営ではあまり見られなかったことだが、昨今の企業不正の増加を受けて大企業では導入している会社が多く存在する。中小企業においても内部通報制度の導入が必要な局面があるかもしれないが、その前に経営者と構成員との間のコミュニケーションを工夫することが効果的と考える。

⑤外部の関係者からの情報

　企業外部の関係者からの情報には様々なものがある。顧客からのクレームなどは経営者にとっては耳の痛い情報ではあるが、経営改善のヒントと考えることによって前向きな対応が図られることになる。また、近隣住民からの要望なども企業の事業継続を考える上でも無視できない。外部からの情報は玉石混交の場合もあるために、慎重な判断が必要となる。

5-5 ◆ モニタリング

　筆者は上場企業の内部統制構築に長らく携わっていたが、上場企業において「モニタリング」と後述する「ITへの対応」という2つの要素については、未整備の状況が大変多く見受けられた。中小企業でも同じような状況

が想定されるが、スモールサイズでも構わないので前向きに検討していただきたいと考える。

モニタリングとは、内部統制が有効に機能していることを継続的に評価していくプロセスと定義される。つまり、業務の有効性や効率性、財務情報の信頼性、法令等の遵守や資産の保全といった内部統制の目的が達成されているかどうかをチェックする機能のことをいう。モニタリングには、業務に組み込まれて行われる「日常的モニタリング」と業務から独立した視点から実施される「独立的評価」という2つの概念が存在する。

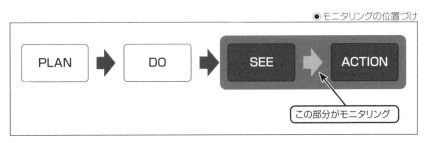

●モニタリングの位置づけ

①日常的モニタリング

日常的モニタリングには、一般的な日常業務の中に自然と組みこまれているものがある。例えば、現場監督者が現業職員の勤務状況を巡回して観察したり、債権回収担当者が毎月の債権回収遅延状況のリストを作成して対応に当たることなどが挙げられる。一方で、自己点検といわれる意識的に行う日常的モニタリングを導入している企業も大企業を中心に増えている。これは自らが行なっている業務に関して一定の頻度でチェックリスト等を使用しながら、手順や品質を確かめていく行為である。特に製造業やサービス業では、一定水準の品質を確保するためにも自己点検は有用と考えられる。

経営者レベルでの日常的モニタリングとして代表的なものは、各種経営指標の継続的なレビューがある。毎月の売上高や利益、資金繰りなどの推移の把握、予算と実績の差異分析などは中小企業の経営者も実施しているものと思われるが、重要な点は、これらのレビューを通じて経営者が異常と感じた項目を深く分析し、その原因を把握して迅速な対応を講じることで

ある。また、日常的に部門責任者などと頻繁に連絡をとって業務の状況を聴取し、場合によっては経営者自身が現場を確認することも経営者のモニタリング機能として重要な役割を担う。

②独立的評価

独立的評価は、経営者の直属として設置された内部監査人が実施する内部監査、取締役会による経営者の職務執行の監督や、監査役による取締役の職務執行の監査が代表例である。中小企業では内部監査人の内部監査を定期的に実施しているケースは少ないと考えられるが、経営者の特命によってチームが組成されて調査がなされることがある。内部監査にコストをかけることが困難な中小企業では、取締役会や監査役によるチェック機能を充実させることが肝要ではないだろうか。同族会社ではこれらの機能にも限界が生じるが、社会の公器としての自覚を表すためにも社外から独立した役員を迎えることも一考に値する。

なお、日常的モニタリングや独立的評価の実施においては、業務遂行を行うに足る十分な知識や能力を有する者が指名されるべきであることも留意する必要がある。

5-6 ◆ ITへの対応

ITへの対応とは、組織目標を達成するためにあらかじめ適切な方針及び手続を定め、それを踏まえて業務の実施において、ITに対して適切に対応することを指す。ITが浸透した今日にいたっては、中小企業もITを何らかの形で導入している。特に販売管理や経理といった業務は、ITに高度に依存しているのが現状である。ITを高度に取り入れた情報システムは大量の情報を迅速に処理できるために、業務の有効性や効率性を高める一方で、プログラムのミスによる誤った処理の発生や、不正アクセスによる情報の漏えいや改ざんといったリスクがある。このようなITの特性を理解して、組織全体でITを考えていくことがITへの対応なのである。ITへの対応は、「IT環境への対応」と「ITの利用及び統制」に区分される。

①IT環境への対応

IT環境への対応とは、自社のITに関する環境を把握し、会社のITに対する考え方や方針、設備投資などの戦略を検討して、ITの利用領域を判断していくことをいう。ITへの投資は時間とコストが多くかかるために、経営者は将来の事業計画をにらみながらどの分野にIT資源を投入していくのかを見極める必要がある。そのため、まずは自社のIT環境、とりわけIT基盤と呼ばれている内容を把握することが重要となる。

●IT基盤の概念

IT基盤	・ITに関与する組織、人員の構成	
	・ITに関する規程、手順	
	ITインフラ	・ハードウェアの構成
		・ソフトウェアの構成
		・ネットワークの構成
		・データベースの内容
	・外部委託の状況	

中小企業では、上記表に記載された内容で全社レベルにてIT基盤の状況を把握することが可能と思われる。規程や手順は無くても特に差し支えない。これらの情報を整理して、将来のIT投資を計画していくことになる。

②ITの利用及び統制

ITの利用及び統制とは、ITが想定通り作動して業務の有効性や効率性を高めることを保証するための手続をいう。ITの代表的な機能としては、入力データの自動チェックやトータルチェック、他のデータとの自動照合、必要なデータの自動生成や自動計算、整合性の自動判定、データの保存と更新などが挙げられるが(これらを総称してIT業務処理統制という)、これらが有効に機能するためには、開発や保守、変更やアクセス制限といった業務が適切に遂行されることが前提となる(これらを総称してIT全般統制という)。IT全般統制やIT業務処理統制については別の機会に解説するが、全社的な内部統制のうち、「ITへの対応」としてはこれらの状況を把握して、改善の必要があれば迅速に対応できる体制が整えばそれで十分である。

業務プロセスに係る内部統制

　前章まで中小企業の「全社的な内部統制」を6つの基本的要素と関連付けながら説明してきた。全社的な内部統制は重要な経営上のインフラであり、経営システムを健全に維持し、組織の社風や構成員の意識に対しても影響を与える抽象的な概念である。

　この全社的な内部統制の影響を受けて、実際の業務活動の中で展開されるものが「業務プロセスに係る内部統制」である。企業の業務プロセスとは、製品やサービスの開発から購買、生産、販売、流通に至る一連の企業行動をいう。個々の業務プロセスはさらにサブプロセスという細目に分類される。例えば、販売サイクルを例に挙げると、「受注」→「出荷」→「売上計上」→「請求」→「回収」というサブプロセスが考えられる。業務プロセスに係る内部統制は、これらのサブプロセスごとに組み込まれて遂行されている統制活動の呼称である。

　本章では、中小企業向けの「業務プロセスに係る内部統制」の理論と実践的な具体例に関して検討していく。

6-1 ◆ 業務プロセスに係る内部統制の理論

①全社的な内部統制と業務プロセスに係る内部統制との関係

　全社的な内部統制は、業務プロセスに係る内部統制の基礎をなすとともに有効な整備・運用を支援することになる。一般的には、全社的な内部統制が有効に機能している状況では、業務プロセスに係る内部統制も相対的に良好な状況が推測される。一方、全社的な内部統制が有効に機能していない場合には、個々の事業活動の有効性や効率性、法令等の遵守、資産の保全などが期待できない状況にあるものと推測される。例えば、良好な社風や公正な商慣行を確立している企業では、相対的に個別の業務に関しても従業員の誠実性や倫理観が期待できる。このように業務プロセスに係る内部統制は全社的な内部統制に強い影響を受けるために、仮に個々の業務で非効率な状況や不正が見られた場合には、関連する全社的な内部

統制をも改善しない限り根本的な解決にはならないと言える。

②統制と手続の相違

業務プロセスに係る内部統制は、業務プロセスの運用過程で発生する可能性のあるリスクを主として低減する行為をいい、単なる業務上の手続と明確に区別する必要がある。つまり、統制と手続を混同してしまうと、有効な内部統制の構築を誤ってしまい、結果として業務の有効性や効率性が阻害される可能性が生じてしまう。

◉統制と手続の相違

手続	・倉庫担当者は、出荷指示書に基づいて商品を倉庫から搬出して品番や数量を確かめて、出荷ヤードに運搬する。 (注)担当者自身のチェックは自己点検となり「統制」ではない。
統制	・倉庫責任者は、出荷指示書と出荷ヤードに搬出された商品の品番や数量を照合して、一致が確かめられた場合に出荷指示書に押印する。 (注)統制は、行為者以外の者が実施して証跡を残したものをいう。

③業務プロセスに係るリスクの分類

全社的な内部統制の「リスクの評価と対応」で検討した全社的なリスクは、企業の業種や規模、経営者のタイプなどによって様々な切り口で分類されるが、業務プロセスに係るリスクは以下のカテゴリーで整理が可能と考えられている。当該リスク分類は、主として財務情報の不正もしくは誤謬と資産の流用に大別されるところが特徴的である。

◉業務プロセスに係るリスクの分類

大分類	リスクの種類	説明
財務情報の不正・誤謬	情報の漏れ	・業務プロセスで伝達されるべき情報(財務に係る情報を含む。以下同様)が漏れる
	情報の重複	・業務プロセスで伝達されるべき情報が重複する
	情報を誤る	・業務プロセスで伝達されるべき情報の作成、解釈を誤る
	未承認の取引	・責任者に承認されていない取引が実行される
	架空の取引	・実態の無い取引が実行されているものと仮装される
	取引の改ざん	・業務プロセスで伝達されるべき情報が正当な理由なく、意図的に変更されてしまう
資産の流用	資産の流用	・会社に帰属する資産を、私的に流用する(横領、情報漏えい、担保差入等)

④具体的な統制の種類

業務プロセスに係る内部統制は、ある行為者の行為結果を別の者また

はコンピュータがチェックすること、またはコンピュータが人間の手を介さずに統制目的を遂行することを指す。つまり、①手作業による統制、②コンピュータによる統制、③コンピュータと手作業が混合される統制の3種類に分類される。これらの分類でより具体的な統制を考えると、以下のように整理される（もちろんこれ以外の統制も考えられるが、おおよそ下記の内容で包摂されるものと思われる）。

● 統制活動の分類

統制内容	分類	具体例
承認	①③	上長が取引や情報の内容を確かめて、これらを会社の正当な取引や情報として認めた場合に承認印を押印する
検証	①③	上長がシステムから出力されたレポート、部下からの報告書を吟味して、必要な判断や指示を行う
照合	①②	システムに入力された情報を入力者とは異なる第三者が証拠書類と照らし合わせる。またはシステムがマスター情報、他のデータとの一致を確かめる
現物の確認	①	現場担当者以外の者が、帳簿残高と実際の現物（現金、有価証券、商品等）の一致を確かめる
システムによる自動計算	②	固定資産データから減価償却金額が自動で算定される。または売上データから会計仕訳が自動で生成される
システムによる自動更新	②	責任者の承認により、システムにインプットされたデータが自動で最新の状況に更新される
アクセス制限	①②	現物が金庫内に保管されている。システムにアクセスする際はIDとパスワードが必要となる

⑤リスクと統制の関係

③で述べたリスクと④で述べた統制は、どのリスクにはどれが対応していると一概には言えない。なぜなら、1つのリスクに対して複数の統制が関与している場合もあれば、1つの統制が複数のリスク低減に貢献している場合もあるからである。経営者はまず、業務プロセスの流れの中で、どこに重要なリスクが存在しているかを把握し、それを合理的な水準に低減できるような統制を組み込んでいく経営判断が必要となる。上場企業は、これらの作業を文書化（紙ベースで業務の流れを図示し、リスクと統制についての記述を行う）することが義務付けられているが、中小企業ではそのような重装備は必要ない。しかし、中小企業でもリスクが高いと思われる業務プロセスについては、業務の流れの中にどのようなリスクが潜在的に存在しており、それに対応する統制が現状組み込まれているのか、もしくはこれから必要と

なるのかを判断することは時代の要請として求められているものと考える。

6-2 ◆ 企業における業務プロセスの分類

　製造業を例として考えると、一般的な企業は、製品を開発して原料を調達し、工場で製品を生産して得意先に販売し代金を回収する一連の行動を永久に繰り返している。その一連の企業行動は、個々の業務プロセスに分けて整理することができる。主な業務プロセスは以下に図示したものが考えられる(もちろん、これ以外にも業務プロセスの整理の仕方があると思われる)。本章では、中小企業でも重要な業務プロセスとして、「販売プロセス」「購買・製造プロセス」「在庫管理プロセス」「人事・労務プロセス」「固定資産プロセス」及び「経理プロセス」を取り上げて当該業務プロセスにおけるリスクと統制の関係について検討していく。

●企業の業務プロセス相関

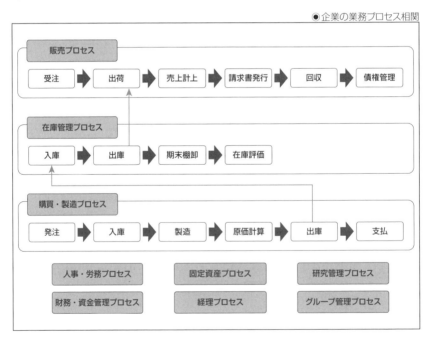

6-3 ◆ 販売プロセス

　会社は、自社で開発・製造した製品または他社より仕入れた商品を外部の得意先に販売することが会社そのものの存在意義と言える。その意味で販売サイクルは、すべての会社にとって根幹をなす業務プロセスの一つである。販売プロセスは得意先に製品・商品を引き渡して売上計上しただけでは不完全であり、代金を全額回収して初めて取引が完全に終了することに留意が必要である。

①受注業務

　販売プロセスは、得意先より自社の製品・商品を受注してシステムに情報登録するところから始まる（小売業においては、店頭で顧客が商品を買う意思を表示した時点が受注のタイミングと考えられる）。個別受注の形態をとる産業（例えば、建設業やソフトウェア開発等）では、得意先と個別に仕様や納期、販売価格を取り決めて契約書を締結する。多品種の製商品を販売する場合（本稿ではこのケースを前提とする）には、売買基本契約を締結して個々の発注ごとに発注書を受領するのが一般的である（注文書の代わりにFAX、メールなども使用されている）。

　受注業務で想定されるリスクとしては、「受注情報が誤って登録されてしまう」、「架空の受注情報が登録されてしまう」、「受注情報の登録が漏れる」、「未承認の受注情報が登録されてしまう」、「受注情報が改ざんされてしまう」などが挙げられる。受注業務でこれらのリスクが顕在化すると、その後のプロセスが適正に遂行されたとしても取引は意図されない結果となってしまう。

　当該リスクに対する対応策として以下の統制導入が有効となる。

（1）受注情報は紙面ベースで出力され、受注責任者が受注内容を照合する

　受注責任者が直接受注内容を確かめるために、情報の正確性を確保する上では強力な統制となる。

（2）登録された得意先でなければシステムに受注情報を入力できない仕組みを採用する

この仕組みをシステムに組み入れることで、架空の受注登録を未然に防止することが期待できる。

（3）責任者が承認しなければ、製商品を出荷できない仕組みを採用する

例えば、出荷指示書を出力するには責任者の承認後でなければならないような仕組みがこれに該当する。これにより、未承認の出荷が実行しにくくなる。

（4）受注情報に連番が附される

情報に連番を附すことにより、情報の網羅性を確保するとともに、事後的に情報の漏れや重複が無いかどうかを確かめることができる。

（5）受注情報にアクセスできる権限者を制限する

アクセス制限はどの業務プロセスでも重要な論点となる。これにより、データ改ざんや盗用などの不正を低減することが可能となる。

②出荷業務

出荷業務は、受注した製商品を顧客に対して引き渡す行為をいう。我が国の企業では出荷したタイミングで会計上の売上計上を行うケース（出荷基準と呼ばれる）が多いために、出荷に関する情報の正確性が求められる。

出荷業務では、「受注した製商品以外のものを誤って出荷してしまう」、「受注したにも関わらず出荷がなされない」、「受注情報がない、もしくは未承認の受注情報にも関わらず、出荷が実行されてしまう」などのリスクが考えられる。

これらのリスクを軽減する対応策として、以下の4つが挙げられる。

（1）出荷担当者以外による受注データと出荷データとの照合

出荷責任者による受注データと出荷データの照合は、出荷情報の正確

性を確保する上で欠かせない統制である。紙ベースでの照合だけではなく、システム上両者の情報を自動で照合させ結果をシステム上で承認することも多く採用されている。

(2)出荷指示書のコンピュータによる自動作成
　出荷指示書をコンピュータで自動作成する仕組みを導入することで、誤った製商品を出荷したり出荷漏れや重複、未承認の受注情報による出荷を行なうリスクを相当程度低減することが可能となる。

(3)受注済未出荷リストの出力及び検証
　当該リストの責任者による検証を通じて、出荷漏れのリスクを軽減できる。また、長期未出荷などの異常な情報も入手できるために、今後の業務改善につながる情報の入手も期待できる。

(4)受注担当者と出荷担当者の職務分離
　受注担当者と出荷担当者は基本的に職務分離することが望ましいと言えるが、中小企業では兼務する場合もあるかもしれない。この場合、上職によるモニタリングなどで補完することで代替は可能と思われる。

③売上計上業務
　会社やその利害関係者にとって、売上高という勘定科目は最も関心の高い経営指標の一つである。経営者は売上高の変動に一喜一憂し、利害関係者は当該企業との取引や投資の可否を判断するに当たり、売上高の推移や売上高に関する比率などを分析することになる。一部の会社では売上高を不正に水増しして経営成績を良く見せかけたり、逆に過少に計上して税金を少なくすることで摘発されて、信用を失うケースも見られる。このように、売上高を出荷という事実に基づいて適切に会計処理することは、取りも直さずすべての企業において極めて重要な手続といえる。
　売上計上業務で想定されるリスクとしては、「出荷の事実がないにもかかわらず、架空の売上が計上されてしまう」、「出荷の事実があるにもかかわら

ず、売上計上が漏れる」「事実と異なる売上が計上されてしまう」などが考えられる。これらのリスクに対応するために、多くの会社では情報システムを導入して以下の手続を組み込んでいる。

(1) 売上データのコンピュータによる自動生成

出荷業務に組み込まれた統制によって正しい出荷データが生成されている場合、当該出荷データを会計システムに転送することにより自動仕訳が生成される仕組みを構築すると、人的ミスが無くなるために売上計上の信憑性が飛躍的に高まる。

(2) 会計システム入力者以外の者による出荷データと会計データとの照合

上記のコンピュータによる自動生成を導入していない会社では、出荷データと売上データとの照合を会計システム入力者以外の者が実施して、検証印を押印するなどして検証した証跡を残すことが必要である。

(3) 経理責任者による売上高の比較分析

経理責任者は当月に確定した売上高について、月次の推移、予算や前年同月売上との比較などを通じて、当月売上高に異常な増減が無いかどうか、ある場合にはそれは合理的な説明が可能かどうかを調べることで、計上額が正確であるという一定の心証を得ることができる。

④請求書発行業務

販売した得意先から代金を回収するためには、請求書を発行して得意先に送付する必要がある。得意先によっては所定の様式を求めることもあるが、基本的には自社の定型化した様式を用いて作成することになる。請求書発行業務では、正しい請求額を記載した請求書を漏れなく発送することがポイントとなる。特に前月以前の請求額のうち当月までに回収されなかった部分については、繰り越して当月の請求額に加算される仕組みが適切に運用されているかどうかをしっかりと確かめておかなければならない。

(1)請求書のコンピュータによる自動作成

一般的な製造業において、中小企業でも現在では会計システムの他に販売管理システムを導入している企業が多いものと思われる。ほとんどの販売管理システムでは、自動的に当月の請求額が計算されて請求書が自動発行されるので、その機能を正しく運用すれば正しい金額が記載された請求書を作成することが可能となる。

(2)営業担当者による請求書内容の検証

請求書内容をコンピュータによる自動生成で作成していない場合(経理担当者がエクセル等で請求と回収額を管理して作成する場合)には、得意先ごとに配置されている営業担当者による検証が必要となる。また、自動生成の場合でも営業担当者の検証を組み込むことでより正確なものとなるが、費用対効果を考えて省略することも可能である。

(3)責任者による請求一覧表と請求書との照合

請求一覧表と発行された請求書を照合することで、発行漏れを防ぐことができる。また、請求書が投函された際にはチェックマークを附すことも有効な手続である。

⑤回収業務

先にも述べたが、得意先より販売代金を全額回収することで取引は完了する。昨今の経営環境が悪化している状況下では、得意先の経営不振を原因として回収がままならず、それにより自社の資金繰りが大きな影響を受けてしまうことも想定されるため、回収業務は適切に遂行される必要がある。

回収業務で想定されるリスクとしては、「請求額通りに入金されない」「代金回収に係る会計処理を誤る」などが考えられ、これらのリスクには以下の統制が有効となる。

(1)入金消込の責任者による承認

入金は通常、銀行振り込みが一般的だが、一部では手形や小切手、

現金の直接回収も見られる。入金管理の責任者は、当月の請求額が予定通り全額回収されたかどうかを確認して承認する必要がある。請求額と入金額がシステム上で照合できる場合には、当該機能を使用することで効率化が図られる。不一致の場合には得意先へ直ちに照会することになる。一方、規模が小さな会社ではエクセル等で管理する場合もあるが、少なくとも入金データと請求データの照合については、データ作成者以外の者が実施すべきである。

(2) 回収データによるコンピュータの仕訳自動生成

回収データが会計システムと連動して自動仕訳が生成される場合には、回収に関する仕訳を誤るリスクは低減されるが、連動していない場合には、会計システムへの入力者以外の者が入力された仕訳の正確性を検証しなければならない。

⑥債権管理業務

得意先が増加するに従って、債権管理業務が重要となっている。筆者の経験では、大企業においても債権管理が不十分な企業が多かったものと認識している。つまり、特定の得意先に関して正確な債権額が把握できていない、滞留している債権が長期的に放置されている、担当者が債権回収代金を私用で使い込んでそれを隠ぺいするために他社からの回収額を充当していたなど、多くの不備が見られた。これらの不備を踏まえると、以下の統制を組み込むことが有効である。

(1) 月次ベースでの未回収債権の検証

月次ベースで未回収債権リストをシステムより出力もしくは作成して、定期的に未回収債権に対する対応を協議する機会を設けることが重要である。未回収債権の対応は時間が経過するにつれて困難となるので、未回収債権が識別されたらスピーディーに対策を講じていくことが求められる。具体的には、新たな出荷の停止や与信枠の引き下げ、得意先に仕入債務を発生させて相殺する、弁護士等を通じて法的な手続きを検討することなどが

考えられるが、まずは当該得意先の経営実態を正確に把握するための情報収集を急ぐ必要がある。

(2)得意先への残高確認の発送

公認会計士による会計監査を受けている会社では、決算時において得意先に対して残高確認を実施する。これは、自社の売掛金残高を記載した書類を得意先に送付して、得意先が把握している債務と一致しているかどうかの回答を入手する手続をいう。中小企業では、そこまでの必要性は無いことも考えられるが、金額的に重要な得意先もしくは全額回収できていない得意先に対して上記の手続を実施することは有効である。また、残高確認を実施することにより、入金担当者へのけん制にもつながる。

6-4 ◆ 購買・製造プロセス

購買・製造プロセスは、卸小売業では商品を仕入れて販売プロセスに当該商品を払い出す流れを、製造業では原材料を購入して、自社独自の付加価値を創造して製品に転化し、販売プロセスに投入する流れを指す。このプロセスは、企画や研究開発で決定された顧客に提供するための財やサービスを形にしていくプロセスであり、また、企業の工夫次第では利益の出る仕組みを作りやすいプロセスでもある。特に製造業を営む会社では、当該プロセスの有効性や効率性が高いほど、付加価値を生むことにつながる。

①発注業務

発注業務は、仕入単価・仕入先の決定と購買発注の2つに分類できる。仕入単価・仕入先の決定では、合理的な価格で安定した供給を継続するために主として購買部が大きな役割を果たす。購買発注は、生産計画や販売動向、及び適正な在庫水準、資金繰りなどを総合的に判断しながら実施していくことが求められるために、単に仕入先に注文する行為とは大きく異なることに留意が必要である。

発注業務で想定されるリスクとしては、「未承認もしくは架空の仕入先もしくは仕入単価が登録されてしまう」、「適切な権限者の承認なしに発注されてしまう」、「発注が正確に行われない」などが考えられる。これらのリスクが放置されると、購買業務の非効率化や架空の仕入を利用した横領などが生じる可能性が高まる。対応策としては、以下の統制を導入することになる。

「仕入先と仕入単価は、購買責任者の承認印を確認後に登録する」	購買管理システムに仕入先や仕入単価を登録する際には、購買責任者の承認を得た書類に基づいて行うとともに、定期的に仕入先と仕入単価のリストを出力して異常がないかどうかを確かめることが必要となる。
「購買責任者の承認がないと発注書が発行されない仕組みを採用する」	購買管理システムを導入している場合には、システム上で購買責任者の承認がない発注書を発行できないようにすることは、容易に導入可能と考えられる。一方、中小企業ではコンピュータを用いずにFAXや電話等で直接仕入先に発注する場合があるが、その場合にも個々の部門で行わせるのではなく、購買部門が各部門からの発注依頼を定期的に集めて、購買責任者の承認を得てから仕入先に発注することが望まれる。
「購買システムの自動チェック機能を利用する」	購買システムでは、発注情報を登録する際に様々な機能、例えば、マスタとして登録されていない仕入先は入力できない、品名を選択すれば単価が自動で附され随意に変更できない、発注情報に連番が自動的に付されるなどの機能により合理的な水準まで発注情報の登録誤りを低減することが可能となる。

②入庫業務

発注した商品や原材料は、納期通りに正しく入庫される必要がある。納期に遅れるようなことがあると、その後の業務にしわ寄せが発生して顧客の信頼を損なうこともあり得るので留意が必要である。入庫業務のリスクとしては、「入庫納期に遅れが生じてしまう」、「未発注もしくは発注内容と異なる品目を入庫処理してしまう」、「誤った内容で入庫処理してしまう」、「入庫処理が漏れてしまう」が想定され、これらには以下の対応策が有効となる。

「複数の仕入先をあらかじめ確保しておく」	単一の仕入先に対して過度に依存すると、当該仕入先からの納品遅れや供給そのものが停止してしまい、生産や販売ができなくなってしまう。そのため、不測の事態に備えて複数の仕入先をバックアップとして確保しておく必要がある。最近話題となっている事業継続計画（BCP）も、仕入先のバックアップが大きな比重を占めている。
「納品書に発注書との照合印が押印されたものしか入庫処理できない仕組みを採用する」	在庫管理システムもしくは会計システムに、入庫情報処理または仕入に関する会計処理を行う場合には、納品書に発注書との照合印が押印されているもの以外での処理は認めないとするルールを採用して運用することで未発注もしくは発注内容と異なる品目の受入処理リスクは低減される。また、納品書と入庫データの第三者による照合も入庫情報の正確性を確保するために必要となる。
「発注済未入庫リストを定期的に出力して検証する」	上記リストを定期的に検証することで、入庫漏れもしくは納品遅れの状況を確かめることができる。

③製造プロセス

　製造業に属する会社にとって製造プロセスは、顧客に対して高い付加価値を創造するプロセスであり、その会社独自の工程や製造方法が導入されている。また、進捗管理や品質、コスト管理を向上させるために生産管理部門を設置している会社も多く見受けられる。製造プロセスにおけるリスクには主として、「実際の生産が計画と大きくかい離してしまう」、「想定している品質を確保できない」、「予算を大幅に上回る異常なコストが発生する」が考えられる。これらの対応策は、照合やコンピュータによる統制ではなく、現場責任者や経営者レベルで対応すべき内容という意味で特徴的と言える。

「責任者による製造現場の継続的なモニタリング」	製造責任者は部下からの報告やミーティングだけから情報を得るのではなく、可能な限り現場に足を運んで現在の運用状況を確認する必要がある。特に操業度の状況やボトルネックとなっている工程の把握は重要な検証項目である。その上で、生産計画と実際の生産結果を比較することで適切な措置を講じることが可能となる。
「作業員の継続的な教育訓練やモチベーションの向上に努める」	日本の製造業が高い品質を維持できているのは、現場作業員の絶え間ない業務改善とそれを支える組織運営であると考えられる。特に次世代に高い技術を引き継ぐための教育訓練や、高いモチベーションを持続させるための取り組みなどは、全社的な内部統制で述べた「統制環境」にも関連する。
「予算管理の徹底」	製造業では予算管理が利益の源泉といっても過言ではない。予算管理はデータの正確性より迅速性が優先される。自社の標準的な原価水準と大きくかい離した場合に、どこまで原因追及できるかが重要である。比較的大きな企業でも原価差異の詳細な分析ができていない企業が多いのが現状だが、中小企業が競争力を維持するためには、原価管理の品質向上を目標に掲げることも経営判断の選択肢として十分にあり得るものと考える。

④原価計算

　原価計算とは、様々な経営目的を達成するために、企業活動の給付（ここでは企業が生産する製品等）に関連させて費消された原価を認識、測定及び集計して利害関係者へ報告する手続をいう。原価計算を組み込んだ会計帳簿への記録のことを、一般的に工業簿記と呼ぶ。工業簿記は製造業を中心に導入されているが、小規模な会社ではわざわざ費用をかけてまで原価計算を行う必要もない場合もある。この場合にはより簡便的な方法である商的工業簿記が適用されることになるが、ここでは正確な製品原価を計算するために原価計算制度を導入している企業を前提とする。

原価計算では、発生した原価が以下のような流れで各勘定に集計されて、個々の製品原価が計算されていく。

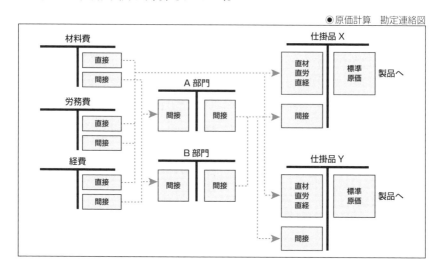

●原価計算　勘定連絡図

　上記のような原価の流れを確立すると、適切な製品原価の計算の他、原価管理に資する情報が得られるメリットがある。商的工業簿記を採用している企業でも、企業活動や取扱製品の拡大に伴い、原価計算制度を導入することが望ましい局面を迎えることになるだろう。原価計算に関するリスクとしては、「原価の集計を誤る」「原価の集計が漏れる」「異常な原価発生が放置される」などが考えられ、以下のコントロールにより当該リスクは低減されるものと思われる。

(1)原価計算表を原価責任者が検証する
　原価計算に関する資料を作成者とは別の原価責任者が検証することにより、原価データの誤りや漏れの発生が低減される。また、原価計算データを継続的に分析することで、特定の製品の製造中止などを合理的に判断することができる。

(2)異常な原価発生については適切な措置を講じる
　原価計算制度を適切に運用すると、標準的な原価発生額に対して差

異が発生することになる。下記は、一般的な原価差異を図式化したものである。このうち予算差異とは実際の操業度における変動費の予算と実績の差異、操業度差異とは予算策定上の基準操業度と実際操業度を比較した際の固定費の差異を示す。代表的なこの差異の発生原因については必ず責任者が分析して、異常な発生額と判断された場合には速やかな措置を講じる必要がある。

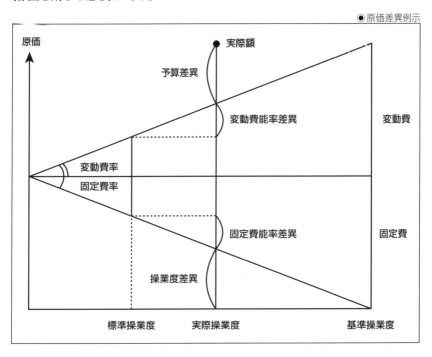

●原価差異例示

⑤出庫業務

工場で完成した製品は、完成後に様々な検査を経て工場から出庫されることになる。出庫された製品は倉庫に搬入、入庫処理されて顧客への出荷を待つ。出庫業務のリスクとしては「誤った内容で出庫してしまう」「出庫したにもかかわらず出庫処理(倉庫への入庫処理)が漏れてしまう」「検査がなされないまま出庫されてしまう」などが考えられる。以下のコントロールで対応することになる。

(1) 検査印が押印されているものしか出庫処理できない仕組みを採用する

　工場から出庫する際には、検査印が押印されているかどうかを確認して倉庫への搬出を承認するような業務ルートを組み込む必要がある。業務の大小を問わず一定の品質を維持した製品を顧客に提供することは、企業の社会的責任であるために、その意味において当該業務ルートの確保は必須と言える。

(2) 出庫伝票作成者以外の者による出庫伝票と現品との照合

　在庫管理システムに出庫データを直接入力する際にも、入力者以外の者による検証というコントロールが必要となる。

(3) 月次ベースでの実地棚卸を実施する

　厳密な原価計算制度を導入していない場合でも、月次の損益を確定するためには月次ベースでの実地棚卸が必要である。月次ベースの実地棚卸によって帳簿上の在庫数量を実際の数量に修正することで間接的に出庫データの漏れや誤りが修正されることになる。

⑥支払業務

　発注・入庫された原材料等は毎月定期的に支払いを行なわなければならない。支払業務は金銭の支出を伴うので不正が起きやすい業務であることに留意してコントロールを設定すべきと言える。想定されるリスクとしては、「支払先や支払金額を誤る」「業者への支払が漏れる」「架空の支払先を利用して金銭が着服されてしまう」が挙げられ、これらのリスク低減に関して以下のコントロールが有効である。

「支払いデータ(支払先、支払金額、支払期日など)の購買責任者による検証」	多数の企業は、支払業務に関して金融機関のファームバンキングシステム(FB)を使用しているものと思われる。FBにより金融機関に支払依頼を行う前には、必ず支払いデータと請求書などの照合を購買責任者(経理財務責任者の場合もあり)が実施すべきである。特に中小企業では、人材不足により支払業務を特定の者に任せきりという場面が多く見受けられる。企業活動の中で不正が起きやすいのは、この支払業務なので、人的不足を理由にしたコントロールの省略は避けなければならない。

「支払先データの定期的な棚卸の実施」	FBには、あらかじめ主要な支払先を登録しておく実務が定着している。登録先のデータを定期的に棚卸して、取引を停止している支払先データを削除するとともに、不審な登録先が見られたら担当者に対して質問するなどの牽制行為が、不正防止には有効である。

6-5 ◆ 在庫管理プロセス

　製造業や小売業を営む会社にとって、製品や商品は顧客に満足を与えるものであると同時に、利益が付加した形で企業に還元されるものでもあり、その意味において企業の存在意義とも言えよう。筆者の経験ではこれら在庫の管理がしっかりとしている企業は長期的な観点から利益を稼いでいる。一方で、十分な管理ができていない企業は、それなりの経営成績しか残せていないというのが実感である。まさに在庫は利益の源泉なので、組織的な管理が求められるところである。一般的に在庫と言われているものには主に次のような種類がある。

●在庫の種類

種類	内容
商品	商業を営む企業が販売の目的をもって所有する物品であり、当該企業の営業主目的に関連するもの
製品	工業、鉱業その他商業以外の事業を営む企業が販売の目的をもって所有する製造品をいい、当該企業の営業主目的に関連するもの
仕掛品	製品の生産のために現に製造途上にあるもの
原料及び材料	製品の製造目的で費消される物品で未だその用に供されないもの
貯蔵品	燃料、油、釘、包装資材その他事務用品等の消耗品、耐用年数1年未満もしくは相当価額未満の工具器具備品等

　上記のうち、商品・製品は販売プロセスと在庫管理プロセス、仕掛品・原料及び材料・貯蔵品は購買・製造プロセスで登場する。ここで扱う入庫・出庫業務は商品・製品が対象だが、期末棚卸業務と在庫評価はすべての在庫が対象となることにご留意していただきたい。

①入庫業務

　購買・製造プロセスでの入庫業務は、外部の仕入先から工場への入庫が想定されているが、当該プロセスにおける入庫業務は、工場で完成した製品を倉庫や物流センターに移送して入庫処理することを想定する。この業務でのポイントは、工場で出庫された製品が漏れなく正確に入庫され

ることにある。リスクとしては「入庫処理が漏れてしまう」「誤った内容で入庫してしまう」が考えられ、以下の対応策によってリスク低減が可能となる。

「工場出荷データと倉庫入庫データを定期的に照合する」	工場出荷データと倉庫入庫データとの照合は、担当者が直接目視で確認する場合もあれば、システムで自動照合がなされ、不一致の場合にエラーリストが出力されるなどの方法が考えられる。大量の在庫が移動することが想定される場合には、システムによる自動照合の導入が効率的と言える。
「月次ベースでの棚卸を実施する」	実地棚卸を実施して実際の在庫残高とデータ上の残高の一致を確かめることで、間接的に入庫業務の正確性が保証されることになる。月次ベースでの棚卸が理想的だが、少なくとも1年に2回程度は実施したいところである。

②出庫業務

在庫管理プロセスの出庫業務は、販売プロセスの出荷業務とおおむね一致する。従って当該業務に係るリスクとそれに対応する統制も同様と考えていいと思われる。

③期末棚卸業務

期末時点で実施される実地棚卸は、会社財産を確定させる上でも非常に重要な業務である。また、在庫の滞留や劣化の状況などの情報をダイレクトに入手できるために、経営改善の視点からも無視はできない。期末棚卸は一般的に以下の手順で実施される。

●棚卸業務の一般的な流れ

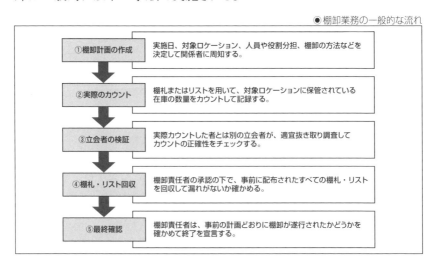

(1)事前準備と棚卸計画を周知徹底する

　実施棚卸の成否は、事前準備と棚卸計画の周知徹底で決まると言っても過言ではない。特にロケーションの整理整頓と事前のシミュレーションは欠かすことができない。棚卸責任者は実際の作業開始期間に適宜巡回を行なって、作業の遅れや手抜きがないかどうかをモニタリングすることも重要である。

(2)立会者の検証を確実に実施する

　立会者は適宜抜き取り調査を行うことで、カウントの正確性や網羅性を担保することが可能となる。その際のポイントは、現物→棚札、棚札→現物というように双方向から確かめることである。それにより、立会者の検証がより効果的となる。

(3)システムへの入力結果を入力担当者以外の者が検証する

　入力担当者以外の第三者が入力結果を検証することで、システムへの入力結果の正確性が確保できる。

④在庫評価

　実地棚卸で確定した数量に単価を乗じることで期末の在庫金額が確定することになる。この単価は、原価法(当初の取得価額を使用する方法)と低価法(当初の取得価額と時価を比較して時価が低い場合、時価を使用する方法)の2種類がある。中小企業では税務署に届け出た方法を採用することになるであろう。期末時点では原価法、低価法を問わず、自社の在庫の時価(現在価値)を把握しておくことが経営者として必要と考えられる。なぜなら、在庫は将来的に現金となるための仮の姿であり、現在現金化した場合の価値を知っておくことで、経営計画や意思決定の有用性を高めることができるからである。また、滞留在庫や陳腐化した在庫に関しては、現実に合致した評価を行う必要がある。在庫評価に関するリスクは、「誤った単価を適用してしまう」「滞留在庫や陳腐化した在庫に対して適切な評価がなされない」が挙げられ、それらを低減する統制として次のものが考えら

れる。

「在庫評価の結果を担当者以外の者が検証する」	ここでいう担当者以外の者とは、一般的には当該対象在庫の責任者又は経理責任者と考えられる。検証者は、まずは結果が採用している会計方針に合致しているかどうかを確かめる必要がある。その後、経営実態と照らし合わせて最終的な在庫金額を確定することになる。
「経営者の誠実性の度合を高める」	在庫評価は、古今大小を問わず粉飾決算に最も使用されている項目である。最終的に在庫金額を確定するのは経営者である。業績の悪い時にこそ、経営者は誠実な決算を意識して適切な在庫評価を実施することが、実は一番正しい方策であることを理解していただきたいと切に願う。

6-6 ◆ 人事・労務プロセス

　人事・労務に関する業務は、現状の業務の維持及び将来の事業発展において不可欠なものである。中小企業では大企業と比較すると、社員個人の属性や能力に高く依存する場面が多いために、人事・労務に関するマネジメントが企業価値を規定すると言っても過言ではない。その意味において人材は「人財」と考えるべきといえる。本章では、人事・労務プロセスに関して中小企業で想定される内部統制上のリスクとその対応について考察する。

①従業員の採用

　従業員の採用は中小企業の経営者にとって非常に頭を悩ます局面である。個人の能力や資質を見越して採用したものの、満足な結果を残さない従業員の扱いや、あるいは信頼している従業員の突然の退職などで困惑した経験を持つ経営者も多いのではないだろうか。しかし、従業員の採用を進めていかないと企業の発展を阻害することになるために、労使双方が満足でき、かつ適法な採用方法を検討しなければならない。

　従業員の採用にあたって考えられるリスクとして、法令違反のリスクと従業員との間のトラブルに関するリスクがある。従業員採用時に留意すべき代表的な法令は以下の通りである。

(1)雇用対策法

　従業員の求人募集を行なうときには、合理的な理由がある場合を除いて

原則として年齢制限を設けることが禁止されている(雇用対策法10条)。

(2)男女雇用機会均等法
ポイントは男性と女性で採用を分けない、一方の性別のみを表現する名称で募集しないという点である。例えば、下記の事例がよく紹介されている。

違法	適法
「男性5名、女性5名の募集」	「男性女性10名の募集」
「営業マン募集」	「営業職募集」

(3)職業安定法
求職者に誤解を与えるような虚偽の求人広告は罰則の対象となる。例えば、営業職募集に対する過度の歩合給提示や、信用を高めるために親会社などの名称を使用しての募集は違法となる。

また、従業員とのトラブルで多いのが、採用時における就職差別につながる質問や労働条件に関する書面での取り決めがないことによる見解の相違などを原因としたものである。従って身分や信条、思想などの質問は避けるような配慮が必要となる。また、雇用契約書を作成して労使双方1通ずつ保管しておくことがトラブルの未然防止策として有用である。いずれにせよ、社会保険労務士などの専門家に相談しておくことが実務的対応と言える。

②就業規則の制定
就業規則は、労働基準法89条により常時10名以上の労働者を使用する場合には、必ず作成しなければならないと規定されている。しかし、就業規則は人事・労務に関する規程の中心であり、会社の権利義務や社員の権利義務を具体化及び文書化したものなので、10名未満の会社でも作成しておくことは望ましいことである。

記載内容に関しては労働基準法89条にて定められているが、最も重要なのは内容が会社の実情に合致したものであるかどうか(必要に応じて適宜修正が必要)、従業員に周知徹底しているかどうかである。特に時間外

労働については問題となるケースが多いと思われるので、再度確認が必要である。

③給与支払と社会保険、源泉税

給与の支払は、従業員等の生活の基盤となるために確実かつ適切に行われなければならない。一口に給与と言っても、支給金額の決定や支払時期、割増賃金や諸手当、賞与や退職金の支給など様々な要素を決めていかなければならない。また、役員に対する報酬は株主総会での決議事項でもあり、法人税法上、損金算入できるための要件もあるために、従業員における支給プロセスとは異なってくる。給与支払に関するプロセスは、様々な人たちの利害が対立するプロセスなだけに、専門家等の助言も利用してより慎重かつ公平な運用が必要となる。

社会保険は、大きく分類すると以下のようになる。

●社会保険の分類

社会保険 (広義)	社会保険 (狭義)	健康保険	病気やけがに対する保険
		厚生年金	老後の経済的な基盤を支えるための年金制度
		介護保険	高齢化社会に備えた制度
	労働保険	雇用保険	失業者への給付や雇用促進などを進めるための保険
		労災保険	通勤中や勤務中のけがや病気に備える保険

これらの社会保険への加入は会社の任意ではなく、業種や従業員の数によって強制されるので、未加入ということがないようにしなければならない。パート社員の保険加入も一定の要件を満たした場合（労働日数、労働時間が一般社員のおおむね4分の3以上）には必要となる。また、社会保険に関する支払いのタイミングや会計処理は、筆者の経験上意外に難しい論点なので（労使負担割合、計上するタイミングや決算時における未払費用処理など）、税務の専門家等と相談の上、正しい会計処理を行なっていただきたい項目である。

源泉税についても通常は、当月の給与から控除して翌月10日に納付しなければならない。税務調査では、源泉税の誤りは多く指摘されているところなので、計算の実施者と責任者の相互チェックによって未然に誤りを防ぐことがやはり内部統制上の重要な手続といえる。

④人事評価制度

　中小企業においては、社員一人一人が業務に欠かすことができない存在である一方で、経営者の意向や好き嫌いに偏った人事や待遇が行われている傾向にある。一般的に経営者に気に入られた社員は評価や昇進もスムースに進むが、実力があっても経営者と感情的な対立などが多い社員は順調な待遇は望めない。しかし、このような状況が続くと、社員の不満が増大して組織の健全な発展を阻害することは容易に想像がつく。つまり、不公平あるいは主観的な人事は、社員のモチベーションの低下、ひいては競争力低下を招くリスクが高いために、公平かつ客観的な人事評価制度の採用によって、当該リスクを低減させることが必要となる。

　公正な人事評価は前述したリスク低減の他に、次のような目的が考えられる。

●公正な人事評価の目的

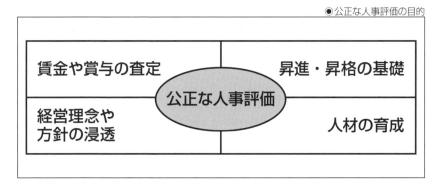

　これらの目的を達成するため、いくつかのポイントが考えられる。

(1) 明確な座標軸

　人事評価は、人財である社員が個性や能力を最大限に発揮できるようにするための制度であるとともに、企業の経営理念に合致したものである必要がある。従って、評価となる座標軸を決めることがスタートとなる。ある企業では「信頼され社会に貢献する企業」という経営理念のもとで以下のような座標軸を作成し、その枠組みで評価項目を作成している。

●評価項目事例

座標軸	評価の視点
Market & Development	企業の収益拡大や顧客満足度を最大化するように努力しているか
Quality	自分が提供している業務の品質は最高のものとなっているか
People	業務が円滑に行われるような人間関係を構築しているか、自分のスキルや人格を高めるための努力を行なっているか
Operetional Excellence	業務が効果的かつ効率的に遂行するための努力や工夫を行なっているか

(2)評価者の教育

　評価を実施する者は、一定の経験を積んだ管理職クラス以上が該当すると考えられる。人事評価の公正性を確保するためには評価者に対する教育や訓練が必要となる。まず、被評価者に対する先入観や偏見を排除することが大前提となる。仮に先入観などを持ったまま評価すると、評価者が自らストーリーを描いてしまったり、欠点を最大評価してしまったりすることになる。また、評価者が被評価者に対して寛大となったり、評価の基準を評価者に求めることで偏った評価に陥ったりする可能性もある。このような事態にならないように十分に留意しなければならない。

(3)被評価者に対するフィードバック

　評価結果は経営者や管理者に伝達されるとともに、被評価者に対してもフィードバックする必要がある。ここで重要なのは、被評価者が評価結果に対して納得感を有するかどうかである。被評価者と評価結果に隔たりがあるのは当然としても、その隔たりに対する理解を得られないままでは被評価者の不満が大きくなることになりかねない。従って、丁寧な説明と対話によるコミュニケーションをとることが重要なのである。

⑤従業員の退職

　従業員の退職は中小企業の経営者にとってつらいイベントである。特にその人にしかできない業務や技術、人脈等を有する従業員が退職した場合には、事業の存続が揺らぐことにつながるので、定着度を高めるための努力が必要となってくる。また、従業員の退職時にはトラブルも多く発生する傾向にあるので、それらのリスクに備えておくための対応が経営者には求

(1) 退職と解雇

解雇とは使用者が従業員の意思とは関係なく労働契約を一方的に解除することをいい、それ以外の労働契約の終了事由は退職として区別される。退職は死亡や定年退職などを除いて主として従業員から意思表示があり、従業員の退職の自由が尊重されることになる。一方、使用者は解雇に関して、法律に定められている解雇事由に該当しないことや、社会通念上の相当性などが認められなければならない。そのため、解雇事由を就業規則などに規定して周知を図るとともに、仮に解雇すべき事態が発生した場合には専門家等に相談の上、無用なトラブルが長期化しないような対応が必要となる。

(2) 退職金の支給

中小企業で退職金制度を設置することは、財務の負担が大きいために躊躇する経営者が多いと考えられる。一方で、雇用の流動化が進んでいる労働市場で優秀な人財を確保するためにも、例えば中小企業退職金共済制度の活用など、負担の少ない形で退職金制度を設けることも検討に値する。内部統制上の観点からすると、退職金制度を含めた労働環境の整備は、全社的な内部統制の「経営理念や経営方針」に関連するものと思われる。従って、人事・労務プロセスの内部統制を考えるに当たっては、経営者の人財育成に関する方針を明確にすることが重要となる。つまり経営者が人財に関して、コストとしてではなく財産として認識しているかどうかにかかってくる。

6-7 ◆ 有形固定資産プロセス

会社は営業拠点の拡大、生産設備の拡張や合理化、研究開発などを目的として、様々な形態の有形固定資産を取得して長期的観点から使用する。有形固定資産は金額的にも多額となるケースが多く、企業経営や財

務に与える影響は必然的に大きくなる。また、使用途中での修繕や除却・売却に関する意思決定、減価償却や減損処理などの会計処理など固定資産に関する論点は多岐にわたる。本章では、有形固定資産管理プロセスを取り上げ、そこに潜在するリスクと対応策について検討する。

①有形固定資産管理プロセスの概要

有形固定資産とは、具体的な形態を持っている資産で、長期的に使用する目的で取得されたものを指し、建物・構築物・車両運搬具・工具器具備品・土地などが代表的な資産である。

有形固定資産に関する論点を整理すると以下のようになる。

● 有形固定資産に関する論点整理

項目	内容
取得	有形固定資産の取得計画及び実行、取得価額の決定
減価償却	減価償却方法、耐用年数などの決定
現物管理	固定資産台帳による現物管理、稼働状況の把握
修繕・資本的支出	修繕の実行、修繕費と資本的支出の区分
減損処理	投資額の回収可能性の判断
除却・売却	除却・売却の意思決定及び実行
リース	リースの利用
諸税金	有形固定資産に係る諸税金

これらの論点を全社的かつ包括的に管理していくプロセスが有形固定資産管理プロセスである。大規模な企業では管財部などが専門的に当該業務に当たるが、中小企業では総務部門や経理部門が担当することが多いものと思われる。いずれにしても、経営に与える影響を考慮して長期的な観点から組織的に管理する必要がある。

②有形固定資産の取得

取得に関するリスクとしては、「楽観的な計画により設備投資を行なってしまう」「取得価額の計算を誤る」などが考えられる。これらのリスクに対して、企業は以下の手続に留意する必要がある。

(1)慎重かつ客観的な設備投資計画

設備投資は将来の収益性拡大に必要不可欠である。一方で、失敗す

ると投資金額を回収できなくなり企業の存続に関わることになるために慎重かつ客観的な判断が重要となる。

具体的には、
- 設備投資が企業の将来収益及びキャッシュ・フローに与える影響
- 直接購入またはリース契約の選択
- 資金調達方法とその返済方法、投資額の回収期間
- 維持費用やメンテナンス

等を総合的に検討することになる。ともすると、設備投資計画は将来の需要動向や景気の状況を楽観的に観測して判断する傾向になりがちなため、いくつかのパターンをシミュレーションして多少保守的に判断するのが実務的ではないだろうか。

また、実際に設備投資の意思決定を行なった際には、複数の業者より相見積もりを行ない、価格面と機能面、納期などを考慮するとともに、資金面からも貴社の実力以上の投資とならないように細心の注意を払うべきといえる。

(2)取得価額の計算

取得した有形固定資産をいくらの金額とするかを決めるのが、取得価額の計算である。取得価額は減価償却費の基礎となるために正確な計算が必要となる。一般的には、本体価額の他に引取運賃や荷役費、保険料や購入手数料を加えたものを取得価額とする。また、資本金が1億円以下の中小企業者は、取得価額が30万円未満の有形固定資産を取得した場合には、有形固定資産ではなく、その期の損金として処理できる特例もある。上記リスクを低減するためには、取得価額を固定資産管理システムに登録する前に上長が検証することが必要となる。

③減価償却の計算

減価償却は、取得した資産の耐用年数にわたって費用化していくことをいう。中小企業では、減価償却を意図的に計上しないことで利益の創出を図ることも見受けられるが、毎期規則正しく計上しなければならない。減価

償却費は通常、システムにて計算されることが多いため、取得価額や耐用年数を正確に登録することで正確性は確保できる。また、減価償却は法人税法上で細かい規定が多数存在しており、制度改正も頻繁に行われているために、システムも最新の税法改正に対応しているかどうか確かめておくべきである。

一般的に建物は定額法、その他の有形固定資産は定率法を採用しているケース(法人税法で規定されている償却方法)が多いと考えられるが、この方法を採用するのが税務申告上の手間も省けて合理的である。

④現物管理

棚卸資産は少なくとも毎期末に実地棚卸を行なう企業が多いのだが、有形固定資産の現物管理になると、中小企業のみならず大企業でも行なっていないところが多いような印象を筆者は持っている。このような状況であると、「有形固定資産が紛失もしくは盗難されてしまう」「遊休資産が増加しても放置してしまう」というリスクに対応できない。従って、少なくとも1年に1回は有形固定資産台帳と現物との照合を行ない、併せて資産の稼働状況や遊休資産の把握を行なう必要があると考える。稼働状況が悪い、もしくは遊休状態の試算に関しては、売却して早期の現金化を図るなどの高度な経営判断が重要となる。また、有形固定資産台帳は、毎年1月に実施しなければならない償却資産の申告の基礎となるので、正確性と網羅性の観点より適切に整備することが求められる。

● 有形固定資産台帳のイメージ

番号	名称	種類	取得日	取得価額	償却方法	耐用年数	所在地	用途	担保権	その他
1	本社ビル	建物	平成20年4月1日	5億円	定額法	50年	東京都港区	本社機能	有り	

⑤修繕と資本的支出

有形固定資産は長期的に使用することが前提なので、使用の程度や経年により劣化や消耗が進行する。そのために臨時または定期的なメンテ

ナンスが不可欠となる。中小企業ではメンテナンスに費消できる予算をなかなか捻出できないケースも多いと思われるが、少しずつでも計画的かつ継続的に実行することが、長い目で見ると実はコスト削減につながる。また、企業価値を維持する上でも、保有資産の機能を最善の状態で保持することが望まれる。

　ここで一般的にメンテナンスと呼ばれる内容は、「修繕」と「資本的支出」の大きく2つに分類できる。

● 修繕と資本的支出

分類	内容	例示
修繕	当該支出が通常の維持管理または原状回復のために要するもの	建物の外壁塗装工事、機械装置の定期的点検
資本的支出	当該支出が資産の機能的価値を増加させたり、耐用年数を延長させるもの	建物への非常階段の取付け、機械の性能アップを目的とした高機能部品の取り付け

　修繕のために支出した費用、つまり修繕費は会計上、その期の費用で処理するのに対して、資本的支出は資産計上して減価償却するために両者の区別は重要な論点となる。実務上は法人税法基本通達7-8-1から7-8-9に従って判断することが多いが、後々の会計や税務手続にも影響してくるので、無用な税務リスクを回避する意味でも税理士等の専門家に相談するのが賢明といえる。

⑥減損処理

　上場企業では平成17年度より「固定資産の減損会計」という会計処理が強制適用された。減損会計とは、固定資産が生み出す収益性が、物理的な理由や経済的環境の変化などにより低下したため、固定資産の帳簿価額を回収できなくなった場合に、当該固定資産の帳簿価額を回収可能価額まで減額して、その減額した金額を特別損失に計上する会計処理を指す。減損会計は端的に言えば、「投資の失敗」というリスクを早期に認識して帳簿価額を回収可能額に修正することで財務内容を健全化させることである。中小企業で減損会計を適用している会社はほとんど無いと思われるが、その考え方を経営の意思決定に利用することは大いに有用とい

える。

●減損会計のプロセス（部分的に省略）

　上図は減損会計のプロセスのうち、中小企業にも応用できる手続のみを記載したものである。減損の兆候とは、固定資産の価値が下がっている可能性をいうが、4つの例示は経営者が常日頃から意識すべき内容である。これらの事象を識別した場合、当該固定資産を使用している事業から得られる将来キャッシュ・フローを見積もって固定資産の帳簿価額と比較して、帳簿価額が大きければ「投資の失敗」の可能性があるために、事業の撤退なども含めた高度な経営判断が必要となる場合がある。このようなプロセスを意識することで、投資回収に関する迅速な意思決定に資することが期待されるのである。

⑦除却・売却

　固定資産は当初の使用見込期間の満了まで継続して使用する場合もあれば、故障や陳腐化、あるいは事業の撤退等を原因として途中で使用を中断する場合もある。いずれの場合にも、固定資産は最終的に除却または売却されて当該会社での一生を終えることになる。

　固定資産を除却もしくは売却するには、社内のルールに従って意思決定

することが必要となる。その上で、除却する場合の処分費用や、売却する場合の売却額、損益を事前に見積もって、最も有利な方法を選択することになる。また、除却や売却が適切に実行されたことを証明するための書類を残しておくことも、特に税務の手続上は必要になる。

⑧リースの利用

機械装置や車両などの固定資産を取得する際、自社に内部留保されている資金もしくは金融機関からの借入金により取得する以外に、広くリース契約が利用されている。リース契約とは、対象物件の所有者である貸手が借手に対して、合意された期間にわたってこれを使用収益する権利を与え、借手は合意された使用料を貸手に支払う契約をいう。リース契約は主に以下のようなメリットを有すると考えられる。また、内部統制の観点からは、上記のメリットとデメリットを総合的に勘案して、設備投資に係る合理的な選択ができる仕組みを導入するのが良いであろう。

メリット	・中小企業では対象資産がオフバランス（貸借対照表に計上されない）となるために、財政状態のスリム化が可能となる ・取得する場合と比較して、通常多額の資金を必要としない ・自社で取得していれば必要となる事務手続（減価償却計算、保険加入、税金支払、処分手続等）が不要となる
デメリット	・リース料総額は、通常取得した場合と比較して割高となる ・途中解約できない契約もある

⑨諸税金

有形固定資産の取得、保有時に係る諸税金は以下のものが考えられる。

●固定資産に係る諸税金

時点	税金
取得時	◆不動産取得税　◆登録免許税　◆自動車取得税
保有時	◆固定資産税(償却資産税)　◆事業所税　◆自動車税

このうち、償却資産税は毎年1月末日までに会社が保有する償却資産の明細を提出しなければならない。また事業所税は、会社で事業年度終了後2カ月以内に申告納付する必要がある。両者とも、中小企業では手続や申告内容を誤るリスクが相対的に高いために、専門家の関与も含めた対応を検討するのが良いと考えられる。

6-8 ◆ 経理プロセス

　経理業務はすべての企業にとって必要不可欠な業務である。では、なぜ経理業務が必要不可欠なのだろうか。経理とは、会社の現状や将来像を会計という道具を用いて数値化して、社内及び社外の利害関係者が意思決定を行なうに当たっての有用な情報を提供することであり、「経営管理」と同義といえる。その意味では、経理業務を戦略的に活用することで新たな価値を創造することにもつながっていく。また、専門的かつ高度な判断を要することから、適切な情報の作成や提供を誤ってしまうリスクも相対的に高い領域である。本稿では経理プロセスに係る全体像と、経理部門特有のリスクを軽減するための内部統制を検討していく。

①経理部門の有する機能

　経理部門は、大きく3つの機能を有している。

●経理部門の有する機能

機能	内容
情報収集機能	財務に関する情報を中心として収集、集計、加工する機能。
情報発信機能	財務に関する情報を対外的(株主・金融機関・税務当局等)、または対内的(経営者)に発信する機能
内部統制機能	内部統制の構築や運用に関する中心的な機能

　これらの機能は、中小企業でも標準的に備えられているものと考えられる。どれか一つが欠けても経理プロセスは有効に機能しない。内部統制機能については、経営者に対して今後の経営課題として意識的に高めてもらいたい分野であると筆者は考える。つまり、中小企業では、経理部門に機密情報を含むすべての情報を集約させる仕組みを考えるなど、リスク・マネジメントや内部統制の要とすることが組織運営上、効果的かつ効率的であるからである。

②経理部門の業務

　経理部門は、日常の伝票作成だけではなく多岐にわたる業務を行なっている。主なものとしては以下の業務が挙げられる。

● 経理部門の標準的な業務

業務名	内容
財務会計	一般に公正妥当と認められる会計基準や会社法に則って、会計情報を作成して外部の利害関係者へ報告する。中心的な業務。
管理会計	経営者が経営計画の策定や業績評価、経営上の重要な意思決定などに必要な情報を、経営者の要請に基づいて作成・報告する。
税務書類の作成及び申告	法人税を中心とした税務申告書を作成して期限内に申告及び納付を行なう。
各種管理手法の開発や支援	他部門と協力して、新たな管理ツールや手法を開発して導入の支援を行なう。また、システム開発などにも関与することが多い。
特殊案件への対応	企業買収に係る調査など、特殊な案件に経営者が対応するための支援を行なう。

　財務会計は言うまでもなく、経理プロセスの中心的な業務である。年度末には決算書を作成することになるが、日常の正確な会計仕訳の積み重ねの集積が決算書になる。従って正確な会計仕訳を作成するための内部統制が必要になるが、中小企業では十分な人財が配置されているとは決していえない。また、税理士等に仕訳入力を代行している企業もあるが、経理業務を外注化すると出来上がってきた結果に対して深い理解ができないために、筆者の経験上勧めることはできない。経理部門への十分な人員配置が会計情報の戦略的活用の第一歩である。

　管理会計は財務会計とは色彩が異なるが、経営者の意思決定のための会計業務であるために、経営者とのコミュニケーションが重要な要素となる。経営者自ら必要な情報を経理部門に提案して、正確かつ迅速に情報を入手できるようにすることが経営意思決定の品質を向上させることになるのである。

　また、近年は中小企業でもM&Aが活発に行われているために、そのような案件に対応できる専門的な経理部員がいればビジネスチャンスも拡大するものと思われる。

③経理プロセスの個別検討

(1)日次業務＿仕訳伝票の作成・入力

　経理部門の日次業務の代表格は、仕訳伝票の作成及びシステムへの

入力である。最近は会計システムに仕訳を直接入力するケースや、他のシステムと連動して自動で仕訳を会計システムに取り込むケースなどが増えてきたが、仕訳伝票が基本であることには間違いない。

●仕訳伝票作成上の留意点

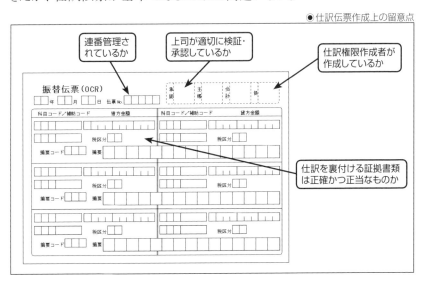

(2)日次業務＿小口現金出納業務

仮払いの出金や少額の支払いに備えて、小口現金を用意している中小企業は多いと思われる。業務の流れとしては、まず担当者が始業時に前日の残高との一致を確かめることから始まる。その後、入出金の要請があれば証拠書類と引き換えに実行して現金出納帳に記録する。終業時には現金残高と出納帳残高との一致を確かめて、責任者の承認のもとで大金庫に保管する。

小口現金出納業務では、多額の現金をまとめて保管しない（リスクの最小化の観点）、責任者が定期的に実査する、長期未精算の仮払金を撲滅するなどの留意が必要である。

(3)日次業務＿売上計上

売上高は、決算書に記載される勘定科目の中で利害関係者の関心が最も高い勘定科目である。日々の企業活動の成果が売上高となるために、

その会計処理には一定のルールが必要となる。その代表的なものとして、実現主義の適用がある。実現主義とは、①財貨または役務の提供、②現金または現金同等物の受領という2つの要件を満たした時に売上高を計上するというルールである。我が国の公正な会計慣行では、実現主義の適用が原則となっており、自社の売上計上が実現主義に合致しているかを確かめる必要がある。また、一度採用した売上計上のルールは継続適用しなければならないため、特に新しい業務を始めた際には、どのタイミングで売上計上するのが適切なのかの判断が求められる。

④日次業務＿仕入・経費計上

　仕入や経費の計上についても、一定のルールが必要である。具体的には請求書到着時点で誰の承認が必要か、処理すべき勘定科目は何かなどを決めておくことである。最近では、システム上で承認者設定を行ない、当該承認者が承認すれば自動的に会計仕訳に反映させる仕組みも登場しているが、紙ベースで請求書と会計伝票をセットして回覧・承認を得る手続が中小企業では広く行われている。

⑤月次業務＿月次の締切処理

　月次の締切処理とは、月初から月末までの1か月に必要な会計処理を漏れなく実行して、月次の試算表を作成するまでの業務をいう。締切処理は、決められた時期までに正確に行わなければならないため、その業務期間中は経理部門にとって忙しい時期となる。上場企業は決算の早期化がかなりの程度進んでおり、翌月の5日程度で月次の試算表が出来上がる企業も珍しくはない。しかし、中小企業は全体的に月次の締切処理が遅い傾向にあるので、遅くとも翌月の15～20日までには処理を終えたいところである。

　一般的な月次の締切処理は以下のような内容である。

●月次の締切処理

帳簿締切

会社の締日までに、以下のような会計仕訳を入力して各種帳簿を締め切る
◆月末までに発生した売上・仕入・経費の仕訳
◆月次ベースの減価償却費
◆月次ベースの各種引当金

請求書の発行・送付

得意先の締日に合わせて、請求書を発行して送付する。

支払業務

会社の支払日（月末締め翌月払い等）に合わせて、仕入先への支払い手続きを実施する。主としてファームバンキングによる振込や小切手・支払い手形での支払いがなされる。

⑥月次業務_月次試算表や業績管理資料の作成

　月次締切が終了したら、月次試算表を作成するとともに経営者が必要とする業績管理資料を作成することになる。これらの作成は迅速性が重視されている。なぜなら経営者は月次ベースでの業績を適時的確に判断して、翌月以降の経営判断を下さなければならないからである。2か月遅れて「完璧な」業績管理資料が完成しても利用価値はほとんどない。

●月次試算表・業績管理資料作成の流れ

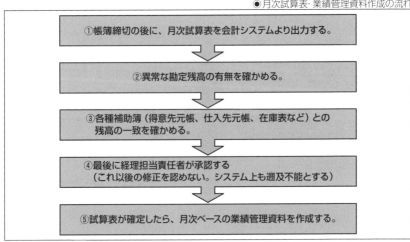

業績管理資料は、多くの会社で予算比較や前年同期比較、部門別・製品別・地域別の業績比較資料などが作成されている。これ以外にも経営者が必要とする情報については、迅速に業績管理資料に織り込む必要がある。

⑦年度決算_会計方針の決定

会計方針とは適切な決算書を作成するための会計処理の原則、手続並びに表示の方法を指す。経営者は自社の財務内容が最も適切に表される会計方針を決める必要がある。中小企業で決めなければならない主な会計方針として、

- 有価証券の評価基準及び評価方法
- 棚卸資産の評価基準及び評価方法
- 固定資産の減価償却の方法
- 引当金の計上基準
- 収益及び費用の計上基準
- 消費税の会計処理

などが挙げられる。また、一度採用した会計方針は正当な理由なく変更することはできないので、意思決定時は留意が必要である。

⑧年度決算_実際の決算手続

実際の決算作業において最も大切なことは、事前の準備である。準備段階でしっかりと方針や作業分担、スケジュール管理などを決めておくとスムースに進む一方で、準備をおろそかにすると首尾一貫性を欠き、後から修正が必要になるなど、結果的に非効率となる。中小企業では相対的に経理部門の人員が少ないので、経営者が経理プロセスに理解を示して作業がスムースに進む環境を整備することが理想的である。

一般的には、以下の手順で決算作業を進めることになる。

●決算スケジュールの例_3月決算の場合

日時	業務	内部統制上の留意点
決算日前	決算前の準備	◆当期の会計方針を確認する ◆株主総会から逆算して、大まかなスケジュールを作成して関係者の了解を得る
3月31日	実地棚卸	◆事前の打合せを入念に実施する ◆ダブルカウントにより正確性を確保する ◆棚卸の漏れや重複が無いように留意する
4月1日	現物の確認	◆現金残高や有価証券の残高を確定する ◆未精算の仮払金などを当日までに精算しておく
4月上旬	金融機関の残高証明書手配	◆すべての金融機関(銀行、証券会社等)に決算日現在の残高証明書発行を依頼する
4月上旬	売上・仕入・経費・仮勘定等の締切	◆仕入先等に請求書の発行を急がせる ◆多額の計上漏れは税務リスクにつながることに留意する
4月下旬	決算整理仕訳の締切	◆主な決算整理仕訳は以下の通りである ・棚卸資産の評価 ・減価償却費の確定 ・金融商品の時価評価 ・引当金、前払・未払費用の計上 ・営業外損益・特別損益の計上 ・税金計算(法人税・住民税・消費税等) ・その他、会社特有の会計処理
4月下旬	最終試算表の作成及び確定	◆残高確定、経理責任者の最終承認
5月上旬	会社法計算書類の作成	◆会社計算規則に則った計算書類の作成
5月中旬	取締役会、監査役(会)での承認	◆計算書類の取締役会、監査役(会)による承認
5月下旬～	株主総会での承認	◆計算書類の株主総会による承認
5月末	税務申告書提出・納付	◆税務申告書を提出して、期限内に納付

　決算は、経営者が株主や債権者の期待にどれだけ応えることができたかどうかを判断される重要な節目である。その意味で経営者は、厳しい言い方をすれば自分にとって不利な内容をその期の決算でどのように説明できるかを問われているものと自覚すべきと筆者は考える。つまり、決算を粉飾してその場しのぎの対応をするのではなく、関係者に正直な開示を行なうことが、実は会社にとって最善の対応なのである。

6-9 ◆ ITに係る内部統制

　中小企業にとっても、業務の様々な場面でIT(情報技術)を積極的に活用する時代となっている。特に経理部門では、市販のパッケージソフトを使用している会社が大多数であろう(今の時代、手書きの決算書や試算表を作成している会社に筆者も会ったことがない)。また、卸小売業では、販売

管理システムや売り場でのレジスター、建設業では物件別利益管理システム、製造業ではCADシステムなどの使用が想定される。

このようにITの活用により業務の有効性や効率性が飛躍的に向上したが、ITの仕組や正しい運用プロセスを理解している中小企業は少ないものと思われる。上場企業では、財務報告に係る内部統制制度の導入によって、ITに関する環境や整備、運用状況について組織的に対応しているが、中小企業ではそこまで重装備する必要はない。しかし、ITを活用する以上、最低限のポイントは把握すべきである。

①ITに係る内部統制の特徴

情報システムを利用する場面を想定してみると、まずはシステム利用者の「入力」から始まり、システム内による「情報処理」、システムからの「出力」、最後にシステム利用者の「利用」という流れが一般的と言える。これらの流れを見ると、情報システムの利用はすべてコンピュータが実施しているのではなく、人間が実施する手続や判断が至る所で介入している。つまり、人間がシステムに入力し、人間が開発・インプットしたプログラムにより情報が処理され、出力された結果について最終的に人間が判断するために、そこには不正や誤りが発生するリスクが存在することになるのである。これらのリスクを最小限に低減して、情報処理の迅速性や正確性、安全性といったITの特徴を最大限に引き出す一連の手続を「ITに係る内部統制」と言う。

②ITに係る内部統制の理論的体系

ITに係る内部統制は、「IT全般統制」と「IT業務処理統制」の2つの概念で説明される。IT業務処理統制とは、使用するシステムのプログラムにより設計されている統制を言い、利用者がシステムに期待している機能と考えられる。一方、IT全般統制は、IT業務処理統制が想定通りの機能を継続的かつ正確に運用できるために支援する手続の総称である。つまりIT全般統制は、IT業務処理統制を後方支援している構図となる。

●ITに係る内部統制の概念図

IT業務処理統制
コンピュータ・プログラムに組み込まれて自動化されている内部統制をいう（システムによる自動計算、自動仕訳の生成など）

IT全般統制 ←保証
IT業務処理統制が有効に機能する環境を保証するための統制活動をいう（ITに関する規定や手続の整備、職務の分離、アクセス制限に関する運用など）

　上記の図では、システム利用者が期待している情報処理が正しく運用されるためには、IT全般統制が有効に機能していることが前提であることを説明している。中小企業では情報システム部門の人数が少ない、もしくはシステム担当者が存在せずに専ら外部のシステム会社に全面依存しているケースが多いと考えられるが、中小企業においても一定レベルのIT全般統制の導入は必要となる。

③中小企業に必要なIT全般統制

　中小企業では、IT業務に投入できる経営資源が限定されているために、必要最小限の実装を検討する。IT全般統制は、一般的には4つのカテゴリーに分類される。

●IT全般統制のカテゴリー

カテゴリー	内容
開発・保守業務	システム構築のための開発、設計、プログラム、テスト及び保守を実施する
運用・変更業務	システムの継続的な運用支援と変更への対応を担当する
セキュリティー管理	情報システムへの物理的・論理的なアクセス制限や情報セキュリティーやバックアップを担当する
外部委託管理	システムに関する業務を外部に委託するに当たっての選定、契約及び委託した業務のモニタリングを実施する

（1）開発・保守業務

　新しいシステムを開発して導入する際に必要な手続としては、ユーザーニーズの把握、システムの要件定義（プログラム設計）、実際のプログラムの導入とテスト、旧システムから新システムへの移行を挙げることができる。

これらの手続を限られた予算の中で計画的に実行するためには、進捗状況や品質、コスト管理に関する計画書を作成して継続的に管理することが必要となる。中小企業では、要件定義や実際のプログラミングに関しては外部業者へ委託するケースが多いと思われるが、業者に丸投げせずにユーザー部門を参画させて、想定通りのシステム移行ができるための担当者を必ず自社にて配置すべきである。また、本番稼働後の不具合を発生させないためにも、本番環境に近い形でのテストを実施して、不具合の発生可能性を十分に低減させることも、当該カテゴリーでの重要な手続となる。

(2)運用・変更業務

情報システムは想定通りの運用が継続されるとは限らず、
a　オペレーションの実行漏れや誤り
b　システム障害による運用停止
などが発生するリスクが少なからず生じることになる。aに関しては、想定されるオペレーションについてログ（運用の記録）を定期的に検証することが必要となる。また、bについては復旧マニュアルを作成して一定の手順をあらかじめ用意しておくのが、中小企業にとって現実的な対応と言えるであろう。

(3)セキュリティ管理

ITにて利用または保存する情報は企業にとっての無形財産であり、漏えいや意図的な改ざん、情報の消滅というリスクには慎重に対応しなければならない。具体的には、情報管理に関する社内教育研修の実施、IDやパスワードによる論理的なアクセス制限の実施、サーバー設置場所への入室制限による物理的アクセス制限の導入、データベースの外部への保管等が考えられる。これらは、企業規模の大小を問わず重要な内部統制なので、未実施の会社は早急に導入を進めることが必要となる。

(4)外部委託管理

中小企業のIT全般統制では、先の③及び当該外部委託管理が重要な統制になる。自前でITに対する経営資源が制約される状況では、外部

委託先が自社に代わって誠実に業務を遂行しているかどうかの見極めと、継続的なモニタリングがポイントとなる。具体的には、委託先の信用度や過去の実績、人的資源の充実度や倒産リスクなどを社内で十分に検証して、慎重に委託先を選定する。また、契約書には委託業務の範囲、責任や損害賠償、情報の取扱いなどを条文に織り込むことも検討する。さらに必要に応じて委託業務の履行状況に対する定期的な報告を受けて、想定通りのオペレーションが確保されているかをチェックすることで、自社にIT部門が設置されたものと同様の統制を導入できることになるのである。

④IT業務処理統制とは

前述したとおり、IT業務処理統制とは、使用するITシステムのプログラムにより設計されている統制を指し、利用者がシステムに期待している機能とも言える。それでは、一般的に利用者はどのような機能をITシステムに期待しているのであろうか。それらの期待からIT業務処理統制の目標を整理すると、以下のとおりとなる。

●利用者の期待とIT統制目標

利用者の期待	具体例	IT業務処理統制の目標
入力したデータを正確に処理してもらいたい	◆システムで正しく情報が処理されて、出力されたアウトプットを逐一検証しなくても信頼して利用できる ◆入力されたデータに誤りがあると自動的に除外される	正確性
入力したデータを漏れなく、かつ重複なく処理してもらいたい	◆入力されたデータと、処理されたデータとの件数が自動的に照合される	網羅性
権限のない者による入力や情報の利用を阻止してもらいたい	◆システムに入力できる者、または情報を閲覧できる者がIDやパスワードによって制限されている ◆制限を超える情報の入力ができない仕組みとなっている	正当性
適切に処理・保存されたデータが勝手に変更できないようにしてもらいたい	◆システムに入力できる者、または情報を閲覧できる者がIDやパスワードによって制限されている ◆一度確定処理されたデータは、変更できない仕組みとなっている	維持継続性

次に、ITシステムを利用者が利用する一連の流れを概観する。まず利用者Aが、入力に必要なデータを参照しながらITシステムにデータを入力することから始まる（別のシステムで生成されたデータが、当該データに自動的に取り込まれることも含む）。その後、ITシステムにあらかじめ組み込まれているプログラムによって、入力された情報aが情報bに変換される。システム内で

処理・保存された情報bは、必要に応じて情報利用者の指示のもとでアウトプットされて利用されるか、別のシステムに移行されることで終了となる。

これら一連の流れと、そこに組み込まれているIT業務処理統制の関係は以下のようになる。

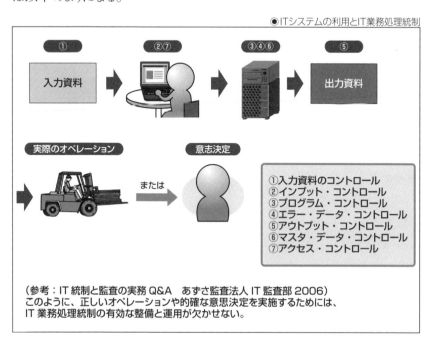

●ITシステムの利用とIT業務処理統制

(参考：IT統制と監査の実務Q&A　あずさ監査法人IT監査部 2006)
このように、正しいオペレーションや的確な意思決定を実施するためには、IT業務処理統制の有効な整備と運用が欠かせない。

(1) 入力資料のコントロール

ITシステムに入力するための資料やデータの作成、承認及び保存などのルールを定めて運用することを言う。具体的には、固定資産管理システムに新規の固定資産データを登録する場合に、何に基づいて入力するのか、入力をだれが承認するのかなどを決めておくことを指す。当該コントロールは人間が実施することになるが、データ入力以降のIT業務処理統制の有効な運用のためには必要な統制となる。

(2) インプット・コントロール

データをITシステムに入力する際、システムがデータの正確性や正当性を担保するための統制である。具体的には、相互関連するデータ（マスタ

データ)と矛盾が存在していたり、一定の金額以上を入力したりすると、エラー表示される仕組みが挙げられる。会計システムでは、登録されていない勘定科目の入力ができない仕組みや、仕訳の貸借が一致しないと登録されない仕組みなどが代表的なインプット・コントロールである。

(3) プログラム・コントロール

ITシステムにプログラムとして組み込まれるコントロールであり、IT業務処理統制の中心とも言える。販売システムを例に挙げると、得意先に出荷された取引が自動的に売上データに変換され、得意先ごとの売掛債権残高を自動で計算・集計する仕組みが考えられる。会計システムでは、入力された会計仕訳から自動的に試算表や総勘定元帳が作成される仕組みが典型である。

(4) エラー・データ・コントロール

大量に投入されたデータをITシステムが処理していく過程で、イレギュラーな内容などを原因としてはじかれるデータが発生する場合がある。当該エラーデータがITシステムより出力されることにより、適宜修正や対策を講じる仕組みをエラー・データ・コントロールと言う。

(5) アウトプット・コントロール

ITシステムからアウトプットされたデータは、紙ベースもしくは画面上で出力される。当該出力データによってオペレーションの指示や意思決定を行なうことをアウトプット・コントロールと言う。最終的には人間の判断が介在するために、オペレーションや意思決定を誤る可能性があるが、有効なIT業務処理統制を経過して生成されたデータに基づいているために、その結果に対して一定レベルの経営上の合理性は有するものと考えられる。

(6) マスタ・データ・コントロール

マスタ・データとは、ITシステムに投入されるデータと照合されるデータをいい、ITシステムを使用する前にあらかじめ設定しておくデータである。正

しいマスタ・データの登録が今後の運用の正確性や正当性を確保することにつながるので、①の入力資料のコントロールと同様の内容となる。

(7)アクセス・コントロール

正当な権限のない者がITシステムにアクセスできないように、IDやパスワードで制限を行なったり、操作できる範囲を限定することでデータの不正や改ざん、窃用を防止するコントロールを指し、しばしば説明した。システムに当該機能があるにもかかわらず、有効活用されていない企業も多いために、万が一に備えてしっかりとした運用が求められるところである。

⑤中小企業とIT業務処理統制

中小企業では、会計システムを含めて主要な業務プロセスにITシステムを導入することに関して、コスト面などを理由として躊躇する傾向にあると筆者は感じている。確かに初期導入コストはある程度の資金負担が必要であるが、そこから得られる便益と比較すると、実はシステム導入を選択したほうが、目に見えないコストも含めると全体的にリーズナブルであることも想定できる。例えば、本社と複数の支社がある場合、本社にすべて経理業務を集中させるよりも、会計システムを拡充させることにより支社で経理業務を行なうことが可能となり、業務の効率性や意思決定の迅速性を図ることが可能となる。アウトプット・コントロールのように、ビジネスは最終的に人間が意思決定して動かすことになるが、人的もしくは資金的な制約を受けることの多い中小企業こそ、戦略的にITシステムの導入を検討して、効率的及び効果的な経営を目指すことも経営者としての知恵の絞りどころなのである。

第5章

経営者のための
経営戦略・経営計画

経営戦略概要

　軍事学における戦略という概念が経営学に導入され、企業の経営戦略という理論や研究が始まった。1950年代のことと言われているが、今は日常的に使われる。本書は、戦略や経営戦略の概念規定を目的としていない。

　「事業構想」の実現の支援を目的としている。事業構想は、経営者を中心において構築されなければならない。しかし、よほど優れた事業構想であっても実現は容易でない。しかも、経営者が一人で構想を実現させることは難しい。しかし、事業構想の理解者や協力者を作ることによって構想は実現に近づけることができる。経営を成功させる手順は、事業構想の構築に続いて、経営者が描いた構想を共有して理解を求めることである。理解を求め協力を得るためには、共通の言語や指標、係数、チャートなどによる表現法や情報伝達法が役に立つ。それを、経営戦略の理論や手法、経営計画の策定という。難しい定義は後にして、この様に考えて欲しい。

　右図は、筆者が2004年頃から著書に「経営体系図」と呼び提唱してから以降、経営の説明によく使う。経営は常に体系(システム、プロセス)で捉え論じる必要がある。この体系は、①経営の発想　②経営の構想　③経営戦略　④経営計画　⑤執行管理　の5要素で構成している。経営の5つのプロセスと呼んでもいいし、経営活動の優先順位チャートと呼んでも良いかもしれない。各プロセスには、それぞれを具体化するためのさらに細かなシステムを持っている。この小システムのひとつ、例えば利益計画や管理サイクルなど取り上げても経営参考書が1、2冊できるほど対象範囲と検討事項が多い。本章では、この中の経営戦略(中期経営計画、経営戦略策定)を取り上げる。

経営戦略の先達

　経営戦略を語る上で、欠かせない先達として、ランチェスター(フレデリック・ウィリアム・ランチェスター、1868年-1946年、英国、発明家、ランチェスターの法則)とドラッカー(ピーター・ファーディナンド・ドラッカー、1909年-2005年、

■ 経営体系図 (2011MMP)

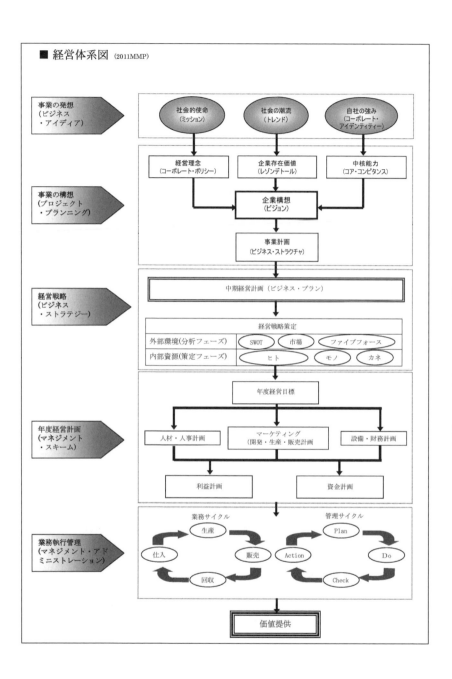

1 ■ 経営戦略概要

オーストリア人、フランクフルト大学で法学博士号、米国クレアモント大学院大学教授等)の2人が真っ先に頭に浮かび、共に大きな功績を残したものと考える。

1-1 ◆ ランチェスターの法則

　ランチェスターの法則は、ランチェスターが第一次世界大戦の空中戦の資料を基礎に、飛行機の数と損害の量との関係を計量的に捉えて分析し確立した法則と言われる。この中で戦闘の勝敗を決する法則は、「一騎打ちの法則」と「集中効果の法則」という2つの基本で理論化されている。

　第二次世界大戦中は、軍事学の戦略として活用され、また作戦理論として研究された。戦後は、多くの企業が販売戦略として応用してきた。特に、資本力や組織力などにおいて勝る大企業と、これらにおいて劣る中小企業が、局地戦においてでも、多方面戦闘においてでも勝利を得るための戦略のヒントがあるとして経営者や経営参謀から重用されている。

①弱者の戦略で勝ち残る

　今やわが国では、人口減により多くの分野で市場が縮小傾向にある。また、少子超高齢化が予測され、市場構造は大きく変化し、一方で国際競争は激化し棲み分けの時代を終焉させ、競争に勝たなければ淘汰される時代に突入した。国内の景気予測では、2014年と2015年の2年間は度重なる消費税引き上げや年金等の社会コストの増大から、景気の低迷が再び懸念されている。

　こうした市場動向の逆風下では、市場シェアが2位以下の企業が1位の企業と同じような経営をしていたのでは、ほとんど利益が出せない状況になってきている。日本の中小企業には、ニッチ市場できらりと光る会社が少なくない。しかし、そこでもシェア2位以下の会社は厳しい経営を強いられることが多い。

　事業で収益を確保するには、もはや当該市場で1位を奪取するしかない時代といえるだろう。業界の中で少しの強みを持ったり、一定の特長がある

だけでは不十分なのだ。民主党政権時代のある議員の有名なフレーズ「2位ではダメなんですか?」が浮かんでくるが、2位では経営が安定しない。今やナンバーワンを目指すことが、全ての会社やその事業に求められると言って過言でない。

あまり強みや特徴を持たない中小企業であっても、目指すところは1つ。ヒト・モノ・カネ等の経営資源を一点集中させる局地戦に勝つことだ。

局地戦の勝利、1点突破の経営というと、ランチェスターの経営戦略がある。弱者の戦略といわれる第一法則(一騎打ちの法則)と、強者の戦略といわれる第二法則(集中効果の法則)がある。読者にとっては既に知っていることだろうが、ここで認識を新たにし、あるいは理解を深めるために簡単に復習したい。

②弱者の戦略を理解する

「ランチェスターの法則」は、1914年第1次世界大戦が始まった際、戦闘時の力関係を考察する中で導き出されたもので、「第1法則」と「第2法則」の2つの基本理論がある。

法則名	法則の概要	戦闘力算式
第1法則	槍や剣など近距離の相手に使う武器を持った軍団が、一騎打ちで戦う場合。両軍の武器性能が同じなら、戦闘力は兵力数に比例するというもの。	戦闘力=武器性能×兵力数
第2法則	マシンガンのように遠方から攻撃できる武器を持った軍団が、集団で戦う場合。射程距離が長い武器を使うと、一対一に持ち込むのは難しい。1人の敵と戦っている間に、他の敵から攻撃を受ける確率も高い。そのため兵力数が多いほうがかなり有利になる。このとき武器性能が同じなら、戦闘力は兵力数の二乗に比例する。	戦闘力=武器性能×兵力数の二乗

「ランチェスター経営(戦略)」が日本に伝わったのは戦後だ。1950年代から「企業経営もライバルと競い合うという意味では戦争と同じなので、応用てきないか」と考えられ研究されるようになり、日本独自の発展を遂げてきているようだ。

ランチェスター経営は、強者と弱者の戦い方を明確に分けているところ

に大きな特徴がある。強者は、体力勝負に持ち込み、資本を一気に投入するのが得策とされる。大量のテレビCMを打ち、商品の知名度を上げる戦略などがそれにあたる。弱者が同様の戦略を採ってもほとんど勝ち目はない。

小が大を制するには、弱者の戦略に倣って、できるだけ一騎打ちに持ち込む。商品ジャンルや販売エリア、客層、販売方法（業態）などを絞って経営資源をそこに集中投下する「局地戦」で一点突破を図る。限られた範囲、絞り込まれた範囲で戦うのであれば、強者と弱者の差が出にくいからだ。

③弱者の認識

ランチェスター経営では、強者であることの条件は以下の3つとしている。
（1）1市場で1位であること
（2）売上高や販売数量で、2位と1.7倍以上の差が開いていること
（3）26％以上の市場シェアを確保していること

この3つ全てを満たす企業は、1000社のうち5社くらいだろうといわれている。したがって、ほとんどの中小企業は基本的に弱者と考えるべきだ。弱者の認識を以て経営戦略を構築したいものだ。

ランチェスター経営では、大企業である日産自動車やライオンなどでも2位以下なので、弱者の範疇に入る。ランチェスターの法則では、企業規模が大きいからとか、十分に儲かっているからといった理由では強者とは認識されない。弱者の戦略は、他社と徹底的に差異化を図ること。極地でナンバーワンを目指すために経営資源と情報、時間を集中し短時間で戦闘を終えることを目指す。

特定の分野でナンバーワンになれば、価格決定権が握れるので、その後の収益力を向上させられる。この利益を以て顧客との結び付きを深め、顧客満足度を上げることによって、市場での地位はさらに揺るぎない強さを得られる。

社員や関係者に「ガンバロー」のシュプレヒコールや「最高のおもてなし

を」といったスローガンだけで、経営は良くならない。ランチェスター経営の弱者の戦略（第一法則）を学ぶことによって、今何をどうすればいいのかが明確に見えてくるものもある。

④局地戦の「絞り込み」

　他社と徹底的に差異化し、短時間でナンバーワンを目指すには、特定の領域に絞り込んで1位を目指すのというのが、ランチェスター経営における弱者の戦略だ。どんな視点で絞り込むのか、具体的には、(1)商品、(2)エリア、(3)客層、(4)営業、(5)顧客維持の5つが提唱されている。

セグメント要素	絞り込みの概要
(1)商品	専門性や特殊性の高い商品に絞り込んだり、特化したりすること。大手が手を出しにくい領域であれば効果的だ。自社の強みが生きない商品や大手と真っ向から勝負する商品は避けたい。
(2)エリア	営業エリア、商圏を限定する。特定の商圏で圧倒的なシェアを獲得し大手に勝とうというもの。また、商圏を絞り込むことによって営業担当者を集中投入でき、きめ細かな顧客対応も可能となる。
(3)客層	客層ターゲットを絞り込む。高齢女性向け、30代男性向けなど、アピールする対象を限定することで、ディープな顧客ニーズに対応でき、結果的に大手に対し参入障壁を高めることができる。
(4)営業	手間はかかってもエンドユーザーに直接アプローチし、的確な提案営業をしていく。これを「接近戦」と呼ぶ。
(5)顧客維持	顧客に丁寧に対応することによって囲い込みを図り、リピーターとする。これも接近戦といえる。

⑤近江商人の「弱者の戦略」

　著者の友人の経営コンサルタントに、ランチェスター経営戦略が日本に入る前から「弱者の経営手法（戦略）を実践する人たち」がいたと公言する者がいる。近江商人（おうみしょうにん）がその代表格で、ランチェスター経営戦略の「弱者が強者に勝つために不可欠な本質的要素」を取り入れていたという。

　近江商人には、すぐ近くに大阪商人という強力なライバルがいた。既に大阪商人は東海道を販売拠点としてしっかりとした商いをしていた。同じ土俵で勝負したのでは近江商人に勝ち目はない。そこで近江商人は、中山道など大阪商人があまり進出していない地域を選んで（絞って）商売をすることで、商圏を切り開き確保し繁栄に導いた。

　このことから、経営（商売）の原理原則（本質的要素）は昔から大きく変

わっていないともいえる。マーケットが拡大する時代を終え、市場環境が厳しい今の時代だからこそ、ランチェスター経営が提唱するような競争戦略の原理原則に立ち返る必要があるのだろう。

　一方で、PCやスマホ、インターネットが普及するなど経営環境（インフラ）が大きく変化し、小さな企業や商店が全国の顧客を相手に商売できるようになった。従来の中小企業では考えもつかなかったような市場の面の広がりを捉えることが可能だ。万人向きではないエッジの立った特殊な商品だからこそ、ナンバーワンになることができる。こうした時代背景からもランチェスター経営戦略が見直されている。

⑥「弱者の戦略」から「強者の戦略」への転換

　会社が経営危機に陥る原因のひとつに、「経営者が傲慢になったとき」がある。これを戦略論に置き換えると、「弱者の戦略」で成功を収めこれを過信し、「強者の戦略」に切り替えたことに原因がある。過信が傲慢さを生み、その時から業績は下降し経営危機に陥るというパターンだ。

　地方で成功した小売店が、市場の大きな首都圏に大量出店して失敗するケース。技術力で業界トップになったBtoBメーカーが、消費者向けの商品で失敗するケース。国内の大手家電メーカーが海外でも強者の戦略を採用し失敗するケース。大手といえども自社の特定事業や新規事業は弱者のことが多い。これを自覚せず顧客ニーズを細かくつかみ取る努力を怠り失敗する。

　強者も環境が変われば、容易に弱者に変わるのだ。国内で強者と呼べるのは、流通業界ならイオングループくらいの域に達した企業で、百店規模の事業でもまだまだ弱者なのだ。

　中小企業であろうが大企業であろうが、ランチェスター経営においては弱者の戦略を採用すべき企業が圧倒的に多い。したがって、どの企業も、まずは商品、エリア、客層、営業、顧客維持の5つセグメントで弱者の戦略を練る。こうして事業基盤を固めた上で、さらなる企業成長を目指しながら一つ上のステージ（市場や顧客範囲）の弱者の戦略を実施する。こうして弱者の戦略を何度も回していく。

もちろんチャンスと見れば強者の戦略に転換しても構わない。しかし、今日ほど企業間競争が激しい時代では、顧客ニーズを正確につかみ取れる弱者の戦略にこだわるほうが、経営の安全策に思える。

1-2 ◆ ドラッカー博士の金言に学ぶ

ドラッカーは、35冊以上の著作を発表している。著作のジャンルを ①経営と組織 ②社会と経済 ③政治倫理 の3つに分類できると自身で述べている。『創造する経営者』(ダイヤモンド社、1964年)、『イノベーションと企業家精神―実践と原理』(ダイヤモンド社、1985年)、『実践する経営者―成果をあげる知恵と行動』(ダイヤモンド社、2004年)などたくさんの著書と共に、事業家、経営者、経営参謀に向け多くの金言(短い言葉による経営のヒントや気づきの引き出し)を残している。これらの金言の中に、経営体系の理解や事業構想の構築、経営戦略の策定に役立つものが多い。いくつか取り上げてみたい。

①「事業の目的は顧客の創造である」

この言葉をさらに要約すると「顧客づくりが事業だ」と言っている。経営者で且つ、コンサルティング事業をやっているものとして大いに同感すると言いたい。素材メーカーであろうがBtoB産業であろうが、極端な例として役所であろうが顧客づくりを忘れた事業に未来はない。独占や寡占といった非競争市場と既得権益が、こういった顧客づくりを忘れた企業や事業体を作り上げてしまう。ここで固有名詞を挙げて問題を指摘したいところだが、本書の趣旨から外れるので止めておくことにする。

では「顧客の創造」とは具体的にどのような活動なのか。企業は本来社会機能のひとつとして存在する。法的にも社会性を以て法人格として存立が認められる。会社は、社会やコミュニティ、個人の特定ニーズに応えるため、言い換えると「顧客満足」のために存在する。「顧客の満足」は、「継続して売上を上げること」に繋がり、顧客を作り出していくことになる。

また、『チェンジ・リーダーの条件　みずから変化をつくりだせ!』のなかでドラッカーは「企業の目的は顧客創造である以上、企業の基本的な機能はマーケティングとイノベーションの2つしかなく、そのほかはすべてコストだ」と記した。

　企業は2つの基本的機能を通して顧客を創造しなければならないとし、マーケティングとイノベーションを重視した。マーケティングは、顧客を起点とした「売れる仕組み」のことだ。顧客ニーズに対応して、満足を提供する企業活動の全般を指す。高度成長期に見られた自社の商品サービスを起点にした販売システムづくりとは逆の考え方になる。

　時の流れの中で、既存商品の価値はやがて陳腐化し劣化していく。顧客満足を継続していくためには新しい価値や満足を生み出し続けなければならない。これをイノベーションという。イノベーションとは、企業の将来に向けて、顧客のニーズを創り出していく活動だ。マーケティングとイノベーションの機能を最大化することが経営者の使命となる。

②「利益は結果であって目的ではない」

　ドラッカーは著書『現代の経営』のなかで、「利益の役割」について「利益は企業存続の条件であって目的ではない」と断言している。多くの経営指南書が、「企業目的を利益の追求」とするなかでエッジの効いた言葉といえる。

　利益中心になると顧客志向にならず内向き志向になり長期的な発展は望めないと指摘する。一方で財務的に強い会社づくりも必要だ。その意味で強い企業をつくるためには、「顧客満足の創造」を事業の大きな目標のひとつに掲げて経営戦略を組むといい。

　ドラッカーはまた『すでに起こった未来』のなかで「企業人自身が利益について基本的なことを知らない。そのため彼らが互いに話していることや、一般に向かって話していることが、企業の本来とるべき行動を妨げ、一般の理解を妨げる結果となっている。利益に関して最も基本的な事実は、そのようなものは存在しないということである。存在するのはコストだけである。」とした。

ドラッカーは、利益は目的ではないし、動機でもないという。利益とは、企業が事業を継続・発展させていくための条件である。明日さらに優れた事業を行なうためのコスト、それが利益である。利益がなければ、コストを賄うことも、リスクに備えることもできない。社会が必要とする財・サービスを提供できず、人を雇用することもできない。したがって、企業が利益を上げることは社会的責任であることに違いはない。このジレンマに対しドラッカーは、「利益と社会的責任との間にはいかなる対立も生じない。真のコストをカバーする利益をあげることこそ、企業に特有の社会的責任である」としている。

この金言も事業構想の構築や経営戦略の策定の掟にしたいものだ。

1-3 ◆ 経営における戦略と戦術

経営における戦略と戦術を認識しているだろうか。あまり意識せずにその単語を使っていることが多いが、実際には大きな差がある。以下のSONYの例でその違いを解説したい。

「SONYが世界でまだまだ無名の時、欧州で売り出そうとしたが、日本製のラジオは見向きもされなかった。そこでSONYが取った"戦略"は、壊れない+持ち歩きできる"小型ラジオ"というポジショニングだ。粘り強い開発力によって、SONYは世界で一番小さなラジオの販売を始めた。しかし、実際に欧米で販売するとなると、SONYの名前を誰も知らない。そこで取った"戦術"が2つある。

1つ目は、普通のワイシャツのポケットより、やや大きめのポケットを付けたワイシャツを着た、セールスマンにラジオを着用させ、売り歩かせた。小型で持ち歩いても邪魔にならない、ということを分かりやすく伝えるためだ。

2つ目は、クリスマス商戦に合わせ、ニューヨークのラジオ店の店頭に置いてもらう、というものだった。その店舗に学生が列をなして購入した。これは今ではサクラや、ステルスマーケティングと呼ばれるものだが、効果は絶大で、それに合わせて新聞広告も打った。

こうしてSONYはラジオの輸出によって大成功を収めた。」

もう理解されたと思うが、戦略とは、事業や商品の方向性を定義するものである。企業理念に近いところで、どの業界において、どのようなポジショニングの会社にするか、商品にどのような魅力や優位性を持たせるか、といったものだ。一方、戦術とは、戦略を遂行するための具体的な施策だ。何人の営業マンがどのエリア・業界を開拓し、いつのタイミングで広告を出すか、などを決め、実行する。戦略に比べ、戦術は現場の人材が打つ手段となっているものだ。本書では主に経営戦略を導くための鍵となる考え方を紹介している。

1-4 ◆ 経営計画と経営戦略

　経営計画とは、企業経営を大海原の航海に例えると、航海図や羅針盤のようなものだ。経営計画には、経営や事業が今後3年、5年でどう飛躍していくか、どんな手を打つか（アクションプラン）を記載する。その上で、施策のプロジェクト化やスケジューリングも行う。いつまでに、どんな施策を打つのか、責任部署はどこか、どんなゴールが設定されているかを明確にする。さらに、事業が遂行される過程において、計画と実績のギャップを測定（モニタリング）する。モニタリングにおいて問題を抽出（発見）し、これを課題として次の一手を考える。この次の一手が、経営戦略であったり戦術的対応であったりする。

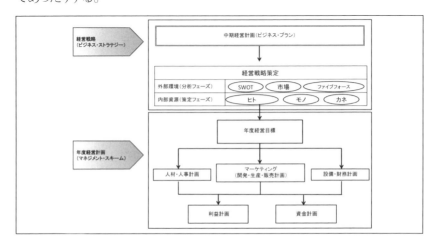

経営計画と経営戦略の関係は、一義的に経営計画の実現のための手段や方法論の策定として経営戦略が存在する。一方で、事業構想実現策として整えられた経営戦略を無駄なく正確に実現するためのいわば指図書としての経営計画も存在する。

　経営計画の作成法などについては本章に後述するが、ここでは計画と戦略の関係性を理解してほしい。経営計画は、経営体系のステップ2「事業の構想」の中でダイナミックだがやや粗く描かれる。事業構想が、夢物語や絵空事ではないことをこの段階の経営計画書は表現していく。

　経営戦略は、経営体系図の次のステップ3「経営戦略」の中で検討されるものだ。このステップにおいて、自社の理念や、目標を達成するための方向性が定義される。経営目標が年間売上10％増であるならば、"商品力の強化"、"多品種小ロット対応"、"新たな販路拡大"などが経営戦略に該当する。経営戦略の策定手法や指標は、これまで多くの経営学者や戦略理論家によって研究発表されている。高価格路線、低価格路線なのか、汎用的な商品、専門性の高い商品なのか、といった方向性を様々な環境分析から導き出すのが経営戦略だ。こういった視点で考えると経営戦略とは、経営計画の中の1つの部品である、といえるだろう。何れにしても計画も戦略も、経営者が構想した事業ビジョンを実現する手段であり、必須課題といえる。

経営戦略の策定

　これまで、経営戦略の概要と経営計画における、経営戦略の位置づけについて説明してきた。本項では、より具体的に経営戦略の策定手法について説明する。経営戦略の策定については多くの手法や指標が提唱されているが、ここではどの業種業態でも活用できるものを選んである。より多くの策定手法や戦略スキームについて説明したいところだが、本項では一般的なものを選んだ。ここでは、5種類の手法を解説するが、これらをクリティカルに活用することによってより成功率の高い戦略を構築できる。成功率の

高い戦略を持った経営計画は達成度の高いものとなる。そのことが、事業ビジョンの実現につながり、事業の社会貢献に寄与する。先の経営体系に欠くことのできないプロセス(ステップ)として経営戦略を位置付けて欲しい。

2-1 ◆ 成功要因(KFS、ケー・エフ・エス)の設定

KFS(Key Factor for Success、キー・ファクター・フォー・サクセス)は、主成功要因や成功要件と訳し、経営目標を達成するための要因や要件を絞り込む手法のひとつ。KFSの設定は、経営目標を達成するために注力すべき、事業戦略上の最重要領域に関する基本方針であり、組織のエネルギーを重要な部分にフォーカスする手段となる。また、KFSを過去の経営における成功と失敗の原因分析として活用することもある。

● 事象別のKFSの考え方と事例

事象	KFSの考え方	事例
市場	市場に対するKFSは、「製品やサービスをどのような対象に向けて提供していくか＝顧客は誰か」により定まる。市場は、地理的に特定することもできれば、生活者層別にもまた業界別にも特定することができる。	・エリアマーケティング ・シニア市場 ・結婚世代 ・子育て世代 ・プチリッチ市場 ・高学歴30代 ・結婚しない女性たち ・高所得外国人　など
製品やサービス	製品やサービスに関するKFSは、「製品やサービスにどのような改善や強化が必要か」により定まる。	・品質の向上 ・鮮度 ・ブランドの多様化 ・デザインの多様化 ・複合化 ・単純化 ・低価格化　など
顧客	顧客に関するKFSは、「顧客とどのような関係になければならないか」により定まる。固定客との長期的な取引関係を望む組織と、売上金額を優先する組織とでは、業務の内容もやり方も大きく異なってくる。	・ブランディング ・メンバー制 ・ポイントカード ・感謝デー　など
流通・販売チャネル	流通・販売チャネルに関するKFSは、「組織が生み出す製品やサービスを、どのような方法や経路で顧客に届けていくか」により定まる。	・プル戦略 ・プッシュ戦略 ・FC ・ボランタリーチェーン ・代理店制度 ・特約店制度 ・イーコマース ・TVショッピング ・通販　など

組織で働く人々	組織で働く人々に関するKFSは、「組織で働く人々をどのように取り扱っていくか」で定まる	・賃金体系 ・社内ベンチャー ・ストックオプション ・独立支援制度 ・遊び的風土　など

2-2 ◆ CSF:重要成功要因

　KFSと類似する戦略策定用語にCSF（Critical Success Factor、重要成功要因）がある。CSFは、経営学者のJ.F.ロッカートが「企業を繁栄させるために必ず実行されなければならない重要な要因」のことをクリティカル・サクセス・ファクター（CSF）と定義したもので、KFSと概ね同義に使われている。

2-3 ◆ 競争優位の基本戦略

　市場には必ず競争が存在し、多くの場合に競合企業も存在する。市場競争は、企業価値を高める上で販売価格の下落などデメリットが多い。一方で、競争があることによって新規市場参入やベンチャーの起業が可能になるなどのメリットもある。何れにしても、資本主義市場経済の日本において、企業の普遍的目標である「企業価値の向上」を達成するためには、市場競争に勝たなければならない。かつての日本においては、共存や棲み分けという概念もあったが、これは欺瞞に満ちた概念で、単に後発企業に対するハラスメントに過ぎないことが多かった。今日的な共存とは、競争を優位に導くための戦略的な提携を意味する。

2-4 ◆ 競争優位のための業界分析（ファイブフォース分析）

　競争を優位に導く企業行動をとるためには、戦いの場である「業界」の状況を知らなければならない。業界分析について、ハーバード大学のハーバード・ビジネススクールのマイケル・E・ポーター教授は「ファイブフォース分析」を提唱した。ファイブフォース分析は、競争状態を決める「5つの要

因」が総合的にどのように作用するかで、業界の競合状況を把握しようとするものである。

①業界内の既存の競争
②新規参入の脅威
③代替品の脅威
④売り手の交渉力（代替品のないオンリーワンな状態や買い手の代替品への乗り換えコストが多大な状態）
⑤買い手の交渉力（値下げや高い品質、手厚いサービスの要求など）

この5つの力が業界にどのような影響力を及ぼしているのかを分析することによって、業界内における企業の市場戦略を決めようとするものである。

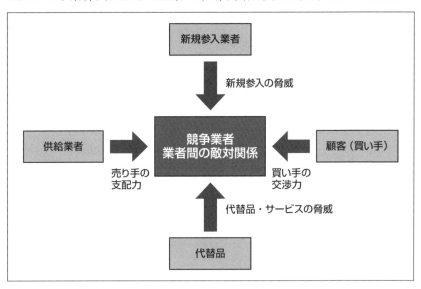

2-5 ◆ 競合に勝つための3つの基本戦略

競争戦略を、マイケル・E・ポーター教授は「業界内で防衛可能な地位をつくり、5つの競争要因にうまく対処して、企業の投資収益性を大きくするための、攻撃的または防衛的なアクション」と定義した。また同教授は、競争優位を築くためには、①コストリーダーシップ　②差別化　③集中　とい

う3つの基本戦略があると主張している。

①コストリーダーシップ	コストリーダーシップ（Cost Leadership）は、競合他社より低いコストを実現することで、より優位な立場を獲得している状態、あるいはそのための戦略を指す。ここでいうコストとは、原材料調達から生産、流通、販売に至るまでのすべてのコストを含む。
②差別化	商品や事業モデルにおいて、他社との違いを明確にすることで競争優位を確立しようとする手法や考え方。ブランド（カ・イメージ）によって他社の製品・サービスとの違いを際立たせる手法も差別化に当る。例えば、マクドナルドの素早い商品提供や手ごろな価格という顧客サービスに対して、手間を掛けて商品を提供するという別なサービス手法をとったモス・バーガーや、濃くて香りの強いコーヒーで勝負するスター・バックスは、差別化の事例だ。また差別化とは、自社の製品を競合の製品と識別するために、一連の意味のある違いをデザインする活動とも定義でき、この場合に差別化手法を3分類することができる。 ・製品の外観などの違いによる「物理的差別化」 ・ブランドの特徴（ベネフィット、情緒的イメージなど）を巧みに組み合わせることによる「ブランドによる差別化」 ・顧客が特定の供給業者との関係に満足を覚えるようになるような「リレーションシップによる差別化」
③集中	集中とは、特定の客層や地域、あるいは特定の商品やサービス、ビジネスモデルに経営資源を集中する戦略をいう。他社がやりたがらない商品や参入しにくい市場に特化し、ニッチ（すきま）を狙う手法も集中戦略のひとつだ。集中戦略には、特定の商品やサービスに対して徹底的なコスト削減を行う「コスト・集中」と、特定の商品やサービスに対して徹底的な差別化を行う「差別化・集中」がある。

　上記戦略を選択しない商品は、差別化とは別な顧客購買要素の「価格」によって、熾烈な価格競争を強いられることになる。

2-6 ◆ SWOT分析

　SWOT（スオット）は、経営戦略構築を前提とした経営環境分析のひとつで、自社の内部環境分析と自社を取り囲む外部環境を分析するための"4つのキーワード"の頭文字を取ってSWOTと名づけられている。
- 内部要因（自社）分析として次の2点…①Strength（強み）
　　　　　　　　　　　　　　　　　　②Weakness（弱み）
- 外部要因（環境）分析として次の2点…③Opportunity（機会）
　　　　　　　　　　　　　　　　　　④Threat（脅威）

　SWOT分析の目的は、その企業が持っているビジネス機会や外的脅威などの「外部環境分析」と、コア・コンピタンスや組織体制などの「内部要

因分析」から、経営課題を具体化し、事業の進むべき方向を明確にすることにある。外部環境分析で扱う「要因」の特性は、基本的にその企業・組織の力で変えることが不可能なものと定義でき、経済状況や技術革新、規制緩和などの「マクロ要因」に関するものと、顧客ニーズや競合他社動向、ビジネス機会の変化といった「ミクロ要因」に関するものに分けて分析する。内部要因分析で扱う「要因」の特性は、その組織内の努力や改革で改善可能なものと定義でき、その企業が持っているリソース(人材、財産、キャッシュフロー、技術、情報リテラシー、販売拠点など)について強み・弱みを分析する。

①SWOT分析マトリクス

SWOTの外部要因と内部要因でマトリクス表を組むことによって、経営が選択すべき手段や課題を明確にできる。2×2で4つのマス目(マトリクス)をつくり、そこにとるべき手段や課題を記入する。例えば、想定されるビジネスチャンスにどのように強みを発揮できるか、逆に足を引っ張る要因が何か、またそれに対する対処策をどうするのか、などのように、とるべき手段を具体化していく。

		外部要因	
		機会(Opportunity)	脅威(Threat)
内部要因	強み(Strength)	①積極的攻勢 自社の強みにより取り込める事業機会の創出	②差別化戦略 自社の強みによる脅威の回避または事業機会の創出
	弱み(Weakness)	③段階的施策 自社の弱みによって事業機会を取りこぼさないための対策	④専守防衛または撤退 自社の弱みと脅威によって最悪の事態を招かない対策

②SWOT分析からの戦略策定

SWOT分析によって多くの経営課題が抽出されることとなる。経営課題とは、経営理念の実現や経営目標を達成するために解決しなければならない問題といえる。抽出された課題は、SWOT(強み、弱み、機会:チャンス、脅威:ピンチ)に分類されており、SWOT分析マトリクスの取るべき手段(①積極的攻勢　②差別化戦略　③段階的施策　④専守防衛または撤退)を意識しながら、課題達成と問題解決の具体的施策を導き出すことができる。

2-7 ◆ STEEPモデル

　STEEPモデルとは、企業を取り巻くマクロ環境のうち、現在ないし将来の事業活動に影響を及ぼす可能性のある要素を把握し、その影響度や変化を分析する手法。経営戦略策定や事業計画立案、市場調査におけるマクロ環境分析の基本的な分析方法。

Society	社会的要因	人口の推移、ライフスタイル、文化、教育制度、ものの考え方の変化
Technology	技術的要因	自分の業界に影響のある技術の動向(新技術の誕生、技術革新、普及度)
Economy	経済的要因	世界や日本全国、地域レベルでの景況(成長率、株価、物価変動、失業率)
Environment	環境的要因	環境問題(温暖化、砂漠化、空気・海洋汚染)、エネルギー問題
Politics/legal	政治・法律的要因	政界動向(政権交代、政府の方針転換)、自社の業界に影響のある法規制、施策

　マクロ環境分析方法の1つで、外部環境を「政治」、「経済」、「環境」、「技術」、「社会」の5つに分類して、それぞれに対して、自社に影響を与える事象を洗い出し、自社の問題点を導きだす。何の指標もなく漠然と外部環境分析をするのは非常に難しいため、こういった手法を活用することで、網羅性のある分析が可能となり、外部環境の変化に対し対策を打つことが可能となる。

　こういった分析は、大企業が行うことであって、中小企業には関係ない戦略要素だという考えもある。しかし、実際には飲食店であれ、小売業であれ政治や法律の影響を受ける。以下に飲食店を例にとったSTEEPモデル分析を紹介したい。

ラーメン屋さんのTEEPモデル分析
①モデルとなる仮想ラーメン屋の概要

　売上規模:年商2000万円、従業員数:3名、席数:15席くらいで、立地は駅から徒歩5分、好立地に存在しているものとする。4年前に店舗の改装を行いややコストをかけた。その後低価格の大手チェーン店が進出し売上が低迷する。銀行からの借入を返済していくと資金繰りが厳しい。現在は返

2 ■ 経営戦略の策定

済をリスケジューリング中である。何とか経営改善計画を立てて再出発したい状況だ。このラーメン屋さんの業界を、STEEPモデル分析してみることにした。

②社会的要因（S）

　社会情勢がラーメン店に与える影響は少なくない。特に、ダイエットブームの到来はラーメン店にとっては大きな打撃である。食に対する安全意識の高まりや、働き方の変化、価値観の変化などももちろん影響する。ダイエットブームは、炭水化物ダイエットやカロリーダイエットなどのように新しいブームが発生しては消えるを繰り返すが、多くの場合にラーメンとダイエットは相性が悪いと考えられる。

　ラーメンは、主役のひとつの麺が小麦主体の炭水化物で、もう一つの主役のスープには多くの脂質と塩分が含まれる。糖質が多いから太りやすい、脂質が多いからカロリーが高い、塩分が多いから高血圧になりやすい、という、いかにも不健康な食べ物の代表格のイメージだ。一方でラーメンは、日本人にとって身近で親しみの多い食べ物としても定着している。たとえダイエットや糖尿病などが気になっても食べたいと思う人は多いだろう。とくに糖尿病は合併症を引きおこす可能性があり食生活が制限される病気で、ラーメン好きには食べたいのに食べられないという、辛さが付きまとう。

　しかし、ラーメン店がこの問題を解決したら、行列ができるラーメン屋になるかもしれない。こんにゃくをベースにした麺に変える、最近流行りのおからを練りこんだものにする、といった工夫をした糖質制限（低糖麺）のラーメンであれば、これまでターゲットになっていなかった女性客も呼びこむことができるかもしれない。ダイエットブームが続いても戦えるメニューを開発したいところだ。視野を広げて社会の動きを観察することによって、一見マイナスに思える事態でも、プラスに替えることができる。経営者は、社会の変化、トピックがビジネスに与える影響に関心を持ちたい。

③技術的要因（T）

　かつてマンガや空想の世界でしかなかったことが実現できるようになっ

た。高価で一般の人には手の出なかったテレビ電話は、iPadやiPhone、スマートフォンで誰でも使えるようになった。このように技術イノベーションが著しい。しかし、一般的な小売業や飲食業は、技術革新と自社の経営を別なものと考えがちだ。容易には技術と自分の商売が結びつかない。ちょっとしたヒントだが、自分が属する業界紙を読んでみると、記事や広告に有益な情報があることが多い。FacebookやTwitterによる集客や最新の食洗機、製麺機、顧客管理のできるレジスターなどいろいろ散りばめられている。

④経済的要因（E）

日本では長らくデフレ経済が進行している。2013年から「アベノミクスでデフレ脱却」と政府は謳っているが、まだ多くの国民は踊っていない。デフレ下では、多くの家族が外食を控え、自宅で食事をする傾向がある。こうした状況を逆手に取り、「宅麺」と呼ばれるサービスを開発した会社がある。「自宅に有名店の味を提供する」というコンセプトで、すでに多くのラーメン店が加盟している。

またデフレ下では、安いものが売れる傾向があり、立ち食いラーメンも一考の価値がある。出店時の投下コストが安く、客の回転も速い。

⑤環境的要因（E）

2011年3月11日に発生した東日本大震災は、東北地方に限らず日本に甚大な被害をもたらした。多くの経営者がこの経験からBCP（Business Continuity Plan、事業継続計画）と呼ばれる大災害の被災対策に乗りだしている。大企業でなくても、想定外の災害に対する事前対策は必要だ。

被災時は、何もしないで命を守ることを優先せよ、というのもBCPのひとつだが、会計や顧客情報、秘伝のレシピをクラウド化（Web上のサーバーに保管）するとか、売上金はこまめに銀行に入金するとか、秘伝のタレはその一部を別な場所に保管するなど、何も手がないわけではない。

また、ECO（環境にいい）という観点から考えた場合にも、期限切れの食材の扱い方や残飯の処理法、割りばしなどの消耗品の対応など、小さな店でも考えることはたくさんある。

⑥政治・法律要因(P)

　ラーメン店と政治は関連性が無いように思えるが、そうとばかりは言えない。TPP（環太平洋戦略的経済連携協定）もその一つと考えられる。TPPの基本方針は、日本とアメリカを中心とした環太平洋国間の関税撤廃の法整備だ。

　現在、日本の小麦の輸入には250％の関税がかけられている。関税撤廃の場合、例えば、12万5千円で仕入れていた小麦が10万円になる可能性があり、仕入価格の低下が見込める。原価の低下を価格に反映し、安売り路線の客数拡大を目指すのか、逆に国産小麦にこだわり、高付加価値の客単価の高いラーメンを目指すのか、考えどころだ。

　また、2014年4月の消費税に伴う、外税表示方式の奨励なども思案したい。今回の消費税増税に係る政治と行政の雰囲気は、便乗値上げの黙認がある。都内のある天ぷら屋で、便乗値上げがあった。仕組みはいたって簡単で、「これまで1,200円（内税）でしたが消費税が上がりましたので4月1日より1,200円×1.08でお願いします」というもの。これは相当の便乗値上げだ。本来の消費税は、本体価格に掛けなければならない。1,200÷1.05≒1,143円。8％に増税後は、この1,143円×1.08≒1,234円となる。1,200円×1.08＝1,296円となり62円もの便乗値上げとなる。これを推奨するわけではないが、政治や法律も経営に関係する外部要因ということだろう。

2-8 ◆ 損益分岐点（BEP）分析

　破綻企業の中には、コスト意識が希薄な会社が少なくない。また、現場優先とばかりに利益管理や原価管理を後回しにする会社も見受けられる。このよう会社のターンアラウンド（事業再生・財務再構築）となると、徹底的なコスト管理を行うことになる。しかし、闇雲なコスト削減は、従業員のモラール低下やサービスを含む商品品質の劣化、仕入先等の取引条件の悪化など、経営全般への悪影響や事業再生の阻害要因となることもある。コストと売上のバランスが大切となる。ここに、コストを固定費（F）と変動費（V）に分けて、売上に対する粗利（M）を導きながらコストと売上のバランスを図

る、損益分岐点分析(BEP)を紹介する。

①損益分岐点式

利益が0円となる時点の売上高を算出する。
◎損益分岐点(BEP)売上高=固定費÷限界利益率

下図で、費用は固定費線+変動費線が総費用線になる。

売上高線は、左下の0を起点として総費用線よりも急角度で上昇する。2つの線はやがて交わり、ここをBEP(ブレーク・イーブン・ポイント、損益分岐点)という。この時の売上高を損益分岐点売上高という。BEPは、固定費線を下げたり、総費用線の角度を緩め(小さく)たりすると図の左により、早く達成することができる。

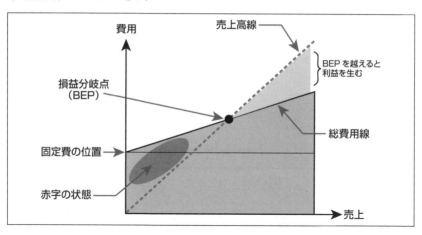

②限界利益分析(変動損益分析)

限界利益分析は、前項のBEP分析の変化版で、変動損益分析とも呼んでいる。限界利益とは、売上高から変動費を引いたもので、小売業やサービス業では粗利益に相当する。

次ページの図では、売上の発生と共に固定費線に向かって粗利益が積みあがっていく。やがて固定費線と交わるところがBEPとなる。
◎限界利益率(m)=限界利益(粗利)÷売上
　BEP=固定費(F)÷限界利益率(m)

この式の固定費に目標利益額を加えると、その目標利益に必要な売上を算出できる。
◎必要売上高=(固定費+目標利益)÷限界利益率(m)

下図からも限界利益線の角度(m)を大きくすると早期にBEPや目標利益を達成することが理解できる。

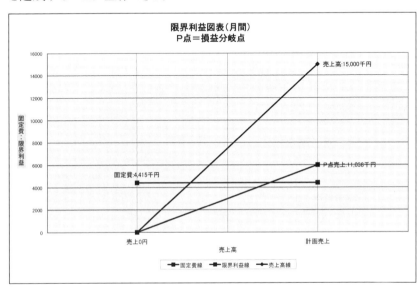

3 マーケティング戦略

企業がモノやサービスを市場(しじょう)で顧客に提供する一連の経営活動をマーケティングという。当該企業がマーケティングという言葉を使うかどうかは別として、ほとんど例外なく企業はマーケティング活動を行っている。作れば売れた戦後まもなくの時代(生産が追い付かないほど、市場規模が拡大した)を除き、現代の日本企業ではマーケティングが経営活動の大きな役割を果たしている。

本書の基本テーマの中小企業の事業再生(指導)においても、財務破綻企業が本格的にターンアラウンドできるかどうかのポイントにマーケティン

グがある。マーケティングの改革や成功は、財務のPL（損益）やCF（キャッシュフロー）を改善する。事業が本格的にターンアラウンド（再成長）するには、ヒト・モノ・カネの経営資源の3要素を最適化することだが、市場競争が激しい今日においては、マーケティング戦略の成功を先行させることが事業改善計画に重要な位置を占める。

3-1 ◆ マーケティング・プロセス

マーケティング・プロセスとは、事業内外の環境分析から、商品を売りたいターゲットを定めて、商品の位置づけを考え、商品の価格やプロモーションを策定するまでの一連の流れのこと。各プロセスにおいて、課題や問題が出た場合は、上流へフィードバックしプロセスの見直しを図る。以下に一般的なマーケティング・プロセスを紹介する。

マーケティング・プロセス	プロセスの考え方や手法
マーケティング環境分析と市場機会の発見	SWOT分析などを用い自社の強み・弱みを把握した上で、強みを生かせそうな市場を発見し、目的を定める。
セグメンテーション（市場細分化）	その市場におけるニーズを考え、ニーズの塊ごとに分類する。
ターゲティング（市場の絞り込み）	ニーズの塊に対して、自社の強みが伝わりそうなセグメントを選択する。
ポジショニング	セグメントの顧客に、自社製品を特別の価値があるモノであると認識してもらうために提供価値を定義する。
マーケティング・ミックス（4P）	定義した価値がターゲットに伝わるように、マーケティングの施策を考える。4PとはProduct（製品）、Price（価格）、Place（流通）、Promotion（プロモーション）の頭文字を取ったもので、その組み合わせ（ミックス）を考える。
マーケティング戦略の実行と評価	当初設定した目的に対して、マーケティング戦略がどれくらい実行できたかを検証する。

マーケティング・プロセスを効果的に進めるためには、マーケティングを単なる販売促進、営業促進と位置づけるのではなく、製品コンセプトから製造、販売、アフターサービスに至るまで、顧客との接点をコントロールする機能として位置づけることが必要である。

3-2 ◆ マーケティング戦略の構築手順

刻々と変化する市場においては、存在意義をもつ商品やサービスを提供

し、顧客との絆を深めることが求められている。この変化やニーズに対応できなければ、企業は衰退する。この市場変化やニーズに対応するための方策の構築を、マーケティング戦略の構築という。これを実現するためには少なくとも、商品開発からブランド構築、チャネル選択、営業活動、広告・宣伝活動までの一貫した「仕組み」が必要で、その具体的な取り組み方法は企業ごとに千差万別だ。以下に、基本的な構築手順を示すが、実際のマーケティング戦略の構築においては、参考程度に留めて欲しい。

①商品・サービスの選定

マーケティング戦略の対象となる商品やサービスを選定し、次に示す手順でターゲット市場や戦略的な優先順位等を策定する。

②セグメンテーション(S)

商品やサービスの対象となる市場を、同質な小集団に細分化(市場細分化)する。細分化の要素をどのよう設定するのかは、販売部門に限らず製造部門、技術部門、財務部門など経営に係るあらゆる部門や階層のスタッフで検討し決定しなければならないほど重要な事項だ。一般的な細分化の要素には、次のようなものをとることが多い。

(1)地域属性…都会と田舎、寒冷地と温暖地、中国語圏と英語圏、平地と山間
(2)社会属性…年齢、性別、所得、家族数、婚姻、職業、国籍、言語
(3)心理属性…性格、社会的地位、志向性、学歴
(4)行動属性…機能派と心情派、固定客と経験客、ブランド志向と機能志向

③ターゲティング(T)

選定した商品やサービスを持って、セグメントした市場にどのような手法で参入するべきなのかを分析・評価する。市場参入の手法については次のような形態が考えられる。

(1)参入断念…細分化はしたが特定の条件が整ったときにのみ参入する

(2)一般参入…細分化はしたが特段の対策をすることなく、他の市場と同様のマーケティングを行う
　(3)差別化…細分化した市場のそれぞれの特性に合わせたマーケティング・ミックスを展開する
　(4)集中化…細分化した市場のいずれかに経営資源を集中した上でマーケティング・ミックスを展開する

④ポジショニング(P)
　セグメント市場における競争優位の方策を立案する。競争優位策は、差別化要素を2軸(XY軸)使った4面に製品特性をポジショニングすることにより導き出す。この際の差別化要素には次のようなものが考えられる。
　(1)製品の差別化…基本機能、付加機能、所有満足、デザイン、スタイル、バラエティ
　(2)付加サービスの差別化…納品、問合せ対応、使用サポート、上客カード
　(3)スタッフの差別化…接遇、商品知識、清潔感、安心感、迅速さ
　(4)イメージの差別化…シンボルマーク、ハコモノ、社会貢献、パブリシティ

⑤競争地位
　企業がおかれている市場地位は、セグメント市場や事業ドメインによって大きく異なり、そのポジションを競争地位という。この競争地位によって、企業が採るべきマーケティング・ミックスや競争手段は変化する。最終的なマーケティング戦略を決定する前に、この競争地位を確認する必要がある。
　経営学者コトラーは、業界における競争地位を市場占有率にもとづいて、以下の4つに分類した。
　(1)リーダー…業界で最大の市場占有率を誇る企業(経営資源量大、経営資源質大)
　(2)チャレンジャー…リーダーに挑戦し、市場占有率拡大を狙う(経営資源量大、経営資源質小)

(3) フォロワー…リーダーに挑戦せず現状維持とリスク回避(経営資源量小、経営資源質小)

(4) ニッチャー…競合が生じにくい分野に資源を集中させる企業(経営資源量小、経営資源質大)

3-3 ◆ コア・コンピタンスの確立

マーケティングを成功に導くためには、競争優位を築き維持する必要がある。競争優位の源泉として、コア・コンピタンスを挙げることができる。コア・コンピタンスとは、他社が真似できない商品やサービスを提供できる総合能力のことで、企業の中核能力と呼ばれるものだ。コア・コンピタンスは、自社の中核能力を見極め、そこに資源を集中して他社との差別化を図ることが、質の高い経営資源を獲得し、競争優位を確保する有効な手段として、近年脚光を得ている。

しかし、自社の何が他社よりも優れているのかを見つけ出すことは、容易ではない。自社のコア・コンピタンスとなりうる分野を把握するためには、これまで説明してきた、SWOT(環境分析、自社分析)が重要だ。経営資源の量や質において限りのある中小企業であっても、SWOT等の分析をもとにしたマーケティング戦略によって、市場や業界内での競争優位を得る可能性が出てくる。

企業の成長戦略

中小企業の事業再生では、財務の再構築(財務リストラ)から手掛けることが多い。経営を医療に例えて、AED(自動体外式除細動器)による心臓の蘇生や緊急手術による止血を優先させることに似ているとする。窮境な経営が緊急手術を終え困難な状況を脱することができた場合は、経営を次の段階に進めなければならない。多くの場合に次の段階とは、PL(損益)やCF(キャッシュフロー)の改善に向けて成長戦略に取り組むことだ。

成長戦略とは、企業や国家などの組織が成長するために経営能力をどの領域に注力するのか、その方向性や投下エネルギーの量を明確にすることだ。企業経営において成長戦略の位置づけは、全社レベルの戦略ということになる。成長の方向性を表す概念構造（コンセプト・フレーム）として、アンゾフの「製品／市場マトリックス」（成長ベクトル）が用いられることが多い。アメリカの経営学者アンゾフ（H. I. Ansoff）が提唱した経営戦略モデルは、「既存または新規の市場のうち、成長が見込まれる領域・分野にねらいを定め、そこへ経営資源を集中させていくことで成長の実現を目指す」というものだ。

　成長戦略は、市場戦略の中心部分として「製品・市場分野の決定」という観点から、事業の「成長ベクトル」を見出そうとするもので、アンゾフ以外の戦略構築も含めいくつか紹介する。

4-1 ◆ 製品／市場マトリクス

　アンゾフの企業成長戦略は、「製品と市場の組合せ」を4ゾーンに分け、ゾーン毎の戦略的対応を考えようとしたもの。中長期の事業計画において経営資源の配分や重点分野への集中は、重要な経営課題となる。

		製品分野	
		既存製品	新規製品
市場分野	既存市場	①市場浸透戦略	②新製品開発戦略
	新規市場	③新市場開拓戦略	④多角化戦略

ゾーン別戦略名	戦略の概要	戦略適用のアイディア
①市場浸透戦略	既存商品を既存市場に浸透させ、深堀りするやや保守的な事業戦略。製品にも市場にも過去の経験があるため、リスクの少ない事業計画を立てられる。事業の見通しも立てやすい。これまでにも事業努力をしてきた分野だけに、新たな施策を立て難いというデメリットがある。市場浸透の手法としては「シェア拡大」と「使用量拡大」がある。	シェア拡大策としては、営業の強化や積極的な広告宣伝、販売単価の値下げ、キャンペーンなど。シェア拡大策の問題点は、競合が存在し、製品格差が少ない場合に激しい価格競争をおこし、企業収益を悪化させる危険がある。使用量拡大策は、既存顧客を深掘りし買換え、買い増しなど、使用量や頻度を増やすことをねらう。
②新製品開発戦略	既存市場の強みを活かしながら新たな製品を提供し成長を図る。既に存在する自社ユーザーのチャネルを利用することで、新商品や新サービスに係る販売コストを抑制しながら市場優位性を保つ。	・既存商品に新機能を追加する ・技術革新を取り入れた次世代代替品を追加する ・顧客ニーズに合わせ製品の幅を広げる

③新市場開拓戦略	既存製品を新たな地域や客層に広げようというもの。既存市場におけるユーザー評価が土台としてあるため、新市場へのマーケティング・コストだけで販売量を伸ばすことが可能だ。	・新規出店や海外進出などの地域展開 ・エステのメンズ店やオムツの老人用製品などのセグメント展開
④多角化戦略	新規市場に新製品で進出しようとする、冒険的で挑戦的な戦略。多角化には、既存事業と何らかの関連やシナジー効果がある場合の、関連型多角化戦略と、何の関連性もない非関連型多角化戦略がある。	全くの新規領域に進出するためハイリスク・ハイリターン型の手法ともいえ、企業全体を見通しての事業ポートフォリオ計画ともいえる。M&A買収による多角化は良く行われる。

4-2 ◆ マーケティング・ミックスと新製品戦略

　マーケティング・ミックスとは、マーケティング要素の4P（製品、価格、販売チャネル、プロモーション）の最適な組み合わせ手法をいう。マーケティング・ミックスは、企業価値をあげるための重要課題で、販売計画作成における製品計画や価格決定、販売方法などのバランスやタイミングを策定する。

マーケティング要素	各要素の概要
①製品（Product）	・選択した市場やドメインに対して、対応する製品や製品グループを選定する ・商品（サービス）のバリエーションやブランドなどの品揃え（マーチャンダイジング）と商品の組合せ（プロダクトミックス）を検討する ・選択した商品が、プロダクトライフサイクル（導入期、成長期、成熟期、衰退期）のどこに位置づけられるのか把握し、状況に応じた新製品開発を検討する ・限られた経営資源を有効に活用するためPPM（プロダクト・ポートフォリオ・マネジメント）手法を用いて、製品のライフサイクルに合わせた事業投資を検討する（※PPMについては、別掲載）
②価格（Price）	製品価格を決める手法で価格戦略や価格政策という場合もある。価格は、販売数量や販売チャネルの策定、ブランディング（※別掲載）などのマーケティング戦略全般に大きな影響を与える。価格は、売り手と買い手でその決定基準や価値判断が異なる。売り手と買い手の価格決定基準は、次のようなものといわれる。 ・売り手側の価格決定基準＝（原価＋販売コスト＋目標利潤＝販売価格） ・買い手側の購買価格基準＝（（期待便益＋期待満足）×類似商品変数＝購入価格） 両者の希望額を科学的に一致させることは不可能。売り手側が科学的に価格を決めたとしても顧客が同意しなければ売買は成立しない。また如何に顧客の同意が得られ販売量が伸びても事業を維持する利潤がなければ事業継続はない。現実的な価格決定は、需要とコストと競争の3点から行うことになる。
③販売チャネル（Place）	商品を顧客に届ける流通経路と販売経路（販路）を販売チャネルと呼ぶ。流通には、仕入れなど所有権の移転を伴う商的流通（商流）とモノが移動する物的流通（物流）、販売情報や顧客情報などの情報が移動する情報流通（情流）の3種類がある。 販路には、生産者の店舗直売といった単純なものから生産者→商社→卸売業者→代理店→小売業者→消費者といった複雑なものまで実にさまざまなものがある。近年は、ITの普及を背景にしたインターネット・ショップ（イーコマース）や都市化による人間関係の変化を背景にしたマルチレベル・マーケティング（ネットワーク・ビジネス）など販路はますます多様化している。

④プロモーション （Promotion）	プロモーションは、販売促進（販促）活動と訳され、商品やサービスの存在を顧客に知らせる活動をいう。販売促進活動には、対面販売や営業、広告、DM、パブリシティ、イベントや展示会への参加などがある。PR（Public Relations）活動もプロモーションのひとつだ。広義のプロモーションは、顧客ばかりでなく地域社会や住民、取引先や株主、従業員などとの間に良好な信頼関係を築くために行うコミュニケーション活動全般を意味する。町内会のお祭りへの協賛や福祉団体への寄付などもこれにあたる。なおパブリシティとは、商品や販売活動が、新聞やテレビ、雑誌などのマスメディアに記事として取り上げられることをいい、プロモーション活動の重要な要素である。 プロモーションを企画する際に重要なことは、マーケティング・ミックス4Pのうち他の3P（価格、製品、販路）を充分意識し、誰に・何時・何を・どのように伝えるのか検討しなければならないことだ。またプロモーションには、販路を川上から川下へ販促活動を流す（伝達する）プッシュ戦略と川上の企業が直接的に顧客（消費者・市場）に宣伝・告知するプル戦略があり、この選択もプロモーションの重要事項となっている。

4-3 ◆ PPMプロダクト・ポートフォリオ・マネジメント（products portfolio management）

　PPM（プロダクト・ポートフォリオ・マネジメント）は、複数の製品販売や事業経営を行う企業が、最も効率的な製品と事業の組合せ（ポートフォリオ）を決定する代表的な経営管理手法だ。一般的な活用法は、外部変数（市場や産業の成長性、規模など）と内部変数（自社の優位性や競争力、技術力など）の2つの視点において、製品や事業ごとに収益性、成長性、安全性などを分析評価し、その事業や製品の拡大推進もしくは維持、縮小や撤退を決定するためものだ。

●PPMのマトリックス

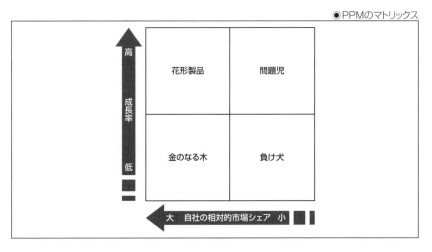

PPMは、米国ボストン・コンサルティング・グループ（BCG）が1970年代はじめに提唱し、GE（ゼネラルエレクトリック）などの巨大コングロマリット企業の事業再編の戦略構築に活用したのが始まりといわれている。BCGモデルでは、市場の成長率を縦軸に、競合他社との相対的マーケットシェアを横軸に取った4象限のマトリクス（成長－シェア・マトリクス）を設定する。ここに各製品・各事業（SBU:戦略的事業単位）をプロットすることで全社における製品・事業のポートフォリオを把握し、戦略的意思決定を行う。

PPMゾーン	各PPMゾーンの特徴
①花形製品	シェア大・市場成長高 売上は大きいが費用もそれなりに必要なゾーン
②金のなる木	シェア大・市場成長低 市場成長が低いため新規参入者も少なく新たな投資も少なく済むので、売上が大きい割には経費が少なく、キャッシュフローの優良児といわれるゾーン
③問題児	シェア小・市場成長高 市場の成長性に対して売上が追い付いていない状態で、金が掛かりすぎるキャッシュフローの問題児といわれるゾーン
④負け犬	シェア小・市場成長低 企業ブランドイメージの維持など特別な理由がない限り、製品や事業の撤退を検討しなければならないゾーン

4-4 ◆ ブランドとブランディング

　ブランドとは、顧客に与える品質や総合サービス、商品所有の満足などの企業と製品のイメージを包括・総称したもの。ブランドは、顧客が商品やサービスを選択する際の重大要素といえるものだ。顧客が、商品によって知覚し感じた何らかの価値をブランドということができるだろう。ブランディングとは、製品や企業に与えるブランド（という価値）を造りだす仕組みだ。ブランドイメージを高めるための一連の計画や行為もブランディングということができる。

　時計のロレックスやバッグのルイ・ヴィトンは、どうして高くても売れるのだろうか？　同じ機能やサービスを提供する後発メーカーが出てもトップブランドの価格帯では売れないだろう。多くの企業がブランドやブランディングを大切するのは、そこに大きな価値や利益の可能性があるからだ。ブランドを理解しブランディングを推進するには、ブランドの構成要素を分析してみたい。ブランド要素は、定説があるわけではないので、筆者なりの解説を試みた。

ブランド要素	ブランド要素の概要
①ブランドネーム	ブランドの名前。簡潔で覚えやすく、語感がそのブランドに適合していることが必要。高級感を出したいのか、親しみやすさを訴えたいのかによってその語感などを変える。
②ロゴマークやシンボルマーク	シンボルマーク(ロゴデザイン)とは、単にマークデザインとしての審美性やクオリティだけではなく、ブランディングに欠かせない要素として位置づける。ブランドのその役割を果たす機能性を持ったシンボルマークを開発し、将来想定される事業拡大を視野に入れたデザイン設計を行いたい。
③キャラクター	キャラクターとは、「特徴」や「性質」「性格」「配役」「文字」「人物」など様々な意味を持つ英単語。小説、漫画、ゲームなどに登場する人物や動物などの事。「架空の人物」「特徴的な性格」等を象徴化することが多い。
④商品(プロダクト)デザイン	大量生産を前提とする生産物(プロダクト)のデザインを指す。インダストリアル(工業)・デザインと同義語。生活に必要な道具、機械、製品のデザイン全般を意味する。
⑤スローガン	スローガンとは、企業や団体の理念や、運動の目的を、簡潔に言い表した覚えやすい句・標語・モットーのこと。日本では「キャッチコピー」と呼ばれることもある。
⑥パッケージデザイン	パッケージデザインは、容器や包装のデザインのこと。包装や容器を要する商品の商品特性やコンセプトなどを考慮し、グラフィックや形態を配慮し考案(デザイン)する。
⑦イメージソング	商品やサービス、企業や団体の宣伝のための楽曲であって主題歌、挿入歌、サウンドトラックいずれにも該当しないもの。短い楽曲で商品のイメージを喚起したい。

　ブランドの対象は、企業グループ全体を捉えたものから、個々の商品やサービスまで様々だが、これらのブランド対象の特徴を見い出し、そこにスポットを当ててブランディングする。ブランディングの良し悪しは、マーケティングの上でも企業価値向上においても重要課題と捉え、研究や検討をしなければならない。

 シナリオプランニング

　ここまで幾つかの経営戦略について、考え方や戦略手法の背景などを説明してきた。ここでは、これらの戦略ツールの活用法を説明したい。優れた戦略手法であっても、分析することや戦略構築が目的やゴールとなったので成果は上がらない。戦略構築とは、各種の分析手法によって、事業継続のために手を打つべき当面の策や課題の抽出、またどうすればその課題を達成できるのか、アクションに結びつけることだ。本項では、具体的な

事例を紹介しながら、再生局面にあった事業における経営戦略立案のプロセスをシナリオプランニングという手法を用いて紹介する。

シナリオプランニングとは、アメリカ空軍のシンクタンクとして設立されたランド・コーポレーションが開発したシナリオ法を元にした考え方である。かつて第二次世界大戦中に、様々な戦略手法が研究開発された。シナリオプランニングは、戦時の手法をそのまま戦略に適用するのではなく、具体的な状況描写と、ストーリーを考えることで、数量化できない問題点を浮き彫りにする。この優れた特徴から国家の運営や企業経営において活用されるようになった。

未来は予測できない。しかし、予想することは可能である。これが、シナリオプランニングの基本姿勢だ。シナリオプランニングは、1つの未来予想図を描くのではなく、複数の予想図を描き、将来どの予想図に近い状況になったとしても、事業継続が可能となるような施策を構築する。企業や組織の事業計画は、直近の実績やトレンドに基づいて立案されるのが一般的だが、未来を過去と現状の延長としてとらえる方法では、不連続な環境変化が起こった場合に適切な対応ができない。そこで起こり得る未来を「シナリオの策定」という形で仮想的に経験することで、意思決定者が（心の準備を含めて）事前に対策を練り、変化の予兆を見逃すことなく、不確実性に対応できるようにする手法がシナリオプランニングである。

5-1 ◆ シナリオプランニングで危機を乗り切ったシェル

「シナリオ法」と呼ばれていた時代において、それを企業経営に適用することができることを証明したのは、ロイヤル・ダッチ／シェル（以下、シェル）である。1967年、シェルでは統合計画法（UPM:Unified Planning Machinery）という名称で全グループ共通のキャッシュフロー計画体系を導入していたが、大きな環境変化には対応できず、方向性を見誤ることがあった。

このとき、シェル本社のグループ・プランニング室が、シナリオ法を適用して、西暦2000年の石油産業における市場動向を描いたシナリオを作成したのである。彼らは、「石油価格は現状を維持する」、「OPEC（石油輸出

国機構）が主導して石油価格の高騰が起こる」という2つのシナリオを考えた。本社の経営陣はこれらのシナリオをまったく無視したのであるが、グループ・プランニング室は現場を動かし、想定されるシナリオの対策を打っておいた。

　1973年に石油危機が勃発した際、多くの石油メジャーが凋落するのを横目に、シナリオを描き、危機に備えていたシェルは世界2位の石油メジャーとして君臨するようになった。さらに、その後もシェルは「ソ連は現状の体制を維持する」、「ソ連は経済悪化からグリーン化（民主化）する」という2つのシナリオを描いていた。これらの対策もしていたため、ソ連が崩壊し、ペレストロイカが始まったときには迅速な対応が取れた。結果、ソ連の天然ガスや油田の権益獲得で優位に交渉を進めたと言われている。
　シナリオプランニングの本質は、複数のシナリオを、未来予想図を元に描き、対策をすぐに取れる準備をしておくことに他ならない。まさに事業継続のために、必要な考え方である。

5-2 ◆ 事例で学ぶシナリオプランニングのステップ

　シナリオプランニングはアメリカ政府やシェルなど大手企業で取り入れられている考え方ではあるが、中小企業が事業の方向性を決めることにも活用できる。中小企業がシナリオプランニングを導入する最大のメリットは、経営者と経営幹部や後継者が一緒になって企業の未来を描くことにある。厳しい経済環境が続くなかで、企業の方向性を経営陣が共に描く作業自体に意味がある。事業承継の場面においても活用したい手法だ。
　本項では、シナリオプランニングを説明するに当たり、架空のケースを見立て、このプランニング・ステップを基に紹介する。

　＜ケーススタディ＞　"XYZ自動車教習所"
　XYZ自動車教習所は、X県にある。立地は都市の中心部ではないが、県下で規模は最大である。近隣の市からも来校者があり、恵まれた立地

環境にある。指導員の人柄も良く、地元では評判である。

しかし、昨今の少子高齢化において、売上は以前に比べ、2/3ほどになってしまった。企業向けの研修事業も古くから行っているが、顧客は行政（消防署など）が中心で、役所の予算が減少し、研修事業は赤字が続いている。役所向けという社会的な意義があるため、継続しているという状態だ。また、近年高齢者講習を始めたものの、それほど生徒の数は増えておらず、事業継続が危ぶまれている。今後の事業の方向性をどうするか、考えるべき時期が来ている。

①ステップ1　＜STEEPモデルを用いた環境分析＞

シナリオプランニングの第一ステップは経営を取り巻く環境分析を行うことにある。環境分析の始めは、前述したSTEEPモデルを用いる。

社会・消費者(Society)	・少子高齢化 ・若者の車離れ
技術進展(Technology)	・自動運転技術 ・燃料電池技術の車載化
経済・税制(Economy)	・TPP（外的圧力）による、免許制度の撤廃 　（アメリカ型の低コストで簡易発行する仕組みの導入） ・円安による石油価格高騰
地球環境(Environment)	・エコ活動の推進による車でなく、電車の利用拡大 ・地球温暖化対策のための省燃費車増加
政治・政策・規制(Politics)	・道路交通法の改定 ・行政ルールの変更

STEEPモデルにおける自動車教習所業界全体の分析を行った。実際にはもっと多くのトピックスが提案され、より具体的な議論が行われるが、主だったものを抽出したため、各分析項目において、2つずつを例として挙げた。

この中から、自社が①コントロールできない、且つ、②事業継続に影響を与える、要素はどれなのかを議論して抽出する。

実際のシナリオプランニングでは、経営幹部や幹部候補者を集め、チームを幾つかに分けて議論し検討する。営業担当者や部課長レベル、役員などの参加を得る。3から5名程度をチームとして、役職等はばらばらにチームに配属される形式だ。営業の視点と、現場で教習する指導員の視点、役員の考えなどが混ざり合い、議論が活性化することを期待する。

STEEPモデルの要素をそれぞれチームメンバーで議論し、付箋に書き出してみる。壁には模造紙が貼ってあり、それに分類された付箋を貼り付ける。そうすることで、考えが見えるようになり、他のチームと差があれば何かを議論できるメリットもある。こうした議論を続けた結果、XYZ自動車学校の場合には、以下の3つが重要課題として抽出された。

1. 少子高齢化
2. 行政ルールの変更
3. 自動運転技術

　少子高齢化によって、免許取得可能な18歳人口は減り続けているため、市場は小さくなっている。また、規制緩和の進展も心配だ。TPP（環太平洋戦略的経済連携協定）の動向によって、自動車教習所という許認可事業がなくなる可能性もある。また、免許制度も極端に簡易化されると自動車教習所の存在価値がなくなるかもしれない。さらに、Googleやトヨタが実験しているように、自動運転技術の進展が免許制度に大きなインパクトとなる可能性もある。

②ステップ2　＜5Forcesモデルを用いた環境分析＞
　ポーターの5FORCES（ファイブフォース）モデルを用い、直接競合、間接競合、新規参入者、得意先（顧客）、仕入先の力関係を分析する。前のSTEEPモデルの時と同じように、5つの要素に関して、模造紙に考えて抽出された内容が記載された付箋を貼りつける。

直接競合の動き	・値引き競争 ・サービス激化（自宅前送迎）
間接競合の動き	・合宿専門自動車学校の増加 ・1発試験での免許取得を推進する非認可自動車教習所の増加
新規参入の動き	・M&Aの推進による、勝ち組教習所のエリア独占化
得意先（顧客）の動き	・価格優先での教習所選択 ・友人のクチコミや最寄の教習所をWeb等で選択する傾向
仕入先の動き	・車の低価格化 ・エコカーの増加

　自動車教習所というビジネスモデルは、市場が縮小傾向にあるため、新

規参入はほとんどないといって良い。巨大な土地を必要とする事業であり、公安委員会からの認可事業であるため、参入障壁は高いと言える。しかし、一発試験合格指導専門の事業者や合宿専門の事業者といった、間接競合は存在する。また、価格競争もないとは言い切れない状況で、近年、自動車教習所を完全に駆逐するため、非常に低価格でサービスを提供した事業者も存在する。もちろん、近隣校がその価格競争に負けて廃業となれば、その市場がまるまる勝ち残った事業者のものとなるため、弱肉強食現象が起きる業界でもある。市場を勝ち取った後で価格を元に戻す戦略もあるからだ。

5Forcesモデルを用いた環境分析の結果、自社が①コントロールできない、且つ、②事業継続に影響を与える、要素はどれかを議論して抽出する。XYZ自動車学校の場合には、以下の2点が抽出された。

1. 値引き競争
2. 合宿専門自動車学校の増加

これまでの環境分析の結果、以下の5つの要素が抽出された。いずれも、自社がコントロールできず、事業継続に影響を与えるものである。

1. 少子高齢化
2. 行政ルールの変更
3. 自動運転技術
4. 値引き競争
5. 合宿専門自動車学校の増加

③ステップ3　＜影響度による絞込＞

この中からさらに2つに絞る。

その視点は①重要性・影響力が高く、②より不確実性が高いという基準である。これを検討した結果、図のように分類された。

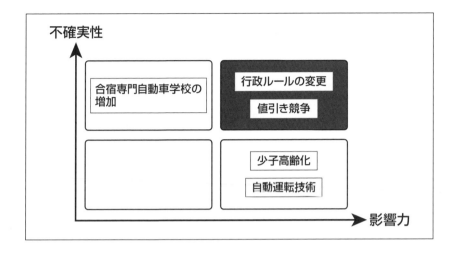

　行政ルールの変更は自動車教習所運営において、必ず従う必要があるものばかりで、インパクトが大きい。また、近隣自動車教習所が大幅な値引きをすることによる競争の激化が起きることも、先行き不透明で読めない。経営に影響が大きいこれらを考慮した結果、以下の2つを抽出した。

- 行政ルールの変更
- 値引き競争

④ステップ4　＜シナリオ描写＞

　前ステップで抽出した経営に影響の大きい2つの環境要因を軸として4つのシナリオを考えることにした。

シナリオ1	行政の動きが教習所にとって、良い方向に動き、規制緩和が広がることで、教習所で可能な事業範囲が広がる。また、近隣教習所が大幅な値引きをすることなく、安定した価格を顧客に提示できている。
シナリオ2	近隣との価格競争はないものの、行政のルール変更により、教習所の運営がより厳しい監視下に置かれ、これまで必要なかった対応を行ったり、設備を揃える必要があったりと、コスト面において、悪い影響が出る。
シナリオ3	近隣の教習所が大幅な値引きを行い、価格競争が激化し、値引き圧力の可能性がある。一方で、行政の規制緩和により、民間の委託事業が増え競争が激化する。
シナリオ4	近隣の教習所が大幅な値引きを行い、価格競争が激化。その上、行政のルール変更により、教習所の運営がより厳しい監視下に置かれ、これまで必要なかった対応を行ったり、設備を揃える必要があったりと、コスト面において、悪い影響が出る。

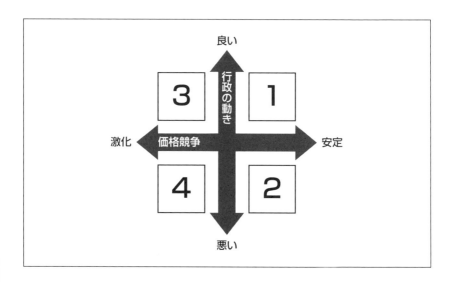

⑤ステップ5 ＜対策の立案＞

　4つ描かれたシナリオに対して、未来がどのシナリオになったとしても、対応できる施策を考える。ポイントは、"いずれのシナリオになったとしても"競争力があり、事業継続が可能となる施策である"ということだ。対策立案のステップで取るべき施策を検討してみると、現場のスタッフや課部長レベルでもすでに考えを持っている人物が多いことに気付く。自動車教習所という市場が縮小している業界だけに、従業員の危機感は相当高いのが現実だ。しかし、それを口にする場や知識、情報を共有する場がないことが多い。社長や役員に提言する機会のない中小企業も多い。ワンマン社長、辣腕社長の多い中小企業の弱い部分でもある。シナリオプランニングというツールの使い方は事業の方向性を導き出す手法だけでなく、従業員や幹部候補が声を上げる場ともなり得る。

対策1 近隣教習所の価格動向把握	協会などの団体への参加といった場面で価格調査、また、学生への他校の状況ヒアリング
対策2 値引きに対抗できるサービスの強化	自宅前送迎や、バスと教習の予約連携などを実施し、顧客満足度の向上を実現
対策3 免許の新規取得者だけでない、顧客の獲得	2種免許だけでなく、他の免許が取得できるように免許種類の拡大、及び企業向け研修事業の拡大
対策4 行政ルールのWatchによる、新サービス	行政担当者と会う機会を創出し、適宜ヒアリングを行って規制緩和の状況を確認する

対策として4つのポイントに絞った。この4つが外部環境分析から導き出された重要な施策だ。事業計画の立案において、この4つの施策を軸に考えると、より具体的で行動に結びつきやすい計画を作ることができる。誰が、いつまでに、何をするのかを明確にしたい。

　これまでのシナリオプランニングでは内部環境分析を行っていない。上記の施策の実施が、社内のリソース(ヒト・モノ・カネ)で実現できるかを議論していない。しかし、厳しい現状を認識し、シナリオプランニングに参加した次世代を担う予定のメンバーが、自ら導き出した施策を否定的な意見で潰すことは無い。自ら導き出した施策に対しては、責任感と実行意欲が生まれる。

　経営戦略を作る上で最大の敵は外部環境でなく、内部環境にあることが多い。経営者が唱えた事業ビジョンや経営方針に対して、できない理由を見つけては、現状を変えたがらない幹部や管理者が少なからず存在する。彼らの多くが、「今のままで何が問題なのか？」「現状を変えた時のリスクは誰がテイクするのか？」と考える。「状況は何時も変化するので今はやらない方がいいのでは？」といったできない理由ばかりを考えるインテリの保守層がいるものだ。彼らの意識改革に多くの経営者は困惑し労力を払わせる。シナリオプランニングはその点を突破するツールになり得る。彼らに、自ら考えさせ、自らの意見をまとめさせ、それを実行することを宣言させてみてはどうだろうか。

　社員参加型のシナリオプランニングがうまくいかないケースもあることだろう。また、プランができても様々な理由からプランの実行ができなくなるケースも出てくる。こうした場合を避けるため、施策は1つだけにしないことだ。ただし、施策が多すぎても優先順位を付ける必要があるなどの問題がある。実際には50個の施策を考えても、直近3年では、その内の5つを推進する、というような具体的で実現可能性の高い施策を残す。

シナリオプランニングは、環境分析という大きな枠から、経営に対する重要度や影響力の高い要素を絞り込み、それぞれのシナリオを描き対策を考える。経営戦略を立案し、企業が事業継続するための方向性を定める上でシナリオプランニングは、意義あるツールといえるだろう。事業継続を可能とするより具体的な施策を引き出せるツールとして、また一度は活用して欲しい戦略ツールとして紹介した。

6 経営計画

　経営計画が無くとも経営は可能だ。現に多くの中小企業が書面としての経営計画（書）を作成せずに事業経営を推進していると思う。しかし、書面は無くとも321ページに示した経営体系（図）が示す通り、経営計画は必ず立てているはずだ。事業構想を実現化するためのプランが、中期経営計画にあたる。中期経営計画を達成するために、企業内外の環境分析等を行い成功確率を高めるために経営戦略を策定する。中期経営計画に経営戦略を織り込み、部門や期間を絞り込んだものが、年度経営計画やユニット別経営計画となる。

経営全体像の理解	・経営体系図を理解し、経営の全体像を把握する ・経営に必要な因子を分解し、整理する ・経営計画の必要性を図にして可視化する

↓

経営の方向性を検証する	・時代の潮流にあった事業かを検証する ・社会に自社が入る価値を考える ・他社と比較して自社の強さを導き出し、復活のシナリオに何が有効かを検討する

↓

抜本的な改革アイデアの創出	・根本的な改革アイデアの創出にはまず、やるべきこと、つまり、売上拡大とコスト削減の施策を検討します ・売上拡大の検討ポイントから自社ができることを導き出します ・コスト削減の検討ポイントから自社ができることを導き出します

↓

経営戦略構築	・外部環境（競合他社）を分析し、どうすれば他社に勝てるかを与えます ・内部環境を分析し、何が生せるか、何を変えるべき必要があるかの施策を検討します

↓

年度経営計画の策定	・具体的な数値計画を立てるため、まずは新商品、新サービスの売上を考慮した売上計画を考えます ・コスト削減を考慮した費用計画を作成します ・損益計算書を作成します

　どの様な会社にもこういったプランは必ずある。しかし、多くの会社で書面になっていなかったり、数値化させれていないために何をしていいか不明だったり、社長から書面は出されるが毎回フォーマットや表現方法が違うため理解不能だったりする。一方で、数値化・書面化され、さらに製本までされていながら、社長室の書棚に飾られたままの経営計画書もある。経営陣

が事業構想実現に向けて作成した経営計画でなく、経営コンサルタント任せの経営計画書は時々このような扱いを受けてしまう。

　中期経営計画は、企業が中期的に目指す、あるべき姿と現状とのギャップを埋めるための計画と定義できる。経営者が描く事業構想を今後3年、5年でどのように実現させるのか、どんな手を打つのかといった戦略アクションプランを、経営陣や社員、その他の関係者に理解できる形で記載するものだ。

　中小企業の経営者は日頃から事業経営を四六時中考えているが、頭の中で考えているに過ぎない。社員などの関係者に解りやすい「経営計画を作る」となると、慣れないことであり、かつ面倒なことでもあることから、二の足を踏むことが多い。具体的な中身を作るのに手間はかかるが、経営計画書を作り関係者に開示するメリットは多い。金融機関や取引先からの信用が増大するし、経営陣や社員の共感を生みモチベーションを上げることもできる。

　本項では、事業経営において効用、効果があることを分かっていながら作成に二の足を踏んでいた、経営計画の策定方法の一端とケーススタディを紹介する。

　なお、経営計画書作成のフォーマットや指南書について、下記に参考文献を記載する。

- 30分で作る!経営計画&予算実績管理「エクセルフォーム付」
  編著者:杉田利雄、発行:シーアンドアール研究所、
  2008年11月初版
- あるべき「実抜計画書」の作り方－中小企業の生き残り計画・基本編－
  監修:杉田利雄、著者:山本広高、高橋章、発行:平成出版、
  2013年1月初版

6-1 ◆ 経営計画策定ステップ１
＜経営の全体像をとらえる＞

　誰が読んでも論理的で共感できる計画を作るためには、これまでにオーソライズされた手順やルールなどを知っておきたい。経営者のこれまでの直感や勘、成功体験などを大事にしながら、これを文書化、数値化、図表化などの手法を使い、経営者自身にも社員等の利害関係者にも解るように表現する。その第一ステップは、経営の全体像と現状を説明することから始めると良いようだ。

- 経営の全体（経営体系）を理解する
- 自社の置かれている状況をきちんと把握する
- 綿密な戦略を立てる

　これまでに経営計画を作成したことがある、もしくは、すでに知識として持っている、という場合でも、ここでは経営体系の全体図を改めて認識し、自社の経営計画に「検討モレ」がないかどうか、しっかり確認したいものだ。

6-2 ◆ 経営計画策定ステップ２
＜経営の方向性を検証する＞

　ステップ２では、社会の変化や経済の変化と当社の事業や商品の関係を見直す。変化を捉え変化に対応し、それも継続的に購入してもらえる商品やサービスを提供できているかどうか、を考える。

　これまで商売として成りたってきたビジネスモデルが、この先も継続して利益を生みだせるか、クリティカル（楽観的ではなく）に分析する。事業は今日まで、社会性を発揮し市場に受け入れられてきたが、それは明日も来年も３年後も可能なのだろうか。時代の潮流を読み、他社にない自社の強みを活かして、社会に対して自社が何を提供できているか、考えを絞りまとめる。顧客に何の価値を提供しているか、という視点で事業の方向性を検証し、継続的にお客様とおつきあいできるかを考えることで、事業の方向性を検

証する。

6-3 ◆ 経営計画策定ステップ3
＜可能性を追究してみる＞

　ステップ3では、事業アイディアをベースにして経営陣や幹部が議論をかわすところから始める。
- 自社で何をすれば、業績が復活できるか
- どのような新商品や新サービス開発が必要か
- 現在のコスト削減は本当に限界か

などなど、経営を論理的に捉えたブレーンストーミング（自由な討議とアイディア出し）を行う。

　ブレーンストーミングは、自由な雰囲気の中で行いたい。経営者が同席することは良いのだが、発言が人事評価や給与考課に反映されるようでは、ありきたりの意見しか出ない。評価や効果にマイナスの影響が無いことを宣言して始めたい。

　ブレーンストーミングの進め方に不安がある場合は、顧問の会計事務所やコンサルタントに委託する手もある。また、社内でブレーンストーミングがどうしてもできない時は、地元の商工会議所の相談員や地域ネットワーク、経営者ネットワークといった外部関係者との接点を活用し、新たな発想を自ら生み出すという手もある。

6-4 ◆ 経営計画策定ステップ4
＜環境分析から経営戦略を構築する＞

　ステップ4では、これまでのステップで生み出した事業アイディアを、どのように具体化するか、その戦略を策定・構築する。戦略の元になるのは自社内外の「環境分析」だ。「外部環境分析」は、自社を取りまく外的な要因をマクロな視点で分析する。

STEEP(スティープ)モデルと呼ばれる外部環境手法では、「政治」「経済」「環境」「技術」「社会」の5つの視点で外部環境の変化と当社の事業の関係を分析する。

　また、マイケル・ポーターによって提唱された外部環境分析手法のファイブフォース分析(5F)では、外部環境と当社事業の関係を、次の5つの視点で行う。
　①「新規参入業者」
　②「代替品(間接競合)」
　③「供給業者」
　④「買い手(顧客)」
　⑤「競争業者(直接競合)」

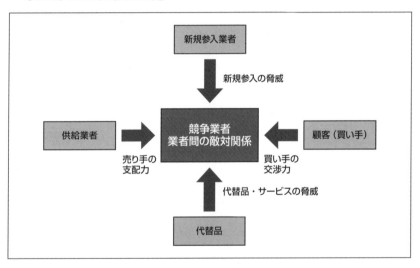

　自社の内部についても「内部環境分析」を行う。内部環境分析のセオリーは少ないが、「人的資源」「商品力」「財務力」の3つの視点で分析を行いたい。内部要因と外部要因を同時に分析して、自社の強みや市場機会を見出す手法として、SWOT(スオット)が有名だ(335ページ参照)。これらの分析の結果、自社の強みや弱みを知り、事業環境における脅威となる存在、事業機会を抽出して、戦略を導きだしていく。

6-5 ◆ 経営計画策定ステップ5 ＜数値化する＞

ステップ5では、ここまでの分析結果や分析に基づいて策定した経営戦略の「数値化」を行う。数値化する計画は、全社ベースのモノから事業所単位、ユニット単位など様々だ。ここでは、事業単位の分解ではなく、計画の目的によって、次の5つの数値計画を紹介する。

【売上計画】	売上計画は、既存商品と新商品に大きく分けて行う。また、数量と単価は必ず用いたい。商品はいつ、どこで、だれが、どれだけ販売するかを示す。数値計画の裏付けとして、市場戦略を付記したい。
【売上原価計画】	売上原価計画は、既存商品と新商品の支出内容を明確にする。売価との関係で、原価率は明確に管理したい。原価率の低減策の他、仕入れが止まると販売も止まることから仕入れ先との関係性も付記したい。
【経費計画】	経費計画は、コスト削減を考慮し作成する。一般に最大の経費項目の人件費計画は、採用、退職、賞与、昇給は織り込みたい。
【利益計画】	上記の売上から原価、経費をまとめた計画書。後に来る「決算書」の予告表ともいえる書面。
【キャッシュフロー計画書】	キャッシュフロー（CF）計画書あるいは資金（繰り）計画書は、上記の利益計画では織り込むことのできない、財務計画（借入や返済、設備投資など）や投資計画（有価証券の売買など）を明確にする。

7 事例で学ぶ経営計画策定のステップ

前項では、経営計画の策定ステップがどのようなものかを説明した。だが、一通り読んだだけでは理解が容易でない。ここでは前項で紹介した策定ステップを、ケース（仮の事例）を用いて、考え方を解説する。

＜ケース＞ "住宅型有料老人ホーム　L"

"住宅型有料老人ホーム　L"は、施設内で調理した温かい食事を特徴とし、入居者やデイサービスの利用者から高い評価を得ている。高齢化社会に向けて社会的意義のある事業であることから、銀行とも良好な関係を築き、2年前に居宅介護施設の2棟目建設を実現した。

しかし、当初の思惑と異なり、入居者数が伸びずに収益は鈍化。現在、銀行との交渉でリスケジューリングを行っている、という状況である。原因としては、営業力不足とサービスの差別化が困難であることが挙げられる。

事業を継続するためにも、今後の事業の方向性をどうするか、を早急に考える必要がある。

7-1 ◆ ステップ1　＜経営の全体像をとらえる＞

"住宅型有料老人ホーム　L"の経営全体像を理解するため、下記3つを実行する。
- 経営体系図を理解し、経営の全体像を把握する
- 経営に必要な因子を分解し、整理する
- 経営計画の必要性を図にして可視化する

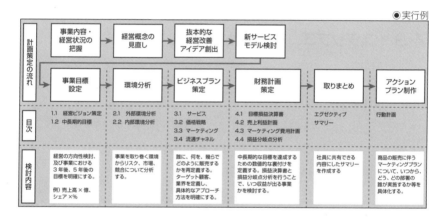
●実行例

7-2 ◆ ステップ2　＜経営の方向性を検証する＞

経営の方向性を検証するため次の3点を検討する
- 時代の潮流に合った事業かを検証する
- 社会に自社が与える価値を考える
- 他社と比較して自社の強みを導き出し、復活のシナリオに何が有効かを検討する

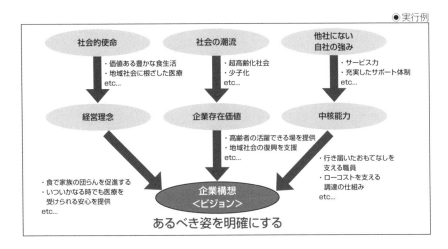

●実行例

7-3 ◆ ステップ3 ＜可能性を追究してみる＞

抜本的な改革アイディアを創出するため、下記3つを念頭にブレーンストーミングを実行する。

- やるべきこと、つまり、売り上げ拡大とコスト削減の施策を検討する
- 売上拡大の検討ポイントから自社ができることを導き出す
- コスト削減の検討ポイントから自社ができることを導き出す

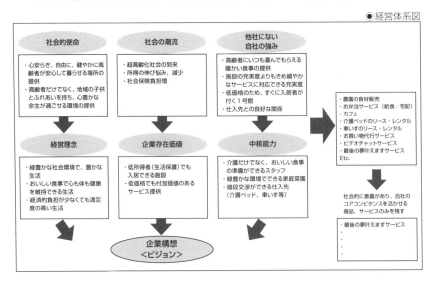

●経営体系図

7-4 ◆ ステップ4　＜環境分析から経営戦略を構築する＞

①外部環境分析（マクロ）

新サービス「最後の夢叶えますサービス」に影響を与える因子を、STEEPモデルを利用して抽出する。

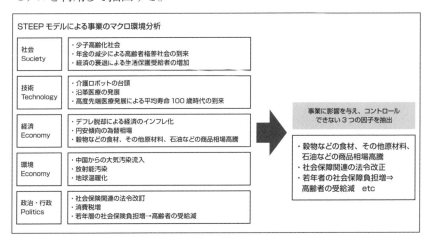

②内部環境分析（ミクロ）

新サービス「最後の夢叶えますサービス」に影響を与える因子を、5F分析手法を利用して抽出する。

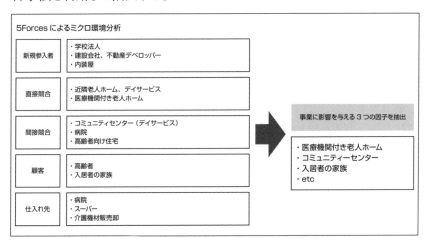

③ビジネスの方向性チェック(環境分析からの評価)

STEEPモデル分析並びに5F分析から得られた経営に影響をすると思われる因子から、それが計画している新サービス「最後の夢叶えますサービス」にどのように反映し、評価されるのかを検討する。

● 新サービス:最後の夢叶えますサービス

環境分析で得られた経営に影響する因子群			新商品・新サービスの評価
STEEP分析	社会 / 技術 / 経済 / 環境	・少子高齢化社会 ・穀物などの食材、その他原材料、石油などの商品相場高騰 ・社会保障関連の法令改正	・少子高齢化社会:高齢者が増えることで市場は拡大するかに思えるが、サービスを提供する側の労働者人口は減少しつつあるため、いかに人材を確保し、質の良いサービスを提供できるか、が課題である。 ・商品相場高騰:食材、原材料などの相場が高騰することにより、希望するサービスを希望する価格で提供することが難しくなる可能性がある。 ・社会保障関連の法改正:社会保障に要する費用の主な財源となる消費税の充当先が、現在の高齢者向けの3経費(基礎年金、老人医療、介護)から子育てを含む社会保障4経費に広がる可能性がある。その場合、高齢者の年金自給額の減少、および医療、介護の負担額増加となる可能性があり、高齢者の可処分所得が減ることが考えられる。
	政治		
5F分析	新規参入者 / 直接競合 / 間接競合 / 顧客	・医療機関付き老人ホーム ・コミュニティーセンター ・入居者の家族	・医療機関付き老人ホーム:定期健診やリハビリが受けられたり、薬を受け取りに行く手間が省けたりといった利点を求める人は医療機関付きの施設を希望する可能性がある。 ・コミュニティーセンター:図書館や調理室、映画の上映、カルチャースクールなど、充実した設備やサービスやクラスの豊富で安価な点が競合となる可能性がある。 ・入居者の家族:入居者の家族が費用を負担している場合には、本人が希望しても追加で費用を出さない可能性がある。
	仕入先		

④新サービスのビジネタイプ分析

新サービスとして提供しようとする「最後の夢叶えますサービス」が、本当に儲かる仕組みになるのかどうかを、4つの視点によるビジネタイプ分析で検討する。

ビジネスタイプ	タイプの概要	タイプの代表例	当社新商品の評価
継続利用型ビジネス	顧客が継続的に商品やサービスを利用し、自社商品なしでは顧客のビジネス、生活が成り立たないレベルまで見据えているか	携帯電話、ホームページ運用等	自社施設を他社と差別化するための追加サービスであり、継続利用していただくという目的を持たせているサービスではない。
通行手形型ビジネス	顧客が特定の商品、サービスを利用したら必ず手数料が得られる仕組みが用意できているか	銀行の振込み手数料、Web商店街の手数料等	新サービスは利用者一人一人に合わせてカスタマイズするサービスであるため、この型にはあてはまらない。
協働型ビジネス	顧客が商品、サービスを利用したら顧客のビジネス成長を継続的に促進させることができるか	教育サービス、コンリル等の支援サービス等	対象者はサービスを享受するだけで、ビジネスを成長させる目的での利用はしないため、この型にはあてはまらない。
課題解決型ビジネス	顧客の事業課題、問題を解決できる商品、サービスになっているか	代行サービス、介護用品等	人生の集大成の時期において、やってみたいことはあっても自力でそれを実現することが難しい、というリクエストに応えるのがこの新サービスである。確実なニーズがある状況で、実現可能な道を探すため、コスト等のリスクがない。

　上記「当社新商品の評価」を元に複合的な組み合わせができないかを再検討し、ビジネスタイプを選択する。その結果、当該事例の「最後の夢叶えますサービス」は、「課題解決型サービス」と決定できた。

⑤ビジネスモデル・キャンバスの考えを利用し新商品・新サービスのモデル化を行う

　ビジネスモデルとは、「組織が財政的に存続するための論理」と定義づけすることができ、組織が顧客に商品を提供し対価を貰い、貰ったお金をさらに商品価値を高めることに使用するといった一連の事業活動である。ビジネスモデル・キャンバスは、このビジネスモデルを1枚の紙に書き出したものだ。『ビジネスモデルジェネレーション（株式会社翔泳社より発刊）』によると、ビジネスモデルを考える時に、様々な要素について考える必要があり、ビジネスモデル・キャンバスは、この要素を9つの要素に分け、有機的につながりを視覚的に理解することができるツールだとしている。ビジネスモデル・キャンバスは、1つの要素に変化を与えると、他の8つの要素も変化することが同時に理解できる仕組みとしても優れている。

　当該事例の新サービス「最後の夢叶えますサービス」を、ビジネスモデル・

キャンバスでサービスの実現に必要な要素を洗い出してみたい。

●ビジネスモデル・キャンバスの事例

キーパートナー	鍵となる施策	顧客価値	顧客との関係	顧客セグメント
事業を継続させる上で必要となるパートナー 例) 「仕入先」、「提携先」等	商品・サービスを販売するにあたり必要な施策 例) 営業活動、プロモーション活動	商品・サービスを販売するにあたり必要な施策 例) 営業活動、プロモーション活動	顧客に商品を提供するのにあたり、接点となるのはどこか 例)店舗、お問い合わせ窓口、SNS	誰に商品・サービスを提供するか 例) 高齢者 同業他社
	鍵となる資源 商品力、人材といった、商品・サービスを販売するにあたって今ある、もしくは作る資源 例)社員、大口顧客		顧客チャネル 商品を販売するための流通経路 例) 直販、インターネット販売、代理店	

コスト構造	収益構造
商品を販売するのに必要なコストは何か 例) 仕入、営業コスト(人件費)、販促費(チラシ、HP等)など	何を幾らで何個を目標に販売するか 例) 1つ¥10,000の商品を初年度1000人、2年目3000人に販売することを目標とする

●新サービス「最後の夢叶えますサービス」の事例

⑧キーパートナー	⑦鍵となる施策	②顧客価値	④顧客との関係	①顧客セグメント
・老人の移動を伴うことが想定されるので、介護タクシーや介護付きの旅行会社など ・老人を快く受け入れてくれる劇場や温浴施設	・先にサービスを受けた人やその家族の体験談 ・文字ではなくビデオにする	・入居者、デイサービス利用者に日頃から丁寧に接する ・入居者等の家族の信頼を得る ・老人が得たいであろう体験やモノの事例を挙げる	・介護ヘルパー ・施設内のサイン ・入居パンフレット	・老人ホームLの入居者 ・デイサービスの利用者 ・近隣の老人
	⑥鍵となる資源 ・レアな希望に対応するチャネルの確保 ・顕在化の容易な希望のパッケージ化		③顧客チャネル ・直販売 ・ケアマネージャ	

⑨コスト構造	⑤収益構造
・紹介型のビジネスとする	・紹介型のビジネスとする ・継続課題とする

7-5 ◆ ステップ5 ＜数値化、レポート化する＞

　数値計画や数値を伴う経営計画書の作成は、Excelなどのスプレッドシートや市販のパッケージソフトを使うと便利だ。最終的には、利益計画のように金額表示されるが、その裏付けとして5W1Hが必要であり、数量×単価や○○比率などの指標化も必須だ。

● 「最後の夢叶えますサービス」販売計画

	単価	目標受注数	1年目	<2年目> 目標受注数	2年目	<3年目> 目標受注数	3年目	<4年目> 目標受注数	4年目	<5年目> 目標受注数	5年目
サービス1	100,000	5	500,000	10	1,000,000	19	1,900,000	25	2,500,000	32	3,200,000
サービス2	300,000	5	1,500,000	10	3,000,000	17	5,100,000	25	7,500,000	31	9,300,000
サービス3	500,000	5	2,500,000	10	5,000,000	15	7,500,000	20	10,000,000	26	13,000,000
サービス4	1,000,000	3	3,000,000	6	6,000,000	8	8,000,000	10	10,000,000	12	12,000,000
売上小計			7,500,000		15,000,000		22,500,000		30,000,000		37,500,000

● 既存事業の売上・利益計画

【既存事業の売上・利益計画】 (単位:千円)

		直近期末 (H.25年/12月期)	1年後 (H.26年/12月期)	2年後 (H.27年/12月期)	3年後 (H.28年/12月期)	4年後 (H.29年/12月期)	5年後 (H.30年/12月期)
売上高		25,345	25,400	25,400	25,400	25,400	25,400
売上原価	商品・材料費						
	外注費	20,114	20,200	20,200	20,200	20,200	20,200
	減価償却費						
	労務費						
	その他経費						
	計	20,114	20,200	20,200	20,200	20,200	20,200
売上総利益		5,231	5,200	5,200	5,200	5,200	5,200
一般管理費	人件費	910	910	910	910	910	910
	減価償却費	0	0	0	0	0	0
	地代・家賃	0	0	0	0	0	0
	その他経費	3,680	3,680	3,680	3,680	3,680	3,680
	計	4,590	4,590	4,590	4,590	4,590	4,590
営業利益		641	610	610	610	610	610
営業外費用		0	0	0	0	0	0
経常利益		641	610	610	610	610	610
運転資金		641	610	610	610	610	610

<従業員配分> (単位:人)

	直近期末	1年後	2年後	3年後	4年後	5年後
技術者・工員(労務費)						
役員・事務・営業(販管費)	3.0	3.0	2.0	2.0	2.0	2.0
計	3.0	3.0	2.0	2.0	2.0	2.0

● 新規事業の売上・利益計画

【新規事業の売上・利益計画】 (単位:千円)

		1年後 (H.26年/12月期)	2年後 (H.27年/12月期)	3年後 (H.28年/12月期)	4年後 (H.29年/12月期)	5年後 (H.30年/12月期)
売上高①自社		750	1,500	2,250	3,000	3,750
売上原価	商品・材料費					
	外注費①	525	788	1,050	1,575	2,100
	減価償却費					
	労務費					
	その他経費					
	計	525	788	1,050	1,575	2,100
売上総利益		225	713	1,200	1,425	1,650
一般管理費	人件費	100	100	100	100	0
	減価償却費	0	0	0	0	0
	地代・家賃	0	0	0	0	0
	その他経費	0	0	0	0	0
	計	100	100	100	100	100
営業利益		125	613	1,100	1,325	1,550
営業外費用						
経常利益		125	613	1,100	1,325	1,550
運転資金		▲125	613	1,100	1,325	1,550

<従業員配分> (単位:人)

	1年後	2年後	3年後	4年後	5年後
技術者・工員(労務費)					
役員・事務・営業(販管費)	4.0	1.0	1.0	1.0	1.0

【会社全体の売上・利益計画（既存＋新規）自動出力】

(単位：千円)

		直近期末 (H.25年/12月期)	1年後 (H.26年/12月期)	2年後 (H.27/12月期)	3年後 (H.28/12月期)	4年後 (H.29/12月期)	5年後 (H.30/12月期)
売上高		25,345	26,150	26,900	27,650	28,400	29,150
売上原価	商品・材料費	0	0	0	0	0	0
	外注費	20,114	20,725	20,988	21,250	21,775	22,300
	減価償却費	0	0	0	0	0	0
	労務費	0	0	0	0	0	0
	その他経費	0	0	0	0	0	0
	計	20,114	20,725	20,988	21,250	21,775	22,300
売上総利益		5,231	5,425	5,913	6,400	6,625	6,850
一般管理費	人件費	910	1,010	1,010	1,010	1,010	1,010
	減価償却費	0	0	0	0	0	0
	地代・家賃	0	0	0	0	0	0
	その他経費	3,680	3,680	3,680	3,680	3,680	3,680
	計	4,590	4,690	4,690	4,690	4,690	4,690
営業利益		641	735	1,223	1,710	1,935	2,160
営業外費用		0	0	0	0	0	0
経常利益		641	735	1,223	1,710	1,935	2,160
運転資金			485	1,223	1,710	1,935	2,160

＜従業員配分＞ (単位：人)

	直近期末	1年後	2年後	3年後	4年後	5年後
既存事業	3.0	3.0	2.0	2.0	2.0	2.0
新規事業	※	4.0	1.0	1.0	1.0	1.0
計	3.0	7.0	3.0	3.0	3.0	3.0

第6章

経営実務の会計

1 会計の種類

　会計とは、一般的には、特定の組織における経済活動として行われる金銭や物品の出納を、貨幣額で記録、計算、管理し、その結果を報告するシステム全般をいう。会計を行う組織としては、国・地方自治体・企業などが思い浮かぶが、身近な所では、大学のサークルや自治会、家計簿、子供の小遣い帳などでも会計は行われている。

1-1 ◆ マクロ会計とミクロ会計

　会計は、どのような経済主体を会計の対象とするかによって、マクロ会計とミクロ会計に分類される。マクロ会計とは、一国全体や国を超える特定の地域を会計単位とし、その空間内での経済活動や自然環境の状態を計測し数値化する会計方法である。ミクロ会計とは、特定の企業など、単一の経済主体を会計単位とする会計方法で、世間一般でいうところの会計はミクロ会計である。

　マクロ会計の1例として、国際連合が定めるSNAがある。これは、各国の経済活動を比較するための統一された会計基準(United Nations System of National Accounts、UNSNA)で、国民経済計算はこの基準に基づいて作成される。最新の基準は1993年に採択された93SNAであり、わが国ではSNAを国民経済計算と呼んでいる。ちなみに、経済成長率の指標としてよく使われる国内総生産(GDP)も93SNA項目の1つである。

　マクロ会計のもう1例は、水、森林、土地などの自然資源が持つ価値を数値化する自然資源会計や、国連が開発を進めている環境・経済統合勘定(SEEA)などのマクロ環境会計である。

1-2 ◆ 企業会計と非営利会計

　ある組織が、利益の獲得を目的として活動する場合、その組織は営利組織と呼ばれる。一方、利益の獲得を目的としない組織は、非営利組織と呼ばれる。

　営利組織は一般的には企業と呼ばれ、そこで行われる会計を企業会計という。企業は投資家から資金調達を行い、その資金を企業活動において運用する。企業は投資家に対してこの運用の成果を報告する説明責任を負い、この説明責任を果たすための会計報告が企業会計の目的である。この報告は、財産の計算と利益の計算を中心に行われる。

　財産の計算結果を詳細に表す報告書を貸借対照表（バランスシート・balance sheet）と呼び、利益の計算結果を示す報告書を損益計算書（PL・profit and loss statement）と呼ぶ。これらをまとめて財務諸表という。

　非営利組織が行う会計を、非営利会計という。非営利会計の代表例は、国や地方自治体などの行政機関、学校法人、宗教法人などである。非営利会計の主目的は、財産の計算であり、主に資金の収支を記録し報告することである。

1-3 ◆ 財務会計と管理会計

①財務会計

　企業会計は、財務会計と管理会計に区分される。財務会計とは、株主、銀行や社債権者などの債権者、徴税当局など、企業外部の利害関係者に対して会計情報を提供することを目的として行われる会計で、外部報告会計とも呼ばれる。そして、財務会計のうち、会社法や金融商品取引法など、法律の規制に従って実施される財務会計を特に制度会計と呼ぶ。一方で、法律の規制とは別に行われる財務会計を情報会計と呼ぶ。代表的な例は、海外の投資家向けに英文財務諸表を作成したり、自然環境保護や社会貢献の度合いを金銭で計測したりするための会計である。

②**管理会計**

　管理会計は、企業の利害関係者のうち、経営者や部門管理者など、企業内部の利害関係者に経営管理に役立つ会計情報を提供することを目的として行われる会計で、内部報告会計とも呼ばれる。管理会計は、更に、意思決定会計と業績管理会計に大別される。意思決定会計は、例えば、ある新規事業に対する投資額を経営者が決するための判断材料となる資料作成を目的に行われる会計である。これに対して、業績管理会計は、生産活動や販売活動の結果（業績）を評価し、コントロールすることを目的に行われる。業績管理会計は、予算と実績の対比が中心となる。

　以上の会計の分類を図示すると以下のようになる。

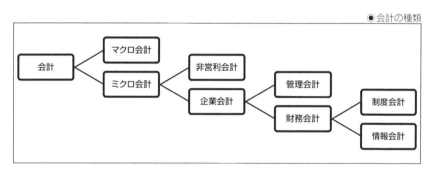

●会計の種類

2 会計の機能

　会計の目的は、特定の経済主体の活動を貨幣的に記録し、その結果を第三者に報告することである。また、会計行為には、記録行為と報告行為がある。会計の記録行為とは、企業のひとつひとつの取引を一定のルールのもとに認識して、貨幣的な数値として測定し、それらを複式簿記という記録システムによって、組織的に会計帳簿に記録する行為である。会計の報告行為とは、記録にもとづく会計帳簿を基礎として、会計制度に則って作成された貸借対照表や損益計算書といった財務諸表を公表できるようにすることである。

さらに会計の機能について注視すると、財務諸表の意思決定有用性を重視する「情報提供機能」と、利害調整を主目的とする「会計責任履行機能」がある。両機能は、対立関係として捉えがちだが、現実の企業においては、情報提供機能も会計責任履行機能も共に不可欠なものと考えるべきだ。

2-1 ◆ 情報提供機能

資本主義市場経済社会の進展の中で、会計の主たる機能は、投資意思決定に有用な情報の提供にあると考えられている。投資家をはじめとする企業の利害関係者の経済的意思決定に役立つ情報を提供することが、会計の存在意義であるという考え方が、多数の会計学者や企業家の支持を得ている。この考えは、会計制度に大きな影響を与え、新たな会計基準づくりの動機となっている。

例えば、年金債務のオンバランス化、特定の有価証券に対する時価評価などといった、新たな会計基準の設定が挙げられる。それまで資産の評価は、従来、原則的に取得原価主義をもって一元的になされていたが、新基準の導入により、部分的に時価主義による評価がなされることとなった。こういった変化は、財務諸表の有用性を強化するものだ。

会計の情報提供機能の社会的意義は、外部報告会計が、健全で効率的な資本市場における社会基盤としての役割を期待されている点にある。現代の会計には、公共財としての役割が求められているのである。

2-2 ◆ 会計責任履行機能

会計機能には、情報提供機能の外に、伝統的な会計責任の履行に係る機能が求められる。会計責任とは、財産の所有者がその管理を第三者に委託したとき、所有者(委託者)と管理受託者の間に財産の委託と受託

の関係が成立し、受託者は、委託者に対して財産管理責任を負う、という考えだ。また受託者は、財産管理責任の行為の結果を受益者に対して報告する責任を負い、この報告が会計責任である。

資本と経営の分離のもとでは、財産の所有者たる資本主が、自らの財産を出資し、その管理を第三者である経営者に委託する。その結果、資本主と経営者の間で財産の委託と受託の関係が成立していると考える。この関係において経営者は、資本主に対して、財産管理責任を負い、会計責任を負うことになる。そして、この会計責任の履行が会計の役割であり機能である。

ただし、情報提供機能が重視される現在では、多くの場合、会計の会計責任履行機能は、情報提供機能に従属するものとみなされている。たとえば、FASB(米国、財務会計基準審議会)によれば、財務報告の基本目的を次のとおり位置づけている。
① 投資および与信意思決定に有用な情報の提供
② キャッシュフローの見込額をあらかじめ評価するのに有用な情報の提供
③ 企業の資源、かかる資源に対する請求権およびそれらの変動に関する情報の提供
④ 上記目的に付随するものとして、受託責任や会計責任の遂行についての情報提供

3 会計の基準

会計基準とは、会計処理および会計報告における法規範である。会計基準そのものは国家が制定する法律ではなく、慣習法として法体系の一環を成す規範である。

3-1 ◆ わが国における会計基準

わが国では、戦後の民主化政策の一環として、1949年に旧大蔵省が主管する企業会計審議会により「企業会計原則」が制定された。その後、企業会計審議会により、企業会計原則だけではカバーしきれない論点（連結財務諸表など）について、新たな会計基準が追加された。

1990年代以降、国際的調和の観点から、諸外国と同様に民間による会計基準の設定を望む声が強くなり、会計基準の設定主体は2001年に設立された財団法人財務会計基準機構内の企業会計基準委員会に順次移行され、2013年9月現在、26の「企業会計基準」が公表されている。

わが国では、これらの会計基準に加え、金融商品取引法の財務諸表規則、会社法の会社計算規則などが一体となり、財務会計の基準を形成している。

3-2 ◆ 企業会計原則

①企業会計原則の性格

企業会計原則とは、すべての企業が会計処理を行う際に必ず従わなければならない会計の指針である。企業会計原則は、実務の中に慣習として発達したものの中から一般に公正妥当と認められたところを要約したものであり、金融商品取引法に基づく財務諸表監査が行われる際にはその判定基準となり、そして、会計諸法令の制定改廃が行われる際に尊重されるべきものであるという3つの性格を併せ持つ。

②企業会計原則の規範性

企業会計は、記録と慣習と会計担当者の個人的判断というきわめて主観性の強い要素により成り立っている。したがって、企業会計に何らかの規制を加えなければ、会計担当者は、その個人的判断により、会計処理

の原則及び手続などを自由に選択適用し、利益を大きく計上したり、または小さく計上したりと利益操作の余地を与えることになる。そこでこのような主観的な性格を持つ企業会計に対して、できる限り客観的・合理的な指針を与えて、財務諸表に対する社会の信用を得る必要がある。

しかし、企業会計原則自体に法的な強制力を付与することは、企業会計実務の多様性、可変性などのために必ずしも適当ではない。そこで、企業会計原則自体には直接的には法的な強制力を与えず、会社法等の関連法令を通じて法的強制力が付与されるという形式がとられている。

③企業会計原則の構成

企業会計原則は、一般原則と損益計算書原則、および貸借対照表原則から構成されている。

一般原則は、損益計算書と貸借対照表双方に共通するルールを示したものであり、以下の7つの原則が示されている。

真実性の原則	企業会計は、企業の財政状態及び経営成績に関して、真実な報告を提供するものでなければならない。
正規の簿記の原則	企業会計は、すべての取引につき、正規の簿記の原則に従って、正確な会計帳簿を作成しなければならない。
資本利益区別の原則	資本取引と損益取引とを明瞭に区別し、特に資本剰余金と利益剰余金とを混同してはならない。
明瞭性の原則	企業会計は、財務諸表によって、利害関係者に対し必要な会計事実を明瞭に表示し、企業の状況に関する判断を誤らせないようにしなければならない。
継続性の原則	企業会計は、その処理の原則及び手続を毎期継続して適用し、みだりにこれを変更してはならない。
保守主義の原則	企業の財政に不利な影響を及ぼす可能性がある場合には、これに備えて適当に健全な会計処理をしなければならない。
単一性の原則	株主総会提出のため、信用目的のため、租税目的のため等種々の目的のために異なる形式の財務諸表を作成する必要がある場合、それらの内容は、信頼しうる会計記録に基づいて作成されたものであって、政策の考慮のために事実の真実な表示をゆがめてはならない。

損益計算書原則は、収益・費用の処理と表示の原則を定め、貸借対照表原則は、資産・負債・資本の金額算定と表示の原則を定めている。

④企業会計原則と企業会計基準

　現在では、企業会計制度の改正に際して、企業会計原則の改正という形はとらず、個々の論点について個別に企業会計基準を新たに設定することで会計基準の改正が行われている。企業会計基準は企業会計原則に優先して適用されるが、企業会計基準に規定されていない項目については企業会計原則が優先適用される。

●企業会計基準一覧

号数	タイトル	最新公表日（修正日）
第1号	自己株式及び準備金の額の減少等に関する会計基準	平成18年8月11日 （平成25年9月13日）
第2号	1株当たり当期純利益に関する会計基準	平成25年9月13日
第3号	「退職給付に係る会計基準」の一部改正（廃止済み）	平成17年3月16日
第4号	役員賞与に関する会計基準	平成17年11月29日
第5号	貸借対照表の純資産の部の表示に関する会計基準	平成25年9月13日
第6号	株主資本等変動計算書に関する会計基準	平成25年9月13日
第7号	事業分離等に関する会計基準	平成25年9月13日
第8号	ストック・オプション等に関する会計基準	平成17年12月27日 （平成25年9月13日）
第9号	棚卸資産の評価に関する会計基準	平成20年9月26日
第10号	金融商品に関する会計基準	平成20年3月16日
第11号	関連当事者の開示に関する会計基準	平成18年10月17日 （平成20年12月26日）
第12号	四半期財務諸表に関する会計基準	平成24年6月293日）
第13号	リース取引に関する会計基準	平成19年3月30日
第14号	「退職給付に係る会計基準」の一部改正（その2） （廃止済み）	平成19年5月15日
第15号	工事契約に関する会計基準	平成19年12月27日
第16号	持分法に関する会計基準	平成20年12月26日
第17号	セグメント情報等の開示に関する会計基準	平成22年6月30日 （平成25年9月13日）
第18号	資産除去債務に関する会計基準	平成20年3月31日 （平成24年5月17日）
第19号	「退職給付に係る会計基準」の一部改正（その3） （廃止済み）	平成20年7月31日
第20号	賃貸不動産の時価等の表示に関する会計基準	平成23年3月25日
第21号	企業結合に関する会計基準	平成25年9月13日
第22号	連結財務諸表に関する会計基準	平成25年9月13日
第23号	「研究開発費等に係る会計基準」の一部改正	平成20年12月26日
第24号	会計上の変更及び誤謬の訂正に関する会計基準	平成21年12月4日
第25号	包括利益の表示に関する会計基準	平成25年9月13日
第26号	退職給付に関する会計基準	平成24年5月17日

3-3 ◆ 中小企業における会計基準

①「中小企業の会計に関する指針」

　一般的に、中小企業は、人的物理的制約から、伝票起票・記帳・集計・財務諸表の作成といった一連の会計処理を自社内で完結することは難しいケースが多い。一方で、経営力の強化や、金融機関からの円滑な資金調達、取引先からの信用獲得といった、重要な経営課題を解決していくためには、中小企業の経営者にも正確な財務会計の知識と処理が要求される。

　そこで、中小企業の実態に合わせた、中小企業にとって過度な負担とならない簡便な形式での会計基準を制定することで、中小企業の成長を後押ししようという機運が行政側にも生じ、平成14年に、中小企業庁が「中小企業の会計に関する研究会」を主宰し、「中小企業の会計に関する研究会報告書」を公表した。同時期に、民間側でも、日本税理士会連合会の「中小会社会計基準」、日本公認会計士協会の「中小企業の会計のあり方に関する研究報告」が相次いで発表された。

　こうした基準が複数存在することに関し、利用者に少なからず混乱が生じ、これらを統合すべきである、との指摘がなされる中、会社法（2005年6月29日成立）において、取締役・執行役と共同して計算書類を作成することを職務とする「会計参与」制度の導入が提案されたことから、同制度の適正な運用を図るため、会計参与が拠るべき統一的な会計処理の指針を作成することが期待されるようになった。

　そうした指摘等を踏まえ、2005年3月に日本税理士会連合会、日本公認会計士協会、日本商工会議所、企業会計基準委員会の四団体が主体となり、学識経験者並びに中小企業庁、法務省、及び金融庁の参加を得て『「中小企業の会計」の統合に向けた検討委員会』を設置し、上記3つの報告書等の統合に向けた検討作業を開始し、同年8月に「中小企業の会計に関する指針」として公表された。以後、毎年改定が行われ現在に至っ

ている。

②中小企業の会計に関する基本要領

「中小企業の会計に関する基本要領」は、中小企業団体、金融関係団体、企業会計基準委員会及び学識経験者が主体となって設置された「中小企業の会計に関する検討会」が、中小企業庁、金融庁及び法務省の協力のもと、2012年に作成されたもので、中小企業の多様な実態に配慮し、その成長に資するため、中小企業が会社法上の計算書類等を作成する際に、参照するための会計処理や注記等を示すものである。

この要領は、「中小企業の会計に関する指針」に比べてより簡便な会計処理をすることが適当と考えられる中小企業を対象に、その実態に即した会計処理のあり方を取りまとめるべきとの意見を踏まえ、以下の考えに立って作成されたもので、会社法上の会計監査人設置会社は利用対象として想定していない。

- 中小企業の経営者が活用しようと思えるよう、理解しやすく、自社の経営状況の把握に役立つ会計
- 中小企業の利害関係者（金融機関、取引先、株主等）への情報提供に資する会計
- 中小企業の実務における会計慣行を十分考慮し、会計と税制の調和を図った上で、会社計算規則に準拠した会計・計算書類等の作成負担は最小限に留め、中小企業に過重な負担を課さない会計

4 資本家と会計

一般的に会計は、第三者への報告を前提としているが、経営者個人の資金を自己資本とし、かつすべての経営管理を経営者個人で執り行っている小規模企業においては、記録行為と納税資料の作成をもって会計とすることもありうる。しかし、「資本と経営の分離」を前提とした場合は、財産

の所有者たる資本主が自己の財産管理を他者(経営者)に委託する関係から、報告(情報提供)と責任履行が会計の基本機能となる。

資本と経営の分離により生じた委託と受託の関係における会計の役割について、2つの説明理論がある。そのひとつが、両者の関係を経済的に捉えたエイジェンシー理論で、もう一方が、両者の関係を法的に捉えた信託関係論だ。

4-1 ◆ エイジェンシー理論

エイジェンシー理論では、1人の人間が、何らかの用役を自らに代って遂行させるべく他の人間と契約関係にあるとき、2人の間にエイジェンシー関係があるという。依頼する側をプリンシパル(資本主)、依頼される側をエイジェント(経営者)と呼ぶ。プリンシパルとエイジェントとの間に二つの本質的な不一致があると仮定する。ひとつは個人的利害の不一致で、もうひとつは、2人のもつ情報の不一致である。一般的に、仕事を任されたエイジェントの方がより多くの情報を持つ。エイジェントは、この情報格差を自分に都合良く利用しようとする誘因をもつと考える。このエイジェンシー関係を前提に、プリンシパルとエイジェントがともに自己利益最大化を目指す合理的経済人とみなし、そこ生じるエイジェンシー・コストを最少化する一手段として会計を活用する。

4-2 ◆ 信託関係論

一方、信託関係論では、資本と経営の分離より発生する関係を、資本主を信託上の受益者、経営者を信託上の受託者とした信託関係として捉える。信託関係においては、信託受託者である経営者が、受益者としての資本主に対して、義務履行という目的のために会計を活用する。

資本と経営の分離を前提とした場合、会計とは、特定の経済主体の活動を記録し、その結果を報告することである。また、実務上の行為でいえば、

企業のひとつひとつの取引を一定のルールのもと認識して、貨幣的な数値として測定し、それらを複式簿記という記録システムを媒介にして、会計帳簿に組織的に記録する行為であり、次に、報告行為とは、差詰め、記録された会計帳簿を基礎として、会計制度に則って作成された貸借対照表や損益計算書といった財務表を公表する行為であるといえる。

※中山重穂「信託受託者的義務としてのaccountability」『慶應商学論集』、第11巻1号、1998年3月。

4-3 ◆ 事業再生と会計

①アカウンタビリティ

アカウンタビリティは「会計責任」や「説明責任」と訳されることが多い。アカウンティング（会計）とレスポンシビリティ（責任）の合成語とされている。会計主体（おもに企業）が保有する資源の利用を認めた利害関係者（株主や債権者等）に対して負う責任を指す。

一般には、企業が株主から委託された資金を経営目的として適正な使途に配分し、その保全をしなければならない責任（財産保全責任）と、その事実や結果の状態を株主に説明する責任（説明報告責任）を表す概念といえる。アカウンタビリティには説明責任や報告責任を含んでいるため、単純なレスポンシビリティ（責任）とは区別される。企業だけではなく、政府や行政、自治体なども、その政策内容等について国民や市民への説明義務を負う、という意味で使われることもある。

②時価会計

時価会計とは、資産と負債の時価を再評価する会計である。会社という概念が成立した当時からあり、1940年代の大不況により簿価による資産の測定に切り替わったが、組織再編やM&Aが活発な近年に再び着目されている。

資産や負債のうち、その種類や目的に照らして時価評価すべきものを時価によって評価する会計システムのことで、必ずしもすべての資産を時価評価するのではない。時価評価しなければ、企業の実態が適正に把握で

きない資産・負債のみが時価評価の対象となりえる。たとえば、貸倒れが懸念される場合に、それを考慮して損失を計上する会計処理など。減損会計とは、その対象が異なるので注意が必要とされる。

時価会計は、財産等の時価算定が困難な上、理論上の評価額で買い取る買い手の存在が保証されていないという問題点も含んでいる。

③減損会計

減損会計とは、資産の収益性が低下して投資額の回収が見込めなくなった場合、当該資産の帳簿価額にその価値の下落を反映させる手続きをいう。減損処理ともいう。広義には会計上のあらゆる資産について適用しうる考え方であるが、通常は、有形固定資産についての減損会計を指すことが多い。なお、のれんなどの無形固定資産も対象とする。

手続きとしては、企業が所有する土地や建物などの固定資産について回収可能額を計算して、当該資産の実質価値とする。その価額が現在の帳簿価額を下回った時点で、その分を貸借対照表の資産価額から控除して、その差額を評価損として計上する。評価額が帳簿価額を上回っている場合は、評価益として計上する。

また、企業が所有するこのような資産の簿価とその時価(市場価格、実態価格)の差額を含み資産という。時価が簿価より高い場合は、その差額を含み益といい、逆の場合には含み損という。

減損会計は、「固定資産の減損に係る会計基準」の導入により、2006年3月期から強制適用となった。中小企業は「中小企業の会計に関する指針」において、固定資産の減損が求められている。

④清算価値

清算価値とは、特定時点での企業等が精算した場合の企業価値のことで、事業再生に至らなかった企業や一部の事業の価格算定に使われることが多い。企業の貸借対照表では表現しきれないオフバランス項目や、未実現損益を評価に織り込んで算定する。

通常、企業価値算定においては、その事業が継続することを前提とした

継続価値をもって行われるが、当該企業の事業継続が危ぶまれる状況などにおいては、清算価値が参考数値として用いられることがある。企業の価値を、過去の企業活動の結果として、現在の会社の資産をもとに算出したものを前提に行われる。

帳簿価格(簿価)をもとに算出する方法と、資産や負債を全て時価に置き換えて評価する2つの方法がある。また、時価評価した場合は簿価との差(含み益、含み損)を考慮することが必要である。清算価値と継続価値は、目的や状況によって使い分ける。例えば、経営が悪化し破たんが前提の企業の工場の機材は鉄くず扱いの価格となり、事業継続が前提となる工場や機械は生産財として高く評価される。

5 財務会計への法規制

わが国の会計制度は、どのような法律の規制を受けているかにより、「金融商品取引法(金商法)会計」「会社法会計」「税務会計」の3つの制度が存在している。これら3つの会計制度は完全には独立しておらず、またいろいろな部分で互いに結びつきを有していることから、「トライアングル体制」とも呼ばれてきた。このうち、金商法会計と会社法会計については、従前の証券取引法・商法が現在の金商法・会社法に改編される過程で、財務諸表の作成に関する相違が少なくなっているため、現在においては、「トライアングル体制」の持つ意味は相対的に低下しているともいえる。

●会計制度のトライアングル体制

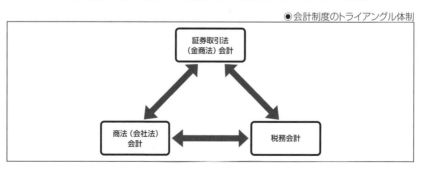

5-1 ◆ 金融商品取引法による会計

　企業は必要な活動資金を調達する必要がある。この調達方法を大別すると、銀行などの金融機関やノンバンクからの借り入れにより調達する間接金融と、株式や社債などの証券を発行し、証券市場から資金を調達する直接金融に分類される。かつて戦後の高度成長時代は、企業はその資金調達のほとんどを専ら銀行からの借り入れ、すなわち間接金融で賄ってきたが、証券市場の整備の進展や、バブル景気時代の株価の高騰による資金調達環境の変化などの時代背景を経て、直接金融による調達の比率は高まっている。特に、バブル崩壊後の金融危機により金融機関が与信圧縮スタンスを取らざるを得なかったこともあり、調達サイドである企業側には、直接金融に対する期待が以前に増して高まっているといえる。

　証券市場で資金を提供する人を投資者という。投資者は、証券投資を行うに当たり、適切な意思決定を行うために企業の会計情報を必要とする。もし、会計情報が一般に開示されていれば、投資者はその情報をもとに合理的な投資行動をとることができるし、個々の投資者の投資行動が合理的であれば、証券市場全体の効率性が高まり、より多くの投資活動が行われることになる。

　金融証券取引法は、一定の有価証券を発行して資金調達を行う企業に対して、有価証券届出書の作成と開示を求め、有価証券が証券取引所に上場されている企業については、有価証券報告書を毎期作成し開示することを要求している。この届出書や報告書には財務諸表が含まれている。投資者はこの財務諸表を活用して投資判断を行うのである。

　この財務諸表は、内閣府令で定める「財務諸表等規則」、企業会計審議会による「企業会計原則」、企業会計基準委員会の「企業会計基準」などに従って作成されなければならない。更に、金融証券取引法は、作成された財務諸表の内容が公正妥当であることを保証するため、公認会計士

または監査法人の監査証明を受けることを企業に要求している。

5-2 ◆ 会社法による会計

　金融商品取引法が主に上場会社を規制対象としているのに対し、商法はすべての商人や企業を規制の対象として会計帳簿と貸借対照表を作成すべきことを定めている。特に、会社に対しては、商法から独立する形で2005年に制定された会社法により、会計について細かく規定されている。株式会社は、株主・債権者・経営者の利害が複雑に絡み合うため、会計がその利害調節手段としての機能を担うのである。

①株主と債権者の利害調整

　会社法は、株主に配当できる剰余金の額を規制することで、株主と債権者の利害を調整しようとする。株式会社の株主は有限責任である。仮に会社が倒産しても、株主は自分の出資額を限度として金銭の負担を負うのであり、会社の債務をすべて弁済する義務はない。債権者は株主に対して債務の弁済を請求することができないため、会社の財産から回収するより他に手段はない。その会社の財産が配当により株主に過大に流出すれば、債権者の権利は著しく阻害される。そこで、会社法は、債権者の権利を保護するため、会社の財産が不当に流出しないよう、配当可能額を規定しているのである。

②経営者と株主の利害調整

　会社法は、会計報告を通じて、経営者と株主の利害を調整しようとしている。株主で構成される株主総会は、株式会社の最高意思決定機関である。株主は、株主総会で取締役を選任する。取締役で構成される取締役会で代表取締役が選任され、株主は取締役会に業務の執行を委ねる。会社の経営者である、代表取締役を中心とするこれらの取締役は、株主から委託された資金を誠実に運用管理する責任（受託責任）があるが、経営者が常に、株主の利益の最大化を追求するとは限らない。そこで、会社

法では、経営者に対し、会計報告書を作成し、受託責任の遂行結果を株主に報告することが求められている。こうした、経営者が株主に対して会計報告を行う責任を、「会計責任（アカウンタビリティ　accountability）」という。

5-3 ◆ 法人税法と会計

　企業が経営活動の結果として得た利益（所得）に対しては、国は一定率の税金を課す。この税金の代表的なものが法人税であり、課税所得の計算方法などについて規定したのが法人税法である。もともと課税所得計算と財務会計は全く別の目的で行われるものであり、法人税法が財務会計を規制するという関係はない。しかしながら、企業会計上の利益と、税法上の所得を、全く別々に計算するのも不合理である。そこで、法人税法は、課税所得計算において、株主総会で承認された損益計算書の当期純利益を基礎として、法人税法で定めた項目を加減算して課税所得を決することと定めている。これを、確定決算主義という。しかも、多くの費用項目については、損益計算書で費用または損失として計上されていなければ、課税所得計算でも費用として認められない。この結果、課税所得計算を意識した財務会計が行われ、法人税法の規定が財務会計に多大な影響を及ぼしているともいえる。

> **コラム&エピソード**　**確定決算主義の行方**
>
> 　日本公認会計士協会から、2010年6月に「会計基準のコンバージェンスと確定決算主義」（租税調査会研究報告第20号）が公表された。これによると、2016年までには上場会社の連結財務諸表はIFRS（国際財務報告基準　International Financial Reporting Standards）による開示が義務付けられると見込まれ、確定決算主義との調整が今後大きな問題になると指摘されており、特に中小企業においては、確定決算主義が放棄され、財務会計上の利益計算と課税所得計算のリンクが完全に断たれた場合には、財務会計と税務会計の二重のデータを作成・保存する必要が生じ、事務負担に多大な影響を与えることが懸念される。

財務会計とディスクロージャー

　ここでは、企業会計において、会計情報がどのような形でディスクローズ(公開)されているのか考えてみたい。近年、公的な機関や団体においても「企業会計方式の導入」の必要性が指摘されている。2001年から設置された独立行政法人の会計は、原則として「企業会計原則」によるものとされた。また、地方自治体においても、企業会計方式に準じたバランスシートの作成が行われるケースが増えてきた。

　日本の企業会計のディスクロージャー(情報開示)制度は、大別して、会社法に基づく開示制度と、金融商品取引法に基づく開示制度の2つがある。どちらの制度による情報も、基本的には「企業会計原則」をベースとした「一般に公正妥当と認められる会計基準」によって作成され、開示されている情報の本質は同一のものだ。しかし、それぞれの制度の目的や開示対象などが違うことから、報告書類や開示方法などに相違点が少なからずある。

●企業会計における開示制度の比較

	会社法会計	金融商品取引法会計
処理のルール	会社法431条〜465条	「企業会計原則」等
表示のルール	会社計算規則	財務諸表等規則

6-1 ◆ 会社法による開示制度

　会社法第435条第2項は、株式会社は各事業年度に係る計算書類(貸借対照表、損益計算書その他、株式会社の財産及び損益の状況を示すために必要かつ適当なものとして法務省令で定めるもの)及び事業報告並びにこれらの附属明細書を作成しなければならない、と定めている。
　また、会社法第438条は、株式会社においては、取締役は、上記計算書類及び事業報告等を定時株主総会に提出し、又は提供しなければならない、と定めている。

会社法による開示制度は、取締役が、株主から委託された資本の運用状況を株主に報告することを主な目的としている。また、株主と債権者が、会社の利益に関する配当をめぐって対立する関係にあるとの想定のもと、この利害を調整することもまた、目的であると考えられている。会社法による開示制度は、全体的に簡略な印象を与えるが、これは、株主や債権者は会社法上において、計算書類以外にも多様な調査権や質問権が認められていることに起因すると考えられる。

6-2 ◆ 金融商品取引法による開示制度

金融商品取引法による開示は、株式を公開するなど不特定多数から資金を調達する会社に対して義務付けられている。金融商品取引法による開示制度は、投資家保護を目的とし、会社の価値や状態に関する適切な情報提供を促している。このため、金融商品取引法の適用を受ける会社は、上場会社の場合、決算期間ごとに、会計情報や、その他の会社の状況判断に必要な事項をまとめた「有価証券報告書」を、また、3か月ごとに「四半期報告書」を、非上場会社の場合は半期ごとに「半期報告書」を作成、公表しなければならない。

「有価証券報告書」において開示される主な会計情報
- 貸借対照表
- 損益計算書
- 株主資本等変動計算書
- キャッシュフロー計算書
- 附属明細表
- 子会社等を有する会社は連結財務諸表

全体として、会社法による開示に比べて、より詳細な情報の開示を求めているが、これは金融商品取引法の制度趣旨が、不特定多数の一般投資家の保護を目的としているためだ。一般投資家は、開示情報以外に会

社の会計情報を入手することが困難であると想定している。詳細な情報を一般に開示することにより、株式を始めとする有価証券の流通を円滑化させる狙いもある。

●開示された情報の入手方法

	金融商品取引法会計	会社法会計
開示方法	財務省(関東財務局及び所管の財務局)、証券取引所、本店及び主要な支店に「有価証券報告書」等を備置	(1)計算書類を株主総会召集通知に添付 (2)本店に計算書類等を備置 (3)新聞等へのB/Sの公告又は電磁的方法による開示
入手方法	(1)各所に備置されている「有価証券報告書」は、誰でも閲覧できる (2)市販されている「有価証券報告書総覧」の利用	株主・債権者は、計算書類等の閲覧を求めることが出来る
開示対象	一般投資家・その他利害関係者	主に株主・債権者

　金融商品取引法に基づく開示情報は、容易に入手可能だが、会社法に基づく開示情報は必ずしも容易に入手できるわけではない。

7 株価と会計

　「創業者の時代が終わり、株主から経営を委託される者の役割が問われている」これは、日本のエクセレント・カンパニーの社長による1999年の発言が報道されたものだ。発言の趣旨は、資本家と経営者の志向が一致していた時代が終わり、今後は資本と経営が明確に分かれ、経営者として株主を重視した経営を行う必要性を強調したものだろう。同社に限らず、近年はこうした株主や株価重視の経営を打ち出す日本企業が増えてきている。

　株主重視の背景には、戦後長く続いた右肩上がりの成長の中で、売上高やマーケットシェアといった拡大主義が経営方針の中心となり、結果として株主や株価を相対的に軽視してきたことへの反省がある。一方の株主側も、これまで日本企業間の株式持ち合いの中で株式投資に対するリターンをそれほど求めてはこなかったが、近年その慣行も崩れつつある。また、株式投資に対するリターンを純粋に求めてくる外国人投資家や投資ファンドなどが増加してきている。こういった背景の中で経営者層は、企業価値の

向上に伴う高株価維持を意識せざるを得なくなってきた。

7-1 ◆ 株価重視の経営

　株価重視の経営は、市場競争が増す経営環境において経営者にとっても十分なメリットがあることが理解できる。たとえば、株式市場から低コストでの資金調達が可能となったり、転換社債の償還を有利に進められたりする。また、M&Aにおいて高株価を背景に株式交換を有利に推進できたり、自社が企業買収の対象になることへの障壁となったり、経営戦略の幅を広げる効用は多い。

　その一方で、株価重視に偏重する経営を本当に行うべきかどうか逡巡する経営者も少なくない。株価重視に疑問を抱く経営者の思想は、経営組織体の尊重と考えられる。株価重視経営に対して、経営理念を理解しようとしない投機的な株主への疑念や、事業の社会性が毀損する懸念、株主以外の従業員や取引先といった利害関係者に対する思い入れなどから疑義が生じている。

　前者を株価重視経営とし、後者を経営体重視経営とすると、両者のギャップは企業価値の認識の違いによって生じる。両者とも企業価値の創造という点においては一致するものの、企業価値の評価は株価重視経営においては株価によって測定され、経営体重視経営においては組織の活性化によって測定される。

　真に企業価値を向上させるためには、両者の企業価値に対する認識ギャップを埋めなければならない。そのためには先ず、両者共通の企業価値に対する目標と評価指標を持つことだろう。次に、目標達成率や評価指標値をタイムリーに情報公開しなければならない。ここに言う情報とは、日々の経営結果の集積であることから、公開の役割と責務は経営側にある。この情報集積と公開に会計が果たす役割は大きい。特に、両者の企業価値に係る認識ギャップを調和させる目的においては、公正な会計責任の履行に留まることなく、積極的な評価指標値の提供が必要だ。

7-2 ◆ 企業価値評価指標

「網羅性」「透明性」「公平性」の原則に沿って作成した会計データをもとに、企業価値を測定する指標を作成する。作成責任は、資本主と比較して圧倒的な多さで経営情報を持っている経営者側にある。作成する指標は、資本主にとって理解しやすく他社と比較可能なものでなければならない。以下に代表的な企業価値評価指標を紹介する。

①ROE（自己資本利益率）

ROE（Rate of Return On Equity）は、自己資本利益率と訳され、企業価値評価の重要な指標で、株主資本利益率と言うこともある。この指標の意味合いは、株主資本（自己資本または株主資本）に対する当期税引後利益の割合を示す。発行済み株式数でROEを割ると、一株あたりの株主資本（BPS）に対する一株あたりの税引後利益（EPS）の割合となる。

算式:ROE＝（税引後利益／株主資本）
　　または
　　ROE＝EPS（一株当たり利益）÷BPS（一株あたり純資産）

企業の総資本は、株主が出資した株主資本と、銀行借入や社債等によって調達した他人資本に分かれる。株主資本は、資本金と法定準備金や剰余金の合計で、株主の持ち分と考える。ROEは、この株主資本を使って企業がどれだけ効率的に利益を上げたか、を評価する指標として重要視されている。

ROE指標値の目安は、投資効率を測るという観点から、市中金融機関の預金金利と比較されることがある。またROEは、株主資本（エクイティ）の運用効率を測ることから、企業価値や株価と高い相関を示す指標でもある。企業は、株主資本（エクイティ）と借入金（デット）などの他人資本を投下して事業収益を創出する。得られた収益の中から、他人資本には利子を支払い、税金を差し引いて最後に残った税引後利益が株主に帰属する

ことになる。ROEは、配当可能利益の源泉となるものであり、配当能力を測定する指標としても使われる。経営者にとっての事業運営の成績評価の指標でもあり、ROEが低迷すると、株価下落の原因となるだけでなく、経営者層が既存株主から経営責任を問われたり、企業買収のターゲットとされる可能性が増したりすることもある。

ROEを理解するモデル

不動産投資し、家賃収入を得るモデルで、ROEを捉えてみる。1億円のビルを自己資本(エクイティ)2000万円、借入金(デット)8000万円で購入し、年間家賃収入が1200万円で、利息等の諸経費と税金を差引いた税引後利益が400万円だったとする(下表参照)。

BS・PL	借方科目	借方金額	貸方科目	貸方金額
BS	資産(ビル)	1億円	借入金	8000万円
			資本(自己資金)	2000万円
PL	管理諸費用	200万円	売上(家賃収入)	1200万円
	支払利息	100万円		
	減価償却費	300万円		
	ー		【税前利益】	600万円
	税金	200万円	【税引後利益】	400万円
CF	税引後利益400万円+減価償却費300万円ー元金返済額800万円=▲100万円			

◆このモデルのROE
- 400万円÷2000万円=20%

◆このモデルにおける、不動産投資利回り関連の指標
- 表面利回り=年間収入÷購入価格=1200万円÷10000万円=12%
- 実質利回り=税引後利益÷購入価格=400万円÷10000万円=4%
- 返済後利回り=CF÷購入価格=▲100万円÷10000万円=▲1%
- 投資利回り=CF÷自己資金(資本)=▲100万円÷2000万円=▲5%

利回りや利益率は、上記例のように何を分母(元手)に採るか、何を分子(儲け)と考えるかによって大きく変動する。上記モデルでは、ROEが税

引後利益を分子にしているため、20％という高利益率の指標になるものの、借入返済が多いためキャッシュフロー（CF）ではマイナスとなっている。このためCFを分子とする利回り指標の評価は、大変悪い結果となる。

②ROA（総資産利益率）

ROA（Return On Asset）は、総資産利益率または総資本利益率と訳され、総合的な収益性を表す財務指標である。総資産（＝総資本）とそこから生み出した利益の比率を分析したものだ。債権者と株主から委託を受けた経営者にとって資本全体の効率性を見るのに優れた指標である。

算式:ROA＝税引後利益÷総資産＝売上高利益率(*1)×
　　　総資産回転率(*2)
　　　　　売上高利益率(*1)＝税引後利益÷売上高
　　　　　総資産回転率(*2)＝売上高÷総資本（総資産）

上記例では、400万円÷10000万円＝4％となる

上記の式からも分かるように、総資本利益率（ROA）を高めるためには、利益率の改善（原価・費用の削減）または、回転率の上昇（売上高の増加）が必要になるが、この両者はトレードオフの関係になりやすいので注意が必要である。

米国では、企業の収益性を判定するのに総資産利益率（収益率）＝ROA、ないしは株主資本利益率＝ROEがよく用いられる。

③フリーキャッシュフロー

フリーキャッシュフロー（FCF）は、企業が本来の事業活動によって生み出すキャッシュフローのこと。企業が資金の提供者（金融機関や社債権者のような負債の提供者、及び株主である資本の提供者）に対して自由（フリー）に分配できるキャッシュという意味でフリーキャッシュフローという。企業はこのフリーキャッシュフローを原資として、債権者への金利支払や債務の償還、あるいは株主配当などを行う。

算式：FCF＝営業利益－法人税等＋減価償却費－設備投資－正味運転資本の増加額

　上記例では、営業利益(700万円)－法人税等(200万円)＋減価償却費(300万円)＝800万円となる。
　このFCF800万円から、利息100万円と元金返済800万円を支払うので、100万円の資金不足になる。

　制度会計における損益計算書(PL)上の当期利益は、実際に企業に入ってくる純現金収入とは一致しない。減価償却や設備投資によって、実際のお金の出入りと利益額にズレが生じるようになっているからだ。フリーキャッシュフローとは、こうしたズレを修正して計算した、実際の現金収支からみた純現金収入を示すため、企業価値評価指標として重用されている。

④その他の財務分析指標

　以下に示す17個の財務指標は、企業価値評価指標として一般的なものである。それぞれの指標算式と指標の意味するところの概要解説を示したが、企業評価をする上では算式を知っただけでは意味がない。それぞれの指標における基準値や業種や業態のスタンダード(基準値ないしは標準値、平均値)を知り、これと比較しなければならない。この財務指標のスタンダード値の入手は、中小企業庁が毎年発表する「中小企業実態基本調査」や民間会社ながら毎年継続的に発刊される「TKC経営指標」などから可能だ。

- 中小企業実態基本調査(中小企業庁)のURL:
  http://www.chusho.meti.go.jp/koukai/chousa/kihon/index.htm
- 『TKC経営指標』速報版のURL:
  http://www.tkc.jp/clientcompany/bast/

比率名	計算式	解説
総資本経常利益率 (%)	経常利益÷総資本×100	投下資本に対して年間どれだけの利益を上げたかを表す。企業の総合的な収益性の判断をするための指標の1つ。
総資本営業利益率 (%)	営業利益÷総資本×100	総資本経常利益率と同様であるが、金融収支(支払利息、受取利息など)を除いた分、より本業の収益性を表す。
売上高経常利益率 (%)	経常利益÷売上高×100	売上高に対する利益率。その水準は業種によっても異なるため、同業他社との比較が望ましい。
総資本回転率 (回)	売上高÷総資本	投下した資本が売上として年間何回回収されたかという、総資本の利用頻度を表す。回転数が多いほどよい。
売上債権回転期間 (日)	売上債権÷売上高×365※1	売上債権が平均何日で回収されているか、その回収状況を表す。短いほどよく、長期化の傾向にあると不良債権発生が疑われる。
棚卸資産回転期間 (日)	棚卸資産÷売上高×365	売上高の何日分に相当する在庫を持つかを表す。短いほどよく、長期化の傾向にあると不良在庫の発生が疑われる。
流動比率 (%)	流動資産÷流動負債×100	1年以内に支払義務の発生する流動負債と、1年以内に支払手段として使える流動資産を対比し、短期的な支払能力を表す。100%以上が望ましい。
当座比率 (%)	(流動資産-棚卸資産)÷流動負債×100	流動比率と同様であるが、棚卸資産を控除することで、不良在庫等の要因を排除した指標。
固定比率 (%)	自己資本÷(固定資産+繰延資産)×100	固定資産の取得に当たって、返済の必要のない自己資本でどれだけまかなわれているかを表す。100%以下が望ましい。
自己資本比率 (%)	自己資本÷総資本×100	総資本のうち、最も安定的な自己資本が何%を占めるかを表す。安全性を示す代表的な指標。
経常収支率 (%)	経常収入÷経常支出×100※2	営業活動によるキャッシュフローのバランスを表す。100%未満が何期も連続すると倒産の危険性が高くなる。
借入金比率 (%)	(借入金+社債+割引手形)÷(総資本+割引手形+裏書譲渡手形)×100	総資本と手形による資金調達のうち、どれぐらいが実質的な借入金でまかなわれているかを表す。低いほど良い。
インタレスト・カバレッジ・レシオ (%)	(営業利益+受取利息・配当金)÷支払利息割引料×100	金利を負担する能力が、現状実際に支払っている額の何%あるかを表す。100%以下では現状の金利負担でも厳しいことになる。
有利子負債返済年数 (年)	(借入金+社債)÷(税引後利益+減価償却額)	社債を含めた実質的な借入金全体を返済するのに、何年かかるかを表す。10年以下が望ましい。
売上高増減率 (%)	(当期売上高-前期売上高)÷前期売上高×100	過去における成長性を表す。高いほどよいが、あまりにも急激な成長は運転資金不足による資金繰り難の原因ともなる。

一人当たり売上高	売上高÷従業員数	生産性を表すが、業種によって水準値が大きく異なるため、同業他社との比較が必要。
労働分配率(%)	人件費÷(売上高-売上原価)×100	人件費が粗利の何%で抑えられているか、生産性を表す。50%以下に抑えるのが望ましい。

※1　売上債権=受取手形+売掛金+割引手形+裏書譲渡手形
※2　経常収入=売上高+営業外収入+期首(受取手形+売掛金)-期末(受取手形+売掛金)
　　　経常支出=売上原価+販売管理費+営業外支出+期首(支払手形+買掛金+未払費用-棚卸資産)-期末(支払手形+買掛金+未払費用-棚卸資産)-減価償却費+法人税等支払額

8　会計ビッグバン

8-1 ◆ 会計ビッグバン

　日本の会計制度を国際会計基準に合わせようとした一連の会計制度改定を会計ビッグバンという。国による独自の会計基準をできるだけ排除し、他国の事業家や投資家等が会計レポートを閲覧することにより、企業の財務状況等を理解しうる環境を作ろうとした。
　日本が国際会計基準に沿った会計制度に移行することによって、各国の事業家や投資家は、日本企業の財務状況を元とした投資判断が容易となる。一方でこのことにより、日本の企業にとっては、各国からの資金調達がこれまで以上に容易になるメリットが生まれる。

　会計ビッグバンにより、企業単体の財務上状況だけではなく、関連するグループ各社とグループ全体の収益力や財務状況も把握できるようになった（連結会計制度の充実）。また、将来の年金・退職金債務等を含めて資産・負債を時価で評価した財務状況等を把握することができる（時価会計の導入、年金（退職金）会計の実施）。さらに、損益計算書では掴みきれなかった、キャッシュの流れを掴むことが出来るようになった（キャッシュフロー計算書）。会計ビッグバンの結果、企業のより実態に近い姿を投資家は見ることができるようになったといえるだろう。

会計ビッグバンは、企業経営にも大きな影響を与えた。企業実態を明確に表すことから、本業と相関関係の少ない周辺事業や不採算部門等を切り捨てるなど、本業への事業リソースの集中を迫られることとなった。一方で、高い収益性や企業価値の向上が使命となり、他社との提携や営業譲受などの経営統合、企業再編がこれまで以上の検討課題となった。さらに、再編によるグループ経営の効率化から、分社化や持株会社の設立なども活発化してきている。会計ビッグバンによる企業再編の流れは、不況下における企業の生き残り策としても検討され、市場競争が激化する中で極めて重要な企業戦略のひとつとなった。

8-2 ◆ 会計ビッグバンの概要

①連結会計制度の充実 →親会社単体の経営から、グループ全体を見据えた経営へ

これまでも連結財務諸表は作られていたが、その位置づけは個別財務諸表の添付資料であった。会計ビッグバンにより、連結の範囲の見直し（持株基準から実質支配基準へ）、税効果会計の全面適用（期間利益指標の有用性向上）、親子会社間の会計処理の統一、セグメント情報の充実、その他細部にわたる連結手続きの見直しによって企業グループ全体の真の業績開示が図られた。

②キャッシュフロー計算書の作成 →損益重視から、キャッシュフロー重視へ

これまでの貸借対照表、損益計算書に加えて「キャッシュフロー計算書」が第3の財務諸表として登場した。キャッシュフロー計算書は、企業戦略の結果としての将来のキャッシュ獲得能力や近い将来の財務安定性（企業の存続可能性）を見て取ることができ、経営者や投資家にとって企業価値評価の重要な情報となっている。

③時価会計の導入(2001/3月期から金融商品。2002/3月期から持合株式)

　金融商品の時価評価の導入は、売却可能な有価証券の含み損益を使った利益調整を排除し、隠れ債務を表面化することになった。持合い株式の時価評価導入により、これまでの漫然とした株式の持合い構造からコーポレート・ガバナンスや資本効率を追及した構造へと変化を与えている。

④年金(退職金)会計の実施(2001/3月期から)→資産の含み益依存の経営から、本業の収益中心の経営へ

　年金の積み立て不足や逆ザヤ運用、退職給付金の計上不足など隠れ債務を排除するための措置。

⑤税効果会計

　企業会計の目的が適正な業績評価であるのに対し、税法による会計の目的は安定的な税収の確保にある。したがって、会計上の利益と税法上の課税所得とが合理的に対応せずズレが生じることが多い。税効果会計では、利益と課税所得とのズレ(一時差異)を調整し、一時差異を解消する。税効果会計は、利益と課税所得のズレを調整し、税金コストの期間配分を行うことで、より適正な期間利益の算出を行うものだ。

> **コラム&エピソード　会計基準の変更と粉飾・・カネボウ事件の教訓**
>
> 　2005年4月13日、「カネボウ粉飾2000億円」との記事が大々的に報道され、カネボウの粉飾決算が明るみになった。同日午後のカネボウの発表によって、1996年3月期から2004年3月期まで9期連続で債務超過だったこと、不適切な会計処理による粉飾総額が2,150億円にもおよぶことが判明した。これは、事業会社の利益操作としては過去最大規模の粉飾総額であった。粉飾決算が発覚した後、株価は連日値幅制限の下限(ストップ安)まで下がり続け、発覚から2カ月を経てカネボウ株は上場廃止となった。その後も同社は産業再生機構の支援のもと経営再建を目指したが、各事業部門からの撤退を続け、化粧品部門においては

花王に売却するなど、徐々にその事業規模を縮小し、2007年6月30日に解散した。粉飾決算を主導したカネボウ旧経営陣に対して民事責任および刑事責任が追及されるなか、責任の問題は、監査を担当した公認会計士、監査法人の責任問題へと発展した。粉飾決算発覚後、カネボウの監査を担当していた公認会計士4名が逮捕され、うち3名が刑事罰を問われた。また、会計士らが所属していた中央青山監査法人は、金融庁から2カ月間の業務停止命令を受けた。このような厳しい責任を問われたのは、公認会計士が精神的独立性を失い、カネボウの粉飾決算に関与していた実態が明らかになったからである。これによって会計プロフェッションの信頼は大きく失墜した。その後、中央青山監査法人はあらた監査法人とみすず監査法人とに分裂した。実質的に中央青山監査法人を引き継いだみすず監査法人は再出発を図るも、2006年12月に時期悪く発覚した日興コーディアルグループの不正会計問題によってその信頼回復はますます困難になり、最終的にみすず監査法人は2007年7月末をもって解散した。

　カネボウの粉飾決算において最大のスキームとなった連結外しは、1998（平成10）年から2000（平成12）年にかけて、子会社判定基準が持株基準から支配力基準へと変わる移行期に行われた。会計基準の変更によって会社が好ましくない財務的影響を受ける場合、会社はその会計基準の変更を渋るかもしれない。公認会計士にとっては、持株基準と支配力基準の任意適用が認められていた1999年3月期が、来る支配力基準の実施に備えてカネボウに適切な指導・助言を行うという点で重要な時期であったと考えられる。一方、新基準の強制適用が迫るにつれ、会社は何らかの不正な対応を講じるかもしれない。カネボウの場合、連結会計基準の移行期に合わせて持株比率を意図的に操作していた。これは、会計基準が変更される過程で財務諸上の虚偽表示リスクが高まり、したがって監査リスクも高くなりうることを示唆している。

引用：早稲田大学　産業経営研究所『産業経営』第48号　2011年8月　P.43-60

8-3 ◆ 会計ビッグバンに至るまでの日本の会計史

①トライアングル体制の会計制度

日本は、戦争で失った企業の資本を再び証券市場から調達するために、アメリカ式会計制度を手本に日本版企業会計原則を導入した。その会計制度は、投資家のための証券取引法にもとづく会計制度と、債権者保護を主眼とした商法にもとづく会計制度と、国の税務会計にもとづく会計制度の、いわゆるトライアングル体制の会計制度が会計ビッグバンの前までつづいてきた。

②日本版バブル崩壊

1990年代に入って日本経済のバブルがはじけ、この会計制度の弱点が一挙に明るみにでてきた。日本の金融機関の破綻が相次ぎ、これに関連して多くの企業が経営危機に直面した。ゼネコンを筆頭に多大な不良債権を抱えた企業の財務諸表は、従来の会計基準でつくられていたため、危機的状況が隠蔽され企業の実態を充分とらえられないという事態が生じた。

③会計基準改定の機運

本来なら、そうした会計の弱点を監査役による会計監査や公認会計士による外部監査制度が補完するはずだったが、これらの監査制度も有効に機能していなかった。このような事態を受け、投資家だけでなく勤労者、消費者などの信頼を取り戻すために、会計基準をどう改革するかが問題となった。

④グローバリゼーション

一方、海外の事情も日本の会計ビッグバンに動いた。アメリカを中心とする海外の金融機関や投資家は、規模の大きい日本の資本市場を狙い、グローバル・スタンダードに基づいた経済や金融、証券等の制度改革を要求していた。日本の資本市場を世界に開放させるという大儀の元に「透明度の高い」財務諸表を要求した。

⑤国際会計基準委員会(IASC)

世界の主要国の職業会計士(公認会計士)等が集まる民間組織、国際会計基準委員会(IASC)は、国際的に比較可能な財務諸表の作成基準の制定作業を長年にわたって研究していた。同委員会は民間団体のため、作成された基準は強制力をもたなかった。しかし1987年にアメリカのSEC(証券取引委員会)や日本の大蔵省証券局など各国政府代表をメンバーとするIOSCO(証券監督者国際機構)が諮問委員として加わったことにより、同基準を各国が制度的に受け容れる素地ができた。

⑥コアスタンダード

1998年12月、骨格となる中核部分(コアスタンダード)のほとんどが出来上がった。新会計基準のポイントは、大まかに①新連結決算制度、②キャッシュフロー会計、③時価主義会計(減損会計)、④退職給付会計、⑤税効果会計の5つに分類される。

⑦日本版新会計基準

この国際会計基準(グローバルスタンダード)と日本版新会計基準とは幾分違っている。地球規模での普及を目指す世界統一基準である国際会計基準の制定作業と、日本を含め各国の母国基準を国際会計基準に調和させようとする作業が同時に進行している。現段階では日本の新会計基準と国際会計基準との間には多少の差がある。減損会計や、投資不動産の扱いがその代表例で、今後の動向にも留意したい。

> **コラム&エピソード　国際会計基準**
>
> 企業の事業活動が年々国際化している一方で、各国の会計制度はまちまちだ。企業が海外(他国)で資金調達することも珍しくない。会計制度がまちまちのままでは、投資家が企業の業績を適切に判断し難く、投資活動(企業の資金調達)が停滞しかねない。そこで、企業の業績や価値を容易に理解および比較できるよう、会計制度の国際的統一を目指して登場したのが、国際会計基準だ。

国際会計基準は、国際財務報告基準(IFRS)の通称で、世界的に承認され遵守されることを目的とした会計基準の総称だ。IFRSは、国際会計基準審議会(IASB)によって設定されている。

　少しめんどうな話になるが、IASBには国際会計基準委員会(IASC)という前身の団体がある。現在のIFRSは、このIASCで設定したいくつかの基準と、IASBが基準化したIFRS第1号「初度適用」から構成されている。

　2002年9月に、米国財務会計基準審議会(FASB)とIASBが共同会議を開催し、IFRSと米国基準との一致や整合性を目指した。これにより、国際的な会計基準の統一化の土台ができあがった。IFRSは2005年以降、EU諸国上場企業の財務報告基準として正式採用されることも決定している。これを受けて日本においても、決算書をIFRSで作成することになるかも知れない。

8-4 ◆ 時価会計

　時価会計とは、資産と負債を毎期末の時価で評価し、財務諸表に反映させる会計制度のこと。2000年1月に日本公認会計士協会より発表された「金融商品会計に関する実務指針」等に基づき、同4月以降に開始される事業年度より、企業会計・法人税額の計算等において、法人の保有する金融商品(但し一部の金融商品の時価会計の導入は平成13年4月以後)が時価で評価されることとなった。従来の会計制度では、貸借対照表に計上される資産の額は原則として取得原価であった。

　時価会計においては、その時点での評価が計上されるので、企業自体の把握がより出来るようになった。時価会計の導入を契機として、金融商品の時価に基づいた現状把握だけでなく、事業全体の価値や株主価値などについても現実的に把握する、時価経営が求められるようになってきた。

8-5 ◆ 時価会計における金融商品会計基準

金融商品の時価会計制度により、有価証券とデリバティブ取引が時価評価の対象となった。有価証券については、すべてが時価評価の対象となるわけではなく、保有目的ごとに評価基準が定められている（表1）。

●有価証券の保有目的と評価方法

保有目的	評価基準	評価差額の取扱い
売買目的有価証券	時価	損益に計上
満期保有目的債券	原価（償却原価）	―
子会社及び関連会社株式	原価	―
その他有価証券	時価	資本勘定に計上

8-6 ◆ デリバティブ取引

デリバティブ（金融派生商品）とは、債券、株式、為替などの現物金融商品のリスクをコントロールするために、現物金融商品を基本として派生していった金融商品のことで、具体的に以下のような取引が該当する。

取引種類	取引内容	原資産	取引市場
先物取引	将来の一定時点で、特定の商品を約定価格で売買することを約束する契約	金利、通貨、株式、債券、現物商品	取引所取引
先渡取引	将来の一定時点で、通貨又は金利や為替相場に基づいて計算される金銭を、約定した金額で授受する契約	金利、通貨、株式、債券	相対取引
オプション取引	将来の一定時点で、現時点で契約した価格で原資産を購入あるいは売却する権利	金利、通貨、株式、債券	相対取引 取引所取引
スワップ取引	将来のある時点で、異なる金利あるいは異種通貨建てのキャッシュ・フローをあらかじめ定めた方法に基づき、契約当時者間で交換する取引	金利、通貨	相対取引

従来、デリバティブの処理については、包括的な会計基準がなく実務慣行として決済基準（実現主義）が採用されてきた。しかし、決済基準のもとでは、決済されるまでデリバティブの損益が財務諸表に反映されないことになるため、デリバティブ取引の中で利益の出ているものだけを決済するなどによって利益操作が可能だった。金融商品会計（時価会計）では、デリバ

ティブ取引により生じる正味の債権・債務は、原則として時価をもって貸借対照表価額とすることとされた。また、デリバティブ取引の評価差額は、全て当期の損益として処理しなければならない。

8-7 ◆ ヘッジ会計

　デリバティブ取引の多くは、有価証券、外貨建借入金など現物資産・負債が抱える価格や金利、為替の変動リスクのヘッジ手段として利用される。ヘッジ手段として利用されるデリバティブ取引は時価評価し、一方でヘッジ対象である現物資産については原価評価するという、損益計上の時期にミスマッチが起きる。これを補正する目的の等のために、ヘッジ会計が認められることになった（金融商品会計基準第五）。

　ヘッジには、相場変動リスクをヘッジする取引と、金利変動リスクに対しキャッシュ・フローを固定するヘッジ取引がある。リスクにさらされている現物資産・負債のことをヘッジ対象といい、ヘッジの際に用いるデリバティブ取引をヘッジ手段という。

　ヘッジ会計とは、ヘッジ取引のうち一定の要件を満たすものについて、ヘッジ対象に係る損益とヘッジ手段に係る損益を同一の会計期間に認識し、ヘッジの効果を会計に反映させるための特殊な会計処理をいう。

　ヘッジ会計には、以下の二つの方法がある。

繰延ヘッジ	原則的な方法	時価評価されているヘッジ手段に係る損益または評価差額を、ヘッジ対象に係る損益が認識されるまで資産または負債として繰り延べる方法
時価ヘッジ	例外的な方法	ヘッジ対象である資産又は負債に係る相場変動等を損益に反映させることによって、その損益とヘッジ手段に係る損益とを同一の会計期間に認識する方法（時価ヘッジは、ヘッジ対象の時価評価が可能な場合にのみ採用可能）[※1]

※1　現時点では時価ヘッジ会計は、その他有価証券をヘッジ対象とする場合以外は認められていない。なお、ヘッジ対象たるその他有価証券の時価変動要因のうち特定のリスク要素（金利・為替・信用等）のみをヘッジの目的としているときは、そのリスク要素の変動に係る時価の変動額を当期の損益として計上し、それ以外の部分は資本直入をする（実務指針160、185）。

①ヘッジ会計の仕訳例

■繰延ヘッジ

◆ヘッジ手段であるデリバティブ取引に損失が生じている場合

　繰延ヘッジ損失(資産)　×××　／　デリバティブ(負債)　×××

◆ヘッジ手段であるデリバティブ取引に利益が生じている場合

　デリバティブ(資産)　×××　／　繰延ヘッジ利益(負債)　×××

■時価ヘッジ

◆ヘッジ対象である「その他有価証券」に利益、ヘッジ手段であるデリバティブ取引に損失が生じている場合

　繰延ヘッジ損失(P/L)　×××　／　デリバティブ(負債)　×××
　その他の有価証券　×××　／　有価証券評価損益(P/L)　×××

◆ヘッジ対象である「その他有価証券」に損失、ヘッジ手段であるデリバティブ取引に利益が生じている場合

　デリバティブ(資産)　×××　／　繰延ヘッジ利益(P/L)　×××
　有価証券評価損益(P/L)　×××　／　その他の有価証券　×××

②ヘッジ会計の要件

　ヘッジ会計は、ヘッジ取引全てに適用されるわけではなく、以下の要件を充足する場合に適用される。

■ヘッジ取引開始時にヘッジ取引が企業のリスク管理方針に従ったものであることが客観的に認められること

◆当該取引が企業のリスク管理方針に従ったものであることが、文書により確認できること

◆企業のリスク管理方針に関して明確な内部規定及び内部統制組織が存在し、当該取引がこれに従って処理されることが期待されること

■ヘッジ取引開始時以降において、ヘッジ対象とヘッジ手段の損益が高い程度で相殺される状態またはヘッジ対象のキャッシュ・フローが固定され、その変動が回避される状態が引き続き認められることによって、ヘッジ手段の効果が定期的に確認されていること

③ヘッジ会計における金利スワップの特例

以下の要件を満たしている金利スワップについては、時価評価を行わず、金利スワップにかかる金銭の受払いの純額等を当該資産または負債にかかる利息に加減して処理することができる。

1. 金利スワップの想定元本と貸借対照表上の対象資産または負債の元本金額がほぼ一致していること
2. 金利スワップとヘッジ対象資産または負債の契約期間および満期がほぼ一致していること
3. 対象となる資産または負債の金利が変動金利である場合には、その基礎となっているインデックスが対象資産または負債の変動金利の基礎となっているインデックスとほぼ一致していること
4. 金利スワップの金利改定のインターバルおよび金利改定日と、ヘッジ対象の資産または負債の金利改定日がほぼ一致していること
5. 金利スワップの受払条件が、スワップ期間を通して一定であること（同一の固定金利および変動金利のインデックスがスワップ期間を通して使用していること）
6. 金利スワップに期限前解約オプション、支払金利のフロアーまたは受取金利のキャップが存在する場合には、ヘッジ対象の資産または負債に含まれた同等の条件を相殺するためのものであること

④ヘッジ会計の税務

会計上デリバティブ取引が時価評価されることに合わせて、法人税法上でもデリバティブの評価損益を益金または損金の額に算入するという取扱いになった（法人税法第61条の5第1項）。また、ヘッジ会計を適用している場合は、繰延ヘッジ・時価ヘッジともに、会計と税務で取扱いに大きな相違がない。

> **コラム&エピソード　時価主義会計と時価評価について**
>
> 　これまでの日本の会計制度では、簿価主義つまり取得原価表示ルールが主流であった。簿価主義会計では、市場環境の変化に伴う財産実際価値の変動を財務諸表に反映させる必要がない。したがって、財務上の簿価と市場価値との乖離が生じ、企業価値が正しく表示されないという問題点がある。
>
> 　そこで「金融商品に係る会計基準」という金融商品の一部を時価で評価するルールができた。この新基準を時価（主義）会計と呼ぶ。時価評価の対象は、売買目的で保有している有価証券運用目的の金銭信託、デリバティブ取引によって生じる正味の債権や債務などだ。
>
> 　時価会計において投資家は、企業の正しい財産状態を知りうることができるようになった。が、時価会計に問題が無いわけではない。売買目的有価証券は、時価評価を必要としないというルールが付則する。この付側ルールを使い、有価証券を「その他有価証券」に振替えたり、逆に「その他有価証券」や満期保有債権を売買目的有価証券に振替えたりすることで益出しや損出しが可能となった。
>
> 　投資家は、時価会計の問題点として、意図的な利益操作の余地を認知する必要がある。

9 キャッシュフロー会計

9-1 ◆ キャッシュフロー計算書とは

　キャッシュフロー計算書とは、企業や企業グループのキャッシュ（現金及び現金同等物）の収支を計算し報告するための財務諸表のこと。1999年4月以降、金融商品取引法の適用企業では、キャッシュフロー計算書が貸借対照表及び損益計算書と並んで、基本財務諸表の一つとして、計算し開示することが義務付けられた。ここで言う現金同等物とは、取得日から3カ月

以内に満期日または償還日が到来する短期的な投資等とされている。
　キャッシュフロー計算書は、連結キャッシュフロー計算書・中間連結キャッシュフロー計算書、個別ベースのキャッシュフロー計算書・中間キャッシュフロー計算書の総称である。

9-2 ◆ キャッシュフロー計算書の表示区分

　キャッシュフロー計算書は、「営業活動によるキャッシュフロー」「投資活動によるキャッシュフロー」「財務活動によるキャッシュフロー」の3つに区分される。

①営業活動によるキャッシュフロー

　営業活動によるキャッシュフローは、キャッシュフロー計算書の3区分のうち、企業の経常的な営業活動からどの程度の資金を獲得したかを示し、資金情報として重要な意味を持つ。この区分には、以下の3つが含まれる。
- 企業の経常的な営業活動の対象となった取引に係るキャッシュフロー
- 営業活動の結果として債権・債務から生じるキャッシュフロー
- 投資活動及び財務活動以外の取引によるキャッシュフロー

【営業活動によるキャッシュフローの具体例】
- 財貨の販売及び役務の提供による収入
- ロイヤリティ、報酬、手数料及びその他の収入
- 仕入先に対する支出
- 従業員に係る支出
- 法人税等の支払又は還付

②投資活動によるキャッシュフロー

　投資活動によるキャッシュフローは、将来の利益獲得及び資金運用のために、どの程度の金額を支出し、回収したのかを示す。この区分には、次のものが含まれる。

- 有形固定資産及び無形固定資産の取得及び売却の取引に係るキャッシュフロー
- 現金同等物に含まれない有価証券及び投資有価証券の取得及び売却等の取引に係るキャッシュフロー
- 資金の貸付及び回収の取引に係るキャッシュフロー

③財務活動によるキャッシュフロー

　財務活動によるキャッシュフローは、上記2つの活動（営業活動及び投資活動）を維持するために必要とする資金を、どのように・どの程度の金額を調達し、返済をしたのかを示す。この区分には、次のものが含まれる。

- 借入及び株式又は社債の発行による資金調達の取引に係るキャッシュフロー
- 借入金の返済及び社債の償還等の取引に係るキャッシュフロー
- 自己株式の取得及び売却の取引に係るキャッシュフロー

9-3 ◆ キャッシュフロー経営

　キャッシュフロー経営とは、企業のキャッシュフローに着目して、経営の健全度やダイナミズムを高めていく経営手法の通称である。これまで、経営の目的は、利益の極大化と考えられていた。そのため、多くの会社経営者の主眼が利益を大きくすることにおかれ、ややもすると経営の健全度を測定するといった観点に欠けていた。損益計算書（PL）上の利益は、そのままではキャッシュの量や動きを表すものではない。そこでキャッシュの流れ、つまりキャッシュフローに着目した経営が注目されるようになった。

　キャッシュフロー経営とは、キャッシュフローに着目して、経営の健全度を高めていく経営手法である。主にフリーキャッシュフローを最大化することで、企業価値を高めていく。キャッシュフロー経営は、キャッシュフロー計算書を経営改善の重要なインジケーター（測定指標）と捉え、経営活動のメジャー（秤）を「損益」から「キャッシュフロー」に替えていく。したがって、キャッ

シュフロー計算書に表示されるキャッシュは、過去のデータであり、キャッシュフロー経営で扱うキャッシュは、これから実現するための計画であり目標値ということができる。

キャッシュフロー経営では、経営改善目標を、営業活動キャッシュフロー、投資活動キャッシュフロー、財務活動キャッシュフローに分けて立案する。

9-4 ◆ 営業活動キャッシュフローの改善

キャッシュフロー経営では、先ず営業キャッシュフローに着目する。仮に営業キャッシュフローがマイナスの場合には、その会社は事業を続ければ続けるほど運転資金が減ること意味し、資金量が豊富でもいずれは破綻する。営業キャッシュフローの最低目標値は、単純なプラスだけでなく、借入金の返済よりも上回りたい。

営業活動キャッシュフローを向上させるには、売上と粗利の拡大だが、それ以外にも仕入れ、在庫、売上の営業サイクルにおけるキャッシュフローの改善が考えられる。

売上拡大以外の営業活動キャッシュフロー改善策

- 仕入れや経費などは、信用取引とし(現金購入しない)買掛金や支払手形の支払いサイトを長くする
- 在庫(棚卸資産)を極力減らすため、商品ごとや部門ごと、倉庫ごとなどきめ細かい販売管理システムを採用する
- 売上は、前受けや現金取引を最上策と考え、信用取引とする際は、回収サイトを短くする

9-5 ◆ 投資活動キャッシュフローの改善

投資活動キャッシュフローを改善するには、生産性の低い土地や設備などの無駄な固定資産を売却するなどして減らすことが先決だ。事業設備

は、将来のキャッシュフローの源泉となるため、無闇に減らすということではなく、無駄に使われている投資資金がないかを検討する。例えば、含み益の出ている有価証券などは売却して現金化したいものだ。

また、新規の投資においては、ディスカウント・キャッシュ・フロー（割引現在価値:DCF）法を用いて検討するなどの慎重さが必要となる。

9-6 ◆ DCF法（Discounted Cash Flow）

ディスカウント・キャッシュ・フロー（割引現在価値:DCF）とは、将来のキャッシュフロー（予測）から現在価値を算出し、投資判断に役立つ指標として一般的に活用されている。期間や金額の異なる投資についての、将来キャッシュフロー（予測）が、現在価値で表示されるため、いくつかの投資案の比較が容易となり、投資判断に役立つ。

現在価値と将来価値

さまざまな投資に対して、投資効率を確認したり、投資判断をしたりする際の価値判断ロジックとして、現在価値計算や将来価値計算、割引率などを使い指標を算定する。たとえば、年利率3%における100万円の1年後の現在価値は、103万円であり、年利率3%において、1年後の103万円を100万円の将来価値という。

資産運用の理論では、異時間のお金の価値を計る物差しとして「金利」を利用し、金利が3%なら、現在の1万円は1年後の1万300円と価値が等しいと考え、また、1年前の97,087円と等価値である、と考える。

・現在価値計算と将来価値計算の算式

FV（Future Value） PV（Present Value） n（年数） r（年利率）

（複利法） 将来価値＝現在価値×(1+年利率)年数乗　　$FV=PV\times(1+r)^n$乗

現在価値＝将来価値÷(1+年利率)年数乗　　$PV=FV\div(1+r)^n$乗

（単利法） 将来価値＝現在価値×(1+年数×年利率)　　$FV=PV\times(1+nr)$

※理論としては、単利法もあるが、これを使うことはほとんどない

9-7 ◆ 財務活動キャッシュフローの改善

　財務活動キャッシュフローの改善は、資金調達コストを下げることと、資金調達手段を多様化、安定化させることが課題となる。資金調達コストの低減は、借入金利の低減とほぼ同じで、高金利の借入金の早期返済が主要テーマとなる。また、資金調達手段の多様化は、間接金融だけに依存することなく直接金融手段を幅広く検討し、長期資金の安定化と財務構造の改善を図ることが重要となる。

10 会計と企業価値算定

　企業価値を算定する上で、会計の果たす役割は大きい。本書でもさまざまな場面で企業価値という言葉を使っている。特に資本家と経営者が一体でない経営においては、評価された企業価値は重要な意味を持つことになる。企業価値を評価する算定作業は、会社の一大事といって過言ではない。

　企業価値算定は、一般的な株式投資家にとっても、株式の購入や売却のタイミング、将来の配当期待判断などのための大いなる関心事項だ。また、M&Aや企業再編においては、企業価値の算定作業なしに前に進むことができない。

　このように企業価値の算定は、当該企業に関するさまざまな利害関係者にとって高い関心事項であるが、その実施は容易ではない。企業価値算定を困難なものとしている要因のひとつに、価値評価対象の多面性を挙げることができる。評価対象の多面性とは、ヒト・モノ・カネに集約できる。ヒトとは、経営陣であったり、従業員であったり、ヒトに帰属する資格や権利であったりする。モノとは、商品であったり、ブランドであったり、店舗網であったり、販売経路や法人に帰属する権利や契約であったりする。カネとは、概ねのところ法人が所有する資産と負債のことである。

企業価値算定を困難にするもうひとつの要因が、未来という不確定要素だ。ヒトは生き物でありそのライフサイクルは短く、心という掴みどころが難しい不確定要素を持っている。モノは、常に市場ニーズという不確定要素の中で存在し、ライバルという敵に晒されている。カネには、物価や金利という変動要素が付いて回る。

　企業価値の算定が如何に困難であっても、M&Aや企業再編、投資、融資、業務提携などさまざまな局面において実施せざるを得ない。可能な限りの要素を取り入れて、算定方法を理論化した上で、最終的には数値化しなければならない。数値化の多くは、金額であり、その意味において会計の果たす役割は大きい。

10-1 ◆ M&Aにおける企業価値算定

　M&Aにおける企業価値算定においては、買収側または被買収側の会社内部の者であったり、それぞれの側から評価算定を依頼された第三者であったりと、ケースバイケースでさまざまな評価実施者が登場することになる。企業(もしくは事業)の取得を検討する側では、適正に算定(時価評価)された被取得会社の財務諸表(BSやPL)やキャッシュフローから企業価値の算定に入る。これを参考にして、経営陣と従業員のモラール状況や当該企業取得によるメリット・デメリットなどを総合的に勘案して、最終的な意思決定をする。当然ながら、企業売買時における売買価額の決定は、売買当事者双方の合意がなければならないわけだが、この価格決定にも合理的な算定基準による企業価値(価格)が前提になる。
　しかし、適正に算定された財務諸表に基づく企業価値(価格)と、売買価額としての企業価値は、必ずしも一致するわけではなく、場合によっては大きく乖離する。財務的価値(価格)と買収価格では、対象企業は同じであっても、評価目的や企業の活用目的が異なることが多く、これらが異なれば、評価条件や評価価格が異なって当たり前だ。

企業価値の算定においては、残念ながら、絶対的で客観的な基準や方式は存在しない。企業価値評価は、過去の賢人による研究成果を基に実務で採用されるに至った理論的な部分も少なくないが、それ以外の部分、すなわち、評価する側の経験的な判断が重要となる場面が多い。実務では、評価実施者はさまざまな企業価値算定方法の中からケースバイケースで、その事案に見合った合理性のある方法を、一定の仮説の元に選択した上で評価額を算定することになる。

10-2 ◆ DCFMによる企業価値算定

現状において、企業売買における財務的な企業価値あるいは株主価値の算定方法は、おおむね次のような方法がある。
- 純資産方式
- 収益還元方式
- DCF(Discounted Cash Flow)方式
- 類似業種(または会社)比準方式
- 配当還元方式

この中で、DCF(Discounted Cash Flow)方式は、近年、企業価値算定の実務で盛んに使われるようになった。企業価値算出におけるDCF方式とは、将来のキャッシュフローの予測数値を、合理的な割引率で現在価値に割引計算し、それ以外の残存価値をも含めた現在価値合計をもって、企業価値とする。

企業価値の評価法は日進月歩であるが、90年代にその主たる地位を築いたDCFM(Discounted Cash Flow Model、割引キャッシュフローモデル)は、企業評価の中でも理論整合性の高い方法として注目されている。DCFMの特徴は、資産価値の測定理論である「一般にすべての資産の価値は、その資産が生むキャッシュフローの期待値を必要収益率で割り引いた現在価値になる」とする点と、企業をひとつの資産として用いている点にある。

DCFMは、フリーキャッシュフローを捕捉し、それを割り引いて現在価値を得る。キャッシュフローとは、正味キャッシュフローから運転資本、設備資本への充当を控除した、フリーキャッシュフローを指す。企業価値計算でキャッシュフローを使用するのは、会計基準によって人的な操作を排除することができ、収益の実態を示せるからである。

　企業価値算定における、割引率の算定には、資本コスト（投下資本の必要コスト）の概念を考慮する必要がある。負債のコスト（割引率）は、借入金を実行する段階で決定している利子率だが、株主資本のコストは市場金利に株主資本であるリスクを上乗せしなければならない。これは、株式投資をする側から見れば期待収益率でもある。

◖DCFMによる企業価値算定モデル◗

①予測期間の決定————通常予測期間は5～10年程度
②予測期間のフリーキャッシュフローを算定
　　・フリーキャッシュフロー
　　　＝事業からのキャッシュフロー－投資のキャッシュフロー
　　　＝（営業利益＋受取利息配当金）×（1－実行税率）＋減価償却－設備投資－運転資本需要
③割引率《資本コスト》の算定
④予測期間の最終年度の企業価値（継続価値）を推計して割引計算。
　　・継続価値＝予測期間の翌年のキャッシュフロー÷（加重平均資本コスト－フリーキャッシュフローの永久成長率）
　　※永久成長率はその企業の属する業界の将来の成長見通しを考慮して決定
⑤将来のフリーキャッシュフローと予測期間最終年度の継続価値を加重平均資本コストで割引く
⑥現時点の企業価値が計算される
　　・企業価値＝予測期間のキャッシュフローの現在価値＋継続価値の現在価値

従来型の売上高、利益のみならず、減価償却、設備投資、運転資本などの予想をし、キャッシュベースの金額を算定することにより、PER（株価収益率）よりも厳密な株価評価（企業価値評価）が可能になる。このモデルでは、キャッシュの投入と回収を測定するため、会計方針が異なっている企業間でも比較が可能となる。

　上記のモデルでは、非常に高い精度で企業価値が算定されるように思われるが、この手法を用いてもなかなか将来株価を想定することは困難である。原因は2点ある。まず、DCFM計算における割引率や予想CFの正確な算定が困難であること。次に、市場はいつも適正株価に向かうときに過剰反応してしまい揺れ動いてしまうからだ。ただ、だからといってこの手法に意味がないわけではない。企業をひとつの資産と見ることで、企業価値の評価方法のバリエーションが増え、あるいは新たな投資価値観も生まれる。

第7章

経営実務の財務

1 財務諸表の利用者

　財務諸表は誰にとってどのように役立つのか、情報利用者の視点で考える。財務諸表の利用者として、ここでは証券投資者、株主、社債権者、銀行、従業員、国及び地方自治体を想定する。証券投資者は、株式や社債を購入すると、株主または社債権者になる。しかし、財務諸表の活用法は、証券の購入前と購入後では異なることが多い。このことに鑑み本書では、購入前の情報利用者を「証券投資者」とし、購入後の利用者を「株主または社債権者」と呼び、両者を区別して説明する。

1-1 ◆ 証券投資者

　株式投資者が得る主な投資収益（リターン）は、配当と株価の値上がり益からなる。普通社債の投資者が獲得する投資収益は、利息と社債価格の値上がり益である。逆に、投資に伴うリスクは、株価や社債の値下がりによる損失である。証券投資者は、目標にするリターンと負担できるリスクを比較衡量し、投資判断を行う。このリスクとリターンの度合いを投資対象企業の個別要因から推測する際に参考となる指標の例を以下に示す。

◉主な投資判断指標

指標名	算式	指標値の概要
EPS	純利益 ／ 発行済株式総数	一株あたりの純利益
配当利回り	（1株当たり配当金 ／ 株価）× 100	投資金額に対して、年間に受取ることができる配当金の割合を示す指標。%で表現される。
配当性向	（1株当たり配当金 ／ EPS）× 100	企業があげた純利益のうち、どの程度が配当金として、株主に還元されるかを示す指標。%で表現される
PER（株価収益率）	株価 ／ EPS	株価が1株あたり利益の何倍まで買われているかを判断する指標。12倍といった形で表現される。PERが大きいほど株価は割高、PERが小さいほど株価は割安と判断される。
PBR（株価純資産倍率）	株価 ／ 1株あたり純資産	株価が1株あたり純資産の何倍まで買われているかを判断する指標。1.3倍といった形で表現される。PBRが小さいほど、資産価値に比べて割安と判断される。

ROE (自己資本利益率)	(純利益 ／ 自己資本) × 100	株主が投資した資金を使ってどれだけの利益をあげたかを示す指標。％で表現される。このROEが高いほど、その企業への投資効率は良いと判断できる。

1-2 ◆ 株主

　投資者が多様な銘柄の株式を購入し、その全体でリターンを獲得しようとするならば、投資者の関心は個々の銘柄のリスクとリターンに集中し、株主として経営者の行動を監視するという動機は生まれない。ある銘柄は全体のなかの一つでしかなく、仮に経営者の行動に不満があれば、その銘柄を売却すればよいからである。

　しかし、大株主や長期投資を旨とする機関投資家の場合は、簡単に保有株式を組み替えることはできない。むしろ、投資先企業をモニタリングし、影響力を行使するほうを選択するようだ。アメリカの事例では、年金基金と投資信託、および生命保険などの機関投資家の投資額が膨張し、大企業1000社について、発行済み株式の約60％をこうした機関投資家が握り、経営に多大な影響を与えているという。

　日本でも同様に株主が、企業の配当や人事に積極的に関与する事例が出てきている。古くは2001年に、アメリカ最大の公的年金基金であるカルパース（CALPERS:カリフォルニア州公務員年金基金）が、日本株に約4億ドルを投資し、株主総会で60社の議案に反対票を投じた。カルパースは、日本企業に、積極的なディスクロージャーと弾力的な配当を要求した。また、2007年には、スティール・パートナーズという投資ファンドが、多数の日本企業の株式取得し、株主総会を通じて増配を要求した。

　機関投資家は、投資先企業をモニターし影響力を行使する。その有力な情報源や交渉ツールとなるのが、企業の財務諸表だ。その際の財務の活用法は、投資銘柄の決定などに財務諸表を利用する場合とは明らかに異なる。

1-3 ◆ 社債権者

　2013年の国内公募普通社債の発行総額は、8.6兆円を超え、前年から約5.5%増加した。2013年末の残存残高は約60.4兆円にも上っており、社債は企業の資金調達手段として重要な位置づけにある。

　社債を発行する場合、発行企業は社債権者（投資家）の信頼を得るため、財務上の特約を設けることになっている。財務上の特約とは、発行会社の財務面を何らかの契約で拘束することにより、社債権者の地位を保全する規定だ。この特約により、発行企業に不測の事態が生じた際に、社債権者がほかの債権者に比べて不利になることがないよう保全が図られる。また、この特約により、発行企業には財務内容を維持する（悪化させない）インセンティブが働くので、社債発行後に過大な配当を行ったり無謀な投資を行なったりすることを控えるようになるなど、結果として社債権者の保護につながる。

　財務上の特約には、「担保提供制限条項」「純資産額維持条項」「配当制限条項」「利益維持条項」等があり、発行企業が財務上の特約に違反した際に、当該社債に適当な担保が提供される「担保切換条項」等の措置が取られないときには、社債等の期限前の償還が義務付けられる（期限の利益の喪失）。

　発行された社債にどの財務上の特約が設定されているかについては「目論見書」等に記載される。

●財務上の特約の内容

担保提供制限条項	無担保社債を発行する場合に社債権者の地位を保護するため、ほかの債務に対して抵当権その他の担保物権の設定を制限する条項。
純資産額維持条項	最終的な償還原資を確保するために、純資産額を社債発行時の一定水準以上に維持することを求める条項。
配当制限条項	最終的な償還原資である純資産が株主への配当支払いにより損なわれないように、一定水準以上の配当を規制する条項。
利益維持条項	元利払い能力を収益性の観点から確保するため、一定の利益水準の確保を義務付ける条項。経常損益が3期連続して損失になった場合は期限の利益を喪失する、など。
担保切換条項	担保提供制限条項やその他の財務上の特約に抵触して、期限の利益を喪失することを回避するために、無担保社債に担保権を設定することができるというもの。

財務上の特約の各条項に抵触しているかどうかの判定に用いる数値が正確でないと、各条項の意味をなさない。そこで、通常は、直近の監査済み財務諸表により各条項の遵守状況がチェックされる。これは、社債権者が社債購入後に事後的に発行企業の財務諸表を精査することを意味する。従って、社債権者の財務諸表の利用は、証券投資者が投資前に財務諸表を利用する場合とは利用の仕方が異なる。

1-4 ◆ 銀行

　銀行が行える業務は、銀行法により細かく規定されている。裏を返すと、法律で定められていない業務は行えない。このうち、銀行にとって基本となる業務を固有業務と呼び、銀行法第10条により、預金の受入れ、資金の貸付けまたは手形の割引、為替取引、の3つとされる。なかでも、財務諸表を活用する業務は、資金の貸付けまたは手形の割引の、いわゆる融資業務（与信業務）と呼ばれるものだ。融資業務は通常、審査、融資実行、債権管理、回収、の繰り返しで行われる。

①審査

　事業内容、所在地、代表者の経歴などをもとに、融資の検討が行える企業かの選別をまず行う。反社会的もしくは公序良俗に反する可能性のある業務内容でないか、特に営業エリアが限定されている地域金融機関においては、企業の所在地が営業エリアであるか、代表者が名義貸しの場合は実質の経営者は誰なのか、など、企業の実態の確認を行う。その上で、融資条件を詳細に決めるのが審査の役割である。融資条件はいわゆる稟議書に詳細に記載され、案件の内容に応じあらかじめ決められた決裁者の承認をもって確定する。

● 主な融資条件

資金使途	運転資金なのか、設備資金なのか、前向きな資金需要か後ろ向きな資金需要（リストラ資金）かなど。融資資金が資金使途通りに使用されなかった場合は稟議条件違反となり、融資を受けた企業には一括返済を求めることがある。
融資金額	必要資金の算定をもとに、自己資金の有無、他の調達先の有無などを勘案して、自行の融資金額を決定する。
融資期間	融資日から最終返済期限までの期間を融資期間と呼び、その間の返済スケジュール（一括返済か分割返済か、返済の周期などの返済条件）も合わせて規定する。
金利	企業の信用リスク（返済されないリスク）が金利に反映される。一般的には、融資期間が短期であるほど安く、長期になるほど高くなる。
担保・保証	無担保で融資を行うのか、不動産などの担保を徴求するのか。また、代表者保証、第三者保証など保証人を誰にするのか。

この融資条件を決める際に、企業の経営成績と財務状態の分析が欠かせない。そこで用いられるのが、決算書・試算表などの財務諸表である。

②融資実行

融資実行は、単に企業の口座に融資金が振り込まれるだけではない。金銭消費貸借契約、不動産担保設定契約など、融資条件を再確認したうえで契約書の取り交わしが慎重に行われる。更に、融資金が条件通りに使用されたかを確認するために、手形の決済、買掛金の支払い、など、預金口座の異動明細を事後的に確認し、正しく経理処理されているかを確認するため後日試算表の提出を義務付けることもある。

③債権管理

銀行は、融資先企業に、年度ごとに決算書の提出を求めるのが一般的である。融資先企業の経営成績と財務状態が悪化していないかをチェックし、業績が伸びている場合は追加融資を売り込む検討材料とするのである。特に、無担保融資がある企業には、毎月もしくは四半期ごとに試算表の提出を求めるケースが多い。

④回収

通常の約定弁済は、口座からの引き落としにより自動的に処理されるが、預金残高不足の場合は、即座に融資先企業に連絡が取られる。もし、当

日の資金繰りが付かないようであれば、以後の返済予定と根拠の聞き取りが行われる。延滞が長期化しそうな場合は、返済条件の見直しや追加担保徴求による支援継続か、支援打ち切りにより一括回収を求めるのか、等の判断を行うことになる。この場合、銀行の判断基準は財政状態が改善するかどうかの見極めが中心であり、決算書や直近の試算表により、資産負債の精査、資金繰りの実績と見込みを分析する。

1-5 ◆ 従業員

　高度成長期には、大手製造業を中心に、毎年、労使間で賃上げ(ベースアップ)交渉や一時金(ボーナス)交渉が行われてきた。その後のバブル崩壊の景気低迷により、ベースアップは長らく凍結されてきたが、アベノミクスと言われる景気刺激策により2014年度からベースアップ再開の兆しが出てきた。また一時金についても、成果配分制度や業績連動型報酬制度を採用する企業が増加している。このように、企業の経営実績が従業員の収入に影響する傾向が今後高まると考えられる。この傾向は中小企業においても同様で、従業員のモチベーションの維持、定着率の向上を図る上で、業績の成果配分制度が今後広まるとみられている。こうした業績の成果配分制度を採用した企業の従業員にとっては、勤務先企業の経営成績(損益計算や貸借対照表)の把握は欠かせない。

　やや古いデータであるが、日本労働研究機構(現・労働政策研究・研修機構)が2001年6月に行った上場企業向けアンケート調査の結果、業績の成果配分について以下のとおり興味深い報告がなされている。

①業績の動向
(1)業績が改善した企業は67.3%
　労働条件について話し合った企業において、業績が昨年度より改善した企業は67.3%。産業別にみると、サービス業で90.0%、機械関連製造業で79.5%と高い。
(2)賃上げや賞与への成果配分を増やした企業は51.0%

労働条件について話し合った企業において、賃上げや賞与への成果配分を増やした企業は51.0%。成果配分の状況を業績別にみると、「かなり改善した」企業では82.6%、「やや改善した」企業では60.9%、「悪化した」企業では15.2%となっており、成果配分は業績の動向から強く影響を受けている。

②業績改善企業と成果配分
(1) 業績が改善した企業にその理由を聞いたところ、「従来から実施している事業が回復したため」が55.1%、「不採算部門の整理、人件費の圧縮等を行ったため」が44.2%と高い。
(2) 業績が改善した企業のうち、賃上げや賞与への成果配分が前年を上回っていない企業に、成果配分を抑制した理由を聞いたところ、「景気の先行きが不透明であり、業績の見通しに慎重にならざるを得なかったため」が75.0%と最も多くなっている。
(3) 成果配分が前年を上回った企業にその配分方法について聞いたところ、賞与(「賞与のみ」、「主に賞与」)が79.8%と高い。
(4) 賞与で成果配分をするという企業にその理由を聞いたところ、「賃金を一律に引き上げるのではなく、賞与により個々人の業績に応じて還元するようにしているため」が54.7%、「基本給は人件費算定の基礎であり、賃上げすると関連人件費増加の規模が大きくなりすぎるため」が52.0%、「業績の回復は短期的なものであり、賞与で還元するのがふさわしいと判断したため」が50.7%となっている。

③業績悪化企業と成果配分
(1) 1999年度よりも業績が悪かったと回答した企業に、業績が悪化した原因を聞いたところ、最も高いのは「従来から実施している事業が回復しないため」で62.7%である。
(2) 業績が悪化しているもとで成果配分を増やした企業について、その理由をみると、「事業再構築などで協力をしてくれた労組(従業員代表)や従業員に報いるため」が50.0%と、最も高い。

1-6 ◆ 国及び地方自治体

　国や地方自治体に今のところ財務諸表の作成の義務も公表の義務もない。その理由は、地方自治体の会計が、各会計年度に支出すべき経費の財源は当該年度の収入をもって充てるという「会計年度独立の原則」から、各会計年度内の現金のみの出入りを記録する現金主義（単式簿記）となっているからだ。しかし現実には、現金以外の資産負債を含めた行政資源の動きや減価償却費等の現金支出の伴わないコストも把握しようとするならば、単式簿記では困難こと も多く複式簿記の採用が検討され始めている。

　例えば2005年12月の「行政改革の重要方針」の閣議決定後進められた「新地方公会計制度研究会報告書」では、財務書類4表を整備するよう方針が示された。作成方式として「総務省改定モデル」と「基準モデル」の2つの方式もこの時に示された。

　総務省による2010年度決算に係る財務書類整備状況（総務省2012年6月22日）において、財務書類作成済と作成中を合わせた着手済の団体は1,789団体中1,691団体（94.5％）と公表されている。

　一方で、国や地方自治体はそこに所属する企業の財務諸表が影響される事態もあり、無関心ではいられない。その代表分野が課税と徴税だ。また、企業も国や地方自治体との関わりにおいて財務諸表を強く意識することがある。その代表例が許認可制度である。

①徴税

　国や地方自治体は、その活動資金を税金で賄っている。税金は個人法人を問わず課されるものであり、企業には、法人税、住民税、事業税などが課されるが、これらの税金は、企業の所得に基づき算定される。課税所得は確定決算主義により算定されるので、株主総会で確定した当期純利益をもとに、税務上の調整により課税額が決定される。また、消費税については企業が納付義務を負っているが、納付額は、課税売上げ消費税額から課税仕入れ消費税額を控除した金額で計算される。従って、この計算

過程では、各商取引における課税形態の正確な把握が重要である。このように、課税の公平性と透明性を担保するためには、徴税側も企業会計に精通していなければならない。

②許認可

企業が特定の事業を行う場合には、国や地方自治体で許認可を受けなければならない。この許認可の条件に、財務状態が含まれることが多い。以下に示す許認可事業を行う企業は、この条件に合致もしくは上回る財務状態が必要となる。財務を意識した企業活動を行わなくてはならない。以下にその例を示す(記載内容が許認可取得条件の全てではない)。

建設業	一般建設業許可の場合、自己資本が500万円。 特定建設業の場合、資本金2000万円以上、自己資本4000万円以上、流動比率75%以上、欠損の額が資本金の20%を超えない。 公共工事の入札資格を得るためには、更に一定の財務内容が求められる。
貸金業	自己資本5000万円以上
酒造業	欠格事由 ・現に国税又は地方税を滞納している場合 ・申請前1年以内に銀行取引停止処分を受けている場合 ・最終事業年度における確定した決算に基づく貸借対照表の繰越損失が資本等の額を上回っている場合 ・最終事業年度以前3事業年度のすべての事業年度において資本等の額の20%を超える額の欠損を生じている場合
債権管理回収業 (サービサー)	資本金5億円以上
信託業	運用型信託会社：資本金1億円 管理型信託会社：資本金5000万円
少額短期保険業	資本金1000万円
電力業	電力料金の変更は、電気事業法により国(経済産業大臣)の認可が必要。認可にあたっては、国が定める一般電気事業供給約款料金算定規則等により電力会社の財務内容、収益状況が細かく分析され、料金の適正化が図られる。

コラム&エピソード　許可と認可・特許と免許

「許可」とは、法令で一般的に禁止されている行為について、特定の場合に限ってその禁止を解除する行政行為をいう。例えば、中古品の売買などを商売で行うことは一般に禁止されている。なぜなら、中古品の中には、盗品等が含まれている可能性があるためである。そこで、中古品の売買などの商売をしたいときには、その禁止を解いてもらう必要がある。これが、古物商の「許可」である。

「認可」とは、第三者による法律行為を補充することにより、その効果を完成させる行政行為をいう。例えば、物の販売価格は、自由に売る側が設定できるが、公共料金については認可を受けなければ効力が生じない。

「特許」とは、国が特定の個人また法人に対し、本来、私人が有しない権利を新たに付与し、または包括的な法律関係を設定する行政法上の行為をいう。

「免許」とは、ある特定の者に対し、その者が一定の行為または活動をなしうる旨を定める行政行為をさす。法令上、免許と呼ばれるもののうちには、医師免許や運転免許、酒類製造免許および酒類販売業免許などのように、前述の許可に該当するものもあり、また、地方鉄道業の免許や漁業免許などのように、行政法上の特許の性質をもち、相手方に一定の独占の権利を生ぜしめるものもある。

2 財務諸表による経営分析

2-1 ◆ 分析の意義

　会社法や金融商品取引法に基づく財務諸表は、企業の株式や債券を売買する投資者（M&Aによる株式の取得を含む）、および融資者（債権者等）が利用することを前提としている。債権者等は、開示された財務諸表に基づいて何らかの意思決定を行う。本項では、彼ら債権者等が行う証券投資や事業融資の意思決定における財務諸表分析の手法や留意点について解説したい。

　投資者が証券投資を行う目的は、保有資産を安全かつ有利に運用して、より多くの投資利益を獲得することだ。しかし、「ハイリスク・ハイリターン」という言葉で言い表されるとおり、一般に高い投資利益率の獲得には高いリスク負担を伴う。リスクを嫌って低水準のリスクしか負担しなければ、得られるリターンも小さくなるのが通例だ。したがって、証券投資に際しては、投資リターンとリスク水準のバランスが重要になる。財務分析を通じて、リスクとリターンの両方を計って意思決定が行われる。

　一方、融資を行う金融機関は、融資した資金が安全確実に返済されることを大前提に財務分析を行う。返済されないかもしれないリスクを計算し、そのリスクに見合った金利を賦課する。また、債務者の返済原資を算定し確実に回収できる融資期間を設定する。このような融資諸条件の検討や決定は、財務諸表の分析により導き出されることが多い。

　このように、証券投資や事業融資いずれの場合においても、リスクとリターンを軸とした財務分析によって債権者等の意思決定がなされるわけだが、これを決する企業の基礎的条件をファンダメンタルズという。このファンダメンタルズを構成する2大要素が「収益性」と「安全性」と言われる。以下に、財務諸表分析の基本的な方法とその際の注意点を述べたうえで、企業の収益性と安全性を分析するための手法を解説する。

2-2 ◆ 分析の方法

　財務諸表は、企業の活動を計数的に測定して要約したものである。測定結果は、たとえば当期損益が赤字か黒字か、債務超過か否かなど、測定された数字自体が重要な意味を持つこともある。しかし、測定結果の値は一般に、別の何らかの測定結果と比較することによって、はじめて適切な解釈をすることができる。例えば、当社の当期の売上高は、前期と比較して如何に増減したか、同業他社に比べてどうなのか、目標値に達したのかなどの比較がそれである。このように測定の値は、数字から数値となり対象の数値と比較されることによって意味を持つ。財務分析の方法は、比較対象を何に求めるかによって以下の3つに大別される。

　第1は、理論値ないし目標値と比較する手法だ。流動比率を例に挙げよう。短期間に返済すべき流動負債と、同じく短期的に現金化される流動資産を倍率として比較したもので、これが少なくとも1.0を超えなければならないとか、できれば2.0以上あれば万全であるとか言われる。この流動比率の1.0とか2.0とかが理論値ないし目標値と言われるものだ。流動比率の他、当座比率や自己資本比率、ROA（総資産利益率）、ROE（自己資本利益率）、PER（株価収益率）、PBR（株価純資産倍率）などの代表的な指標については、経営者や経営コンサルタントは標準的な値（指標）を知っておきたいものだ。

　第2は、当期の数値を過年度の数値と比較する手法だ。この方法は、時系列分析とか、期間相互比較などと呼ばれる。時系列分析を行う場合は、過年度と比べた当期の業績変化が、その企業特有の要因によるだけでなく、景気変動や産業構造の変化などの一般経済情勢の変化、あるいは、参入規制の強化や緩和による競争相手の増減に起因するものなのか、または税率や公定価格の変化などといった法律や行政の影響を受けたものなのか、外部要因や競争要因にも注意しなければならない。

第3は、同時点における他企業と比較する手法であり、クロスセクション（cross-section）分析と呼ばれている。前述の時系列分析が、一般経済情勢などの外部環境要因の影響を大きく受けるのに対し、同一時点で比較を行うクロスセクション分析では、外部環境要因が企業間でほぼ同一であるから、その影響が捨象されたものとして、比較結果を分析することができる。以降で解説する財務比率の中には、業種や業態を超えた企業間でも比較可能なものと業種ごとに固有の特徴があるため、その企業の所属業界の平均値や同業他社の数値を比較対象とするのが望ましいケースがある。

2-3 ◆ 財務諸表分析にあたっての注意事項

①会計処理方法に関する注意事項

　財務諸表分析の結果は、すべてが比率などの数値で表されるため、極めて客観的でかつ信頼性が高いという印象を与えがちである。しかし、財務諸表の作成基準は全社一律ではないため、固有の限界があることにも注意が必要である。

②会計処理方法の企業間差異

　現行の会計制度のもとでは、いくつかの事象について、複数の会計処理方法が是認され、企業はその一定枠の中から自社が採用する方法を自由に選択することになっている。このため、2つの企業間で同一の事象が生じた場合でも、採用する会計処理方法が異なれば、財務諸表には異なった数値として集計されてくる。したがって、企業間で会計処理方法に差異が存在する場合には、その差異による影響を考慮に入れない限り、財務比率を単純に比較しても正しい判断はできない。

　企業間で会計処理方法に差異があるか否かは、「重要な会計方針」の注記を比較すればわかる。注記された会計方針の中には、利益が控えめに算出されるという意味で保守的な方法と、逆に利益捻出的な方法とがある。したがって、企業が実際に採用した会計処理方法が、どの程度利益

捻出的または利益圧縮的であるかを知ったうえで、財務比率の比較や解釈を行うことが重要である。

③会計処理方法の変更

会計処理方法の多様性と並んで、財務比率分析の有効性を阻害するもう一つの要因は、一旦選択された会計処理方法が、正当な理由で変更される余地が残されていることである。これまで、会計処理方法の変更時には、変更の事実と理由、および利益に対する影響を「重要な会計方針」の箇所で記載しなければいけないことになっていた。例えば、前期まで先入先出法で売上原価を計算してきた企業が、当期から総平均法に変更した場合には、従来の方法を当期も適用したときの結果と比べて、利益がいくら増加したかが示された。したがって、財務諸表分析に先立って、まず会計処理方法の変更の有無を確認する必要があった。そして、変更があれば影響額の記載を利用して、変更がなかったと仮定した場合の結果を示すように財務諸表を修正したうえで、修正後の財務諸表を用いて分析を行わなければならなかった。

その後の制度変更により、2011年4月以降の開始年度で会計方針を変更した場合は、当期の財務諸表と並べて提供される過去の財務諸表に対して、変更後の会計方針を適用し、過去の財務諸表を作り直さなければならなくなった。現在では、企業がこの規定に従って過去の財務諸表を作り直せば、財務諸表の利用者の手間は省けることになる。

2-4 ◆ 収益性分析

収益性分析は、企業の財務諸表のデータを用いて、その企業がどれほどの利益を獲得しているか及び、利益獲得の効率性を計測したものだ。この分析値により、企業が提供する商品またはサービスの競争力、販売力、経費率、そして財務活動の成果を含めた、企業の総合的な収益力を判定することができる。収益性分析の代表的な指標として、資本利益率（ROA）が用いられる。投下された資本からどれだけ多くの利益が生み出されたか

を示す指標といえる。

①ROA（総資本利益率）

　企業が使用する資本は、自己資本と他人資本（負債）からなるが、資本を使う企業側は、それぞれを区別せず一体のものとして運用する。そこで、調達した資本の総額がどれだけ利益を生んでいるかを図る、総資本にたいする利益率が重要な意味を持つ。企業が調達した資本は、資産の携帯で運用されているので、総資本＝総資産である。そこで、総資本利益率は総資産利益率とも呼ばれ、return on asset の略でROAと表記される。この計算にあたり、分母には、当期の平均的な総資本金額を算出するため、期首と期末の平均値を用いるのが一般的である。

$$総資本利益率 = \frac{利益}{期首・期末平均の使用総資本}$$

　ROAの分子の利益にどんな利益を使うかにはいくつかの考えがある。

ⅰ 税引後当期純利益

　企業の事業活動は法人税等の税金コストを差し引いた実際に手許に残る利益の獲得を目的としているため、事業活動の効率性・収益性の判断も税引後ベースで行うべきという考え方。

ⅱ 事業利益

　事業利益とは、営業利益に、受取利息・配当金や有価証券利息などの金融収益を加算して算定する。事業利益を分析に使用する理由は、支払利息と法人税等を差し引く前の利益でROAを計算すると、ROAと借入金利とを比較することで財務レバレッジの有効度を判断しやすいためである。

　ROA＞借入金利の場合、借入金利以上に利益を獲得できているため財務レバレッジ効果がある、もっと借入金を増やしてでも事業を拡大すべきとなる。

ROA＜借入金利の場合は、借入により調達した資本を事業に投下して得た利益が借入金利を下回っているため、銀行借入等による財務レバレッジで総資本を増加させたことが逆効果になっているともいえる。ただし、会社は利益獲得のためだけに借入を行うのではなく、その多くは資金繰りのために借入を行っているため、上記の判断の妥当性は個々の企業により異なる。

②ROE（自己資本利益率）

総資本利益率が資本を利用する企業の観点から収益性を図る指標であるのに対し、出資者（株主）の観点としては、株主に帰属する株主資本（自己資本）と利益を比較して収益性を測定することが有益である。自己資本をエクイティと呼ぶことから、自己資本利益率は、return on equityを略してROEと表記される。

自己資本に対比される利益概念は、税金も控除した、最終的に株主に帰属する利益の、当期純利益である。

$$自己資本利益率 = \frac{当期純利益}{期首・期末平均の自己資本}$$

③資本利益率の分析

資本利益率を評価するにあたり、利益率が相対的に、もしくは絶対的に、良好もしくは悪いのかを分析する際に、資本利益率を売上高利益率と資本回転率に分解することで、その要因をより明らかにすることができる。

$$資本利益率 = 売上高利益率 \times 資本回転率$$

$$\frac{利益}{資本} \qquad \frac{利益}{売上高} \qquad \frac{売上高}{資本}$$

企業は、投下された資本を利用して、仕入れた商品に利ざやを乗せて販売し、その代金でまた商品を仕入れて販売する、という営業活動を繰り返し行う。この企業の利益は、利ざやの大きさと、その営業活動を年何回繰り返すかによってその多寡が決する。このうち、利ざやを示すのが売上高利益率であり、営業活動の循環性を示すのが資本回転率である。

④売上高利益率の分析

　売上高利益率の良否の分析には、損益計算書の収益、費用の分析が欠かせない。そこで、売上と各利益率、すなわち売上総利益、営業利益、経常利益、当期純利益との割合をそれぞ別々に見ることで、改善点がどこにあるのか見つけやすくなる。

ⅰ 売上高総利益率

　売上高総利益率（％） ＝ 売上総利益 ÷ 売上高 × 100

　この指標が高いほど、製品単価を高く設定できており、付加価値が高いか、あるいは製造原価の低減がなされていると考えられる。売上高総利益率は以後の各利益率に影響を与える基本的な利益率である。原価の低減、付加価値の向上、販売数量の増加策等により、利益のかさ上げが可能である。

ⅱ 売上高営業利益率

　売上高営業利益率（％） ＝ 営業利益 ÷ 売上高 × 100

　企業の事業活動の中で得られた利益を表す指標。販売費・一般管理費の割合が大きくなると営業利益率が低下する。無駄な費用がないか、あるいはより効果の高い販売費・一般管理費の使い方ができているかを見直すために必要な指標である。

ⅲ 売上高経常利益率

　売上高経常利益率（％） ＝ 経常利益 ÷ 売上高 × 100

　受取利息・支払利息など財務的収支を加味した経常利益の割合であ

り、悪化している場合は、借入金過多もしくは金利負担過多の状態になっている可能性がある。

iv 売上高当期純利益率

　売上高当期純利益率（％）　＝　当期純利益　÷　売上高　×　100

　この指標が悪化している場合は、評価損や資産売却損、その他特別損益、法人税等の要因がある。それぞれが適正な水準かどうかを確認する必要がある。

⑤資本回転率の分析

　資本の運用形態は資金から始まり、固定資産、棚卸資産、売上債権とその姿を変え、最後には資金へと戻る。そこで、資本回転率を分析する場合は、資本の運用形態である資産のうち重要な資産項目に着目することが効果的である。各資産の回転状況を分析するには、売上高÷各資産の残高という計算を行う。

i 売上債権回転率

　売上債権が1年間で何回新しいものに置き換わっているかを示す指標である。

$$売上債権回転率 = \frac{売上高}{受取手形・売掛金・割引手形の期首・期末平均}$$

　なお、1年365日を売上債権回転率で除すれば、売上債権が回収されるまでに平均的に何日を要するかが算定できる。これを売上債権回転期間という。

　売上債権回転期間＝365日÷売上債権回転率。売上債権回転期間が長期化している場合は、販売代金の回収の遅れ、更には不良債権の発生が疑われるので注意が必要だ。

ii 棚卸資産回転率

製品・商品・原材料・仕掛品などの棚卸資産が、1年間で何回入れ替わっているかを示す指標である。1年365日を棚卸資産回転率で除すれば、棚卸資産が販売されるまでに平均的に何日を要するかが算定できる。これを棚卸資産回転期間という。

棚卸債権回転期間＝365日÷棚卸資産回転率。棚卸資産回転期間が長期化している場合は、在庫過多である可能性があり、一部が不良在庫化している懸念も生じる。

iii 有形固定資産回転率

特に製造業の場合で、生産設備が売上にどれほど貢献しているかを分析する際などに用いられる指標。

有形固定資産回転率＝売上高÷有形固定資産の期首・期末平均で算出される。この比率も一般的には高いほうが望ましいが、有望な新製品の生産設備に新規投資を行った場合は一時的に回転率は低下するし、逆に、新規の設備投資を繰り延べすれば、回転率は上昇する。従って、回転率の評価は、将来の展望を踏まえて行う必要がある。

2-5 ◆ 安全性分析

財務諸表の分析を行う上で、収益性分析と並んで重要なのが安全性分析である。安全性が高いとは、企業の財務内容や資金繰りが健全で、債務不履行や倒産に至る危険がない状態を指す。企業の収益性が仮に高くても、先のリーマンショックに代表されるような経済環境の急激な変化により、売上の激減・資金繰りの悪化により倒産に至る場合がある。投資家等から安全性分析が重要視される理由がここにある。

企業の倒産は、債務の返済期限が到来したときに、それを返済するに足る資産がなかったり、必要資金を調達できなかったりしたときに発生する。そこで、安全性分析は、返済を要する負債と返済原資となりうる資産の比較、負債の相対的な大きさの分析などが中心に行われる。ここで用いられ

る財務諸表は主に貸借対照表である。

①流動比率と当座比率

企業の短期的な債務返済能力を表す代表的な指標が、流動比率と当座比率である。

　流動比率＝流動資産÷流動負債
　当座比率＝当座資産÷当座負債

　流動比率は、1年もしくはそれより短期の通常の営業循環のなかで返済すべき負債に対する、1年もしくはそれより短期の通常の営業循環のなかで現金化して負債の返済に充当可能な資産の割合である。このうち、棚卸資産については、必要な時に直ちに換金できるとは限らないため、換金性の高い当座資産（現預金・受取手形・売掛金・有価証券）を流動負債と比較したものが当座比率である。

　債務返済能力を判断する場合は、これらの比率は高いほうが望ましく、流動比率については100％を超えていることが正常な状態の目安である。

②自己資本比率

　自己資本比率は、長期的な観点から他人資本が返済される安全性を評価するための指標である。

　自己資本比率＝自己資本÷使用総資本

　企業の資産が返済に充当される場合、他人資本の返済が自己資本の返済に優先することから、自己資本の割合が高いほど、他人資本の返済の安全性が高いと評価することができる。

　例えば、自己資本比率が50％以上の場合は、他人資本に相当する金額の資産が仮に消滅したとしても、他人資本と同額以上の資産が保持される点で、安全性が極めて高いと評価できる。

③固定比率・固定長期適合率

　長期的な観点から企業の財務内容を分析する際に重要なもう一つの視点として、固定資産が、自己資本や固定負債など、長期的な資金で賄わ

れているかという点に着目する必要がある。自己資本は返済の必要がない資金であり、固定負債は、返済期限が長い資金である。固定資産の調達が自己資本もしくはこれら長期的な資金で賄いきれず、短期的な資金である流動負債で調達されている場合は、資金繰りが不安定になるリスクを孕んでいるといえる。

固定比率＝（固定資産＋繰延資産）÷自己資本
固定長期適合率＝（固定資産＋繰延資産）÷（自己資本＋固定負債）

④インタレストカバレッジレシオ

貸借対照表で行う安全性分析は、資産と負債のバランスから他人資本の返済可能性を評価できる点で、企業をある時点で清算すると仮定して考える場合には有効であるが、企業の存続を前提に、収入や支出の金額の大きさやタイミングも考慮して安全性を評価する必要がある。そこで、損益計算書やキャッシュフロー計算書を利用して行う安全性指標分析も重要な意味を持つ。

損益計算書からは、企業が利益の中から利子を支払う能力を評価するためのインタレストカバレッジレシオという指標が用いられる。借入金の返済能力を評価する場合に、まずは利息を支払うに足る利益を獲得しているかを判断する指標で、次の計算式により求められる。

$$\text{インタレストカバレッジレシオ} = \frac{\text{営業利益＋受取利益＋配当金}}{\text{支払利息＋割引料}}$$

この数値が1.0を下回る場合は、本業の利益と資産運用益を足しても金利を支払えないことになるので、財務状態は相当逼迫しているといえる。

⑤キャッシュフロー計算書

キャッシュフロー計算書は、営業活動・投資活動・財務活動という3つの区分により構成される。まず、営業キャッシュフローについては、プラス（収入超過）になっていることが必要である。この区分は、企業の本業の収支

を表すものであり、これが支出超過であれば、その事業はいずれ破たんする可能性が高いと言える。

キャッシュフロー計算書			(単位：円)
株式会社XXXXXXXX			
	平成X1年X月期	平成X2年X月期	前期比較
Ⅰ．営業活動によるキャッシュフロー			
税引前当期純利益	7,000,000	2,000,000	△ 5,000,000
売掛金増加（△）・減少	△ 5,000,000	△ 8,500,000	△ 3,500,000
未払費用の増加・減少（△）	2,000,000	300,000	△ 1,700,000
買掛金増加・減少（△）	2,000,000	△ 1,500,000	△ 3,500,000
貸倒引当金の増加額	30,000	50,000	20,000
受取利息及び受取配当金	△ 80,000	△ 6,000	74,000
支払利息	650,000	640,000	△ 10,000
その他の資産の増加（△）・減少	340,000	0	△ 340,000
その他の流動負債の増加・減少（△）	170,000	15,000	△ 155,000
	7,110,000	△ 7,001,000	△ 14,111,000
利息及び配当金の受取額	100,000	6,000	△ 74,000
利息の支払額	△ 650,000	△ 678,500	10,000
法人税等の支払額	△ 6,500,000	△ 150,000	6,350,000
営業活動によるキャッシュフロー	60,000	△ 7,823,500	△ 7,825,000
Ⅱ．投資活動によるキャッシュフロー			
敷金の増加（△）・減少	△ 270,000	0	270,000
投資活動によるキャッシュフロー	△ 270,000	0	270,000
Ⅲ．財務活動によるキャッシュフロー			
役員・関係会社からの借入金による収入・支出（△）	0	5,000,000	5,000,000
財務活動によるキャッシュフロー	0	5,000,000	5,000,000
Ⅳ．現金及び現金同等物の増加額・減少額（△）	△ 210,000	△ 2,823,500	△ 2,555,000
Ⅴ．現金及び現金同等物期首残高	10,000,000	9,790,000	6,966,500
Ⅵ．現金及び現金同等物期末残高	9,790,000	6,966,500	4,411,500

投資キャッシュフローは、企業が生産設備の拡大や更新を行う場合、支出超過になるのが一般的である。問題は、支出超過額が他のどのような資金源泉により調達されているかである。営業キャッシュフローの収入超過でカバーされることが望ましいが、さもなくば財務キャッシュフローで賄われているはずである。この場合、自己資本と他人資本のいずれで調達されたも

のかが重要である。借入や社債などの他人資本で調達されている場合は、いずれ返済期日が到来し、資金繰りが圧迫される可能性があるので十分な注意が必要である。

3 財務諸表と金融機関の信用格付

3-1 ◆ 信用格付とは

　ほとんどの経営者が、取引先に対して何らかの「評価」をしているのと同じように、金融機関も取引先企業を「評価」している。評価方法は、取引案件やタイミングによって多種・多様であるが、企業に対する融資のリスクを判断するための評価を数値化(ランク化)したものを与信格付や、信用格付と呼び、これは、新規融資や追加融資、手形割引などの融資事案毎に行われるのが一般的である。融資残高(特に無担保融資残高)が一定額を超える取引先や継続的な取引先に対しては、当該企業の決算毎に最新の決算書をもとに格付の見直しが行われる。金融庁の金融検査マニュアルでは、債務者の信用度に合わせて債務者を区分することとされているが、金融機関の信用格付は、債務者区分とリンクしつつもより細分化し、融資の可否など取引方針も含めた総合的な企業評価の指標として用いられている。

3-2 ◆ 債務者区分

　金融庁の「金融検査マニュアル」では、金融機関の融資に関する「回収の危険性又は価値の毀損の危険性」の程度に応じて、債務者を区分することとされている。「債務者区分」とは債務者の財務状況、資金繰り、収益力等により、返済能力を判定して、その状況等により債務者を区分することである。債務者区分は、以下の5つに定義される。

●「金融検査マニュアル」の債務者区分

債務者区分	区分の基準等
正常先	業況が好調であり、かつ、財務内容にも特段の問題がないと認められる債務者
要注意先	金利減免・棚上げを行っているなど貸出条件に問題のある債務者、元本返済若しくは利息支払が事実上延滞しているなど履行状況に問題がある債務者のほか、業況が低調ないしは不安定な債務者又は財務内容に問題がある債務者など今後の管理に注意を要する債務者
破綻懸念先	現状、経営破綻の状況にないが、経営難の状態にあり、経営改善計画等の進捗状況が芳しくなく、今後、経営破綻に陥る可能性が大きいと認められる債務者（金融機関等の支援継続中の債務者を含む）。具体的には、現状、事業を継続しているが、実質債務超過の状態に陥っており、業況が著しく低調で貸出金が延滞状態にあるなど元本及び利息の最終の回収について重大な懸念があり、従って損失の可能性が高い状況で、今後、経営破綻に陥る可能性が大きいと認められる債務者
実質破綻先	法的・形式的な経営破綻の事実は発生していないものの、深刻な経営難の状態にあり、再建の見通しがない状況にあると認められるなど実質的に経営破綻に陥っている債務者。具体的には、事業を形式的には継続しているが、財務内容において多額の不良債権を内包し、あるいは債務者の返済能力に比して明らかに過大な借入金が残存し、実質的に大幅な債務超過の状態に相当期間陥っており、事業好転の見通しがない状況、天災、事故、経済情勢の急変により多大な損失を被り、(あるいは、これに類する事由が生じており)、再建の見通しがない状況で、元金又は利息について実質的に長期延滞している債務者
破綻先	法的・形式的な経営破綻の事実が発生している債務者。例えば、破産、清算、会社整理、会社更生、和議、手形交換所の取引停止処分等の事由により経営破綻に陥っている債務者

3-3 ◆ 信用格付と銀行取引

　格付の違いは、融資額や金利などの取引条件に反映される。金融機関は、格付の高い企業は、信用のおける取引先として、より多く融資し、金利をより低くして囲い込みを図ろうとする。低い金利で借りることにより、企業は支払利息という営業外費用が減少するので、経常利益および経常利益率が向上する。利益率が向上することで、更に与信格付のランクアップの可能性が出てくる。

　多く借りられる効用は、新規事業の開始や不採算部門の撤退など多額の資金を要するような計画や戦略を、タイミング良く意思決定できるようことである。格付が高い企業は、企業の戦略によりダイナミズムをもたらす下地があるといえる。逆に、格付が悪い中で必要以上に融資を受けると、高い金利で必要以上の金利を支払うことになり、経常利益や利益率を悪化させ更に格付けを下げる要因になりかねない。目論見が外れて、赤字が続く

ようであれば、以後、貸し渋りや貸し剥がしに遭遇する懸念が高まる。

3-4 ◆ 信用格付の例

　金融機関では資金の貸出先をその財務諸表（貸借対照表、損益計算書等）等に基づき、信用リスクの程度に応じて10〜16段階程度の独自の信用格付を行なっている。与信格付けの基準は、統一された基準があるわけではなく金融機関によってまちまちである。メガバンクや地方銀行、信用金庫、信用組合などの業態によって格付基準は大きく異なる。また、業態でも、評価項目の範囲や評価内容、評価ウェイト、ランキング方法などが異なる。ここでは10段階の格付体系を持つある金融機関の例を紹介する。

格付 1:債務履行の確実性は極めて高い水準にある

格付 2:債務履行の確実性は高い水準にある

格付 3:債務履行の確実性は十分にある

格付 4:債務履行の確実性は認められるが、将来景気動向、業界環境等が大きく変化した場合、その影響を受ける可能性がある

格付 5:債務履行の確実性は当面問題ないが、先行き十分とは言えず、景気動向、業界環境が変化した場合、その影響を受ける可能性がある

格付 6:債務履行は現在問題ないが、業況、財務内容に不安な要素があり、将来債務履行に問題が発生する懸念がある

格付 7:貸出条件、履行状況に問題、業況低調ないしは不安定、財務内容に問題等、今後の管理に注意を要する

格付 8:現状、経営破綻の状況にはないが、経営難の状態にあり、経営改善計画等の進捗状況が芳しくなく、今後、経営破綻に陥る可能性が大きいと認められる

格付 9:法的・形式的な経営破綻の事実は発生していないものの、深刻な経営難の状態にあり、再建の見通しがない状況にあると認められる等実質的に経営破綻に陥っている

格付 10:法的・形式的な経営破綻の事実が発生している

3-5 ◆ 与信格付査定システム(信用金庫版)の概要

以下で取り上げる「与信格付査定システム(信用金庫版)」は、『信用金庫の自己査定と融資戦略』(出典:王子信用金庫審査部編著・近代セールス社)に掲載された記事を元に、システム構築に不足するロジックを株式会社エム・エム・プランが推定し、独自の評価算式を考案の上作成したものである。利用を希望される場合は著者までご一報いただきたい。

与信格付査定採点表(信用金庫版)

株式会社○○○
平成15年03月31日:決算

対象金融機関:○○信用金庫/△△支店

株式会社○○○の与信格付けランクは、**B** となります。

評価項目	評価点	満点	10満点換算
1) 自己資本比率	8	10	8.0
2) 正味実力	8	10	8.0
3) 資金調達余力	5	8	6.3
4) 金融余力	8	8	10.0
5) インタレスト・カバレッジ・レシオ	1	8	1.3
6) 売上規模(年商)	0	5	0.0
7) 期間利益傾向	3	5	6.0
8) 期間利益額	2	10	2.0
9) 売上高対期間利益率	5	10	5.0
10) 売上増加率	0	5	0.0
11) 業歴及び業界見通し	2	5	4.0
12) ROA(当社-基準値)	2	5	4.0
13) 人物及び経営能力	5	5	10.0
14) 操与倍率	15	15	10.0
15) 返済実績	5	5	10.0
合計	69	114	6.1

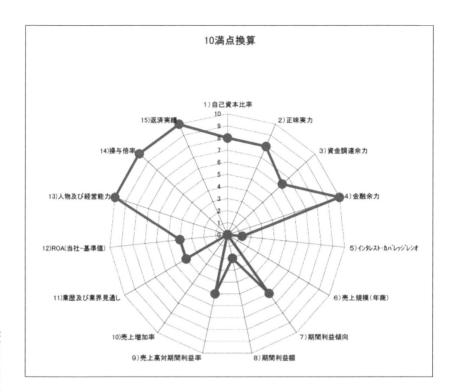

①システムの大まかな流れ

与信格付査定システムは、2期分の決算書をベースに格付評価を行う。財務データを元にした「財務評価」の他に、業歴や経営能力といった「非財務評価」と金融機関に対する返済実績などの「当庫の保全」を加えて、100点満点で評価する。算出された評価点を元に、S、A〜E2までの8区分の何れかに最終ランキングする。

格付け評価の概要とウェイトは、

1. 財務評価・・・・・・69%
   ①安全性・・・・・・・・52%
   ②収益性・・・・・・・・22%
   ③成長性・・・・・・・・5%
2. 非財務評価・・・・・13%
3. 当庫の保全・・・・・18%

となっており、約7割を財務評価という定量的な評価を行っている。

②システム利用のタイミング

与信格付査定システムは、決算書のデータをベースとして処理するので、決算終了時に利用するのが一般的である。金融機関も同じように、企業の提出した決算書に基づいて企業の格付見直しを行っている。金融機関からどのように評価されるか、予め知っておくと、金利改定や融資対応などの金融機関のこれからの出方を予測し、対策を練ることができる。

決算データが出る前の期の途中で、当システムを利用する場合は、今期の決算数値を予測する必要がある。予測の方法は様々であるが、損益計算書の数値については、最新の試算表データを経過月数で割り月平均値を求め、これを12倍する方法がもっとも単純である。貸借対照表の数値は、少し乱暴であるが最新の試算表データをそのまま使う。

与信格付査定システムをはじめて使う場合は、最新の評価点と与信格付けランキングを取るだけでなく、過去のデータも分析すべきである。2期前、3期前と遡った評点やランキングを知ることにより、その間の評点推移と金融機関の融資態度の相関や変化を知ることができ、以降の金融機関との交渉に役立てることができる。

③与信格付査定システム（信用金庫版）の評価計算式

評価項目	評価値算式	評価の概要
自己資本比率	自己資本÷総資本（％）	債権者（金融機関を含む）にとっての安全性を示す尺度として用いられる指標。 業種や規模にもよるが、30％以上の指数が欲しい。50％以上を目標としたい。 自己資本を高めるためには、税引き後利益を継続的に出すことが必要。
正味実力	資本の部÷月商（倍）	自己資本比率同様に、安全性の指標。特に、急激な売上不振に対する対応力を示す。ただし、10倍を超えるような数値は、安全性は高いが収益性に問題を生じることもある。
資金調達余力	流動資産―流動負債（金額）	短期に現金化される予定の資産と短期に支払う予定の負債の差額。大きい数値が良いとされる指標だが、流動資産に不良債権や不良在庫がないことが前提。流動資産の肥大化は、キャッシュフローを悪化させる原因にもなることに留意する

3 ■ 財務諸表と金融機関の信用格付

金融余力	担保金額―借入残高負債(金額)		信金独自の指標と思われる。融資における担保主義は、否定されつつあるが、現実的には融資の重要ポイントのひとつ。
インタレストカバレッジレシオ	(営業利益+営業外収益)÷営業外費用(倍)		(営業利益+受取利息・割引料・有価証券利息+受取配当金)÷支払利息・割引料が、一般的な計算式。当システムでは、簡便な財務データを使用しているため、計算式も簡便。営業収益を支払利息で除すことによって、金利の支払能力が現在支払額の何倍の余裕を持っているのかを示す指標。指標として、3倍程度は欲しい。目標は5倍から10倍。
売上規模	年間売上高そのもの(金額)		売上至上主義が万能であるとは言えないが、売上高は顧客がその企業をどの程度支持しているかを図る指標として重要。規模の利益や優位性が全くなくなったわけではないので、目標売上は必要。
期間利益傾向	ポイント(右欄の得点)		前期利益、今期利益それぞれ100万円以上のときを1ポイントとし、2期ともポイントがある場合が、2ポイント(5点)。今期のみの場合は、1ポイント(3点)。 信金独自の指標と思われる。
期間利益額	当期経常利益そのもの(金額)		業種毎に利益によるポイントを付与。
売上高対期間利益率	期間利益÷売上高(%)		期間利益は、当期利益そのもの。一般的には、売上高経常利益率(%)と表現する。高ければ高い方が良い指標。業種別に、評価点を付与している。
売上増加率	当期売上高÷前期売上高(%)		売上がどんどん増え続ける時代ではないが、減収はマーケットの縮小、顧客の離反などを意味し、喜ばしいものではない。利益計画や経営計画に基づいた売上は確保したい。
業歴及び業界見通し	非財務評価(定性評価)		企業の業歴と、評価会社が類する業界見通しを併せた評価。
ROA(総資産利益率)	ROAの算式は、経常利益÷総資産		企業の総合的な収益性を示す指標として、広く使われている。当システムでは、ROA値を、信金の示す基準ROA値との差額でポイントを付している。
人物及び経営能力	非財務評価(定性評価)		経営者の人物と経営能力を併せた評価。
総与倍率	(総貸出額―担保等)÷総貸出額(%)【当庫の保全評価】		担保不足を総貸出で除して値。金融機関サイドの評価としては、当然ながら低いかマイナス(過剰担保)が良い。経営指導者としては、評価しにくい指標。
返済実績	【当庫の保全評価】		過去12ヶ月以内の返済遅滞、未決済の有無を評価。

4 財務分析による危機管理

　本書の全章を通したテーマは「平時における経営管理と有事の危機対応」としている。本章は、経営実務の財務と題して財務管理や財務分析を取り上げている。この切り口で重要なことは、今の会社の状態が「平時」にあたるのか「有事」なのかという自己分析であり判断であり、認識であるということだ。この認識を間違えると、的外れの経営をすることになる。

4-1 ◆ 財務分析による企業経営の平時とは

　一般的には以下のような視点で財務データをモニタリングし、安全性・収益性・成長性・返済能力などの財務指標に異常値や特別な変化などの問題がなければ平時と考えていいだろう。

●視点別財務分析による経営危機の判断

財務分析の視点	判断基準等
損益計算書からみた場合	売上高、経常利益が前年比増収増益または横ばいの状態で、黒字決算であり、繰越損失がないこと。
貸借対照表からみた場合	不良在庫、不良債権が前年比減少または横ばいの状態で、資産価値に毀損がないこと。借入金の返済が約定通りに行われており、債務超過でないこと。
キャッシュフロー計算書からみた場合	フリーキャッシュフローがプラスの状態で、資金繰りが回っていること。フリーキャッシュフローがプラスとは、営業活動によるキャッシュフローが投資活動によるキャッシュフローより大きい状態。
銀行の格付けからみた場合	「正常先」に分類される状態で、銀行との関係が良好であること。「正常先」とは、業況が良好であり、かつ、財務内容にも特段の問題がないと認められる債務者のこと。 なお、この格付けは、中小・零細企業等については、財務状況のみならず、技術力・販売力や成長性、役員報酬の支払状況、代表者等の収入状況や資産内容、保証状況と保証能力等を総合的に勘案して判定されるが、評価の開示がされることは無い。

　しかし、たとえここでいう「平時」であっても、現在のように外部環境の変化が激しい時代には、いつ経営危機が訪れてもおかしくない。大口顧客の倒産や不良品の発生、従業員や取締役の不祥事の発生、会社法や税法などの法律や行政の変化には常に危機管理の意識と対応の準備を整えておきたい。

> **コラム&エピソード** 事業再生と社長の決断

事業再生指導業務を10年以上続けています。基本的には、全国ネットのJSK事業再生研究会を通じて、税理士や弁護士、CPAなどの経営コンサルタントとの研究や研修などによって事業再生と関わっています。しかし筆者自ら、顧客企業の経営陣の方々とお会いすることもあります。そんな時よく感じることに事業再生は、「転落回避段階」や「有事対応段階」となった企業だけの問題ではなく、順風満帆と思える企業も日常的に考えておく課題であること。また何か問題が起こった時に、先送りせず、早い段階で一つひとつ危機を招く芽を取り去ることが大切だということ。

有事への対応が、社員と経営者の生活の安定、取引先等への迷惑の軽減、それらはすべて経営者の決断に掛かっています。どんな状況になっても死を選んだり、夜逃げをしたり、詐欺的な借り入れを繰り返したりなどする必要はありません。打つ手は何かあるはずです。しかし、過剰債務に陥る前での早期着手の方が再生は容易です。また採るべき選択肢の幅が広がります。そのためにも、「危機管理段階」から相談できる専門家、それも時代の流れを読み、インフレ時だけではなく、デフレ時にも対応できる知識のある相談者を身近に持たれることをおすすめします。手遅れという言葉は、聞きたくないというのが本音です。

4-2 ◆ 平時の経営管理こそが「危機管理」

平時においてしっかりとした経営管理を行うことこそが「危機管理」といえるだろう。長期的なスタンスでなおかつクリティカル（シビア、懐疑的）な経営計画を策定し、これに基づき日常的に目標管理を遂行する。業績のいい会社、安定した成長を遂げている会社の多くがクリティカルな経営計画書を作成し、実行していると考えていい。経営者の多くが、ビジョン（事業構想）を以て経営に臨んでいると思う。ビジョンを実現するためにも平時に危機意識を持って行動して欲しい。

図（経営体系図）を観て欲しい。これは、多様な要素の連携で成り立つ経営の全体像を図式化したものだ。経営を川上から川下へ流れる人の意

■ 経営体系図 (2011MMP)

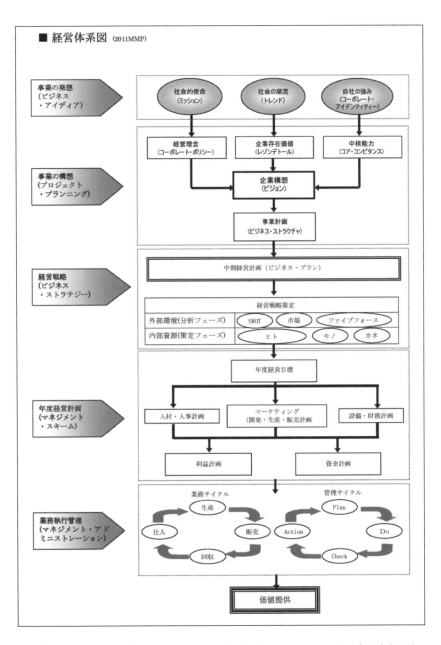

思の流れとして体系化し、筆者は長年にわたりこのチャートの活用を提唱している。この経営体系は、5つのフェーズ（①事業の発想　②事業の構想

③経営戦略　④経営計画　⑤業務の執行管理）で構成するが、経営者にとって最も核となるフェーズを事業構想と考えている。なぜなら、事業構想だけは他者（部下や取締役、アウトソーシングなど）に委託や委任できない経営行為だ。

　本章のテーマの財務は、この事業構想のスタート段階（創業投資）と日常的な業務執行に欠かせない管理要素だ。しかし、財務は資金繰りや財務指標の改善のためにあるのではなく、この経営者が描く事業構想の実現のためにあるといえるだろう。また、事業構想と日常の業務執行管理の間を埋める経営体系フェーズとして経営計画がある。次に、危機管理も踏まえた経営計画について解説したい。

4-3 ◆ 経営計画書の作成

　財務は、その管理如何で会社の生死をも左右する。中小企業における経営計画の初期段階は、損益計算書上の利益確保にあることが多い。次の段階の目的は、財務体質の改善、すなわち貸借対照表の改善にある。しかしそれ以前の課題として、すべての計画は経営理念や事業構想に沿ったものでなければならない。また、事業構想から逸脱した経営計画では、その達成は意味のないものと成ってしまう。

　経営計画書の内容は、当然ながら会社の置かれている状況により異なるものの、平時の経営状況における経営計画には、一般に以下のような内容を盛り込む。

①経営理念

　経営理念を成文化し、従業員や取引先等の利害関係者に開示する企業は残念ながら少ない。経営理念とは、何のために経営を行うのかという経営の根本的な考え方を明らかにするもの。この経営理念に沿って経営を行うことを宣言する。経営者自らの行動もこの宣言に従うことになる。

　経営者は自分の経営理念を持つだけでなく社員や外部（お客様や取引先）に伝えるために成文化して、熱く語り、率先して実行することが重要だ。

経営理念を社員が理解し、共感し、行動の拠り所としている企業は、共通の目的・意欲・意思の疎通がある強い組織となる。経営理念が社風を作り、社風が人を育て、人が利益を生み出す。

経営理念がなく、儲かれば何でもやるというような考え方では社会に受入れられず、短期的にはともかく、長期に利益を出し続けることは難しい。

②事業構想（企業構想、経営方針）

事業構想とは、経営理念と事業に影響を及ぼす内外の環境を踏まえ上での経営方針といえる。具体的には、経営理念に基づいた未来像、すなわち、どんな事業を行うか、どのくらいの規模で行うか、社員の処遇はどうするかといった会社の進む方向を明らかにする。

また、経営の具体的な推進方法、すなわち、企業の限られた経営資源をどう活用するか、も明記する。顧客第一主義や健康推進産業、地球にやさしい経営など掲げる会社がある。このフェーズでは、顧客や市場を第一義に考えるとしても、社員や取引先、地域社会も視野に入れて欲しい。雇用を守り、給料を払い社員とその家族の生活を守ることも経営者の大切な事業の一環と認識したい。

③中長期計画

経営計画とは、経営方針を実行するための「手段・手順・方策・数値」などを具体化したもの。計画策定は自社の現状を分析し、把握するところから始まる。特に中長期計画においては、収益やキャッシュフローの改善のために、事業の選択と集中を具体的に示すことも必要となる。そのためには一般的にSWOT分析等を行い、自社の力（強みと弱み）と市場の魅力度（機会と脅威）を明らかにする。その結果、不採算事業（今後なりそうな事業を含む）やキャッシュフローベースで赤字の事業（今後なりそうな事業を含む）の懸念が生まれた場合は、事業の撤退や採算事業への経営資源の集中、あるいは新規事業立上げを検討する。この施策は、事業別だけではなく、営業所別・支店別・部門別・商品別・得意先別等も検討したいものだ。

④単年度計画

　計画は競馬の予想と同じようなものではない。計画とは、今までと同じ行動では達成できないことを新たな手法や活動で成し遂げることを盛り込むものだ。来期の売上はこのぐらいはいくだろう、というものではない。

　会社が生き残るためには、いくらの利益が必要なのか、その利益を獲得するために、いくらの経費をかけて、いくら売上げなければならないのか、を立案する。戦後間もなく高度成長期の日本では、「原価・経費＋利益＝売上」という生産者や売り手優先で計画を立てていた。競争による倒産が当たり前となった現在は、「売上－利益＝原価・経費」という市場が求める価格・品質で計画を立てなければならない、消費者優先社会だ。

　しかし、如何に競争社会とはいえ、計画策定時の配慮したい事項もある。たとえば、利益を上げるために原価や経費の削減に過度に着目しがちだ。売上高至上主義から粗利益重視への転換、冗費の削減、人事の見直し等も必要なことは間違いないところだろう。減収でも増益の仕組みづくりができるかもしれない。しかし、原価や経費の削減には限界があり、いくらがんばっても0円以下にはならない。

　これに対して売上は、単価×数量で無限に大きくなる。販売なくして事業なし、との先達の名言もある。営業努力による売上増が一番の妙薬だ。その際、売上が増加すると必要な運転資金も増加することを財務の仕組みとして知らなければならない。対策は、仕入れ支払等の取引条件を交渉することだ。予め、経営計画を取引銀行に示し、資金調達準備をしておくことも大切だ。

　また、計画を目標として管理するためには、計画達成時の褒章や見返りも計画に盛り込みたい。以下は、詠み人は知らないが目標を達成さるための格言として面白い。

- 目標なくして努力なし
- 努力なくして成果なし
- 成果なくして配当なし
- 配当なくして満足なし

年度計画ができたら、月別計画や部門計画、事業部計画、商品別計画、得意先別計画などにブレークダウンする。一方で、すべての計画に優先するほど重要な計画として資金繰り計画（資金計画、利益計画）を作成する。資金繰りを組むとは、経営を組み上げることに近い。資金効率＝仕事の効率＝経営効率で表されるように、資金繰りはまさに経営の要の仕事だ。資金繰り計画がしっかり作成され、実績とチェックにより、有事に至らず危機は回避できる。資金ショートの発覚が数日までは手の打ちようがなくとも、何ヶ月も前からわかっていればなんとか手の打ちようもあるものだ。

4-4 ◆ 月次決算の励行

　財務管理がうまく行かない原因の一つに、財務データの集計の遅れがある。財務データの集計を「月次決算」と呼ぶことが多い。コンピュータの発達普及により月次決算を組む会社も多くなったが、月次決算で提供されるデータに不満を持つ経営者も多い。
- 資料提供のタイミングが遅く経営判断に役立たない
- 年度の本決算との利益の乖離が大き過ぎる
- 在庫把握などが反映されずにデータの正確性が疑わしい

　これでは経営者の意思決定の道具にはならない。月次の財務集計データを「試算表」と呼ぶことが多い。試しに計算した表（＝試算表）から、月次決算をした試算表（＝月次決算書）に置き換える必要がある。年1回の決算書ではなく、毎月の月次決算書にこだわる経営をしたい。経営の結果は、すべて数字に表れ、決算書に反映するものだ。

①月次決算書の目的
　月次決算書は作るものではなく、使うもの。銀行からの借金や税務申告の前準備の表やデータではない。月次決算書は、どこに手を打てば利益が出るのか、どうすれば資金繰りが改善するのか、経営の意思決定に必須の資料だろう。

月次決算書は、遅くとも翌月10日までに作成し、計画と実績の差の意味するものを読み取り、経営に反映させる。多くの経営者は鋭い勘と経営判断の度量を持っている。しかし、せめて月1回は、会社の現状を数字でとらえる習慣をつけたい。現状をあいまいにとらえると、問題点や課題も曖昧になりがちだ。また、数字に弱いと自慢する経営者もいるようだが月次決算を読み解くことを繰り返し、数字に強い経営者になる機会と捉えたい。

②月次決算書の活用

　経営者がとらえている問題点と幹部がとらえている問題点が共有化されていないケースが多い。また、経営者が捉える危機感と幹部が捉える危機感に大きな乖離があることも多い。経営の現状認識と問題点を経営幹部と共有化していないと、いざという経営危機に企業は対応できない。

　危機感が共有化されていないことから、次にどういう手を打ったらいいのか、来月どういう手を打ったらいいのか、1年先にどうしたらよいのか、会社全体としての取り組みができていない会社が多い。経営者だけでなく幹部が月次決算書を読めるようになると、経営者と幹部が自社の現状・問題点・危機感・方向性を共有化することができる。その結果、共通の危機感から発奮したり、経営改革の方向性が出てきたりする。

　財務体質の健全な会社づくりのベースとして、月例経営会議による月次決算の検討を制度化する。多くの中小企業は、経営者がすべて決めてしまうことが多く、毎月の経営会議は意味がないと考える傾向もある。しかし、月次決算の検討を制度化により転落への兆しを、大事に至る前に把握することができるかも知れない。

4-5 ◆ 財務体質改善のヒント

　月例経営会議による月次決算の検討を制度化した場合に、勘定科目毎の財務体質強化の着眼点と改善のヒントを以下に挙げたい。実行のポイントは、優先順位をつけることだ。例えば、「棚卸と仮払金を今年は限りなく0に近づける」というように、具体的に科目ごとの目標値や作業手順（アクショ

ン)を明示したいものだ。

科目構造部	科目名	改善ポイント	アクションのヒント
資産の部	現金・預金	利益をあげ現預金残高をいかに増やすかがキャッシュフロー経営。利益だけではなく、現預金残高にも目標を持つ。	定積・納税積立をコツコツと
	受取手形	割引を減らせないか。割引を減らす、回す。「期日まで待つ」ためにはどうしたら良いかを考える。	不渡りになった時に買い戻すことができないようであれば割ったり、回したりしない
	売掛金	売掛金回収100％のとき、経常利益が資金化する。売上債権年齢表を作成して、与信管理と回収条件の良否による販売計画を立てる。代金回収方法の改善も検討する。回収条件変更は難しい。ただ話さなければ何も始まらない。無理な押し込み販売で売上を伸ばしても、不良債権化すればなんにもならない。	売掛金回収の4原則 とれる相手に売れ…支払能力判断 とれるように売れ…支払の約束 とれる時に売れ…回収の習慣 とる気になれ…心構えを創る
	棚卸資産	在庫は、利益の源泉であり、諸悪の根源。 在庫は、現状把握と目標設定が必要。	早く処分する。注文を受けたら即納品(スピード)。毎月実地棚卸をする。倉庫の整理整頓。極力持たない商売を考える
	その他の流動資産	これらが多いのはズサンな経営の典型。これがあると資金繰りが悪くなるのは当たり前。早く清算を。銀行の評価も下がる。	ない方が良い
	固定資産	目的と採算を明確にする。投資しなければ企業の明日はない。目的と採算を良く吟味する。持たない経営を考える。	投資の実行を優先するか、財務体質の改善を優先するかは、経営者の判断。　撤退も重要な選択肢。
	無形固定資産	アイディアが資産。知的所有権(特許権・商標権・著作権など)の取得に積極的に投資する	ケチらずに使うこともあり。知恵を金に換える方策を考える。
負債の部	支払手形	これを減らす計画を立てる。インフレ時の遺物。下請いじめや不正金融(融通手形)の手段。会社をつぶす危険のある資金調達方法。	あってはならない科目 かぎりなくゼロにする
	買掛金	仕入ができるから商売ができる。喜んで支払う。買ってあげるという姿勢はマズイ(これでは経営がおかしくなる)。支払条件を守ってキッチリ払うこと(端数を値切って何になる)。仕入先を大切にしない会社は伸びない。	苦しい時ほど喜んで支払う。支払サイトの引き延ばしは邪道。他の条件が同じならば支払サイトが長い方へ
	短期借入金	今後も貸し渋りは続くと考える。銀行借入の前にやるべきことがあるはず。	できるだけ長期にする
	前受金	資金繰を良くする唯一の負債。絶対つぶれないという信用が必要。前受金をもらえる商売・やり方を考える。	積極的に取り入れる。
	長期借入金	資金調達は経営者の粘り強い交渉力しだい。たんPだけではダメな時代へ。制度融資の活用。	無理なく長く返す。倒産は調達の失敗ではなく、運用の失敗と捉える

4 ■ 財務分析による危機管理

資本の部	資本金	最も基本的で、シンプルな資金調達方。同族会社から非同族会社へ。ビジネスプランを練り、他人から資金調達できないか	他人から増資
	利益	税金は借入金を減らすためのコストと考える。資金繰りを悪くするような節税はしない	会社が存続する条件

コラム&エピソード 月次決算書の七つの法則

1. 発生主義で作成されている
2. 実地棚卸の金額が計上されている
3. 仮払金等の精算がされている
4. 減価償却費が月割計上されている
5. 賞与等が月割計上されている
6. 未払消費税が計上されている
7. 未払法人税等が計上されている

コラム&エピソード 貸借対照表の十の視点

1. 利益の正体がわかる
2. 資金の集め方と使い道がわかる
3. 良い資金の集め方をしているか、悪い資金の集め方をしているかがわかる
4. 現預金残高は儲けたお金で集めたのか、借金して集めたのかがわかる
5. 資金繰りを改善する答えが書かれている
6. 幹部は提案する人、経営者は決定する人。何を提案し、何を決定するか具体的な項目が表されている
7. 社長の創業から今日までの意志決定のすべてが表されている
8. 経営理念が正しかったかどうかの検証ができる
9. 目的的に経営してきたのか、成り行きで経営してきたのかがわかる
10. 剰余金処分は社長の哲学

第8章
経営実務の税務

1 税金の基礎

　税金が「国を運営していくために必要な資金で、この資金は国民が負担する」ものであることは、国内外の市民に広く認識されるところだろう。法律的に人格を与えられた"法人"も国民としての納税義務を負う、ことも周知のことだ。ここでは、税の全般と法人との関わりについて解説したい。

1-1 ◆ 税金とは

　我々が安全で便利な生活を送るため、また企業が円滑に活動するために、道路や橋、鉄道、空港といった交通インフラ等に代表される社会資本の整備が重要となる。他にも生命や財産を災害や犯罪から守るためには、警察や消防も欠かせない。高齢者や病人、経済的に困窮している人を支援したり保護したりするための、病院や福祉施設、保護施設やその仕組みは、我々が豊かで健康的な生活を営むうえで、不可欠なことだ。これらの活動には、多額の資金を要する。

　また人的、組織的な対応には金銭以外にも、公共性が求められるなど、民間企業（民間団体）の活動になじまないことから、国や地方公共団体（県や市町村）の「公共サービス」という形で行われる。公共サービスは、このほかにも学校や公共施設の維持・管理、上下水道の整備など我々の暮らしに身近なものから、国土の開発、産業や経済の振興、外交など広い範囲に亘っている。国や地方公共団体は、我々の暮らしをより良くするために、さまざまな人的、組織的な対応を行う。これらの費用も個人や法人などが、「税金」という形で賄う。

　税金は、我々が社会の一員として活動していくために負担しなければならない、一種の会費のようなものである。今後、少子高齢化や人口減少社会の中で、社会保障費の高騰や公共サービスの増加も含め税金の重要性が増す。企業活動に携わる者は、経営者か従業員か株主かを問わず、

税金の役割と機能に関心を向け理解して日頃の活動に臨みたいものだ。

1-2 ◆ 税金の役割

　我々の納めた税金は、国民の「健康で豊かな生活」を実現するために、国や地方公共団体が行う活動の財源となるものだ。従って、税の一義的な役割は、国や地方自治体の経費を調達することである。このほか、税金の果たす副次的な役割には以下のものがある。

①富の再分配
　税の支払い能力という点ではすべての人（個人・法人）が同じであるわけではない。所得や資産などの負担能力の大きい人、つまり、税金を負担する能力の高い人に対して、より多くの税金を課し、負担能力の小さい人には税金を少なく（あるいは免除）すると共に、社会保障を厚くすることで、国民間の富の格差を縮めることができる。このように、税には、所得や資産の再分配を図ることで社会の安定化・公平な社会秩序を維持する役割がある。

②景気調整・経済政策
　好況期には、法人・個人の所得が増えるが、税収（納税額）も増加するため、需要の増加は抑えられる。逆に不況期には、所得が減るが、税収（納税額）も減少するため、需要の減少が抑えられる。このように、税には民間の需要を自動的に調節する、景気の調整弁としての役割も担っている。これを自動調節機能（ビルトイン・スタビライザー）という。
　ビルトイン・スタビライザーの代表例として、累進課税制度が挙げられる。代表的な累進課税である所得税で考えてみよう。課税対象となる個人の所得が増えれば増えるほど、税率は高くなる。このため、景気が好況の場合に賃金が上昇すると、所得税額も大きく増加し、可処分所得の増加が抑制され、消費の拡大を抑える効果がある。また、景気調整のために、景気後退時に減税、景気過熱時には増税という手段がとられることがある。

更には、経済政策の一環として、特別償却(即時償却を含む)、税額控除などの制度のほか軽減税率を取り入れることによる減税措置などによって、消費や投資の促進を図る事で景気を刺激する役割も税金にはある。

③国内産業の保護

輸出を促進するために、輸出に対して減税したり、輸出を増やした業者に対して税の特典を与えたりするという役割も担っている。また、外国からの輸入に対して関税を課すことで、海外産業から国内産業を保護する役割もある。ただ、最近はWTOなどの国際的な取り決めで関税削減の方向性が高まる中、関税撤廃を目指すTPPへの参加交渉も始まっている。

> **コラム&エピソード 関税とは(知恵蔵2013より)**
>
> 　関税とは、輸入品に対して通関時に徴収される税。関税の目的は、財政収入に充てることを第一義とする財政関税と、国内産業保護・育成を主目的とする保護関税の2つに分けられる。今日でも発展途上国における関税は、財政収入の重要な部分を占めている。
>
> 　関税率は、ガット(GATT:関税および貿易に関する一般協定)における多国間交渉によって大きく下がり、特に日本の関税負担率(関税収入額の総輸入額に対する比率)は、2005年度は1.7%で先進国の中でも最も低い国の1つとなっている。
>
> 　関税には輸入品の価格を課税標準とする従価税と、輸入品の数量(重量、容積など)を標準として課税する従量税、および両者を組み合わせた複合税がある。従価税は輸入価格が変動しても関税負担の程度が変わらない、インフレの下でも安定した関税収入が得られる、などの特徴がある。一方、従量税は課税標準の決定が容易なこと、輸入品の価格が下がっても関税額は変動せず、国内産業保護の目的に合致するなどの特徴がある。
>
> 　世界的に見ると従価税を主とする国が多く、日本の関税もCIF(運賃・保険料込み値段)価格を課税標準とする従価税が基本となっている。また関税率は、国内の法律によって定められている国定税率と、外国との

> 条約中の規定による協定税率とに大別できる。日本の場合、国定税率は関税定率法による基本税率と、関税暫定措置法による暫定税率、さらには発展途上国からの輸入品を対象とする特恵税率の3つに分けられる。これらの税率は、原則として特恵税率、協定税率、暫定税率、基本税率の順に優先して適用され、これが実行関税率となる。なお、協定税率は暫定税率、または基本税率よりも低い場合に限り適用される。
>
> また、発展途上国の輸出を促進する目的で、先進国が途上国からの輸入品に対して、一方的に低い関税率を供与する一般特恵関税制度（GSP:generalized system of preferences）もある。特恵関税はガットの無差別待遇の原則に反するが、一般特恵関税制度は、その趣旨から例外的に承認されている。日本の場合、鉱工業製品に関しては、例外品目を除き、原則として特恵税率は無税である。
> （永田雅啓 埼玉大学教授／ 松尾寛（株）三井物産戦略研究所副所長、より抜粋引用）

1-3 ◆ わが国における税金の歴史

①古代から中世

　文献に日本の税金が初めて登場するのは、魏志倭人伝であるとされる。魏志倭人伝によると、3世紀すなわち女王卑弥呼が支配する邪馬台国において、建物や倉庫に集めた税が納められていたと記載されている。穀物などの収穫の一部が徴税されていたことが伺える。

　税が全国統一的な制度として歴史に登場するのは、8世紀になってからで、701年に制定された大宝律令、班田収授の法と租庸調の制度である。農民は口分田を国から与えられ、収穫の3～10％が租として課税された。また、男は都に行って一定の労役につくか、代わりに布などを納める庸、絹や地方の特産物を都に運んで納める調も課税された。

　奈良時代になると、税が都に集められて壮大な平城京が建築された。し

かし、奈良時代中期以降は、重い税負担に耐えかねた多くの農民が口分田を捨てて逃げ出したため、田畑の荒廃が進んだ。そこで朝廷は、農地を開墾したら私有してよいという、墾田永年私財法を作った。

平安時代中期になると、貴族や寺社が勢力を伸ばし、地方豪族と連携して田畑の大規模開発に乗り出す。これが荘園で、農民は荘園領主に年貢や労役などの様々な税を納めるようになる。

鎌倉時代になると、守護や地頭、荘園領主などの保護の下、経済が発展する。荘園領主は、同業者が集まって生産や販売を独占する「座」を認める代わりに、「座役」として製品や貨幣を納税させたのである。

室町時代には、農民からの年貢に加えて、商工業の発展に関連した新しい税が生まれた。家屋の棟に課税する棟別銭、当時最大の商人であり高利貸しを行なっていた質屋(土倉)に対する土倉役、酒屋の営業に対して課税する酒屋役などがあった。

②中世から近世

戦国時代を経て天下を統一した豊臣秀吉は、全国の田畑の広さを図る太閤検地を行った。田畑ごとの面積、石高、耕作者などを村別の検地帳に登録し、石高の3分の2を納める年貢制度が厳格に行われるようになった。

この年貢の仕組みは江戸幕府にも行け継がれ、年貢が税収のほとんどを占めていたと言われる。税率は大名ごとに異なっていた。一方、農民以外の商工民に対する課税が進んだのもこの時期である。運上・冥加(うんじょうみょうが)という名称で、商業、工鉱業、漁業、運送業などの営業者に雑税が課税された。

③近代

明治維新後も年貢の制度は江戸時代と変わらず、年貢の徴収方法が各地バラバラな上に米価の変動、年貢米の輸送・保管コストなどが嵩み、明治政府は効率的な徴税ができず資金難に喘いでいた。そこで考案されたのが、江戸幕府が禁止してきた土地の売買を認め、全国の民有地に金

銭で課税する方法である。こうして明治6年に地租改正が実施され、土地の所有者には地券が発行された。この地券に書かれた土地の価格の3%が地租として毎年徴税された。また、江戸時代からの1500を超える雑税が整理され、国税と地方税に分類された。

明治20年には、都市商工業者と農民との税負担の公平を図るため、英国などが採用していた所得税を導入した。この所得税は当時、300円以上稼ぐ人にしか課税されなかったので、納税者がいない村もあり『名誉税』ともいわれた。明治22年、大日本帝国憲法が発布され、法律や予算さらに税の制度も帝国議会で審議されるようになった。ちなみに衆議院の選挙権は、直接国税15円以上を納める25歳以上の男子に限られていた。

明治の中頃から、昭和20年まで、しばしば戦争があり、そのたびに増税が行われた。昭和初期には、物品税、電気ガス税などが創設され、また、昭和15年には勤め人に源泉徴収制度が導入されたほか、法人税が所得税から独立した。

④現代

終戦後、昭和21年(1946年)に日本国憲法が公布され、20歳以上のすべての国民に選挙権が与えられ、国民から選ばれた国会議員が国政を決めることになった。税の集め方や使い方も当然これに含まれる。昭和22年には、納税者が自主的に税額を計算して申告する、申告納税制度が設けられた。そして、戦後の税制の基礎となったのは、昭和24年のアメリカのカール・S・シャウプ博士による「シャウプ勧告」である。この勧告の目標は、当時の混乱した経済の復興を促進し、将来にわたって安定した税制の確立を目指す一方、公平な税制を実現し、税務行政の改革を行うことであった。

こうして戦後日本は高度成長期を迎え、税の面でも安定した時代が続き、税は、経営の発展や国民生活の向上に使われ、生かされてきた。しかし、社会経済環境の変化に伴い、税収に占める所得税や法人税など直接税のウエイトが大きくなってきたこと、また、高齢化社会や国際化などから、将来を展望した税制改革の必要性が叫ばれるようになり、1989年に消費税が導入された。

コラム&エピソード　世界史と税金こぼれ話

- 古代エジプトのパピルス文書に当時の農民に対する厳しい搾取と免税特権をもつ神官・書記に関する記述がある。
- 古代ローマ帝国のブルータスは属州の長官に赴任したとき、住民に10年分の税の前払いを要求した。古代中国の漢の主要財源は、算賦（人頭税及び財産税）、田租、徭役（労働の提供）であった。
- 古代インドのマウリヤ朝では、農民に対し収穫高の四分の一程度を賦課し、強制労働も行われていた。
- 唐では当初均田制に基づく租・庸・調の税制を採用したが、農民の逃亡が相次いだため、荘園に課税する両税法が導入された。また、塩の市場価格の10倍もの間接税を課した。
- 中世ヨーロッパの封建領主は、賦役、貢納の他、領民の死亡による労働力低下を理由に、相続税、死亡税を賦課した。また、女性の結婚に当たっては、結婚許可税を徴収した。
- ドイツでは1524年に、賦役や貢納の義務の軽減などを求めて農民の反乱が起こった。
- イングランドでは王に議会の同意がなければ課税を行わないことを求めたが無視されたため、1642年にピューリタン（清教徒）革命が起こった。
- オランダでは16世紀に支配者であるスペインのアルバ総督からすべての商品の販売に対し10％の売上税を課された。この売上税は、今日の消費税のように仕入税額控除が認められていないため税が累積することとなり市場取引を麻痺させた。この圧政が1581年のオランダ独立宣言の一因となった。
- 明末の李自成の乱のスローガンには、3年間の免税が謳われていた。
- フランスのアンシャン・レジームの下では、3つの身分のうち、第1身分の聖職者と第2身分の貴族は免税の特権を持っていた。この特権を巡る抗争が1789年のフランス革命に繋がっていく。
- ロシアのロマノフ朝の重税に苦しむ農民は逃亡後、コサックという集団を形成し反乱を起こした。
- イギリスが植民地戦争の戦費調達のため1765年の印紙法により植民地に重税を課したことが1776年のアメリカ独立宣言の一因となった。

1-4 ◆ 税金の種類

　憲法84条では、「あらたに租税を課し、又は現行の租税を変更するには、法律又は法律の定める条件によることを必要とする。」と規定している。これを、租税法律主義という。これは、国や自治体などの為政者は、一方で権力者であり、権力者に自由勝手な徴税権を与えてしまうことの怖さの回避策ともいえる。従って税金は、各種の法律によって定められている。

　税金の種類には納税者が直接税金を納める直接税（所得税・都道府県民税・市民税など）と、納税者が直接税金を納めるものではない間接税（消費税・酒税など）に分けられ、また納付先による分類として国税と地方税に分けられる。以下はおおよその税金を抜粋したもので、もらしたものではない。

●税金の分類

		普通税			目的税
	直接税		間接税		
	収得税	財産税	消費税	流通税	
国税	所得税 法人税	相続税 贈与税	消費税 関税 酒税 たばこ税・たばこ特別税 揮発油税 石油税・石油ガス税 航空燃料税	自動車重量税 登録免許税 印紙税	地方道路税 電源開発促進税
地方税 道府県民税	県民税 事業税	固定資産税 鉱区税	地方消費税 県たばこ税 ゴルフ場利用税	不動産取得税 自動車税 自動車取得税	軽油引取税 入猟税
地方税 市町村民税			市町村たばこ税		国民健康保険税 入湯税・事業所税 都市計画税

①国税と地方税

　税金を課税するのが国の場合を「国税」という。国以外が課税する税を地方税といい、そのうち都道府県が課税する税を道府県民税、市町村が課税する税を市町村民税という。

> **コラム&エピソード** 「都道府県民税」でなく「道府県民税」なのか
>
> なぜ「道府県民税」なのかというと、地方税法が道府県民税を（東京）都に、市町村民税の規定を23区に準用するためです。ややこしいのはその一方で、固定資産税や市町村民税、特別土地保有税等のいくつかの税目については、当該準用規定にかかわらず都民税として課税する（特別区特例）ことです。
>
> この結果、東京23区内では、法人の市町村民税に当たる税は、特別区民税ではなく都民税として、道府県民税に当たる税と併せて徴収されます。そのため、市町村民税で12.3％、道府県民税で5％の法人税割は、23区内では17.3％の都民税法人税割として課されることになり、資本金等の金額1,000万円以下の法人の場合、市町村民税で5万円、道府県民税で2万円の均等割は7万円の都民税均等割として課されます。判り難いですね。

②内国税と関税

内国税は国内の人や物品に課税されるもので、関税は外国から輸入される物品に課税される税金である。ただし、外国から輸入された物品に課せられる消費税や酒税などは、関税ではなく内国税である。

③直接税と間接税

直接税とは、所得税や法人税のように、納税義務者と税金を実際に負担する者とが同じ税金である。一方、間接税は、納税義務者と税金を実質的に負担する者が異なる。間接税は、消費税に代表されるように、税金を納めるように義務づけられた者が納める税金について物やサービスの価格に上乗せして、実質的には消費者が税金を負担するようになっている。これを租税の転嫁といい、間接税は税の負担者が次々に移っていくところに特徴がある。

④収得税・財産税・消費税・流通税

収得税は、収入や所得に対して課税される税。財産税は、財産を持っていることに対して課税される税。消費税は、特定の消費に対して課税される税。流通税は、財産の移転に対して課税される税。

⑤人税と物税

所得税などが帰属する人に課税されるのが人税で、財産や収益そのものに課税されるのが物税である。

⑥普通税と目的税

使途を問わず一般的な経費のために課税されるのが普通税で、特定の目的のための税金が目的税である。

⑦経常税と臨時税

毎年継続して課税されるのが経常税で、一定期間に限って課税されるのが臨時税である。

⑧従量税と従価税

従量税は、税金を課税する場合に、課税標準に重量・個数・体積などを使い、それぞれの重量に従った税額が課税される。課税標準が価格で示され、税率が百分比で示されるのが従価税である。

1-5 ◆ 税金と法律

①租税法律主義

何人（なんぴと）も法律の根拠がなければ、租税を賦課されたり、徴収されたりすることがないとする考え方を租税法律主義と呼ぶ。わが国では、日本国憲法により、「あらたに租税を課し、又は現行の租税を変更するには、法律又は法律の定める条件によることを必要とする」と規定されている。

②税法の分類

日本の税に関する法律は以下の通り分類することができる。

税法の分類	当該税法の概要
租税実体法	誰に課税するのか、何に対して課税するのか、どんな基準によって課税するのかといったルールを定めたもので、法人税法、所得税法、相続税法、印紙税法などがこれにあたる。
租税手続法	どうやって課税するのか、どうやって徴収するのかに関する手続きを定めたもの。個別の税法ではなく、租税全般にわたる手続きを定めたもので、国税通則法と国税徴収法がある。国税通則法は、国税に関する一般的な事項を定めており、国税徴収法は税金が滞納された時の各種の手続きを定めたものである。
租税救済法	行政不服審査法や行政事件審査法などがあり、不服申し立てや訴訟の方法など、税金徴収に不服がある納税者を救済する規定を定めている。
その他(租税特別措置法)	税の特別措置を決めた租税特別措置法などがある。地方税については、すべてまとめて地方税法に定められており、この法律の枠内で課税する事になっている。

③納税者権利憲章

　納税者権利憲章とは、課税・納税手続きにおける納税者の権利を制度的に保障する基本的な法律のことである。納税者憲章、納税者の権利宣言とよばれることもある。現在、日本には、納税者の権利を保障する基本法が存在しない。税務調査の現場でしばしばみられる、事前通知なしの税務署員の突然の訪問(「任意調査」)や一方的に所得を算出し納税を強要する「推計課税」など人権無視の強権的な税務行政を改めさせ、納税者の権利を守るために、手続規定の整備が求められるとされていた。

　民主党政権下の2011年税制改正法案においては納税者権利憲章の制定が盛り込まれていたものの見送りとなったが、2011年12月には国税通則法が改正され、税務調査の事前通知、調査手続き終了、理由付記の拡大などの法定化が行われた。

1-6 ◆ 徴税方法

①申告納税制度

　納税義務者自らが自分の所得や税額を計算し、課税庁に申告・納付することにより納付すべき税額が確定する制度(国税通則法。所得税、法人

税、相続税などの国税の分野と、法人住民税などの地方税分野で採用されている。コンプライアンスが前提となっている制度であるため、納税者が意図的に脱税を行なうことを阻止できない。そのため、申告納税制度を補完するものとして、一部の納税者を選定して税務調査を行なう制度や、脱税や申告の遅延に対して、追徴課税をできる「更生、決定」が国税庁には認められている。

②賦課課税制度

　税務官庁が税額を確定して、納税者に納付の通知を行なう制度。個人住民税・個人事業税・固定資産税・不動産取得税・自動車税・都市計画税など、地方税の分野で採用されている。税庁が納付すべき税額を計算した「賦課決定通知書」を納税義務者に送付し、納税義務者が納税することで行なわれる。

2 法人税

　法人税とは、法人の所得金額などを課税標準として課される税金、国税で、直接税、広義の所得税の一種。日本の法人税は主に法人税法に規定されているが、租税特別措置法や震災特例法などの特別法の規定もある。法人税は、法人税法の定めるところにより算出された各事業年度の所得（法人税法上は「課税標準」というが、以下「課税所得」という言葉を用いる）に一定の税率を乗じて計算される。

2-1 ◆ 法人税と財務会計

　企業の経営活動の結果生じた所得（利益）に対し、国は一定の税率を乗じて税金を課す。法人税がこれに該当し、課税所得の計算などについて規定したのが法人税法である。したがって、もともと課税所得計算と財務会計は別個の目的に従って行なわれ、法人税法が財務会計を規制すると

いう関係は存在しない。しかし、企業会計の利益と税法上の所得を、まったく別々に計算するのも不合理である。そこで、法人税法は、課税所得計算において、株主総会での報告または承認により確定された損益計算書の当期純利益を基礎にして、それに法人税法で定めた調整項目をプラス・マイナスすることにより、課税所得を計算することにした。これを確定決算主義という。

しかも、多くの費用項目について、それらが損益計算書で費用または損失として計上されていなければ、課税所得計算でも費用として認められない。この結果、課税所得計算を意識した財務会計が行われ、法人税法の規定が財務会計に多大な影響を及ぼしているのである。

2-2 ◆ 納税義務者

法人税の納税義務者となる法人には各種の法人があり、その法人の種類によって課税所得の範囲が異なる。

法人税を納める義務のある法人について、法人税法はまず「内国法人」と「外国法人」に区分している。内国法人とは、国内に本店又は主たる事務所を有する法人をいい、外国法人とは、内国法人以外の法人をいう。法人の定義について、法人税法は何も規定していない。したがって、会社法、民法等の法律により設立された法人を前提としている（なお、法人税法では、これらの法律によって設立された法人の他、人格のない社団や財団で代表者や管理人の定めがあるものを法人とみなし、法人税を納める義務のある法人に含めている）。

次に、法人税法では、これらの種々の法律によって設立された法人等を「公共法人」「公益法人等」「協同組合等」「人格のない社団等」及び「普通法人」に区分している。これらのうち公共法人については、国や公共団体の拠出した資金で運用されており、いわば政府の代行機関ともいうべきものであるから、法人税を納める義務がないものとしている。

以上のように区分された法人税法上の法人を一覧表にすると、次のとおりである。

		法人の種類	法人の性格・目的等	具体的な法人の例
内国法人	国内に本店または主たる事務所を有する法人	①公共法人	公共の性格を持つ法人	地方公共団体 日本政策金融公庫 日本放送協会等
		②公益法人等	公益を目的とする法人	宗教法人 学校法人 公益社団法人 公益財団法人 非営利型法人(注) 社会医療法人等
		③協同組合等	組合員の相互の扶助を目的とする法人	農・漁業協同組合 消費生活協同組合 信用金庫等
		④人格のない社団等	法人ではない社団または財団で代表者または管理人の定めのあるもの	PTA 同窓会 同業者団体等
		⑤普通法人	①～④以外の法人	株式会社 合名会社 合資会社 合同会社 医療法人(社会医療法人を除く)等
外国法人	内国法人以外の法人	⑥人格のない社団等		
		⑦普通法人		

(注)一般社団法人、一般財団法人のうち非営利型法人に該当しないものは普通法人として取り扱われる。

2-3 ◆ 課税所得の範囲

　法人税の納税義務のある法人であっても、課税所得の範囲は必ずしも同一ではなく、法人の種類によって差異がある。法人税は、次の所得に対して課税される。

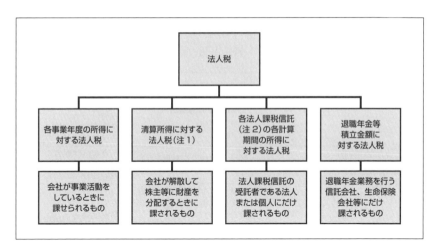

(注1) 従来、内国法人である普通法人及び協同組合等が解散した場合、「清算所得に対する法人税」が課税されていたが、平成22年度税制改正により清算所得課税は廃止された。
(注2) 信託の受託者に対し、信託財産から生ずる所得について、その受託者の固有財産から生ずる所得とは区別して法人税が課税される。

2-4 ◆ 事業年度

　法人は、一定の期間ごとに損益を決算によって確定し、これに基づいて、剰余金の配当等を行うこととなり、この損益を計算する期間を一般に「会計期間」又は「会計年度」という。法人税法では、このような会計期間やこれに準じた期間（以下「会計期間等」という。）が法人の定款等や法令で定められているときには、これを「事業年度」とし、この期間ごとに課税所得を計算する。
　したがって、法人の定めた会計期間等とは別に法人税に関した事業年度だけを独自に定めることはできない。
　このように、事業年度とは原則として法人の定めた会計期間等であるが、その期間は1年以内とされており、法人税の取扱いは、次のとおりである。

区分	事業年度
法令又は定款等に会計期間等の定めがある場合	○法令又は定款等に定めた事業年度
法令又は定款等に会計期間等の定めがない場合	○設立の日から2ヶ月以内に税務署長に届け出た事業年度 ○届け出がないときは、税務署長が指定した期間 ○人格のない社団等については、1月1日から12月31日までの期間

法令又は定款等に定めた会計期間等が1年を超える場合	○その開始の日以後1年ごとに区分した期間

　なお、法人がその定款等に定める会計期間等を変更し又は新たに定めた場合には、変更後の会計期間等を遅滞なく所轄税務署長に届け出なければならない。

　法人税法では、2010年10月1日以後に解散する法人については、各事業年度の所得（同日前に解散した法人にあっては清算所得）に対する法人税を課税することとしているので、法人が解散した場合には、課税所得の計算上、「その事業年度開始の日から解散の日までの期間」と「解散の日の翌日からその事業年度の末日までの期間」とに事業年度を区切ることとしている。このような特殊な事由による事業年度の区分によって生じた事業年度を「みなし事業年度」といい、それぞれ1事業年度とみなされる。

　なお、株式会社が解散等をした場合のみなし事業年度については、会社法第494条第1項《貸借対照表等の作成及び保存》に規定する清算事務年度となる。すなわち、解散等があった場合には、その事業年度開始の日から解散等の日までの期間及び解散等の日の翌日から清算事務年度終了の日までの期間（解散等の日の翌日から1年間）となる。

2-5 ◆ 納税地

　内国法人の法人税の納税地は、原則として、その本店又は主たる事務所の所在地である。納税地は、単に法人税を納付する場所だけをいうのではなく、申告、申請、請求、届出等法人が法人税法に基づく義務の履行や権利を行使する場合の全ての事項の処理を行う場所をいい、それぞれの法人を管轄する税務署を定める基準となる場所である。このため、法人税法では、法人が新たに設立された場合には、その設立の日から2ヶ月以内に納税地等を記載した設立の届出書を所轄税務署長に提出しなければならないこととし、また、その届出をした納税地に異動があった場合には、異動前及び異動後の納税地を記載した異動届出書をそれぞれの所

轄税務署長に提出しなければならない。

　なお、法人の納税地が、例えば本店が単に名目だけであって企業活動の中心が遠く離れた支店にあるようなときで、その法人の事業内容や資産の状況からみて、納税地の所轄税務署長はその法人の実態を知ることが困難であり、法人にとっても申告や納税について不便であるなど、法人税の納税地として不適当であると認められる場合がある。そこで、法人税法では、国税局長又は国税庁長官は実質的に本店と認められる場所を納税地として指定することができる。

2-6 ◆ 確定申告

①確定申告とは

　法人税の納税義務は、各事業年度の終了の時に成立するが、具体的に納付すべき法人税の額は、法人税法が定める租税債務の額の確定手続としての納税申告書（確定申告書、中間申告書等）を法人が提出することにより確定する。法人は、事業年度が終了した後に決算を行い、株主総会等の承認を受け、その承認を受けた決算（確定決算）に基づいて所得金額や法人税額等、法人税法に定められた事項を記載した申告書を作成し、これを納税地の所轄税務署長に提出しなければならない。この手続を「確定申告」といい、このようにして作成された申告書を「確定申告書」という。なお、欠損のため納付すべき法人税の額がない場合であっても、確定申告書の提出は必要である。

②確定申告書の提出期限

　確定申告書は、原則として各事業年度終了の日の翌日から2ヶ月以内に提出しなければならない。ただし、確定申告書が確定決算に基づいて作成されることを建前としている関係から、災害その他一定の理由により、法人の決算が事業年度終了の日から2ヶ月以内に確定しないと認められる場合には、法人は次の区分に応じて申告期限の延長を申請することができる。また、清算中の法人につきその残余財産が確定した場合には、その法人

の残余財産の確定の日から1ヶ月以内（その翌日から1ヶ月以内に残余財産の最後の分配又は引渡しが行われる場合には、その行われる日の前日まで）に提出しなければならない。

　災害その他やむを得ない理由により法人の決算が確定しないため、確定申告書の提出期限の延長を受けようとする法人は、その事業年度終了の日の翌日から45日以内に、その理由、指定を受けようとする期日等を記載した申請書を税務署長に提出しなければならない。税務署長は、法人から申請書の提出があった場合には、審査の上、その法人に対し、延長後の提出期限を書面で通知する。なお、事業年度終了の日の翌日から2ヶ月以内に提出期限の延長又は却下の処分がなかったときは、その申請に係る指定を受けようとする期日が提出期限とみなされる。

　資本金額が5億円以上の株式会社等一定の法人については、会計監査人の監査等を要することとされているため、事業年度終了の日から2ヶ月以内に定時株主総会を開催することは事実上困難であり、会社法上も3ヶ月以内に開催すればよいとされている。このため、会計監査人の監査を受けなければならないことその他これに類する理由（事業年度終了の日から3ヶ月以内に株主総会を開催する旨を定めているなど）により決算の確定が遅れ、毎期継続的にその提出期限までに確定申告書を提出することができない状況にあると認められるときは、その法人の申請により、税務署長は原則として1月間その提出期限を延長することができる。

③確定申告書の記載事項

　確定申告書には、その事業年度の課税標準である所得金額（又は欠損金額）及びその所得に対する法人税額等次に掲げる事項を記載しなければならない。具体的には申告書別表一（一）から別表十七（四）を用いて該当事項を記入する。

ⅰ 法人名　ⅱ 納税地　ⅲ 代表者名　ⅳ 事業年度　ⅴ 所得金額又は欠損金額　ⅵ 法人税の額　ⅶ 所得税額等の還付金額　ⅷ 中間納付額の控除金額　ⅸ 中間納付額の還付金額　ⅹ その他参考となるべき事項

④添付書類

　法人税法では、法人の確定した決算を基礎として申告書を作成するという、いわゆる確定決算基準を採っているため、その基礎となった決算書の提出を義務づけている。具体的には次に掲げる決算書等を添付しなければならない。

ⅰ　貸借対照表
ⅱ　損益計算書
ⅲ　株主資本等変動計算書若しくは社員資本等変動計算書又は損益金の処分表
ⅳ　貸借対照表及び損益計算書に係る勘定科目内訳明細書
ⅴ　事業等の概況に関する書類
ⅵ　合併、分割等に係る契約書、計画書等
ⅶ　その他組織再編成に関するもの

　なお、租税特別措置法（税額又は所得の金額を減少させる規定等に限る）の適用を受けようとする場合には、適用額明細書を添付しなければならない（租税特別措置の適用状況の透明化等に関する法律）。

2-7 ◆ 中間申告

　中間申告は、事業年度の中間点で納税をするための手続をいう。すなわち、事業年度が6ヶ月を超える普通法人は、原則として事業年度開始の日以後6ヶ月を経過した日から2ヶ月以内に中間申告書を提出しなければならない。中間申告には、①前期実績を基準とする中間申告（通常「予定申告」という）と②仮決算に基づく中間申告の2種類があり、前期実績を基準とするものが原則である。ただし、②仮決算に基づく中間申告は、仮決算をした場合の中間申告書に記載すべき法人税の額が前期基準額（前事業年度の確定法人税額を前事業年度の月数で除し、これに6を乗じて計算した金額）を超える場合、及び前期基準額が10万円以下である場合には、提出できない。なお、中間申告を要する法人が上記の①又は②の中

間申告書をその提出期限までに提出しなかった場合には、その申告期限において、前期実績を基準とした中間申告があったものとみなされる。これを中間申告のない場合のみなし申告という。

2-8 ◆ 青色申告

①青色申告とは

　法人は、自らの財政状態や事業成績を知るためには、合理的な帳簿組織と経理方針とを持たなければならない。それは法人自体のためだけではなく、法人を巡る多くの利害関係者のために社会的に必要なことであり、納税のためにも同様である。特に、申告納税制度は自分の所得は自分が最もよく知ることができるという考えの上に立つ自主的納税制度であるから、その成果を期するためには、帳簿組織の整備が先決である。そこで法人税法では、法人が同法の定めるところに従って、一定の帳簿書類を備付け、これに日々の取引を正確に記録し、納税地の所轄税務署長に青色申告の承認申請をして、その承認を受けた場合は青色申告書を提出することができる「青色申告制度」が設けられている。

　この制度に基づいて青色申告をする法人は、所得金額の計算上一定の特典を受けられるとともに、その申告に対しては、帳簿書類を調査した上でなければ更正できないこととされている。これは、納税者を信頼し、適正な記帳による正しい申告納税を奨励することを目的としたもので、一般の申告書と区別するために青色の申告用紙を使用するので、この呼び名がある。

　法人が青色申告書を提出するためには、次の二つの要件を満たしていなければならない。

ⅰ 法定の帳簿書類を備え付けて取引を記録し、かつ、保存すること
ⅱ 税務署長に「青色申告の承認申請書」を提出して、あらかじめ承認を受けること

②青色申告書の提出承認

　青色申告の承認を受けようとする法人は、青色申告書を提出しようとする

事業年度開始の日の前日までに「青色申告の承認申請書」を納税地の所轄税務署長に提出しなければならない。新たに法人を設立した場合、新たに設立した法人が、設立後最初の事業年度から青色申告書を提出しようとするときは、次のいずれか早い日の前日までに同申請書を同税務署長に提出しなければならない。

ⅰ 設立の日以後3ヶ月を経過した日
ⅱ 最初の事業年度終了の日

　青色申告の承認申請書の提出があった場合、その承認の対象となった事業年度終了の日(中間申告書を提出しなければならない法人は、その事業年度開始の日以後6ヶ月を経過する日)までに書面により承認又は却下の通知がなかったときは、その日において承認があったものとみなされる。

②青色申告の承認申請の却下と取消し

　青色申告の承認申請書の提出があった場合において、次のいずれか一つに該当する事実があるときは、税務署長は、その申請を却下することができる。

ⅰ その法人の帳簿書類の備付け、記録又は保存が青色申告法人の帳簿書類の要件を定める規定に従って行われていないこと
ⅱ その備え付ける帳簿書類に取引の全部又は一部を隠ぺいし又は仮装して記載していること、その他不実の記載があると認められる相当の理由があること
ⅲ 青色申告の承認の取消しの規定による通知を受け、又は青色申告の取りやめの規定(法128)による届出書の提出をした日以後1年以内にその申請書を提出したこと

　青色申告の承認があった場合でも、その後に青色申告の前提条件を欠くに至り又はこの制度を維持するための秩序が乱されるに至ったときは、その承認が取り消されることがある。すなわち、法人税法上、次のいずれか一つに該当する事実があるときは、税務署長は、その該当する事実がある

事業年度までさかのぼって、その承認を取り消すことができる。
i その事業年度に係る帳簿書類の備付け、記録又は保存が法令で定めるところに従って行われていない場合
ii その事業年度に係る帳簿書類について税務署長の必要な指示に従わなかった場合
iii その事業年度に係る帳簿書類に取引の全部又は一部を隠ぺいし又は仮装して記載し、その他その記載事項の全体についてその真実性を疑うに足りる相当の理由がある場合
iv 確定申告又は清算中の所得に係る予納申告の規定による申告書をその提出期限までに提出しなかった場合

④青色申告の特典

青色申告法人には、次のような特典が与えられている。

根拠法	特典の内容
法人税法	○青色申告書を提出した事業年度に生じた欠損金の9年間繰越控除 ○欠損金の繰戻しによる法人税額の還付 ○帳簿書類の調査に基づかない更正の原則禁止 ○更正を行った場合の更正通知書への理由付記 ○推計による更正又は決定の禁止
租税特別措置法	○特別償却 ○各種準備金の積立額の損金算入 ○各種の法人税額の特別控除 ○各種の所得の特別控除等 ○中小企業者等の少額減価償却資産の取得価額の損金算入
国税通則法	○更正の処分に不服があるときの直接審査請求

2-9 ◆ 納付と還付

①納付期限

中間申告書や確定申告書を提出した法人は、その申告書に記載された法人税額を、その申告書の提出期限までに納付しなければならない。この場合、「中間申告書を提出した」には、中間申告書の提出があったものとみなされるものも含まれる。なお、その期限までに納付できなかった法人税については、延滞税が課される。

②還付

　法人税等について還付金や過誤納金が生じた場合には、国税通則法の定めにより還付加算金を加算して、これを還付し、又は未納の国税等に充当される。法人税等の還付には、「所得税額等の還付」、「中間納付額の還付」及び「欠損金の繰戻しによる還付」がある。

③所得税額等の還付

　所得税額等の還付は、所得税額及び外国税額の控除額が各事業年度の確定法人税額から控除しきれなかった場合に、その控除しきれなかった金額について行われる。なお、この還付金については、その確定申告書の提出期限(期限後申告の場合はその申告をした日)の翌日から支払決定等の日までの期間に応じて、還付加算金が加算される。

(注) 2000年1月1日から、利子税・延滞税及び還付加算金の割合は、各年の特例基準割合(各年の前年の11月末日の公定歩合に年4%を加算した額)が年7.3%に満たない場合、その年中においては、その特例基準割合とすることとされている。

④中間納付額の還付

　中間納付額の還付は、中間納付額がその事業年度の確定法人税額を超えている場合に、その超える部分の金額を還付するものである。なお、この還付金についても、中間納付額の納付期限の翌日(納期限後の納付の場合は、納付の日の翌日)から支払決定等の日までの期間に応じて、還付加算金が加算される。

⑤欠損金の繰戻しによる還付

　欠損金の繰戻しによる還付は、確定申告書を提出する事業年度において欠損金額が生じた場合、繰越欠損金として翌期以降9年間にわたって控除するのに代えて、その欠損金額を前1年以内に開始したいずれかの事業年度(還付所得事業年度)の所得金額に対する法人税額の還付を受けるというものである。この還付を受けるには、還付所得事業年度から欠損金額が生じた事業年度(欠損事業年度)まで連続して青色申告書を提出していることが必要である。欠損金の繰戻しにより法人税額の還付を

請求することができる金額は、次の算式により計算した金額に相当する法人税額である。

還付所得事業年度の法人税額×欠損事業年度の欠損金額/還付所得事業年度の所得金額（分母の額が限度）

なお、還付の請求をしようとする法人は、期限内の確定申告書と同時に所定の事項を記載した還付請求書を納税地の所轄税務署長に提出しなければならない。

なお、法人税の欠損金の繰戻しによる還付制度は、次に掲げる中小法人等以外の法人の1992年4月1日から2014年3月31日までの間に終了する各事業年度において生じた欠損金について、その制度の適用が停止されている。ただし、清算中に終了する事業年度及び解散、事業の全部譲渡等の一定の事実が生じた日前1年以内に終了したいずれかの事業年度又は同日の属する事業年度の欠損金については、本制度の適用が認められている。

ⅰ 普通法人のうち、欠損事業年度終了の時において資本金の額若しくは出資金の額が1億円以下であるもの（大法人による完全支配関係がある普通法人を除く（注1、2）。）又は資本若しくは出資を有しないもの（保険業法に規定する相互会社及び外国相互会社を除く。）

(注1)大法人とは、ⓐ資本金の額又は出資金の額が5億円以上である法人、ⓑ相互会社又は外国相互会社、ⓒ法人課税信託の受託法人をいう。
(注2)完全支配関係とは、一の者が法人の発行済株式等の全部を直接若しくは間接に保有する関係（以下「当事者間の完全支配の関係」という。）又は一の者との間に当事者間の完全支配の関係がある法人相互の関係をいう。

ⅱ 公益法人等又は協同組合等
ⅲ 法人税法以外の法律によって公益法人等とみなされている所定の法人
ⅳ 人格のない社団等

2-10 ◆ 連結納税制度

①連結納税制度の概要

　連結納税制度とは、経済実態上は一体とみなしうる企業グループ(例えば親会社とその100%子会社、孫会社等)を課税上も一体の組織とみなして取り扱う制度である。内国法人(親法人)及びその内国法人との間にその内国法人による完全支配関係がある他の内国法人の全てが、その内国法人(親法人)を納税義務者として法人税を納めることにつき国税庁長官の承認を受けた場合には、これらの法人は、連結納税制度により法人税を納めることができる。この承認を受けた内国法人を「連結親法人」、他の内国法人を「連結子法人」という。

　連結親法人に対しては、各連結事業年度の連結所得について、その連結所得に対する法人税を課すこととなる。この連結事業年度とは、連結親法人の事業年度開始の日からその終了までの期間をいい、連結親法人と事業年度の異なる連結子法人は、自らの事業年度にかかわらず、この連結事業年度の期間を一つの事業年度とみなして所得金額を計算する。

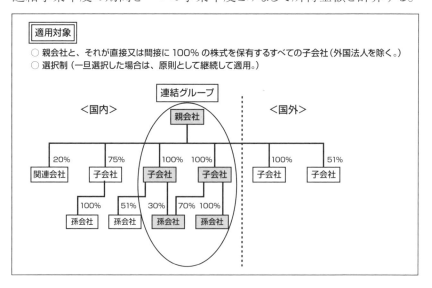

②連結納税制度を採用することのメリットとデメリット

連結納税制度の適用は任意だが、ひとたび決定すると、継続適用が要請されるため、長期的視野に立った決断を要する。

	メリット	デメリット
租税債務の負担方法		法人税の納付は、原則親会社が行うが、もしも親会社が納付できない時は各子会社が連帯して納付責任を負う。従い、連結グループ全体で考えると租税債務額は単体納税を選択した場合と同じだが、各法人単位で考えると租税債務額が拡大するリスクがある。
事業年度		連結グループ内の各法人の事業年度は親会社の事業年度に統一しなければならない。
損益通算	連結グループ内に黒字法人と赤字法人がある場合には、黒字法人の所得と赤字法人の欠損金が相殺される。結果、連結グループ全体では法人税が減少することがある。	
軽減税率		親会社が大法人(期末資本金が1億円超の法人)の場合には、子会社が中小法人(期末資本金が1億円以下の法人)であっても単体納税制度の下では適用されていた中小法人の軽減税率の適用がなくなる。また、親子ともに中小法人の場合には中小法人の軽減税率が適用されるが、その場合であっても、グループ全体の所得(連結所得)のうち800万円までについて課税が軽減されるに過ぎない。
連結子法人の繰越欠損金	連結納税適用後に生じた子会社の欠損金について、連結納税でなければ繰越期限切れになっていた欠損金であっても、連結ベースで繰越控除されるため(他の会社において生じた所得から控除されるため)、繰越期限切れになりにくい。	連結納税制度の適用開始前に生じた子会社の欠損金と(連結納税制度の適用後に)連結グループに加入した子会社の加入前に生じた欠損金については、原則として連結グループに引き継がない。つまり、切り捨てられる。ただし、2010年税制改正により、長期保有連結子法人などの特定連結法人の開始前の欠損金については個別所得の範囲内での連結納税への持ち込みが可能となった。
資産の時価評価	連結納税制度の適用開始時は、子会社の資産を原則時価評価するが、評価損が生じた場合には、適用開始前の子会社のその適用開始前の所得と通算され、結果として子会社の法人税が減少することがある。また、評価益が生じた場合であっても、適用開始前の子会社の欠損金と通算される。	連結納税制度の適用開始時には子会社の資産を原則として時価評価するが、仮に評価益が生じた場合には、その評価益に対して課税されてしまう。又は、その評価益が適用開始前の子会社の欠損金を上回る時には、その上回る部分に対して課税されることになる。
個別制度	連結ベースで税務上の損金算入限度額を計算した結果、損金算入枠が拡大するケースがある。	連結ベースで税務上の損金算入限度額を計算した結果、損金算入枠が縮小するケースがある。
事務負担		連結制度特有の課税計算により事務負担が生じる。

③連結納税制度の税率(通常の法人税率との比較)

法人の種類、所得金額			法人税率	連結法人税率
普通法人	資本金の額もしくは出資金の額が1億円いかのものまたは資本もしくは出資を有しないもの	年800万円以下の部分	15%	15%
		年800万超の部分	25.5%	25.5%
	資本金の額または出資金の額が1億円超のものおよび相互会社		25.5%	25.5%
協同組合等		年800万円以下の部分	15%	16%
		年800万超の部分	19%	20%
特定の協同組合等(特定の地区または地域に係るもので一定の要件を満たすもの)		年800万円以下の部分	15%	16%
		年800万超10億円以下の部分	19%	20%
		年10億円超の部分	22%	22%
特定の医療法人(一定の要件を満たすものとして財務大臣の承認を受けたもの)		年800万円以下の部分	15%	16%
		年800万超の部分	19%	20%
公益法人等	公益社団法人・公益財団法人・一般社団(財団)法人のうち非営利型法人	年800万円以下の部分	15%	
		年800万超の部分	25.5%	
	上記以外	年800万円以下の部分	15%	
		年800万超の部分	19%	

2-11 ◆ グループ法人税制

①概要

　完全支配関係がある内国法人間で一定の資産の移転を行ったことにより生ずる譲渡損益は、その移転を行った法人においてこれを繰り延べ、移転先法人においてその資産が他へ譲渡された場合(グループ内への譲渡を含む)、貸倒、除却その他これらに類する譲事由が生じた場合、又は完全支配関係を有しないとなった時に、その移転を行った法人において譲渡損益を計上する制度である。グループ法人税制は、100%支配グループ内の取引であれば、強制的にその適用対象となる。さらに、完全支配関係にあれば、資本金規模に関わりなく、また、その頂点が個人・法人であるかに関わりなく適用される。つまり、グループ法人税制は、大企業グループに加え、中小企業などの経営にも大きな影響がでてくるため、その内容を十分に理解しておくことが求められる。

　例えば、右ページの図において、完全支配関係がある法人Aと法人Bに

おいて、法人が帳簿価格4,000万円の土地を法人Bに6,000万円で譲渡した場合、法人Aはその時点では譲渡益2,000万円を計上せず(別表で当期の所得から譲渡損益調整勘定として2,000万円を減算する)、そして、法人Bが他の者(グループ内の法人を含む)へ売却した時点で、譲渡益2,000万円を計上する(別表で当期の所得に加算する)。

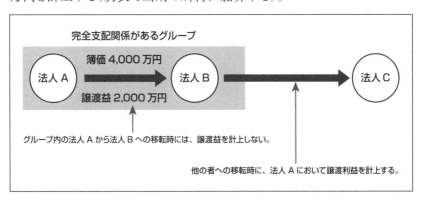

②対象となる資産

対象となる一定となる資産「譲渡損益調整資産」とは、固定資産、土地、有価証券、金融債権および繰延資産である。ただし、その譲渡の直前の簿価が1,000万円未満の資産や、土地以外の棚卸資産、売買目的有価証券などは対象外である。

2-12 ◆ 組織再編税制

①組織再編税制とは

会社が組織の再編成を行ったときに移転した資産や負債は、原則として時価で譲渡したものとして譲渡損益を計上する必要がある。しかし、投資の継続性があるなど一定の要件を満たしたときは、簿価での譲渡があったものとし、譲渡損益を繰り延べることができる。492〜493ページの図は、組織再編税制が創設された2001年の財務省のHP(http://www.mof.go.jp/tax_policy/publication/brochure/pan03/t01.html)に掲載されている組織再編税制の法人における課税と、株主への課税を示したものだ。

● 組織再編税制の法人における課税

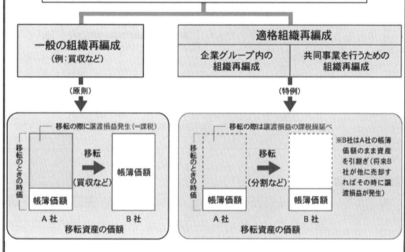

※対価として金銭が交付された場合は原則どおりの課税となります。
※適格組織再編成についての詳細はこちらをご覧下さい。

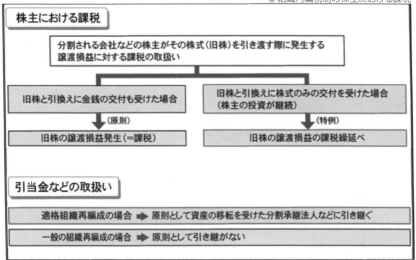

●組織再編税制の株主における課税

②適格組織再編とは

　組織再編の際に簿価で移転できる制度を、適格組織再編税制という。組織再編税制には、合併・分割・現物出資・現物分配・株式交換・株式移転がある。次ページの図は適格組織再編の概要を財務省が示したものだ（http://www.mof.go.jp/tax_policy/publication/brochure/pan03/t01.html）。合併や分割、現物出資における適格要件を満たす判定を示したものだ。

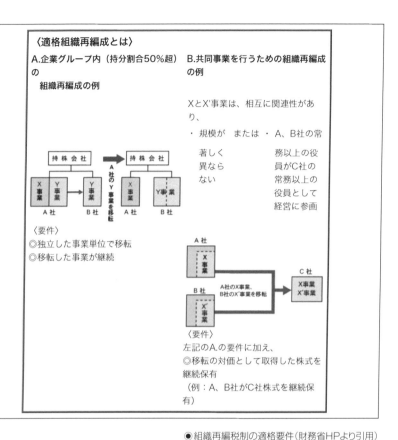

●組織再編税制の適格要件(財務省HPより引用)

	企業グループ内の組織再編成		共同事業を営むための組織再編成
適格要件	○ 100%関係の法人間で行う組織再編成 ・100%関係の継続 ○ 50%超関係の法人間で行う組織再編成 1　50%超関係の継続 2　主要な資産・負債の移転 3　移転事業従業者の概ね80%が移転先事業に従事(株式交換・株式移転の場合は完全子法人の従業者の継続従事) 4　移転事業の継続(株式交換・株式移転の場合は完全子法人の事業の継続)	1 2 3 4 5	事業の関連性があること (イ)事業規模(売上、従業員、資本金等)が概ね5倍以内　又は (ロ)特定役員への就任(株式交換・株式移転の場合は完全子法人の特定役員の継続) 左の2～4 移転対価である株式の継続保有(株主) 完全親子関係の継続(株式交換・株式移転のみ)

注)適格組織再編成の共同事業要件のうち「事業性」及び「事業関連性」について、その判断基準を法人税法施行規則において明記。

　実務において、適格組織再編を適用する場合は、税理士等の専門家や課税当局(税務署や税務局等)との十分な打ち合わせの上、進めて欲しい。

3 事業再生と税務

3-1 ◆ タックスマネジメント

　企業は事業を営む過程で様々な税金を負担する。新規に法人の設立登記を行う時点で、登録免許税が課税されることからもわかるように、起業から廃業まで、税務（納税に係る事務や業務）は企業活動に影響を与える重要なファクターの一つである。税金の種類や課税対象数は国内だけでも膨大なものとなる。もし会社が、海外で事業活動を展開している場合は、更に多種多様な税務を行うことになる。企業活動における税金の問題は、種類が多いこと、金銭的な負担が大きいことが挙げられる。加えて納税額や納税に係る事務コストに対して目に見える見返りが少ないコストであること、という特徴がある。このことから、しばしば脱税などの違法行為が行われる。そこで、企業にとって、税金は他のコストと同様に、管理すべきコストであり、コンプライアンス上の重要な業務であるという理念や発想が必要となる。

　納税額の最小化（税引後利益の最大化）を目的とするタックスマネジメントが重要であり、同時に税務や会計に係る法規に準じた適正な処理が必要とされる。法人としてあるべきタックスマネジメントのためには、税金の内容と納税額の決定プロセスを十分に理解することと、納税時期を踏まえ納税資金に過不足を生じない納税プランニングに精通することが大切になる。

3-2 ◆ 滞納

　税金が定められた期限までに納付されない場合には、原則として延滞税が自動的に課される。延滞税は、法定納期限の翌日から納付する日までの日数に応じて、利息に相当する特別な税として課せられる。2014年時点での延滞税は、納期限の翌日から2ヶ月を経過した日以後原則として年「14.6％」という社会通念では考えられないほど高額なものと成っている。ま

た税金は、破産（法的処理）しても免責されないことに留意しなければならない。納税は優先債務として法人が真先に手当てしなければならない資金と心得るべきだ。滞納が継続した場合の企業経営に与える影響も多大であり、納税の資金管理を行うことが重要である。

① 延滞税がかかる場合

例えば次のような場合には延滞税が課される。
(1) 申告などで確定した税額を法定納期限までに完納しないとき。
(2) 期限後申告書又は修正申告書を提出した場合で、納付しなければならない税額があるとき。
(3) 更正又は決定の処分を受けた場合で、納付しなければならない税額があるとき。

いずれの場合も、法定納期限の翌日から納付する日までの日数に応じた延滞税を納付しなければならない。なお、延滞税は本税だけを対象として課されるものであり、加算税などに対しては課されない。

② 延滞税の割合

法定納期限（注1）の翌日から納付する日までの日数に応じて次の割合により延滞税が課される。

(1) 納期限（注2）の翌日から2ヶ月を経過する日まで

原則として年「7.3％」。ただし、特例があり、2014年1月1日から2014年12月31日までの期間は、年2.9％である。

(2) 納期限の翌日から2ヶ月を経過した日以後

原則として年「14.6％」。ただし、特例があり、2014年1月1日から2014年12月31日までの期間は、年9.2％である。

(注1) 法定納期限とは、国税に関する法律の規定により国税を納付すべき期限をいう。
(注2) 納期限は次のとおりである。
　　　　期限内に申告された場合には法定納期限
　　　　期限後申告又は修正申告の場合には申告書を提出した日
　　　　更正・決定の場合には更正通知書を発した日から1月後の日

なお巷間に、「延滞税は、税務署との交渉により、減免が認められる場

合がある」する情報もあるが、凡そ経営者たる者は、確かな情報のもとに意思決定や事業計画すべきであることから、納税を延滞してメリットは何もないと考えて欲しい。

③納税猶予制度

　申告納税制度の下においては、税金は、その納期限内に自主的に納付すべきものであり、徴税当局は、滞納者に対し、公平で厳正に対処すべきとされている。しかしながら、納税者によっては、納期限内における納付又は滞納処分の執行による強制的な徴収手続等を緩和することが一定の条件のもとに、納税の猶予制度が設けられている。

　納税猶予の条件とは、納税者の実情に適合し、かつ、徴収上の措置としても妥当とされ、納税者の実情に即応した措置を講ずることにより、納税者との信頼関係を醸成し、税務行政の適正、かつ、円滑な運営を図ることを目的に設定されている。国税通則法第46条2項では、通常の納税の猶予制度として、「納税者に、災害を受け、若しくは病気にかかり、又は事業の休廃止をした等の事実（以下「猶予該当事実」という。）があり、猶予該当事実に基づき、納税者がその納付すべき国税を一時に納付することができないと認められる場合において、納税者の申請に基づき、その納付困難な金額を限度として、1年の範囲内で納税を猶予する」と定めている。

④分納

　納税猶予制度の利用ができない場合、滞納を放置すると、税務署から差押がなされることがある。突然の差し押さえによって営業資産や売掛金など、商売の継続や取引先との信頼関係の維持に欠かせない資産に差押が実施され、営業が立ち行かなくなり倒産に至る企業も少なくない。事業再生を目指し、金融機関との返済猶予交渉を通じて財務の再生を図っている途中に、こうした事態に陥ることは避けたい。そのためには、資金繰り上で納税に不安を感じた時にまずは税務署に出向き、今後の資金計画を説明して理解を得ることが必要だ。その上で、分納計画を策定し、分割払いによる納税を認めてもらうことだ。しかし、分納を認めてもらうことは容易で

ない。以下に留意すべきポイントを2つ挙げる。

留意点	留意の概要
できない計画は出さない	すぐに不履行になるような分納計画は、かえって信頼を失うことになりかねない。「約束を守らない企業」とのレッテルを貼られ、以後の交渉事がやりにくくなる
分割の履行が困難となった場合、一部でも履行を続ける	計画には修正がつきものであるから、支払を継続する意思を示し続けることが重要である

⑤滞納処分の執行停止

　国税徴収法は、滞納者に一定の要件がある時には滞納処分の執行停止をするとしている。その要件は、(1)滞納処分を執行することができる財産がない時、(2)滞納処分をすることによって生活を著しく窮迫させる恐れがある時、(3)その所在及び滞納処分を執行できる財産が共に不明である時。滞納処分の執行停止は納税の緩和制度であるが、他の緩和制度とは異なり、執行停止が3年間継続した時は納税義務が消滅する。

⑥時効

　滞納している税金は納期限、差し押え、または最後に督促状を受け取ってから5年（脱税の場合は7年）経過すれば時効（消滅時効）となる。差押え、督促などは時効中断事由に該当し、その中断事由が終了した翌日から再び時効に向けてのカウントが始まるので、実際には納期限から5年で時効になるわけではない。ただし、時効を意図的に狙うような場合は脱税とみなされ、その脱税額によっては、国税犯則取締法により実刑、禁固刑（刑罰）が科せられ、滞納税額（脱税額）と同額の罰金刑が科せられる可能性もある。

3-3 ◆ 不良債権と税務

　企業の業績が悪化する理由の一つに、取引先の業績の悪化に連鎖するケースがある。販売先の倒産による売掛金の未回収、出資先や投資先に対する出資金・貸付金の未返還などが生じた場合、キャッシュフローに直接の悪影響を与える。不良債権の発生（キャッシュフローの悪化）が必ず

しも税務上の所得の減少とはならない（税金が減らない）ところに注意が必要であり、不良債権に関する税務知識は事業再生プロセスにおいて欠かせない。

① **貸倒損失**

　貸倒損失は、損金の額に規定する「当該事業年度の損失の額で資本等取引以外の取引に係るもの」に該当する場合には、法人税法上損金の額に算入される。その計上に関しては、「一般に公正妥当と認められる会計処理の基準に従って計算される」ものではあるが、実務上の便宜のため、法人税基本通達において具体的な取り扱いが定められている。事業のキャッシュフローや課税計算の上で、貸倒損失の管理は重要事項のひとつといえる。法人の金銭債権について、次のような事実が生じた場合には、貸倒損失として損金の額に算入される。

貸倒損失計上の状況	貸倒損失計上の条件
金銭債権が切り捨てられた場合	(1) 更生計画認可の決定又は再生計画認可の決定があった場合において、これらの決定により切り捨てられることとなった部分の金額 (2) 特別清算に係る協定の認可の決定があった場合において、この決定により切り捨てられることとなった部分の金額 (3) 法令の規定による整理手続によらない関係者の協議決定で次に掲げるものにより切り捨てられることとなった部分の金額 　イ 債権者集会の協議決定で合理的な基準により債務者の負債整理を定めているもの 　ロ 行政機関又は金融機関その他の第三者のあっせんによる当事者間の協議により締結された契約でその内容がイに準ずるもの (4) 債務者の債務超過の状態が相当期間継続し、その金銭債権の弁済を受けることができないと認められる場合において、その債務者に対し書面により明らかにされた債務免除額
金銭債権の全額が回収不能となった場合	債務者の資産状況、支払能力等からその全額が回収できないことが明らかになった場合は、その明らかになった事業年度において貸倒れとして損金経理することができる。ただし担保物があるときは、その担保物を処分した後でなければ損金経理はできない。なお、保証債務は現実に履行した後でなければ貸倒れの対象とすることはできない。
一定期間取引停止後弁済がない場合等	次に掲げる事実が発生した場合には、その債務者に対する売掛債権（貸付金などは含まない。）について、その売掛債権の額から備忘価額を控除した残額を貸倒れとして損金経理をすることができる。 (1) 継続的な取引を行っていた債務者の資産状況、支払能力等が悪化したため、その債務者との取引を停止した場合において、その取引停止の時と最後の弁済の時のうち最も遅い時から1年以上経過したとき。ただし、その売掛債権について担保物のある場合は除く。 (2) 同一地域の債務者に対する売掛債権の総額が取立費用より少なく、支払を督促しても弁済がない場合。

> **コラム&エピソード** 興銀税務事件
>
> 2004年12月24日最高裁判決
> 〈事案の概要〉
> 　本件は、日本興業銀行(当時)が住宅金融専門会社に対する貸付債権相当額を損金の額に算入したところ、否認されたためその取消しを求めたものである。
> 〈裁判所の判断〉
> 　最高裁では、次のとおり、全額回収不能の判断基準を示したうえで、債権者側である日本興業銀行の母体行責任を考慮して、貸倒損失の計上を認めた。
> ①法人の各事業年度の所得の金額の計算において、金銭債権の貸倒損失を法人税法22条3項3号にいう「当該事業年度の損失の額」として当該事業年度の損金の額に算入するためには、当該金銭債権の全額が回収不能であることを要すると解される。
> ②そして、その全額が回収不能であることは客観的に明らかでなければならないが、そのことは、債務者の資産状況、支払能力等の債務者側の事情のみならず、債権回収に必要な労力、債権額と取立費用との比較衡量、債権回収を強行することによって生ずる他の債権者とのあつれきなどによる経営的損失等といった債権者側の事情、経済的環境等も踏まえ、社会通念に従って総合的に判断されるべきものである。
>
> 　なお、国税庁は、この判決以降、そのHP上で、各国税局等に貸倒損失の損金算入に係る事前照会窓口を設けたことを公開している。

② 貸倒引当金

　貸倒引当金とは、貸借対照表に計上される、売掛金や貸付金等の金銭債権に対する将来の取立不能見込額を見積もったものである。会計上は、取立不能の恐れがある個別の金銭債権(いわゆる不良債権)について、取立不能見込額を個別に評価し貸倒引当金として控除し、また、その他の金銭債権については、過去の貸倒実績率等に基づき一括で評価し、貸倒引当金を計上する。法人税法上は、(a)個別評価金銭債権に係る貸

倒引当金と(b)一括評価金銭債権に係る貸倒引当金に区別し、貸倒引当金の対象となる債権の範囲および繰入限度額の算定方法を規定している。繰入限度額に達するまでの金額は、損金経理により繰り入れた場合は、その損金算入が認められ、繰入限度額を超える部分については所得金額の計算上、加算調整が行われる。

ⅰ 個別評価金銭債権に係る貸倒引当金

貸倒引当金の対象範囲	貸倒引当金の対象とならないもの
・売掛金、貸付金 ・受取手形（割引手形、裏書手形） ・未収加工賃 ・未収手数料 ・未収地代家賃 ・貸付金の未収利子	・預貯金、公社債の未収利子 ・保証金、敷金 ・手付金 ・前渡金 ・前払給料および仮払旅費などの費用の前払金や立替金など

個別評価金銭債権に係る繰入限度額は、以下の区分のそれぞれの金額の合計額となる。

区分	繰入事由	繰入限度額
長期たな上げ債権	会社更生法、民事再生法等の決定・認可に基づき弁済の猶予または賦払により弁済される場合	左記の事由が生じた事業年度終了の日の翌日から5年を経過する日までに弁済予定となっている金額以外の金額
債務者の債務超過等によるもの（実質基準）	債務者の債務超過の状態が相当期間継続し事業に好転の見通しがないこと等により、当該債権の一具の金額について取立て等の見込みがないと認められる場合	取立て見込がないと認められる金額相当額
特定事実に基づく2分の1の繰入れ（形式基準）	債務者について、会社更生法、民事再生法、破産等の手続開始の申立て等の事由が発生している場合	金銭債権の2分の1に相当する金額

なお、上記金銭債権のうち、当該債務者から受け入れた金額があるため（前受金等）実質的に債権と見られない部分の金額および担保権の実行、保証機関等による保証債務の履行その他により取立て等の見込があると認められる部分の金額を除外する。個別評価により繰入を行う際には、その事由を証明する書類（債務者、管財人等からの通知等）の保管が必要となる。

ⅱ 一括評価金銭債権に係る貸倒引当金

一括して評価する金銭債権等については、過去3年間の貸倒実績率

により下記の式により貸倒見込額を計算する。一括して評価する金銭債権（一括評価金銭債権）とは、上記個別評価の対象とされたものを除いた金銭債権をいい、一般には特に貸倒懸念等が発生していない債権がこれに該当する。

繰入限度額＝（一括評価金銭債権の簿価）×（貸倒実績率）

●貸倒実績率の計算式

$$貸倒実績率 = \frac{(H1+H2-H3) \times \dfrac{12}{各事業年度の月数合計}}{S1 \div 各事業年度の数}$$

（注意）小数点以下4位未満切り上げ
H1:過去3年間の売掛債権等の貸倒による損失の額
H2:各事業年度の個別評価分の貸倒引当金繰入額の損金算入額
H3:各事業年度の個別評価分の貸倒引当金戻入額の益金算入額
S1:過去3年間の各事業年度終了時の一括評価金銭債権等の簿価の合計

期末の資本金額または出資金額が1億円以下の法人については、特例として上記の貸倒実績率に替えて、以下の法定繰入率により貸倒見込額を計算することが認められているので、貸倒実績率と比べて有利な方を選択できる。

業種	法定繰入率
卸・小売業	1.0%
製造業	0.8%
金融保険業	0.3%
割賦小売業	1.3%
その他の事業	0.6%

③会社支援損

そもそも法人が他の社に対して資金を拠出したり支援したりする場合、それは寄附金として取り扱われる。内国法人が支出した寄附金の額のうち一定の損金算入限度額を超える金額は損金の額に算入できない。一般の寄

付金の損金算入限度額は、所得金額の2.5％と資本等の金額の0.25％を足してそれを4で割った金額で、これを超える金額は損金の額に算入されない。例えば、資本金1億円、所得金額1千万円の法人の場合には、12.5万円が損金算入限度額となるため、ほとんどの金額は損金の額に算入されないことになる。

　寄附金とは、寄附金、拠出金、見舞金、その他いずれの名義をもってするかを問わず、内国法人が金銭その他の資産、または経済的利益の贈与、または無償の供与をした場合における当該金銭の額、もしくは金銭以外の資産のその贈与のときにおける価額、または、当該経済的利益のその供与の時における価額による、と規定されている。つまり、金銭を贈与した場合にはその金銭の額が寄附金となり、その他の資産を贈与した場合にも、そのその他の資産の贈与時の価額（時価）が寄附金となる。また、経済的な利益を無償の供与した場合には、供与時の価額になり、本来供与時に受け取るべき価額が寄附金の額になる。

　ただしこのようなものすべてを寄附金として捉えると、事業活動等を行う上で、不合理な面もある。そこで法人税基本通達には、子会社等の整理のための経済的利益の供与という規定がある。すなわち、子会社等の解散、経営権の譲渡等に伴い、当該子会社等のために損失負担をした場合において、その損失負担等をしなければ今後より大きな損失を蒙ることになることが社会通念上明らかであると認められるため、やむを得ずその損失負担等をするに至った等、そのことについて相当な理由があると認められるときには、その損失負担等による供与する経済的利益の額は寄附金の額に該当しないものとするという規定である。ここでこの子会社等には、当該法人と資本関係を有するいわゆる子会社というもののほか、取引関係や人的関係、資金関係等において事業関連性を有する会社が含まれるため、子会社の範囲は広範である。

　子会社等の再建のための経済的利益の供与という規定もある。子会社等に対して債権放棄等をした場合において、それがたとえば業績不振の

子会社等の倒産を防止するためにやむを得ず行われるもので合理的な再建計画に基づくものである等、相当な理由があると認められるときは、その供与する経済的利益の額は寄附金の額に該当しないものとするという規定である。つまり合理的な再建計画に基づくものであるときは寄附金の額にはしないということになっている。ここで合理的な再建計画かどうかということについては、支援額の合理性や支援者による再建管理の有無、支援者の範囲の相当性、及び支援割合の合理性等について個々の事情に応じ総合的に判断する（注）のであるが、例えば利害の対立する複数の支援者の合意により策定されたものと認められる再建計画は原則として合理的なものとして取り扱うということになっている。

（注）国税庁は、合理的な再建計画に該当するかどうかは以下の点を総合的に判断するとしている（参照：国税庁HP、http://www.nta.go.jp/taxanswer/hojin/5280_qa.htm）。
- 損失負担等を受ける者は、「子会社等」に該当するか。
- 子会社等は経営危機に陥っているか（倒産の危機にあるか）。
- 損失負担等を行うことは相当か（支援者にとって相当な理由はあるか）。
- 損失負担等の額（支援額）は合理的であるか（過剰支援になっていないか）。
- 整理・再建管理はなされているか（その後の子会社等の立ち直り状況に応じて支援額を見直すこととされているか）。
- 損失負担等をする支援者の範囲は相当であるか（特定の債権者等が意図的に加わっていないなどの恣意性がないか）。
- 損失負担等の額の割合は合理的であるか（特定の債権者だけが不当に負担を重くし又は免れていないか）。

経済的利益の供与の方法は、色々な方法が認められている。例えば、金利を無利息にする、または低利息にする金利減免、債権放棄による支援、債務引受、資金贈与、または経費を負担してあげるなどの方法がある。これらはいずれも合理性がある限り認められる。

●合理的な再建計画の例

会社支援損の事例	会社支援損の概要
「私的整理に関するガイドライン」に基づき策定された再建計画	私的整理に関するガイドラインは、会社更生法や民事再生法などの手続によらずに、債権者と債務者の合意に基づき、債務について猶予・減免などをすることにより、経営困難な状況にある企業を再建するためのものであり、利害の対立する多数の金融機関等が主要債権者又は対象債権者として関わることを前提とし、私的整理の全部を対象としていない限定的なものである。
中小企業再生支援協議会で策定を支援した再建計画	中小企業再生支援協議会とは、地域の中小企業に元気と活力を取り戻してもらうため、中小企業の事業再生に向けた取り組みを支援する「国の公的機関」（経済産業省委託事業）である。「産業活力の再生及び産業活動の革新に関する特別措置法（産活法）」に基づき、47都道府県に設置されている。
「RCC企業再生スキーム」に基づき策定された再建計画	RCC（株式会社整理回収機構）は、旧住専債権の整理回収のために特定住宅金融専門会社の債権債務の処理の促進等に関する特別措置法（1996年）上の「債権処理会社」として設立された株式会社住宅金融債権管理機構と破綻金融機関の不良債権等の処理のために預金保険法上の「協定銀行」として設立された株式会社整理回収銀行が、1999年4月1日に合併して誕生した会社法上の株式会社であり、その株式は、預金保険機構がすべて保有している。RCCは、法律上、また、政府の政策上、企業再生に取組むよう公的に要請されている法人と言える。

　これらの再建計画に基づき債権放棄を行う場合、債権者は債権放棄額を損金算入できる。また、債務者は、債務免除を受けた場合、一定のルールの下に期限切れ欠損金の損金算入ができる。

④債権売却

　債権の売却による直接償却をした場合、債権者が変更となるだけなので、債務者側においては課税関係が生じることはない。一方、債権者側は、いわゆるバルクセールや、再生ファンドまたはいわゆるサービサーなどへの売却によって債権の券面額と売却価格との差額を売却損として直接償却することになる。この場合、利害関係のある第三者間の取引であることが多く、恣意性の介入する余地が少ないため、債権を売買する取引価格は時価をベースに決められるのが一般的で、低額譲渡に該当しないことが多いと思われるため、寄附金とされる税務リスクも少ない。

⑤リスケジュール

　リスケジュールを行った場合、債務者にとって、一括弁済から分割弁済に変更された場合や、単に弁済期限が延長された場合には、その弁済を

免除されたわけではないため、債務者に課税上の影響はない。債権者は、一括弁済から分割弁済への変更や単に弁済期限の延長は、その弁済を免除したわけではないため、債権者側にも課税上の影響はない。ただし、個別評価の金銭債権について法令等による棚上げがあった場合、その場合に該当する時には5年以内に弁済される金額以外の金額を貸倒引当金として計上することができるという規定があるので、それに該当する場合には貸倒引当金として損金算入が可能となる。

⑥金利減免

債権者が金利減免を行った場合、原則、無償もしくは通常の利率よりも低い利率での貸付は、通常収受すべき利息相当額を相手に贈与したものとされ、寄附金課税の対象になる。ただし③で述べたように、子会社等の再建のための経済的利益の供与に該当する場合は、合理的な再建計画に基づく場合に限り、寄附金に該当しない。

一方、金利減免を受けた債務者は、利息の免除または引下げによる経済的利益の供与を受けることになるため、収益が生じることになるが、そもそもその免除を受けた部分に相当する支払利息が圧縮されているため、追加処理の必要はない。

⑦デット・エクイティ・スワップ（DES）

デット・エクイティ・スワップは、デット、つまり債務をエクイティ（資本）へスワップ（交換）するという。一般には債務の株式化または債務の資本化と呼ばれている手法である。

●DESのイメージ図

このデット・エクイティ・スワップには、いわゆる現物出資型と現金振替型の2種類の手法が現在とられている。その内、現物出資型については債権者が債権を債務者に増資の対価として現物出資を行い、新株の割当てを受けるという方法である。現金振替型は、債権者が現金を払い込んで債務者から第三者割当増資を受け、その後債務者は払い込まれた現金により直ちに債務を弁済するという方法である。これは擬似DESとも言われる。

●DESの税務留意点

債権者の税務	現物出資型の場合、DESが合理的な再建計画等に基づいて行われる場合には、その取得した株式の取得価額は取得時の時価とされる。この場合、現物出資した債権と取得した株式の時価との差額は譲渡損として処理される。DESを行うような債務者は通常は過剰債務になって債務超過であることが多く、取得した株式の時価は相当程度棄損していると考えられるからである。 一方、現金振替型の場合には、通常の増資取引と債務弁済という2段階の取引になる。例えば増資の直前において債務超過の状態にあり、かつその増資後においてもなお債務超過の状態が解消していないというような場合であっても評価損の計上はできない。
債務者の税務	現物出資は、税務上、企業組織再編税制の対象に含まれる。ただし、デット・エクイティ・スワップの場合は事業の移転を伴わないことから、従業者引き継ぎ要件（従業者の概ね80％以上の引き継ぎが見込まれていること）及び事業継続要件（移転した事業の継続が見込まれていること）を満たさないと考えられることから、完全支配関係がある法人間のデット・エクイティ・スワップで適格要件を満たすものを除いて、非適格現物出資になるものと考えられる。非適格現物出資に該当する場合、債務者側において新株発行において増加する資本金等の額は、給付を受けた金銭以外の資産の価額（時価）と規定されており、この規定に従うことになる。すなわち、現物出資方式によるデット・エクイティ・スワップの場合は、資本金等の額の増加額は、金銭以外の資産（債権）の時価相当額となる。具体的には、債権の時価相当額につき資本金等の額を増加させ、債務者の財政状態が著しく悪化している場合のように債権の時価相当額が額面金額を下回るときは、債権の時価相当額と帳簿価額との差額が債務消滅差益（債務免除益）として認識されることとなる。 なお、法的整理に準じた一定の私的整理において債務免除が行われた場合には、その債務免除益について期限切れ欠損金を青色欠損金等に優先して控除できることとなっているが、その要件とされる合理的な再建計画の中でデット・エクイティ・スワップが用いられる場合もこれに含まれるとされている。
地方税への影響	DESは通常の増資と同じく資本等の金額すなわち資本金及び資本積立金額が増加するので、資本等の規模に応じて負担額が定められている法人住民税均等割額の負担が増加する。また、DESにより資本金が1億円超になった場合には外形標準課税の対象法人となる。外形標準課税の中には資本割という税がある。資本割額は、法人の資本等の金額、すなわち資本金及び資本積立金額の合計額に対して課せられることになる。

3-4 ◆ 法的整理と税務

①会社更生法と税務

事業年度	更生会社の事業年度は、更生手続開始決定の時に終了し、これに続く事業年度は、更生計画認可の時に終了する。ただし、上記の期間が一年を超える場合には、当該期間をその開始の日以後一年ごとに区分した各期間を一事業年度とする。
債務免除益	更生計画に基づき、債務の免除をうける場合に生じる債務免除益は、益金の額に算入される。法人税法には、たとえ会社更生手続による債務免除益であったとしても、益金から除外するというような規定は設けられていない。ちなみに債務免除益が益金算入される根拠は、法人税法22条に規定する「その他の取引で資本等取引以外のものに係る当該事業年度の収益の額」に該当するためである。
資産の評価損の損金算入及び資産の評価益の益金算入	そもそも法人税法においては資産の評価損は、損金の額に算入しない。ただし、会社更生法の更生手続開始の決定があった場合には、一定の資産について評価損の計上が認められる。一定の資産とは、棚卸資産、固定資産、有価証券、繰延資産、であったが、2009年度税制改正により金銭債権を含むすべての資産が評価損の対象となった。なお、資産の評価益がある場合はこれを益金計上する必要がある。
繰越欠損金の損金算入	繰越欠損金は、原則的な取り扱いとして、青色欠損金の損金算入という規定があります。これは、青色申告法人の、各事業年度開始の日前9年以内に開始した事業年度の欠損金額は、損金の額に算入するという規定である。これは会社更生法における更正会社に関わらず、一般法人においても認められている規定である。更生会社は、これに加えて、期限切れ欠損金の損金算入の規定の適用が可能である。すなわち、会社更生法の場合において、債務免除又は私財提供を受けた場合には、9年を経過した期限切れ欠損金についても損金の額に算入することができる。 欠損金の控除順序であるが、まず「期限切れ欠損金」、次に「青色欠損金」の順に控除することになる。この順序は会社更生法のみに適用される順序であり、会社更生法以外の場合には順序が逆になる。翌期以降早期に黒字化した場合、青色欠損金が残っていれば、翌期以降は通常の青色欠損金の損金算入規定が適用が可能になるので、翌期以降仮に欠損金が残っていれば通常の規定を適用し課税所得を圧縮できることになる。

②民事再生法と税務

事業年度	民事再生法においては、会社更正法とは異なり、事業年度の特例はない。従って、再生手続きの開始決定等々の事由があったことによって事業年度は終了せず、事業年度は通常の事業年度のまま、そのまま継続される。
債務免除益	会社更生法と同様、再生計画に基づく債務の免除を受ける場合に生じる債務免除益は益金の額に算入される。
資産の評価損の損金算入	民事再生法による再生手続き開始決定があった場合も、会社棚卸資産と固定資産、有価証券、金銭債権については評価損の計上が認められている。繰延資産については、会社更生法においては、評価損の対象資産になるが、民事再生法についてはその規定がない。しかし、会社更生法と民事再生法で取り扱いを異にする特段の理由がないという有力な説があり、また、実務においてもこれらの資産について評価損の計上が認められている。 民事再生手続きにおける資産の評価損の計上方式には、損金経理方式と別表添付方式がある。損金経理方式の場合は、資産の評価益の計上は認められないが、別表添付方式の場合は、評価益がある場合はこれを計上しなければならない。
繰越欠損金の損金算入	繰越欠損金は、会社更生法の場合と同様、青色欠損金の損金算入の規定と期限切れ欠損金の損金算入の規定の適用が可能である。ただし、損金経理方式による民事再生の場合、欠損金の控除順序は会社更生法とは異なり、まず「青色欠損金」、次に「期限切れ欠損金」の順に控除することになる。翌期以降早期に黒字化した場合、民事再生手続きの過程で青色欠損金を使い切ってしまえば、期限切れ欠損金の適用事由以外では期限切れ欠損金は使えない。一方別表添付方式の場合は「期限切れ欠損金」、「青色欠損金」の順で控除できるが、上記iiiに記載のとおり資産の評価益を計上しなければならないため、どちらの方式を採用するかは事案によって有利不利が異なる。

第9章
経営実務の金融

金融とは何か

　金融とは何か？　単語の意味としては「資金の融通」ということで、「融資」や「出資」などによるカネの取引を指す。融資とは、金銭の貸借のことで、全額返済を前提に利息等の条件を付けてカネを貸す行為だ。一方、出資は事業などに金銭その他の財産を投資することである。出資は通常、受入者側に返済義務がない代わりに、出資者に対し配当等の何らかのリターンを約束する。

　金融は、カネの余っているところからカネの足りないところへ、資金を融通することで、資金の一時的な過不足を調整する機能を持っている。金融は、経済の発展に欠かせない仕組みと言え、その意味で「経済の潤滑油」と呼ばれたりもする。金融の役割は、経済活動を円滑にすることにある。家計や企業、政府、海外の経済主体の部門内外で金融は行われ、経済活動を支えている。欲しいモノがあって、手元にそれを購入するだけのカネが無いか不足するときに、金融システムを利用し目的を達成しようとする。金融をうまく活用できた企業には繁栄の機会があり、逆の場合は破綻の危険が生じることになる。この図式は、家計も政府も同じで、組織のトップが金融を学ぶ意義もここにある。

　出資も含め資金を調達するためには、資金の出し手が必要だ。更には、資金の出し手と借り手の思惑が一致しない限り資金は動かない。借り手としては、どこから借りるか、貸し手はどこに貸すか、という相手の見極めが課題となる。貸し手と借り手は、どこかで思惑を一致させて折り合いを付けなければならない。その条件は、利率（利回り）や返済期間、保全方法などの「資金融通条件」として明示される。

　資金の出し手には、返済されないリスクを負担するとともに、返済されるまでの期間にその資金を使えないというデメリットを甘受しなくてはならない。そこで返済されない（デフォルト:Default）リスクを少なくするため「担保」や「連

帯保証」などの金融ルールを利用したり、出捐（しゅつえん）した債権を証券化して「株式」や「債券」として売買するなどの金融システムを利用したりする。

　モノを介せずにお金だけが動く取引を「金融取引」という。また、金融取引を集計した値や金融取引による経済を「金融経済」という。これに対し、モノとカネを交換する経済を「実物経済」という。双方のルールや決まり事を比較すると、カネの実態が曖昧なだけに金融経済や金融取引の方が複雑になってくる。金融に相当する英単語は、総じてファイナンス（Finance）と呼ばれる。英米におけるファイナンスは、財源や歳入、収入、資金、カネ回り、金融財務、財政、財政管理など、われわれが日常的に使う「金融」よりだいぶ幅広い意味で使われているようだが、金融を理解する上では、英米的な概念を念頭に入れるべきだろう。

　事業が成長し拡大する過程において、資金不足はしばしば発生する。特に、過去の高度成長時代においては、金融機関に対して「業績が良いのだから四の五の言わずにカネ持って来い」という経営者が多かった。しかし、このような話は昔話となった。企業に対する金融のほとんどを銀行などからの融資（間接金融）が占め、その金融機関も、護送船団方式による横並びの「金融商品」だけを取り扱っていた時代にはそれで良かったかもしれない。しかし、経済のグローバル化が進む今、企業を成功に導くための金融は多様化し、さまざまな資金調達スキーム（Scheme:しくみ・企画）が開発されている。経営者はその都度、最適な金融取引を選択しなければならない。

　経営者は、マクロの金融である「金融経済」にも目を向けなければならない。単に経済といった場合は、カネとモノやサービスの交換である「実物経済」を指すことが多い。一方でカネだけのやりとりである「金融取引」も日常茶飯事のように行われている。この金融取引を地域や機関で集計した値を、「金融経済」という。お金を銀行に預けたり、株式や債券などを売買したり

1 ■ 金融とは何か　511

といった、モノを介せずにカネだけが動く金融取引は、年とともに活発化している。経済活動の規模としては、金融経済のほうが実物経済よりも大きい。金融経済は、実物経済活動を円滑する役割を持ち、実物経済の発展に欠かすことのできない仕組みとなった。

2 経済主体と資金循環

　金融とは、資金余剰（供給）者から資金不足（需要）者へカネを融通する社会システムのひとつで、実物経済を円滑にする役割を持っている。金融と金融システムの理解を深めるためには、資金供給者である貸し手の視点、資金需要者である借り手の視点、家計や企業といった経済主体別の視点、あるいは資金需給のマッチングを業とする金融事業者の種類などさまざまな視点で金融を分類し、分析する必要がある。

　経済主体とは、経済活動を行う単位であり、マクロ経済学では家計・企業・政府の三部門に分類する。経済や金融を詳細に分析するうえでは、金融機関、投資家、消費者、生産者、個人などさまざまなグループを経済主体として捉えることも可能だ。

　日銀は、マクロ経済における経済主体の三部門について、金融資産・負債の残高や増減など記録・集計した「資金循環統計」を日銀のWeb等で定期的に公表している。資金循環統計により、どの部門が資金を融通し、どの部門が調達しているのかなど国内資金の流れを掴むことができる。日銀は、カネのフローチャート（お金の流れの地図）も統計の中で示している。

● 部門別の金融資産・負債残高（2013年12月末、兆円）

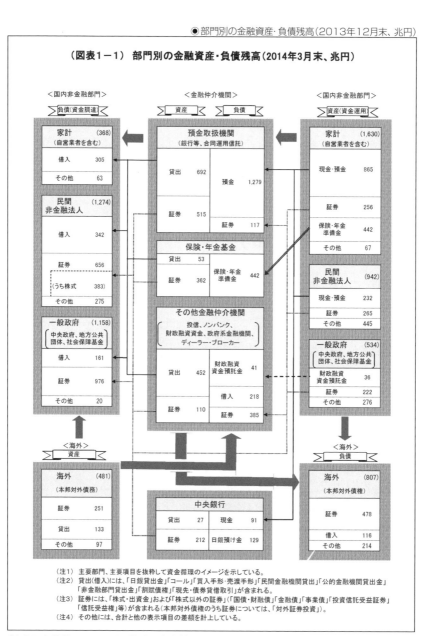

（出典：日本銀行ホームページ　統計　資金循環　http://www.boj.or.jp/statistics/sj/index.htm/）

日銀統計の上図を図表化すると、次ページの通りになる。資金の出し手

2 ■ 経済主体と資金循環　513

は、家計部門であり政府と法人企業がここから調達している。

	金融機関	非金融法人企業	一般政府	家計	海外
資産	2,423	942	534	1,630	481
負債	2,702	1,274	1,158	368	807
差額	▲279	▲332	▲624	+1,262	▲326

そこで先ずは、家計部門（生活）や企業部門（経営）といった経済主体別に金融を分析してみたい。

3 家計部門の金融

家計は、消費部門である一方で、貯蓄も多く資金余剰部門でもある。日本の個人金融資産は、1,500兆円や1,600兆円というのが通説となっている。この情報の発信元は日銀で、正確には日本銀行が作成している資金循環統計から引用している。前項の日銀統計では、1,630兆円となっており、この時期の日本の名目GDPは、5.8968兆\$（世界銀行統計、100円／\$換算で590兆円）となり、名目GDPの約3倍の金融資産を持つことが示されている。

右図は、資金循環の日米欧比較（2014年6月23日、日本銀行調査統計局）からの引用だ。これらの日銀統計などから、日本の家計部門の金融資産構成の特徴をいくつか挙げると以下の通りとなる。

- 日本の個人は米国に比べ貯蓄好き（所得に占める金融資産の純取得額の割合が高い）
- 安全資産中心の資産構成

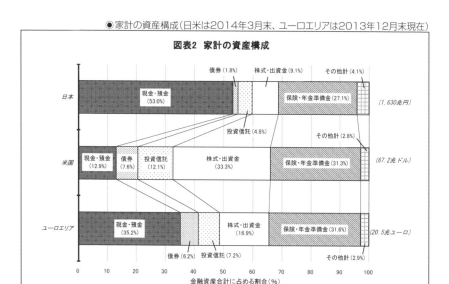

●家計の資産構成(日米は2014年3月末、ユーロエリアは2013年12月末現在)

(出典:日本銀行ホームページ　統計　資金循環　http://www.boj.or.jp/statistics/sj/index.htm/)

　家計部門は、金融経済においてカネの貸し手(資金供給者)の役割を担っている。気になる点としては、資金の供給先が郵貯や簡保、個人国債といった国家保証型で安心と目される金融機関や金融商品に偏っていることだ。経済主体の中で資金需要の多い企業部門にもっと供給されて良いはずだ。そのためには、家計部門の資金供給者が融資や投資に理解を示し、投資先等を分析し選別する知識や情報を持つべきだろう。政府はバブル経済の崩壊ともに顕在化した護送船団方式の終焉以降、投資の「自己責任」を声高に言い始めた。今、まさに家計部門の主役である個人(投資家・資産家)が、お上依存の思考停止行動を止めるタイミングなのである。

3-1 ◆ 家計部門(消費者)の資金調達

　家計部門が資金供給部門といっても、個別の家計事情によっては借金をすることになる。個人向けの融資としては、住宅ローンが大きなものだが、消費者金融という手軽に借金できる金融商品もある。消費者金融の特徴

は、手軽に借りられる反面、金利が高かったり取立てが厳しかったりなどの問題がある。ここでは、家計部門（消費者）の資金調達に係る法律や問題点を整理してみた。なお、消費者金融は、自営業者や中小零細企業の経営者も利用できることから、事業に影響が及ばないよう、利用にあたっては十分な留意が必要だ。

①高金利のリスク

金利は、利息制限法と出資法の2つの法律によって上限金利が設定されている。利息制限法では、融資額が100万円以上の場合の上限金利は年15％であるが、実際の消費者金融では、出資法の上限である年29.2％ぎりぎりで貸し出すところが多かった。これをグレーゾーン金利というが、2010年6月の改正貸金業法の完全実施によって、出資法の上限金利は年20％に引き下げられ、グレーゾーン金利は撤廃された。年15％は、家計部門の調達金利としては高利だ。元利の返済計画と家計の収支計画を検討したうえで意思決定を行いたい。

②利息制限法

利息制限法は、利息をとることのできる上限を決めている法律。利息制限法の上限金利は、10万円未満の借り入れについては年20％、10万円以上100万円未満であれば年18％、100万円以上は年15％である。この割合を超える金利をつけてはならず、つけた場合には超える部分の金利は無効になる。法律上は、利息として支払ったお金のうち、上限金利を超えた部分は元本の支払いにあてることになる。払い過ぎになっている場合には、その部分の返還請求（過払金返還請求）ができる。消費者金融との取引期間が長い場合、過払いとなっていることが少なくない。利息制限法に違反した金利は無効になるが、刑事責任は問われない。このため、消費者金融の大半は、利息制限法の上限金利を超える高い金利で貸付をしていたが、2010年6月の改正貸金業法の完全実施によって表舞台からはほぼ無くなった。

③出資法

　出資法も、利息制限法と同様に貸付の上限金利を定めている法律。しかし、利息制限法とは異なり、出資法の上限金利に違反すると刑事罰（5年以下の懲役または1000万円以下の罰金など）が科される。出資法の上限金利は、年29.2%だったが、2010年6月の改正によって年20.0%となった。この上限金利を超えて貸付を行う金融会社は非合法組織である場合がほとんどで、これを一般的にヤミ金と呼ぶ。

④消費者金融

　消費者金融とは、消費者にお金を貸すことまたは貸す業者のことをいう。消費者金融は、大きく銀行系、信販系、独立系に分かれる。銀行や銀行の関連会社が出資、もしくは業務提携した会社による消費者向け金融を銀行系という。一例としては、モビット、アットローン、東京三菱キャッシュワンなどがあったが、メガバンクの再編過程で銀行傘下に入った独立系消費者金融会社との合併・統合など集約が進んだ。信販会社による消費者向け金融を信販系という。例えば、三菱UFJニコス（旧日本信販等）、丸井、オリコ（旧リエントコーポレーション）などがある。独立系に武富士、プロミス、アコム、アイフル、レイク、三洋信販、CFJなどがあったが、2010年の改正貸金業法の完全実施による過払金返還請求により、多くの独立系消費者金融は経営が悪化した。武富士は破たんし、アイフルを除く大手は銀行系の傘下（プロミス=SMBC、アコム=MUFG、レイク=新生銀行）となった。

⑤多重債務者

　多重債務者とは、複数の消費者金融から借金をして返済が困難になっている人を指す言葉だ。独立系、信販系を中心に消費者金融の多くは、利息制限法に違反する高金利でお金を貸していた。高金利の借金をすると、当然ながら金利負担は大きい。元金と金利の返済が多過ぎて、返済困難になり、新たな借金をする必要が生じる。そうなると、利払いのために高利の借金をするという、生活に寄与しない借金が雪だるま式に増えることになる。借金返済のための借金を重ねることが、多重債務に陥るスパイラ

ルだった。上限金利が下げられるのと当時に、貸し出しの総量規制（原則、年収の1／3まで）によって多重債務者は減少した。

3-2 ◆ 家計部門（消費者）向けの問題金融

　法人向けの金融と比較して、個人（消費者）向けの金融は、業者の規模が小さくまた数が多いことから、前述の改正貸金業法施行までは、違法行為に対する取締りが行き届かないことが多く、被害事案は少なくなかった。ここでは、過去に行われた違法金融や問題金融について分析してみた。

①サラ金三悪

　中小の貸金業者（俗にサラリーマン金融会社といわれる）が行っているといわれる「過剰融資」、「高金利融資」、「過酷な取立て」をサラ金三悪という。サラ金の多くは、借り手の返済能力を十分考えずに過剰に融資をし、利息制限法に違反する高金利の利息をとり、返済できなければ非常に厳しい取立てを行う。過酷な取立てのため、自殺をする人や夜逃げする人が後を立たないという社会問題も生まれた。家計における一時的な資金不足は、通常の家計収入から家計支出を引いた額、言い換えるならば、家計におけるフリーキャッシュフローの範囲にとどめるべきだ。一方、高利での金融は、事業としての旨味があり業者の手法も年々高度化している。消費者は、それらを予め知り、罠に掛からないよう対応することも大切だろう。

②ヤミ金

　ヤミ金とは、出資法の上限金利である年20.0%を超えてお金を貸す業者のこと。貸金業の登録を行っていない業者である。ヤミ金には、以下に示すとおり様々な業態や手法がある。

トイチ(都①)業者	東京都に貸金業の登録をしてから3年未満の貸金業者。違法業者は、摘発されることを恐れて登録の更新をせず、開業と廃業を繰り返すため、更新したら増加するはずの番号が常に①である。表向き正規業者のように見えるが、実態はトイチ業者の看板で集客を行い、実際の融資はヤミ金が行っている可能性がある。

090金融（携帯金融）	連絡先を携帯電話だけにしているヤミ金を携帯金融や090金融と呼ぶ。摘発から逃げることを前提とした業者と考えて良い。
チケット金融	チケット（テレホンカード・高速道路通行券）を媒介としたヤミ金をチケット金融と呼ぶ。概ねの手口はこうだ。まず、金券ショップを装い客にチケット5万～10万円分を代金後払いで買わせる。客は業者が指定した別の金券ショップ等に購入したチケットを売却、購入価格から3割程カットされた現金を受け取る。当初のチケット購入代金は1週間後の支払であるが、全額支払えない場合は、延滞金名目に高利の利息を請求される、というもの。借主は、換金で得られる現金よりもはるかに高額を購入した金券ショップに払わなければならなくなる。
家具リース金融	多重債務に悩む主婦などを対象に、自宅にある家具や電化製品をいったん買い上げたことにして現金を融資し、実際は自宅に置いたままリース料名目で毎月高額な利息を徴収する手法を家具リース金融という。
年金担保貸付	年金を担保に取って貸付をするヤミ金。独立行政法人福祉医療機構（旧年金福祉事業団）等の制度的な融資はあるが、法律で認められている者以外による、このような貸付は禁止されている。
押し貸し／カラ貸し	押し貸しは、借金の申込みをしていない人の銀行口座に勝手にお金を振り込み、高利の支払いを要求するヤミ金手法のこと。カラ貸しは、金を貸していないにもかかわらず、貸したとウソを言って返済を要求するヤミ金手法のこと。ヤミ金は、そもそも出資法や貸金業法などの法律を全く無視した違法行為で、貸付契約自体が無効といえ、借りたお金は、元本も利息も含め返す必要はないと考えられる。また、既に支払ったお金は不当利得としてヤミ金に返還請求が可能だ。しかし、返済中止処置や返還請求には、それなりの時間が掛かるばかりでなく、面倒な手続きもあり、こういった業者や手口に掛からない知恵が大切だろう。
整理屋	整理屋とは、善意を装ったヤミ金業者といえる。借金で苦しんでいる人に「借金を整理してあげよう」と近づき、問題の解決に努力する振りをする。本心は別で、さらにお金をむしり取ろうとしている場合が多い。見分けは難しいが、別の消費者金融やヤミ金を紹介するケースは、間違いなくこの整理屋に該当するとみて良い。また、新聞、雑誌などで「あなたの債務を整理・解決します」などと広告し、「整理手付金」などの名目で現金を預かり、全く整理をしないでお金だけ騙し取るケースもある。弁護士法では、弁護士以外の者が、業として借金の整理を請け負うことを禁止している。
紹介屋	紹介屋とは、多額の借金があるため新たにお金を借りることが困難な人に融資先を紹介する行為や人のこと。親切な行為に見えるが、これも自らは融資しないもののヤミ金の範疇に入る。紹介屋の一般的な手口は、申込者に対して「自社で融資できないが、知り合いの業者で借りられるようにしてあげる」というもので、仲間の消費者金融を紹介し、借りた金額の3割～5割もの高額の手数料を紹介料という名目で要求する。
買取屋	買取屋とは、借金返済に困窮している人に、クレジットカードで高級ブランド品や電化製品を買わせ、これを安値で買い取る業者のこと。多重債務者の多くは、既に何社かの借り入れがあり、クレジットカードのキャッシング枠も利用しきっているが、クレジットカードのショッピング枠は大体残っていることが多い。そこで、クレジットカードで家電製品や金券を大量に購入させ、定価の3～4割で買い取って下取り業者に転売して多額の利益を得る、というのが一般的な手口だ。 多重債務者は一時的に現金が手に入るが、いずれクレジットカードの請求がくることを認識しなければならない。たとえば、10万円の商品をクレジットカードで購入して、買取屋に3万円で売り、一時的に3万円の現金を手に入れたとしても、直ぐにクレジットカード会社から10万円の請求が来る。結局、さらなる債務が増えるだけだ。

3 ■ 家計部門の金融

3-3 ◆ 家計部門の借金過多(過剰債務)対策

①借金の限度と返済可能額

　家計部門では、不動産購入などの特別な事情を除いて借金をすることは少ない。しかし、病気や事故など不測の事態において一時的にお金が不足することもある。そのときに備えて、自分なりの借金限度額を知っておくと便利だ。

　まず返済可能額を計算する。給与所得など安定的に継続した収入の手取り合計を出す。次に、生活に必要な支出を合計する。支出には、ローン返済や保険の掛け金、何かの目的で積み立てている継続的な預金の預け入れ額も含める。また、毎月ではないものの、年間を通すと必ず支出する慶弔費なども12分の1を加える。この継続手取り収入から支出を差し引いた額が、返済可能額だ。この返済可能額は、目的外の月次預金可能額ともいえる。自営業者等で収入が安定しない場合は、平均月次手取り収入の7割と見込めば良い。

　次に借入限度額を算出する。借入限度額は、返済可能額×借入期間で算出できるが、利息があることを留意する。細かな計算は、別著(電卓で金利計算、融資申し込みなど)を参考にしてほしいが、借入金利を12分すると分り易い。金利6%では、月利0.5%、12%では月利1%、24%で2%と覚える。100万円借入の場合で、金利12%では金利だけで毎月1万円、24%では2万円掛かり、これに借入額を返済期間で割った元金返済が加わる。場合によっては、借入に際して手数料を先取りされることもある。100万円を1年返済の借入で5万円の手数料では、実質金利は5%以上高いことになる。

　以上の算式を押さえたとしても常識的には、3ヶ月を超える個人借入は、10%未満の金利に限定すべきだろう。

②借金過多対策

　家計部門では、借りないに越したことは無い。しかし、借りるときは容易に返せると考えたが、後に借金過多と気づいた場合はいかに対応するべきな

のか。第一に考えるべきことは、財産を処分してでも借金を早急に返済することだ。もし、社会的な信用があるならば、低利のローン等に借り換えという手もある。特に、金利10％以上の借入は、早急な対応が必要だろう。

また借入先が、サラ金やヤミ金であった場合は、過酷な取立てなどの別な生活上の問題も発生する。これらも含め、借金過多対策を次に列挙する。

取立て	サラ金は、借金が滞ると厳しい取立てをする。本人に電話することはもちろんのこと、自宅に督促状を送ったり、押し掛けてきたりもする。ときには、実家や職場に押し掛けて来ることもある。ヤミ金の取立てはさらに厳しい。本人を罵倒することはもちろんのこと、店に呼び出して殴る・蹴るなどの暴力を振るったり、むりやり知人に電話を掛けさせてお金を借りさせて回収したりもする。こういった過酷な取立てのために、生活が破壊される人も少なくない。そのようなこともあり、取立てについては貸金業法や金融庁の事務ガイドラインで規制されている。例えば、早朝や深夜に自宅に電話を掛けて請求したり、職場に押し掛けていって借主を困らせたりすることは禁止されている。 弁護士等を使って、苛酷な取立てを止めることはできるが、それまでの苦痛を考えると、このような業者からの借金は初めからしないことだろう。
介入通知	介入通知とは、借主からの依頼に基づき、弁護士が消費者金融に対して債務整理の依頼を受けたことを知らせる通知のこと。この介入通知により、通常は消費者金融の取立ては止まる。
債務整理と相談先	諸々の借金を整理することを債務整理という。債務整理の方法には、任意整理、自己破産、個人再生、特定調停などがある。どの方法を選択すべきか、あるいは適した組み合わせがあるのかは、借主の借金借入先や借入総額によって、また借主や連帯保証人の資産や収入などによって異なる。その判断や再生手順は、専門的な知識や経験を必要とすることが多い。専門家としての相談先には、弁護士や司法書士、FP（ファイナンシャル・プランナー）、事業再生アドバイザーなどがある。資格や肩書きよりも経験が重要であり、信頼できる友人や知人を頼って、相談先を決めるべきだろう。
任意整理	任意整理は、貸主と交渉して借金の返済額の減免や返済時期の延長などの返済条件の変更を交渉することを言う。サラ金などとの任意整理では、利息制限法に基づいて、利息の「引き直し計算」をして借金を減額したり、将来利息や遅延損害金を免除したりの交渉をする。さらに、利息制限法に照らして過払いがあった場合などは、裁判所を通じて返還請求を行うこともある。 また、住宅ローン返済が過多で生活が苦しい場合は、ローンの借換やローンのリスケ（リスケジュール、借入条件変更）によって月々の返済額を減らすことも、広義には任意整理の範疇に入るだろう。
自己破産	自己破産は、裁判所を通して借金をゼロにする清算型の債務整理方法だ。裁判所から免責決定が出ると、借金の金額にかかわらず全ての借金が免責される。しかし、一方で全ての財産も処分されることになる。自己破産によって、社会的な制裁や不利益を被ることは無いが、経済的には全くのゼロから再出発することになる。現状では、自己破産を申し立てた人の90％以上が免責されている。

個人再生	個人再生は、裁判所を通じた債務整理方法のひとつで、住宅ローンの返済期間の延長や住宅ローン以外の無担保借金の減額を図ることにより、住宅を手放すことなく借金を整理する法的手続きを言う。個人再生は、民事再生法の改定によって、住宅ローンの特則、小規模個人再生、給与所得者等再生が新設され、その総称として使われる。 住宅ローンの特則は、住宅ローンをかかえた個人債務者が、出来るだけ持ち家を維持したままで再生を図れるように、再生計画の中で住宅ローンの返済の繰り延べを行えるようにしたもの。 小規模個人再生は、債務(住宅ローンなどの担保付債務を除く)の合計が3000万円以下の個人が、できるだけ破産せず再生できるようにし、債権者側も破産手続きより多くの債権回収を図れることを目的にした制度で、簡易・迅速を特徴にしている。再生計画の最低の返済額は負債総額の20%以上(ただし、100万円以上300万円以下)で、これを3年(特別の事情があるときは5年)内に返済することが必要。再生計画案への反対が、債権者数の半分未満及び総債権額の半分未満であれば、計画案が可決したものとみなす。 給与所得者等再生は、小規模個人再生の中の特別規定で、サラリーマンなど定期的・安定的な収入を見込める人については、可処分所得の2年分以上の金額を原則3年で返済する再生計画案を作ることを条件に、債権者の同意を不要にして、手続をいっそう簡単にしたもの。ただし、小規模個人再生の返済最低額の条件は適用される。
特定調停	特定調停とは、支払不能に陥る可能性がある借主が、簡易裁判所を通じて貸主と交渉する債務整理方法。無担保のローンの利息は、利息制限法を超えて27%前後が通常で、利息制限法を超える利息を元本に充当した残りの元本を3年〜5年以内で分割返済し、以後の利息もカットするというパターンが多い。特定調停では、不動産や自動車、或は保証人付きの債務を除いた、一部の債務についてのみ債務整理の対象とすることができる。借主が簡易裁判所に特定調停を申し立てると、簡易裁判所は調停委員を選任し、借主は調停委員の助けを借りて貸主と話し合い、合意を目指す。借主と貸主との間で合意ができれば、借主は、以後その条件に従って貸主に支払っていけばよい。ただし、3年〜5年以内で返済出来ないほどに債務が多い場合は、自己破産や民事再生を検討することになる。
ヤミ金被害対策	ヤミ金の被害にあった場合の救済方法は2つある。1つは、弁護士に依頼する方法で、弁護士に債務整理を依頼すると通常、取立ては止まる。ヤミ金は、事業自体が違法であるので、返済義務はもともとない。 もう1つは、警察にヤミ金を取り締まってもらう方法がある。ヤミ金の行っていることは違法で犯罪といえ、警察の取り締まり対象だ。各警察署の生活安全課が、ヤミ金の取締りを担当する部署になっている。

4 企業部門の金融

　金融とは、資金余剰(供給)者から資金不足(需要)者へ資金を融通する社会システムのひとつで、実物経済を円滑にする役割を持っている。金融と金融システムの理解を深めるためには、資金供給者である貸し手の視点、資金需要者である借り手の視点、家計や企業といった経済主体別の視点、あるいは資金需給のマッチングを業とする金融事業者の種類別の視点など、さまざまな視点で金融を分類し、分析する必要がある。ここでは、

企業部門(経営)について分析してみる。

　企業部門は、好景気のときに大幅な資金不足(資金需要)を起こす特徴を持っている。個別企業において、事業拡大時期に資金需要が旺盛になるのと同じだ。トヨタや任天堂など一部の資金純余剰企業を除いて、企業の財務戦略は、資金需要を最適に満たすための資金調達に重きを置くことになる。

　会社が資金調達をしようとする際の第一の選択肢は「直接金融か間接金融か」ということだろう。会社関連法や金融関連法の改定によって、わが国でも直接金融の道が開け、今後も道幅が広くなる傾向にある。しかし、現状においての資金調達の道は、圧倒的に間接金融の方が数も多く、道幅も広い。

　間接金融には、政府や地方自治体が直接もしくは間接的に運営する公的機関による融資や金融支援と、民間の金融機関や団体による融資や金融支援がある。経営者は、資金調達の目的や戦略性において、この多様な資金調達手段の中から最適なものを選ぶことになる。

4-1 ◆ 企業部門の資金調達方法

　これまで多くの企業が資金調達を金融機関に頼ってきた。金融機関からの借入による資金調達を間接金融と呼ぶ。投資家(広義の、現実的には投資家と呼ばず預金者などと呼ぶ)が特定企業に直接的な融資や出資をせず、その役割を金融機関に委託するところから「間接」金融と呼んでいる。

　産業の興隆や企業の成長には、額の高は別として資金が必要だ。日本は、この資金の供給を公的金融機関と銀行等の金融機関に担わせた。銀行等は公的金融機関に対して「私的金融機関」と呼んで良いはずだが、金融ビックバンまでは、ほぼ国家のコントロール化に置かれ、企業への資金供給という行政の一翼を担わされた。いわゆる護送船団方式と呼ばれるスキームで、いまだにその形は完全には無くなっていない。バブル崩壊

までは、このスキームが成功を収めていたと言って良い。事実として、日本経済は成長した。金融機関に限らず多くの産業が、国家による保護と統制の元に成長した時代だったとも検証できる。

21世紀に入って十数年が過ぎた今、グローバリゼーションの名の元に国家の保護も統制も緩んできた。これからも規制緩和は進むと読むべきだろう。金融ビックバンも、会社法の相次ぐ改定による資金調達の多様化も、そのひとつだ。

4-2 ◆ 金融取引形態による分類

金融の分類にはいくつかの方法があるが、そのひとつに基本的な金融取引形態によって「間接金融」と「直接金融」に分ける方法がある。

①間接金融
間接金融とは「カネを借りたい人」と「カネを貸したい人」の間に、第三者が存在する取引のことで、その代表例が銀行取引である。銀行が企業に融資するカネは、銀行が「預金者」から預かったカネで、元々は銀行のカネではない。真のカネの出し手はその銀行に預金をした人々であり、「企業」は、銀行を仲介して間接的に「預金者」からカネを借りたことになる。しかし資金を出している「預金者」がだれであるかは分らない。一方、「預金者」は、銀行にカネを預けて利子を得るが、預けたカネを銀行が誰に貸しているのかわからない。「預金者」は、銀行が貸し付けた企業が仮に倒産しても、銀行が破綻しない限り資金の安全性は確保される。このように、「間接金融」では金融機関が「預金者」に代わってリスクを負担するため、「預金者」は元金が割れるなどのリスクを負担しなくても済む。

②直接金融
直接金融とは「カネを借りたい人」と「カネを貸したい人」の間に、第三者が存在しない取引のことで、その代表例が証券取引である。「投資家」は、株式を購入するために証券会社と取引をするため第三者の存在があるよう

に見えるが、金融上の関係は「投資家」と株式を発行している「企業」の間にのみに発生している。証券会社の役割は、取引の仲介にある。証券会社は、投資家の資金を運用して利益をあげているのではなく、取引を仲介した際に得る手数料を主な収入としている。一方、投資家は、自分の買った会社の株価が上がれば利益(キャピタルゲイン)を得て、反対に株価が下がれば損をする。株式投資には、キャピタルゲインの他に配当や株主優待、議決参加などの権利もあるが、その優劣も含め株式を選んだ自分の責任となる。このように、「直接金融」ではカネを出す人が自分自身でリスクを負担することになる。

●間接金融と直接金融の主な資金調達メニュー

金融取引形態による分類	資金調達メニュー	概要
間接金融(金融機関融資)	公的金融機関融資	制度融資など
	預金取扱機関融資	銀行、信金、信組など
	ノンバンク融資	リース会社や不動産担保金融会社など
	投資ファンド融資	企業価値の改善目的融資
直接金融	デット・ファイナンス	負債で調達する―私募債など
	エクイティ・ファイナンス	株式で調達する―ベンチャーキャピタルなど
	アセット・ファイナンス	証券化など
	投資ファンド出資	企業価値の改善目的出資
	クラウドファイナンス	クラウドファンディングともいう。不特定多数の人が通常インターネット経由で他の人々や組織に財源の提供や協力などを行うことを指す、群衆(crowd)と資金調達(funding)を組み合わせた造語

4-3 ◆ 調達資金の原資による分類

企業が資金調達を行う際の原資となる対象によって、企業金融(コーポレート・ファイナンス)と資産金融(アセット・ファイナンス)に分類する。

①企業金融(コーポレート・ファイナンス)

企業金融は、貸借対照表の貸方の負債や資本の増加をもたらす資金調達方法を指す。企業金融には、銀行借入や社債発行のように負債の増加をもたらすデット・ファイナンスと、資本金の部の増加をもたらすエクイティ・ファイナンスがある。企業金融は、企業自体の価値評価(企業価値)に対して行われるという特長を持っている。また、金利や返済条件などの調達コ

ストも融資元の金融機関等の企業価値評価によって決められる。

②資産金融(アセット・ファイナンス)

資産金融は、貸借対照表の借方である資産を原資とした資金調達方法を指す。資産の流動化や証券化という言い方もある。具体的には、売掛金のファクタリング(売上債権を専門業者に売却)や、SPC(特定の資産を証券化するためだけに設立した特別目的会社)を使った不動産の証券化などがある。資産金融の特徴は、企業自体の価値よりも対象となる資産自体の価値に依存するところが大きい点だ。

4-4 ◆ 資金の性格による分類

企業が調達する資金の使途や頻度などの「性格」に基づく分類方法。資金管理を円滑に行ううえで必要な資金の区分方法といえる。

●資金の性格による分類表

区分要素	名称	概要
①使途	運転資金	日常の営業活動に必要な資金で、仕入や経費の支払などの資金
	設備投資資金	固定資産の取得や研究開発、M&Aなどに必要な資金
②頻度	経常資金	日常的に繰り返し発生する資金で、運転資金とほぼ同義
	経常外資金	発生頻度が少なく、年に数回しか発生しない資金
③回収期間	短期資金	投下資金の回転が早く1年以内に回収可能な資金
	長期資金	投下資金の回収が、長期(1年以上)にわたるもの

企業経営における資金調達は、上記の性格に応じて行われなければならない。回収期間が長期にわたる設備投資などの資金調達は、長期借入や社債、増資などで行うなどの配慮が必要だ。長期資金は自己資本や長期負債によって調達し、一方、短期資金は短期の借入金などで対応するのが資金繰りの大原則となっている。資金の運用と調達は、長短のタイミングを合わせることがポイントだ。

金融機関の分類

資金の余剰部門と不足部門との間を仲介して、資金を効率的に配分する機関を金融機関という。日本の金融機関は、政府系金融機関と民間金融機関に分けることができる。金融機関は、つぎの3つの機能の一部もしくは、全部を備えていなければならない。

- 金融仲介機能…借り手と貸し手の仲介を行う機能
- 信用創造機能…金融機関が他の金融機関や市場との間で預金と貸出しを繰り返しながら、お金(信用通貨)を増やす機能
- 決済機能…現金を使わずに、口座振替で送金や支払いなどを行う機能

5-1 ◆ 政府系金融機関

政府系金融機関は、全額もしくは多くを政府が出資し、特別の法律により設立された特殊法人だ。経済社会の発展や国民生活の安定などを目的として、一般の金融機関では実行し難い融資や金融支援を行う、とされている。民間金融機関の不備を補完するための機関として位置づけられているが、金融の国際化の中で、その必要性を見直す議論が少なくない。

5-2 ◆ 民間金融機関

民間金融機関は、一般には銀行や信用金庫などの預金取り扱い機関を指すことが多いが、広義には預金を扱わないノンバンクや出資を主に行うベンチャーキャピタルやファンドも含める。民間金融機関の分類としては、金融手法の違いから間接金融と直接金融に分けることができる。

①間接金融による金融機関

間接金融による金融機関とは、預金等で調達した資金を、自らの責任

で企業等に融資する機関のこと。資金を借りる側と貸す側との間に、金融機関が介在することで、資金の貸借が間接的に行われることから間接金融という。間接金融を行う金融機関には、銀行、信用金庫、保険会社、ノンバンクなどがある。

　間接金融機関は、預金を取り扱うかどうかで、預金取扱機関と非預金取扱機関に分ける。預金取扱機関とは、信用創造機能をもつ金融機関のことで、メガバンク、地方銀行、第二地方銀行、信託銀行、長期信用銀行、信用金庫、信用組合などがある。非預金取扱機関とは、預貯金を取り扱わない金融機関のことで、保険会社やノンバンクなどがあり、融資を行う投資ファンド会社を含めることもある。

②**直接金融による金融機関**
　直接金融による金融機関とは、企業の資金調達を株券や社債を通じて投資家と直接的に仲介したり、投資目的を明示して投資家を募り直接的に企業に出資したりする機関のこと。直接金融を行う金融機関には、新株の発行や社債の発行など仲介のみを行う証券会社や、自ら直接投資を行うベンチャーキャピタルや投資ファンドなどがある。

金融機関	政府系金融機関	間接金融		日本政策投資銀行(財務)、国際協力銀行(財務)、沖縄振興開発金融公庫(内閣府)日本政策金融公庫(財務)、商工組合中央金庫(経産)
		直接金融		投資育成株式会社、中小企業基盤整備機構、新規事業投資株式会社
	民間金融機関	間接金融	預金取扱機関	メガバンク、地方銀行、第二地方銀行、信託銀行、長期信用銀行、信用金庫、信用組合など
			非預金取扱機関	保険会社、ノンバンクなど
		直接金融		ベンチャーキャピタル、投資ファンド、証券会社など

③**民間金融機関の課題**
　日本の金融機関は、長期金融、中小企業金融、証券、保険といった各種業務内容別に設立されているところに特徴があった。金融機関の業務内容は、各領域を超えられないように法律により制限(保護)され、伝統的に銀行と証券との間に棲み分けが行われてきた。しかし、金融ビッグバンに

よる規制緩和が進み、各金融機関の"業務の壁"が崩れ、銀行と証券界への相互参入や新しいタイプの金融制度（機関）の進攻もあり、生き残り、勝ち残りを賭けた市場競争が始まっている。

企業の資金調達（融資）

　企業の資金調達方法は、融資や出資、政府助成などがあり、調達先も銀行やノンバンクなど様々だ。本項以降しばらく、企業の資金調達について資金の種類や調達先の特徴などを整理する。

6-1 ◆ 公的機関による中小企業向け融資

　政府系の中小企業向け金融機関には、次のものがあり、企業規模や業種などによる対象者別にサービスを行っている。
- 日本政策金融公庫（政府全額出資）
- 商工組合中央金庫（一部を商工組合等が出資）
- 沖縄振興開発金融公庫（沖縄県において日本政策金融公庫と同様の業務を行う）
- 日本政策投資銀行（いわゆるベンチャー企業への融資で、数は少ない）

●政府系中小企業向け融資2機関の特徴

政府系金融機関名称	事業名称	事業概要
日本政策金融公庫 (通称、日本公庫) http://www.jfc.go.jp/	国民生活事業 (旧・国民生活金融公庫)	個人企業や法人企業のうち資本金1000万円以下または従業員100人以下の製造業(商業・サービス業は50人以下)、理美容業や飲食店など生活衛生関連の業種を対象となっている。原則として無担保だが、第三者の連帯保証が必要。商工会議所・商工会を通じたマル経融資、新規開業者向けの無担保無保証融資などがある。
	中小企業事業 (旧・中小企業金融公庫)	国民生活事業の対象より規模の大きな企業や国民生活事業の融資額では不足する企業が対象。原則として担保が必要。
商工組合中央金庫 (通称、商工中金) http://www.shokochukin.co.jp/		商工組合中央金庫は、その名のとおり出資している商工組合およびその構成員に融資を行う。「商工組合中央金庫法」(昭和11年5月27日法律第14号)という特別の法律に基づいて、昭和11年11月、政府が中小企業の組合との共同出資によって設立した半官半民の金融機関。経済産業大臣及び財務大臣の監督の下におかれている(法第41条)。
	融資業務	設備資金や長期運転資金をはじめ、手形割引などの短期運転資金まで、中小企業の方々が事業のために必要とする資金に対して幅広い融資を行っている。 また、中小企業の方々の多様化した資金調達ニーズに応えるべく、私募債の受託・売掛債権流動化等の新しい金融手法にも取り組んでいる。
	預金・公金資金業務	中小企業団体(協同組合など)とその構成員(組合員)をはじめ、これらの役員の方々、公共団体、非営利法人、金融機関、債券の取引先などから預金を預かっている。

6-2 ◆ 自治体の融資

　自治体が行う融資は、国の助成を受けて都道府県が行う融資と、自治体が単独で行う融資の2種類がある。国の助成を受けて都道府県が行う融資には、「小規模企業設備資金貸付制度」がある。

①自治体が単独で行う融資
　自治体が単独で行う融資は、国の助成を受けて行う融資制度と類似するが、自治体と金融機関の合意の下に融資枠や融資条件が設定される。

この融資形態は、一般に制度融資とよばれる。信用保証協会の保証が必要条件となることが多い。

- 一般社団法人全国信用保証協会連合会のURL:
  http://www.zenshinhoren.or.jp/

②小規模企業設備資金貸付制度

小規模企業設備資金貸付制度は、従業員数20人以下の企業を対象に設備資金を融資する。原則として必要額の2分の1かつ4000万円以内（創業者は3分の2かつ6000万円以内）で、無利子。

- 公益財団法人 全国中小企業取引振興協会のURL:
  http://zenkyo.or.jp/

6-3 ◆ 普通銀行（預金取扱機関）の融資

間接金融の代表は、何と言っても銀行だ。銀行とは、銀行業を営み、内閣総理大臣の免許を受けたもの。銀行業とは、「預金または定期積金の受け入れと資金の貸し付けまたは手形の割引を併せ行うこと」「為替取引を行うこと」をいう。したがって、狭い意味では、預金を取り扱うメガバンクや「地方銀行」、「第二地方銀行」を普通銀行というが、広義には、金銭信託や貸付信託を主に行う「信託銀行」や主に金融債で資金を調達する「長期信用銀行」（現在は存在しない）も普通銀行に入れることもある。

①メガバンクと地方銀行のちがい

メガバンクと地方銀行には、法的な根拠を持った違いはなく、単に、支店網が全国的か局地的かの違いだけと考えていい。同様に、地方銀行と第二地方銀行の間にも法的なちがいはない。ただし、第二地方銀行は、88年の「金融機関の合併と転換に関する法律」により、相互銀行が普通銀行に転換したものをいう。また、営業店舗を持つことなくインターネット上の取引を中心とする、通称「インターネット銀行」も、法律上は普通銀行の範疇に入る。

②信託銀行と長期信用銀行

信託銀行	信託銀行とは、信託業務を取り扱う長期金融機関のこと。信託業務には、金銭信託、貸付信託、年金信託、土地信託、証券投資信託などがある。 金銭信託とは、顧客(委託者)から預かった資金を金銭債権や有価証券等で運用し、収益を配当する金融商品。かつては「ヒット」や「スーパーヒット」などの金融商品名で資金を募集していたが、現在は取り扱いが中止されている。 貸付信託とは、委託者から集めた資金を主な産業に長期的に貸付け、その運用収益を配当する金融商品。かつては「ビッグ」という金融商品名で資金を募集していたが、これも現在は取り扱いが中止されている。土地信託は、地主の依頼をもとに業務を代行してビルや住宅の建設・管理・運用を行い、家賃収入から諸経費を引いたものを地主に配当する。証券投資信託は、一般に投資信託(ファンド)といわれているもので、投信委託会社からの指示を受けて証券投資の運用を代行するものだ。 近年の金融制度改革により、銀行や証券会社が信託子会社を通じて信託業務に参入できるようになった。
長期信用銀行	長期信用銀行とは、大企業向けの長期融資を主な業務とする銀行で、「金融債」という債券を発行して、資金を調達する。 これまで長期信用銀行には、日本長期信用銀行、日本債券信用銀行、日本興業銀行の3行があったが、日本長期信用銀行と日本債券信用銀行は、バブル時代の不動産関連融資がバブル崩壊後に不良債権化し経営破綻した。その後、旧 日本長期信用銀行は、新生銀行に、旧 日本債券信用銀行は、あおぞら銀行に組織変更(行名変更)された。また、2002年4月1日に、日本興業銀行は第一勧業銀行・富士銀行とともに、みずほ銀行とみずほコーポレート銀行に再編された。また、2004年4月1日に、新生銀行が、2006年4月1日にあおぞら銀行が、それぞれ普通銀行に転換し、長期信用銀行は存在しなくなった。

6-4 ◆ 銀行以外の預金取扱金融機関

　日本においては、銀行以外にも預金取扱金融機関が以下のとおり数多くある。これらの預金取り扱い金融機関は、特定の地域や特定の業種に対する金融機能の提供(サービス)を行っている。

①信用金庫と信用(協同)組合

　企業側からみると、信用金庫と信用(協同)組合は区別がつきにくい。両者は、法的にまったく異なるもので、このうち信用金庫は「信用金庫法」に基づいた会員制の非営利的協同組織である。これに対し、信用組合は「中小企業協同組合法」に基づいた組合組織である。信用組合は原則として組合員にならなければ、預金・融資とも利用できないが、一定の限度内において組合員外に対して融資することも可能とされている。

　なお、信金中央金庫(もと全国信用金庫連合会)は、信用金庫の共同

組織ではなく、独立した金融機関(銀行)であって、信用金庫の共同組織は、別に信用金庫協会がある。

●「信用金庫」と「信用組合」「銀行」の主な相違点

区分	信用金庫	信用組合	銀行
根拠法	信用金庫法	中小企業等協同組合法 協同組合による金融事業に関する法律(協法)	銀行法
設立目的	国民大衆のために金融の円滑を図り、その貯蓄の増強に資する	組合員の相互扶助を目的とし、組合員の経済的地位の向上を図る	国民大衆のために金融の円滑を図る
組織	会員の出資による協同組織の非営利法人	組合員の出資による協同組織の非営利法人	株式会社組織の営利法人
会員(組合員)資格	(地区内において) 住所または居所を有する者 事業所を有する者 勤労に従事する者 事業所を有する者の役員 〈事業者の場合〉 従業員300人以下または資本金9億円以下の事業者	(地区内において) 住所または居所を有する者 事業を行う小規模の事業者 勤労に従事する者 事業を行う小規模の事業者の役員 〈事業者の場合〉 従業員300人以下または資本金3億円以下の事業者(卸売業は100人または1億円、小売業は50人または5千万円、サービス業は100人または5千万円)	なし
業務範囲 (預金・貸出金)	預金は制限なし 融資は原則として会員を対象とするが、制限つきで会員外貸出もできる(卒業生金融あり)	預金は原則として組合員を対象とするが、総預金額の20%まで組合外預金が認められる 融資は原則として組合員を対象とするが、制限つきで組合員でないものに貸出ができる(卒業生金融なし)	制限なし

(出典:一般社団法人全国信用金庫協会ホームページ 信用金庫と銀行・信用組合との違い
http://www.shinkin.org/shinkin/difference/)

②労働金庫

労働金庫は、労働組合や生活協同組合などで働く人たちのための、非営利的な協同組織であり、労働者版の信用金庫と考えて良い。労働金庫は、事業者向けの融資は行わない。

③農協・漁協(農林中央金庫)

農協は、農業協同組合法に基づいて組織された農民を主体とする協同組合をいう。各地の農協は、それぞれ独立した機関ではあるが、サービスメニューの統一やシステムのネットワーク化などにより合同事業にも見える。合同事業と考えると、全国1,700を超える市町村に店舗網をもつ最大級の

銀行といえる。信用組合同様、原則として組合員である農家が融資の対象となるが、中小企業への融資事例もある。農林中央金庫は、農協の上部団体というべき機関で、農協の余資を運用している。また、漁協の機能や組織も、農協に類似したものとなっている。

6-5 ◆ ノンバンク

ノンバンクは、事業の形態や種類が多様で、特段の法律的な定義がない。ここでは、預金取扱業務を行うことなく、貸付やリースなどの金融事業を行う会社や事業と定義し、その事業概要や市場規模などを分析する。

①ノンバンク全体の市場規模

ノンバンクの市場規模は、金融庁が貸金業関係統計資料として公表している。それによると、貸金業者数は、1999年3月末には30,290社あったが、20114年3月末には2,113に激減している。また、貸出残高は、1999年3月末には54兆5,309億円であったが、2013年3月末には23兆2,488億円に減少している。

②消費者金融（消費者向け貸金業者）

消費者向け貸金業者（消費者金融）は、事業向け融資ではないが、経営者が資金繰りに窮した際に苦し紛れに使うこともある。消費者向け無担保貸金業者は、2013年3月末には521社あり、その、貸出残高は2兆6,995億円である。このうち複数の都道府県に営業拠点を有する、大手と呼ばれる業者は、わずか29社にすぎないが、貸出残高は2兆5,589億円で約97%を占める。近年、消費者金融の分野にはカードローン等のかたちで、銀行の参入が相次いでいる。

③商工ローン（事業者向け貸金業者）

事業者向け貸金業者は、商工ローン事業者と呼ばれることもある。融資対象は中小企業で、他の中小企業向け金融機関と比較して、総じて金利

は高い。事業者数は、13年3月末には714社で、貸出残高は11兆2,014億円となっている。

企業の資金調達(出資)

第3者にお金を出してもらう(資金調達)という意味では、出資と融資の違いはない。しかし資金を調達する経営者(事業家)の観点と、資金を供給する投資家の観点では、この2つは大きく異なる。経営者の観点では、出資は会社に投資をして(資本を出して)もらうことで、返済が不要な資金であるが、融資は返す必要のある借入金(負債)となる。

投資家の観点では、出資は、企業の株式などに投資し、事業の成功の度合いに応じた株価の上昇(キャピタルゲイン)や配当(インカムゲイン)を期待するものであり、融資は、融資期間中の金利と元本返済を約定し、確実な回収を図るものだ。

7-1 ◆ 公的機関による直接金融

公的機関による直接金融は、法律に基づいて設立された機関や第三セクター、公社などを通じて資金を供給する制度。国や自治体による直接出資や社債の引き受けの制度は、今のところ無い。

投資育成株式会社

「中小企業投資育成株式会社法」に基づき設立されたもので、東京中小企業投資育成(株)、大阪中小企業投資育成(株)、名古屋中小企業投資育成(株)の3社がある。増資株の引き受け、社債の引き受けなどを主な事業とし、融資も行う。投資育成株式会社は、自らの事業を「中小企業の自己資本の充実とその健全な成長発展を支援する国の政策実施機関」と位置づけている。

- 東京中小企業投資育成株式会社のURL:
　　　　　　　　　　http://www.sbic.co.jp/
- 大阪中小企業投資育成株式会社のURL:
　　　　　　　　　　http://www.sbic-wj.co.jp/
- 名古屋中小企業投資育成株式会社のURL:
　　　　　　　　　　http://www.sbic-cj.co.jp/

7-2 ◆ 中小企業基盤整備機構（産業基盤整備基金）

　産業基盤整備基金は、86年に「民間事業者の能力の活用による特定施設の整備の促進に関する臨時措置法」に基づき設立された。以降、「新事業創出促進法」「産業再生法」「輸入、対内投資法」に基づき、出資業務を行ってきた。しかし、平成14年12月の臨時国会において、当基金の解散等に係る法律並びに独立行政法人「中小企業基盤整備機構」（以下「新機構」）に係る法律が成立したことにより、産業基盤整備基金は、平成16年7月1日の新機構の設立時に、解散の上で、個別法令により定められた所要の業務が新機構に移管されることとなった。

　中小企業基盤整備機構の主な事業は、ベンチャー支援、経営支援、人材育成支援、小規模企業共済、倒産防止共済、産業用地・施設の斡旋等支援となっている。ファンド出資については、民間の投資会社等が設立する投資事業有限責任組合（ファンド）への出資を通じ、ベンチャー企業や新事業展開を目指す企業への資金提供・経営支援を行う。なお、ファンドの運営（個別企業への投資等）は、前項の投資育成株式会社など各投資会社が行う。

- 独立行政法人　中小企業基盤整備機構（産業基盤整備基金）のURL:
　　　　　　　　　　http://www.smrj.go.jp/

①ベンチャーファンド出資事業

　アーリーステージにあるベンチャー企業への投資・ハンズオン支援を目的として投資会社等が設立するファンドに対し、出資を行う。

② 「がんばれ!中小企業ファンド」出資事業

新分野進出、新商品の開発など、新事業展開にチャレンジしている中小企業や当該事業そのものへの投資・ハンズオン支援を目的として、投資事業を行う企業等が設立するファンドに対し、出資を行う。

7-3 ◆ DBJキャピタル株式会社

DBJキャピタル株式会社(http://www.dbj-cap.jp/)は、90年に産業基盤整備基金と民間企業により新規事業投資株式会社として設立された機関が前身で、96年からは日本政策投資銀行の出資を受け、11年には同銀行の100%子会社となる。12年に同じく同銀行100%子会社の知財開発投資株式会社と合併し現在に至っている。

主な事業は、投資対象と方法を法律により制限されたベンチャーキャピタル事業だ。IT、バイオ、ナノテク、エレクトロニクス、サービスなど多様な業種・分野で、高度な技術、独自のノウハウを持ち、高い成長性が見込め、株式公開の意思のある企業を出資の対象としている。

補助金制度・助成金制度

金融とはやや異なるが、中小企業の資金調達手段として、補助金や助成金がある。補助金は、中小企業庁によるもの、厚生労働省によるもの、自治体によるもの、その他公的機関によるもの、の4種類に大別できる。

8-1 ◆ 中小企業庁の助成制度

中小企業庁の、中小企業に対する経営支援や金融支援、助成金等の支援サービスは多様にあり、助成金だけでも20種類を超える。融資や助成金の使途は多様に用意され、合理化、近代化、地域経済の活性化、研究開発など、経営革新を促し、支援するためのものが多い。各種制度の

窓口は、都道府県や、振興公社などだが、ホームページによる制度の参照が早道だろう。

- 中小企業庁のURL:http://www.chusho.meti.go.jp/

中小企業ビジネス支援ポータルサイト「資金調達ナビ」

中小企業基盤整備機構が運営する中小企業ビジネス支援ポータルサイト「資金調達ナビ」(http://j-net21.smrj.go.jp/srch/navi/)は、全国の省庁や都道府県庁、支援センターなどの公的機関のサイトに発表されているWEB情報を収集し、リンク情報として紹介している。各種制度の検索機能があり、目的の融資や助成制度を探しやすくなっている。

8-2 ◆ 厚生労働省の助成金制度

厚生労働省の助成金制度は、雇用の創出・維持、人材確保、人材確保など、雇用に関わるものが中心となっている。各種助成金、奨励金等の

制度は、事業主の方への給付金、事業主団体に対する各種助成金制度、労働者に対する各種給付金制度の3つがあり、40種類近くある。各種制度の主な窓口は、公共職業安定所や都道府県労働局、都道府県職業能力主管課、独立行政法人高齢・障害・求職者雇用支援機構（旧 雇用・能力開発機構）の都道府県センターなどとなっている。

- 厚生労働省のURL：http://www.mhlw.go.jp/

8-3 ◆ 自治体の助成制度

地方自治体による金融支援や助成金制度等は、それこそ千差万別で、基本的な助成の仕組みは国の補助金と変わらない。地域の社会情勢や経済事情などによってさまざまなものがある。自治体毎に行われる助成制度を調べるには、企業経営向けのポータルサイトやGoogle等の検索エンジンを利用すると便利だ。ホームページ検索には、県名に「助成金」というキーワードを加えるとヒットする確率が高い。

信用補完制度

信用補完制度とは、「中小企業者、金融機関、信用保証協会の三者から成立つ信用保証制度」と、「信用保証協会と日本政策金融公庫が締結する信用保険制度」の総称。

信用保証協会による信用補完制度は、日本の中小企業金融において大きな役割を果たしている。現在の信用補完制度の歴史は、1950年に中小企業信用保険法が制定され、中小企業庁が特別会計で金融機関の中小企業に対する融資に保険をつけたのが始まり。制度の仕組みは、信用保証協会が金融機関等の融資を保証し、それを公庫が再保険（代位弁済額の70%。80%や90%の制度もある）する。保険されない部分は、各協会（最終的には出資している自治体や金融機関）の負担となる。

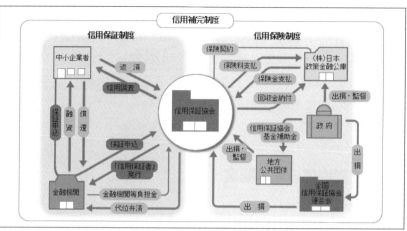

(出典:福島県信用保証協会ホームページ　信用補完制度のしくみ
http://www.fukushima-cgc.or.jp/100_toha/120_sikumi.htm）

信用保証協会（保証協）

　信用保証制度を提供する「保証協会」は、全国の都道府県と一部の政令指定都市に設置されている。信用保証制度の利用は、各保証協会とも概ね同じで、以下の通りとなっている。（以下、東京信用保証協会の例）

- 一般社団法人 信用保証協会連合会のURL:

　　　　　　http://www.zenshinhoren.or.jp/

● 信用保証制度利用手順（標準）

①保証申込	・取引金融機関経由で申し込むか、保証協会窓口で直接申込む（借入希望先金融機関をあっ旋する） ・東京都の制度融資を利用する場合には、中小企業振興センターなどでも申込みができる ・保証協会では融資相談、返済期間・返済方法等の変更など各種の金融相談も行っている ・担当地域制をとっているため、法人の場合は本店所在地、個人の場合は住民登録地を担当する最寄りの保証窓口が担当する
②保証審査	・融資保証申込に基づいて、協会の保証審査が実施される ・初回の融資保証申込の場合には、原則、担当者が直接事業所（店舗・工場・事務所など）に出向き、問診する ・保証審査に当っては、第一に申込中小企業者の人的信用を、第二に資金の使途を、第三に償還（返済）能力に重点をおく ・また、経営意欲、事業への取組姿勢、事業経歴、資金使途の内容、事業計画、事業実績、返済能力などが総合的に検討され保証の諾否が決定する ・信用保証協会は、金融斡旋屋等の第三者が介在・介入する保証申込みは取扱わないので、注意が必要となる
③保証承諾	・保証承諾の場合は、融資実行予定の金融機関宛に『信用保証書』が送付される ・『信用保証書』には、『信用保証決定のお知らせ（お客様用）』が添付されている。これには、保証金額、保証期間、返済方法、保証料などが記載されている

④融資実行	・『信用保証書』に記載された条件に従って、申込窓口となった金融機関より、融資が実行される ・このとき、所定の『信用保証料』を金融機関を経由して信用保証協会に支払う ・信用保証料は、条件により分割支払が可能となっているため、これを必要とする場合は、保証申込み時に申請する
⑤返済	・融資実行時に示された「返済条件」に従って借入金と利息を金融機関に返済する
⑥代位弁済	・万一、何らかの事情で借入金の返済ができなくなった場合には、金融機関からの請求によって保証協会が中小企業者に代わって返済する。これを代位弁済(だいいべんさい)という ・代位弁済は、一般に言う「保険」とは異なり、あくまでも「一時立替払い」の性質をもったものと認識しなければならない
⑦回収	・信用保証協会が代位弁済したものについては、以降債務者の実情に即して保証協会に返済しなければならない

10 その他の間接金融による資金調達手段

10-1 ◆ リース

　リースには、オペレーティング・リースと、ファイナンス・リースの大きく2種類の商品がある。オペレーティング・リースは、パソコンや電話のリースなどのように、物件・サービスの利用に重点を置いたもので、ファイナンス・リースは、購入者の代わりに機械設備の物件等を購入し貸し付ける。このうち、金融という場合には、ファイナンス・リースをさす。

　中小企業が利用するリースは、圧倒的に前者のオペレーティング・リースが多い。なお、リース会社の契約額は2000年度には7兆9,457億円あったのが、リーマンショック後の2010年度には4兆5,462億円に落ち込んだ。その後は徐々に回復基調にある。

10-2 ◆ ファクタリング

　ファクタリングとは、売掛金や受取手形などの売掛債権を担保とした融資や売掛債権を買い取る業務のことで、これを業として行うものをファクタリング事業者という。ファクタリングは、どんな債権でも対象にするわけではなく、債務者や債権者の信用調査をしたうえで、買い取り限度額を設定すること

が多い。ファクタリングを利用することによって、会社は代金を早期に回収できたり、別途の資金調達ができたりというメリットがある。

11 中小企業と資金調達

中小企業の資金調達手段は、圧倒的に間接金融が中心と言って差し支えないだろう。間接金融の主体は銀行であるが、必ずしも銀行が貸してくれるとは限らない。「晴れの日に傘を貸し、雨の日に傘を取り上げる。」銀行の融資スタンスを揶揄する言葉だ。業績が良い企業（業績が良い時）には銀行は貸したがるが、業績が悪い企業（業績が悪化した時）には銀行はこれ以上貸さないか、若しくは貸した金の回収に動く。筆者の銀行員時代の経験も踏まえ、中小企業が資金調達を行う際のセオリーや注意点を企業のライフサイクルに沿って以下に述べたい。

11-1 ◆ 開業資金

日本の開業率は、欧米に比べて半分程度と言われている。その理由は以下のようなものがある。

- 終身雇用制を前提とした雇用体系のため、いったん就職すると会社を辞めてまで起業する、というインセンティブが働かない。
- 一度失敗した人にはチャンスが与えられない。金融事故歴があると二度と借りることができない。
  →自己資金のない人が起業にチャレンジできない。

最低資本金の引き下げなど、新会社法の施行により、法人を設立するための形式的なハードルは下がったが、実際に起業する人数が増えないのは、やはり開業資金調達のハードルの高さ故ではなかろうか。

開業資金の調達方法は大きく2つある。

日本政策金融公庫（日本公庫）の創業資金融資と、信用保証協会の創

業保証制度による銀行融資だ。どちらの方法を選ぶにしても、審査においては、事業計画がきちんと立案され、事業が計画通り進む蓋然性が高いと判断されることが必要であり、経営革新等支援機関の経営指導を受けることも有益である。しかしながら、事業計画以前の問題として、自己資金をいくら持っているか、という点が審査の最大のポイントといっても過言ではない。特に、信用保証協会においては、保証限度額は自己資金の範囲内とされている。さらに、自己資金の計算上、住宅ローンの返済金2年分など一定の負債を引かなくてはならない。これでは、レバレッジが殆ど効かず、折角の収益機会を逃してしまいかねない。

日本公庫の場合、2014年度の融資制度より、一定の条件のもと、自己資金の下限は必要資金の10%とされた。この点は大きな前進として評価できよう。

11-2 ◆ 開業時の銀行の選び方

法人口座の開設自体、今や相当にハードルが高くなっている。これは、反社会的勢力に銀行口座を作らせないための規制であるが、善良な一起業家からすると迷惑な話である。法人口座を作る段階で、事業内容や株主について、融資の審査と錯覚するような、根掘り葉掘りのヒアリングを甘んじて受けなくてはならない。

それはそれとして、まずは最寄りの金融機関に口座を作りに行くのが一般的であるが、開業資金を調達したいのであれば、やはりそれに適した金融機関を選ぶに越したことはない。

起業者にやさしい金融機関は、やはり地元密着の地域金融機関であろう。メガバンクに口座を開設したとしても、開設した支店で融資の相談に乗ってもらえることはまずない。融資の相談は、名称はまちまちであるが、支店とは別の「ビジネスローンセンター」的な部署に回されてしまう。その点、特に信用金庫や信用組合は、例えば「店周1km以内の法人取引率」といった目標指標を本部から課されているので、起業者を好意的に迎えてもらえるはずだ。起業者自体が飲食店など地元密着で営業する場合は、これで良い

が、全国の顧客をターゲットとする場合は、やはりメガバンクや地銀の口座も作っておきたい。また、資金移動が頻繁に発生するような業態は、ネット銀行の活用も視野に入れたい。融資を受けることはできないが、振込手数料は圧倒的に安い。

11-3 ◆ 成長期の資金調達

　開業して決算を1期若しくは2期終えたころから、銀行は取引先の選別に入る。運よく開業資金を借りられた場合は、追加融資を受けられるかどうか、開業資金を借りられなかった場合は、新規融資を受けられるかどうか、の一次選抜が始まる。一番の理想ケースは、1期・2期とも黒字、増収増益とすることである。開業1年目は赤字でもしょうがないと最初から諦めてはいけない。資金繰り上は確かに経費先行で赤字かもしれないが、決算上、売上と費用、資産・負債の計上を適切に行えば黒字にできるものを、税金がもったいない、等の理由でわざわざ赤字にすることは避けたい。起業者が自社の真の成長を志すのであれば、常に黒字決算となるよう、心がけることだ。

　起業が成功し成長期に入ったとしても、殆どの場合、金融機関は保証協会保証付融資を勧めてくる。プロパーで貸しましょう、ということはまずない。あるとしたら、逆に、経営者の首根っこを掴む自信がある場合だ。保証協会には保証料を納めなければならないのでもしプロパーで貸してもらえるなら保証料が要らない分借入コストが安くなるはず、と思いがちだが、これは間違いと言ってよい。保証協会付の場合、実質的な審査は保証協会が行い、金融機関の融資実行後の管理は年1回の決算書の確認程度である。一方で、プロパー融資の場合は、金融機関は、審査に当たって膨大な資料を要求し調査分析を行うし、融資後においては毎月の試算表チェックや定例訪問など、融資先の業況は常に見張っておく必要があり、相応の事務コスト、管理コストがかかるものだ。借入する企業側も、プロパー融資の場合は金融機関の様々な要求に対応する必要があり、相応の人手と時間を取られる。管理部門の体制がしっかりしている中堅企業ならまだしも、

社長が営業と資金繰りを一手に担っている場合は、社長の労力はできれば顧客の獲得に向けたいものだ。保証協会の保証枠が一杯になるまでは、保証枠の増枠で対応する、貸す側借りる側暗黙のルールだと思えば、無駄な交渉に労力を割くこともない。

11-4 ◆ 安定期の資金調達

　開業後数年が経過し、販売先も安定し、黒字が定着してきたとする。今後のより一層の事業拡大には、資金が必要だ。逆に、資金調達できるなら、他社の市場を奪って販路を広げることもできる。経営者はそう考えてもおかしくない。銀行に対して、如何に自社PRをうまく行うか、これも経営者の大きな役割である。借入が保証協会付のみであれば、もしかしたら金融機関の担当者と話す時間はそれほど多くないかもしれない。しかしながら、今後の事業展開を考える中で、保証枠を超えてプロパーでの資金調達が必要なビジネスであるならば、金融機関を味方につけておいて損することは何もない。ここで気をつけたいのは、金融機関に決して気を許してはいけないということだ。どんなに金融機関の担当者と懇意になろうが、いざという時に必ず助けてくれるとは限らないことを肝に銘じておこう。相手は担当者個人ではなく、大きな組織だ。プロパーの借入を行うということは、株式でいえば上場するのに等しいと考えてもよい。常に衆人環視のもとに自社の事業を洗いざらい開示しなくてはならない。時には、不採算異業から撤退せよ、とか、金融機関から厳しい注文がつくこともある。

　このあたりのステージになれば、業種にもよるが、金融機関以外との取引関係や人脈も増えてくるはずだ。リース取引、商社との取引、有力取引先との資本業務提携など、金融機関からなるべく借入をしないで済む手法も身につけていきたい。

11-5 ◆ 成熟期の資金調達

　企業が成熟期に入ると、新たな資金調達よりも、事業承継や相続など、

事業の次世代へのバトンタッチに向けた財務対策の必要性が生じる。昨今の話題は連帯保証制度がどうなるかである。金融庁のガイドラインでは、経営者の連帯保証が無くとも融資を行うこと、という方向性が示されているが、実際の現場レベルへの浸透はこれからであろう。「今の経営者には、会社の負債を背負う覚悟がない者に会社が継げるのか?」という素朴な疑問がある一方で、実子に借金を背負わせるのは忍びない、と思うのも正直な親心だ。もし会社が窮境に陥っており、会社をいずれ整理したいが借金が残ってしまいそうだ、という場合は、金融機関を巻き込んで対策の検討を早めに進めておくことをお勧めする。いたずらに資金調達のため資金調達を重ね、気が付いたら負債が膨らんでそれこそ身動きがとれなくなってしまった、ということにならないようにしたい。金融機関と直接話がしにくいならば、金融機関以外の経営革新等支援機関等を経由して相談するのも一法だ。

12 証券取引による資金調達

　有価証券を発行して資金余剰者(投資家)から直接資金を調達することを直接金融という。また、会社を起こす際に、創業者のほかに何人かが出資することやベンチャーキャピタルからの出資、増資の際の投資ファンドからのエクイティ・ファイナンスも直接金融の範疇に入る。ただし、これらの出資は、有価証券の私募となる。

　証券会社や銀行の仲介を利用し、証券取引所に株式を公開したり、社債を発行したりすることは、公募という。有価証券の販売先が50人未満である場合や、発行総額が5億円未満である場合を私募、それ以外を公募という。公募の場合は、金融商品取引法の規制を受けることになる。

　有価証券とは、株式、社債券、CP(コマーシャルペーパー)をさし、このうち、CPは発行期間1年以内の約束手形のことで、短期の運転資金の調達手段として使うことが多い。CPを発行するには一定以上の格付け評価

が必要で、中小企業での活用はあまり考えられない。

株式と社債券の発行は、株式会社だけに認められた制度で、株式会社とは、そもそも不特定多数から多額の資金を調達することを想定した事業運営方式であり、積極的に活用すべき資金調達方法といえるだろう。

12-1 ◆ エクイティ・ファイナンス（株式で行う資金調達）

株主資本の増加を伴う、またはその可能性のある資金調達のことをエクイティ・ファイナンスと言う。エクイティ・ファイナンスを、発行者つまり会社側からみた場合、原則として返済義務が生じない資金調達であり、財務基盤を強化したり資金繰りを安定化したりするなどの効果がある。一方でエクイティ・ファイナンスを投資者側からみた場合は、1株当りの利益が希薄化したり、会社の支配関係が変化したりするなど、株主権利が下落するリスクを伴うことがある。

エクイティ・ファイナンスとは、資金調達を伴う新株の発行（有償増資）であり、その方法には次の3つがある。

- 株主割当・・・・・・・新株引受権を株主に与える
- 第三者割当・・・・・縁故者に新株引受権を与える
- 公募・・・・・・　　不特定多数の一般投資家から応募者を募る

上記以外にも、新株予約権（ストックオプションや新株予約権付社債）発行後の、この予約権の行使による増資も、エクイティ・ファイナンスのひとつである。

12-2 ◆ 公募による新株発行増資（株式公開・上場）

1990年代の後半までにおいて、中小企業が株式を公募することは、極めて難しいことだった。それまでの株式市場は、東証一部の上場基準が「上場させないための基準」と揶揄される程に閉鎖的な時代だった。しかし、現在では、どの証券取引所にも新興企業向けの取引市場と基準が設

けられている。

　株式売買の多くは、証券取引所で行われる。現在の取引所は、東京、名古屋、札幌、福岡の4ヵ所にある。

12-3 ◆ 新興企業向けの株式上場市場等

①ジャスダック
　日本証券業協会が1963年に創設した店頭登録制度が源流で、1983年に店頭売買有価証券市場がジャスダックとなり、証券取引所市場の補完的市場として位置づけられていたが、1998年の証券取引法改正で証券取引所市場と並列的関係にあるとされた。2004年12月には、商号を株式会社ジャスダック証券取引所に改め、証券取引所に業態転換した。2008年には、日本証券業協会の主導で株式会社大阪証券取引所の子会社となった。その後、2010年4月に株式会社大阪証券取引所（大証）を存続会社とする吸収合併が行われ、株式会社ジャスダック証券取引所は解散した。2010年10月の取引より、旧ジャスダックと、大証の新興企業向け市場であったヘラクレス、NEOの3市場を統合し、新ジャスダック（新JASDAQ）となった。2013年7月には、大証の現物市場が東証に統合されたため、ジャスダックは現在東京証券取引所（東証）の管理下に置かれている。

②マザーズ（東証マザーズ）
　東証の「マザーズ」は、1999年11月に開設された。次世代を担う高い成長可能性を有した企業に、直接金融による早期の資金調達の途を確保する目的で運営されている。インターネット株バブルの影響もあって、開設当時は株式市場の牽引役となった。

③ナスダック・ジャパン、ヘラクレス
　ナスダック・ジャパンは米ナスダックの日本版と言える証券市場であり、2000年5月に、大証に開設され、ナスダック・ジャパン株式会社が運営を行っ

た。しかし、2002年12月に、大証が、ナスダック・ジャパン株式会社との業務協力契約を解消したために、ナスダック・ジャパンの名称は消え、大証が運営するニッポン・ニュー・マーケット「ヘラクレス」として引き継がれたが、2010年10月に新ジャスダックに統合された。

④グリーンシート市場

　未公開株の取引市場。未公開企業の株式を売買するために、日本証券業協会が、1997年7月に始めたのがグリーンシート市場だ。この市場は、証券取引法上の有価証券市場とは異なり、「気配公表銘柄制度」を活用した。未公開企業の資金調達を円滑にし、また、投資家の換金の場確保を目的としている。これに伴い、未公開株を専門に扱う証券会社も出てきたが、取引は少ない。

⑤TOKYO PRO Market

　TOKYO PRO Market（東京プロマーケット）は、東京証券取引所が運営するプロ投資家向け株式市場である。日本やアジアにおける成長力のある企業に新たな資金調達の場と他市場にはないメリットを提供すること、国内外のプロ投資家に新たな投資機会を提供すること、日本の金融市場の活性化ならびに国際化を図ることを目的に、2009年に東京証券取引所とロンドン証券取引所（LSE）の共同出資によって設立された。2012年3月にLSEとの合弁が解消され、東京証券取引所の完全子会社となった。2012年7月には東京証券取引所内部の市場となり、TOKYO PRO Marketへ名称変更された。この市場で株式売買できるプロ投資家は、金融機関などの適格機関投資家のほか上場会社や証券会社による承認を得た一定の投資経験と金融資産を持つ株式会社や個人投資家に限定されるため、新規上場基準や情報開示ルール等の規制が緩く、上場審査も取引所が指定するJ-Adviserに一任されている。現在の上場者数は8社とまだ少ないが、中小企業でも上場可能な市場として注目が高まっている。

12-4 ◆ ベンチャーキャピタル(VC)の利用

　エクイティ・ファイナンスの引受先の一つにベンチャーキャピタルがある。また、株式を公開する際の増資引受機関としてベンチャーキャピタルが重要な役割を果たすことが多い。ベンチャーキャピタルは、証券会社や銀行の子会社であることが多く、推計400ほどのベンチャーキャピタルがあるが、独立系のベンチャーキャピタルは少ない。

　一口にベンチャーキャピタルといっても、多様な事業スタイルがある。創業期の本当にリスキーな会社(アーリーステージ)を対象とするもの、創業期を抜け成長期に入った会社(ミドルステージ)を対象とするもの、公開直前の会社(レイターステージ)を対象とするものなど、会社の成長段階に応じたベンチャーキャピタルの得意分野がある。また、投資先企業への経営関与のスタイルにおいても、金は出すが口は出さないタイプもあれば、口だけでなく経営陣まで送り込むなど、差異がある。さらに、投資資金においても自己資金で投資するベンチャーキャピタルもあれば、投資組合(ファンド)を募り、その運用として投資するベンチャーキャピタルもある。

　VEC(一般財団法人ベンチャーエンタープライズセンター)の調査によれば、1990年代前半までのベンチャーキャピタルの事業は、投資ではなく、融資が中心だった。当時は、株式公開も容易ではなく、M&Aも特別視されるなど、投資イクジット(出口)が少なく、投資リターンが期待し難かったため、積極的な投資が行われなかった。しかし、マザーズやナスダック・ジャパンの登場で株式公開が容易になったことや、M&AやMBOがさかんに行われるようになったことにより、ベンチャーキャピタルによる投資は活発化した。しかし、リーマンショック以降は投資額の減少傾向が続いている。

　VECが13年10月に公表した資料によると、2012年4月から2013年3月末までの間に、行われたベンチャーキャピタル(VC)等によるベンチャー企業への投資額(投融資額)は、1,026億円、投資先数(投融資先数)は824社であった。2011年度に比べると投資額(投融資額)は17.3%の減少、投資先数(投融資先数)は19.0%の減少となった。本調査においては2006年度(投融資額2,790億円)以降、2007年度(1,933億円)から3年連続で投

融資額は減少し、リーマンショック翌年度の2009年度には1,000億円を割り込んで875億円にまで落ち込んだ。その後、2010年度から2011年度まで緩やかな回復をしてきたが、2012年度は再び減少したことになる。リーマンショック以降ファンドの組成環境が厳しく、新規投資資金確保が容易ではなかったこと、リーマンショック以前に組成された、ファンドを原資とする投資は2011年頃までにほぼ実行されてしまったこと、ベンチャー投資を行うVCの数の減少等が要因としてあげられている。

12-5 ◆ 投資ファンド(Investment fund)とは

投資ファンドとは、投資家から集めたファンド資金(基金)を、そのテーマに沿った投資先に投資し、そこから上がる配当や売却益などを投資家に分配する仕組みをいう。また、この仕組みを利用した金融商品の名称も「投資ファンド」と呼ばれる。金融商品としての投資ファンドは、投資テーマや運用スタイル、期待収益、運用期間、及びリスクレベルを明確にして、投資家から投資を募る。投資テーマには、次のようなものがある。

- 未公開株ファンド
- 不動産ファンド
- 海外運用ファンド
- 中小企業等投資事業有限責任組合法に基づくベンチャーファンド

企業買収を目的とする、投資ファンドもある。この場合のファンドは、企業買収(M&A)専門のファンドを運営する会社などが、ある企業(または企業群)を買収し、買収企業の経営に関与することで、結果、その企業価値を高めるということを目的として組成される。M&Aを目的としたファンドの組成には、機関投資家などから資金を集めてファンド(=基金)を作るケースや、証券会社が、自らの資金による買収ビジネスを展開するために、子会社にファンドを作らせるケースなどがある。

買収の対象が主に、未公開会社の場合の投資ファンドを「プライベート・

エクイティ・ファンド:PE」と呼ぶ。PEの活用法のひとつとして、最近では、経営者や従業員が投資ファンドなどの支援を受けて、それまで属していた会社より分離・独立するMBO（マネジメント・バイ・アウト）を行うケースが注目されている。

12-6 ◆ 私募債

　株式会社が債券を発行して資本市場から資金を調達する場合、この債券を社債と呼ぶ。不特定多数の一般投資家を対象として発行される社債を公募債と呼び、取引金融機関等、特定少数の投資家に引受けを依頼して発行する社債を私募債と呼ぶ。ここでは、中小企業でも利用が容易な少人数私募債と保証付私募債について概要を記載する。

①少人数私募債の概要
　少人数私募債は、以下の通り、簡易な手続きで資金調達が可能な、直接金融のひとつだ。
- 株式会社のみ発行できる
- 社債の購入者は50名未満（過去半年以内の私募債と通算した人数）
- 社債の一口の最低金額が1/50未満
- 募集の対象者は経営者個人、経営者の親族、知人、社員、取引先などの縁故者
- 官庁などへの届出は必要ない

②中小企業特定社債保証制度（保証付私募債）
　特定社債保証制度（保証付私募債）とは、信用保証協会が保証をし、金融機関が社債（私募債）を引き受けるもので、国の制度となっている。間接金融に偏りすぎている中小企業の資金調達を改革すべく、社債発行による資金調達を促進するため、経済産業省で2000年4月に創設した制度。

◎中小企業特定社債保証制度（国の制度）概要を、経済産業局のWeb

サイトより以下に引用掲載する。

1.制度の目的

　中小企業者の資金調達手段の多様化を図るため、信用保証協会が一定の要件を満たす中小企業者の発行する社債（私募債）について保証を行うことにより、その事業資金を供給し、もって中小企業者の事業発展に資することを目的とする。

2.申込人の資格要件は、以下の基準(1)(2)(3)のいずれかに該当する中小企業者。

項目	利用条件	基準(1)	基準(2)	基準(3)
純資産の額	必須	5千万円以上 3億円未満	3億円以上 5億円未満	5億円以上
自己資本比率	どちらかが充足	20%以上	20%以上	15%以上
純資産倍率		2.0倍以上	1.5倍以上	1.5倍以上
使用総資本事業利益率	どちらかが充足	10%以上	10%以上	5%以上
インタレスト・カバレッジ・レシオ		2.0倍以上	1.5倍以上	1.0倍以上

3.社債の発行条件は以下の通り。

資金使途	運転資金・設備資金
保証限度額	4億5,000万円（保証割合80%） ※社債発行限度額は3,000万円～5億6,000万円
保証期間	2年以上7年以内
支払金利	発行体所定利率
返済方法	満期一括または定時（分割）償還
担保	原則として、保証金額が2億円超（社債発行額が2億5,000万円超）の場合は必要
保証人	共同保証人以外の保証人は不要
信用保証料率	保証協会所定の料率

12-7 ◆ 証券会社

　証券会社は、直接金融の代表的な金融機関で、株式、公社債、投資信託などを扱う。全国に約270社の証券会社がある（2013年3月）。1998年までの証券会社は、大蔵大臣から免許を受ける必要があったが、以降は登録制となった。この規制緩和により、銀行等の他業種から証券業への参入が相次いでいる。証券会社の主な業務は、以下の4業務に集約される。

①証券会社の主な業務

証券会社の業務	各業務の概要
委託売買業務(ブローカー)	委託売買業務とは、投資家(顧客)から委託を受けて、有価証券(株式や債券)の売買業務のことで、ブローカー業務ともいう。証券取引所で取引できるのは、正会員の資格をもった証券会社に限定される。 一般の投資家は、売買銘柄、売買の時期、数量などを決め、証券会社に取り次いでもらうことにより、株式を売買できる。証券会社は投資家の注文を仲介するだけで、その銘柄の値上がりや値下がりの結果生じる責任は、すべて投資家が負う。
自己売買業務(ディーラー)	自己売買業務とは、証券会社が、自己の資金で、自己の利益のために、有価証券(株式や債券)を売買する業務のことで、ディーラー業務ともいう。
引受業務(アンダーライター)	引受業務とは、企業が株式や債券を発行する場合に、発行会社に代わって有価証券を引き受ける業務のことで、アンダーライター業務ともいう。証券会社は、新株式や新債券をいったん買い取った上で、広く投資家へ販売する。この際に証券会社は、引き受けた後に売り切ることができなければ、自社で引き取ることになる。
募集／売り出し業務	募集／売り出し業務とは、新規公開にかかわる有価証券の募集および売り出しの取扱い業務をいう。募集／売り出し業務においては、証券会社は発行会社からの委託を受けて販売するだけで、引受業務と違って売れ残っても引き取る必要はなく、証券会社がリスクを負うことはない。

②証券会社のその他の業務

証券会社には、上記の主な業務のほかに、保護預り業務、累積投資業務、投資顧問業務、代理事務業務、公共債担保貸付、金地金の販売、CD／CPの流通取扱い、海外CP／CDの販売などの業務が認められている。

証券会社その他の業務	各業務の概要
保護預り業務	投資家(顧客)から有価証券を預かって保管する業務
累積投資業務	投資家(顧客)から小額の資金を継続的に受け入れて 特定の有価証券投資にあてること
投資顧問業務	金融資産への投資に関して助言を行う業務
代理事務業務	・債券や投資信託の振込金の受入れ ・利子や分配金、元本などの支払事務 ・株式の名義書換え事務　　　　　…などの代行業務
CD	譲渡性預金(第三者に譲渡可能な銀行の預金証書のこと)
CP	コマーシャルペーパー(優良企業が割引方式で発行する約束手形)

13 クラウドファンディング

　インターネットを中心としたIT技術の進歩により、近年、新たな金融サービスがいくつも生み出されている。このうち、企業の資金調達に活用できる新サービスの代表が「クラウドファンディング」と呼ばれるサービスだ。クラウドファンディングはcroud（群衆）とfunding（資金調達）を組み合わせた造語だ。インターネット（WEB）上で資金供給者（投資家）を募り、不特定多数の見知らぬ人（群衆）から資金を調達する仕組みである。ちなみに、クラウドの語源は、IT用語でコンピュータネットワークを意味するcloud（雲）とは異なる。

13-1 ◆ クラウドファンディングの類型

　クラウドファンディングは、様々な形で過去から行われている「寄付」にその原型をみることができる。例えば、1884年、ニューヨークの自由の女神像の建立資金が不足した際に、著名な新聞ジャーナリストが紙上で寄付を呼び掛け、無事資金が集まった、という有名なエピソードは、今でいうクラウドファンディングの先駆的事例だとされる。クラウドファンディングは、寄付型の他に、購入型、投資型の3類型があり、いずれも投資家の募集をWEB上で行うことが特徴である。

	寄付型	購入型	投資型
概要	WEB上で寄付を呼び掛け、寄付を募る	運営会社のサイトに、新商品やサービスの製造・開発資金等のプロジェクトを掲載し、投資家から資金を集める 完成したらその商品等を投資家に提供する	運営会社を介して、資金需要者が発行する株式を投資家に販売したり、資金需要者と投資家が匿名組合契約を締結するなどして資金調達を行う
対価	金銭的な見返りはない ニュースレターの送付など、結果を随時報告する	商品・サービス	事業収益からの配当
日本における主な事例（投資先）	被災地復興支援 途上国の小規模事業など	被災地復興支援 障がい者支援事業 音楽・ゲームなどコンテンツ製作事業	音楽・ゲームなどコンテンツ製作事業 食品・酒造製造業
運営会社に対する法規制	特になし	特になし	金融商品取引法など

13-2 ◆ 購入型の仕組み

　我が国においては、クラウドファンディング運営事業として投資型を行うには、金融商品取引法等の厳しい法規制があるため、運営会社がまだ殆どない状況にあり、中小企業の資金調達手段としては購入型が一般的である。そこで、購入型の場合の、資金調達に係る一般的な流れを記載する。

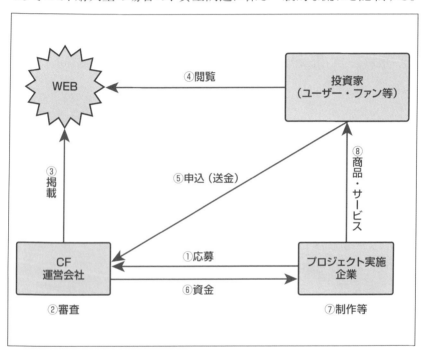

①応募

　プロジェクト実施企業（資金需要者）は、商品サービスの内容、資金使途、必要資金総額、自己資金の有無、スケジュール、投資家に対する報酬などを記載した事業計画をクラウドファンディング運営会社に提出する。投資家に対する報酬は、投資家の投資金額に応じて数通り用意することが普通である。

②審査

運営会社は、事業計画の内容を審査し、サイトへの掲載可否および条件を決定する。運営会社の審査のポイントは、事業計画の妥当性もさることながら、その事業に投資家へのアピール力があるかどうかも重要である。

③掲載

運営会社は、自社のサイトに、案件の概要と目標金額、スケジュール、見返り等の募集要項を掲載する。

④閲覧

投資家は、サイトに掲載された案件の中から、自分に適した案件を選択する。

⑤申込

投資家は、投資金額を決定し、当該金額を運営会社に送金し、申込を行う。この送金決済はクレジットカード決済により行われるケースが多い。

⑥資金提供

投資家の申込が所定の金額に達した場合、そのプロジェクトは成功とみなし、運営会社は集めた資金をプロジェクト実施企業に引き渡す。投資家の申込が所定の金額に達しなかった場合は、そのプロジェクトは白紙となり、既になされた申込は無効となる。この場合、運営会社は無効となった申込について前述のカード決済を取り消すため、投資家には資金負担は生じない。

⑦製作等

プロジェクト実施企業が、集めた資金で商品を製造する場合など、投資家に対する報酬の支払いまで長期間かかるような場合には、プロジェクトの進捗を運営会社がWEB上に公開するなどして投資家に情報開示を行う。

⑧商品・サービスの提供

プロジェクト実施企業が投資家に対し約束した商品・サービスの提供を実施した時点で、当プロジェクトは終了する。

13-3 ◆ 購入型の活用ポイント

現時点の我が国において、クラウドファンディングは購入型を中心に少しずつ広がりを見せているが、運営会社のサイトに案件がアップされたからといって資金調達が必ず成功するとは限らない。目標未達ならまだしも、1口（1円）も集まらなかった、というようなことにでもなれば、運営会社はもとよりプロジェクト実施企業はイメージを損ないかねない。そこで、購入型を活用する上で留意すべき点を以下に記載する。

①案件の選択

購入型で資金調達を行うのが比較的容易とされる案件は、その企業（プロジェクト）若しくは商材に、既にある程度のヘビーユーザー（ファン）がいる存在するケースだ。例えば、あるミュージシャンが、全国デビューを果たすため、CDやプロモーションビデオを製作したい、と考えた場合、売れるかどうかわからない商品の製作は、通常の製作会社では請け負ってくれないだろう。購入型の場合、CDやビデオという商品の提供を条件に、先に製作資金を調達できるため、製作会社も安心して製作を行うことができる。

②テストマーケティング機能

もし、購入型で資金調達を申込んでも、期待した金額が集まらなかった場合には、そのプロジェクト自体に市場性が無かったということもできる。このことは、購入型は、ある新商品サービスの市場性がどれほどあるのかを試すテストマーケティングに活用できる、ということを意味している。

③モノを売るためのシナリオ

特定のファンが存在しない、一般的な商材の場合、その商材によほどの

魅力がないと、一般投資家には見向きもされないだろう。たとえば、資金需要者がある商品の製造資金の調達を目的とする場合、投資家は、他に類似商品があり、コンビニやスーパー等でそれを身近に手軽に購入できる場合には、あえて投資する道を選ばない。

そこに、投資家にわざわざ資金を出したい、と思わせるシナリオが必要となる。そのシナリオの巧拙が、資金調達の実現を左右するケースが多い。例えば、古代の岩塩を使用した調味料を製造販売するプロジェクトがあるとする。単に岩塩という素材のPRを行うだけでは、他製品との差別化にならない。そこで、この商品を実際に作っている人（Aさん）にスポットを当ててみる。Aさんの生い立ち、岩塩との出会い、趣味や特技（変わったレシピを持っているなど）、その他色々なキーワードをちりばめることで、WEBならではの検索システムにも絡めてそのキーワードに共感する人への訴求力を高める、という仕組みだ。購入型でプロジェクト実施企業が運営会社を選定する場合には、運営会社がそうしたシナリオ作りのノウハウがあるか、類似案件での実績などを考慮する必要もありそうだ。

13-4 ◆ 投資型と法規制

我が国において投資型のクラウドファンディングが普及しない理由の一つとして、金融商品取引法をはじめとする法規制の厳しさが指摘されている。そこで、政府は、クラウドファンディングを活用した中小企業への投資マネーの供給拡大を、アベノミクスの成長戦略の一つと位置付け、2014年5月に改正金融商品取引法が可決成立した。法改正の主なポイントは以下のとおりである。

項目	現状	改正事項
金融商品取引業者参入規制の緩和	・有価証券を勧誘するためには、「金融商品取引業者」としての登録が必要。 （「株式」の勧誘：第一種金融商品取引業者〜兼業規制あり、最低資本金5,000万円） （「ファンド」の勧誘：第二種金融商品取引業者〜兼業規制なし、最低資本金1,000万円） ・非上場株式の勧誘は、日本証券業協会の自主規制で原則禁止。	・少額[注1]のもののみを扱う業者について、兼業規制等を課さないこととするとともに、登録に必要な最低資本金基準[注2]を引下げ。 ・非上場株式の勧誘を、少額[注1]のクラウドファンディングに限って解禁（自主規制規則）。
投資者保護のためのルールの整備		・詐欺的な行為に悪用されることが無いよう、クラウドファンディング業者に対して、「ネットを通じた適切な情報提供」や「ベンチャー企業の事業内容のチェック」を義務付け。

（注1）発行総額1億円未満、一人当たり投資額50万円以下
（注2）第一種金融商品取引業者：（現行）5,000万円 ⇒ 1,000万円。第二種金融商品取引業者：（現行）1,000万円 ⇒ 500万円。

第10章
経営破たんと危機管理

事業のライフサイクルとターンアラウンド(事業再生)

　命あるものは、誕生から成長、成熟、衰退そして死滅というライフサイクルを宿命づけられている。同様に、商品や事業にもライフサイクルがある。事業は、経営者など社会的使命と事業構想(ビジョン)の元で誕生(起業)する。事業は成長・発展し、やがて事業構想を成し得なくなった時か社会的使命を失った時に死滅(廃業)することになる。企業経営は良くゴーイングコンサーン(継続企業の前提)と言われるが、これは会計や財務のアカウンタビリティに基づく概念であって、事業のライフサイクルとは異なる視点に基づく定義といえるだろう。

　一方、経済社会の視点では、事業再生(ターンアラウンド・マネジメント)を潰れる(破たん)会社を蘇生させる手法(スキーム)と捉える向きもあるが、事業再生の理念は、このライフサイクルを強引に否定したり破壊したりするものではない。事業は、事業目的を喪失した段階で、既に社会的な死を迎えている。本来は、粛々と葬儀(閉鎖決算)や遺産分割(配当)をするだけで良い。問題なのは、事業の社会的使命が残したままの状態で、不幸にも人や金といった事業リソースの一部が毀損し事業継続に危険信号が灯ったときだ。毀損部分を手術や加療により補修し、必要に応じてリハビリしながらあるべきライフサイクルに戻すための一連の作業を事業再生や事業再生指導という。

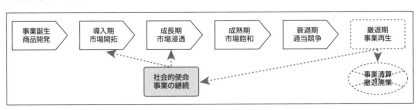

　現実の経済社会においては、キャッシュフローがない状態、つまり社会的使命やビジョンを喪失しているにもかかわらず延命(破たん回避行為)に汲々としているケースが少なくない。延命のために新たな借入や増資、社債発行しているのでは、キャッシュフローの更なる悪化は避けられない。キャッシュフローがマイナスの状態が続くということは、事業が社会的意

味を持っていないことを示している。その事業は既に死に体といって良い。改善策を施してもキャッシュフローを見込めない事業の再生はあり得ない。

事業再生（の指導）では、事業の集合体である「企業」の中から、死に体となっている事業を切除することが多い。企業全体を俯瞰すると、キャッシュフローを食いつぶす不良な部位（事業）を切除することにより、健康回復する可能性が高まる。単に債務を圧縮するだけのことを、事業再生＝ターンアラウンド・マネジメントとは呼ばない。まして、粉飾に近い財務諸表を以て新たな資金調達を支援することなどは、事業再生指導者にあってはならないことだ。

経営破たん事案多発の背景

1990年代以降、グローバリゼーションと少子高齢化を主な要因として日本の経済界は、産業構造の改革を余儀なくされた。改革推進の遅れた産業と企業や、政府施策が有効に機能していない産業と企業が、窮境な経営状況に置かれていったといわれている。この項では、急激な経営環境の変化やこれに対応する政府施策についてデータと共に検証してみたい。

2-1 ◆ 人口増加の急停止

総務省統計局のデータによると、日本において1950年から1990年の40年間は、毎年100万人の人口増加があった。毎年100万人の増加は、急激な社会変化といえ、政令指定都市が毎年1つ誕生したに等しい。しかも、この現象が40年間にわたって続いた。

多くの日本人の人口に関する感覚は「増えるもの」あるいは「増え続けるもの」として深く浸透していたと考えられる。

1990年代以降は、人口増加に急ブレーキが掛かった。あらゆる産業の経営陣が、人口増加を前提としない市場戦略を迫られることになった。

2010年以降は、人口増加の停止よりさらに重い課題として、人口の減少と平均余命の延長による、少子高齢化が注目されている。

年度		人口(千人)	増減	総務省統計局参照:数値は概算値
1950	昭和25年	84,000	—	
60	35年	94,000	+10,000	人口増加の40年
70	45年	104,000	+10,000	毎年100万人増
80	55年	117,000	+13,000	
90	平成 2年	124,000	+7,000	
2000	12年	127,000	+3,000	踊り場の20年→
2010	22年	127,000	0	毎年100万人減少社会へ!

2-2 ◆ 地価の下落

国交省の公示地価データによると、1983年を100として、1991年(概ねピークの時期)の地価は、東京で340(3.4倍)大阪で440(4.4倍)と急上昇した。バブル経済の崩壊を契機に、地価は一転、下降に向かい2010年には、概ねピークの1991年比を取ると東京で4分の1に、大阪で8分の1に急落した。グラフで分かる通り、急激な下降は1996年までの概ね5年間だが、地域によるバラつきはあるが、アベノミクス上昇景気と言われる2013年でも地価の下落傾向は続いている。

年度		東京	大阪
1983	昭和58年	100	100
1991	平成 3年	340	440
2010	22年	86(1/4)	58(1/8)

国土交通省公示地価参照　1983年を100とした商業地価格推移。数値は概算値

2-3 ◆ 地価下落と経営環境変化

　日本の金融は、担保主義金融と言われている。日本経済も世界から「土地本位制」と揶揄されたこともある。

　担保主義金融では、土地等の担保価値を信用として貸付している。地価下落により担保価値が下がれば、融資金額は減ることになり、新規の融資は受け難くなる。では、地価が下がれば直ちに下落分を弁済するのかというと、ここは「期限の利益」という約定で守られ、借入時の契約が継続される。仮に不動産を担保に、10億円の融資を10年間、月1,000万円弁済で約定している場合は、地価が1億円に下落しても、約定弁済している限りは融資を引き上がられることは無い。ただし、証書貸付の「弁済が滞ると期限の利益を逸する」という約定に抵触すると、全額を直ちに弁済する「一括弁済」を求められることになる。

　一般に言われる「貸し渋り」や「貸し剥がし」と、ここでいう「期限の利益の喪失」による一括弁済請求を混同している経営者等を見かけるが、これは違う。これまで貸すことのできた条件（担保や業績等）であっても、銀行側の事情でこれまでと同様の貸付をしない状態を「貸し渋り」という。「貸し剥がし」は、証書貸付や手形貸付を金融機関の役職者と口頭ベースで"自動更新"する、としていたものが、銀行側の事情で更新しないケースをこう呼ぶことが多い。

　銀行側の事情とは、BIS基準やバーゼル規制に基づく金融機関の自己資本比率の達成や監督官庁の指導など様々だ。銀行は、所定の自己資本比率を達成させるためには、不良債権の処理を急ぎ、融資比率を落とすことになる。デフレや地価下落で企業側は担保価値を減少させている。担保主義金融の下での地価下落は、中小企業の資金調達力を大きく減退させた。資金調達の不調は、内部留保の薄い中小企業にとって、少しの売り上げ減少が、たちまちに経営破たんに結びつく。

データを参照すると、地価は1991年をピークに東京圏で1/4に、大阪圏では1/8と、劇的に下落している。地価下落が続く中で、担保主義金融の実態としての継続が、中小企業の経営破たんを増加させ、日本の景気の閉塞感を作り出しているように思えてならない。

2-4 ◆ 政策的な外部環境の変化

①中小企業向け金融施策の推移

　下記の年表は、わが国の中小企業向けの政策の変化について、ここ20年余(四半世紀)のトピックを独自の視点で掲載したものだ。金融政策を中心に取り上げたが、バブル景気とその崩壊がわが国の経済に大きく影響したことを再確認できる。

年次(開始)	経済トピック	金融・中小企業行政	マクロ経済指標等
1985年(9/22)	プラザ合意(G5,ドル安合意)	→円高不況対策として金融緩和	$:235→215;1年後→120
1986年(12月)～51ヵ月	バブル景気		地価、株価の高騰～1991年(2月)
1990年(3月)	(メディアは規制に賛同)	金融の総量規制(大蔵省)	→バブル崩壊引金に
1991年(2月)～	バブル崩壊	(金融機関等倒産多発)	地価、株価下落。20年間景気失速
1998年(10月)		金融再生関連法・制定	銀行破綻、信用収縮
1998年(10月)～2001年3月		中小企業「特別信用保証制度」	信用供与30兆円、効果疑問視も
1999年(2月)		サービサー法施行	不良債権処理促進、弁護士法特例
1999年(4月)		整理回収機構(RCC)発足	商工ローン問題、過酷な取り立て
1999年(7月)	(融資厳格化、債権者区分)	金融検査マニュアル発表	当初は銀行のみ対象
2000年(4月)		民事再生法施行	再建型倒産法制の構築
2001年(9月)	(戦後初のデフレ認定)	改正サービサー法施行「私的整理に関するガイドライン」	債権回収と倒産処理の迅速化 全銀協と経団連の合同作業
2002年(10月)	(小泉政権、竹中プラン)	金融再生プログラム発動	上場企業倒産29社
2003年(2月～)	(2007年同全国本部設置)	中小企業再生支援協議会発足	
2004年(8月)		金融機能強化法施行	金融機関に公的資金注入
2007年(7月)	世界的金融危機		サブプライム、2008年9月 リーマンショック
2008年10月～2010年3月		(景気対応)緊急保証制度	円滑化法施行により強化法打ち切りへ
2009年(12/4)	円高、デフレ、政権交代	中小企業金融円滑化法	(2013/3まで再延長)
2011年	東日本大震災、原発事故		円高最高値更新(75円 78,10/21)
2012年(8月)		中小企業経営力強化支援法	政権交代、円安とデフレ脱却へ

②戦後日本経済のバブル景気とバブル崩壊

　太平洋戦争後(1945年)の混乱から復旧に向けて動き始めた日本経済

は、朝鮮戦争(1950年～1953年)による特需を契機として日本の産業界に設備投資を促し、その後の「高度成長期」(1954年12月～1973年11月)の引き金となった。この高度成長期の19年間は、旺盛な設備投資と技術向上による日本製品の高評価を背景とした欧米諸国への輸出がけん引した。

高度成長を続けた日本経済だったが、1973年の第4次中東戦争を契機とする原油の供給不足と原油高(オイルショック)によりGDPの成長率は鈍化し「安定成長期」(1973年12月～1991年2月)といわれる時代に入った。この安定成長期は、バブル崩壊までの17年間続いた。

安定成長の後半に「バブル景気」(1986年～1991年、資産価格の高騰などによる好景気現象)が起きた。
バブル景気の引き金になったのは1985年のプラザ合意とされている。当時、ドル高による貿易赤字に悩むアメリカはG5諸国と協調介入する旨の共同声明を(会場となったニューヨーク市のプラザホテル)で発表した。これにより急激な円高(ドル安)が進行した。政府と日銀は、円高不況を避けるため1986年に公定歩合を引下げた。公定歩合の引き下げにより、市場金利が下がるとともに、インフレが抑制された。これ等の現象に国内外の資金が日本の市場と資産に向けられ、不動産や株への過剰な投機が行われたと考えられる。

バブル景気は、1991年3月大蔵省通達の「土地関連融資の抑制について」(通称、総量規制)と日銀の金融引き締め方針により泡がはじけるように「バブル崩壊」した。その後の景気低迷は、失われた20年とも複合不況、デフレ不況とも言われ続けている。
バブル景気の後半から過剰融資の金融機関の経営悪化が目立つようになった。融資先の事業悪化による融資の焦げ付きや担保の不動産の暴落による「担保不足」が多発した。担保順位が劣後する、中小の金融機関では、担保回収できない等の深刻な経営危機に陥った。

● 経済成長率の推移

(出典:内閣府ホームページ　図録経済成長率の推移(日本)
　　　　　　　　　　http://www2.ttcn.ne.jp/honkawa/4400.html)

2-5 ◆ バブル崩壊で危機に陥った「金融機能」の安定化策

①整理回収機構(RCC)発足

　1999年4月日本政府は、バブル経済崩壊によってもたらされた金融機関の経営危機に対応するため、住宅金融債権管理機構と整理回収銀行との合併により株式会社整理回収機構(通称RCC)を発足させた。RCCの主要な役割は、破たんした金融機関等に投入される公的資金を最小にするため、それらの機関から不良債権等を買取り、新たな債権者として迅速に回収すること。

　さらに政府は、金融システムの安定を図るために、健全な金融機関であってもRCCが不良債権を買取ることができるとした。これにより、金融機関の破たんを抑止し財務改善を促すと共に、国内の金融機能の安定化に寄与した。

②サービサー法の始動

1999年2月、「債権管理回収業に関する特別措置法」いわゆるサービサー法により、金融機関の不良債権を買い取る民間事業者(債権回収会社)の設立を認めた。同法は、2001年9月、債権回収会社の取扱債権の範囲の拡大及び業務に関する規制の一部緩和をもって中小企業の不良債権の処理を迅速化する目的で、通称「再生サービサー法」として改正された。

サービサー事業は、不良債権の処理等を促進するため、弁護士法の特例として、債権管理回収業を民間業者に解禁したもの(法務大臣による許可制)。サービサー事業は、許可時点で暴力団等反社会的勢力の参入を排除し、運営面においては法務省の継続的な監督の基に、適正な債権回収が義務付けられている。

③サービサー法による金融機関の不良債権処理メリット

サービサー法は、金融機関にとっての税制面でのメリットが大きく「銀行救済法」ともいわれる。

同法施行前は、金融機関が不良債権の処理を目的とした債権放棄であっても「債務者側に対する贈与」とみなされ課税された。(不良)債権放棄額を税務上の損金とできず、金融機関は有税処理(会計上の貸倒償却、税務上の別表に加算)をせざるを得なかった。サービサー法の施行後は、金融機関は不良債権を「サービサー」に売却(譲渡)することにより、その際生じた売却損を損金計上できることとなり、無税償却が可能となった。

●サービサー法の概要(債権管理回収業に関する特別措置法)

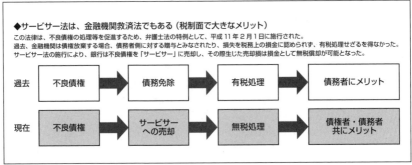

2 ■ 経営破たん事案多発の背景

④金融再生プログラムの発動

　バブル経済崩壊以降、整理回収機構RCCやサービサー法を施行したにも係わらず金融機関の不良債権の問題解決は長引いていた。長引く不良債権問題を早期に解決するため、主要行の行政指導方針として2002年10月、竹中平蔵金融担当大臣（当時）主導で金融再生プログラム（通称「竹中プラン」）が発動された。

　金融再生プログラムは「主要行の不良債権問題解決を通じた経済再生」と副題し次の趣旨が示された。

　『日本の金融システムと金融行政に対する信頼を回復し、世界から評価される金融市場を作るためには、まず主要行の不良債権問題を解決する必要がある。平成16年度には、主要行の不良債権比率を現状の半分程度に低下させ、問題の正常化を図るとともに、構造改革を支えるより強固な金融システムの構築を目指す。そこで、主要行の資産査定の厳格化、自己資本の充実、ガバナンスの強化など・・・』

　金融再生プログラム推進の結果、主要行から地銀、信金の順に不良債権（比率）の縮小が行われたが、一方では中小企業の抱える過剰債務問題の解決は先送りされ、中小企業目線では、債権者が銀行等からRCCやサービサー、保証協会などに移っただけで未解決のままだった。

　バブル崩壊以降の金融諸政策は、金融システムの回復と健全化に一定の成果を挙げたが、中小企業の事業再建における過剰債務問題には成果を上げていなかった。

⑤金融機能強化法の施行

　2004年4月、地域金融機関の機能強化に向け公的資金の投入を含む金融機関支援の時限的（2008年3月まで）な法律として金融機能強化法（金融機能の強化のための特別措置に関する法律）が施行された。

　同法によって金融機関は、政府からの資金調達を可能としたが、高いハードルが課されたことにより、同法を利用する金融機関はほとんどなかった。

　しかし、公的資金要請行は少なかったが同法により、金融機関の財務体

質改善は促進された。貸出債権が厳格に管理されることによって、「継続債権」（Good債権）と「サービサー債権」（Bad債権）の振分け処理が迅速化した。これにより地方銀行はじめ信用金庫、信用組合等の不良債権処理がようやく加速し、中小企業の事業再生や組織再編も進むことになった。

バブル経済崩壊後の主な中小企業支援施策

3-1 ◆（中小企業）金融安定化特別保証制度

　バブル崩壊に伴い景況感が悪化し始めた1992年以降政府は、各種の経済対策の一環として、中小企業向け貸付制度の各種施策を講じた。1997年秋に金融システムの不安が増大し、中小企業を中心に急激な信用収縮問題が顕在化した際には、「中小企業等貸し渋り対策大綱」（1998年8月）を発動した。

　その後「中小企業等貸し渋り対策大綱」に基づく信用保証（補完）制度として、「金融安定化特別保証制度」を創設し中小企業向け資金の安定供給を図り、1998年10月〜01年3月の間同法は運用された。この間政府は、総額30兆円の信用保証枠を創設し、事実上無審査で信用保証協会の審査を通し融資を実行した。同法の保証実績は、政府発表で172万3,873件、28兆9,437億円とされた。効用について、経済財政諮問会議（2002年）は、約1万社の倒産を防止し約10万人の失業を回避した、と試算発表した。一方で、一部のメディアは金融機関のモラルハザード（規律、倫理崩壊）を引き起こしたと批判した。

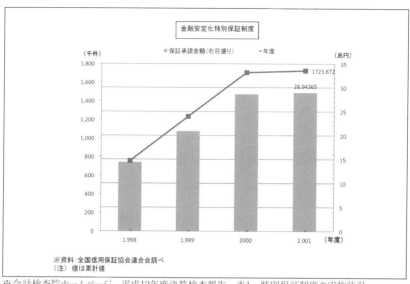

※会計検査院ホームページ　平成12年度決算検査報告　表1　特別保証制度の実施状況
（http://report.jbaudit.go.jp/org/h12/2000-h12-0557-0.htm）のデータをもとにしています。

3-2 ◆ 中小企業経営革新支援法

　政府は、少子高齢化と産業構造の変化に対応するため中小企業にも経営革新を促した。「中小企業経営革新支援法」（1999年3月〜）は、新商品開発をはじめとする経営革新に取り組む中小企業に対する総合的な支援策として打ち出された。

　同法に基づく「経営革新計画」（ビジネスプラン）を都道府県などが承認し、融資の迅速化や金利優遇など様々な支援を行う。中小企業庁は、2007年9月、同法に基づく承認件数が3万件を突破と発表した。同法の理念は、2012年施行の「中小企業経営力強化支援法」にも引き継がれ、中小企業の更なる経営革新や事業再生を促している。

3-3 ◆ （景気対応）緊急保証制度

　緊急保証制度は、中小企業の融資を信用保証協会が100%保証し融資する制度で、2008年10月から運用開始し、1度の延長を経て2011年3月

まで延長された。中小企業等の資金繰り支援策を大幅に拡充するために創設され、中小企業が債務不履行の際は協会が代位弁済する制度だ。

2008年第1次補正予算により6兆円規模で開始した後、第2次補正予算により20兆円規模まで拡大し、以降、対象企業の拡縮等を経て、2011年3月まで運用された。同制度は、金融円滑化法（モラトリアム法）の運用本格化と共に終了したが、保証の骨格となっているセーフティネット保証制度（5号認定、業績悪化業種への対応）は2014年6月現在も運用されている。

3-4 ◆ 中小企業金融円滑化法

2008年秋（リーマンショック）以降の金融危機や景気低迷による「中小企業の資金繰り悪化」等への対応策として、2009年12月に約2年間の時限立法として施行された。時限法だったが、期限を迎えても中小企業の業況・資金繰りは依然として厳しいことや2011年3月の東日本大震災を配慮し、2013年3月末まで延長された。

同法は、中小企業や住宅ローンの借り手（債務者）の金融機関への返済負担の軽減を申入れる（リスケ）に際し、金融機関は「できる限り貸付条件の変更等を行う」よう規定する法律で、多くの中小企業がこれを利用しリスケを行った。

金融庁の発表によると、国内410金融機関の2012年3月末の同法に基づく返済猶予の申込件数は、357万5,906件（金額92兆8,592億5,500万円）。このうち、住宅ローンを除く中小企業向け申込件数は327万5,268件（金額88兆3,751億5,100万円）で、実行件数は302万2,673件（実行率92.2％）。実行金額は82兆3,022億9,600万円（同93.1％）で、発表値には示されていないが仮に1社平均5口の同法リスケ申込をしたとして、約65万社が利用し、1社平均約1億3000円のリスケをしたことになる。

同法は、データが示す通り多くの中小企業が利用し評価すべき効果があったとされる。しかし、幾つかの問題点も指摘された。安易なリスケの実施によって、本来成されるべきであった中小企業の経営革新への対応が

遅れたのではないか。貸し手の金融機関の収益悪化や返済猶予による本来の新規融資の機会が失われたのではないか。効果と弊害の分析は、今も続いている。

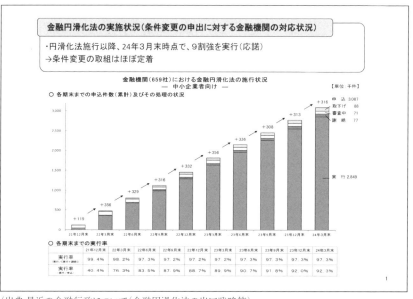

(出典:最近の金融行政について(金融円滑化法の出口戦略等)
http://www.fsa.go.jp/singi/singi_kinyu/soukai/siryou/20120704/09.pdf)

3-5 ◆ 中小企業経営力強化支援法

中小企業経営力強化支援法(経営力支援法)は、金融円滑化法の終了(2013年3月)による中小企業の経営危機増大や大量倒産を避ける目的で、2012年8月に施行された。同法は、金融円滑化法の代替機能や出口戦略として、次の措置を講ずるとされた。

- 企業の再建及び経営革新を支援する機関(経営革新等支援機関)を国が認定し、中小企業の経営力を強化する
- 中小企業の会計の定着を図り、会計の活用を通じた経営力の向上を図る
- 中小企業の海外展開を促進するため、中小企業の海外子会社の資金調達を円滑化するための措置を講じる

①（認定）経営革新等支援制度

　経営力支援法は、金融円滑化法での返済猶予企業を含めて、広く中小企業経営を支援するための「経営革新等支援機関」を認定し、中小企業の経営再建や海外展開企業の資金支援を行うと定めている。中小企業庁の発表によると、「中小企業経営力強化支援法」に基づく認定機関は、平成25年8月15日までに15,884機関となった。

②「経営革新等支援機関」の認定対象者

- 商工会、商工会議所、全国中小企業団体中央会、中小企業診断士等
- 金融機関・士業関係（税理士、公認会計士、弁護士等）
- 民間コンサルタント会社、NPO法人等

③「経営革新等支援機関」の認定基準

- 税務、金融及び企業の財務に関する専門的な知識を有していること
- 専門的見地から財務内容等の経営状況の分析等の指導及び助言に一定の実務経験を有すること
- 長期かつ継続的に支援業務を実施するための実施体制を有すること

④「経営革新等支援機関」の関与による優遇措置等

　中小企業経営強化支援法に基づく認定経営革新等支援機関の関与による中小企業等の優遇措置は、以下のものとされている。実際の運用とその結果の効用については、その時点における行政措置によることを留意する。

- 経営力強化保証制度に基づく保証料の引き下げ
- 経営支援型セーフティネット貸付・借り換え保証制度による低利融資制度
- 主として製造業を対象とした補助金制度
- 経営改善支援に対する助成制度
- 創業補助金制度
- 固定資産を取得するときの税制上の優遇措置
- 中小企業の海外子会社等への資金調達支援窓口機能　など

基本的な事業再生方法（メソッド）

4-1 ◆ 事業再生方法の選択

　事業が資金繰りの悪化や顧客や従業員の離脱などの厳しい経営状態を、破たん状態と言ったり破たん懸念状況、もしくは窮境な経営状況と言ったりする。人間の体に例えるなら生命に危険が及ぶ重篤な状態だ。この経営が窮境な状況に置かれた時の対処を広い意味での事業再生と呼んでいる。窮境な事業状況の経営者は、幾つかの重要な経営判断をすることになる。この判断が、事業再生の入り口になる。

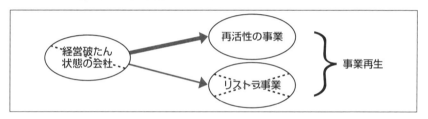

①再建か清算か

　破たん状態の事業を、これまでと違う経営資源を投入して再建させるのか、廃業（清算）するのか。あるいは、事業の一部を再建させ、他を廃業に導くのか。

②私的手続きで行くのか法的手続きで行くのか

　破たん状態の企業の多くが、債権者に対して債権弁済の滞りや担保不足などの約束違反（約定違反）を起こしている。債権の弁済を巡って債権者と債務者の間で争いが起きている状況だ。この争いの解決を法律や裁判所などの強制力を使って行うことを法的手続きという。債権者と債務者でこの争いの解決に向けて話し合いをし、合意点を見つけていく方法を私的手続きという。

　法的手続きには、民事再生手続きや会社更生手続き、破産手続き、特

別清算、特定調停がある。この内、民事再生手続きと会社更生手続き、特定調停は、再建型の法的手続きと呼ばれ、破産手続きと特別清算は清算型の法的手続きと呼ばれる。

　私的手続きは、債権者と債務者が会社の状態や地域社会の状況、経済の動向、行政の方針などを検討材料として話し合うためのその手法や手続きは無数にあると言って良い。ただし、あまりにもバリエーションが多いことから、混乱を避けたい債権者や債務者のために私的手続きを公（おおやけ）が支援する仕組みも生まれた。

- 私的整理ガイドライン――2003年公表。全国銀行協会や日本経済団体連合会が中心となって構成された私的整理に関するガイドライン研究会がまとめたもの
- 事業再生ADR――2007年施行の「裁判外紛争解決手続の利用の促進に関する法律」（ADR法）により、法務大臣の認証を受けた民間の事業者がADR事業を営める。事業再生ADRの業務を行う認定第1号は、事業再生実務家協会

4-2 ◆ 事業再生方法の分類

　窮境な経営状況に陥った企業の経営者は、事業を清算するのか再生するのか、それを法的手続きによって進めるのか否かの決断をすることになる。以下の表は、これを関連法規も添えてマトリクス化したものだ。実際の再生計画では、一つの企業体をキャッシュフロー（CF）がプラスとなる「Good事業」と営業利益もCFもプラスにならない「Bad事業」に分解し、Good事業を生き残らせ、Bad事業を清算するといった混合型の手段を用いることが多い。

	清算型	再建型
法的手続き	破産:破産法(平成16年法律第75号) 特別清算:会社法(平成17年法律第86号)第2編第9章第2節第1款	民事再生:民事再生法(平成11年法律第225号) 会社更生:会社更生法(平成14年法律第154号) 特別調停:特定債務等の調整の促進のための特定調停に関する法律(平成11年法律第158号)
私的手続き	廃業(自主廃業) 任意型とはいえ登記上の手続き(解散登記、清算結了登記)と税務上の手続き(最後の事業年度の確定申告、清算確定申告)が必要。※廃業を税務署への休眠届出だけで済む場合もある	私的整理(私的再生、任意整理) 私的整理に関するガイドライン(2001年9月) 産業活力の再生及び産業活動の革新に関する特別措置法所定の特定認証紛争解決手続(事業再生ADR手続)

4-3 ◆ 窮境な状況に陥った中小企業の近未来想定像

　窮境な経営状況の中小企業が何らかの理由によって、有効な事業再生計画を実行しなかった場合は、金融機関等の債権者主導で破たん処理が行われることが多い。事業再生に立ち上がろうとしない企業に対し、債権者の対応は厳しい。債権者である金融機関は、借入金の支払遅延や不動産市況の悪化などによる担保割れを起こした債務者(中小企業)に対して「債権の極大回収」、「債権の早期回収」を図る。下表は、事業再生に立ち向かうことなく、債権者主導で破たん状態に陥った中小企業の一般に想定できる結末を示した。中小企業の事業再生は、自ら立ち上がる債務者主導型の再生計画が望まれる。

ケース名	起	展開(承・転)	結
担保競売型	期限の利益の喪失 (借入金返済滞納)	・競売開始、落札へ(担保分の回収) ・金融機関による無担保債権の回収(地銀、信金、第二地銀が多い) ・またはサービサーや再生ファンドへ債権譲渡され回収行為にさらされる	会社と保証人は破産へ
債権譲渡型	金融機関より債権譲渡承諾書への押印を要請	・サービサーや再生ファンドへ担保付債権譲渡 ・債権回収(支払催告、一括弁済請求訴訟、家賃の差し押さえ、強制管理など) ・保有資産の強制売却(任意売却、債権再譲渡、競売)→無担保債権まで回収される	会社と保証人は破産へ
債権者主導の再生提案型	金融機関より再生コンサルタントや金融機関系列不動産業者を紹介され再生の可能性を仄めかされる	・出口の見えないスキームなどが提案される ・金融機関系の不動産会社やサービサー、再生ファンド等へ債権譲渡され早期売却へ持ち込まれる ・費用は債務者持ちのまま金融機関にとって有利な情報収集や系列への利益誘導のなかで再建が図られる	会社と保証人は破産へ

※この表は、債権者主導型の再生スキームの全ての結末を示したものではありません。

事業再生(ターンアラウンド・マネジメント)の基本(スキーム)

　事業再生(ターンアラウンド・マネジメント)は、業績低迷から脱却し、再び成長軌道に乗せることを目的に計画し、実施する。事業再生の基本手順は、短期的には、過剰債務の圧縮や生産調整、経費削減など対処療法的な対応(スキーム)を必要とするが、中長期的には、事業構造(ストラクチャ)改革による企業価値の向上を図ることになる。

　個別事案ごとに当該企業の、財務状況や収益性、人的能力の高さなどの諸条件が異なるため、事業再生の基本方針(プラン)や利用する手順や手段(スキーム)、財務再構築(リストラ)後の枠組み(ストラクチャ)が異なってくる。しかし、財務リストラまでのスキームやストラクチャはある程度の類型化が可能だろう。

　窮境な中小企業の事業再生の最終局面は、収益とキャッシュフローの改善であり、PLの健全化が必要だ。しかし、バブル経済が崩壊し、資産価値の下落によって過剰債務となった企業は、最初に財務リストラ、BSの健全化を必要とする。また、資産価値の毀損の原因だけでなく、日本経済の継続的な成長を信じ、事業を拡張し過ぎた企業も先ずは、財務リストラを先行させる。窮境な中小企業の事業再生は、多くの場合に財務の再構築を最優先事項とする。

5-1 ◆ ターンアラウンド・マネジメント(財務再構築)の基本設計

　財務的に健全で、継続的な経営を続ける企業の財務戦略や企業価値の向上策は、事業再生やターンアラウンド・マネジメントとは呼ばない。目に見えた経営不振や資金繰り悪化を短期間に解消し、安定した経営軌道に乗せる一連の手順を、事業再生やターンアラウンドという。事業再生(ターンアラウンド)の第一歩は、財務の再構築から始まる。財務再構築は、図のとおり、基本方針の設定や再生スキーム選択など様々な段階を必要とするが、これらを成功させるためには、利害関係者との交渉を経てどの程度の

協力が得られるのかがポイントとなる。

● 財務再構築の基本体系

```
経営破たん実態の把握
        ↓
財務再構築の基本方針      ・財務健全化    ・債務圧縮（免除）
（再生プラン）           ・資本増強     ・キャッシュフロー改善
                      ・債務超過解消   など
        ↓
財務再構築の基本手段      ・会社更生
（再生スキーム）         ・民事再生
                      ・その他の法的整理（破産・特別清算）
                      ・私的整理ガイドライン
                      ・ガイドラインによらない私的（任意）整理など
        ↓
財務再構築の枠組み       ・債権者（金融機関）協力型
（再生ストラクチャ）      ・スポンサー協力型          利害関係者との
                      ・SPC（特別目的会社）活用型    交渉。どの程度の
                      ・自主再生型　など            協力が得られるか
        ↓
財務再構築の手法と手順    ・債務弁済繰延べ　・債務免除
（再生プロセス、スキーム） ・増減資（スポンサーと共に）
                      ・債務株式化（DES）　・債務劣後化（DDS）
                      ・新規借入、リファイナンス　・資産売却
                      ・資産証券化　・事業撤退
                      ・運転資本圧縮　・営業譲渡　・会社分割
                      ・合併　・産業再生法　・種類株式
                      ・新株予約権　・新株予約権付社債　など
        ↓
PL 改善。真の事業再生へ
```

5-2 ◆ 事業再生の基本手順

　前項の「財務再構築の基本体系」は、真の事業再生の第一歩に過ぎないが、多くの課題について同時並行的に対応しなければならないことが分かる。これらは、一般的な経営者が学習や事前体験する範囲の経営課題は少ない。また、財務再構築の実施は、債権者の債務放棄や従業員のリストラ、仕入れ先への支払い遅延など利害関係者の痛みを伴うことが多く、慎重で大胆な対応が望まれる。財務再構築について経験のあるコンサルタントや支援者の指導を必要とする事項と言っても良いだろう。以下は、財務再構築における利害関係者と再生手順をフェーズ（局面）に分けてチャート化したものだ。

●財務再構築における利害関係者と再生手順

フェーズ（0）経営破たん実態の把握

財務	事業	社内
・BS、PL、CF ・金融機関債務、売掛金、未収金 ・公的債務（国税、社保、源泉税など）	・業種、業態、業界、系列など ・商品、市場、技術、特許など ・業務提携、FC契約、特約契約など	・会社案内、Web、パンフレットなど ・組織図、社員簿、株主名簿 ・定款、謄本、議事録、諸規定など

フェーズ（1）利害関係者との調整

社会的関係者	事業的関係者	財務的関係者
・行政（法律、規制） ・業界（慣習、協調、競争） ・裁判所（法的手続き）	・従業員（兼務役員服務） ・取引先（得意先、仕入先） ・事業提携会社（関連会社）	・債権者（金融機関、未払金） ・保証人　株主 ・親会社（スポンサー、投資家）

フェーズ（2）再生計画とスキームの検討

再生に係る事業計画	財務再構築手段の検討	債務弁済の計画
・販売計画 ・人員計画 ・設備計画 ・費用計画 ・財務計画（資産売却など）	・債務免除（繰延べ） ・増減資（スポンサー参加） ・債務株式化（DES） ・債務劣後化（DDS） ・新規借入、リファイナンス ・資産売却、資産証券化 ・事業撤退 ・営業譲渡、 　会社分割、合併など	・担保再評価 ・弁済率 ・弁済方法 ・弁済率　など

フェーズ（3）再生計画の実施段階

運転資金調達	弁済資金調達	弁済の実行
・営業キャッシュフローによる資金調達 ・再生計画に伴う増資、融資	・スポンサー（デッド、エクイティ、事業信託等） ・再生ファンド、不動産ファンド ・DIPファイナンス ・債務免除 ・リスケ（返済繰り延べ） ・労務対策費、法務対策費の調達	・債務圧縮→一括弁済、分割弁済 ・条件付き債権放棄 ・担保処分弁済 ・保証債務弁済 ・商事債権の弁済 ・サービサーとの交渉と弁済　など

5 ■ 事業再生（ターンアラウンド・マネジメント）の基本（スキーム）

ターンアラウンド(財務再構築)の基本モデル

事業再生を成功させるための詳細なスキームやプロセスは、第13章「ターンアラウンドの実務」に記載している。この章では、毀損した財務により破たん状態に陥った中小企業が採り得る一般的な財務再構築(財務リストラ)モデルを示し、経営の危機管理や有事対応の理解を深めたい。

6-1 ◆ 中小企業の経営破たんと財務破たんのモデル

経営破たん状態を把握するキッカケは、恒常的な資金繰りの悪化の認識によることが多いが、財務の貸借対照表(BS)を時価評価した時にも知ることができる(下図)。時価BSが図のような債務超過であったとしても、資金が回っているうちは倒産することは無い。しかし、債務超過状態の放置は経営破たんの致命的な原因となることが多い。

債務超過や財務体質悪化は、金融機関の債務者区分(本章以降に記載)の低下を招き、これにより新たな資金調達ができない(貸し渋り)、残余債務の一括返済を迫られる(貸し剥がし)など、金融機関の対応が激変する可能性が高い。

債務超過のもうひとつの問題は、過剰な債務が長期的なキャッシュフローの悪化要因となることだ。債務の返済原資は、長期的には営業キャッシュフローしかないといえる。営業キャッシュフローを上回る返済の継続は、返済のための新規借入や買掛金の支払い延期など無理な返済に繋がる。金融機関に約定通り元金と利息を返していたとしても、無理な返済はやがて企業を疲弊させることになる。借入金の限度額は、営業キャッシュフローの10倍から15倍と考えるべきだろう。すでにこれを超えた金額の金融機関借り入れをしている企業は、財務再構築(財務リストラ)の必要性があるといえる。

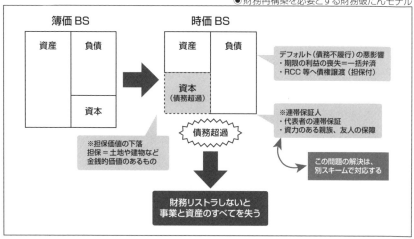

●財務再構築を必要とする財務破たんモデル

6-2 ◆ 財務再構築(財務リストラ)の基本モデル

　過剰債務企業の財務再構築の基本は、収益とキャッシュフローがプラスとなり得る中核事業(Good Business)を残して、既存企業の問題部分(Bad Business)を切り捨てるモデルだ。収益がプラスとなる事業が見つからない時は、事業全体を見直して、事業を再構築してでも、収益事業を作り上げる。どのように事業プランを練っても、収益事業が見出せないときは、事業再生も成し得ない。このような会社は、早急に事業撤退、法人清算を掲げるべきだろう。

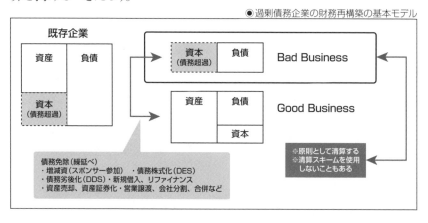

●過剰債務企業の財務再構築の基本モデル

6-3 ◆ 代表的な財務再構築スキーム例

　前項では、過剰債務企業の財務再構築モデルとして、既存企業のBad Businessを捨て、Good Businessを活かす図式（ストラクチャ）を示した。しかし実際の事業再生では、利害関係者の協力度合いや反発度合によって、事業再生の体制や図式が変わってくる。

　多くのケースで、過剰債務のほとんどを金融機関債務が占める。この場合、先ずは最大債権者である金融機関と交渉し、事業再生の協力を要請する。金融機関が、早期の債権回収よりも当該企業の事業再生の可能性に理解を示してくれるのであれば、これを選択する。

　金融機関以外にも、スポンサーとして協力してくれる企業や個人の可能性もある。スポンサーとの協力関係を構築することにより財務再構築と事業再生を図れることもある。窮境な経営状態に陥ってしまった企業の事業再生は、従来の体験から導き出すことが難しい。あらゆる角度からスキームやストラクチャを柔軟な思考で検討し、決意を以て選択することが事業再生とって必要な態度だろう。

①債権者（金融機関）協力型

　金融機関の債権者に対する基本姿勢は、約定弁済（約束通りの返済）と約定違反に対しての早期弁済、最大回収だ。しかし一方で、監督官庁や行政（財務省、金融庁、経産省など）の指導、時の政治的要請などから不良債権の扱いに変化が生じる。不良債権をいつまでも抱えずにオフバランス化を急ぐこともある。金融機関に事業再生の協力を求める交渉（事項に記載）に際しては、当該金融機関の経営状況や監督官庁の動向、オフバランス化の手法を提案するなど、事前の準備が重要となる。

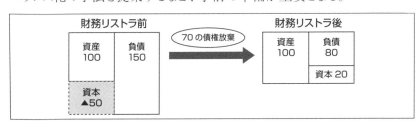

金融機関スポンサー型の留意点

- 上図の債権者（金融機関）が、債権のうち70を免除（放棄）することによって、当該会社の財務構造は、劇的に改善（債務超過から自己資本比率20％）し、社会的信用を得られ早期再建を可能とする（債務免除益は別途検討）
- 社会性の高い企業に対して、或いは倒産による地域経済の混乱を懸念される企業の場合は、DDS（債務劣後化）やDES（債務株式化）などのスキームを利用し、当該再建案に協力する可能性がある
- このケースでは、メインバンク以外の債権者は、プロラタ方式弁済（複数の金融機関への弁済を融資額による比例配分でおこなう取り決め）が多い

②企業スポンサー協力型

再生を必要とする企業に対して、同業種企業の事業拡大戦略や異業種企業の新市場開拓戦略などによって、事業再生支援に魅力を感じることがある。このようなケースの事業再生ストラクチャを、スポンサー協力型事業再生と呼ぶ。

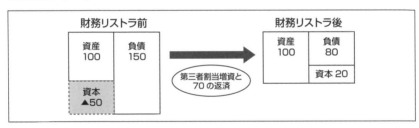

スポンサー協力型事業再生の留意点

- スポンサーが第三者割当増資を引き受けることが多い
- この場合実務的には、第三者割当増資の前に、一定の減資を行うことが多い
- スポンサーの出現を梃子にした再生計画を金融機関等の債権者に提示し、債務免除やDESの交渉を行う
- 再生スキームとしては、民事再生や会社更生、私的整理ガイドライン、

会社分割、営業譲渡など組み合わせるのが一般的

③SPC(特別目的会社、第2会社)活用型

　財務再構築の基本モデルにもっとも近い図式が、SPC活用型だ。再生可能でキャッシュフローの上がる資産や事業をSPCに移行し、負債と非稼動資産だけとなった事業を清算する。借入金にかかる連帯保証や買掛金等の商事債務にかかる道義的な問題は残るが、無担保となった負債の処理は、既存企業のそれよりも対応が容易となる。また、SPCなどの存続会社が事業継続することによって、雇用の継続や新たなキャッシュフローを生むなど社会的な意義も多い。

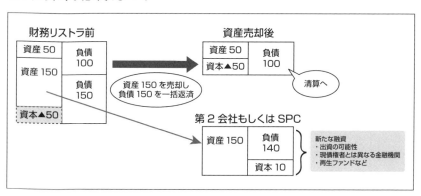

SPC(第2会社)型事業再生の留意点

- 資産売却後の既存事業は、無担保の負債が残る債務超過会社とし、結果として「廃業・清算」するケースが多く、債権者を害するストラクチャ(モラルハザード)ととられないため、金融機関等の債権者の理解を促す
- 資産(主に事業用不動産)の任意売却による債務の一部返済を債権者と交渉する
- モラルハザードの問題から、第2会社の経営陣と資本は、現経営者以外のものとする
- 経営継続の必要とモラルハザードの2つ視点から、現経営者は、第2会社の雇用人等の立場で従事することがある

- 第2会社は、事業活性を目的とした借入を、資産価値や将来キャッシュフローに応じて行う
- 無担保となった債務は、サービサーやRCCに売却されることが多く、保証人の資力を開示し弁済を協議する
- 無担保となった債務は、サービサーとの弁済協議の結果、債務額の数パーセントの額で弁済が完了することもある

●2009年、中小企業庁から示された「中小企業の事業再生支援強化」の第二会社方式による再生スキーム

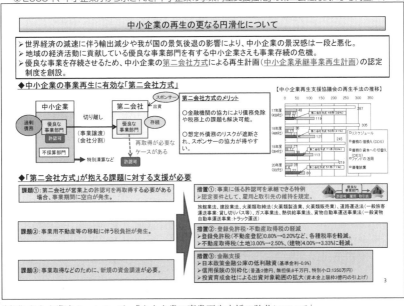

(出典:中小企業庁ホームページ 「中小企業の事業再生支援の強化について」
http://www.chusho.meti.go.jp/keiei/saisei/2009/download/090622SaiseiPower.pdf)

7 事業再生に向けた「債権者(金融機関)との交渉」

7-1 ◆ 交渉相手(金融機関)の実情を知る

　融資は、貸し手の金融機関と借り手の事業者との間で貸し出し条件等の合意形成を図る「交渉事だ」といえる。しかし、多くの経営者に「交渉事

だ」という認識が少ない。融資交渉を「お願い事」や「約束事」と漠然と思っているのか、交渉を成功させるため事前準備や交渉戦略が練られていないことが多い。

　本来、金融機関に対して行う新規融資や借り換え、リスケなどの相談事は、顧客開拓営業や仕入先への仕切り条件の営業などと同じで、成功させるための周到で綿密な準備を必要とする。交渉を優位に進めるためには、交渉相手の情報入手や交渉事案に関する交渉相手のメリットやデメリットの分析、競合先分析などを行うだろう。これらを事前に収集し、分析した上で交渉に臨むことにより成功を収めようとする。これが金融機関との交渉であっても基本は同じだ。

7-2 ◆ 金融検査マニュアルを理解し、金融機関の融資姿勢を知る

　交渉相手の置かれている状況や抱えている課題を良く知ることは、交渉を成功させるポイントのひとつだ。「金融検査マニュアル」は、金融機関の監督官庁（金融庁）による金融機関の業務検査のマニュアルだ。このマニュアルが、金融機関以外の私たちにもインターネットを通じて公開されている。このマニュアルにおいて、金融機関の融資基準と融資姿勢が監督庁からどのように指導されているかを知ることができる。これを予め知って、融資交渉に役立てたい。

　融資基準については、それぞれの金融機関のホームページやパンフレット、融資担当者からの情報などを元に知ることができる。これに対して融資姿勢は、融資先の個別対応となるため通常は秘匿される。また融資姿勢は、担当者や支店などそれぞれが置かれている状況によっても、時々の金融情勢や政府の方針によっても変化する。ただし、政府方針等は、金融検査マニュアル（別冊、中小企業融資編）やリレーションシップバンキングの機能強化に関するアクションプログラムなどはインターネットに公開されており、これを読み解くことによって融資姿勢をある程度推定できる。これらは、金融庁から金融機関に出された、融資姿勢に関する指導要綱のようなもの

で、これを経営者が予め知ることで、交渉準備を整えたいものだ。

①金融債権の自己査定の概要

　金融庁は、金融検査マニュアル等によって国内の各金融機関に対し債権の区分管理を義務づけている。その手順は、貸付先を次のとおり、5つの債務者区分に分類することから始まる。

● [表1]金融機関債権の分類(金融再生法開示債権)と貸出先別の貸倒引当金の計上ルール

債権者区分	説明	貸倒引当金の計上額目安
破たん先	法的・形式的な経営破たん(破産、会社更生法適用など)に陥っている貸付	債権額から担保評価額を引いた金額の100%
実質破たん先	法的・形式的な経営破たんには陥っていないが、深刻な経営難の状態にあり、再建の見通しがないなど、実質的に経営破たんに陥っている貸付先	債権額から担保評価額を引いた金額の59.3%～75.9%
破たん懸念先	経営破たんの状況にはないが、経営難の状態にあり、再建計画の進捗状況が芳しくなく、今後、経営破たんに陥る可能性が大きい貸付先	債権額から担保評価額を引いた金額の19.1%～27%
要注意先(共通)	貸出条件に問題がある、債務の履行状況に問題がある、業況が低調ないし不安定な債務者、財務内容に問題があるなど、今後の管理に注意が必要な貸付先(いわゆる金融支援を受けている)	債権額の5%前後
要注意先(要管理先)	要注意先のうち、債務の履行を3か月以上延滞、または貸出条件の緩和を受けた貸付先	
要注意先(要管理先以外)	要注意先の貸付先のうち、要管理先以外の貸付先	債権額の0.2%前後
正常先	業績が良好で、財務内容にも問題がない優良な貸付先	

　自己査定手順の次は、債務者区分ごとに銀行が所有している資産(貸出金等の債権)を分類し、貸出債権ごとに担保や保証状況と照らし、以下のとおり回収可能性の高い順に4分類する。

● [表2]資産の分類

分類	定義	内容
非分類	回収の危険性または価値を損なう危険性について問題のない資産	●「正常先」に対する債権 ●「正常先」以外の債務者区分の債務者に対する債権のうち、預金担保・保証などで保全された部分

7 ■ 事業再生に向けた「債権者(金融機関)との交渉」

分類		
Ⅱ分類	債権確保上の諸条件が満足に充たされないため、あるいは、信用上疑義が存するなどの理由により、その回収について通常の度合いを超える危険を含むと認められる債権などの資産	●「要注意先」に対する債権のうち、非分類以外の部分 ●「破たん懸念先」「実質破たん先」「破たん先」に対する債権のうち、不動産担保・保証などで保全された部分
Ⅲ分類	最終の回収または価値について重大な懸念が存し、従って損失の発生の可能性が高いが、その損失額について合理的な推計が困難な資産	●「破たん懸念先」に対する債権のうち、非・Ⅱ分類以外の部分 ●「実質破たん先」「破たん先」に対する債権のうち、担保の評価額と処分可能見込額との差額部分
Ⅳ分類	回収不能または無価値と判定される資産	●「実質破たん先」「破たん先」に対する債権のうち、非・Ⅱ・Ⅲ分類以外の部分

　上記の貸出先の「債務者区分」と債権毎の「資産の分類」を終えると、銀行が保有しているすべての債権は、以下のようにマトリクス分類される。この自己査定は、銀行の内部作業のため、一般に結果の開示義務はない。金融機関によっては、自主的にデスクロジャー誌に掲載しているケースもある。

◉ [表3]自己査定の債権者区分と資産の分類

債務者区分 \ 分類	非分類	Ⅱ分類	Ⅲ分類	Ⅳ分類
破たん先・実質破たん先 法的・形式的な経営破たんの事実が発生している先および実質的にそれと同等の状況にある先	預金担保などの優良担保・保証などで保全された部分	不動産担保などの一般担保・保証などで保全された部分	担保の評価額と処分可能見込み額との差額	非・Ⅱ・Ⅲ分類以外の部分
破たん懸念先 今後経営破たんに陥る可能性が大きい先		不動産担保などの一般担保・保証などで保全された部分	非・Ⅱ分類以外の部分	
要注意先　要管理先 今後の管理に注意を要する先　要管理先以外		非分類以外の部分		
正常先 業績良好かつ財務内容も特段問題のない先	正常先に対する債券(全額)			

7-3 ◆ 金融機関による、融資先の何を見て判断するのか

①融検査マニュアルから読み解く融資判断姿勢

　金融検査マニュアルは、改定や増補を何度か行っているが、最新の情報も含め金融庁のホームページ(http://www.fsa.go.jp/policy/br/index.html)からダンロードできる。

　しかし、金融検査マニュアル2013年版で358頁、別冊(中小企業融資編)でも70頁と非常に情報量が多い。本来はこの膨大な情報を読み込んだ上で、金融機関交渉にあたるべきだが、多忙な経営者にとっては難しい課題だろう。以下に、金融検査マニュアルの要点と交渉のあり方を記したので参考にしてほしい。

- 借り手の企業と密度の高いコミュニケーションを通じて経営実態を適切に把握する
- コミュニケーションを通じて、財務諸表からでは読み取れない情報を収集する
- 経営実態に即した格付け(債務者区分：正常先、要注意先、破たん懸念先、実質破たん先、破たん先)と債権管理を行う
- 赤字や債務超過といった計数だけに捉われることなくキャッシュフローなどの経営実態を重視する
- 経営資質の判断にあたり、借り手の返済履歴や経営姿勢にも着目する
- 正式資料でなくても実態を反映している資料であれば、判断材料として採用する

　上記各項は、金融機関の融資姿勢を知る上で何れも重要で、融資交渉にあたって対策したい。また、経営実態(財務数値)と経営姿勢(人的評価)の2点は特に重視しているようで、金融機関との交渉においては、経営実態を示す財務資料の準備と、これを説明する経営者の経営姿勢が大きく採点されるようだ。

　過去に経営成績が思わしくなかったことがあったとしても、その問題点の分析と対応策を明確にした経営計画とその実現の裏づけを付して、明快

に説明する。確かな事業計画と信頼できる事業説明を行うことによって、金融機関交渉は良い結果に向かうと信じる。

また、金融機関の融資姿勢は政権担当政党や金融担当相、世界的な金融情勢などから、瞬時に大きく変わることがある。金融政策の動向にも関心を示したい。

②金融機関の懸念を払拭するつもりで交渉に当たる

金融機関（の担当者）は、融資の際に「債務不履行が起こること」を最も懸念している。貸した金をちゃんと「返してもらえるだろうか」という懸念だ。この懸念を取り除くために金融機関と交渉していると言って過言でない。

金融機関は、お金を貸して利息を得ることを業（なりわい）としている。また、社会的には金融を通して産業の育成に寄与するようミッションを与えられている。従って、金融機関は約定どおりの返済が確約される（確信できる）ならば、特別な業種や業態（業界の内規等）を除いて融資を実行したいのが本音だろう。

しかし、ここでいう確約や確信は融資時点のもので、不確実な未来までは言及できない。何らかの事情や情勢の変化によって、約定違反や債務不履行の可能性が無いとは言い切れないだろう。この約定違反の（起こる確率）をリスクと言う。交渉のポイントは、このリスクが少ないことを説得する。金融機関とその融資担当者に「この融資の返済は確実だ」と思わせるに足る、裏づけのあるデータの提示と確信に満ちた経営の言動が大切だ。

さらに当該金融機関の個別事情への配慮も必要となる。融資やリスケの実行は、融資担当者一人だけの判断に留まらず、支店長や本店融資審査部門など多くの人の手を通り、融資リスク判断が行われる。これらの金融機関各層の融資判断の場に、借り手経営者が立ち会う機会は、通常は無い。そこで重要になるのが提出資料だ。資料に記載する内容は、金融情勢に配慮し、その上で「約定どおり返済できる」ことに力点を置いたものにしたい。

③金融機関交渉の基本的な資料

　金融機関は、融資審査に必要な資料についてパンフレット等に明示しているか、融資担当者が携行しているので、借り手は通常いつでも資料のリストは入手できる。一般に必要な資料の内容は概ね下表に示す通りだが、融資商品（融資事案）や金融機関による当該会社の取引密度、債務者区分、担保提供状況によって増減することがあり、実際には融資担当者等に事前確認したい。

- 決算書3期分（付属明細書付のもの）
- 最新の試算表（できれば、前月か前々月）
- 借入申込書（金融機関の当該商品指定のもの）
- 商業登記簿謄本
- 納税証明書（最新のもの）
- 印鑑証明書（保証人分を含む）
- 経営計画書（公表しているものであればなお可）
- 会社パンフレット
- 経営組織図（関連会社、親子会社、兄弟会社）

※以下リスケ交渉時の追加資料

- 銀行借入一覧表（借入明細、担保、保証人）
- 再生計画書（資金繰り予定表、遊休資産の処分計画など含む）

④「中小企業の会計に関する指針」の活用

　試算表や決算書は、商法や税法などの関連法規や規則に基づいて作られることが原則となっている。しかし実際は、「公正なる会計慣行」に従った会計処理やその監査による内部統制システムを持たない中小企業が圧倒的に多い。会計慣行に縛られることなく、経営者の意向を反映した自由度の高い財務レポート（財務諸表や決算書等）となっているようだ。

　多くの金融機関が"中小企業の試算表や決算書は、税務（納税）目的に作成されることが多く、企業の財務実態を反映していない"と見ている。融資交渉のために準備した財務諸表が、このようにネガティブな見方を金融

機関からされていたのでは、スタートからハンデを背負っているようなものだ。このようにネガティブな見方を避ける方法のひとつに、「中小企業の会計に関する指針」の活用がある。「中小企業の会計に関する指針」は、中小企業でも「公正なる会計慣行」に準じた会計を実現可能とするために日本税理士会連合会、日本公認会計士協会、日本商工会議所及び企業会計基準委員会の4団体が中心となって作成したものだ。

http://www.nichizeiren.or.jp/taxaccount/indicator.html

「中小企業の会計に関する指針(平成25年版)」の公表について

2014年2月3日
日本税理士会連合会
日本公認会計士協会
日本商工会議所
企業会計基準委員会

　日本公認会計士協会、日本税理士会連合会、日本商工会議所及び企業会計基準委員会の関係四団体が主体となって設置された「中小企業の会計に関する指針作成検討委員会」（以下「委員会」という。）は、「中小企業の会計に関する指針」（以下「中小会計指針」という。）の見直しを行い、1月29日の委員会においてその公表が承認されましたので、本日、「中小企業の会計に関する指針（平成25年版）」として公表いたします。

　今般の中小会計指針の改正では、企業会計基準委員会が公表した各種の企業会計基準のうち、主に企業会計基準第26号「退職給付に関する会計基準」に対応した用語の見直し等を行っております。

　関係四団体においては、中小会計指針を取引実態に合わせたより合理性のあるものとするために、年次ごとの見直し及び改正を行うことを決定しており、関係者が協力して中小会計指針の定着に取り組んでいくことによって、中小企業における会計の質の向上、ひいては持続的な経済社会の成長と経済基盤の整備に貢献できるものと期待しております。

　なお、本指針の「関連項目」に記載している法人税法等の条文は、公表日現在のものであることにご留意ください。

また「中小企業の会計に関する指針」の適用状況を確認するための書類として「中小企業の会計に関する指針の適用に関するチェックリスト」も日本税理士会連合会（日税連）から公表されている。このチェックリストには、「無担保融資商品」を借りやすくするというメリットも用意されている。日税連は、「無担保融資商品」を提供する金融機関が114機関にのぼる（2009年11月）と発表している。このことからも分かるように、融資交渉に添える財務レポート（試算表や決算書）は、それらがどのような手順で作成され、どこまで公正に処理されているのかが問われる。融資交渉を有利に進めるためにも、「中小企業の会計に関する指針」や「中小企業の会計に関する指針の適用に関するチェックリスト」を活用したい。

(「中小企業の会計に関する指針の適用に関するチェックリスト」を活用した無担保融資商品等を扱っている機関
http://www.chusho.meti.go.jp/zaimu/kaikei/yuushikikan.html）

7 ■ 事業再生に向けた「債権者（金融機関）との交渉」

日本税理士会連合会

「中小企業の会計に関する指針」の適用に関するチェックリスト

【平成25年6月改訂】

平成　年　月　日

［会社名］ ＿＿＿＿＿＿＿＿＿＿＿＿＿＿

代表取締役 ＿＿＿＿＿＿＿＿＿＿＿＿ 様

税理士 ＿＿＿＿＿＿＿＿＿＿＿ 印
［事務所の名称及び所在地］
＿＿＿＿＿＿＿＿＿＿＿＿＿＿＿＿＿＿
［連絡先電話番号］
（　　　）　　　－

私は、貴社の平成　年　月　日から平成　年　月　日までの事業年度における計算書類への「中小企業の会計に関する指針」の適用状況に関して、貴社から提供された情報に基づき、次のとおり確認を行いました。

勘定科目		No.	確認事項	残高等	チェック	
(1) 預貯金		1	残高証明書又は預金通帳等により残高が確認されているか。		YES	NO
(2) 貸借対照表価額		2	金銭債権がある場合、原則として、取得価額で計上されているか。	無	有 YES	NO
(3) 手形割引等		3	手形の割引があった場合に、手形譲渡損が計上されているか。	無	有 YES	NO
金銭債権	(4) 表示	4	営業上の債権のうち破産債権等で1年以内に弁済を受けることができないものがある場合、それが投資その他の資産の部に表示されているか。	無	有 YES	NO
		5	営業上の債権以外の債権でその履行時期が1年以内に到来しないものがある場合、それが投資その他の資産の部に表示されているか。	無	有 YES	NO
		6	関係会社に対する金銭債権がある場合、項目ごとの区分表示又は注記がされているか。	無	有 YES	NO
		7	受取手形割引額あるいは受取手形譲渡額がある場合、それが注記されているか。	無	有 YES	NO
	(5) デリバティブ	8	デリバティブ取引による正味の債権債務で時価評価すべきものがある場合、それが時価で評価されているか。	無	有 YES	NO
	(6) 貸倒損失・貸倒引当金	9	債権が法的に消滅した場合又は回収不能な債権がある場合、それらについて貸倒損失が計上され債権金額から控除されているか。(*)	無	有 YES	NO
		10	取立不能のおそれがある金銭債権がある場合、その取立不能見込額が貸倒引当金として計上されているか。(*)	無	有 YES	NO
		11	貸倒損失・貸倒引当金繰入額等がある場合、その発生の態様に応じて損益計算書上区分して表示されているか。	無	有 YES	NO

1/4

（「中小企業の会計に関する指針」の適用に関するチェックリスト
http://www.nichizeiren.or.jp/taxaccount/pdf/checklist130605.pdf）

この他に、融資交渉時に提供したい資料として、
- 借入残高表（銀行ごと）
- 借入金返済実績表（過去3年分程度）
- 返済計画表（資金繰り予定表）
- 担保明細票（担保物権別、抵当権設定状況付き）

等を挙げることができる。

⑤金融機関交渉をさらに有利に進める資料

　金融機関との新規融資やリスケの交渉は、一回限りの「出たとこ勝負」と考えるべきではない。データや資料による説得も大切だが、人間的な信頼関係の構築も心がけたい。そのためには、金融機関の融資担当者やその上司とのコミュニケーションを図り、彼等が当社に抱く懸念を聞き出し、この懸念を払拭するための資料も提示したい。

　金融機関が、借り手企業の属する業界の成長性や当社商品の市場性に疑問を持っているようであれば、その対応として市場の成長性などを監督官庁のホームページなどを元にまとめこれを提出しても良いだろう。借り手企業の業界ポジショニングに疑問があるようであれば、業界における位置づけをレポートする。経営計画の売上高に疑問を持っているようであれば、商品や客層、地域などにグルーピングした売上予測表なども添付したい。

　交渉の過程で資料は追加しても良い。金融機関担当者の発言やしぐさなどから、対象となる追加資料が見えてくる。下記に示す資料は、金融機関交渉に必須なものではないが、できれば準備しておきたいものとして列挙する。
- 会社案内（業務案内、資本構成や主な取引先が書かれたもの）
- 事業計画書（利益計画、人事計画、設備投資計画など）
- 市場予測や市場統計値（総務省や監督官庁、シンクタンクなどのデータ）
- 新聞やビジネス誌の記事（当該事業に関わるもの）

金融機関交渉の肝は、当該会社に対する金融機関の評価を改善することだ。積極的に貸したい会社なのか。リスケを含む様々な支援をしてでも生き残らせたい会社なのか。過去データは褒められたものではないが、今後に期待する経営陣なのか。評価改善は、そう簡単なことではない。だからこそ、交渉を優位に運ぶための研究や準備を必要とする。

8 事業の再成長（真の事業再生、ターンアラウンド）

　財務のリストラやリフォーム（再構築）をしただけでは、ターンアラウンド（真の事業再生）したとは言い難い。ターンアラウンドには、本格的な事業再構築と企業価値向上の成長戦略とロードマップが必要だ。真の事業再生に向けた経営戦略の詳細は、第5章「経営者のための経営戦略・経営計画」に譲るが、ここでは財務リストラ直後の経営の在り方について概要を示すことにする。

- 事業概念（コンセプト）の生成……事業の社会的使命や自社の存在意義など
- 事業構想（ビジョン）の構築……企業理念に基づく事業領域や事業方針（ポリシー）、長期の事業計画（ビジネスプラン）など
- 経営戦略（ストラテジー）の策定……事業計画の達成に向けた、環境・市場・自社分析に基づく目標と手段の設定
- 単位経営計画（マネジメントプラン）……単年度経営計画や経営資源の配分計画、部門計画、マーケティング計画など
- 経営の管理と執行（マネジメントシステム）……管理と業務のサイクル（計画、執行、分析の回転）

8-1 ◆ 資金繰りの安定化

　事業再生を本格軌道に乗せる上で、最も重要なものに資金繰り（計画表）がある。事業再生の財務リストラが成功したにもかかわらず資金計画の甘さ

から、民事再生や会社分割等を終えた後に、二次破たんすることが珍しくない。「再生計画が杜撰だった」といえばそれまでだが、事業再生コンサルタントやターンアラウンド・マネジャー（再建経営者）としては絶対に侵してはならないミスだ。多くの場合このミスは、資金繰り対策の甘さに起因する。

　資金が減少する要因は、売上の減少や原価の増大、経費の増大、売掛金の増加、在庫の増加などだ。これ等の資金減少要因が複合的に絡み合いながら、やがて運転資金が不足する。営業資金の入りと出を図ることが資金繰りだ。特にターンアラウンドが軌道に乗るまでは、より緻密な資金繰り（計画）を必要としている。運転資金の不足を補うには、新規融資など資金調達（ニューマネー）が必要だ。しかし、財務リストラ直後の会社に収支や出資をする者は少ない。

　会社がある日、資金不足という経営課題に直面したとする。予測していない資金不足は、売上の減少や損益の赤字よりも緊急性の高い経営問題として取り組まざるを得ない。資金不足は、経営上の「有事」に相当する。資金不足は「仕入のストップ」、「給与の不払い」など会社の二次破たんの引き金になりかねない。もし会社が1度目の破たんから10年以内にまた破たんするいわゆる二次破たんをするならば、優れた事業再生コンサルタントに依頼したとしても、再生の目がほとんどないと言えるだろう。

①3ヵ月先までは、日々の資金繰り表を作る

　資金繰りとは、資金の出入りをコントロールし事業の円滑化を支援することだ。まず、資金の出を計り（支払いのコントロール）、ムダやムリ、ムラを抑える。次に、売掛入金の早期化など、資金の入りを図る。具体的には、入金について現金売上、売掛入金、他の入金の3項目とし、出金について現金仕入、買掛支払、給与支払、経費等支払、借入返済の5項目とし日々の資金繰り表を向う3ヵ月作成する。これをExcel等の管理表を使い週単位や可能ならば毎日更新する。資金繰りは、経営の重要課題であり、財務リストラ直後という会社のおかれている状況を有事と考えるならば、経営者の判断によるが、この資金繰り表を従業員に公開するという手もあるだろう。

②資金繰り表の構造

　資金繰り表は、資金繰りを管理するツールで、通常は、月次ベースで作成する。一般的には、半年程度先までを予測する。しかし、財務リストラ直後の会社は、日々管理、1年先までを予測、管理すべきだ。

　資金繰り表や資金計画表は、管理会計帳票と呼ばれ、貸借対照表や損益計算書などの制度会計帳票と異なり、特に定められた書式がない。「一般的な資金繰り表」の構造は、次のようなものだ。

- 経常収支＝経常収入−経常支出
- 経常収入（現金売上、売掛入金、手形期日到来など）
- 経常支出（現金仕入、買掛金支払、手形期日到来、人件費等の経費支払いなど）
- 財務収支＝財務収入−財務支出
- 財務収入（新規借り入れ、手形割引など）
- 財務支出（借り入れ返済、固定性預金預け入れ、固定資産購入など）
- 総合収支＝経常収支−財務収支
- 資金有り高＝資金有り高前残−総合収支

　経常収支は、日常の営業における収支を算出し、常にプラスであることが望まれる。実績において、3ヵ月以上連続してマイナスであれば、計画的（意図的、戦略的）なマイナスでない限り、原因の究明と早急な問題解決を必要とする。資金繰りの計画段階（資金繰り計画表）において、経常収支が3ヵ月以上連続してマイナスの場合は、計画そのものが問題であり、見直しすべきだろう。

　財務収支は、借入金返済がある（通常は借入がある）ので、新たな借入等がない限りマイナスになる。この財務収支のマイナスが、経常収支のプラスの範囲内で推移することが望ましい。財務収支のマイナスが継続して経常収支のプラスを上回る場合は、やがて資金不足を起こす。返済のリスケジュール（リスケ）交渉や新規の借り入れを考えなくてはいけない。これと同時に、経常収支の改善策も必要となる。

資金繰り計画作成システム
資金繰り計画表　2014年4月〜2015年3月

株式会社 新電卓商事

資金繰り項目	2014年4月			2014年5月			2014年6月			2014年7月		
	1〜10	11〜20	21〜末日	1〜10	11〜20	21〜末日	1〜10	11〜20	21〜末日	1〜10	11〜20	21〜末日
経常収入 現金売上	1,000	1,000	1,500	500	500	1,000	500	500	1,000	500	500	1,000
売掛回収	1,600	600	2,300	1,000	450	1,500	1,000	450	1,500	1,000	450	1,500
手形入金												
他経常入金												
(経常収入:A)	2,600	1,600	3,800	1,500	950	2,500	1,500	950	2,500	1,500	950	2,500
経常支出 現金仕入	500		400	300		300	300		300	300		300
買掛支払		500	1,700		300	1,500		300	1,500		300	1,500
手形決済					400			400			400	
人件費支出	1,900			1,800			1,800			1,800		
経費支払	600			400			400			400		
他経常支出金												
(経常支出:B)	3,000	1,000	2,100	2,500	700	1,800	2,500	700	1,800	2,500	700	1,800
財務支出 借入返済												
貸付実施												
資産購入												
その他出金												
(財務支出:C)	0	0	0	0	0	0	0	0	0	0	0	0
財務収入 借入金												
貸付回収												
資産売却												
その他入金												
(財務収入:D)	0	0	0	0	0	0	0	0	0	0	0	0

【資金繰り要約表】
● 当初資金有り高　16,700

	2014年4月			2014年5月			2014年6月			2014年7月		
月初資金有り高[X]	16,700	16,300	16,900	18,600	17,600	17,850	18,550	17,550	17,800	18,500	17,500	17,750
(経常収入:A)	2,600	1,600	3,800	1,500	950	2,500	1,500	950	2,500	1,500	950	2,500
(経常支出:B)	3,000	1,000	2,100	2,500	700	1,800	2,500	700	1,800	2,500	700	1,800
経常収支後残高[Y=X+E]	16,300	16,900	18,600	17,600	17,850	18,550	17,550	17,800	18,500	17,500	17,750	18,450
(財務支出:C)												
財務支出後残高[Z=Y-C]	16,300	16,900	18,600	17,600	17,850	18,550	17,550	17,800	18,500	17,500	17,750	18,450
(財務収入:D)												
月末資金残高 [W=Z+D]	16,300	16,900	18,600	17,600	17,850	18,550	17,550	17,800	18,500	17,500	17,750	18,450
経常収支額[E=A-B]	-400	600	1,700	-1,000	250	700	-1,000	250	700	-1,000	250	700

2014/9/3

③資金繰り安定化のためには、1年先の資金計画表も作る

　資金計画表は、資金繰り表が日々の管理であったのに対し月単位に作成する。資金計画表の目的は、刻々と変化する財務状況を元に、月末の資金残高（キャッシュ）を管理することにある。ほとんどの会社では、経営の内外部要因や経営資源、経営機会などを勘案した事業計画とこれを基にした利益計画を作成しているはずだ。この利益計画を元に未来の資金繰りを予測する。予測した資金繰りを元に、新たな借り入れや設備投資などの財務計画を加えて、資金計画ができあがる。資金計画表を作成することによって、未来の資金不足や資金需要を予め知ることができ、余裕を持った財務対策を可能とする。

8-2 ◆ なぜ利益計画表だけではダメなのか

　企業が通常使用する損益計算書は、発生主義で作成されている。発生主義とは、取引の行われた時点、つまり発生時点で仕訳を起こすため、

キャッシュフローと必ずしも一致しない。具体例で示すならば、1月に掛で売り上げた場合は、その入金が3月になろうとも1月に売り上げを計上する。このように、発生主義では、帳簿上の損益と現金や預金（キャッシュ）の動きにズレが生じる。発生主義で作成した損益計算書だけで経営管理をしていると「勘定合って銭足らず」の諺のように予定外の資金不足を起こすことになりかねない。

①資金計画表の作成は簡単ではない

　経営者の多くが、「頭の中で月次の損益計算や資金繰りを行うことができる」と言う。損益計算や資金繰りなどというと大げさのようだが「いくら売り上げて、粗利がいくらで、経費を引いたら…」などとやっている姿が目に浮かぶ。しかし、資金計画となるとそう簡単ではない。今月や来月の帳尻は計算できても、3ヵ月後、半年後となると頭の中だけではムリが出てくる。何故かというと、売掛金や買掛金、手形といった信用取引や借入返済などの財務取引が複雑に絡んでくるからである。仮に売上が現金商売の会社でも、仕入や経費、設備の支払いは月単位が多い。月末の支払日に思わぬ資金不足を起こすことがある。

　資金計画の作成には、利益計画表の他に、売掛金や買掛金、手形といった信用取引に関する約定の情報が必要だったり、資金繰り計画の前にあった残高についての決済予定など細かな情報と予測が必要だったりする。これ等の条件を組み合わせて資金の流れを算出しなければならないため、暗算や電卓での作成では時間が掛かり過ぎて現実的でない。マイクロソフトのExcelなどのパソコン・ソフトの活用が必要かもしれない。

②資金計画表の構造

　利益計画は、発生主義で作成するため、科目別金額の縦横計算で済むため比較的簡単な業務と言える。資金計画表の作成は、損益科目の金額を「資金の流れ」に変換する必要がある。前項で説明したとおり、資金の流れには、①経常収支と②財務収支の2つがある。財務収支は、借入

返済などの財務計画、固定資産購入などの投資計画、増資などの資本計画、に示された計画から比較的容易に情報を得ることができる。しかし、経常収支は日常の営業取引による資金移動を含めた計画となるため、予測計算が以下のとおりやや複雑となる。

売り上げの資金移動ロジックを例に取ると、次の通りとなる。
(1) 売り上げ ⇒ 現金 または 売掛金
(2) 売掛金 ⇒ 当月回収または翌月回収または翌々月回収または3ヵ月超回収
(3) 売掛金回収 ⇒ 現金または受取手形
(4) 受取手形 ⇒ 手形サイト期日後現金(または割引手形)

売掛金の「または」のところが、何時になるかで回収の速度が変わり、運転金に大きく影響する。回収速度を比率化することによって、売上が何時の時点で現金化(資金化)されるのかを算出することができ、システム化が図れる。システム化といっても、手形の割引は、経営の状況に応じて経営者が意思決定する事項で、自動的な計算はできない。また実際の売掛金回収となると、得意先ごとや個々の取引ごとに違ってくるはずだ。これまでの実績や今後の営業方針に基づいた一定の条件設定で、システム化することになる。

経営戦略において資金計画表は、利益計画や事業計画と連動しているところにメリットがある。事業計画に狂いが生じたなら、速やかに資金計画表に展開したい。事業計画と資金計画が連動しているならば、資金繰りで何を手当てすべきか、その資金計画表に現れているはずだ。

8-3 ◆ 目標利益の策定とコスト管理

破たん会社の特徴のひとつに、コスト意識が希薄な経営がある。また、経営管理や原価管理という概念そのものがない会社も見受けられる。こういったコスト意識に起因する破たん会社のターンアラウンド(財務リストラ)で

は、徹底的なコスト管理を行う。しかし、コスト意識の徹底やコスト管理は、闇雲なコスト削減と同義ではない。過度なコスト削減は、従業員のモラール低下やサービスを含む商品品質の劣化、仕入先等の取引条件の悪化など、事業再生の阻害要因になりかねない。適切かつ、コスト管理に便利な公式があるので紹介したい。それが以下に示す、損益分岐点計算式だ。

- 損益分岐点売上高＝固定費÷限界利益率
  限界利益＝1－変動比率　（変動費率≒原価率）
  この式に、目標利益を加えると、必要売上を算出できる
- 必要売上高＝（固定費＋目標利益）÷限界利益率
  式の展開によって、目標利益を求めることができる
- 目標利益＝（限界利益率×必要売上高）－固定費

損益分岐点計算式によっても固定費の削減が、ストレートに利益の向上になることがわかる。固定費つまり一般経費の削減がターンアラウンド・マネジャーの重要業務だ。しかし、上記式の限界利益率と必要売上高にも着目してもらいたい。限界利益率は、概ね粗利益率と同義で、仕入れコストや原価率を下げることでアップできる。限界利益率のアップは、売上高の増加策とあわせてマーケティング戦略と密接に関係している。マーケティングの成功は、順調な販売を意味し、売上の増加と営業収支の改善をもたらす。会社は、真の事業再生に一歩近づく。

8-4 ◆ 人事・組織の再編

　財務破たん会社が本格的にターンアラウンドできるかどうかのポイントは、ひと・もの・かねの経営資源の3要素がうまくかみ合うときだろう。事業再生当初、財務リストラの局面では、この3要素のうち特に「かね」が重要視される。再生計画作成の段階では、事業の元とも言える商品や市場、つまり「もの」が重要な要素となる。しかし、これらの意思決定や事業推進も含め「ひと」が行う。財務リストラ以降の経営や営業、生産も「ひと」が行う。「ひと」と

「ひと」が集合した「組織」、この「ひと達」の優劣がターンアラウンドの成功を大きく左右する。

　会社内のひとは、①ガバナンス　②マネジメント　③オペレーションの3分野の何れかで会社と関わる。この3分野を、経営層、管理層、一般社員と相対させて説明する経営指南書が多い。これも悪くはないが、今日的な経営においては、経営管理や販売・営業、技術・製造、店舗・事務所などあらゆる部門において、ガバナンスからオペレーションまでの機能が必要となっていると思える。何れにしても、ターンアラウンドでは、組織再編と人材活性化が重要課題であり企業価値の向上につながる。企業価値向上には、コスト管理による利益の創出が不可欠だが、ひとのコストは、他のコストと比較して大きいことから利益に影響する。財務リストラ局面では、人のリストラが真っ先に行われることが多いが、ターンアラウンド局面に必要な人材の流出は避けたいところだ。

①ガバナンス層

　一般にコーポレート・ガバナンスとは、会社の不正行為の防止あるいは適正な事業活動の維持・確保を目的とした会社システムのあり方をいうことが多い。しかし、コーポレート・ガバナンスの本質は、株主からの出資金（資本金）を効率的に運用し、利益を上げるシステムであり機能でなければならない。一方で、ガバナンス層は株主利益の追求ばかりではなく、従業員や取引先、その他社会一般の利害と企業との関係を高い視点で監督する人材層だろう。ガバナンス層は、企業価値の維持と向上への貢献を期待したい人材であり、一般の取締役に求められる能力や機能と類似する。

　日本の中小企業には、マネジメント層とガバナンス層を分ける制度を持っている会社は現状では少ない。しかし、会社分割やM&Aなど企業再編が珍しくない状況となった今、ガバナンス層の人材は重要だ。株主は、このガバナンス層の人材、もしくはガバナンス機能に専門知識と経験を持った人材を求めている。

②マネジメント層

　ひと・もの・かねの経営資源を資本家もしくはガバナンス層から預かり、最も効率よく運営（経営）し、企業価値を維持・向上させる責務を負った人材がマネジメント層だ。破たん会社においては、厳しい人材アセスメント（評定）を行うとともに、明らかに必要と認定した場合を除いて退任させるのが普通だ。破たん前のマネジメント人材で、ターンアラウンド局面でも企業貢献が期待できる場合において、オペレーション層の人材として残す手段もある。

　マネジメント層は、主任クラスから取締役まで幅広いが、費用（人件費）と組織活性化の両面から検討しながらも、この層の人材数は最小限に留めたい。年功序列による役職付与などは、旧時代の手法と考え、業績貢献は給与や賞与で褒章すべきだろう。また、取締役においては、株主や社員から経営を付託された人材であり、株主代表訴訟などさまざまなリスクがある。その自覚がなく、代表者に追従するだけの能力の人材は排除しなければならない。

　社外役員や顧問、経営委員などを設置する企業もあるが、これらの人材はマネジメント層というよりもガバナンス層に近く、そのアセスメントと配置はガバナンス層に準じたい。

③オペレーション層

　日々の業務を推進するワーカーとスタッフがオペレーション層だ。マネジメント層から指示を受けて複数のワーカーやスタッフを指揮する人材もオペレーション層と考えて良い。この層の人材は、代替の人材や派遣などの機能と比較して人事アセスメントする。代替の対象は、新規採用者やアウトソーシング会社の人材などの他、企業の統合やアライアンスによる業務削減、ITの活用による業務効率向上などが考えられる。

　しかし、現実にはこのオペレーション層の人材の成長によりマネジメント層やガバナンス層の人材が育成されることも多い。日本人の文化性も激しい人事は避ける傾向にあり、このことも考慮しなければならない。ひとつの方法としては、採用時から将来のマネジメント層候補者を選定し、徹底した英才教育や育成プランを用いて、この問題に対応する。グローバル化による、

いっそう厳しい市場環境を想定した、人事戦略が求められる。終身雇用や家族的な経営は、過去の成功体験であり、オンリーワン商品を持つなど極めて優位な競争環境にある企業以外では、オペレーション層の代替を視野に入れた経営が求められるだろう。

8-5 ◆ リーダーシップ

①会社は、トップのリーダーシップで変わる

　日産自動車のカルロス・ゴーン氏の例を挙げるまでもなく、トップのリーダーシップが変わるだけで企業は大きく変わる。日本企業が抱える問題のひとつに、優れたリーダーの少なさがある。この原因は、官庁を頂点とする縦割りの産業構造を構築し、マネジメント層の人材に対し、優れたオペレーション（層のコントロール）を期待し追求させてきたためと考えられる。優れたオペレーションの延長線には、現在のような環境変化に対応できるリーダーシップは育たない。

　優れたリーダーには、智・情・意の高さが要求される。「智」は、知識であり智慧のことで、事業を進める「構想力」や「戦略性」といっても良い。事業の将来像を描き出す構想力やそれを推進するための戦略構築は、リーダーの必須条件だ。歴史観や世界観といった高い見識をもって市場と事業を見渡し、智慧を廻らせ事業を構想する力がリーダーには必要だ。

　「情」は、感情や情報の「情」のことで、心のおもむきを表す。人間集団におけるコミュニケーションには、この情の持つ機能が欠かせない。リーダーに、この情が不足するとコミュニケーション力は半減する。情が備わったコミュニケーションは、社員のやる気を起こさせたり、潜在能力を引き出したり、次世代のリーダーを育てるきっかけを作ったりする原動力となる。

　「意」は、意思のことであり決意のことだ。目的を遂行しようとする強い意思と、目標を達成しようとする決意がリーダーになければ、人はついて行かない。仮に「智」と「情」が優れていたとしても、それだけでは評論家に過ぎず、その人の企業内における定職は、リーダーでなく監査役か社外取締役だろう。

②リーダーシップについてのある意見

　一橋大学大学院助教の佐山展生氏は、事業再生に求められるトップの条件についてのあるインタビューに次のように応えている。

佐山：企業経営は社長で決まるといって過言ではありません。社長が90％以上の割合で会社の運命を左右するのです。優れた社長の下には優秀な人材が集り、現場の志気を高め、素晴しい戦略を立案します。まずは戦略ありきという考えは間違っています。戦略はすべてを書ききれるものではありません。想定外の事項にいかに対処するかが重要です。銀行員時代は「社長は50％、残りの50％は戦略など」と考えていましたが、ファンドの仕事に就いてからウエートが大きく変わりました。

佐山：本気で会社を再建するなら、トップは24時間・365日会社のことだけを考えるべきです。真剣で情熱にあふれ、リーダーシップを発揮できるトップがいれば必ず同業他社に勝つことができます。再建の対象となる業績不振企業では、社員の能力を10％程度しか活用していません。その主な原因は、評価基準のゆがみです。ど真ん中に投げた直球が「ボール」と判定されれば誰もがやる気をなくしてしまいます。評価基準を明確に定め、個人の能力を最大まで引き出す仕組みを作るのが経営陣の仕事です。

佐山：事業再生の市場は今後まだまだ成長するでしょう。「カネ」は徐々に集ってきましたが、再生企業のCEOやCFOとなる「ヒト」が不足しています。経営のノウハウは実践の場でしか身に付きません。ポテンシャルのある人材は多いのですが、トレーニングを積まなければ活躍することはできません。もし現状に不満があるならくすぶっていないで外に出たらいい。再生途上の企業などで修羅場を見たり、優れた経営者と仕事をしたりすれば学ぶことも多いでしょう。

③再生時のリーダーであるターンアラウンド・マネジャーの仕事

　財務破たん企業を本格的にターンアラウンド（真の事業再生）させるポイントは、ひと・もの・かねの経営資源をうまくかみ合わせることだ。このターンアラウンドを計画し、管理し、成功に向けて指揮するものを、ターンアラウンド・マネジャーと呼ぶ。ターンアラウンド・マネジャーは、社内から選抜しても良いし、外部から招聘しても良い。あるいは、事業再生アドバイザー（ターンアラウンド・アドバイザー）を顧問として、その指揮の下での業務執行者を選任するという方法もある。ターンアラウンド・マネジャーの業務は、財務リストラや再生計画、ターンアラウンドなど局面によって、変わってくるが概ねのポイントは次の通りだ。

- 再生スキームから再生計画、経営戦略、経営資源の現状など、再生事業の全体像を把握する
- 資金繰りの見通しを立てる
- 会社に赴く（現場に入り、仕事を開始する）
- マネジメント層に再生方針を伝える
- マネジメント層からターンアラウンド・パートナースタッフを選任する
- 一部のパートナースタッフに権限を与える
- パートナースタッフとともにオペレーション層に会社の現状と再生方針を伝える
- 再生計画と経営戦略に基づいた、フィールド・デューデリジェンス（現場調査）を徹底的に行う
- 目的に応じた会議体（ミーティング組織）やプロジェクトを設定し、定期的なミーティングを行う
- 事業改革をスタートする
- 成果、問題点を公開する

第11章
デューデリジェンス

デューデリジェンスとは

　デューデリジェンス(Due Diligence)を直訳すると、「Due:当然行われるべき」、「Diligence:努力」で、日本語的には「適当かつ相当な注意」という意味になる。もともとはアメリカで生まれた概念で、投資家保護の観点から投資対象の適格性を把握するために行う調査活動全般を指している。デューデリジェンスの目的は、投資対象の適正な価格算定と投資対象に内在もしくは付帯しているリスクの精査にある。

　近年の日本では、M&A(事業の売買)の増加と共に、対象企業の適正な価格算定や購入後のリスク回避の要請から広く使用されるようになった。M&Aにおいては、買い手候補者が買収対象企業に関するデューデリジェンス(事業面、財務面、法務面、経営管理機能、人事組織など多面的な)を行う。このようなデューデリジェンス(調査活動)は、M&Aだけでなく投資用不動産の取り引きやプロジェクトファイナンスなどにおいても実施されることが多い。

　デューデリジェンスと比較される調査行為に「会計監査」や「株式会社の監査役」がある。これ等は類似する部分もあるが、行為の原因や目的が異なっている。会計監査は、企業が作成し公開しようとする「財務諸表」が、一般に公正妥当と認められるか否かを調査する。また株式会社の監査役は、取締役及び会計参与の業務を監査する機関として、会社経営に違法または著しく不当な職務執行等がないかを調べ、それがあれば阻止・是正する職務を負っている。これに対し、デューデリジェンスは、ある特定の目的(M&A買収等)を合理的に達成するための調査行為の全般をいう。

　会計監査や監査役監査は、その手続きや品質基準が法律や業界基準等において一定の明示がなされているが、デューデリジェンスは、特定の顧客ニーズに基づく私的調査といえるもので、法律的な要請や規範はない。

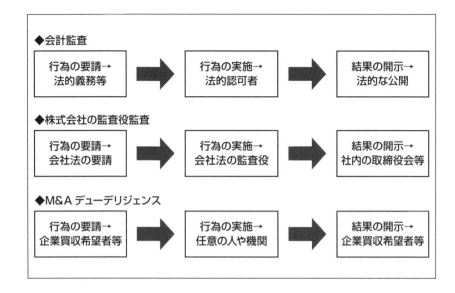

一般にデューデリジェンスは、財務デューデリジェンスと事業デューデリジェンス、法務デューデリジェンスの項目に区分し実施することが多い。M&Aに係るデューデリジェンスでは、対象企業の業界や業態によっては、この3区分の他に市場環境デューデリジェンスや組織人材デューデリジェンス、不動産を財務調査と分離させた不動産デューデリジェンスを行うこともある。

デューデリジェンスの各項の詳細は、後述するが、不動産デューデリジェンスは、不動産の市場価値と取引リスクの評価を行い、財務デューデリジェンスは、主にBS（貸借対照表）とPL（損益計算書）、CF（キャッシュフロー）の過去、現在、未来を評価する。事業デューデリジェンスは、事業の現在と将来を構成する商品や技術、市場、顧客、取引先、従業員等を総合的に評価する。法務デューデリジェンスは、対象企業に係る取引契約や特許、各種の係争やその火種などを精査する。

本項では、M&Aや事業再生を前提とした事業デューデリジェンスと財務デューデリジェンスを中心に解説する。

2 デューデリジェンスの対象と目的

　日本経済はかつて、明治維新や第二次世界大戦によって国家体制が変わり、多くの産業が打撃を受けた。しかし、この様な苦難な道のりを経ながらも日本経済は発展し成長をバブル経済崩壊まで続けた。このころは、金融機関の多くが事業の将来性や経営者の人物的評価に対して融資を行った。金融機関の融資担当者や役職者がエリートとして輝いていた時代だったように思う。

　やがて日本経済の成長・拡大や世界経済のグローバル型と共に、金融機関の業務は多様化し、商品メニューが増え、店舗数も増えた。この時代の流れに呼応するように、企業の資金調達ニーズも増した。経済成長による企業の資金ニーズ拡大という、一見理想的な経済推移の中で、金融機関の企業への融資（判断）は担保主義へと変化して行った。

　地価高騰を背景に担保主義は進化し、連帯保証者の資産も担保とする「超担保主義」となった。超担保主義は、バブル経済崩壊まで隆盛を極め、バブル経済崩壊後の昨今まで尾を引いていた。2012年の民主党政権末期になってようやく、担保主義融資からの脱却が政治の政界で提唱されるようになった。

　担保主義全盛の時代では、融資や投資（M&A含む）において、デューデリジェンスは面倒な行為とされ重要視されなかった。右肩上がり経済（地価高騰局面）を信望している状況では、担保（不動産）があればその値上がり見込で充分だった。長く続いた担保主義時代によって、事業性の評価（事業デューデリジェンス）手法は、多くの金融機関から失われた感がある。バブル崩壊とともに土地神話も崩れ、融資の評価機軸が歪んだ。そこに原点回帰ともいえる事業性の評価の必要性が浮上し、時の政府（金融庁）から「リレーションシップバンキング」の指針がすべての金融機関に提示された。

　この指針において金融庁は、リレーションシップバンキングを「金融機関がお客様との間で親密な関係を長く維持することにより、お客様に関する

情報を蓄積して、この情報を基に貸出金等の金融サービスの提供を行うことで展開するビジネスモデルをいいます」と定義している。要は、「担保主義に依存しすぎることなく、事業性を見た融資をしなさい」ということで、継続的な取引の中で事業デューデリジェンスの必要性を謳ったものである。

　事業デューデリジェンスにおいては「企業の何を分析し評価するのか」という課題がある。先ず、キャッシュフローを含めた財務の評価が上げられる。しかし、定量化された数値だけを追いかけていて良いものか疑問だ。財務は、事業の結果や予測において威力を発揮するが、事業そのもの詳細をつまびらかにしていない。事業を構成する要素は、ヒト（人）でありカネ（金）であり、商品やブランド、技術といったモノである。カネ以外は、定量化が難しい評価対象だ。

　デューデリジェンスの難しさは、その手法や評価基準について研究報告や業界慣行は示されたりするが、公的な強行規定や指針が示されていないことにある。加えて事業評価の測定要素が極めて多く、それぞれが定量化の難しい評価対象という点にもある。この難しさによって「デューデリジェンスの評価値には正解がない」といえ、第三者も「その正誤を判定できない」ともいえる。多くの場合、デューデリジェンスの正誤は、当事者の満足に係っている。従ってデューデリジェンスを実施するにあたり、もっとも重要となるのは、デューデリジェンスの目的、「何のためにデューデリジェンスを行うのか」ということだ。

　極論かも知れないが、未上場会社のM&A（企業買収）において、売買価格が双方で合意できている場合は、企業価値に関するデューデリジェンスは不要といえる。もし、簿外負債が取引後に顕在化することを恐れるならば、そこをフォーカスしたデューデリジェンスを行えば良い。それでも不安であれば、不測の事態に備えた「瑕疵担保契約」やコベナンツ（特約条項）などを取り交わしておけば対応できる。目的のはっきりしないデューデリジェンスは、経済合理性の観点から推奨できるものではない。

3 一般的なデューデリジェンス業務の流れ

　一般的なデューデリジェンスについて規定や方法論、手順はなく、この項は経験に基づいたデューデリジェンスの流れについて解説したい。デューデリジェンスの実務においては、依頼者の目的を充分に把握した上で、最適な手法と手順を選択したいものだ。

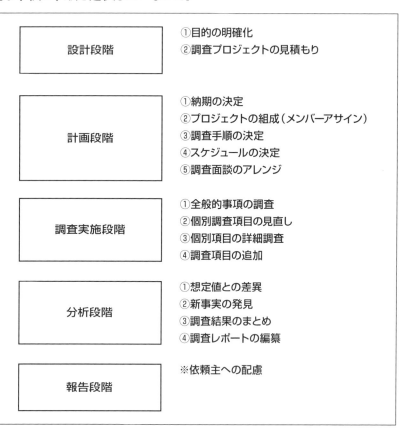

3-1 ◆ 設計段階

①目的の明確化

　まず、デューデリジェンスの目的を明確にし、調査結果を何に利用するのかを把握する必要がある。目的が曖昧だと、調査項目の優先順位や調査

範囲の判断ができず、無駄な時間やコストを掛けることになる。調査結果の利用目的を把握していないと、調査対象やレポート方法を誤ることになる。

②調査プロジェクトの見積もり

多くの場合においてデューデリジェンスの先には、売買という経済行為が控えている。デューデリジェンスのコストは、結果としてこの売買コストに付加されることになる。1億円程度の売買に係るデューデリジェンス・コストが5000万円も要したのでは、本末転倒だろう。目的の明確化とも繋がるが、どの程度の調査プロジェクトになるのか、早い段階での見積もりが必要となる。

3-2 ◆ 計画段階

①納期の決定

いつまでに調査結果を出す（報告する）必要があるのか、自らのリソースと照らしながら依頼主と調整し、決定する。注意が必要なのは、納期の弾力性で、依頼主からの前倒し要求やプロジェクト・メンバーの個別事情による遅れをどの程度配慮するかである。また、中間報告の時期と質についても計画が必要となる。

②プロジェクト・メンバーのアサイン（依頼打診）

プロジェクト・メンバーのアサインは、もっと後の段階と考える向きもあるが、メンバーは常にアイドリングをしてアサインを待っているわけではなく、早めの打診が必要である。ただ、この段階では、プロジェクトのメンバー構成やデューデリジェンス手順が決まっていないので、日程の押さえ程度になるだろう。

③調査手続等の決定

次に、目的を充分に考慮した調査範囲や調査項目、調査手続を考慮し決定する。事業デューデリジェンスにおいて、調査の範囲や項目としては、各事業の過去3～5年間の事業部別損益や収支、運転資金、各事業のKPI、不採算事業の撤退コスト、各事業のマーケット・競合他社情報等を

挙げることができる。また、手続としては、過去3〜5年間の事業部別損益計算書・キャッシュフロー表の時系列分析、各KPIの推移分析とベンチマーク分析、各事業のマーケット・競合他社分析、運転資金分析、責任者へのインタビュー、不採算事業の撤退・清算コスト分析、マーケットをよく知る者（コンサルタント等）へのインタビュー等をあげることができる。

④スケジュールの決定

この時点でスケジュールの策定とデューデリジェンスチームの組成となる。手順的にはスケジュールを先に決定し、その中で調査目的を考慮しながら調査項目と手続を取捨選択することが多い。デューデリジェンスの範囲には、経営管理や事業システム、財務、法務、人事、ITシステム、不動産、環境、等の様々な分野がある。チーム編成にあっては既にアサインしていたメンバーを中心に、それぞれの分野の専門領域を考慮して、適材適所で配置する。この段階では、メンバー毎の納期を明確にする。

⑤調査面談のアレンジ

デューデリジェンスの手続やスケジュールに合わせて、対象会社の担当者と打ち合わせしながら各事業部の責任者等との面談をアレンジする。この際、今後のデューデリジェンスに必要な資料等の提供依頼リストや協力依頼事項を作成しておき、面談者に配布する。

3-3 ◆ 調査実施段階

①全般的事項の調査

実際の調査では、資料調査と実地調査、ヒアリング調査の3方面から進める。何れも全般的事項の調査から始め、その後個別項目の調査へ移行する。全体像を掴んだ上で、計画上詳細が必要な項目を絞り、個別調査を展開する。

- 既に作成されている、財務諸表や事業計画、販売計画などを把握する
- 対象会社について、行政や民間調査会社から入手できる情報を把握

する
- 対象会社の責任者にインタビューし対象会社の事業状況を理解する
- 過去3事業年度の株主総会、取締役会、その他重要な機関の議事録、主要な稟議書を入手し、閲覧する
- 対象会社の過去3事業年度の財務諸表等に基づき、財務(比率)の変動理由につき責任者にインタビューする
- 対象会社の事業に重要な影響を与える契約や偶発債務、訴訟、行政指導などついて担当責任者に質問する

②個別調査項目の見直し

全般的事項の調査結果を受け、個別調査項目について見直しをする。計画策定段階では、限られた情報によって調査項目を設計しているため、この段階で個別調査項目を実態に合わせ再設計する。

③個別項目の詳細調査

個別調査の内容が調整されると、個別項目の詳細調査に入る。ここで注意することは、個別項目調査に囚われすぎないことだ。調査目的と全体像を常に意識し、各調査項目の重複作業を避けるなどの協力体制をとらなければならない。

④調査項目の追加

個別調査の過程で、新たな調査項目の必要や調査範囲の拡大を迫られることがある。それが、目的と照らし合わせ、重要な課題であったり、想定される影響が多大であったりする場合は、計画の変更を検討する。このような場合は、予算の許す範囲で調査項目を拡大することが望ましい。

3-4 ◆ 分析段階

①想定値との差異

調査実施の前段階や全般的事項の調査で、ある程度結果を予測した

想定値と、調査実施による値の差異に着目して分析する。想定値との差異が大きいものは、さらなる精査が必要か否か再検討する。

②新事実の発見

計画に基づいた調査であっても、想定外の新事実を発見することがある。この新事実についても、目的との相関性や重要度を勘案し、再調査の必要性を検討する。

③調査結果のまとめ

調査項目ならびに各分野のチームメンバーが行った調査結果を、重要度や対応の難易度、他の項目への影響度などを勘案し、全体報告としてまとめ上げる。

⑤調査レポートの編纂

調査結果のまとめに基づいて、調査目的と依頼者に合わせたレポートを作成する。このレポートは、調査結果（事実）の他に、計画段階の想定値との差異理由や調査目的との適合度、調査結果のブレの可能性やその度合いなどを書き添える。

3-5 ◆ 報告段階

デューデリジェンスの結果は、依頼者の事業的な意思決定を支援する情報となる。仮に不動産購入に係るデューデリジェンスであれば、提示された価格で当該不動産を買うのか買わないのか。事業再生やM&Aの融資や出資ならば、将来に向けた担保価値を判断する材料となる。

事業再生に係るデューデリジェンスであれば、再生スキームや再生後のストラクチャ（構造）の判断材料とする。M&A買収に係るデューデリジェンスであれば、価格の妥当性やM&A形態（株式譲渡か営業譲渡か等）の判断の基準としたい。

事業上の最終的な意思決定は、デューデリジェンスを実施した担当者

（社内チームやコンサルタント）でなく依頼主である「上司」や「顧客」が行うことになる。しかし、デューデリジェンス担当者（チーム）は、意思決定権者とほぼ同等の緊張感を持った制度の高い報告を行う必要がある。

事業再生やM&Aに係るデューデリジェンスならば、再生の可能性や買収価格についての報告に留まらず、次のフェーズである買収や再生後の成長戦略、市場戦略につながる提案も添えたい。また、不採算事業の廃棄や抵当権や担保、債務保証などへの対応といった、早急に手を打つべき事項については明確に別記し提言したいものだ。

目的別のデューデリジェンス

デューデリジェンスは、M&Aの買収判断や価格算定の場面で活用されることが多いが、必ずしもM&Aに関わる事業や作業として限定はされていない。デューデリジェンスは、「詳細調査」と訳されることもあるように、誰か（依頼者）の意図（目的、指示）によって、何か（対象）を詳細に調べ、報告する一連の行為を指す。

本書においては、デューデリジェンスの対象を、事業面、財務面、法務面の大きく3つに分類し、解説している。これは、M&Aで一般的に実施される調査分野と合致させているからだが、他に、人材や技術のデューデリジェンスをしても良いし、海外進出の可能性やM&A後の事業シナジーや合併による資金調達力のレバレッジや税効果を計ってもいい。

またM&Aデューデリジェンスの報告書においても、M&A買収資金の早期回収に力点を置いたものなのか、長期安定成長による回収を目指すものなのか、依頼者の意図によって異なってくるだろう。デューデリジェンスを成功させる要因は、豊富な経験や高い技術も大切だが、依頼人と相談し練り上げた「明確な意図」を共有することだ。

4-1 ◆ 事業デューデリジェンス

　事業デューデリジェンスは、M&Aや事業出資、事業融資、事業再生などを目的として、対象会社の企業価値を算定する。経営管理体制や事業モデルの成長性、将来のキャッシュフローなどを詳細に調査し分析する。調査の対象は、会社の沿革に始まり、経営状況、事業モデル、商品力、事業の社会性、労使関係、資産と負債の状況、経営者のコンプライアンス対応、ガバナンス状況など広範なものに及ぶ。事業再生を目的とした事業デューデリジェンスであれば、財務リストラ段階で信用を棄損しかねない仕入先や債権者、得意先、従業員といったステークホルダーの協力見込みを判断したい。また再生する事業体（分社後会社や事業部）のSWOT（強み、弱み、機会、脅威）を分析した上で、生き残りと再成長の可能性について報告を添えたい。M&A（買収）を目的とした事業デューデリジェンスでは、当該会社買収後の企業体（グループ全体）としての買収シナジーを織り込んだ企業価値の算定も必要となるであろう。

①ビジネスモデル分析
　事業デューデリジェンスの出発点は、対象会社の各事業におけるビジネスモデルを正しく理解することである。そのためには、全般的事項の調査に続けて、経営者ないしは事業部門責任者（シニアマネジメント）にインタビューを行い、彼らにビジネスモデルを説明してもらうことだ。この作業では、ビジネスモデルを理解する目的の他に、シニアマネジメントの資質を評価するという目的も併せ持っている。
　先ず、シニアマネジメントへのインタビューでビジネスモデルの大枠を理解する。次に、現場の中間管理職や担当者へのインタビューで詳細調査項目捉えながらビジネスモデル分析を行っていく。ここで注意したいのは、現場の中間管理職や担当者の多くは通常、ビジネスモデルの包括的な理解が薄いということである。シニアマネジメントに先にインタビューするという順序を守ることを徹底したい。

●ビジネスモデルキャンバス

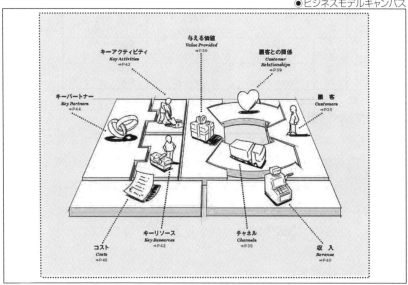

（出典：ビジネスモデル・ジェネレーション ビジネスモデル設計書
（アレックス・オスターワルダー／イヴ・ピニュール 著、小山龍介 訳、翔泳社刊））

●ビジネスモデルを理解するチャネルやツール
- 会社の発行するパンフレット、リーフレット
- インターネット（会社のホームページ、業界のホームページ）
- 当該会社や経営者に関係する書籍（本やビジネス誌のインフォマーシャル）
- ビジネスモデルキャンバス（作成していないようであれば、経営管理者のインタビューに基づいて作成する）

②SWOT分析

　SWOT分析は、対象会社の強み（Strength）、弱み（Weakness）、機会（Opportunity）、脅威（Threat）を分析しまとめたものである。SWOTは、会社全体だけでなく各事業につきそれぞれ分析しなければならない。

　SWOTの詳細については、335ページを参照してほしい。ここでは、対象会社や対象会社の各事業の外部環境と内部状況を勘案し、できるだけSWOTの影響を定量化することが重要である。

		外部要因	
		機会 (Opportunity)	脅威 (Threat)
内部要因	強み (Strength)	強みを生かして機会を得る	強みを生かして脅威に備える
	弱み (Weakness)	弱みを克服して機会を得る	弱みを克服して脅威に備える

③マーケット分析

対象会社の各事業が属するマーケットとマーケットに対する商品力を分析する。業界別のアナリストリポートやレビュー、政府や行政の統計情報など入手し、シニアマネジメントなどのインタビューや調査の裏づけとする。また、場合によっては有識者へのインタビューを行い、様々な観点からマーケットの現況、過去の状況や傾向、今後の見通し等を分析する。

④競合他社分析

マーケット分析に続き、主要な競合他社を分析し、対象企業との比較を行う。この比較により、対象企業の業界内での位置付けや強みや弱みがさらに明確となる。競合他社分析を行う上で重要な点は、マーケットにおいてKPI(Key Performance Indicator、重要業績評価指標)の比較を中心に分析することだ。KPI比較で、対象企業が競合他社に対して大いに優位もしくは劣位している指標に注目し、優位しているものの継続と劣位しているものの改善について、その可能性を厳しく評価することである。

⑤収益性分析

これまでの分析結果を総合的に把握した上で、財務デューデリジェンスとかみ合わせる。主に過去の営業成績に係る情報を加味し、対象企業の各事業の収益性を分析する。収益性の分析では、限界利益率(粗利率)の推移と改善可能性、労働分配率(人件費÷限界利益率)の改善可能性に着目する。

⑥サプライチェーン分析

サプライチェーンとは供給者から消費者までを結ぶ、開発・調達・製造・

配送・販売の一連の業務のつながりをいう。サプライチェーンには、供給業者、メーカー、流通業者（卸売業者）、小売業者、消費者などが関係している。このサプライチェーンが、事業再生や企業買収などによってどのように変化するか分析しなければならない。特に、事業再生の財務リストラにおいてサプライチェーンのどこかに破綻を生じるようであれば、評価に影響するだけでなく、然るべき事前の対応が必要となる。

⑦モチベーション分析

事業デューデリジェンスの目的は、M&Aや事業再生などが多く、これが実施された場合は、会社のガバナンス体制が大きく変わることが予想される。この際に、事業継続に必須な人材のモチベーションが下落するようだと企業価値を著しく毀損することになる。事業デューデリジェンスに目的によっては、従業員の意識調査も必要になる。

4-2 ◆ 財務デューデリジェンスの概要

財務デューデリジェンスは、企業の現在価値や将来価値について会計情報を中心に、資産や負債などのBSと売上や利益などのPL、さらに税務面や会社法に関するコンプライアンス、ガバナンスなどを分析し評価する。また、財務デューデリジェンスは、前項の事業デューデリジェンスの補完機能も持っている。双方の調査結果を照らし合わせ、お互いの調査プロセスにフィードバックし調査範囲の拡大や絞り込みに反映させることによって、柔軟性のあるデューデリジェンスを実現させる。

例えば、財務デューデリジェンスで過去の損益数値の粉飾を発見したら、その情報は事業スデューデリジェンス（チーム）に伝え、次の調査に反映させる。そうしなければ、事業デューデリジェンスチームでは、いつまでも過去の粉飾数値に基づいて調査や分析を進めていくことになる。逆に、事業デューデリジェンスの競合他社分析において、売上債権回転期間の異常値を認めた場合、その情報は財務デューデリジェンス（チーム）にフィードバックさ

せる。これを受けて、財務デューデリジェンスでは売上と売掛金に関する調査を強化することになる。その結果、架空売上や滞留債権を発見したなら、それをまた事業デューデリジェンスチームにフィードバックする。このようなプロセスを通じて、双方のデューデリジェンスがより効果的で事業判断に活かせるものとなる。

①財務デューデリジェンスの標準的な調査項目と手順

※財務デューデリジェンスは、通常は、以下の手続を過去3事業年度について行う。

調査項目	調査事項	調査上の留意点
全般的事項	●グループ(会社)の沿革 ●グループ(会社)のガバナンス ●グループ(会社)会議体と報告体系 ●グループ(会社)の生産体制、販売網、マーケティングの状況 ●グループ(会社)の事業リスクと事業機会 ●年度決算書および月次決算、月次営業レポート(関係会社を含む) ●計画中または実施中の人事リストラや組織変更の概要 ●各関係会社の位置付け及び当該会社の他の株主との取引関係 ●過去の重要な税務調査やその他当局の調査の概要 ●主要株主の異動、組織の変化により予想される影響 ●設備投資計画・組織再編計画 ●内部監査体制(関係会社を含む) ●経営上重視しているKPI(Key Performance Indicator:主要な経営指標)	取締役や監査役、部門責任者にインタビューを行い、左記の点を中心として単体会社もしくはグループ会社の事業の状況を把握する
ガバナンス	●会社の機関構成(株主総会、取締役会、重要な機関)の把握 ●監査役、会計監査人の報告書の閲覧とインタビュー ●対象期間中の議事録、主要な稟議書を入手し、閲覧する	表面的な規定や規則よりも実態を重視した調査を行う
財務状況 ※詳細は別記(②参照)	●会計方針や会計慣行について把握する ●対象期間の財務情報、財務諸表を入手し閲覧する ●科目別に金額の変動ならびに財務比率の変動要因の分析	財務情報をもとにシニアマネジメントにインタビューする

調査項目		
コンプライアンス	●未解決の訴訟、行政機関等による調査	重要なコミットメント（契約事項）や偶発債務を中心に調査する
	●保証義務	
	●製造物責任	
	●設備投資の発注残	
	●リース債務やリースバック、買戻し条件付など特殊な販売取引契約	
	●その他重要な契約	
関係会社	●関係会社の位置付け及び当該会社の他の株主との取引関係	関係会社や特殊な関連のある会社との取引について、関係契約書類に基づいて状況を把握する
	●関係会社間取引、関係会社との契約（内容、ボリューム、取引条件等）	
	●関係当事者（主要株主及びその支配する会社等）との取引（内容、ボリューム、取引条件等）	
	●関係会社間の資金調達に関する方針	
	●関係会社に対する役員及び従業員の派遣・出向あるいは受入の状況	

②BS、PL、CF（キャッシュフロー）に関する調査項目

調査項目	調査事項	調査上の留意点
収益（売上）関連項目	●収益の認識基準 ●営業外収益・特別利益の内容 ●標準的な販売契約条件及び例外的販売契約条件（契約期間、支払条件、価格設定、値引リベート条件、返品受入条件等） ●重要な顧客とその取引条件 ●季節的変動要素、要因	架空売上（取引）の有無
売上原価（仕入）関連項目	●仕入計上基準 ●原価計算制度の概要と実際の運用 ●標準的な仕入契約条件及び例外的な仕入契約条件（契約期間、支払条件、価格設定、値引リベート条件、返品条件等） ●重要な仕入先（あるいは外注先）と取引条件 ●その他の変動費	架空仕入（取引）の有無 仕入先別の変動要因の調査 取締役や株主と特別な関係にある取引先の詳細な調査
費用（経費）関連項目	●経費の認識基準 ●人件費や労務費の概要と変動要因の調査 ●販売費と一般管理費の概要と変動要因の調査 ●その他非経常項目の内容	取締役と特別な関係にある取引先の有無と、詳細な調査
変動要因	●為替、原材料価格の変動等の外部要因が収益に与えるインパクトの度合い等に関する調査	
債権（売掛金、受取手形、未収入金）関連項目	●商品別、得意先別の売上債権回転率と滞留状況 ●与信管理と債権管理の状況 ●過去の貸倒実績や貸倒償却、貸倒引当金の状況	回収リスクの分析
棚卸資産（在庫）関連項目	●商品群別、部門別の保管場所 ●棚卸実施状況 ●品質管理を含めた在庫管理状況 ●商品別の在庫回転率、滞留状況 ●過去の在庫廃棄損、評価損等の実績	時価および清算価値の算定

4 ■ 目的別のデューデリジェンス

調査項目	調査事項	調査上の留意点
有形無形固定資産(リース資産を含む)関連項目	●資産の状況、償却に関する会計方針 ●低稼働と未稼働の資産状況 ●重要な設備投資計画 ●不動産の時価に関する情報 ●担保や保証に供された資産とその状況	時価および清算価値の算定
債務(買掛金、支払手形、他の短期債務)関連項目	●平均支払期日と事業の季節変動による資金繰りへの影響 ●支払遅延となっている仕入債務とその経緯 ※納税関係は別記(③参照)	支払に関するトラブルや係争の調査
従業員や役員に関する財務関連事項	●労働組合の状況 ●現行の年金・従業員退職金制度とその会計処理 ●給与・賞与規定・ストックオプション制度・インセンティブボーナス等の制度あるいは慣例 ●役員報酬・賞与の給付実績 ●リストラの実施経緯や財務上の影響	従業員や労組との特別な契約の有無の調査と、契約経緯の把握
資金繰りと資金調達関連項目	●直近3期のキャッシュフロー計算書 ●取引先銀行別の、預金・借入残高、借入条件、借入枠、保証・担保状況 ●資金調達運用の方針、資金繰り管理状況 ●ファクタリング、割引手形、リース、デリバティブ等の利用方針と利用状況 ●季節的変動、その他外部要因の変動が資金繰りに与える影響	担保の売却価値評価と連帯保証の把握、ならびに連帯保証者の財産状況
事業計画関連項目	●過去の計画達成状況 ●事業計画作成の目的(予算管理・目標など) ●事業計画の前提条件	ゼロベースで計画を見直す

③税務関連の調査項目

調査項目	調査事項	調査上の留意点
法人税	●過去3事業年度の法人税等の確定申告書を入手し、質的もしくは金額的に重要性が高いと判断される税務調整項目について詳細調査する ●過去10年程度の課税と納付状況を調査し把握する ●直近及び現在進行中の税務調査における当局からの指摘事項について、税務担当者にヒアリングする ●関連会社間取引を中心にタックスプランニング等の方針と状況を確認し、内在するリスクについて検討する ●現在採用している税務上の届出について把握する	※法人税等とは、法人税、法人事業税及び法人住民税のこと 財務・税務関連情報から、税務上の懸念事項について調査・検討する
消費税	●対象事業年度の消費税の確定申告書の調査 ●過去10年程度の課税と納付状況を調査し把握する ●直近及び現化進行中の税務調査における当局からの指摘事項について、金額的に重要性が高い項目について詳しく調査する ●現在採用している税務上の届出について把握する	
源泉所得税	●源泉所得税の対象となる取引の概要についてヒアリングを通じて確認し、内在するリスクについて調査・検討する ●過去10年程度の納付状況を調査し把握する	

移転価格	●海外の親子会社、兄弟会社との取引の有無と取引価格について調査し、移転価格税制と照らし合わせる	

4-3 ◆ 財務デューデリジェンスの留意点（PLの調査ポイント）

①売上計上基準

　一般的な売上計上基準は、商品の販売であれば出荷した時点で、サービスの提供であればサービスを提供した時点で認識する。ただし、返品が自由な業態（書籍販売や百貨店への売上等）や買戻し条件付の販売、検収までに相当の時間を要する大型設備やソフトウェア開発、あるいは実態として返品が多く行われている場合は、出荷基準による売上計上についての妥当性を確認する必要がある。また近年では、サービスを提供した時点そのものを判断するのが困難なインターネット系の事業もある。その他、抱き合わせ販売やプリペイドカード販売、ポイント制（割引）販売等において売上計上認識をいつの時点で行うべきか、判断が容易ではないケースが少なくない。

　この売上の認識（計上）基準は、それに対応する売上原価の認識のタイミングとの整合性を持って行う必要がある。その他に、事後的な無償のアフターサービス等を提供する義務を負った販売の有無と、その将来的な負担額を分析する必要もある。また当該売上計上基準が、時々の状況によって裁量されず、継続的に通用されているかも確認すべき事項といえるだろう。

②特別な関係会社への依存

　グループ会社（資本関係）や兄弟会社（株主関係）がある場合は、特定の目的のためにやむを得ず継続している事業が存在する場合がある。また、特定の株主や取締役の意向で、特定の顧客と儲けの薄い事業を行っていることもある。財務デューデリジェンスや事業デューデリジェンスを通じて、このような取引を発見し、事業の一部売却や撤退を考慮する必要がある。

③返品や値引きに隠されたもの

　部材の納入業者等の場合は、企業の力関係において、価格改定が事

後的に行われる場合がある。あるいは、売上報償金等の制度をつくり、事後的(半期に一度程度)に売上実績に応じたリベートを支払うケースもある。一般的に、これ等の会計処理は、値引きや価格改定、リベート等が確定したときに計上されている。しかし本来は、当該売上の計上時に、これら売上調整額の見積金額を計上すべきものである。また仮に、あるべき見積額の計上を行っていたとしても、確定決算時点にのみそれを行っていることが多い。このような会社のデューデリジェンスにおいては、損益の把握と月次収益推移の分析には特段の注意を要する。

　返品については、納入先(顧客)との力関係で実質的に返品受入を余儀なくされている場合や、逆に「押込販売」を行い事後に返品を受けている場合もある。何れも、当該企業の収益性の算出に大きな影響を与えかねない。また、異常な返品や値引きがある場合には、事業そのものに何らかの問題がある場合も考えられるため、その理由を探る必要もある。

④受注残、契約残の存在

　調査対象企業が、確実な受注残や契約残を持っている場合は、評価が向上する。デューデリジェンスにおいて見逃せない項目のひとつである。確実な売上がどの程度見込めるかにより事業計画の実現性に大きな差が生じる。長期契約等があり、かなり精度の高い売上予測を行うことができれば、計画の実現は容易である。また明確な、契約残や受注残といえなくとも、納入先(顧客)の生産計画に基づいた生産を行っているような事業であれば、これに近い評価をすることができる。

⑤季節変動から読み取る

　売上や原価、経費の季節変動から読み取れる情報もある。決算月や特定の月次に他の月と大幅に異なるデータがある場合には、財務分析を慎重に行う必要がある。特に、売上の季節的変動が激しい事業の場合は、運転資金の季節的変動も激しく、予想していた資金繰りが大幅に狂う可能性を内在している。同様の理由で賞与や配当、税金等大型の支出項目につ

いても季節的変動を考慮する。なお、売上が決算月に集中している場合には、本来の事業の持つ季節的変動ではなく、「決算対策」による不当な売上計上も考えられるので、特段の注意が必要となる。

⑥営業外損益

営業外損益には、受取利息や支払利息、手形割引料、為替差損益等がある。支払利息は、借入額と照合することにより借入コストの平均額を算出するキーとなる。特に事業再生案件の場合は、借入金の調査と同時に、利払いの整合性や債務減免時の経常利益に与えている改善効果などを測定する。また、手形割引料が計上されず、借入残高を過少表示していることもあるので注意を要する。輸出入を伴う企業においては、為替差損益が巨額となることがあり、この場合は為替ヘッジ体制について分析する必要がある。

⑦特別損益

特別損益には、固定資産売却損（益）や固定資産除却損、損害賠償金、違約金等対価補償金、債務免除益、保険差益、固定資産売却益、関係会社整理損、事業再構築損（リストラ損失）、前期損益修正等がある。過去数年に渡り、これらの内容を知ることにより、会社の過去の主な非経常的な出来事を把握できる。

デューデリジェンスにおいて、企業価値の評価や将来の事業予測は、過去の当該事業の正常な損益やキャッシュフローをベースに行うのが一般的だ。このため、当該企業（事業）の過去の損益から非経常的なものや異常なものを取り除いた分析も必要となる。この際に注意したいのは、特別損益項目には、その性質からみて本来は過年度の原価や営業費用に計上すべきものが含まれているということである。これは、過年度の所得（損益計算書上の利益）に修正が生じた場合に、過年度の損益計算書を修正するのではなく、これらを特別損益項目に表示するルールがあるからだ。したがって、営業利益の推移分析にあたっては、これらを加味した上で行う必要がある。また、前期損益修正が多額であったり、頻繁であったりする場合には、当

該企業の決算方針や経営方針に疑念を持ちつつ調査に臨むべきだろう。

4-4 ◆ 財務デューデリジェンスの留意点（BSの調査ポイント）

①売上債権（売掛金と受取手形）

　売上債権の調査は、顧客別の債権額推移表と、主要顧客の支払条件を突合せ、異常値を引き出すことから始める。特別にサイトの長い特殊な取引が含まれていないか、主要顧客の中に特別に長いサイトを許容している相手先がないか、などを調べる。

　同時に、当該会社において日常使用されていた債権管理表等を入手し、売掛金と滞留債権の管理体制を把捉する。その上で、長期滞留債権について、与信（信用リスク）を確認し、回収リスクを推計しながら企業価値を算定する。この際に、与信の高い顧客に滞留債券がある場合は、販売済み商品に係る品質基準や検収結果などの取引トラブルについても調査する。回収が、現金でなく受取手形の場合は、以上の留意事項を一層慎重に行う。

②在庫（棚卸資産）

　棚卸資産の残高は、数量×単価で算出する。この数量は、「実地棚卸」でも把握できるが、単価については、仕入管理や原価計算に依存することになる。棚卸資産の評価や原価計算は、会社ごとに会計方針や経理処理、算出方法に選択の幅がある。したがって、棚卸資産は相手先の明確な売掛金や買掛金と比較すると、実態との乖離幅が大きくなる危険性が高い。このため、在庫金額の調査は、会社の管理状況を把握した上で、商品別や商品グループ別の時系列分析を初め、回転期間分析等の分析技術を用いて評価する必要がある。

　通常の財務デューデリジェンスにおいては、「実地棚卸」をすることは少ない。在庫は、毎日流動するものであり、その確認作業に膨大な時間とコストがかかることもあり、重要な事項でありながら現実には「実地棚卸」は難しい。とはいえ、在庫管理体制をチェックすることは非常に重要な事項であ

ることから、会社から「実地棚卸」の関係資料を入手し、担当者からヒアリング質問することになる。主な質問点は、「実地棚卸」の頻度と期日、個数以外に死蔵品や破損品も確認しているか、棚卸差異は帳簿に反映しているかなどである。

在庫の単価評価においては、たとえ会社が低価法を採用していたとしても、財務デューデリジェンスの観点では必ずしも十分ではない。在庫に係る財務デューデリジェンスにおいては、現実に販売可能な金額の算定が重要となる。また在庫は、極端な陳腐化やデットストック（死蔵）のリスクも考えなくてはならない。この算定には、商品毎の特性を考慮しながら、賞味期限や有効期限、技術革新との相関、競合商品との競争力などをチェックすることになる。

③借入金

借入金については、まず明細を入手し、借入案件別に、相手先、返済条件、金利、担保、保証、その他の特別条項や制限条項を把握する。借入金調査の中心は、元本返済と利払いを将来のキャッシュフローで賄えるか否か、を分析することだ。同時に、保証と担保状況を把握する。次に、それぞれの借入金に付帯する、財務制限条項（フィナンシャル・コベナンツ）等の有無と、その詳細を把握する。

大会社でない限り、通常は代表取締役や取締役が個人の連帯保証をしている。M&Aや事業再生に伴うデューデリジェンスにおいては、債務保証者の扱いが重要課題となることが多い。したがって、債務保証者の資産内容やその資産の処分可能性についても把握する必要が出てくる。

会社資産が担保に供されていることが多く、その資産の処分推定価格と借入金の元本残高について詳細な一覧表が必要となる。また、借入に伴う財務制限条項（フィナンシャル・コベナンツ）で、会社の純資産の下限が定められ、これに違反する場合は期限の利益の喪失事由となる等の付帯条件がある場合には、その条件を対象企業が満たし続けることができるか否かについて調査する必要がある。同時に会社と金融機関との関係に

ついて、包括的に把握する必要もある。それぞれの金融機関との関係密度や、明文化された借入枠や割引手形枠などについて、また預金残高や、株式の相互保有の有無、役員派遣の有無、等がポイントとなる。

　金融機関以外からの借入金も詳細にチェックする。調査対象は、財務諸表に計上された借入金の他に、取締役等の信用枠を利用した簿外の借入金についても行う。借入先の目安は、親子会社や兄弟会社、取引先、取締役、取締役の知人、商工ローン、街金であり、事業不振会社においてはここまで広げる必要がある。これ等からの借入金が存在する場合には、契約関係がそもそも明確であるかどうか、また借入の経緯や性質等を確かめる。早期の返済や契約解消も視野に入れた調査をおこなう必要がある。

④有形固定資産
　有形固定資産は、土地や絵画などを除き、通常は減価償却処理を行う。減価償却には、一般的なものとして定額法及び定率法がある。定額法は均等額を毎期同額だけ減価させる方式で、定率法は資産価値の下落が時間とともに逓減する方式である。いずれにせよ減価償却計算は、会計上もしくは税務計算上の仮定計算に過ぎない。デューデリジェンスにおいては、売却可能額もしくは、事後も有用な資産であれば再取得価格と耐用年数を考慮した価値算定をすることになる。

⑤リース資産
　未公開企業においては、リース資産がファイナンス・リースによるものであっても資産計上されず、リース料を経費処理するのが一般的だ。したがって、実質的な資産であり、それに伴う借入債務が貸借対照表に表現されないという実態がある。これについては、たとえ貸借対照表に記載されていないとしても、実質的に解約不能で長期間にわたるリース債務が確定しているものであり、将来の資金繰りにも影響することから、デューデリジェンスにおける価値算定には、漏れなく織り込む必要がある。

⑥無形固定資産

　主な無形固形資産には、法的権利を示す特許権、商標権、借地権、電話加入権、または超過収益力を示す営業権などがある。この他にソフトウェア制作費のうち、研究開発費に該当しないものも無形固定資産として扱われる。無形固定資産についても有形固定資産と同様に、その資産計上基準、償却方法等、詳細な会計方針を把握し、事業の実態と照らし合わせた評価を必要とする。また、評価価値については、有形固定資産と同様に、使用価値と売却価値の双方を評価する必要がある。

⑦投資有価証券

　投資有価証券の中には、上場会社の株式や社債・投資信託といった市場流通性が高く、客観的に価格を把握できるものと、未公開株式のように時価が容易には把握できないものとがある。金融商品会計が導入されたことにより、市場性のある金融商品は基本的に市場価格を貸借対照表価額とすることになった。また、後者については時価が容易には客観的に把握できないことから、取得原価又は償却原価法による価額を原則としているが、時価が著しく下落している場合においては、減損処理をすることになった。財務デューデリジェンスにおいては、対象会社の適法な会計処理による株価（1株純資産）の把握と、当該株式の売却可能性、およびその際の売却価格を算定することも必要である。また、当該企業が事業を維持する上で、現実的に売却できるかどうかの判定も必要となる。いわゆる株式の持ち合いを前提とした取引関係に支配されている場合は、株式の譲渡や売却が不可能となる。

⑧立替金と仮払金

　立替金と仮払金は、一時的な仮勘定の性格を有し、通常それほど大きな金額になることはない。ただし、実質的には貸付金であるが、正式な貸付契約がなく回収の可能性に疑義があるものも多いので注意を要する。長期に渡る立替金と仮払金は本来異常で、個々の内容を精査する必要がある。

⑨前払費用

前払費用の典型的なものに、前払家賃、前払保険料、前払利息、前払ライセンスフィー等がある。特定の契約を根拠として計上されているものが多く、契約書等との突合せを行い、それがないものを重点的に調査する。

⑩未払金と未払費用

本来、未払金には、確定債務額を計上する。また、未払費用には期間未経過の費用（未払利息など）を計上するのが原則だ。しかし、実際にはこのような区分になっていない場合も多く、中小企業ではこの区分がその都度変わっていることもある。したがって、未払金と未払費用を同時に調査することが望ましい。

⑪引当金・偶発債務

将来の特定の費用または損失（収益の控除を含む）であって、その発生が当期以前の事象に起因し、発生の可能性が高く、かつ、その金額を合理的に見積もることができる場合には、当期の負担に属する金額を当期の費用または損失として引当金に繰入れ、当該引当金の残高を貸借対照表の負債の部または資産の部に記載することができる。これを引当金という。製品保証引当金、売上割戻引当金、返品調整引当金、賞与引当金、工事補修引当金、退職給与引当金、修繕引当金、債務保証損失引当金、損害補償損失引当金、貸倒引当金等がこれに該当する。発生の可能性の低い偶発事象に係る費用または損失については、引当金を計上することはできない、と規定されている。

引当金のうち貸倒引当金、棚卸資産滞留引当金のような評価性引当金については、各資産項目の評価額を検討することで、その妥当性は容易に検証できる。デューデリジェンスにおいては、債務保証損失引当金、製品保証引当金、修繕引当金等の負債性引当金と偶発債務にフォーカスした調査を行う。偶発債務とは、まだ現実の債務ではないが、将来一定の条件を満たすような事態が生じた場合に債務となるものである。偶発債務

の会計は、前述のとおり発生の可能性が低い場合またはその金額を合理的に見積もることができない場合には、引当計上できないことになっている。しかし、M&Aや事業再生においては、会計ルールを越えた偶発債務の検討も必要になる。財務デューデリジェンスにおいて見逃すことのできない調査事項といえる。

⑫その他資産等の調査の概要

その他の資産や負債には様々な科目があり、まず決算書の勘定科目付属明細を入手して、その内容を把握することから始める。その他の資産や負債には、前払金や前受金、未収金、未払金などがあり、買掛金や売掛金との関連も含め、発生自由や継続保持の原因等を一つひとつ押さえていかなければならない。この調査の目的は、資産項目についてはその回収の可能性を、負債項目についてはその網羅性を確かめることにある。しかし、負債の網羅性といっても「あるべきものがない」ことの発見や検証は容易ではなく、慎重なインタビューに頼らざるを得ない。

4-5 ◆ 財務デューデリジェンスの留意点
　　　（BS、PL以外の財務関連調査）

①運転資本の調査

一般的な業務サイクル（仕入、製造、販売、回収）は、BS（貸借対照表）では、買掛金（後に支払手形）、棚卸資産、売掛金（後に受取手形）、現金として表記される。この営業債権の決済サイト（支払等の期間）が、日本では1ヵ月から6ヵ月と長期間になるという特徴を持っている。このことが自己資本（比率）の少ない会社においては、運転資金（売上債権＋棚卸資産－仕入債務）を多額に必要とする原因になっている。

売掛金の回収サイクルを極力短縮し、在庫の回転率を高め、逆に買掛金の支払サイトを伸ばすことで、必要運転資金を圧縮し、キャッシュフローを増大させることができる。業績の悪化している企業の多くが、この運転資金の悪化に苦しんでいる。このような企業のデューデリジェンスにおいては、

当該企業の正常な運転資金額について算定し、事業再編後の運転資金の正常化に向けた対策も付記するべきだろう。

②投資活動調査の概要

　企業の投資活動の結果は、財務諸表上の有形固定資産や無形固定資産、繰延資産、投資その他の資産に表現されてくる。これ以外にも、人材育成や研究費など企業価値を高めるための投資でありながら、PL（損益計算書）の経費科目として処理されるものもある。他にも、企業やブランドのイメージを高めるための広告宣伝費やIR活動費、寄付などの資産計上されない投資は少なくない。

　これらの活動の成果が、企業の収益力や企業価値の向上となって表れてくる。投資活動に係る財務デューデリジェンスにおいては、これら貸借対照表に表れない投資に関しても、調査し評価する必要がある。

　貸借対照表上に表れる投資活動については、各科目の価額が時価と比較して資産の毀損がないかどうかに着目して調査する。さらに対象会社の今後の事業計画と突き合わせながら、投資済みの資産の有用性を元に評価額を算定する。この際に注意すべき点は、金融資産以外の固定資産について、未だに減損会計を導入している企業が少ないことだ。したがって、これらの項目は、正規の会計処理や会計監査を行っていても、時価との乖離が著しい可能性が高い。時価による算定もしくは、売却可能額の調査、事業清算時の評価額の算定なども考慮したい項目だろう。

③製品保証リスク

　実際には、製品保証を行っていても、製品保証引当金を計上している会社は非常に少ない。財務デューデリジェンスにおいては、対象会社の過去の製品保証コストの発生状況を調査して、将来の保証リスクを算定する。引当金を計上していない会社であっても、製品保証は経営の重要事項であることから、会社は何らかの管理資料を持っているはずである。保証リスクに加えて、クレームや品質上の問題点の隠蔽、顧客とのトラブル等がな

いかどうかという点も合わせて確認する必要がある。

④債務保証損失リスク

会社が債務保証を第三者に対して行っている場合には、その内容について書面とインタビューを持って網羅的に把握する必要がある。債務保証損失引当金との関連を調査し、引当金が計上されていないものについては、引当金を計上したものとして代替評価を行う。特に、経営が不振な企業は、関連するありとあらゆる会社を利用して資金を調達し、親会社やグループ内の有力会社が債務保証を乱発しているケースもあり、その場合は、複雑な保証と被保証関係を形成しているので、精査が必要である。

なお、ここで言う債務保証では、法的な拘束力に乏しいといわれている「念書」等の保証類似行為にも留意する必要がある。

4-6 ◆ 法務デューデリジェンス

法務デューデリジェンスは、対象企業の事業や取引について、法務に関する適法性と妥当性、網羅性などを詳細に調査し、法的なリスクの発見や回避を目的とする。法務デューデリジェンスの具体的な目的と対象は、次の3点に絞ることができるだろう。

(1) 対象会社（法人格）とその事業行為に係る法的な問題点や将来的なリスクを調査すること
(2) M&Aや事業再生の企業価値算定における法的なマイナス要因の発見と対策を調査する
(3) M&Aや事業再生を合理的に成立させるために必要な法的手続についての調査すること

以上は、代表的な調査目的を掲げたが、実際の法務デューデリジェンスは、取り組む案件の出口として意図している、スキームや対象事業に関わる外部要因等によって、実質の調査目的が変わってくることに留意したい。

以下各項に、法務デューデリジェンスの一般的な調査項目を記載する。

①会社の基本的事項の確認

会社(法人)の概要について、初期の段階で次の点を法的な側面から把握する。

- 法人格と商業登記の状況
- 株主の概要と大株主の状況
- 株式の種類と株式数(発行数、授権株式数)
- 定款
- ガバナンス：取締役(会)、監査役(会)、その他の機関
- 組織、会議体
- 許認可の状況
- 過去の事業買収や合併、営業譲渡、営業譲受等

概ね以上の状況を調査の早期に把握することになるが、これに必要な書類等には、次のようなものがある。

●登記される事項
- 商業登記簿、発起人名簿、定款

●法的に保管される書類
- 株主名簿、取締役会・監査役会規則、株主総会・取締役会議事録、

●一般的な会社に保管される書類
- 組織図、経営会議・常務会等の議事録、稟議書、社内規定、会社案内等

これらの閲覧により会社の存立基盤とガバナンスのスタイル等を理解する。

対象企業が中小規模の会社である場合、取締役会が開かれていなかったり、議事録が残されていなかったり、あるいは必要な決議がないまま重要事項が決定されていたりする。これらのことが、当該案件の査定に関連する事項であれば、その法的な有効性や違法性の度合いを検討しなければならない。

通常、取締役会や経営会議等の意思決定機関の議事録に、会社の重

要な決定事項が記述されている。したがって、過去の議事録を閲覧することで経営上の重要事項を把握できる。全体的かつ包括的に把握したこれらの経営管理情報を糸口に、後述する様々な調査を進めることになる。なお、取締役会の議事録を閲覧する際には、同時に残された付帯事項や添付資料等もできる限り同時に要求し、閲覧しなければならない。経営の実質的な決定や議論の内容は、これらの添付資料等に記されていることが多い。

　この段階の法務デューデリジェンスにおいて注意すべき点は、過去のM&Aや許認可、行政指導など経営上の重要案件に係る調査である。過去の事業買収・合併・営業譲渡等については、その際の法的手続を確認するとともに、関連契約書を閲覧する必要がある。その契約により特定事項につき重大な表明や保証を行ったことにより、事後に大きな損害賠償リスクを負っている可能性や、競業避止条項が存在していることも想定できないことではない。また、対象会社（事業）が許認可を必要とする業務を営んでいる場合には、その法的有効性を確認し、M&A等の案件成立後もその有効性を維持することができるのかどうかを、調査し確認しなければならない。また、その他の法令へのコンプライアンス状況も確認しておく必要がある。企業の法令違反や不祥事は、会社や事業の存続を揺るがす恐れがある。

②契約関係の調査

　会社は通常、さまざまな利害関係者と、取引（基本）契約や外注契約、ライセンス契約、共同事業（ジョイントベンチャー）契約等、会社の営業に直接関わる業務契約の他、賃貸借契約、消費貸借契約、債務保証契約、保険契約等、様々な取引契約を締結している。

　契約関係の継承は、当該案件の目的やその推進スキームによって大きく変化する。M&Aや事業再生を実施した際に、現状の契約が継続可能か否か、慎重に調査しなければならない。例えば、事業再生で会社分割を用いる場合、分割の対象となる事業に関連する契約は、基本的にはそのまま継承される。しかし、営業譲渡の手法を使った場合は、契約書内の支

配権移動条項によって、契約相手先から、契約解除権を行使されることもある。特に、ジョイント・ベンチャー契約やライセンス契約等は、同業者間で締結されている場合が多く、この支配権移転の場合の契約解除権に係る条項が含まれていることが少なくない。また、借入契約にコベナンツ（特約）条項が含まれていることがあり、一定の条件が満たされない時に「期限の利益の喪失」事由となるケースや、支配株主の変動に通知義務が付されているケースがあるので注意が必要だ。

③資産と負債の調査

　資産や負債デューデリジェンスは、金額的な評価については財務デューデリジェンスでカバーするが、法務デューデリジェンスではこれらを法的に評価したり裏付けたりする。また、法務デューデリジェンスでは、財務諸表上の資産に計上されない特許権や商標権等の無体（知的）財産権も対象とする。法務デューデリジェンスの対象は、財務デューデリジェンスと共通のものが多く、調査を効率的に行うには相互の情報共有が望まれる。

　不動産の調査については、所有権と担保権並びに借入と担保内容、連帯保証、質権を整理し、相互の関係性を一覧把握する必要がある。また、これらの調査は、契約書や謄本との突合せが大事な作業となる。

　無体（知的）財産権については、その有効性や有効期限の確認の他に、売却（譲渡）の金額や可能性についても検討しなければならない。

　債務については、財務諸表上に計上されているものの他に、偶発債務の可能性についても網羅的に調査する必要がある。偶発債務とは、債務の保証、引渡済の請負作業又は売渡済の商品に対する各種の保証、係争事件に係る賠償義務、先物売買契約、受注契約、その他現実に発生していない債務で、将来においてその事業の負担となる可能性のあるものをいう。また借入金やリース等の金融債務については、保証関係を明確にしなければならない。

④訴訟関連の調査

　先ず、訴訟継続中の紛争について、その背景や結審の見通し、訴訟関

連コスト、事業(特に将来のキャッシュフローへの影響)などについて調査する。次に、予期し得る紛争について、法務部等の担当者にヒアリングを行いながら検討する。予期し得る紛争とは、製造業における特許権侵害の可能性や、人的なリストラを実施した際の、事後における労働紛争の可能性等である。また、紛争と呼ぶほどのものではなくても、クレーム量の推移や対処方法について確認し、必要に応じて担当者等のヒアリングを行う。

訴訟やクレームの状況によっては、対象会社の顧問弁護士や、その他関係者のヒアリングを行うことも重要である。

⑤雇用関係の調査

人事や労務、雇用関係も調査する必要がある。なぜなら、会社は従業員や取締役との間に、雇用契約や委任契約などの契約の当事者である。これ等の契約実態や契約履行の状況を把握を目的として、雇用契約書や人事関係規定、年金関係の契約書類、労働組合協定書等を閲覧する。その上で、人事担当者とのインタビュー等を通じて、労働関連法の遵守状況や労使関係の現状とこれまでの経緯、労務や雇用に係る紛争の有無などを慎重に調査する。

⑥環境関係の調査

企業評価において、見えづらいが企業の存亡にも影響するほど大きな要素のひとつに、環境保護対応や環境汚染、環境破壊などの環境関連リスクがある。環境リスクは、近年の世界的な環境意識の高まりとともに、企業にとって見過ごすことのできない重大な企業価値評価となってきている。特に対象会社が製造工場やプラントなどを所有している場合には、噴煙や排水、騒音などによる土壌汚染や環境破壊に関する調査は、重要な項目となる。

法務デューデリジェンスの一環としての環境関係の調査は、対象会社における関連法令の遵守状況から始める。これまで当局から調査や是正勧告を受けたことがあるのかということや、その際の調査結果や是正勧告に対する当局への報告書類や対応実績についても調べる。仮に、これまで

当局の調査や勧告を受けていなかったとしても、環境負荷の高い物質の使用実態や排水や排煙、騒音等の調査を行う。工場の譲渡や売却、別途利用を想定する場合は、特に所有する土地の使用履歴を含む詳細な調査を必要とする。周辺住民への配慮や対策として、騒音、悪臭等による苦情の有無についても確認が必要である。

⑦コンプライアンス

コンプライアンス(compliance)とは、comply(法令などを守る、遵守する)の名詞形で、日本語に訳すと「法令遵守(順守)」となる。信じられないことだが、日本企業の一部には、かつて法令遵守よりも当面の企業利益を優先する経営者や経営幹部がいたことがある。直近でも、明治安田生命の「保険金不当不払い」のように企業価値を著しく毀損する事案が少なくない。また、記憶に新しいところでは、雪印グループだけでなく、テーマパークUSJ(ユニバーサル・スタジオ・ジャパン)の相次ぐ不祥事、日本ハムの牛肉偽装問題と企業の不祥事が相次いでいる。雪印食品は、この牛肉偽装事件を引き金に会社が消滅した。それ以外の企業も、売上の大幅な落ち込みや経営者の交代など、経営に大きな悪影響と企業価値の下落を引き起こした。

このように企業不祥事が企業に与えるダメージは大きい。そこで、不祥事を起こさないように、企業は日頃から、法令や業界ルール、社内規定などを遵守した事業活動を行うよう、役員や社員の全員に徹底させることになる。

この法令遵守に係る一連の対応を「コンプライアンス」といい、今日の企業テーマとなっている。

法務デューデリジェンスにおいては、対象企業社内の広報部門やIR部門、営業などの担当からのヒアリングと消費者センターや国民生活センター、業界団体事務局など外部の情報を基にコンプライアンスに関するリスク評価を行う。

4-7 ◆ 組織再編における不動産デューデリジェンス

「日本経済は、資本(本位)主義ではなく土地本位主義だ」と世界から揶

捻され、それが戦後からバブル経済崩壊時まで続いた。バブルが崩壊し、資本主義に目覚めたはずの今日でも、日本の不動産(＝土地)信仰、不動産重視は終わっていないと思える。

特に都市部では、未だに土地の価値は高い。不動産デューデリジェンスは、財務デューデリジェンスの一部だ。しかし、事業再生やM＆A目的の事業価値の算定においても、不動産デューデリジェンスの位置づけは高い。また、事業再生やM＆Aが多発する今日、不動産の本来価値の評価機会が多いことから不動産デューデリジェンスを別記する。

不動産デューデリジェンスは、対象不動産が将来において創造しえるキャッシュフロー量と不動産そのものと不動産取引に係る瑕疵を徹底的に分析したうえで、投資額に応じたリターンを見込めるかどうかを精査する。不動産デューデリジェンスは、事業再生やM＆A、組織再編に付帯して行われる、融資や出資、不動産の証券化のための格付けなどにおいて不可欠なプロセスとなっている。

不動産デューデリジェンスの実務は、目的や期間・予算・物件タイプ等の個別要因によって、調査項目や調査の範囲、深度が異なってくる。このため、不動産デューデリジェンスの担当者は、デューデリジェンスの目的と評価結果がもたらす事業的な意味を理解したうえで、実務に望むことになる。そのためには、①投資リスクの把握　②リスク軽減とリスク回避の手段やスキーム、体制の提案　③適正投資価値の算定　④投資効率の向上策の提案　を目指した調査が求められている。

4-8 ◆ 事業再生における不動産デューデリジェンスの事例

①事業再生の初期の検討段階

事業再生シナリオの策定のための分析が必要な段階で、簿外資産を含め資産全体もしくは主要資産を評価対象としたデューデリジェンスを行う。

- 実態BS作成過程における資産評価のうち、特に不動産の評価を単に時価(実施価格)評価するだけでなく、不動産の利用形態による価値

評価の推定にまで踏み込む
- 市場性を詳細に調査し、多角的に価格を査定するため、対象不動産の最有効使用の判断、その状態にするための方策も考慮する
- 上記の場合のコストを算出し、対象不動産の潜在価値についても評価する
- 市場性を基にした対象不動産の評価を算出するため、不動産業者等の意見聴取を基に相場を的確に把握する
- 資産価値をより正確に評価するため、資産保有継続時の資産価値を把握するとともに担保権者向けの指標も算定する
- 保有資産が多様な利用形態を可能とするものである場合は、上記調査に基づき、資産全体を俯瞰した継続保有や売却、付加価値アップ策などのポートフォリオ戦略を策定する
- 上記の事業再生における不動産活用戦略を実現するため、関係者(投資見込先や付加価値アップの実施者等)と守秘義務を課した状況で協議を推進し、実現可能な最善の方法を提案する

②事業再生の基本スキーム後の検討段階
- 事業再生に係る基本スキームやシナリオが既に策定されている場合は、不動産活用の諸方策を検討する
- 事業継続のため核となる資産と早期売却対象不動産もしくは施策により価値アップが見込める資産を分別し評価する
- 対象不動産を最も有効に使用する形態を想定し、その状態にするための方策と、そのコストを算定した上で、対象不動産の潜在価値と市場性を詳細に調査し、多角的に価格を査定する
- 不動産業者等の意見聴取を基に相場を的確に把握し、市場性を基にした対象不動産の評価算出する
- 資産価値をより性格に評価するため、資産保有継続時の資産価値を把握するとともに担保権者向けの指標も算定する

③事業再生の実施段階
- 既に事業再生のスキームやシナリオが策定されており、対象不動産の諸方策(売却やリースバック)を実施する
- 市場性を基にした対象不動産の評価算出と特定不動産についての売却見込額の調査を行う
- 担保権者向けの指標を算定する

4-9 ◆ その他のデューデリジェンスの1
（人材と組織のデューデリジェンス）

　人的資源は、企業を支える不可欠な要素であり、企業価値算定の重要項目としてデューデリジェンスの対象となる。しかし、経営資源のヒト・モノ・カネのうち、ヒトが最も困難な評価算定と言えるだろう。ヒトは、感性や感情といった定量化、価格算定の難しい要素を多く含んでいる。ヒトの生産性は、「好き嫌い」や「合う、合わない」の他に、モチベーションや忠誠心といった感性や感情にしばしば依存したり、強く相関したりする。

　経済社会は、「資本(カネ)万能の時代となった」と主張する資本家や事業家も少なくない。しかし、デューデリジェンスの観点からは、企業価値の維持や向上を推進するのはヒトであることを重視したい。事業価値を上げようと前向きに取り組むヒトとそれを支える組織に着目する。前向きな彼らを動機付けている「モノ」が何か、リーダーなのか、企業風土なのか、報酬や待遇なのか、その「旗印」を確認したい。

　M&Aや事業再生などの組織再編を成功させるのであれば、人的資源を「人件費」ばかりに偏重したデューデリジェンスは避けたい。M&Aや事業再生のプロセスにおいて、人員や人件費の削減を必須事項とするケースもある。この場合には、人材と組織のモラールを保持する方法とスキルや人徳（リーダーシップ)を持った人材の流出を止める手段を優先課題としなければならない。

　人材と組織のデューデリジェンスは、対象企業の人的な問題点を洗い出

すことから始まる。対象となる項目は、企業規模や事業形態、業種などによって異なるが、主なものを次に示す。

- 経営者（監督層、執行層）の能力や適性、執行の妥当性、適法性などのマネジメント行動
- 経営執行層の経営計画の立案と実行力
- 労働組合の有無と経営者との信頼関係
- 経営管理要員と業務要員の人数、能力、人件費の妥当性
- コア事業に必須な人材の把握と彼らの動向予測
- これまでの人事制度に対する不満

　M&Aや事業再生が実施される場合は、人材と組織に対する職場環境が一変する可能性が高い。この環境変化に対して、事業再生後も必要な人材や組織のモチベーションが、どのように反応するのかを想定しなければならない。事業維持に障害あることが想定される場合は、企業価値が低く算定されて当然だが、スキームそのものの見直しも検討することになる。

　仮に、スキームとして合併を選択した場合は、従業員の労働契約（雇用および労働条件）が包括的に継承されるので、事前に余剰人員の削減や退職年金制度等、福利厚生制度の改廃等の手を打つ必要がある。また、スキームとして営業譲渡を選択した場合は、個別合意に基づいて特定継承されるので、人材の必要度に応じた対応を行う。会社分割であれば、労働契約承継法に基づき雇用及び労働条件が継承されるため、分割計画書の記載に注意を払うことになる。このように、デューデリジェンスは単なる価値評価と価格算定に留まることなく、スキームに応じたリスクの特定や付随コストの最小化、企業価値の維持と向上についてまで情報の収集と分析を行うことが必要となる。

①人材の調査

　企業（事業）価値の維持と向上に必要な従業員の見極めを必要とする。その対象者は、いわゆる平社員であったり中間管理職であったり、役員であったりするので注意が必要だ。キーとなる従業員が誰なのかは、インタ

ビューや人事考課表等によって把捉する。特に、技術者や研究者、重要な取引先とのつながりが強い人材を発掘し、事業再編による散逸を阻止する。これらのコア人材については、経験、スキル、過去の人事評価の結果と昇進、役職、給与水準等を充分に把握し、彼らの離脱阻止に備えなければならない。

その他の従業員に関しては、事業部別、雇用形態（正社員、契約社員、嘱託社員、パートタイマー、派遣社員等）別、役職・等級別等に従業員数及び賃金の現状と推移を把握し、必要度合いをランキングする。次に、雇用形態別に雇用契約内容を調査し、特に正社員については、性別、平均年齢、年齢分布、勤続年数等でリスティングする。出向契約の有無やその給与負担の状況についても把握したい。これ等のデータを元に、事業再編の人事に臨むことになる。

②人件費の調査

人件費は、会社経費の中でも金額的に最も大きな科目であることが一般的だ。人件費とは、月次給与や賞与、インセンティブ（特別報酬、褒賞）のみでなく、法定福利（健康保険組合、厚生年金基金）、福利厚生（退職金制度、住宅関連制度、貸付金制度等）もあるので注意を要する。これ等の調査の上、一人当たりの人件費や推移を把握し、同業他社や同地域の他社等と比較する。このデータが、事業再編後に残り、今後の企業価値を維持・向上させる従業員との交渉材料になる。

また、人件費のバラツキも把握したい。人件費のバラツキとは、世代間であったり部門間であったり、男女間であったり、学歴間であったりする。人件費配分、ひずみは、彼らのモラール低下をもたらす要因となる。この把握と、必要において是正案が必要となる。

4-10 ◆ その他のデューデリジェンスの2 　　　　　　　（ITCのデューデリジェンス）

インターネットの普及共に、ITの活用力（ITC）が企業価値向上に高く相

関するようになった。近年、ITCと経営管理力の相関は増しており、業績の不振の要因に「システムの老朽化」、「ITリテラシーの未熟さ」、「低廉で管理効果の高いシステムの未導入」が挙げられるケースが少なくない。ITCの未熟さを原因として、生産-販売-回収-購買の事業効率が悪化している場合や、PLAN-DO-SEEのマネジメント・サイクルが老朽化し、適切な経営の判断や管理に支障をきたしている場合がある。

ITCのデューデリジェンスでは、このような経営問題を発見し、企業価値向上に反映させる方法や問題解決案を提示する。ITCに問題を引き起こす要因には、経営トップ層の情報の重要性に対する認識不足と、情報システム系の人材不足の2点が考えられる。何れにしても、ITの活用力が企業の成長や価値に大きく影響することを前提に、デューデリジェンスを行うことになる。

IT（情報技術）力のデューデリジェンスにおいて、検討する項目は、概ね以下のとおりである。

● 生産、販売、回収、購買の各事業部門における情報の活用状況

・CRM(Customer Relationship Management)の概要と目的

顧客に長期間にわたり継続的に商品やサービスを購入してもらうために企業が行うべき顧客とのコミュニケーション手法のひとつで、販売戦略上の重要要素といわれている。

システムの目的は、常連客の囲い込みによる継続的な売上の確保によって、収益予測がたてやすくなり、低いコストで高い利益を得ようとするもの。また、顧客のニーズが把握しやすくなることにより、きめ細かな販売戦略が立てやすく、見込み客候補の絞込みが容易となる。

・SFA(Sales Force Automation)の概要と目的

経験や勘に頼っていた従来型の営業（顧客へのアプローチ方法、提案内容・タイミングなど）を、ITを用いた情報分析に基づいて効率的な営業活動を図るツールとして期待されている。

システムの目的は、商談成立（クロージング）までの時間短縮を図ることと、優良顧客の識別と的確なアプローチ方法の選定にある。

- SCM（Supply Chain Management）の概要と目的

　製品やサービスを最終消費者に提供するまで（受発注〜原料の調達〜製造〜在庫管理〜配送）の取引先を中心とした複数企業にまたがる流通をITを用いて統合的、効率的に管理する手法のひとつで、極少の在庫と欠品不足解消の相反する問題を同時にクリアしようというものである。

　システムの目的は、余剰在庫の削減（究極的には在庫ゼロ）によって、サプライチェーン内企業のキャッシュフローを増大させながら、同時に在庫切れによる商談機会の損失を回避し、より高い顧客満足度を実現するものである。

● 経営トップ層のIT活用に関する認識と取り組み姿勢
● 情報システム部門の組織構造と職務権限
● ハードウェアとアプリケーションシステム構成とこれに係るライセンスの管理状況
● 社内の機密情報と個人情報保護法に基づくセキュリティー管理の状況
  - セキュリティポリシー
  - アクセス権限（ID/パスワード等）管理（登録抹消）とアクセス履歴の管理状況
  - コンピュータールームや機密情報管理室等への入退出管理状況
● 不慮の事故や災害、犯罪への備え
  - データバックアップの管理状況
  - 障害、災害、犯罪に対する防衛策と復旧策の確認
● ハードウェア・ソフトウェアのリース契約の内容
● システム関連の外部委託契約の内容
● 短期情報システム計画書、中期・長期情報システム計画書の内容

　これらに関する資料の閲覧や担当者へのインタビューを通じて、デューデリジェンスを行い、企業価値の評価判定と今後の事業計画へ反映させる。

極めて簡便なデューデリジェンスのフォーマット例

　事業再生やM&Aを目的とする、事業や財務等のデューデリジェンス要請は少なくない。特に事業再生は、債権者を地銀や信金とし、債務者を中小零細企業とする、いわゆる小型案件が増加傾向にある。

　これまで述べてきたデューデリジェンスは、比較的事業規模の大きな企業を想定したものだった。今まで述べたデューデリジェンスでは、急ぎの対応を要求される事業再生案件に対しては、時間もかかり費用的にもやや重過ぎると思われる。以下に示すEXCELフォームは、事業再生相談を受けた初期段階で使用するものとして作成したものだ。通常、事業再生相談の当初は、相談を持ちかける経営者やその家族は混乱していることが多く、このようなフォーマットを使うことによって、情報の漏れや不整合を避けることができる。読者の実務において参考になれば幸いだが、これまで述べたデューデリジェンスのポイントは押さえた上で、簡便な方式を使用していただきたい。

● 事業と財務の概況

■事業概況

No.	関係人	事業概要	事業(社員数)	事業年数	売上(直近)	利益(直近)	利益(累積)	資本の部	特記
A	A社(主業)	○○○設計施工	3人+P2人	8年	80,000	-8,700	-180,000	-120,000	ピーク1.2億円
B	関連C社								
C	関連D社								
計	−	−	−	−	80,000	-8,700	-180,000	-120,000	−

1−1. 債務明細(金融機関、ノンバンク、リース債務、保証債務)

No.	関係人	相手先(銀行系)	金額(残高)	内保協級	約定返済/月	実返済/月	←差額	リスケ遅延	担保/保証人
11	A社	国金	80,000		300	100	-200		
12	A社	XXX銀	165,000	40,000	900	100	-800		
13							0		
14							0		
15							0		
計	−	−	245,000	40,000	1,200	200	-1,000	−	−

No.	関係人	相手先(ノンバンク系)	金額(残高)	年利率%	約定返済/月	実返済/月	←差額	終了予定日	担保/保証人
21	A社	ニッRRR	2,000	26.0%	100	100	0		
22	A社	NNN	1,000		100	100	0	2006.04	
23	A社	旧VVVファンド	2,000		50	50	0		
24	A社	アABC	500		50	50	0		
25	A社	ディッBB	300		50	50	0		
計	−	−	5,800	−	350	350	0	−	−

No.	関係人	相手先(リース債務)	金額(残高)	リース総額	約定返済/月	実返済/月	←差額	終了予定日	担保/保証人
31	A社	工作機械	2,000	6,000	120	0	-120	2003.03	
32							0		
33							0		
計	−	−	2,000	−	120	0	-120	−	−

No.	関係人	相手先(保証債務)	金額(残高)	当初借入	約定返済/月	保証経緯		返済状況等	
41	A社	(株)ABCD	2,000	6,000	100				
42									
43									
計	−	−	2,000	−	100	債務小計額⇒		254,800	

1−2. 債務明細(税金、家族友人、取引先等)

No.	関係人	相手先/債務内容	金額(残高)	返済/月	遅延等の状況	優先度	保証人	担保
51	A社	国税						
52	A社	地方税						
53	A社	Y社/未払金						
54	A社	自身	460					
55	A社	両親	870					
56								
計	−	−	1,330	0	債務合計額⇒		256,130	

2. 所有資産(不動産、その他の固定資産、流動資産)

No.	所有者	物件名/購入額等	土地(坪)	時価@	時価額	収益(年)	利回り%	担保(番号)	抵当など
1	A社	社屋・土地	300	200	60,000			11,12	
2	A社代表	自宅	80	100	8,000			12のみ	
3	代表兄弟	アパート	200	140	28,000	5,000	17.9%	12のみ	
4					0				
5					0				
6					0				
計	−	−	580		96,000	5,000	−	−	−

No.	所有者	資産名/購入額等	数量	時価@	時価額	販売可能額	再生移転額	備考	
1	A社	現預金			0				
2	A社	受手・売掛金			0				
3	A社	商品在庫			0				
4	A社	貸付金等			0				
5	A社	特許等			0				
6					0				
計	−	−	0		0	0	時価合計額⇒ 96,000		

■事業、生活、債権者等の状況

■依頼者の希望・方針

5 ■ 極めて簡便なデューデリジェンスのフォーマット例

● 修正要約財務情報

事業概要における負債総額⇒	256,130	
事業概要における資産総額⇒	96,000	差額⇒ -160,130

■貸借対照表

		科目	帳簿残高	時価修正	時価額	コメント・備考
資産の部	流動資産	現金・預金	5,000		5,000	
		売上債権	12,000	8,000	4,000	
		棚卸商品	23,000	16,000	7,000	
		短期貸付金			0	
		他の流動資産			0	
		■流動資産合計	40,000	24,000	16,000	
	固定資産	建物・設備			0	
		機械・備品			0	
		車両運搬具			0	
		土地	300,000		300,000	
		他の固定資産			0	
		・有形固定資産合計	300,000	0	300,000	
		商標・特許権			0	
		ソフトウェア			0	
		電話加入権等	600		600	
		・無形固定資産合計	600	0	600	
		出資金等			0	
		敷金・権利金			0	
		保険積立金			0	
		・投資等合計	0	0	0	
		■固定資産合計	300,600	0	300,600	
	繰延資産	繰延資産	80,000		80,000	
		■■資産の部の合計	420,600	24,000	396,600	
負債の部	流動負債	買入債務	70,000	40,000	30,000	
		短期借入金			0	
		未払金			0	
		預り金			0	
		前受・仮受金			0	
		他の流動負債			0	
		■流動負債合計	70,000	40,000	30,000	
	固定負債	長期借入金	380,000		380,000	
		役員借入金			0	
		社債			0	
		預り保証金			0	
		他の固定負債			0	
		■固定負債合計	380,000	0	380,000	
		■■負債の部の合計	450,000	40,000	410,000	
資本の部	資本金	資本金	10,000		10,000	
	剰余金	剰余金			0	
	未処分利益	未処分利益			0	
		■■資本の部合計	10,000	0	10,000	
総資本		負債の部＋資本の部	460,000	40,000	420,000	
		総資産－総資本	-39,400	-16,000	-23,400	
		負債・資本合計額	420,600	24,000	396,600	

◆株主構成

株主名	当社との関係	株数	出資額	当社への貸付	当社から借入	備考
山田一郎	代表取締役社長					
山田さくら	取締役					一郎妻
山田明夫	専務					
佐藤啓	常務					

■損益計算書

科目	現状事業	構成比	継承事業	構成比	廃棄事業	構成比
売上	100,000	100%	50,000	100%	50,000	100%
原価	60,000	60%	20,000	40%	40,000	80%
粗利	40,000	40%	30,000	60%	10,000	20%
役員報酬		0%		0%	0	0%
支払給与	25,000	25%	12,000	24%	13,000	26%
家賃	12,000	12%	6,000	12%	6,000	12%
支払利息	1,000	1%		0%	1,000	2%
他の経費	20,000	20%	10,000	20%	10,000	20%
経費合計	58,000	58%	28,000	56%	30,000	60%
税前利益	-18,000	-18%	2,000	4%	-20,000	-40%

第11章 デューデリジェンス

第12章

組織再編・M&A

経営の命題としての企業価値向上

　戦後、日本企業の多くは、売上拡大やシェア拡大といった規模の拡大を目指してきた。その結果として、世界に冠たる経済大国のひとつとなった。もちろん、勤勉で貯蓄好きな国民性や国策による企業への資金供与、品質を第一に重視した経営者の存在など、他の要因も少なくないが、日本経済のバブル崩壊までは、拡大路線が多くの企業の主要戦略だった。

　日本人の中に、ジャパン・アズ・ナンバーワンという言葉が浸透したころ、バブル経済が崩壊し、急激な景気後退と金融市場の混乱が起きた。時を同じくして、グローバル・スタンダードという言葉が日本人に突きつけられた。日本型の経営システムや市場の競争原理、金融市場の形成、会計のあり方など、これまでのやり方はグローバル・スタンダードではないと国際社会から反省を求められた。

　ナンバーワンという賞賛とドメスティック過ぎるという非難。まさに天国と地獄ほど違う評価だ。バブル経済の崩壊以降の日本経済と日本人は、プライドを傷つけられ、アイデンティティを失いかけた。その中で向かうべき指標のひとつとして、グローバル・スタンダードを掲げ、再びの繁栄に向けて経済界も個々の企業も再生と再建に取り組んでいる。

　2012年秋、民主党から政権奪取した自民党は、同年12月に第2次安倍内閣を発足させた。安倍内閣は、相互に補強し合う関係にある「三本の矢」を一体として推進し、長期にわたるデフレと景気低迷からの脱却を最優先課題とする「アベノミクス」を打ち出した。いくつかの経済指標は、景気の回復の兆しを示しているが、アベノミクスはまだ入口にある。日本経済の全体像と中小企業の多くは今もまだ、再生と再建の最中にあり、確信を持って「出口の鍵を握った」とは言い難いようだ。

　明治維新や第二次世界大戦からの復興の中で、日本の国家も企業も一途な拡大路線が成功し、豊かさや世界の中の日本という誇りを得ることができた。しかし、これは長く続かず、1990年代には失速し始めた。一途な

拡大路線の延長線上にGDPの停滞や企業倒産の多発、デフレなどという、政治や企業戦略の失敗とも取れる問題が顕在化してきた。この反省から、グローバル・スタンダードへの対応が国家的な課題となった。グローバル・スタンダードは、規模やスピードよりも「価値」という言葉を重要視した。生活においては「価値の多様化」であり、経営においては「企業価値の向上」がスタンダードな感性として、広く認知されるようになった。価値の重視は、ひたすらな拡大路線とは対峙する発想で経営者層は、発想の転換を求められている。

1-1 ◆ 企業価値とは何か

　「企業価値とは何か?」という真正面からの問いは、答えに窮するだろう。問う人と、答える人の企業価値に対する企業の何を評価するかが通常は一致しない。違う側面を観た評価では、有益な問答とはなりえない。企業は、関わる人によって職場になる。ある人にとっては投資先だ。別な人にとっては、経営指導の受任先、生産部材の外注先。売上の大半を占める納品先、生活に欠かせない交通サービスの提供者などさまざまな社会的側面を持っている。従って、「企業価値とは?」との問いへの回答は「謎」ということになる。謎であるからこそ、多くの人々の関心を集め、研究の対象となっているのだろう。もし模範的な回答があるとするならば「時々の状況において最も多くの人々の賞賛と同意を得られた経営状態」というところだろうか。

　企業価値について明快なオピニオンを表明しているWebサイトを見つけた。http://www.academyhills.com/に掲載された、孫正義ソフトバンク社長のもので、いつの時点のものか不明なのは残念だが、参考までに引用させていただく。

> 企業価値とは何か
> 　では「企業価値」とは何か。それを測る指標は何か。僕は「企業価値とは将来のキャッシュフローのシグマ」と考えている。たとえば鶏が10羽いるとしよう。どの鶏がもっとも価値が高いのか。賢い人ならば、今年産ん

> だ卵の数だけで鶏の価値を決めはしない。一番価値の高い鶏は、今後死ぬまでに産む卵の総数がもっとも多い鶏だからだ。
> 　米国の先進的経営者はEVA（経済的付加価値＝税引き後の純営業利益－資本コスト額）を重視している。我々はすでにこの指標を実際の経営に取り入れ、それをさらに発展させている。なぜなら、EVAは過去の業績を示すものであって、「未来」という視点が抜けているからだ。インターネット産業の進化スピードを考えると、過去の業績だけの指標では企業の真の価値は捉えられない。
> 　企業の価値を測る上で、現在もっとも進んでいる指標は、理論MVA（理論企業付加価値＝理論時価総額－株式資本）をエクイティで除したものである。平易にいえば「株主から預かったものをどれだけ増やしたか」を示すモノサシであり、我々はこのモノサシで経営している。こうした企業は日本ではおそらくソフトバンクだけであり、米国でも数少ない。ちなみに、この指標による企業ランキングで、ソフトバンクは日本第3位である。実際の株価は現在15位だが、このギャップは市場がソフトバンクの実力をまだ十分に理解していないためと僕は捉えている。

　このメッセージは、取締役の立場で株主を対象としたものと解せる。株主資本（エクイティ）に対する企業の金銭的価値を最大化しようとするもので、「企業価値は何か？」と経営理念的な側面で迷いのある経営者にとっては、ひとつの指針となるものだ。

1-2 ◆ 企業価値の向上とは何か

　企業価値の向上は、将来キャッシュフローの極大化による株主価値（株価）の上昇と同義だろうか。企業価値の測定は、当該企業の利害関係者（ステークホルダー）によってものさし（メジャー）や指標（インジケーター）が異なるもの、概ねのところこの定義で良いと考える。何故なら、この定義は資本主義社会の価値観に沿った概念であり、株式会社という法人の存立概念にも近い。

企業、とりわけ株式会社にとっての最終目標は、企業価値を持続的に成長させることにある。この命題に向かい経営者は、「自社の資本コスト」を上回る収益機会を絶えずつくり出し、キャッシュフローの増大を図ることになる。

　なお、全体としての企業価値を表す言葉として、企業価値のほかに、事業価値という言葉が使われることもある。これは、企業価値＝事業価値＋非営業資産で表される。非営業資産は、営業活動に利用されない遊休資産などを指す。この図から事業価値は、運転資本や固定資産などの営業資産かを以て獲得されるものとして理解できる。

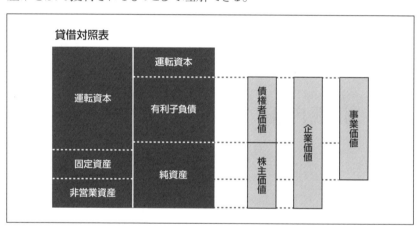

　企業価値を高めるには、継続して競争優位にたつ事業展開を行えるかどうかにかかっている。また、キャッシュフローの増大とともに、株主への適切な情報開示（IR）や企業の社会的責任（CSR）も問われていることにも留意しなければならない。企業価値向上策において、キャッシュフロー極大化と同様に重要となるテーマには、①妥当な配当　②情報の公開性（アカウンタビリティ）　③経営の順法性（コンプライアンス）の3つがある。

　このような課題のもとに経営者は、株主から企業価値向上についてより高いパフォーマンスを求められる。一方で、企業価値は、顧客評価、従業員評価、株主評価の3つの側面で評価され、これらを同時に高めなければならない。これらの経営努力は、顧客、従業員、取引先、そして株主から見て「信頼に足る企業」として評価され、企業ブランド（価値）へと昇華していく。

1 ■ 経営の命題としての企業価値向上

これを要約すると経営者は、「持続的な競争優位の事業展開」を行うことによって、「営業収益力のアップ」を促進し、「経済付加価値（EVA）」をプラスに導き、「株主価値（株式時価総額）と「企業価値」を向上させ、加えて、社会のルールを遵守した「顧客の利益」を実現させなければならない。

　しかし、経営者は、残念ながら総合的な企業価値を自ら測定することはできない。経営者が測定できるのは、今後の事業展開とキャッシュフローといった、事業計画や経営戦略の優劣や進捗率等に限られる。事業価値・企業価値・株主価値のうち、経営者が自らの努力で改善できるのは、事業価値であろう。総合的な企業価値の評価は、結果において他者が行うものだ。

組織再編の目的

　ここでいう組織再編とは、グループ経営や企業集団を目的とした事業の組織構造改革をイメージしている。日本の大企業における「系列」は、国際語の「ケイレツ」として広く認知されているようだ。このような大きな「ケイレツ」だけでなく、中小企業が数社集まっただけのグループ経営も組織再編の対象として想定できる。また、企業価値向上を目指したM&Aや会社分割、持ち株会社などの組織変更、FC（フランチャイズ）や業務提携（アライアンス）などの戦略的な事業展開も含め組織再編の目的や手段ということができる。

　会社は、過半数の資本（議決権）を持つことによって、基本的には支配（コントロール）可能となる。過半数を超える支配的株主が存在しない場合は、筆頭株主になることで会社の支配的な立場を得ることもできる。こういった、株主支配説に基づいた事業構造の再編もある一方で、事業メリットのみを追求した契約に基づく業務提携もある。

　企業価値向上の王道は、既存事業の最適な組み合わせと改廃によりキャッシュフローを極大化させることにある。産業技術と経済情勢が大きく

変化する昨今においては、業務提携や組織再編を含む事業構造戦略もきわめて重要な経営課題となっている。

2-1 ◆ 事業環境の変化

　バブル経済の崩壊は、不動産や株価などさまざまな資産価値の下落をもたらした。その結果、金融機関に多額の不良債権を発生させ、これが以降の日本経済低迷の引金となった。その後の不良債権処理は、サービサー法に代表される「金融政策」とモラトリアム法（中小企業金融円滑化法）に代表される「中小企業施策」により、減少に向けて対応されている。しかし、「貸し渋り」という言葉に代表されるように、金融機関の信用査定能力は毀損したままであり、企業の盛衰に合わせた本来のバンキング機能は回復していないと診た方がいいだろう。

　このような金融状況の中で、不動産や株式等の含み資産を信用担保とする融資姿勢と、この企業評価姿勢を前提とした「規模の経済を追求する」これまでの経営スタイルに疑問が投げかけられた。事業者側も融資側もこれまでの経営スタイルが、効率性という視点を欠いた企業経営であったと認識し、ROA（総資産利益率）、ROE（自己資本利益率）、EVA（経済的付加価値）等の収益性を示す財務指標の改善を目指す経営や、キャッシュフローを重視する経営が選択されるようになってきた。今後は人的保証、物的担保にたよらず、収益性やキャッシュフロー、事業計画の実現性などにより与信の判断がされることを望むものだ。

　一方において、「会社は誰のものか」という視点で、コーポレート・ガバナンスの必要性がクローズアップされた。これまでの日本企業は、従業員や得意先、仕入先、借入先といった多様な利害関係者を各々重視してきたが、本来のオーナーである株主重視へと経営統治のパラダイムを変えようとしている。

　このような事業環境の変化は、企業経営に「透明性の確保」「アカウンタ

ビリティ（説明責任）」を強いることになった。同時に、より資本効率を追求した企業経営も迫った。したがって、今日的な企業経営の課題は、企業価値（＝株主価値）を極大化することが最優先となったといえる。この資本効率の追求とは、無駄を省き効率の良いものに投資するという「選択と集中」を意味する。「選択と集中」をダイナミックに実現させる手段として、M&Aを中心とした組織再編手法があり、ますます注目されている。

複雑で不確実な中で経営を行うには能動的な戦略が必要だ。組織再編の目的に「時間」を買うということがある。自社で育てるより外にあるのをとりこむのだ。組織の外部で生み出された知識を社内に経営資源としてとりこんだり、社内で活用されていない経営資源を社外で活用したりするオープンイノベーション（ヘンリー・チェスブロー博士の提唱）を実現することが注目されている。

2-2 ◆ 組織再編に係る法的基盤の整備

ここ数年、企業が組織再編を行う上で追い風となるいくつかの法律改正（規制緩和措置）が行われた。これら法的基盤整備は、国家や行政が組織再編を奨励し、これを支援していると企業価値の向上を目論む経営者は考えるべきだろう。

①独占禁止法の改正（1997年12月施行）

企業グループ経営の効率化、企業グループ再編の容易性の確保、企業合併の障害回避を目的として、独占禁止法9条が大幅に改正され、持株会社の設立が「原則禁止」から「原則自由、例外禁止」と、どんでん返し的な規制緩和が行われた。この独禁法改正は、具体的なガイドラインも示されたことにより、実用性と実効性が高い。これにより持株会社を従来法と比較し、はるかに容易に持てることとなった。

持株会社を持つことによる一般的なメリット

- 本社コストの削減

- 法的・会計的独立性による経営責任の明確化
- 企業行動の機動性確保
- 事業の買収・売却の容易性確保
- ブランド名の統一化
- 子会社の事業リスク遮断による新規事業展開への進出の機動性確保

②株式交換制度・株式移転制度に係る商法改正（1999年10月施行）

本制度は、株式交換制度と株式移転制度を総称して株式交換制度と呼ぶこともある。株式交換制度は、企業グループ再編手法の一つとして創設された制度で、完全親子会社を作ることを容易にし、持株会社設立に最適な制度ということができる。

株式交換制度の特徴

- 買収資金が不要
- 債権者保護手続きが不要
- 検査役検査が不要
- 適格株式交換に該当すれば、譲渡益課税の繰り延べが可能

③民事再生法（2000年4月施行）

従前の和議法に代わって創設された法律で、和議法に比してその申立要件や手続きが簡素化された。民事再生法により、事業再生手続きの着手が迅速化されることが期待されている。民事再生法は、従来のような長期に渡っての将来利益を原資とした債権者への弁済ではなく、優良部門の売却代金により債務弁済を行い、その後旧会社を清算させるといった、短期的に再生手続を終了させることを目的としている。この民事再生手続きの過程で、営業譲渡が行われることが多い。

④会社分割法（2001年4月施行）

株式交換制度と同様に、企業グループ再編手法の一つのとして創設された制度である。会社分割法は、会社単位の再編だけでなく、グループ事

業単位での再編も容易にしている。これにより事業単位での分社化や他社との共同事業の組成が法的に担保された。企業グループにおいて、グループ中の事業ポートフォリオの見直しが容易となった。

　企業価値や事業収益力の向上を目指す経営者は、会社分割と持株会社や株式交換制度を組合せによるコアによって組織再編戦略を加速化させることができる。また経済社会的には、このような動きが具体化することで、コア事業に特化する気運も高まり、ノンコア事業の第三者への売却が増え、M&A市場が活性化することも期待されている。

⑤企業組織再編税制（2001年4月施行）

　企業組織再編時に発生する税務コストを軽減することを目的として、税制改正が行われた。これにより、企業グループ再編を促し、その結果として企業活動の効率化や活性化が実現することを期待した前向きな税制改正である。具体的には、税制上適格となる要件を満たした場合には、企業グループ再編を目的とした会社分割、株式交換・移転、合併、現物出資、事後設立において、譲渡益課税の繰り延べ、登録免許税の軽減措置等の税務上のメリットを享受できる。企業側では、この税制改正により、組織再編に係る税コストを低く抑えることが可能となった。その後の改正により、株式交換、株式移転、現物分配が組織再編税制に組み込まれている。

⑥会社法改正（2006年5月施行）

　商法から全面的に改正された。組織再編の部分では、組織再編がスムーズにスピーディーに行えるようになった。その方策として、相手会社の株主に交付する財産が存続会社の株式に限定されていたものを、現金や親会社の株式等でもよくなったり、簡易組織再編の規模が拡大されたり、略式組織再編の制度が新設された。

⑦グループ法人税制（2010年改正）

　100％グループ内で行われる資産の譲渡は、一定の要件を満たすとグループ法人税制が適用され、譲渡会社側で譲渡時に発生する譲渡損益が

譲渡時には認識されず、譲受会社が再度売却した場合などに課税される。

2-3 ◆ 高まるM&Aへの関心

　日本においては長い間、M&Aという「言葉」がネガティブにに捉えられてた。これは、明治維新以前の領国支配制度における大名と家臣の心情の名残と思える。領国は、会社であり、領国の一部もしくは全部が他の大名の所領となることは、この時代の失敗を意味していた。M&Aのネガティブイメージは、この時代の失敗もしくは合戦の敗北を連想するところから来ている。このイメージがある故に企業経営者はM&Aを経営の戦略的選択肢として積極的には活用しなかった。

　しかし、その視点を買収される側から買収する側に移すと、所領が増えることは勝利を意味する。国内的に捉えると、誰かの勝利は誰かの敗北となるが、海外に所領を増やすことは、わが国万民の勝利となる。その現象として、1980年代後半の国内企業による海外企業の買収（クロスボーダーM&A）が数多く行われた。1980年代にクロスボーダーM&Aが多く行われた経済的な背景としては、日本経済がバブル経済であったにせよ自信に満ちていたこと、エクイティ・ファイナンスや銀行を中心とした間接金融を通じて、低コストで大量の資金を確保することが容易だったことがある。
　この時代のM&Aは、経営の効率化や企業価値の向上を第一義としたものではなく、企業規模の拡大、先の例でいうならば所領の拡大を狙ったものといえる。

　戦後の国家的産業政策において、強く根付いたメインバンク制度や護送船団方式（金融機関の利益と存続を保証する金融政策）もバブル経済の崩壊とともに霧散した。この護送船団時代は、不採算事業に対してでも企業の信用力や担保力を背景として資金供給が円滑に行われていた。借手企業も貸手金融機関もぬるま湯に浸かった状態のまま、戦略的な視点を養えないという弊害を生んだ。戦略を持たない経営者の視点は、潤沢な資

金を事業規模の拡大ばかりに置き、健全なガバナンス醸成や企業価値の向上を二次的な課題として置き去りにしてしまった。

　ただ、バブル経済崩壊以降は事業環境の変化は著しい。金融ビックバンや株主重視の社会的要請(コーポレート・ガバナンス)、経済のボーダレス化の波が日本経済に押し寄せた。日本的経営の代名詞となっていたメインバンク制度や株式持合という慣習、あるいは「系列」や終身雇用というようなレガシー・システム(旧慣行)などが崩壊させられつつある。こうした事業環境の変化と呼応する形で、組織再編による企業力強化を後押しする法制度改革が行われた。ボーダレスな経営環境変化への対応と組織再編推進という行政の後押しにより、企業価値の向上を目的としたM&Aが経営戦略の選択肢としてクローズアップされている。2006年施行された「新会社法」や毎年のように改訂される「組織再編税制」による手続きの明確化は、企業価値向上のための組織再編を更に促進している。大企業のみならず、中小零細企業においても組織再編を視野に入れた経営の舵取りをする時代が来たといって良い。

3　組織再編の概要

　組織再編は、その目的、その手段、法的手続きなどによって、各々いくつかに分類できる。ここでは、その分類項目だけを列挙し、以降の事項において、これを順次解説する。

組織再編の目的による分類
- 不採算部門の切り離し
- M&Aによる企業総合力の
- グループ経営の効率化
- 事業売却による資金の入手
- 事業分割による事業承継

組織再編の手段による分類

- 資本参加／企業結合(株主権利の活用)
- 取締役派遣(取締役会議決権の活用)
- 事業上の契約(契約の活用)
- 合併・事業譲渡(営業実態の活用)

組織再編の制度(法的手続き)による分類

- 会社の合併
- 会社の分割
- 株式交換制度
- 事業譲渡
- フランチャイズ契約(中小小売商業振興法)

> **コラム&エピソード　社長がする担保提供の意味**
>
> 　中小企業のMBOの株式譲渡承認の株主総会に立ち会ったことがある。MBOや事業承継に限らず、中小企業の組織再編においては、譲受に係る資金調達を代表取締役に求められることが多い。この場合は、大概、代表者の自宅が債務の担保になる。このような仕組みに不満を訴える経営者(譲受者)もいるが、自宅担保の覚悟を決めることは悪くない。担保を実行されないよう経営に専念するからだ。経営はリスクを伴うものだ、と腹を決める。経営者の報酬が高いのはこのリスク担保も含んでのことだ。経営者は、経営責任も問われる一方で、高い報酬というモチベーションも肝要となる。

3-1 ◆ 組織再編の目的による分類とその概要

　組織再編に関する学習や研修の際は、その手法や制度論から入ることが多い。しかし、組織再編が法人のライフサイクル上の成長、成熟、衰退時の対応にかかる処方策であることから、その目的を重視したい。何のために組織再編するのか、どのような課題を達成するために組織再編するのか、先ずは目的を大まかに整理してみた。

①不採算部門の切り離し

　企業は、将来の継続的なキャッシュフローの確保と拡大のためにさまざまな事業活動を行っている。この事業活動は、経営のマネジメントサイクルの中で、計画され、実行され、検証され、見直し再計画されている。複数の事業や営業をしている場合は、このマネジメントサイクルを事業単位でも行う。その結果、不採算部門（事業、営業）やノンコア部門の対応を余儀なくされることもある。

　不採算部門の対処のひとつとして、不採算部門の切り離しがある。それを切り離すことにより、事業のスリム化を図って経営効率を向上させようとするものだ。優良部門を選択して資源をそこに集中させるのだ。この場合、不採算部門の清算と売却が考えられる。不採算部門の売却とは、自社にとっては不採算な事業や営業であったとしても、その不採算部門を取得することにより事業メリットがある会社や人を探し出すことに他ならない。その会社や人にとっては、大きな事業チャンスともなり得るため、前向きな対応が必要となる。

(1)会社分割により事業を分離する
- 事業の吸収先を見つけ、吸収分割（人的分割、物的分割共に可）により、他社の株式を得て、事業を分離する
- 不採算事業を新設分割（物的分割）し、この分割会社の株式を第三者に売却する

事例

　株式会社ガイアックスは2007年1月にオンラインゲーム事業を新設分割し株式会社UTDエンターテイメントを設立し、この新会社の全株式を株式会社インデックス・ホールディングスに2億6800円で譲渡して、コミュニティーソリューション事業に集中させることにした。

(2)事業譲渡により、事業を分離する
- 事業の譲渡先を見つけ、金銭等の対価を得て、事業譲渡する

(3) MBO(Management Buy-Out)により事業を分離する
- 会社の取締役や部門の責任者を対象として、事業を売却する
- 会社内部の関係者が事業を買収する点に特徴があるが、この特徴により、通常のM&Aで問題となることの多い従業員や取引先等の同意が得やすくなる
- MBO後の事業に高い将来性を示すことができるならば、MBO実行時に外部の投資家の出資を得ることが可能となる
- 上記ケースにおいて、MBOに係る資金の多くを借入金に依存し、投資リターンを高める手法をLBO(レバレッジド・バイアウト)という

② M&Aによる企業総合力の強化

　M&A(Mergers and Acquisitions)は日本語訳すれば「企業の買収と合併」となるが、今日的に使用するにM&Aには、幅広く事業譲渡や提携まで含めることが多い。M&Aにはさまざまなスキーム(計画と枠組み)があり、的確な現状把握をした上で、最適なスキームを選択することになる。

　これからの経営は、厳しい競争環境の中で「勝ち残り」を賭けたダイナミックな選択を迫られる時代となる。中長期の企業価値向上を具現化するため、選択と集中や規模のシナジーなどを追求することになる。また、ボーダレス化の進展、国内外の経済構造変化が政治や経済全ての分野で、予想を遥かに上回るスピードで起きている今、経営のスピードアップが不可欠な要素となってきている。このような時代に、外部の経営資源を機能的に融合するための戦略手法であるM&Aは、ますますその重要性を増している。

　M&Aの目的は、他の企業を自社の傘下におさめ、企業組織の拡大や経営の効率化、コストダウン等を実現することであり、その主な方法として次のようなものがある。

> **コラム&エピソード**　経営のグローバル化が組織再編も引き起こす
>
> 　2010年4月に石油精製・販売大手企業の組織再編があった。新日本石油株式会社（現・JX日鉱日石エネルギー株式会社）と新日鉱ホールディングス株式会社（現・JX日鉱日石金属株式会社）は、経営統合を目的として株式移転により、JXホールディングスを設立した。経営統合の背景には、金融危機による景気後退や石油製品の需要減があり、規模拡大による生産力・販売力の強化が不可欠だった。
>
> 　同社は、傘下の新日本石油株式会社・新日鉱ホールディングス株式会社及び両社の子会社を合併・再編し、中核事業会社として「JX日鉱日石エネルギー株式会社」・「JX日鉱日石開発株式会社」・「JX日鉱日石金属株式会社」を発足させ、連結売上高10兆円企業（グループ）としてエネルギーや資源分野で社会貢献している。
>
> 　経済のボーダレス化、経営環境のグローバル化の中で、今後も生き残りをかけた組織再編は続くものと考える。中小企業において組織再編で注意すべきこととして、金融機関の合併がある。合併する2行のそれぞれに借入がある時、当該会社の与信枠が減額する場合があるので注意したい。これは、仕入れ先や販売先についても起き得ることで、大型の組織再編は「対岸の火事」と捨て置かずにその影響について検証と対応を図りたいものである。

(1) 株式取得による企業買収

- 100％取得による完全支配
- 50％超取得による支配
- 50％未満取得において株主権利の行使（株主総会等）を通じて他社に影響を及ぼす
- 買収法は、基本的には単なる株式の売買となるが、細かくは、TOB（株式公開買い付け）などの手法もある

(2) 事業譲受

- 金銭等の対価を支払い、事業を譲り受ける「事業」の売買方式と

- 事業の現物出資を受け、この対価として株式を発行する方式(「事業」と「株式」が交換される)がある

(3) 合併
- 契約によって2つ以上の会社がひとつの会社になる
- 新設合併と吸収合併がある

(4) 株式交換
- 株式を交換するにより、他企業を100%子会社にする
- 営業譲受に比較して、手続が簡便化される

(5) 業務提携
- 2社以上の会社が各々の企業価値向上を目的とし、業務推進の補完や機能分化について契約する
- 業務提携の範囲は、会社法(商法)やその他の業種法に触れない限りあらゆるものに及ぶことができる
- 販売代理店契約やボランタリーチェーン、FC(フランチャイズ)、技術提携などがこれに当たる
- 業務提携の約定として、株式の持合や役員の派遣、保証金の拠出などが行われることもある

③グループ経営の効率化

　全体としての事業活動を活性化させるために、事業の機能や地域性、法的な許認可などを単位として分社化する企業は少なくない。また、元々は別な資本家や事業方針、起業動機などで設立された会社が戦略的な目的の元に企業集団を形成することもある。このようなグループ経営のメリットは、集団全体としてのスケールメリットの他、経営の迅速性や全体としての経営管理コストの削減、技術や情報の集約などがある。このメリットを活かし、企業集団としての企業価値向上や市場競争力を強化するが、一方で不採算事業を切り離ししやすくなるなど、破綻抵抗力も増すことになる。

グループ経営の効率化を実現する手段としては次のようなものがる。

> **コラム&エピソード　経営戦略としての組織再編事例**
>
> 　2007年10月、株式会社丸井は、「株式会社丸井グループ」に商号変更し、「小売事業」、「カード事業」、「小売関連サービス事業」からなる持株会社制へ移行した。その組織再編手法は、小売事業を分社型新設分割で設立し商号（株式会社丸井）を承継し、カード事業は、分社型吸収分割により完全子会社の株式会社エポスカードに承継した。ホールディングカンパニー（持株会社）として、経営戦略の迅速性や経営会責任の明確性を好例といえるだろう。
>
> 　2012年8月、富士通株式会社は、簡易新設分割により無線系技術を有するアクセスネットワーク株式会社を子会社化した。事業部門の独立法人化のために、組織再編手法の簡易分割を活用した事例として挙げておきたい。

（1）株式交換による、他企業の100％子会社化
（2）株式移転による、純粋持株会社の設立
（3）会社分割による分社化
（4）社内カンパニー制（社内分社化）の採用
（5）業務提携によるアライアンス事業やFC事業の展開
（6）契約と資本提携を融合させた連邦経営への移行（以下は事例）
- グループ企業に対して、連邦目的に必要な最小限度の関与形態
- グループ各社の自主経営による独立採算性・自主責任を促す
- グループ全体の成長のために各社（各事業）が連携する
- グループ全体の意思決定は、各社社長で構成する「トップ会議」とする

④事業売却による資金の入手

　事業売却による資金の入手は、「不採算部門の切り離し」と同意に考えがちだが、必ずしもそうではない。充分に採算を取れる部門であっても、会社の生き残りを掛けて売却することもある。また、戦略的な研究開発や設備投資に必要な資金調達の手段として事業売却を選択することもある。

事業売却による資金調達を実現するためには、売却先の選定に始まり、売却価格の合意や売却手段の選定（営業譲渡もしくは会社分割）、売却に係る法的な手続きなど多様で専門的な業務を同時並行的に進めなければならない。また、売却による収益の計上とその課税についても取引額が大きくなることが予測されることから、慎重な計画と実務対応を必要とする。特に、売却先の選定については、その選定がこの目的達成の成否にとって極めて重要なことであることから、M&Aを専業とする会社や事業体へ事前相談することを推奨する。

⑤会社分割による事業承継

　会社の経営者交代において、後継者が予め指名されており、指名された者の能力が客観的に充分であり、この任に当たることを利害関係者の大多数が同意している、という状況を醸成することが理想的である。しかし、現実的には、事業承継に係るトラブルは多い。特に、資本と経営が分離していない中小・零細企業においては、複数の後継候補（兄弟や叔父と甥など）がいたり、資本の承継者（大株主の長男等）に会社全体の経営を委ねるだけの能力がなかったりすることが多い。このような場合にも、営業譲渡や会社分割などの組織再編手法を利用することができる。

（1）複数の後継者対策
- 会社を新設分割し、それぞれに代表権を与える
- 上記の場合は、人的分割（分割型分割）を利用すると資本関係も分離できる
- オーナーが健全の状況で事前対策をする場合は、上記に持株会社方式を加味し、後継者のそれぞれの会社を完全子会社にし、後継者教育する方法もある

（2）資本の承継者の能力不足対策
- 資本の承継者の能力（好き嫌いを含む）に合わせた事業を会社分割し、この経営を任せる

- 最も事業価値を高めると思える従業員や取締役に、分割元会社の経営を任せる
- 資本の承継者には、配当で酬いるか、株式の購入を行う

4 組織再編の手段

4-1 ◆ 資本参加（株主権利の活用）

　議決権総数の過半数の株式を所有し、株主総会の議決権行使を通じて会社を支配する。対象会社の株式が広く分散している場合には、議決権総数の過半数未満の所有でも、筆頭株主として当該会社の支配は可能となる。また、支配（権）の掌握を目的とせず、グループ会社として組織再編を行う方法もある。

①株主議決権

　株主が株主総会を通じて、会社の経営方針などに対し行使する権利で、新聞報道等では、これを経営権と表記する場合もある。この権利は、議決権を有する発行済み株式総数に対して所有する議決権株数によって規定されている。

議決権株式割合	主な株主権利
3分の2以上	定款変更、合併、事業譲渡などの「特別決議を単独で決定」できる
50％超	取締役の選任、利益処分などの「普通決議を単独で決定」できる
3分の1超	合併など重要事項に関する「特別決議の拒否権」を持つ

※会社法では、株式を持ち合っている企業に議決権の25％以上を持たれている場合は、相手方に対する議決権は持たない、と規定している。

②筆頭株主の権利

　文字通り、総株数に対して最大のシェアを持つ株主のこと。上記の議決権を除いて、会社に対して特段の権利があるわけではない。しかし、会社

の最高決議機関は株主総会であり、取締役の選任や利益処分などは、定足数を有する株主が出席し、その議決権の過半数をもって決定しなければならないため、筆頭株主の意向を無視しにくい。筆頭株主が他の株主に同意を求めて、50％以上の議決権を持って役員を選任することもありうる。

※「定足数」とは、決議に必要な最小限度の出席数のこと。普通決議に必要な定足数は、通常「発行済 株式の総数の過半数」。定款において別段の定めによりこれを軽減できる（会309）。ただし、取締役と監査役の選任決議については、定款の定めによっても発行済み株式総数の3分の1未満にすることはできない。（会341）

③親子会社

親会社とは、2社以上の会社が支配従属関係にあるとき、他の会社（＝子会社）を支配している会社のことをいう。議決権の過半数といった形式基準だけでなく、新会社法からは実質的な要素を加味したものに改正された。なお、親子会社には以下の規制が設けられている。

- 子会社による親会社株式の取得の禁止(会135条1項)
- 子会社による親会社の株主総会での議決権行使の禁止(会308)
- 親会社の監査役は子会社に対する調査権限(会381条3項)
- 親会社の監査役による子会社の取締役・支配人・会計参与・執行役との兼任禁止・(会335条2項)

④株式相互保有

株式相互保有とは、経営の安定化を目的として企業が相互に株式を保有することをいう。株式の相互保有については、「資本の空洞化」や「会社支配権の固定化」などの弊害があることから、これを規制されている。

（1）株式の相互保有の目的

株式の相互保有は、旧財閥系や都市銀行系の大型企業集団などにおいて、安定株主の確保と集団内取引の維持強化を目的として用いられた手法である。安定株主の確保は、既存経営陣の安定化につながるものだが、株主軽視やコーポレート・ガバナンスの脆弱化に傾斜するという弊害を孕んでいた。これらは、株式の相互持ち合いによって株主の支配力を相互

に相殺し合い、結局のところ経営者ないし管理者が企業の支配を強めるというものだ。

また、集団内取引の維持強化とは、株主の立場を利用した取引の強化であり、競争の原理が阻害されることによる価格や品質の改善が遅れるという企業価値を毀損しかねない弊害を内在している。そのため近年減少傾向にある。

このように株式相互保有の問題点はあるものの、これを機能させた場合には、持合社長相互間の信任関係が高まり、経営の意思決定を早めたり、グループ内のコスト削減が図れたりというメリットがある。

(2)株式相互保有の問題点
●資本の空洞化
会社が相互に株式を保有することにより、名目の資本だけが増加し、資本金である事実上の資金が会社に払い込まれない

●会社支配権の固定化
相互保有の株式が多くなると、本来の株主の議決権が弱まり、相互保有の議決権を利用した株主総会支配が可能となる

(3)株式相互保有の規制
株式相互保有の問題点を排除する意味において、A社がB社の議決権総数の25％超を保有する場合（実質的支配基準による）には、B社はA社株式を保有しても議決権はない（会308）と規定されている。

⑤株式取得の手段
(1)株主間売買
株式取得の一般的な手段は、株式を、株主との売買によっておこなう。未公開会社であれば、株価を所定の方法で算定し、これを基準に売買価格を売主と買主で交渉し決めることになる。株価の算定方法は、相続税評価時の算定方法である類似業種価格方式、純資産価格方式、配当還元

方式等が一般的に利用されてきた。しかし近年は、企業の将来価値に着目する動きがあり、DCF（Discount Cash Flow）やEVA（Economic Value Added 経済的付加価値：経済価値創出力）なども採用されている。未公開会社の株式の売買（譲渡）には、譲渡制限がついていることが多く、この場合は会社で定めた機関（株主総会等）の決議を要する点に留意する。

(2) 新株発行

また、新株を発行し、これを第三者割当等で売買する方法もある。

(3) 株式市場からの購入

一方、上場会社であれば、株式市場から株式を購入することが前提となる。

(4) TOB

株式市場からの購入だけでは、目的とする株数や時間的な速度が不足する場合は、株式公開買付（TOB、Take Over Bid、Tender Offer Bid）を利用する。公開買付（以下TOBという）とは、不特定かつ多数の人に対して、公告により会社の経営権の取得等を目的として、株券等の買付けの申込み又は売付けの申込みの勧誘をおこない、有価証券市場外で株券等の買付けをおこなうことをいう。

有価証券報告書を提出している会社の総株主の議決権の3分の1を超える株式の買付を行う場合、原則的にTOBによらなければならない。

株式市場での取引にくらべて買収資金計画がたてやすいことと、買付予定数に達しない場合にキャンセルできるメリットがある反面、企業買収の意思が明らかになり、買収を阻止されるデメリットがある。

(5) 種類株

種類株は、株式の権利の内容が異なる株式のことで、配当の支払いや株主総会での議決権などに関し、普通株とは権利の内容が異なる株式を発行できる。企業（株式会社）は、議決権や資金調達など多様性のある資本設計が可能になっている。

(6)株式交換

株式会社が、対象会社を100%子会社にするための企業再編手法で、子会社となる会社の株主に対して、その保有している株式を親会社となる会社株式に交換する。

4-2 ◆ 取締役派遣(取締役会議決権の活用)

取締役を派遣し、当該会社に対して影響力を行使する形態。取締役の派遣は、資本参加に基づく場合と、契約に基づいて行われる場合がある。影響力を行使しようとする会社の役員が当該会社の役員を兼任することが多い。また、相互に役員を派遣し、企業の結合関係を強化することもある。

4-3 ◆ 事業上の契約(契約の活用)

FC(フランチャイズ)や業務提携などの契約により、生産や販売、仕入れ、研究開発等の事業活動について協力し合うもの。製造業や建設業者による下請企業の系列化や、消費財メーカーによる特約店や代理店契約などもこれにあたる。

4-4 ◆ 合併・事業譲渡(営業実態の活用)

合併とは、2つ以上の会社が法的手続きにより1つの会社に合体することをいい、事業譲渡とは、契約により事業や事業の一部を譲渡することをいう。譲受企業は、事業の拡大や多角化を目的とすることが多く、譲渡企業は、事業のキャッシュフロー改善や資本効率を上げるなど事業の再生や改革を意図することが多い。

4-5 ◆ 合弁会社

資本提携で、経営に一定の発言権を有する場合に当事者が共同して

行う事業を合弁事業、当事者が出資して作る独立した企業体を合弁会社（ジョイントベンチャー）という。合弁会社の運営や管理に関する契約を合弁契約又は株主間契約という。合弁契約では、意思決定の方法、組織構成、解消の方法等が定められる。また、合弁会社と各当事者の間で出向契約やライセンス契約等の付随的な契約が締結される。特に、海外資本との共同事業による会社に対して用いられることが多い。

その創設方法としては、共同出資（現物出資を含む）や事業譲渡、合併、共同株式移転、共同新設分割などが考えられる。

事業主体としては、株式会社、合同会社、有限責任事業組合がある。

5 組織再編の法的手続き

組織再編の実務面については、「6. 組織再編の実務」に記載するが、ここでは制度の概要と経営戦略における制度活用の意義について説明する。

5-1 ◆ 組織再編の概要

手続名	制度の概要	制度の利点や留意点など
会社の合併	2つ以上の会社を1つに合体させる手続きと行為。事業譲渡が「個別の財産の承継である取引法上の行為」であるのに対して、合併は「株主をも含む包括承継である組織法上の行為」である。	組織の拡大や企業価値の向上を目的として行われることが多い。合併の期待効用は以下の通り。 • 重複する部門の人員整理・コスト低減による経営の合理化 • 資金調達の容易性 • 合体により総合力の強化 • 業績不振の会社を合体により救済
会社分割① 新設分割	新設分割により新しい会社が、分割元会社の100％子会社として設立される。同時に分割計画で新設会社に移転すると定めた権利義務が承継される。分割会社は事業に関する権利義務を移転するのと引き換えに新設会社の株式等を受け取る。	会社分割の期待効用は以下の通り。 • 事業部門別に分割することによる経営の合理化、迅速化 • 不採算部門を別会社に分離することによる、分割元会社の収益率向上や財務の健全化など • 事業譲渡は、事業対価の資金を必要とするのに対し、会社分割は株式割当のためこの資金が不要 • 事業譲渡は、債務引き受けのための債権者の個別の同意を得るが会社分割は、債権者の個別の同意を得ることなく債務を引き継ぐことも可能

会社分割② 吸収分割	事業のすべてまたは一部を、他の既存会社に継承する形で会社を分割する手法。事業と株式を交換するイメージで、他の会社の事業を承継させたり、重複する事業部門を各子会社に集中させたりする。 ※新会社法では会社分割とは物的分割のみを意味する。人的分割は物的分割＋分割会社による剰余金の配当または全部取得条項付種類株式の取得対価の交付とされた。	会社分割の期待効用は以下の通り。 • 事業部門別に分割することによる経営の合理化、迅速化 • 不採算部門を別会社に分離することによる、分割元会社の収益率向上や財務の健全化など • 事業譲渡は、事業対価の資金を必要とするのに対し、会社分割は株式割当のための資金が不要 • 事業譲渡は、債務引き受けのための債権者の個別の同意を得るが会社分割は、債権者の個別の同意を得ることなく債務を引き継ぐことも可能
株式交換制度① 株式交換	株式交換は、組織再編手法のひとつで、株式の交換(移転)をもって完全親子会社を作る。親会社となる会社は、子会社となる会社の株を金銭等によって購入するのではなく、株式を交換し、これを実現する。	株式交換制度の特長は、金銭を伴わない株式の交換よって、完全(親)子会社を作ることができる点にある。上場会社はこの制度により、その株価(企業価値)を活かして企業買収を図るなど、戦略的な事業展開が図れる。 M&A手段として活用できる他に、グループ会社内の不採算会社を売却したい時などにも使える。株主交換により不採算社を完全子会社にすることにより、子会社の株主も親会社の株主となる。
株式交換制度② 株式移転	株式移転は、既存の会社が単独または複数で、完全親会社を設立する。完全親会社となる会社と株式を交換する。既存会社の株主は、所有する全株式を親会社に移転し、それと引き換えに親会社が発行する株式を取得する。	株式交換と、新設の親会社に会社の全株式を移転(親会社株と交換)する「株式移転」を合わせ「株式交換制度」と総称する。 合併では、資産や負債の完全な承継、労働条件等の統合等様々な困難を伴うが、株式交換制度によれば完全子会社の法人格はそのまま維持されるため、合併における煩雑さ等を避けることが可能となる。
事業譲渡	事業譲渡とは、会社の一部もしくは全部の営業を売買すること。事業譲渡における事業とは、一定の営業目的のために組織化され、有機的一体として機能する財産の全部または重要な一部をいう。 事業譲渡は、買収する事業の価値を計り金銭で購入する。	事業譲渡は、事業を構成する個々の財産について移転手続や対抗要件具備(登記等)が必要となる。特に、債務の移転については個々の債権者の同意を必要とする。煩雑を伴う手続きだが、合併や会社分割と異なり、簿外債務や重畳的な債務の引き受けなどの懸念がほとんどない。法的取扱いとしては、株主総会の特別決議を必要とし、また反対株主には株式買取請求権が発生する。

5-2 ◆ 簡易組織再編行為

　簡易組織再編行為では、会社などの法人が通常の組織変更手続よりも簡易な手続による組織変更や企業再編を認めている。会社がその規模に比べて相対的に小規模な組織再編行為(合併、会社分割、株式交換、事業譲渡)を行う場合に、会社法の規定により本来の手続を省略して行うことができる。簡易組織再編行為には、簡易合併、簡易吸収分割、簡易新設分割、簡易株式交換、簡易事業譲渡、簡易事業譲受がある。

組織再編行為は会社の組織を大きく変更することから、原則として当事者の両方の会社で株主総会の特別決議(3分の2以上の賛成)と債権者保護手続が必要とされる。しかし、大きな会社が相対的に小さな会社と組織再編を行う場合、大きな会社のほうにとっては組織的に大きな影響がない場合もある。この場合には、大きな会社のほうについては、本来の手続を不要とする簡易組織再編行為が認められている。

　なお、組織再編行為のうち、新設合併(合併会社が新設)と株式移転(親会社が新設)には影響が軽微な会社が存在しないので簡易手続はない。

　類似の手続に、略式組織再編行為があるが、こちらは完全子会社に近い会社との組織再編について、子会社側の手続を不要とするものであり、簡易組織再編行為とは異なる。簡易組織再編行為と略式組織再編行為は両立しうる手続である。

5-3 ◆ 略式組織再編行為

　会社が発行する株式の9割以上(定款で引き上げ可能)を特定の会社に保有されている子会社「特別支配会社」が、その親会社との間で組織再編行為(合併、会社分割、株式交換、事業譲渡)を行う場合に、会社法の規定により本来の手続を省略することができ、これを略式組織再編行為という。具体的には、略式吸収合併、略式吸収分割、略式株式交換、略式事業譲渡がある。

　組織再編行為は、会社の組織を大きく変更することから、原則として当事者である両方の会社で株主総会の特別決議(3分の2以上の賛成)が必要とされる。しかし、特別支配会社では、親会社の株主総会特別決議の結果は明白である。このように結論が明らかな場合には、特別支配会社に当たる子会社については、株主総会特別決議を不要できる略式組織再編行為がある。

　なお、組織再編行為のうち、新設合併(合併会社を新設)と新設分割

（承継会社を新設）と株式移転（親会社を新設）には、略式手続はない。

　類似の手続に、簡易組織再編行為があるが、こちらは相対的に小規模な会社との組織再編について、大きな会社側の手続を不要とするものであり、略式組織再編行為とは異なる。簡易組織再編行為と略式組織再編行為は両立しうる手続である。

組織再編の実務

6-1 ◆ 組織再編における定款の重要性

　会社の定款は、会社の組織や活動を定める「根本規則」であり、法人として社会に存在するための基本ルールを示した、法律でいうならば「憲法」に相当するもの。形式的には、正規の手続きを持ってこの根本規則を記載した書面を定款という。したがって定款は、会社法によって、その作成や変更について要件と手続を厳格に定めている。

　会社が、合併や分割などの組織再編によって事業目的や発行株式数などを変更する場合は、定款を変更しなければならない（表、定款記載事項参照）。株式会社が定款を変更するためには、株主総会を開催し、「特別決議」で可決しなければならない（「②株主総会の定足数」の表を参照）。

　この特別決議に出席が必要とされる株主の議決権の数（定足数）は、定款によって過半数よりも少なくすることもできる。しかし、定款でその定足数を過半数以下にする場合であっても、議決権総数の3分の1未満にすることは許されない。

①定款記載事項

　定款記載事項には、大きく分けて、絶対的記載事項、相対的記載事項、任意的記載事項がある。絶対的記載事項とは、定款にその記載がないと定款自体が無効となる重要事項で、これに対し相対的記載事項は、この

記載がなくても無効にならないものの、記載がないと法的拘束力が生じない事項で、任意的記載事項は、法令に反しない範囲で任意に記載し、定めればそれの拘束される事項となっている。実務では設立時に絶対的記載事項以外にかなりの条項を定めている。

絶対的記載事項 （会27、37）	相対的記載事項	任意的記載事項
・目的 ・商号 ・本店の所在地 ・設立に際して出資される財産の価額又はその最低額 ・発起人の氏名又は名称及び住所 ・発行可能株式総数	・変態設立事項 ・株式も内容についての特別の定め ・異なる種類の株式に関する定め ・株主名簿管理人の定め ・株式譲渡等の承認の決定等 ・特定の株主からの取得に関する定款の定め ・市場取引等により株式を取得できる旨の定款の定め ・相続人等に対する売渡請求に関する定め ・株主に株式の割り当てを受ける権利を与える場合の定款の定め ・募集株式の割当てに関する別段の定め ・株券を発行する旨の定め等	・株式の名義書換手続の定め ・定時株主総会の招集時期の定め ・決算期の定め ・設立時発行株式に関する事項の定め ・設立時取締役、設立時監査役、設立時代表取締役の定め ・基準日の定め ・取締役または監査役の報酬の定め ・株主総会の招集権者の定め ・公告方法の定め ・株券を発行しない旨の定め

②株主総会の定足数

定足数とは、合議制の機関が議事を開き、また、議事を行うために必要な最小限度の出席者数をいう。なお、株式会社の株主による決議の定足数を「株主総会の定足数」という。株主総会での決議は、原則として多数決でなされるが、総株主の議決権については、議決権のない株式は除かれる。決議には、普通（通常）決議、特別決議、特殊決議がある。

議決の種類	株主総会の決議方法 （定足数・決議要件）	具体的な例
普通決議1	●過半数の出席＋出席株主の過半数の賛成 定款に別段の定めがある場合を除き、議決権を行使することができる株主の議決権の過半数を有する株主が出席し、出席した当該株主の議決権の過半数の賛成	1. 総会の議長の選出 2. 総会の延期、続行の決議 3. 役員の報酬等 4. 剰余金の配当 5. 合意による自己株式の取得 6. 準備金の額の減少 7. 清算人の選任、解任 8. 清算結了の承認 9. 会計監査人の選任、不再任、解任

普通決議2	議決権を行使することができる株主の議決権の過半数(3分の1以上の割合を定款で定めた場合にあっては、その割合以上)を有する株主が出席し、出席した当該株主の議決権の過半数(これを上回る割合を定款で定めた場合にあっては、その割合以上)の賛成	1.取締役、監査役の選任 2.取締役(累積投票により選任された者を除く)及び会計参与の解任
特別決議	●過半数の出席＋出席株主の2/3以上の賛成 当該株主総会において議決権を行使することができる株主の議決権の過半数(3分の1以上の割合を定款で定めた場合はその割合以上)を有する株主が出席し、出席した当該株主の議決権の3分の2(これを上回る割合を定款で定めた場合にあっては、その割合)以上に当たる賛成	1.事業の全部または重要な一部の譲渡 2.事業全部の賃貸、その経営の委任、他人と営業上の損益全部を共通にする契約、その他これに準ずる契約の締結、変更または解約 3.他の会社の事業の譲受 4.事後設立 5.取締役(累積投票により選任された者に限る)及び監査役の解任 6.募集株式の発行等のおける募集事項の決定等 7.新株予約権の発行における募集事項の決定等 8.資本の減少(定時総会で欠損の額を超えない範囲で決定する場合を除く) 9.定款の変更 10.会社の解散 11.株式の併合 12.合併 13.会社分割 14.株式交換 15.株式移転
特殊決議1	●総株主の半数以上の賛成＋議決権の3分の2以上の賛成 当該株主総会において議決権を行使することができる株主の半数以上(これを上回る割合を定款で定めた場合にあっては、その割合以上)であって当該株主の議決権の3分の2(これを上回る割合を定款で定めた場合にあっては、その割合)以上に当たる賛成	1.株式の譲渡制限を新たに付す場合の定款変更 2.消滅株式会社等による吸収合併契約等の承認 3.消滅株式会社等による新設合併契約等の承認 ※株主の絶対数で「半数以上」という制約があるため、特別決議よりも更に重い決議要件となっている。
特殊決議2	●総株主の半数以上の賛成＋議決権の4分の3以上の賛成 総株主の半数以上(これを上回る割合を定款で定めた場合にあっては、その割合以上)であって総株主の議決権の4分の3(これを上回る割合を定款で定めた場合にあっては、その割合)以上に当たる賛成	1.譲渡制限会社における株主ごとに異なる取扱いを行う旨の定款の定めについての定款変更(当該定款の定めを廃止するものを除く)

特殊決議3	●総株主の同意 ※当該株式を有する株主全員の同意 全株式について取得条項を付す場合の定款変更（会社法110） 特定の株主から自己株式を取得する場合について、他の株主の売り主追加請求権を排除する旨の定款の定めを置く場合（会社法164②） ※当該種類株式を有する株主全員の同意 種類株式について取得条項を付す定款変更（会社法111）	1.役員等の責任の免除 2.株主総会の招集手続の省略 3.株主総会の決議の省略 4.組織変更 5.吸収合併消滅株式会社・株式交換完全子会社が種類株式発行会社でなく、対価の全部又は一部が持分等である場合における吸収合併契約。株式交換契約の承認 6.新設合併設立会社が持分会社である場合における新設合併契約の承認
特記事項	右の株式は、株主総会での議決権行使が認められない	1.議決権制限株式 2.自己株式 3.相互保有株式 4.単元未満株式

6-2 ◆ 事業譲渡

①事業譲渡とは

　事業譲渡とは、会社の事業の全部または一部を他の会社に移転する行為をいう。

　一般に、事業を譲り受ける（事業譲受）会社は譲り受けの対価として金銭等を支払うことになる。ここでいう事業とは、会社が有する棚卸資産や固定資産などの財産や買掛金・未払金などの債務の他、ノウハウや売買契約の買主の地位など広い範囲をいう。事業の概念は、会社の財務諸表に掲載されている「貸借対照表の資産」というよりも「のれん」や「事業イメージ」、「人材」といった事業に関わる一定の機能を有した組織体に近い。

　この事業譲渡を利用することによって会社は、企業価値を向上させたり、株主利益を確保したり、事業の維持や成長を促進させたりできる。事業譲受する会社は、経験やノウハウの乏しい事業を新しく立ち上げることなく、譲受した事業を活用することによって、高い成功率の見込める新規事業をスタートできる。

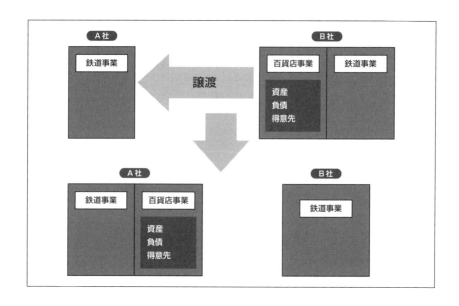

　他方、事業譲渡する会社は、譲渡対価の入手によるキャッシュフローの改善や不採算部門の切り離しによる将来的なキャッシュフローの改善などを見込むことができる。しかし、事業譲渡した会社は、原則として譲渡した事業と同一の営業を20年間、同一の市町村およびその隣接市町村で営むことができなくなることに留意しなければならない。

② 事業譲渡の実務的な留意事項

　事業譲受会社が、譲渡会社の使用していた商号を継続する場合（商号の続用）は、譲渡会社の営業で生じた債務についても譲受会社にもその弁済の責任が生じる。これを避けるには、事業譲渡の後に遅滞なく譲受人が譲渡人の債務について責任を負わないことを登記（免責の登記）しなければならない。あるいは、事業譲渡後に遅滞なく、譲渡会社と譲受会社から、取引先等の利害関係者に対して、その債務を負担しない旨の通知をした場合は、責任を免れることができる。

③ 事業譲渡に係る総会決議

　株式会社が、事業譲渡する場合は、株主総会の特別決議を必要とする。

逆に、事業譲受の場合は、事業の一部であれば特別決議は不要で、事業全部を譲り受ける場合には、株主総会の特別決議を必要とする。この他に営業譲渡の類似行為として、事業全部を賃貸する行為、その経営を委任する行為、他人と事業上の損益全部を共通する契約、これ等に準じる契約の締結や変更、解約についても、株主総会の特別決議を必要とする。

④事業譲渡への対抗

　事業譲渡に反対の株主は、事業譲渡の特別決議をする株主総会に先立って、先ずは会社に対して書面で反対の意思を通知し、なおかつ総会において反対をする。この株主は、会社に対して、自己の有する株式を事業譲渡決議がなかったら有していたはずの「公正な価格」での買取請求をすることができる（株式買取請求権）。この請求は、決議の日より20日以内に、株式の種類と数を明示して請求する。また、株式の価格の決定について決議の日より60日以内に株主と会社との間で協議が成立しない場合は、株主はその期間経過後30日以内に裁判所に対して価格の決定を請求できる。この場合に会社は、裁判所の決定する価格に対する所定の期間経過後の法定利息も支払わなければならない。この株式買取請求により投資した資金を回収して自ら株主の地位を降りるという選択ができる。

⑤簡易な事業譲渡

　事業譲渡で譲り渡す資産の帳簿価格が、その会社の純資産額の20%以下の場合は、「簡易な事業譲渡」と呼び、株主総会の決議が不要となる。一方で、他の会社の事業全部を譲りうける場合に、取得対価として交付する財産の帳簿価額の合計額が当社の純資産の20%以下の場合は、株主総会の決議は不要（簡易事業譲受）となる。

　また、特別支配会社との間で事業譲渡の契約をする場合には、株主総会の決議は不要（略式事業譲渡）となる。特別支配会社とは、事業譲渡を行う会社の議決権の90%以上を直接または間接に保有している会社のことをいう。

⑥事業譲渡に伴う有価証券通知書や独占禁止法の届出

事業譲渡に先立って公正取引委員会に事業譲受の届出書を提出しなければならないケースがある。対象となるのは、国内売上高合計額200億円超の会社が、国内売上高30億円超の会社の事業全部を譲り受ける場合と、譲り受け対象部分の国内売上高30億円超の事業の重要部分または事業上の固定資産を譲り受ける場合。

また、一定以上の規模の事業譲渡または事業譲受けを行う場合には内閣総理大臣に対して臨時報告書の提出が必要となるケースがあるので留意したい。

6-3 ◆ 会社の合併

①会社の合併とは

会社の合併とは、2つ以上の会社が法的手続きにより契約して、合体してひとつの会社となることをいう。

合体により消滅する会社の権利や義務を存続会社、または新設会社に包括的に承継させる。このため会社と個人、あるいは会社と会社以外の法人との間の合体は、合併とは呼ばない。

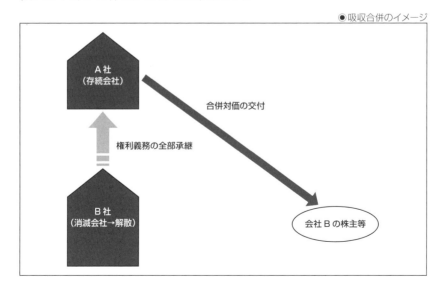

●吸収合併のイメージ

合併には、「新設合併」と「吸収合併」がある。「新設合併」とは、合併当事会社のすべてが解散し、解散会社の社員及び財産が、新たに設立された会社によって収容されるものである。一方「吸収合併」とは、合併当事会社のひとつが存続し（存続会社）、他の当事会社が解散して（解散会社）、存続会社が解散会社の財産及び社員を収容するものである。実際に行われる会社の合併は、次の理由により吸収合併がほとんどである。
- 営業の許認可が新設会社には承継されない
- 新株発行手続、財産移転の登記・登録などの手続が、当事会社全部について必要となるため、費用及び事務作業量が過大となる
- 上場会社の合併の場合であっても、新設合併の場合は改めて上場申請を要する

　会社法上の会社の種類は4種類（株式会社、合同会社、合名会社、合資会社）あるが、どのような組み合わせの吸収合併も新設合併も可能である。吸収合併をする場合は、いずれの会社を存続会社とするか、また、新設合併をする場合は、どの会社を設立会社とするかについても制限はない。

②事業譲渡との類似と相違
（1）合併と事業譲渡の類似点
　「事業譲渡」は、営業の人的・物的資産をその一体性を維持したまま、契約によって一括譲渡するものであり、「合併」は、2つ以上の会社が合併契約に基づき法定された一連の手続に則り、非合併会社の権利義務を包括的に移転させるもので、共に企業集中の手段といえ、この点は類似する。
　また両者共に、株主総会の特別決議を必要としている点と、決議に反対する株主には、株式買取請求権が認められている点においても類似する。
　会社法とは別な観点になるが、公正・自由な競争を促進する為独占禁止の立場から、公正取引委員会に事前に届出ることが必要である。さらに、上場会社等の会社関係者がこれらの行為を知った場合、その事実が公表されるまではその会社の株式を売買することが禁止されているインサイダー

取引の禁止事項である点においても類似している。

(2)合併と事業譲渡の相違点

合併契約は、2以上の会社が合体してひとつの会社となる「会社法等に則って進められる団体法上の特別な契約」で、非合併会社の全財産が包括的に引継がれ、その一部を除外したような合併は認められない。さらに、非合併会社の債務は、合併会社に引継がれるべく債権者保護手続が求められる。

一方、事業譲渡は、事業機能の売買契約であり、通常の企業間取引契約の範疇に入る。したがって、特約によってその内容を任意に定めることができ、その範囲内で特定の財産を個別に移転できたり、事業財産の一部を除外したり、または事業の一部を譲渡したりすることもできる。ただしこの場合は、個別に権利の移転手続や債務引受等を行う必要があり、譲渡会社は、債権者の承諾を得て譲受会社に債務を引受させない限り債務を免れないことに留意しなければならない。

その他の相違点として、合併は会社間においてしか認められないが、事業譲渡は会社間だけでなく個人間または個人と会社間でも行える。また、合併の場合、非合併会社は解散して消滅し、清算手続を経ずに、非合併会社の株主に合併会社の株式が分与される。これに対して、事業譲渡の場合は、譲渡会社の清算手続が必要な上に、譲渡会社の株主が引続き譲受会社に参加するには新株発行の手続が必要になる。さらに、譲渡会社は、営業全部を譲渡したときでも、目的とする事業を変更して存続することができる。

③合併の手続(株式会社が存続する吸収合併の手続き)

合併は、合併契約書の作成等の法定手続を経て、新設合併では設立の登記をした日、吸収合併では、吸収合併契約で定めた「吸収合併がその効力を生ずる日」をもってその効力が生じる。

手続の名称	手続で定められた事項	個別事項等
合併契約の締結	吸収合併存続会社及び吸収合併消滅会社の商号・住所	
	吸収合併消滅会社に交付する対価	株式の場合：種類・数と資本金・資本準備金に関する事項 社債の場合：種類・金額 新株予約権の場合：内容・数 新株予約権付社債の場合：社債部分の種類・金額・新株予約権部分の内容・数 存続会社の株式等以外の財産の場合：その内容及び数、額等
吸収合併契約に関する書面等の備置き	吸収合併消滅会社の株主に対する金銭等の割当てに関する事項	
	吸収合併消滅会社が新株予約権を発行している場合の対価	存続会社の新株予約権の場合：内容・数 金銭の場合：金額
	新株予約権者に対する新株予約権または金銭等の割当てに関する事項	
	吸収合併が効力を発生する日	
	消滅会社、存続会社のいずれも合併契約の内容等を記載した書面等を本店に備え置く	起点は以下のうち最も早い日 ・株主総会日の2週間前 ・反対株主への通知または公告の日 ・新株予約権者への通知または公告の日 ・債権者への催告または公告の日
	備置期間	存続会社では合併の効力発生後6ケ月の経過時まで消滅会社では合併の効力発生日まで
	開示事項	・合併契約の内容 ・合併対価の相当性に関する事項 ・合併対価について参考となるべき事項 ・吸収合併に係る新株予約権の定めの相当性に関する事項 ・計算書類に関する事項 ・吸収合併が効力を生ずる日以後における吸収合併存続会社の債務の履行の見込みに関する事項 ・吸収合併契約等備置開始日後、以上に掲げる事項に変更が生じたときは、変更後の事項
効力発生日に前日までに株主総会等の必要な議決	原則として双方の株式会社において株主総会の特別決議 但し、合併対価の全部または一部が譲渡制限株式等である場合は右記のとおり ・消滅会社の承認について	・消滅株式会社が種類株式発行会社でない公開会社であるときは株主総会の特殊決議 ・消滅株式会社が種類株式発行会社である場合には、譲渡制限株式等の割当てを受ける種類の株式（譲渡制限株式を除く）の種類株主を構成員とする種類株主総会（当該種類株主に係る株式の種類が2以上ある場合にあっては、当該2以上の株式の種類別に区分された種類株主を構成員とする各種類株主総会）の特殊決議が必要
	・存続株式会社の承認について	存続株式会社が種類株式発行会社である場合には、原則として存続株式会社において、譲渡制限株式を有する株主の種類株主総会の特別決議

その他の手続	・消滅株式会社では効力発生日の20日前までに登録株式質権者及び登録新株予約権者に対し通知又は公告 ・存続・消滅株式会社は効力発生日の20日前までに株主に対し通知又は公告 ・反対株主は、効力発生日の20日前の日から効力発生日の前日までに株式買取請求 ・消滅株式会社は効力発生日の20日前までに新株予約権者に対し通知又は公告 ・合併に反対の消滅株式会社の新株予約権者は、効力発生日の20日前の日から効力発生日の前日までに新株予約権買取請求 ・消滅株式会社は株券・新株予約権証券提出手続 ・債権者に対する異議申述公告又は催告又は催告の代用としての公告 ・有価証券通知書や独占禁止法の届出 ・効力発生日の到来 ・存続会社の変更登記と消滅会社の解散登記 ・吸収合併に関する資料の事後備置き： 存続株式会社においては合併により存続株式会社が承継した消滅会社の権利義務その他の吸収合併に関する事項として法務省令で定める事項を記載した書面を効力発生日から6ヵ月間、存続会社の本店の備え置かなければならない。	・合併する旨を官報に掲載し、かつ知れている債権者に格別に通知する。（債権者は異議を述べることができる期間は1ケ月を下ることはできない） ・上記の例外として官報の他、会社が公告する方法（時事に関する日刊紙または電子公告）で公告すれば、債権者への個別の催告は不要 ・債権者が異議をのべなければ合併を承認とみなす。 ・異議を述べた場合、会社は弁済、担保提供、弁済を目的とする信託をする。ただし、債権者を害するおそれがなければ支払う必要はない。 ・合併当事会社の中に、国内売上高合計額が200億円を超える会社と50億円を超える会社の双方が含まれる場合は原則として、事前に公正取引員会へ届ける必要がある。但し、親子会社間、兄弟会社間などの合併の場合は必要ない。 ・有価証券報告書の提出義務のある会社（主に上場会社）が、一定の要件の該当する合併を行う場合、臨時報告書を提出しなければならない。 ・有価証券報告書の提出義務のない会社（主に非上場会社）が存続会社となる場合であって、消滅会社が有価証券報告書の提出義務がある場合、有価証券報告書の提出が必要となる。

④簡易合併と略式合併

　吸収合併は、存続会社及び消滅会社それぞれで株主総会の特別決議での承認を必要とする（効力発生日の前日まで）。これを原則とするが、「簡易合併」または「略式合併」の要件を満たす場合は、株主総会の特別決議が不要となり、取締役会の承認で足りることになる。

　上場会社など株主が多い会社の場合、臨時株主総会の開催は容易でなく、「簡易合併」または「略式合併」が小規模企業や子会社を吸収合併する実務手段として有益なことがある。

　会社法等において吸収合併の場合に限らず、会社分割等のその他の

組織再編手続きでは、簡易・略式の行為が認められている。ただし、新設合併や当事会社が持分会社である場合には認められていないなど、実務においては制度の細部の確認が必要となるので注意したい。

簡易合併		略式合併	
簡易合併とは	簡易合併の留意事項	略式合併とは	略式合併の留意事項
2006年の会社法施行により、消滅会社の株主に提供する合併対価が存続会社の純資産額の20％以下となることが条件となり、旧商法と比較し、条件が緩和された。この場合、存続会社において株主総会の承認決議が不要になる。消滅会社では認められない制度。	以下の場合には簡易合併が認められない。 ・消滅会社が債務超過会社 ・存続会社が非公開会社で合併対価に譲渡制限株式が加わる場合	支配関係のある会社間で合併を行う場合に、被支配関係にある会社の株主総会決議を要しない合併手続き。支配関係があることから、株主総会で否決されることはありえないことから認められた制度。 略式合併には、議決権の10分の9以上を支配会社が有すること等の要件がある。 子会社が存続会社となる場合もあり、略式合併は存続会社・消滅会社双方に認められている。	ただし、合併対価の全部または一部が譲渡制限株式等の場合であって、被支配会社が公開会社で、かつ種類株式発行会社でないときは、略式合併は認められない。

6-4 ◆ 会社の分割

　会社分割とは、企業が事業の一部を切り離し、新会社として独立させたり、他の企業に承継させたりする制度や事業行為をいう。日本企業の国際的競争力を向上させる目的で、柔軟な組織再編成を迅速に進めるための法整備が段階的に行われている。1997年に合併制度の合理化や簡素化が図られ、1999年に株式交換制度と株式移転制度が導入され、そして2001年4月1日に会社分割制度が導入された。

　従来の会社法制でも会社分割を行うことは可能だったが、裁判所が選任する検査役による検査や、債権者の個別の同意が必要で、多大な手間や資金、作業時間を会社に要求するものだった。これが会社分割制度では、検査役の検査や債権者の同意は不要で、事業部門の独立や分離が容易に行えるようになった。

　会社分割制度は、企業価値向上のための組織再編や会社の維持や破綻回避のための事業再生手法として、さまざまな利用方法がある。たと

えば、成長部門を切り離して独立させ競争力を強めたり、不採算部門を切り離して他の企業に吸収させたりすることができる。また、持株会社による事業統合など、同一企業グループ内の重複する部門を集約・統合させる場合にも活用できる。

会社分割制度には、新設分割と吸収分割の2つの形態がある。新設分割とは、新しく設立する会社に、企業が切り離した事業を承継させることで、優良事業や成長部門の独立などに利用することが多い。吸収分割とは、既存する他の会社に、企業が切り離した事業を承継させることで、同一企業グループ内の重複する事業部門の整理や統合、不採算部門の同業他社のへの売却などに利用する。

会社法では人的分割は、対価として取得した吸収分割承継会社の株式を、配当として吸収分割会社の株主に原物で分配するものとされた。

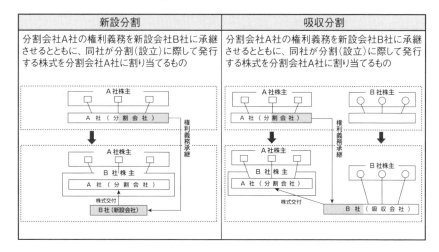

①**会社分割手続きの概要**

「会社分割」は合併の裏返しの手続きで、前述のとおり「新設分割」と「吸収分割」がある。新設分割とは、分割によって新たに設立した会社に分割する会社の営業の一部または全部を承継させるもので、これに対して、吸収分割は、既に存在する他の会社に分割をする会社の営業の一部または全部を承継させるものである。新設分割で設立された会社は、分割計画書等の定めに従って分割した会社の権利義務を包括的に承継する。吸収分割では、分割契約書の定めに従って分割した会社の権利は吸収する会社に権利義務を包括的に承継される。

分割手続きには、分割計画書または分割契約書の株主総会の特別決議による承認や事前開示の制度といった債権者保護手続がある。反対株主は株式買取請求権等が認められている。また、会社分割時の労働者の権利を保護するための「労働契約承継法」が定められている。

一方、簡易組織再編として、一定の条件を満たす会社分割については、簡易分割の手続がある。簡易分割の詳細は後述するが、その種類としては、簡易新設分割と簡易吸収分割がある。簡易手続きが認められると、総会での特別決議が不要となったり、総会での承認が不要となったり、迅速な組織再編が可能となる。

②新設分割
(1)新設分割手続きのイメージ(法務省Webより)

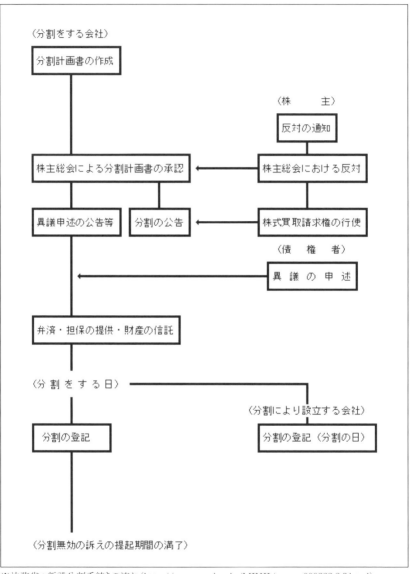

※法務省:新設分割手続きの流れ(http://www.moj.go.jp/MINJI/press_000222-2-3.html)

(2) 新設分割の手続

手続の名称	手続で定められた事項	個別事項等
新設分割計画書の作成	新設分轄設立会社の目的・商号・本店所在地・発行可能株式総数・その他定款で定める事項	
	設立時の取締役の氏名	
	会計参与・監査役・会計監査人等に関する事項	
	新設分割設立会社が新設分割をする会社から承継する資産・債務・雇用契約その他の権利義務	
	新設分割会社に交付する設立会社の株式の数(種類)、設立会社の資本金および準備金の額	
	分轄会社に交付する対価	社債の場合:種類・金額 新株予約権の場合:内容・数 新株予約権付社債の場合:社債部分の種類・金額・新株予約権部分の内容・数
	分轄会社の新株予約権者に対して新設分轄設立会社の新株予約権を交付する場合に定める事項	交付を受けることとなる分割会社の新株予約権の内容 交付する新株予約権の内容・数
	新株予約権者に対する新株予約権の割当てに関する事項	
	新設分割会社が効力発生日に右に掲げる行為をするときに定める事項(人的分割)	全部取得条項付種類株式の取得 剰余金の配当
労働者保護手続き	会社分割に伴う労働契約の承継等に関する法律に基づく労働者への通知	
新設分割計画に関する書面等の備置き	分割会社は新設分割計画の内容等を記載した書面等を本店に備え置く 起点は、右記のうち最も早い日	・株主総会日の2週間前 ・反対株主への通知または公告の日 ・新株予約権者への通知または公告の日 ・債権者への催告または公告の日 ・上記以外の場合には新設分割計画の作成の日から2週間を経過した日
	備置期間	設立会社の成立の日後6ヶ月の経過時まで
	開示事項	・新設分割計画の内容 ・新設分割計画に定める対価の相当性に関する事項 ・分割型新設分割で対価の分配等の決議がある場合はその事項 ・新設分割に係る新株予約権の定めの相当性に関する事項 ・計算書類に関する事項 ・新設分割が効力を生ずる日以後における新設分割会社の債務の履行の見込みに関する事項 ・新設分割計画等備置開始日後、以上に掲げる事項に変更が生じたときは、変更後の事項

6 ■ 組織再編の実務

必要な決議	効力発生日に前日までに株主総会等の必要な議決は、原則として双方の株式会社において株主総会の特別決議で承認を得る	
その他の手続	・決議に日から2週間以内に一定の登録株式質権者及び登録新株予約権者に対し通知又は公告 ・決議に日から2週間以内に株主に対し通知又は公告 ・反対株主は、通知、公告後20日以内に株式買取請求 ・決議から2週間以内に新株予約権者に対し通知又は公告 ・分割に反対の分割会社の新株予約権者は、通知、公告後20日以内に新株予約権買取請求 ・分割会社では新株予約権証券提出手続 ・債権者に対する異議申述公告又は催告又は催告の代用としての公告 ・有価証券通知書や独占禁止法の届出 ・新設分割で定めた日の到来 ・新設分割に関する設立の登記と変更登記：本店所在地において設立の登記をした日の効力が生ずる ・新設分割に関する資料の事後備置き：新設分割により設立会社が承継した分割会社の権利義務その他の新設分割に関する事項として法務省令で定める事項を記載した書面を設立会社の成立の日から6カ月間、分割株式会社及び設立会社の本店に備え置かなければならない	・分割する旨を官報に掲載し、かつ知れている債権者に各別に通知する（債権者が異議を述べることができる期間は1ケ月を下ることはできない）。 ・上記の例外として官報の他、会社が公告する方法（時事に関する日刊紙または電子公告）で公告すれば、債権者への個別の催告は不要。但し分割会社に知れている債権者であって、不法行為によって生じた分割会社の債権者に対しては各別の催告を省略できない。 ・債権者が異議をのべなければ合併を承認とみなす。 ・異議を述べた場合、会社は弁済、担保提供、弁済を目的とする信託をする。ただし、債権者を害するおそれがなければ支払う必要はない。 ・分割後もなお分割会社に対して債務の履行を請求することができる債権者は、新設分割に異議を述べることができない。但し人的分割の定めがある場合にはすべての分割株式会社の債権者は新設分割に異議を述べることができる。 ・共同新設分割を行う場合に、国内売上高が一定額を超える場合、事前に公正取引員会へ届ける必要がある。但し、親子会社間、兄弟会社間などの分割の場合は必要ない。 ・有価証券報告書の提出義務のある会社（主に上場会社）が、一定の要件に該当する分割を行う場合、臨時報告書を提出しなければならない。 ・有価証券報告書の提出義務のない会社（主に非上場会社）が一定の要件に該当する分割を行う場合、有価証券報告書の提出が必要となる。

③吸収分割
(1)吸収分割のイメージ(法務省Webより)

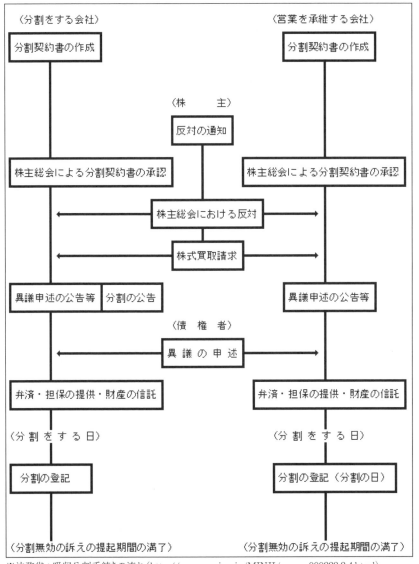

※法務省：吸収分割手続きの流れ(http://www.moj.go.jp/MINJI/press_000222-2-4.html)

(2)吸収分割の手続

手続の名称	手続で定められた事項	個別事項等
吸収分割契約の締結	吸収分割会社及び吸収合併承継会社の商号・住所	
	吸収分割承継会社が吸収分割会社から承継する資産・債務・雇用契約その他の権利義務	
	吸収分割会社または吸収分割承継会社の株式を、吸収分割承継会社に承継させるときはこれに関する事項	
	吸収分轄会社に対して、吸収分割承継会社が交付する対価	・株式の場合:種類・数と資本金・資本準備金に関する事項 ・社債の場合:種類・金額 ・新株予約権の場合:内容・数 ・新株予約権付社債の場合:社債部分の種類・金額・新株予約権部分の内容・数 ・吸収分割承継会社の株式等以外の財産の場合:その内容及び数、額等
	吸収分割会社のが新株予約権者に対して吸収分割承継会社の新株予約権を交付する場合に定める事項	交付を受けることとなる吸収分割会社の新株予約権の内容 交付する新株予約権の内容・数
	新株予約権者に対する新株予約権の割当てに関する事項	
	吸収分割が効力を発生する日	
	吸収分割会社が効力発生日に右に掲げる行為をするときはその旨（人的分割）	全部取得条項付種類株式の取得 剰余金の配当
吸収合併契約に関する書面等の備置き	分割会社、承継会社のいずれも吸収分割契約の内容等を記載した書面等を本店に備え置く 起点は右記のうち最も早い日	・株主総会日の2週間前 ・反対株主への通知または公告の日 ・新株予約権者への通知または公告の日 ・債権者への催告または公告の日 ・上記以外の場合には吸収分割契約の締結に日から2週間」を経過した日
	備置期間	分割会社及び承継会社の双方で吸収分割の効力発生後6ヶ月の経過時まで
	開示事項	・分割契約の内容 ・分割対価の相当性に関する事項 ・分割対価について参考となるべき事項 ・吸収合併に係る新株予約権の定めの相当性に関する事項 ・計算書類に関する事項 ・吸収分割が効力を生ずる日以後における吸収分割会社の債務又は吸収分割承継会社の債務の履行の見込みに関する事項 ・吸収分割契約等備置開始日後、以上に掲げる事項に変更が生じたときは、変更後の事項

その他の手続	・分割株式会社では効力発生日の20日前までに登録株式質権者及び登録新株予約権者に対し通知又は公告 ・分割・承継株式会社は効力発生日の20日前までに株主に対し通知又は公告 ・反対株主は、効力発生日の20日前の日から効力発生日の前日までに株式買取請求：承継株式会社の株主には、必ず株式買取請求は認められるが、分割株式会社が株主総会の決議を要しないでする簡易分割をするときは、分割株式会社の株主には株式買取請求は認められない ・分割株式会社は効力発生日の20日前までに新株予約権者に対し通知又は公告 ・分割に反対の消滅株式会社の新株予約権者は、効力発生日の20日前の日からまで効力発生日の前日までに新株予約権買取請求 ・分割株式会社は株券・新株予約権証券提出手続 ・債権者に対する異議申述公告又は催告又は催告の代用としての公告 ・有価証券通知書又は独占禁止法の届出 ・効力発生日の到来：効力はこの日に生ずる ・吸収分割に関する変更登記 ・吸収分割に関する資料の事後備置き：吸収分割により承継会社が承継した分割会社の権利義務その他の吸収分割に関する事項として法務省令で定める事項を記載した書面を効力発生日から6ヶ月間、分割会社及び承継会社の本店に備え置かなければならない	・分割する旨を官報に掲載し、かつ知れている債権者に格別に通知する（債権者が異議を述べることができる期間は1ケ月を下ることはできない）。 ・上記の例外として官報の他、会社が公告する方法（時事に関する日刊紙または電子公告）で公告すれば、債権者への個別の催告は不要。但し分割会社に知れている債権者であって、不法行為によって生じた分割会社の債権者に対しては各別の催告を省略できない。 ・債権者が異議をのべなければ分割を承認とみなす。 ・異議を述べた場合、会社は弁済、担保提供、弁済を目的とする信託をする。但し、債権者を害するおそれがなければ支払う必要はない。 ・承継会社の債権者はすべて異議を述べることができる。分割会社の債権者で分割後もなお分割会社に対して債務の履行を請求することができる債権者は、吸収分割に異議を述べることができない。但し人的分割の定めがある場合にはすべての分割株式会社の債権者は吸収分割に異議を述べることができる。 ・吸収分割当事会社の中に、国内売上高合計額が一定額を超える会社が含まれる場合は原則として、事前に公正取引委員会へ届ける必要がある。但し、親子会社間、兄弟会社間などの分割の場合は必要ない。 ・有価証券報告書の提出義務のある会社（主に上場会社）が、一定の要件に該当する吸収分割を行う場合、臨時報告書を提出しなければならない。 ・価証券報告書の提出義務のない会社（主に非上場会社）が承継会社となる場合であって、分割会社が有価証券報告書の提出義務がある場合、有価証券報告書の提出が必要となる。

④会社分割後の貸借対照表（資本金等）

会社分割の新設分割では、新しい会社が出来、吸収分割では一部の事業が移転することから、分割に伴い関係会社の貸借対照表に変動が起きる。

(1)新設分割の場合

分割によって設立する会社（分割後）の資本の額は、分割計画書の記

載事項となっている。新設分割会社の資本は、分割承継した、財産の価格（資産の部）から承継した、債務の価格（負債の部）を控除した額が基本金額（株主資本等変動額）となる。この株主資本等変動額の範囲内で資本金と資本剰余金の額を定める。利益剰余金の額は0とする。

分割する会社（元会社）から、資産A（1000）と負債X（700）を承継する。資本の部はその差額（300）とし、図のケースでは、資本金を100と設定し、残額を資本剰余金（200）とした。

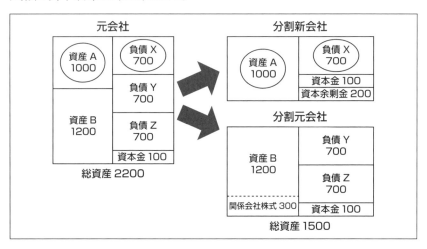

(2)吸収分割の場合

吸収分割の対価	会計処理の方法
取得の場合	・対象事業の識別可能資産・負債を時価で受け入れる。 ・上記の差額と対価との差額をのれんとして計上する。 ・承継会社の新株の時価を株主資本等変動額として資本金や資本準備金、その他資本剰余金に任意に計上する。
共通支配下の場合1 （対価のすべてが新株である分社型）	・分割会社における分割対象事業に係る資産および負債の移転直前の適正な帳簿価額による差額を株主資本変動額とする。
共通支配下の場合2 （無対価の完全子会社同士）	・分割会社の子会社で変動させた株主資本の額を、会社法の規定に基づき計上する。 ※分割会社の対象事業の資本金、資本準備金、その他資本剰余金を承継会社のその他資本剰余金の増加額とする。 ※分割会社の対象事業の利益準備金およびその他利益剰余金の合計額を承継会社のその他利益剰余金の増加額とする。

⑤簡易分割と略式分割

	簡略手続の条件	簡略手続の概要
簡易分割① 新設分割	新設分割により設立会社に承継させる資産の帳簿価額の合計額が原則として分割株式会社の純資産額の20%を超えない場合	新設分割において分割会社の株主総会の承認を要しない。
簡易分割② 吸収分割	（1）承継会社にとっての簡易吸収分割 吸収分割会社の株主に交付する吸収分割承継会社の株式の数に1株当たり純資産額を乗じて得た額と吸収分割承継会社の株式等以外の財産の帳簿価額等の合計額が、吸収分割承継会社の純資産額の20%を超えない場合	当事者である両方の会社で株主総会の特別決議（3分の2以上の賛成）と債権者保護手続が不要となる。 A社　　　B社 X事業　分割　X事業 X事業の帳簿価格がA社の純資産額の20%以下　X事業の対価がB社の純資産額の20%以下
	（2）分割会社にとっての簡易吸収分割 吸収分割承継会社に承継される資産の帳簿価額の合計額が、吸収分割株式会社の総資産額の20%を超えない場合	
略式分割① 新設分割	該当なし	
略式分割② 吸収分割	承継会社が分割会社の株式の9割以上を保有している場合は、「特別支配会社」と定義され、原則的に分割会社（被支配会社）の株主総会決議は不要となる	分割株式会社の承認を要しない。但し、略式分割において吸収分割が法令または定款に違反する等の一定の事由があり、分割株式会社の株主が不利益を受けるおそれがあるときは、分割株式会社の株主は、分割株式会社に対し、吸収分割をやめることを請求することができる。

⑥会社分割における、有価証券通知書や独占禁止法の届出

　会社分割に際し、特定な条件に該当する場合に、有価証券通知書や独占禁止法の届出が必要となることがあるので注意したい。

　例えば、事業の全部の分割を行う会社分割の当事会社の中に国内売上高合計額が200億円を超える会社と50億円を超える会社の双方が含まれる場合は、原則として事前に公正取引委員会へ届け出る必要がある。あるいは、事業の重要な部分の分割を行う会社分割において、分割会社の対象部分の国内売上高が100億円を超え、承継会社の国内売上高が30億円を超え、承継会社の国内売上高が200億円を超える場合にも届出が必要となる。

　また、有価証券報告書の提出義務のある会社（主に上場会社）が、一定の要件の該当する会社分割を行う場合、臨時報告書を提出しなければ

ならない。有価証券報告書の提出義務のない会社（主に上場していない会社）が承継会社となる場合であって、分割会社が有価証券報告書の提出義務があり、承継会社の株式が分割会社の株主に交付される場合、有価証券届出書の提出が必要となる。

⑦会社分割における、労働契約承継法の適応

会社分割は、会社の存続や企業価値向上を目的として実施されることが多い。しかし、一方で事業の生き残りを掛けた、不採算部門の切捨てや特定従業員を排除する目的に利用されることもある。また、優良部門だけを別会社に分割し、残った会社の従業員の待遇や利益に悪影響を与えることも懸念される。こういった事態を是正するために、従業員と会社の利害の調整をするルールとして「会社分割に伴う労働契約の承継等に関する法律」（労働契約承継法）及び「会社の分割に伴う労働契約の承継等に関する法律施行規則」（労規則）が制定されている。

労働契約承継法では、会社分割に際し、会社は関係する労働者に対して分割計画書や分割契約書を承認する株主総会の会日の2週間前迄に、その会社分割に関してその会社が労働者との間で締結する労働契約に関する所定の事項を書面により通知しなければならないとしている。一方、会社分割によって承継される業務に従事していた従業員は、事前に異動について通知された場合はその異動を拒否することができない。これは会社分割をスムーズにする処置だ。逆に、承継される業務に従事していたにもかかわらず残留を定められた従業員は、異議を申し立てることができる。同様に、承継される業務に従事していなかったのに異動の対象と定められた場合にも、異議を述べ異動を拒否することもできる。

> **コラム&エピソード** 組織再編時の従業員への対応
>
> 　会社分割制度などの導入により、企業は、さまざまな組織再編成を行うことが可能になってきた。従業員(労働関係法では、労働者と表記)は、会社の組織再編行為と共に、原則として所属する事業とともに再編先に承継される。かつての日本のように従業員が最初に就職した企業に定年まで雇用されるという終身雇用制は失われようとしている。企業は生き残りをかけ、組織再編を行うことが多くなる。その際、会社は会社分割に伴う異動を巡るトラブルを避けるためには、事前に従業員に対する説明や説得をしておくことを肝に銘じたいものだ。

6-5 ◆ 株式交換(株式移転)制度

　株式交換制度とは、完全親子会社関係を円滑に創設するための制度のこと。従来法において、完全親子会社に組織編制するためには、買収方式及び株式の現物出資方式などが利用されてきた。しかし、買収方式においては資金面の問題、現物出資方式においては検査役の調査等の問題があったため、これを円滑にするために1999年8月の商法改正により株式交換制度が創設された。なお、株式交換制度は株式交換と株式移転に区分される。

株式交換

- 会社の株式を交換することで、他の会社を完全子会社化する制度。
- ある会社(完全子会社となる会社)の株主が保有する全ての株式を、他の会社(完全親会社となる会社)の株式と交換し、これにより完全親子会社関係を実現する。親会社となる会社から見た場合、会社の買収対価を現金の代わりに自社株を発行して行うことができる。

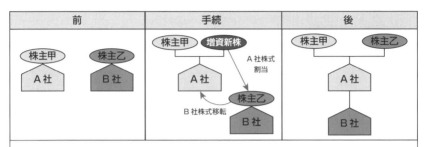

- A社はB社を完全子会社（100％直接保有子会社、法人税法上は特定子会社）とするために、株主乙が所有するB社株式をA社株式に移転させる代わりに、株式乙にA社株式を割当てる。
- 株主乙にとっては、B社株式とA社株式を交換したことになる。
- A社はB社の完全親会社（100％直接保有親会社）となる。
- A社が保有している自己株式を株主乙に交付することも可能。

株式移転

- 新会社の株式と交換することで、新たに親会社を設立する制度
- ある会社（完全子会社となる会社）の株主が保有する全ての株式を、新たに設立する会社（完全親会社となる会社）の株式と交換する。完全子会社が複数の場合、これらの会社は兄弟会社となり、事実上合併と同様の効果がある

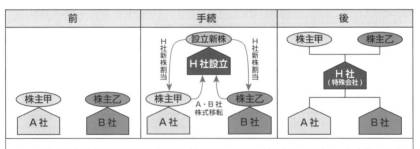

- A・B社の完全親会社（純粋特殊会社）を創設するためにH社を新たに設立し、株主甲・乙がそれぞれ所有するA・B社株式をH社に移転させる代わりに、甲・乙にH社株式を割当てる。
- 株主甲・乙にとっては、A・B社株式とH社株式を交換したことになる。
- A・B社はH社の完全子会社となる。

※注　上図は対価として株式を交付した場合

①株式交換制度の背景

　企業は競争力を維持するために、得意分野であるコアビジネスを一層成長させ、そうでない事業については切り離していくといった、事業組織を柔

軟に改革していくことを常に求められている。しかもグローバリゼーションの進展において、今まで以上の迅速性を求められているにもかかわらず、従来の商法を始めとする企業法制は、それをあまり認めていなかった。

上記観点から1997年の独禁法の改正で純粋持株会社が解禁になり、商法改正により合併手続きが簡素化された。さらに、商法における会社分割制度（同一会社内の事業等を別の会社に切り分ける手法、合併と反対の効果がある）、法人税法における連結納税制度（従来の個別会社ごとの納税から、連結グループ単位での納税へ）、企業再編に資するための倒産法制の見直しなどが実施された。

②会社経営からグループ経営への変化

従来の企業経営は、ほとんどの場合において会社を中心の事業単位として計画し統制していた。しかし、組織再編関連の法整備により、事業組織を柔軟に再編できることから、「会社」に対する上位概念としての「資本の支配」が明確になってきた。

ひとつの会社内に、複数の事業を抱えている会社は少なくない。事業のダイナミズムを望むのであれば、事業理念や企業風土、給与体系なども別にするのが、合理的だ。これを実現するためには、「会社」という単位の上位に「資本」という概念をつくり、資本が企業グループを統括する仕組みが考えられる。この企業グループという会社統治方法は、企業グループ全体から見てシナジー効果が得られない会社や、収益性が悪く改善を見通せない会社などがあった場合に、従業員や取引先を他のグループ企業が引継いだ上で、グループから切り離すことがこれまでよりも容易となる。

企業が経営単位の上位に「資本」を置いた経営スタイルを採ることによって投資家は、必要な情報を「会社」単位でなく、「資本の支配」つまり「連結グループ」単位に変化させ収集・分析することになる。この投資家の考え方が「会計ビッグバン」の動向と相関している。

株式交換制度ができたことによって会社は、従来よりも極めて容易に企業グループを編成できるようになった。もちろん株主の同意や賛意が必要なことはいうまでもないが、子会社化したい会社の株主の同意（株主総会の特別決議）を得れば、自社グループの完全子会社（100％子会社）にできる。この方式を、株式交換という。また、株式移転によって、複数の会社が共同して、持株会社を作ることもできるようになった。

③株主のためのグループ経営

　経済の成熟と国際化により企業間競争は一層激化し、これに勝ち残るための資金需要が大きくなっている。このような企業が資金調達を考えた場合は、株主をこれまで以上に重視した経営をせざるを得ない。株主重視という世相の背景がこれにある。株主を納得させるには、企業価値（企業グループ価値）を向上させ、株式上場企業においては株価を、未上場会社においては将来の上場可能性の向上や事業売却想定価格の上昇を図ることになる。

> **コラム&エピソード　キャッシュフローを改善する組織再編とは**
>
> 　企業価値を高めるためには、まずキャッシュフローを良くすることが必要だ。企業グループの観点から、単位子会社を事業ユニットと捉え、責任と権限を明確化する。キャッシュフロー改善のために、ユニット単位の事業を活性化し、さらにグループシナジーを加える。子会社（ユニット）を少数株主のいない完全子会社（100％子会社）にすることで、経営の意思決定を迅速し、組織の末端までそれを行き渡らせる。結果としてキャッシュフロー向上の可能性を高めることが可能となる。
>
> 　従来であれば、会社を完全子会社にするには、個別の株主と折衝して株式を買い取るしかなかったが、株式交換制度の導入によって、容易に100％子会社とすることができるようになり、この戦略が使いやすくなった。

④M&Aの活用

　グループ経営を志向すると、グループシナジーにおいて不足する事業があることに気づくことが多い。会社や企業グループの成長を加速させるには、自社内もしくはグループ内で事業をゼロから育てるよりも、実績のある会社をM&A（買収）する方が容易だ。しかし従来の企業買収には、多額の資金を必要としたり、キャピタルゲイン課税が買収先企業に発生したり、いくつかの問題があった。

　株式交換制度では、買収対価を現金でなく、自社株を売却側の株主に交付し資金負担をなくすこともできる。また、売却側の株主は、原則として（株式）交換時点では売却益を認識しないとした課税ルール（組織再編税制）のため、税務面のメリットも生まれた。

　これら一連の法制と税制の改革は、企業の成長力と国際的な競争力の向上を支援した国策と考えて良いだろう。

⑤株式交換の実務

　株式完全子会社の手続きは、吸収合併における消滅会社の手続きと同様となる。

手続の名称	手続で定められた事項	個別事項等
株式交換契約の締結	株式交換をする会社及び株式交換完全親会社の商号・住所	
	株式交換完全子会社の株主に交付する対価	株式の場合：種類・数と資本金・資本準備金に関する事項 社債の場合：種類・金額 新株予約権の場合：内容・数 新株予約権付社債の場合：社債部分の種類・金額・新株予約権部分の内容・数 株式交換完全親会社の株式等以外の財産の場合：その内容及び数、額等
	株式交換完全子会社の株主に対する金銭等の割当てに関する事項	
	株式交換完全子会社の新株予約権者に対して株式交換完全親会社の新株予約権を交付する場合に定める事項	交付を受けることとなる株式交換完全子会社の新株予約権の内容 交付する新株予約権の内容・数
	新株予約権者に対する新株予約権割当てに関する事項	
	株式交換が効力を発生する日	
株式交換契約に関する書面等の備置き	完全子会社、完全親会社のいずれも株式交換契約の内容等を記載した書面等を本店に備え置く	起点は以下のうち最も早い日 ・株主総会日の2週間前 ・反対株主への通知または公告の日 ・新株予約権者への通知または公告の日 ・債権者への催告または公告の日 ・上記以外の場合には株式交換契約の締結の日から2週間を経過した日
	備置期間	備置開始日から株式交換の効力発生後6ヶ月の経過時まで
	開示事項	・株式交換契約の内容 ・対価の相当性に関する事項：定めがない場合は定めがないこと ・完全子会社の新株予約権に対する対価の相当性に関する事項 ・計算書類に関する事項 ・株式交換が効力を生ずる日以後における完全親会社の債務の履行の見込みに関する事項 ・株式交換契約等備置開始日後、以上に掲げる事項に変更が生じたときは、変更後の事項
効力発生日に前日までに株主総会等の必要な議決	原則として双方の株式会社において株主総会の特別決議 但し、合併対価の全部または一部が譲渡制限株式等である場合は下記のとおり ・完全子会社の承認について	・完全子会社が種類株式発行会社でない公開会社であるときは株主総会の特殊決議 ・完全子会社が種類株式発行会社である場合には、譲渡制限株式等の割当てを受ける種類の株式(譲渡制限株式を除く)の種類株主を構成員とする種類株主総会(当該種類株主に係る株式の種類が2以上ある場合にあっては、当該2以上の株式の種類別に区分された種類株主を構成員とする各種類株主総会)の特殊決議が必要
	・完全親会社の承認について	完全親会社が種類株式発行会社である場合には、原則として完全親会社において、譲渡制限株式を有する株主の種類株主総会の特別決議

その他の手続	・完全子会社では効力発生日の20日前までに登録株式質権者及び登録新株予約権者に対し通知又は公告 ・完全子会社・親会社は効力発生日の20日前までに株主に対し通知又は公告 ・反対株主は、効力発生日の20日前の日から効力発生日の前日までに株式買取請求 ・完全子会社は効力発生日の20日前までに新株予約権者に対し通知又は公告 ・株式交換に反対の完全子会社の新株予約権者は、効力発生日の20日前の日からまで効力発生日の前日までに新株予約権買取請求:完全親会社の新株予約権者には認められない ・完全子会社は株券等提出手続 ・一定の場合(右記)債権者に対する異議申述公告又は催告又は催告の代用としての公告 ・有価証券通知書や独占禁止法の届出 ・効力発生日の到来 ・株式交換に関する変更登記 ・株式交換に関する資料の事後備置き:完全親会社が取得した完全子会社の株式の数そのの株式交換に関する事項として法務省令で定める事項を記載した書面を効力発生日から6カ月間、完全子会社及び完全親会社の本店に備え置かなければならない	・完全子会社の債権者で保護手続が必要な場合:株式交換契約新株予約権が新株予約権付社債に付された新株予約権である場合における当該新株予約権付社債についての社債権者 ・完全親会社の債権者で保護手続が必要な場合:完全子会社の株主に対して交付する金銭等が完全親会社の株式その他これに準ずるものとして法務省令で定めるもののみである場合以外の場合　完全親会社が完全子会社の新株予約権付についての社債に係る債務を承継する場合 ・合株式交換における完全親会社となる会社の国内売上高と当該会社の属する企業結合集団に属する当該会社以外の会社等の、国内売上高の合計額が200億円を超え、完全子会社となる会社と当該会社の子会社の国内売上高の合計額が50億円を超える場合には、事前に公正取引委員会へ届ける必要がある。但し、親子会社間、兄弟会社間などにおける株式交換の場合は必要ない ・有価証券報告書の提出義務のある会社(主に上場会社)が、一定の要件に該当する株式交換を行う場合、臨時報告書を提出しなければならない ・価証券報告書の提出義務のない会社(主に非上場会社)が完全親会社となる場合であって、完全子会社が有価証券報告書の提出義務がある場合、有価証券報告書の提出が必要となる

⑥株式交換後の完全親会社の資本額

取得(対価がすべて新株の場合)	共通支配下(対価がすべて新株の場合)
親会社の交付される新株の時価を株主資本等変動額とし、資本金・資本準備金・その他資本剰余金に適宜配分する	少数株主に交付した完全親会社が交付した新株の時価を株主資本等変動額とし、資本金・資本準備金・その他資本剰余金に適宜配分する

⑦簡易株式交換及び略式株式交換

	簡略手続の条件	簡略手続の概要
簡易株式交換	株式交換完全子会社の株主に交付する株式交換完全親会社の株式の数に1株当たり純資産額を乗じて得た額と株式交換完全親会社の株式等以外の財産の帳簿価額等の合計額が、株式交換完全親会社の純資産額の20％を超えない場合	当事者である両方の会社で株主総会の特別決議（3分の2以上の賛成）と債権者保護手続が不要となる
略式株式交換	(1)完全親会社が完全子会社の特別支配会社である場合	完全子会社の株主総会の承認を要しない 但し、株式交換における対価の全部または一部が譲渡制限株式等である場合であって、完全子会社が公開会社であり、かつ、種類株式発行会社でないときは株主総会の承認が必要 上記の株式交換をする場合において、株式交換が法令または定款に違反する等の一定の事由があり、完全子会社の株主が不利益を受けるおそれがあるときは、完全子会社の株主は、完全子会社に対し、株式交換をやめることを請求することができる
略式株式交換	(2)完全子会社が完全親会社の特別支配会社である場合	完全親会社の承認を要しない 但し、完全子会社の株主に交付する金銭等の全部または一部が完全親会社の譲渡制限株式等である場合であって、完全親会社が公開会社でないときは株主総会の承認が必要 略式株式交換をする場合において、株式交換が法令または定款に違反する等の一定の事由があり、完全親会社の株主が不利益を受けるおそれがあるときは、完全親会社の株主は、完全親会社に対し、株式交換をやめることを請求することができる

⑧株式移転の実務

　株式移転とは、完全子会社となる会社の株主の有する株式を出資して、新たに完全親会社を設立するものである。つまり、株式移転とは、新たに設立した会社を完全親会社として、既存の会社を完全子会社とする制度である。

　株式移転を実現させるためには、株式移転の議案の作成に始まり、株式の割当までの一連の手続が必要だ。その手続の瑕疵によって、株式移転の無効の原因となることがある。株式交換手続きにおいては、当事会社間の株式交換契約が特に重要である。なお、株式移転は、完全親会社の設立を伴うことから最終的には、登記が重要な手続となる。

手続の名称	手続で定められた事項	個別事項等
株式移転計画の作成	株式移転完全親会社の目的・商号・本店所在地・発行可能株式総数・その他定款で定める事項	
	設立時の取締役の氏名	
	会計参与・監査役・会計監査人等に関する事項	
	株式移転完全親会社の資本金および準備金の額	
	株式移転完全子会社の株主に対して交付するその株式に代わる当該株式移転設立完全親会社の株式の数又はその算定方法	
	完全子会社の株主に対する上記の株式の割当てに関する事項	
	完全子会社の株主に交付する対価	社債の場合:種類・金額 新株予約権の場合:内容・数 新株予約権付社債の場合:社債部分の種類・金額・新株予約権部分の内容・数
	完全子会社の新株予約権者に対して完全親会社の新株予約権を交付する場合に定める事項	交付を受けることとなる完全親会社の新株予約権の内容 交付する新株予約権の内容・数
	新株予約権者に対する新株予約権の割当てに関する事項	
株式移転計画に関する書面等の備置き	完全子会社は株式移転計画の内容等を記載した書面等を本店に備え置く	起点は以下のうち最も早い日 ・株主総会日の2週間前 ・反対株主への通知または公告の日 ・新株予約権者への通知または公告の日 ・債権者への催告または公告の日
	備置期間	設立会社の成立の日後6ヶ月の経過時まで
	開示事項	・株式移転計画の内容 ・株式移転計画に定める対価の相当性に関する事項 ・完全子会社の新株予約権者に交付する新株予約権の定めの相当性に関する事項 ・計算書類に関する事項 ・株式移転が効力を生ずる日以後における完全親会社の債務の履行の見込みに関する事項 ・株式移転計画等備置開始日後、以上に掲げる事項に変更が生じたときは、変更後の事項
効力発生日に前日までに株主総会等の必要な議決	原則として双方の株式会社において株主総会の特別決議 但し、株式移転における対価の全部または一部が譲渡制限株式等である場合には右記のとおり	・完全子会社が種類株式発行会社でない公開会社であるときは株主総会の特殊決議 ・完全子会社が種類株式発行会社である場合には、譲渡制限株式等の割当てを受ける種類の株式(譲渡制限株式を除く)の種類株主を構成員とする種類株主総会(当該種類株主に係る株式の種類が2以上ある場合にあっては、当該2以上の種類別に区分された種類株主を構成員とする各種類株主総会)の特殊決議

6 ■ 組織再編の実務

その他の手続	・決議の日から2週間以内に一定の登録株式質権者及び登録新株予約権者に対し通知又は公告 ・決議の日から2週間以内に株主に対し通知又は公告 ・反対株主は、通知、公告後20日以内に株式買取請求 ・決議から2週間以内に新株予約権者に対し通知又は公告 ・株式移転に反対の完全子会社の新株予約権者は、通知、公告後20日以内に新株予約権買取請求 ・完全子会社では株券等提出手続 ・新株予約権付社債を完全親会社に承継させる場合に限り、債権者に対する異議申述公告又は催告又は催告の代用としての公告 ・有価証券通知書や独占禁止法の届出 ・株式新設分割で定めた日の到来 ・株式移転による設立の登記：本店所在地において設立の登記をした日に効力が生ずる ・株式移転に関する資料の事後備置き：株式移転により完全親会社が取得した完全子会社の株式その他の株式移転に関する事項として法務省令で定める事項を記載した書面を設立会社の成立の日から6カ月間、完全子会社及び完全親会社の本店に備え置かなければならない	・共同株式移転を行う場合に、国内売上高が一定額を超える場合、事前に公正取引委員会へ届ける必要がある。但し、同一の企業結合集団に属する場合は必要ない ・有価証券報告書の提出義務のある会社（主に上場会社）が、一定の要件に該当する株式移転を行う場合、臨時報告書を提出しなければならない ・有価証券報告書の提出義務のない会社（主に非上場会社）が完全親会社となる場合で、完全子会社となる会社が有価証券報告書の提出義務がある場合、有価証券報告書の提出が必要となる

6-6 ◆ 組織再編成の当事者である法人の課税の取扱い

　合併や分割、現物出資、現物分配、株式交換、株式移転において、資産が移転する際にはその移転資産の譲渡損益（株式交換及び株式移転の場合には時価評価損益）に課税されるのが原則となる。但し、次の組織再編成で、合併法人等の株式のみの交付（合併、分割及び株式交換については、合併法人、分割承継法人又は株式交換完全親法人の100％親法人の株式のみの交付を含む）をする場合（適格組織再編）には、課税は繰延べされる（財務省ホームページより抜粋）。

	企業グループ内の組織再編成	共同事業を営むための組織再編成
適格要件	100％関係の法人間で行う組織再編成 ・100％関係の継続	①事業の関連性があること ②(イ)事業規模（売上、従業員、資本金等）が概ね5倍以内　又は 　(ロ)特定役員への就任（株式交換・株式移転の場合は完全子法人の特定役員の継続）
	50％超関係の法人間で行う組織再編成 ①50％超関係の継続 ②主要な資産・負債の移転 ③移転事業従業者の概ね80％が移転先事業に従事（株式交換・株式移転の場合は完全子法人の従業者の継続従事） ④移転事業の継続（株式交換・株式移転の場合は完全子法人の事業の継続）	③左の②〜④ ④移転対価である株式の継続保有（株主） ⑤完全親子関係の継続（株式交換・株式移転のみ）

※注　適格組織再編成の共同事業要件のうち「事業性」及び「事業関連性」について、その判断基準を法人税法施行規則において明記。

6-7 ◆ 組織再編の事前に検討しておくこと

日程対策	効力発生日の検討（1日付にする） 株主総会のスケジュール
取引先対策	金融機関への打診 債権者保護手続の有無
株主対策	株式買取請求・新株予約権買取請求への対応 簡易組織再編の活用
従業員対策	従業員の遺留か承継か 退職金の発生への対応
申請手続対策	行政の許認可の引継ぎか新規許可か 有価証券報告書等の開示が必要か
会計・税務	適格か非適格か 繰越欠損金の引継ぎの有無 不動産移転の取得税・登録免許税
官報公告	会社名を間違うと公告をやりなおす必要がある。また期間の計算については民法が適用され満了日が伸びる場合があるので注意が必要
企業文化	組織再編における企業文化の融合もしくは理解、共有は重要な課題。働く者のモチベーションをあげるためには、再編後に期待できる効果や事業ビジョンを示すことが必要となる

6-8 ◆ その他の組織再編の注意点

①許認可の引継ぎ	許認可とは行政が特定の業種を規制しているものだ。許認可がある業種については、その引継ぎができないか再申請（新規許可）が必要となることがあり、注意が必要。
②特例有限会社の組織再編	・吸収合併：通常の株式会社か持分会社を存続会社とする吸収合併だけが可能で、特例有限会社が存続会社となる吸収合併は行うことができない ・新設合併：通常の株式会社か持分会社を新設会社とする新設合併だけが可能 ・吸収分割：通常の株式会社か持分会社を承継会社とする吸収分割だけが可能で特例有限会社が承継会社となることはできない（他の会社の事業の譲受けは可能） ・新設分割：通常の株式会社か持分会社を新設会社とする新設分割だけが可能 ・株式交換：完全子会社・完全親会社のいずれになるのもできない ・株式移転：完全子会社・完全親会社のいずれになるのもできない

7 資本の充実

　企業活動を行う上で「資本」は、事業の元手であり基盤となる資金として、概念づけられている。企業活動に欠くことのできない資源のひとつだ。経営者や資本家の視点では、企業活動において資本は充実させるものであり、資本の充実を以て事業活動の基盤を安定させ、経営戦略の幅を広げるものだ。資本を充実させる手段には、新株の発行による資本の増額や事業活動利益の剰余金などがある。株価の上昇による企業価値の増大も資本の充実のひとつといえる。

　資本の充実の手段に新株発行を伴う場合は、株主権利にともなう株主総会の議決権への配慮を必要とする。経営戦略上の議決権バランスの問題を無視できない。経営者は、これらの資本の概念や重要性を認識するとともに、自らの重要な任務として「資本の充実」を位置づけなければならない。

7-1 ◆ 資本とは何か

　資本には、次の3つの側面がある。
- 経済学における資本
- 法学における資本
- 会計における資本

①経済学における資本

　近代経済学において資本(Capital)は、「生産活動を行う元手になるもの」と定義されている。また、資本の蓄積によって、生産活動の拡大を図ることができる、と位置づけている。ここで言う資本は、単に資本金を指すだけでなく、次の3つを総称している。

- ひと……人的資本：業務能力、知的水準、動機付けられた状態、健康状態など
- もの……物的資本：土地、設備、商品などの有形物とブランドや商標、商権、商圏、販売ノウハウなどの無体財産など

- かね……金融資本：現金や現金同等物

②法学における資本

会社債権者保護のため、株主の出資を一定金額以上の金額を会社財産として、保有させる仕組み。法律上では、貸借対照表上の純資産額が資本金と準備金等の総額を上回らなければ、会社は株主に対し、剰余金等の配当をしてはならないとしている。一定の金額以上の会社財産を保有、維持することを義務づけている。

- 資本充実の原則……会社は資本に相当する現実の財産を保持すべきであるとする原則をいう。資本維持の原則ともいう
- 資本不変の原則……資本額を厳格な資本減少手続によらずに減少させることを禁止する原則をいう

③会計における資本

会計上の資本とは、企業の総資産額から総負債額（借入資本金は含まない）を差し引いた残額をいう。負債は、後日企業外部に支払うものであり、これを差し引いた企業自身に帰属する財産の額を資本と位置づけている。

> **コラム&エピソード　勘定科目名とその中身**
>
> 何を以てどの程度当該科目に計上するか、などの会計上の表記は、国際会計基準（IAS）および国際財務報告基準（IFRSs）などの国際的な会計基準や国内の法令や通達、ガイドラインなどによって変化し続けるものと考えた方がいい。例えば、資本の表記にしても従来の公会計（国や地方自治体の会計）では、一般会計でいうところの長期借入金を「借入資本金」と表記するとしたが、2012年の新会計基準で負債に計上するように変わった。一方で会計表記の問題ではないが、近年の金融庁や計算書では盛んに「資本制借入金」の活用を促している。弁済の劣後する借入金を資本と見做して、バランスシートの見栄えを良くしようというものだ。

資本は、貸借対照表の資本の部に計上されるもので、次の3つに区分される。

7 ■ 資本の充実　717

- 資本金……自己資本金
- 資本剰余金……資本準備金、その他資本剰余金
- 利益剰余金……利益準備金、その他利益剰余金

> **コラム&エピソード** 資本の部の勘定科目は理屈で覚える
>
> 　資本剰余金や利益剰余金は、言葉をそのまま覚えようとしても容易に覚えきれない。ここは、何のためにある科目なのか理屈から入っていきたい。
>
> 　資本剰余金は、新株発行などの資本取引による剰余金のこと。資本準備金とその他資本剰余金から構成される。
>
> 　資本準備金は、株式の払込を受けた金額のうち、資本金に繰り入れない額のこと。資本金の1/2未満を資本準備金とできる。資本準備金は会社法による法定準備金のひとつ(利益準備金も)。利益準備金との合計が資本の1/4を超えた時は、資本剰余金に振り替えることができる。その他資本余剰金は資本準備金の取崩しによって生じる剰余金のこと。
>
> 　利益剰余金は、企業利益のうち分配せずに社内に留保している額。利益準備金とその他利益剰余金で構成される。利益剰余金が多いのは○で、利益剰余金が低いのは×や▲といえる。
>
> 　利益剰余金は利益準備金と、その他利益準備金から構成される。利益準備金は、積み立てることが義務付けられている法定準備金で、株主への配当の1/10の金額を資本準備金と合わせて、資本金の1/4になるまで積み立てなければならない。
>
> 　その他利益剰余金は、任意積立金(会社が積み立る)と繰越利益剰余金(株主総会で処分内容を決定する利益のこと)から構成される。

7-2 ◆ 資本コスト

　企業は、仕入や販売、管理、投資などの活動を円滑に行うため、状況に応じた資金調達を行う。資金調達するには、資金を提供する側に何らかのメリットを与えることになる。そのメリットを提供するためにかかる費用を「資

本コスト」という。

　企業の資金調達は、その調達方法によって、負債に計上する「負債資本コスト」と、資本に計上する「株主資本コスト」の2種類がある。負債資本コストの代表は金融機関等からの借入に要する利息や保証料、手数料といったものだ。一方の株主資本コストは、株式を購入する投資家に対するさまざまなコストを指す。投資家は、株式投資に際して妥当性のある利回りを期待している。投資家の期待は、株価（企業価値）の上昇に限ることなく、株主配当や株主優待、企業の社会貢献など多様だ。こういった株主の期待を実現するために要する様々なコストを一般に株主資本コストという。

　投資家の投資先企業に対する期待は多様だが投資家の多くは、一定の利回りも期待する。企業が投資家を満足させるには、最低限、この投資家が期待する利回りを提供したい。期待利回りを下回った場合、投資家は他の投資対象に投資した時に得られたであろう利回りと比較して「利益が損なわれた」と判断する。資本コストの代表的な計算方法としては、WACC（加重平均資本コスト）がある。これは、借入にかかるコストと、株式による調達にかかるコストを加重平均したものである。投資家の要求を満たすためには、事業計画の収益率は、資本コストを超えなければならない。

　資本コストは、企業全体として稼がなければならない最低限の利回りであると同時に、個々の投資や資金調達に関する判断情報としても利用される。事業実態や事業計画として、資本コストが高すぎる場合は、キャッシュフローを悪化させる要因となることから投資が敬遠されることになる。逆に、資本コストが低すぎる場合は、投資家を軽視した経営と捉えられることから、こちらも投資家から敬遠される。したがって企業は、資本コストを投資家の期待利回りの水準に設定しなければならない。

　株主は、債権者より、収益の配分が劣後する。企業が赤字の場合、一般に配当を期待できない。企業の閉鎖や解散の場合の配当も担保債権者や商事債権者よりも劣後する。このように、株主は、債権者より投資リスクが高

いといえる。株主はハイリスクなので、ハイリターンを要求する。従って負債資本コスト（融資等）に比較して株主資本コストのほうが高くなることが多い。

7-3 ◆ 投資のケース研究

これまでは資金調達を、調達サイドから捉えてきたが、ここでは投資家としての投資（出資と融資）サイドから考えてみたい。慈善的な事業への投資でない限り、投資に対してはリターンを求める。しかも、このリターンは多ければ多い程良い。しかし、現実的には「ハイリスク・ハイリターン」という言葉があるように、高いリターン率には高いリスク性を伴うことが多い。

また、リターンには、利子や配当などの「インカムゲイン」と、株式や不動産などの資産価格の値上りによる「キャピタルゲイン」がある。したがって、投資家として投資をする場合の理想は、インカムゲインもキャピタルゲインもあり、しかもリスクが少ないことだ。しかし、残念なことに、このような投資家にとって理想的な投資（商品、事案）はあまりないものと考えた方がいい。

これまでは、主に金融商品についての投資考察だった。しかし、事業や不動産に直接投資をする方法もある。この場合のリターンやリスクは、金融商品に対する投資と比較して極めてダイナミックなものとなる。事例をいくつか示す。

①不動産購入のケース

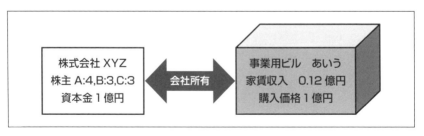

- 株主Aは、会社XYZの株主として、配当を得られる（インカムゲイン）
- 株主Aが、取締役就任というリスクを採れば、役員報酬を得られる（投

資とは別の収入)
- 事業用ビル　あいう　が、値上がり(5年後に1.5億円となった)をした場合は、以下のような手法でこれを売却しキャピタルゲイン(5年間で0.5億円)を得る

  a. ビルを売却し、XYZの収入とし、これを株主に配当する
  b. ビルを売却し、会社を清算し、これを株主には配当する
  c. XYZの企業価値が上がっていることから、XYZ(の株式)を売却する
  d. XYZを(人的)新設会社分割し、これの株式を売却する

- このケースでは、会社XYZの自己資金(資本金：エクイティ)でビルを購入しているが、金融機関や他の投資家から融資(デット、ファイナンス)を活用する方法もある

  a. 融資(ファイナンス)を活用すると、少ない出資(エクイティ)で、大きなリターンを得ることができる
  b. このケースでファイナンスを0.9億円活用した場合は、理論上の各株主の投資効率は10倍となる
     ※実際は、融資に対する金利が発生するので、インカムゲインが少なくなったり、企業価値(株価)の算定が低くなったりする
  c. 融資に際して、金融機関が通常融資するシニアファイナンス(通常他の資金より優先的に弁済される)が受けられなかった場合は、やや金利の高いメザニンファイナンス(シニアファイナンスより返済順位が下位にある融資)を利用する

②事業投資のケース

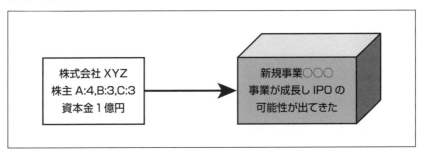

- 株主Aは、会社XYZの株主として、配当を得られる(インカムゲイン)
- 株主Aが、取締役就任というリスクを採れば、役員報酬を得られる(投資とは別の収入)
- 事業が成長しIPOの可能性が出てきた(3年後のIPO準備に入った)
  a. 現段階で企業価値が上がっているため、投資額よりも高く株式を売却する
  b. 株式分割し株数を増やした上で、株主の持株を高く売却する(持株比率は減少する)
  c. IPOして大きなキャピタルゲインを取る
  d. 新株を株主割当で発行し、株数を増やしIPOに備える(持株比率は変動しないが、キャピタルゲインを大きくできる可能性がある)
  e. 新株予約権を得ておき、更に大きなキャピタルゲインを得る
- このケースでは、会社XYZの自己資金(資本金:エクイティ)だけで事業を運営しているが、金融機関や他の投資家から融資(デット、ファイナンス)を活用する方法もある
  a. 融資(ファイナンス)を活用すると、少ない出資(エクイティ)で、大きなリターンを得ることができる
  b. このケースでファイナンスを0.9億円活用した場合は、理論上の各株主の投資効率は10倍となる
     ※実際は、融資に対する金利が発生するので、インカムゲインが少なくなったり、企業価値(株価)の算定が低くなったりする
  c. 融資に際して、金融機関が通常融資するシニアファイナンス(通常他の資金より優先的に弁済される)が受けられなかった場合は、やや金利の高いメザニンファイナンス(シニアファイナンスより返済順位が下位にある融資)を利用する
  d. 株主が取締役として経営に参加している場合は、事業上の貸付金を資本に組み込むことができる(DES、デット・エクイティ・スワップ)

　ここに示したケースは、資本の機能や効用を理解するために経営上の諸問題と諸課題を無視し、極めて簡素化したものだ。しかし、資本主義社

会における資本の役割と効果の一端は感じられるはずだ。

7-4 ◆ 資本調達の戦略的バリエーション

①株式併合

　複数の株式を1株に統合することにより、発行済み株式数を減らす方法。たとえば、2株を1株に併合すると（併合比率2対1）、発行済み株式数は半分になるとともに、理論価格は2倍になる。理論上、株式併合自体は企業価値には、影響を及ぼさない。

　管理コストを下げるためと、大手投資家（1株の価格が安いのを嫌う）対策で利用される。ただし、管理コストの減少は、理論値より高くなる（効果薄）ことが多いようなので注意したい。

　株式併合は、場合によっては、端株主や売買単位未満株の株主を増やすことになるなど、株主の権利を侵す可能性があるため、株主総会の特別決議が必要となっている。これを利用して、少数株主の議決権を1未満として、金銭を交付して排除する戦略のひとつとしても使うことができる。

②株式分割

　株式分割とは、1株をいくつかに分割し、発行済みの株式数を増やすことをいう。例えば、1株を2株に分割すると、その株式を保有していた人の持ち株数は自動的に2倍になる。しかし、株数は2倍になるが、それに応じて資産価値が2倍になるわけではない。理論上は、1株の価値は半分になるため、資産価値は分割前後でイコールとなる。投資家の購入単価が高すぎる場合や、個人株主に買ってもらいたい時に利用される。株式分割後は、株価が分割前に戻ろうとする傾向があり、価値が上昇することが多い。

　剰余金を資本に組み入れて株式分割をすると、株式で株式で剰余金分配を行ったことになる。この場合、みなし配当課税とならず、市場で売却するまで課税が繰り延べられる。

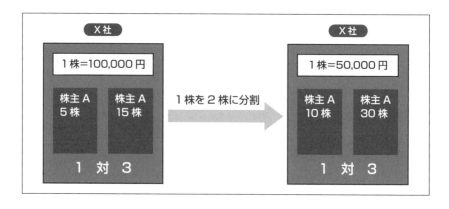

③株式無償割当て

既存株主に持株数に応じて新株を無償で割当てることを株式無償割当てという。実質的には株式分割と同じなので手続も準じている。無償交付の時点では株主の持分関係に変動がないかぎり、課税関係は生じない。

④エクイティ・ファイナンスとデット・ファイナンス

ファイナンスとは、企業の資金調達を指し、金融機関などからの借入や普通社債、CB（株式転換社債、転換社債型新株予約権付社債）、ワラント債（新株引受権付社債）などを発行して資金調達をする「デット・ファイナンス」と新株発行など資本の増加を伴う資金調達の「エクイティ・ファイナンス」の大きく分けて2種類がある。ファイナンスの実施により、デッド・ファイナンスは、貸借対照表（BS）の他人資本が増加し、エクイティ・ファイナンスは、資本の部が増加する。

エクイティ・ファイナンス（Equity finance）

エクイティ・ファイナンスとは、株主資本の増加を伴う、またはその可能性のある資金調達のことをいう。エクイティ・ファイナンスを企業側からみた場合は、原則として返済義務のない資金の調達であり、自己資本比率が高まることから財務構造が堅牢となる。

エクイティ・ファイナンスを既存株主側からみると、増資の方法にもよるが1株当り利益が希薄化する可能性や、企業の支配構造に影響が出てくる懸

念など、経営リスクやデメリットを伴うことがある。

エクイティ・ファイナンスには、時価発行による公募増資や株主割当増資、第三者割当増資などの新株発行による資金調達、新株予約権の発行による資金調達、剰余金配当後の利益留保などがあり、これらを総称して用いられる。ただし、新株予約権は、当初のデッド・ファイナンスという面と、株式転換等の権利行使後のエクイティ・ファイナンスという2面性を持っている。発行時にはエクイティ・ファイナンスに分類し、その転換権や新株引受権が未行使となった部分のみをデッド・ファイナンスとする傾向が強い。

デット・ファイナンス（Debt finance）

デット・ファイナンスとは、金融機関などからの借入れによる資金調達をいい、借入金融ともいう。企業における資金調達の方法のひとつで、社債発行や銀行借入など、他人資本の増加になる調達のことをさす。デット・ファイナンスは、貸借対照表（BS）上の他人資本の増加を伴い、原則として有限の償還期限を持つ。

⑤最適資本構成

税金や取引コストがない完全資本市場では負債と資本がどのように組み合わされてもその結果として企業価値に影響しないというMM理論がある。しかし、実際には、法人税があるので、負債を利用すると支払利息が損金になり、損金にならない資本に関わる配当と比較して利益が多くなることから、負債増の方が企業価値が高まる。一方、負債が増えると債権者からみて、倒産リスクが高まるので、資金調達が難しくなる。

企業は負債による利払の節税効果と過大債務による財務破たんのリスクのバランスをとって、資本政策を考慮する。一般的には資金調達の機動性からは、増資より負債のほうが機動性があり、次の資金調達に備えて、負債比率を低めておくべきである。

> **コラム&エピソード　自己資本比率とMM理論**
>
> 　MM理論は、アメリカのフランコ・モディリアーニとマートン・ミラーが1958年に提唱した、「法人税を無視すれば企業価値は資本構成や配当政策によって変化しない」という定理。また同定理は、株式の払い戻しは配当の支払いと同じ効果を持つとしている。
>
> 　なお、MM理論では、法人税を考慮した場合、(有利子負債の調達レート以上の利益を獲得できる限り)負債による資本調達を行った方が、節税効果分、企業価値が高くなるとされる。同理論では、資本による資金調達に比して借入が有利に思えるが、実際には、有利子負債依存度が高まれば高まるほど、倒産リスクが高まることになり、一概の評価はできない。一般に、倒産リスクが一定限度を超えると、借入金が上昇したり、新規融資が受けられなくなったり、企業価値の著しい低下を招く。
>
> 　大きい資本は、経営の安定性が高まり倒産し難くなるが、株主の権利や利益は薄まる。何事も計画とモニタリングによるバランス維持が大切となる。

8 株式上場(IPO)

　株式上場とは、未上場会社の株式を証券市場(株式市場)において売買可能にすること。株式を公募や売出しによって、新規に株式市場へ公開することから新規公開(IPO:initial public offering)とも呼ばれる。

　日本においては、かつて、証券取引所に上場する方法と、日本証券業協会の登録銘柄となる方法(店頭登録)とがあったが、店頭登録制度が廃止されてジャスダックに移行したため、現在では、前者の方法のみが存在する。

8-1 ◆ 株式上場の意義

　株式上場(公開)が経営上のひとつの到達点であり、夢でもある、と語る

経営者は少なくない。経営者が株式上場を目指す動機は、経営上の有利性や株主としての利益など、株主や経営者にとって様々なメリットがあるからに他ならない。

経営上の有利性	企業が事業拡大するためには、ひと、もの、かね、の経営3資源の充実を欠かせない。株式公開は、この経営資源調達を有利にする。特に資金調達は、多数の株主（一般の投資家）から投資を受けることできる他に、企業としての信用力が増すことから融資も有利な条件で受けることが可能となる。資本による資金調達は、借入金などの他人資本（負債調達）よりも、長期安定的な資金（自己資本）が経営上は有利である。 人材の調達も、会社の知名度の向上や財務内容の改善から優位に働く。
株主としての利益	株式公開すると通常は株価が上がり、キャピタルゲインを得ることができる。株式公開したことによって、創業時やアリーステージ（創業初期段階）の出資（投資）額が100倍を超えることは珍しくない。 株式公開による株主の利益は他にも、株式売買の流通性が高まる点がある。未公開企業の多くは、譲渡制限を付けていることが多く、株式公開によってこの制限が取り除かれることから、証券市場で売買が可能になる。
経営者にとってのメリット	経営者の多くは、事業を通した社会貢献を目指すことが多い。そのために自己資金を資本として投下しながら懸命な努力を積み重ねている経営者が多い。その成果の賞賛としての株式公開もある。 株式公開は、経営上の成功、もしくは成功の一里塚と（高く）評価されることが多い。多くの人が社会から（高く）評価されることを厭わない。社会的な高評価、経営者を株式公開に向かわせるモチベーションのひとつとなっている。

8-2 ◆ 株式上場による経営上のメリット

経営上のメリット	期待効用
資金調達力の増大と財務体質強化	・株式公開による証券市場の機能を生かした資金調達が可能となる ・金融機関に対して信用度が増し、有利な条件による借入れや社債の発行などによる資金調達が可能となる ・その結果、強固な財務体質が構築される
知名度向上と社会的信用力の増大	・株式公開により、会社名や事業内容、製品・商品名、経営方針など企業に関連する、様々な情報がマスメディアで報道される機会が増える ・株式公開をした事実により、取引先や顧客、市場などに対する信用度の向上や、イメージアップ、PR効果を期待できる
優秀な人材の雇用	・公開会社は、将来性ある企業として、また安定した職場として高く評価され、優秀な人材獲得の機会が増える
従業員の志気向上	・従業員が自社の社会性を認識し、公開会社の一員としての自覚が生まれる ・株式公開を予定する会社は、従業員持株会を設立し、自社株式の取得を奨励することが多い ・従業員が自社の株式を取得することにより、会社への帰属意識が高まりモラールアップに繋がる ・従業員も株会は、従業員の資産形成の一手段として活用できることから更なる帰属意識の向上を期待できる

8-3 ◆ 株式上場の経営上のリスク

会社情報の開示義務	金融商品取引法や取引所の要請による書類の開示義務で事務負担が増加する。
コスト増加	上場費用や監査法人に対する監査報酬の支払が発生する。内部統制による内部管理コストや監査報酬により、費用が増えている。将来的には国際財務報告基準の採用でさらに増えるだろう。
経営権を奪われるリスク	株式が自由に売買され、買収で経営権を奪われるリスクがある。

8-4 ◆ 株式上場の手続概要

上場市場の選定		東京、名古屋、福岡、札幌の証券取引所本則市場と、各証券取引所が市場開設する成長企業向け市場(マザーズ、JASDAQ等)がある。
上場審査	形式基準	利益の額、時価総額、純資産額、流通株式数など最低限充足すべき数値基準と上場前の第三者割当増資等の不受理条項がある。
	実質基準	上場会社としてふさわしいかを実質的に審査する基準で、企業の継続性及び収益性、企業経営の健全性、企業のコーポレート・ガバナンス及び内部管理体制の有効性、企業内容等の開示の適正性、その他公益又は投資者保護の観点から取引所が必要と定める事項がある。
株式上場までの大まかな流れ		・予備調査の実施に向けて監査法人の選定 ・監査法人による予備調査 ・上場スケジュールの立案 ・証券会社の選定 ・監査法人と上場準備に向けて監査契約し、上場準備の開始 ・経営管理体制の整備、業務処理体制の整備、企業内容の開示体制の整備 ・上場審査(形式基準・実質基準) ・株式上場

8-5 ◆ 子会社の株式上場

　会社の組織再編において、戦略的に子会社を株式上場させることもある。この場合、上記の通り子会社としては、資金調達の多様化、会社の信用力向上、社員の士気向上、上場の前提として企業内部管理体制の強化、といったメリットが生じるため利害関係者の賛同を得られやすい。

　親会社としては、子会社株式の上場によってそれまで投下した資金(資本・融資)を回収することができる。さらに、その資金を本業に投資したり不採算部門を整理したりすることが可能となる。また、上場後に引き続き保有する子会社株式については、多額の含み益を期待できる。子会社の担保価値が飛躍的に増大する結果、親会社の資金調達能力もアップする。

さらに、子会社が自ら資金調達できるため、従来親会社が負担していた保証債務等が減少し、親会社の財務体質の改善も図れるなど、子会社の上場には、さまざまなメリットを期待できる。

8-6 ◆ エクイティ・コンサルティング（IPOの協力者）の必要性

　国の政策や株式上場市場（証券取引所）の努力もあって、従来と比較してベンチャー企業の株式上場は容易になった。と言いながらも、現実的にベンチャー企業が株式上場を果たすことは簡単なことではない。何故なら、多くのベンチャー企業にとって最大の命題は、ビジョンに基づく事業の成長にある。IPOに向けた管理システムの構築が命題ではない。
　事業の成長とは「事業利益を生み出すこと」であり、投資家が求めることの多い「ビジネス・モデルの進化」や「戦略志向の組織づくり」であったり、証券市場が求める「公正で妥当なガバナンス体制とアカウンタビリティ」をつくり上げたりすることは、副次的な目標に過ぎない。

　一方で、継続的な事業利益を生み出す仕組みの他に、ガバナンス体制の整備やアカウンタビリティ、戦略志向の組織も求められる。この課題を達成するには、経営のプロに指南を仰ぐこと、つまり経営コンサルティングを受けることが有効な手段となる。しかし、本業以外に資金を投ずる余裕のないベンチャー企業にとっては、高額なコンサルティング報酬を支払うことは難しい。最近、そんなベンチャー企業であっても、経営コンサルティングを受けることを可能とする仕組みが出てきた。コンサルティング報酬を、上場後の株式による支払いを可能とした、「エクイティ・コンサルティング（以下エクイティ・コンサル）」を提供するマネジメント・サービス会社が出てきた。この会社は、ビジネス・モデルの構築から戦略立案・実行、つまり、事業の立ち上げから株式公開（IPO）まで、一貫した支援を行う。

　ベンチャー企業にとって、エクイティ・コンサルを委託することは、IPOまでの経営指導とIPO後の経営指導という2つ機能と効用がある。

立ち上げ時期からIPOまでの期間を考えると、「経営のパートナー」としての力強い味方を得られるということが最も大きなメリットであろう。戦略の策定はもちろんのこと、実際に顧客との折衝や組織づくりに対してのコミットメントが期待できる。また資金的な面では、報酬を株式で支払えばよいとの契約もあり、この場合は当面のキャッシュ・アウトを抑えることができる。

　IPO後にはどうかというと、その力強い味方は、その役割を終えると、すっと姿を消す。コンサルタントは、社員を雇ったわけではないので、以降の人件費（固定費）を省くことができる。

　一方、コンサルティング会社は、IPOさせることができなければ報酬がゼロとなるため、IPOさせることへのモチベーションは相当に高い。ここに、ベンチャー企業と、コンサルティング会社の利害が一致する。エクイティ・コンサルが、IPOを目指す企業にとって優れたサービス・システムと言えるゆえんがここにある。

8-7 ◆ 資金調達手段としてのPE（PEファンド）

　プライベート・エクイティ・ファンド（PEファンド）は、複数の投資家から集めた資金を未公開株式（プライベート・エクイティ）に投資し、同時にその企業の経営に深く関与して「企業価値を高めた後に売却」することで高いIRR（内部収益率）を獲得することを目的とした投資ファンドを指すことが多い。PEファンドには、MBOファンド、買収ファンド、企業再生ファンド、ベンチャーキャピタル、ターンアラウンド・ファンド（Turnaround Fund）などが該当し、またそれらの総称としても使われることがある。PEファンドは、公開市場で取引されていない事業や債権に対する投資すべてを本来指すが、一般的には、未公開企業の株式に限定投資するファンドを指すことが多い。

　未公開企業に投資する醍醐味は、投資先企業が思惑どおり成長した時のリターンの大きさにある。順調に企業が成長した場合、桁外れの投資パフォーマンスを期待できる。その一方で、創業期に近い企業への投資であることから、事業が軌道に乗ることなく消滅する可能性も大きく、リスクの

高い投資とも言える。一般の投資家が特定の未公開企業(PE)に投資するには、リスクが多すぎるといわれている。当該事業に係るデューデリジェンスや将来価値の算定などの高度なノウハウが必要なため、投資判断が難しい。一般投資家が、PEに投資しやすい金融商品としてPEファンドが用意されている。PEファンドは、複数のPEに分散投資することによって、リスクとリターンのバランスを取っていることが多い。

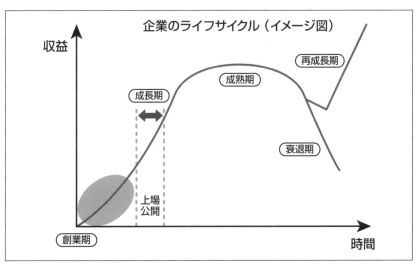

PEファンドは、創業時や成長初期段階の企業を対象としたベンチャーキャピタルによる投資と、成長初期段階の既存株主から株式買収等をするバイアウト・ファンド、経営不振会社に投資する再生ファンドなどに分類できる。

①PEファンドの概要

PEファンドの資金提供者のメインは、保険会社、年金基金、財閥などの機関投資家である。これ以外に、株式上場を果たしたキャッシュリッチな経営者や不動産売却したキャッシュリッチな資産家などで構成されることが多い。こうして集められたファンドをPEファーム(投資会社)が特定企業に投資することで運営し、運営によって得られたインカムゲインやキャピタルゲインを資金提供者が受け取る仕組みとなっている。一般的に、PEファンドはファン

ドの運営・管理等を行うジェネラルパートナー（GP・無限責任組合員）、ならびに機関投資家等の出資者であるリミテッドパートナー（LP・有限責任組合員）から構成される。GPは、通常、PE専門の投資会社であるPEファームが担う。

PEファームとは、PEファンドの意向を基に資金を運用するプロフェッショナル集団で、主に以下の事業を行う。
- 投資先企業を開拓または紹介などにより発掘する
- マネジメントチームや事業の評価を行う（目利きする）ことで投資を決定する
- 事業計画や資本計画を立案し、投資スキームを決める
- 人材、資金、戦略、危機管理など様々な形で事業支援を行い、投資先企業の価値を高めるための支援活動を行う
- 株式上場、売却などにより投資回収を行う
- またそれらの活動を通じて、資金管理や投資家へのフォローを行う

これらのPEファームの事業やPEの役割と機能を多くの企業が認識し理解し始めたことにより、日本のPE市場の拡大が期待される。

②日本のPEファンド事情

日本で運営しているファンドには金融機関系、商社系、事業会社等がある。2011年の投資規模は、ベンチャーキャピタルが約900件で1100億円。バイアウト・ファンドが53件で7400億円とされている。PEに投資するメリットは、高いリターンと上場株式への投資とのポートフォリオに入れることによって、リスクを引き下げつつリターンを極大化できるといわれている。

●PEファンド投資のメリット

対象企業の利益向上	業績が向上し、売上、利益ともに拡大し、対象企業の市場価格が上昇し、株式売却の結果、投資収益が得られる
対象企業の株式の割安購入	割安に投資することにより市場価格で売却した場合、投資収益が得られる
株式購入の際に借入金を活用するレバレッジ	より少ない資金で投資を行い、資金効率を上げることができる

③ベンチャーキャピタルの役割と動向

　未上場のベンチャー企業に投資する投資会社のことを「ベンチャーキャピタル」という。ベンチャー（Venture）とは「冒険」という意味で、ベンチャー企業とは起業家（アントレプレナー）マインドをもって新しい事業領域に挑戦し急成長することを目指す経営者が起こす企業のこと。ベンチャーキャピタルは、この様に冒険心や起業家魂を持った経営者のベンチャー企業に投資し、事業の発足や成長をサポートする。サポートの範囲は、新規技術開発や事業拡張への資金調達、経営基盤強化のための人材の確保、市場や顧客の開拓、株式公開に向けての内部体制整備など多岐に渡る。

　このように投資をするだけでなく経営に関与する投資をハンズオン投資と言うことがある。日本ではベンチャーキャピタルの多くが投資するだけで経営支援はあまり行わないとされるが、ハンズオン投資も少数ながら出てきているようだ。

コラム＆エピソード　アントレプレナー宣言

　30年ほど前から、流通の起業家たちの間では信望されていた言われる「アントレプレナー宣言」を紹介する。

　起業家魂を見事に表した痛快な宣言だ。起業家に限らず、すべての事業家が保ちたい精神だろう。

アントレプレナー宣言（起業家の魂）
- 私は平凡な人間にはなりたくない。
- 自らの権利として限りなく非凡でありたい。
- 私が求めるものは、保証ではなくチャンスなのだ。
- 国家に扶養され、自尊心と活力を失った人間にはなりたくない。
- 私はギリギリまで計算しつくしたリスクに挑戦したい。
- つねにロマンを追いかけ、この手で実現したい。
- 失敗し、成功し…七転八起こそ、私の望むところだ。
- 意味のない仕事から暮らしの糧を得るのはお断りだ。
- ぬくぬくと保証された生活よりも、チャレンジに富むいきいきとした人生を選びたい。
- ユートピアの静寂よりも、スリルに満ちた行動のほうがいい。

- 私は自由と引き換えに、恩恵を手に入れたいとは思わない。
- 人間の尊厳を失ってまでも施しを受けようとは思わない。
- どんな権力者が現れようとも、決して委縮せずどんな脅威に対しても決して屈服しない。
- まっすぐ前を向き、背すじを伸ばし、誇りをもち、恐れず、自ら考え、行動し、創造しその利益を享受しよう。
- 勇気を持ってビジネスの世界に敢然と立ち向かおう。

出典:Dearn Alfange(1899年12月2日生まれのアメリカの政治家)。「アメリカ人であることが意味するもの」(翻訳者不明)より

　ベンチャーキャピタルは、資金の借り手であるベンチャー企業と、資金の提供者であるベンチャーキャピタルへの投資家等の間にあって、資金(お金)の有効活用を仲立ちする、金融機関の一形態ということになる。ベンチャーキャピタルは、成長を見込める起業家に投資し、上場した時やバイアウトした時に株式を売却してキャピタルゲインを得ようとする。また、ベンチャー企業が生まれる風土や土壌をつくることもベンチャーキャピタルの役割といえる。本来従来の金融機関(銀行や信金など)が、この枠割を果たすべきだが、残念なことに彼らは新たな企業を生み出す活動について非常に消極的だと言わざるを得ない。また、ベンチャー企業の事業計画への理解やアントレプレナーへの共感や支援は、自らの事業の枠外と考えているようだ。

　ベンチャーキャピタルは、シードステージ(立上げ段階)やアーリーステージ(事業初期段階)と言われる創業期から投資するため大きな投資リスクを負うことになる。この高い投資リスクのためベンチャーキャピタルは、きわめて慎重な投資リスク判断を行う。業界最大手の㈱ジャフコは1万社の中から400社強について投資検討を行い約90社に投資をしたと書いている(2008年3月期)。率にすると0.9%で、その慎重さが窺える数値だ。

　ベンチャーキャピタルの役割として、創業支援も期待したい。日本では、

1990年代中盤以降の約20年間、倒産や廃業する会社の数が新しく設立される会社(開業)の数を上回り会社の数が減少し続けている。2013年、安倍政権は「日本再興計画」の中で、開業率10%を目指すと宣言しているが、その実現は容易でないはずだ。

このような中で新たなビジネス機会を求めて誕生する会社を資金面だけでなく経営戦略立案や会社の運営まで支援するのが、期待されるベンチャーキャピタルの役割だろう。米国では、ベンチャー企業を成功させ巨万の富を得た経営者が、次の世代のベンチャー企業に投資をする。自らベンチャーキャピタルに関わり、自分がベンチャー企業を経営したノウハウを伝え、ベンチャーの成功を支える。

海外進出による合弁会社

日本企業の海外進出は、トヨタやキャノン、ファーストリテイリングといった超大企業に限られたことでなくなってきた。日本企業が海外に進出する目的は、生産コストの削減、部品・商品の調達拠点設置など、現地の安い労働力や資材の調達といったコスト重視の目的が多かった。しかし、日本経済が成熟し成長に限りが出る一方で経済のグローバル化が進む今日においては、市場開拓の視点が加わり、時間と共にその比重が増している。

中小企業においても経済の新天地を求めて、中国を始めとするアジア各国への進出事例が増えてきた。またこれとは別に、日本国内の高い所得税や法人税を節減する目的で、課税システムの緩い海外の特定地域に会社を設立するケースもある。

経済のグローバル化が進んでいると言っても、海外進出が容易になったわけではない。例えば、各国とも自国の通貨に対しては厳しいマネジメント(管理・統制)を行っている。また、一部の国や地域を除いて、日本も含めほとんどの国で、外国人居住者や外国企業が国内に単独で事業を起こすとを禁じているか、特別な規制を設けている。事業の設立や開業に規制

があるだけでなく、出資や融資といった資金の移動、土地や不動産の売買といった資産の保有、雇用や解雇、転任といった労働者の地位の保全、など課題が山積みだ。経験という実体験が最高の教師かも知れないが、海外進出には時間も金も掛る。ここでは、海外進出において、知っておきたい課題について簡単に触れる。実際の進出には、充分な調査と計画、戦略策定が必要なことは言うまでもない。

9-1 ◆ 海外法人設立と税制

　海外法人設立を行う上で、注意すべき点として法人設立後の税務がある。米国や英国のように現地で課税義務のある国では、たとえ現地での活動がまったくなくても税務申告の義務は生じる。もし、日本と米国の2カ国で活動していると二重に課税される。この国際的な二重課税を調整する制度を、「外国税額控除制度」という。

　また、日本の税務当局は、課税システムの緩い国や地域の進出企業に対して極端な課税回避を阻止するため「タックスヘイブン対策税制」を施行しており、この対策も必要になる。また、海外に設立した親子間会社の取引に対して取引価格に妥当性があるか否かを「移転価格税制」において厳しく検査していることから、この対策も必要となる。海外進出（現地法人設立）の便益や効用だけに捉われていると、後から思わぬ出費や刑罰を受けることにもなりかねないので注意を要する。

①タックスヘイブン対策税制

　タックスヘイブン対策税制は、タックスヘイブン（軽課税国）を利用して租税回避を図る行為を排除する制度で、日本では1978年度改正租税特別措置法で規定された。タックスヘイブンで得た所得は、源泉地国の法律で無税か名目的課税措置のみ行われるので、利益を配当として社外流出しなければ、そのまま再投資や運用ができることになる。こういった行為に対処するため、その源泉国での税負担が日本の法人税負担に比べて著しく低い外国子会社等の留保所得を、一定の要件の下、株式の直接・間接

所有割合に応じて日本の株主の所得とみなし、それら株主の所得に合算した上で、日本で課税する制度となっている。

タックスヘイブン対策税制の適用		タックスヘイブン対策税制の適用除外
1.)日本の居住者または内国法人が直接または間接にその株式の50％超（議決権のない株式・利益配当請求権のない株式を除外して行う判定も併用する）を保有する外国子会社等で、次のいずれかに該当する会社であること。 ・法人所得税がない国・地域に本店等を有する外国子会社等 ・法人所得税率が20％以下の外国子会社等 2.)外国子会社等の留保所得につき、日本で合算課税の適用を受ける国内株主は、単独または同族株主グループ全体で当該外国子会社等の株式（利益配当請求権のない株式を除く）を直接・間接に10％以上保有する内国法人または居住者であること。 （タックスヘイブンに本店があり、同族で10％以上株式を所有する会社で、その資本の50％超が日本資本である法人が該当する）	事業基準	主な事業が株式等または債券の保有、工業所有権等または著作権の提供、船舶または航空機の貸付けなどの事業ではないこと主な事業が株式の保有等でない。
	実体基準	（対象子会社の）本店所在地国に、主な事業を行うために必要な事務所、店舗、工場などの固定施設を有していること。
	管理支配基準	特定外国子会社等がその本店所在地国で事業の管理、支配、運営を自ら行っていること。
	非関連者基準	（卸売業、銀行業、信託業、証券業、保険業、水運業または航空運送業の7業種の場合）取引の50％超を非関連者と行っていること。
	所在国基準	（上記7業種以外の業種の場合）：主に本店所在地国で事業を行っていること。

②移転価格税制の概要

　企業活動の国際化の進展にともない、海外の子会社や関連会社等との取引価格を操作することによる所得の海外移転が問題となった。いわゆる移転価格の問題が、国際課税の分野で重要になったために、この制度が1986年の税制改正において導入された。他の先進国においては、既に所得の海外移転に対処するための税制が整備されており、日本企業の海外取引に対して莫大な移転価格税を納入させられた事案が出てきたことから、これに対応する処置として立案されたという局面もある。

　移転価格税制は、国外の親子会社や関連者との商品取引価格を対象とする。難解な概念であるため、事例を持って解説する。たとえば、ある商品の海外取引価格（独立企業間価格や第三者間取引という）が、100であったとき、これを海外の親子間において80で取引したり、120で取引したりした場合に、移転価格税制の対象となる。

●移転価格税制の仕組み

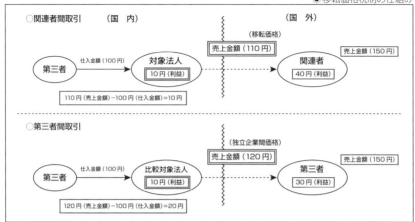

　図のケースでは、独立企業間価格120の取引を110で行ったことにより、これが日本からの輸出でることから国内法人の所得は10減少する。逆に外国子会社では10増加することになる。この事例では、日本の税収が減ることになる。輸出入を逆にすると、海外の現地法人の所得が減ることから、現地国の税収が減ることになり、各国の税務当局は海外の親子間企業の取引の監視体制をとっている。

　このようにグループ会社間では、商品価格を操作することにより所得の移転を簡単に行うことができる。このような所得移転を許してしまうと、国際取引各国の税収に不公平が生じるため、このような場合には独立企業間価格で取引したものとみなして、移転した所得20は、それぞれの国内の課税所得に加算されることになる。この移転価格税制は、意図的に租税回避行為を行うつもりがなかったとしても、課税されるべき所得の移転があったと税務当局が認定した場合には適用されるので、充分な注意を要する。

　2010年度税制改正により、租税特別措置法施行規則第において移転価格調査の際に提示または提出を求められる書類が明記された。企業は将来の移転価格調査に対応するため、単に移転価格の算定方法を開示するだけでなく、過年度における移転価格の合理性の検証も含む文書(ドキュメンテーション)を作成する必要がうまれた。

●移転価格ポリシーと移転価格文書

移転価格ポリシー	移転価格文書の内容	
海外子会社との取引価格の設定に係る社内ルールとして、取引ごとに価格設定の基本ルールを定めることを移転価格ポリシー(海外子会社との取引価格設定の基本方針)の構築という。選定した、移転価格算定方法に従って社内ルールを整備して、文書としてまとめることで、移転価格の税務調査が入ってもすぐに提出できることになえる。	産業分析	市場の動向、業界の構造、競合の情報・事実分析。対象となる関連者の事業概要、資本関係、組織構造、各社の損益状況等
	関連者間取引の状況	取引形態及び取引フロー、取引額、価格設定方針、国外取引に関するセグメント損益
	機能・リスク分析	各関連者が果たす機能、負担するリスク
	移転価格算定方法の選定	各国税制に基づき選定された移転価格算定方法と選定理由、内部・外部比較対象取引の有無の検討結果
	価格が妥当であることの説明	使用したベンチマークの取引に関する説明、選定された算定方法の基づく検証結果、納税者の価格が妥当であることの説明

9-2 ◆ 中国進出の事例から学ぶ

　経済成長を続ける中国に対して、世界中の国から企業が進出している。日本からの進出も例外ではなく、その勢いは激しかった。一方で、中国進出に係るトラブルや失敗事例も多く、未だに「共産国家は商売の対象にあらず」と考えている経営者も少なくない。中国はWTO加盟によって国際社会の一員として公正な経済活動を保証すると言っても、人口13億人という程に社会規模が大きく、また一方で経済の自由化の端緒に付いたところであることから、法治(法やルールによる統治)よりも人治(為政者:役人の判断による統治)が未だに横行していることに起因することが多い。

　しかし、日本側の調査や準備の不十分さによる失敗のケースもある。中小企業経営者の中には、自分の感性や判断を過信し、コンサルタントによる調査や指導を受けることなく、合弁先の事業規模や代表者の地位に依存し、公正で妥当な合弁契約を結ぶことなく事業を開始することがあり、これが失敗の要因となる。また、事業をスタートした後においても、厳しい経営管理やガバナンス体制を怠り、失敗するケースも多い。

　賃金の上昇や労働者の資質などにより近年は撤退を余儀なくされている企業もある。合弁の場合はパートナーに自社持分を譲渡するケースが多い。この場合合弁の最高意思決定機関の全員の承諾が必要である。中国側で合意が得られない場合は仲裁機関を活用することになるが、人治主義

的な中国の司法制度では、中国側に有利な判断が下されやすい。

独資で撤退の場合は清算して資産を処分することになるが、評価がむずかしく、期間も1年くらいかかると覚悟すべきである。

上記のことから進出して成功するには、まず相手(中国)のことをよく知るということである。法制度の変更について常にウオッチが必要だ。また日頃から地方政府や現地ビジネス界と良好な関係を構築すべきだ。合弁の場合は、パートナーとよく話し合い撤退条件を合弁契約書に記載しておくようにする。独資の場合は、要職を日本人で固めないで中国人スタッフに業務をまかせることが必要だ。

	合弁企業	合作企業	独資企業
根拠法	合弁企業は「中外合資経営企業法」に基づいて設立する中国の企業法人であり、中国の法律の保護を受ける。	中外合作経営企業は、「中外合作経営企業法」に基づいて設立する中国の企業法人であり、中国の法律の保護を受ける。	独資企業は「外資企業法」に基づいて設立する外資100％の中国の法人である。
責任範囲／法人格の有無／事業の制限規制	当該法人は有限責任公司で、出資者双方の責任は出資額をもって限度とする。合弁期限は出資者双方が延長する事について合意した場合、関係認可機関の批准により延長できる。1990年の合弁法改正により合弁期限を設定しなければならないとする条項は一定業種(主にサービス業)のみに適用されることになった。	有限責任公司として登録を行い、法人各を有する企業と法人格を持たない場合の2形態がある。後者は中国側の既存企業の一独立採算部門として委員会形式で企業の運営管理を行う。	・業種制限 一定の業種については独資企業方式では認可されない。独資企業が認められない業種は、鉱業・非鉄・インフラの一部業種、交通運輸、郵便通信、商業、貿易、不動産、観光、出版業などである。 ・生産の届出 生産・経営の年間計画は定款に定めた経営範囲内で作成し、所管機関に届出なければならない。 ・原材料 独資企業が必要とする原材料などは中国で購入することも、また国際市場で購入することもできる。 ・外貨バランス 独資企業は自ら外貨バランスをとらなければならない。製品の国内販売も認可を得て可能となるが、一般製品は規定上では50％以上輸出することとされている。
出資比率／利益分配	出資者双方が相互に取り決めた出資比率に応じて出資し、出資額を限度として経営リスク、損益を負担する。但し、合弁期間内にその投資元金を回収するため、税引き前利益から投資分を控除し減資することはできない。	利益分配比率、分配方法、遵守義務等は契約で定め、合作期間満了時の会社清算も契約に基づくのが原則である。清算時には建物・設備等の資産を無償で中国側に譲渡する場合も多い。	
出資	出資は現金(外貨・人民元)、建築物、機械設備、工業所有権、土地使用権等で充当できる。	出資形態は、中国側は土地使用権、建物及び使用可能な機械設備等、外資側は現金、機械設備、工業使用権等をもって出資するのが一般的である。	

中国進出に限らず、組織再編やM&Aは国内に限定された行為ではない。IN-OUTや（自国内の企業による国外企業の買収。日本においては、日本企業による海外企業の買収をいう）やOUT-IN（外国企業の日本企業の買収）のM&Aも盛んに行われるようになった。

9-3 ◆ 海外事業からの撤退

　海外への進出や海外企業の買収は、増加傾向にある。経済のグローバル化と国内経済の成熟という経営環境の中で当然のことだろう。この際、国内での新会社設立やM&A買収、地方への展開以上に海外進出においては、撤退を配慮したい。特に社会主義体制を維持したままへの国や地域への進出では、撤退に係る費用が社員の解雇や国・自治体への賠償金など、膨大になることを十分研究したうえで進出したい。

　下の図はいずれも、経済産業省「海外事業活動基本調査」に添付されたもの。撤退比率は、2007年のまでのもので、以降の撤退状況は、日本との当該国との関係の中（外交等）で大きく変動する。

　政治の安定の見込みや日本との外交の予測など、調査事項と準備事項は綿密に詰めていきたい。その上で、成長と生き残りの選択として、海外を含めた組織再編を経営戦略課題として取り上げてもらいたい。

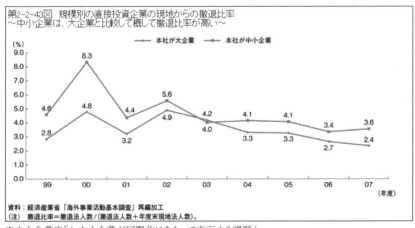

※中小企業庁「4. 中小企業が国際化にあたって直面する課題」
　　（http://www.chusho.meti.go.jp/pamflet/hakusyo/h22/h22/html/k221400.html）

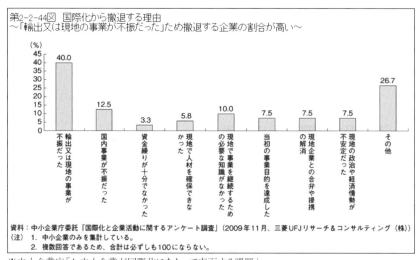

※中小企業庁「4. 中小企業が国際化にあたって直面する課題」
　　　(http://www.chusho.meti.go.jp/pamflet/hakusyo/h22/h22/html/k221400.html)

第13章

ターンアラウンドの実務

1 ターンアラウンドとは

『事業再生学〜中小企業の経営管理と危機対応〜』の10章〜13章は、企業（法人、会社）のライフサイクル上の衰退局面におけるマネジメントのあり方をメインテーマとしている。一般に人などの生命体は、誕生と成長、成熟、衰退そして死亡というライフサイクルが宿命付けられている。企業も同様なライフサイクルを持たされている、という説もあるが、企業という事業体は、衰退の先に必ずしも倒産や廃業という法人としての死が待っているわけでない。

ターンアラウンドとは、衰退し死に向いている法人の生命ベクトルを、特別な力（知識に基づく判断力や経験に基づく判断力など）を用いて、再び成長へ向けることだ。これが自然人（人間）であれば、衰退し死に向かっているベクトルを再び成長のベクトルに替えることはできない。世界中の医学がこの"不死"の領域に長年チャレンジしているが未だ成しえない。しかし、企業は法人（格）として法律的に人格を与えられ、社会的には経済機能を提供する機関と位置づけられている。法人や事業が社会に有用な機関であり続ける間は、永く機能を発揮し続けるべきだ。この社会的に有用な機関とされる事業（会社）を倒産や廃業という死の淵から救い出し、再生させる一連の行為をターンアラウンドという。

ターンアラウンドの語源は、飛行機が飛行場に到着してから再離陸するまでの一連の作業から来ている。単に「方向転換」の意とする説もあるが、飛行機がフライトを終え、再び安全に旅客や貨物を目的地に向けてテイクオフするためには、おびただしいチェックや補修などの作業がある。安全な航行を約束できる飛行機としての完全な機能が確認できない限り、その飛行機がテイクオフすることはない。ビジネスのターンアラウンドは、窮境に陥った企業が再びテイクオフし、安定フライトすることをアシストしたりマネジメントサポートしたりする。

法人が死に瀕する要因はさまざまだが、現象（症状）としては「過剰債務」が圧倒的に多い。「過剰債務」はキャッシュフロー（CF）の悪化と資金（カネ）不足を起こす。法人は、法律的に認められた人格であり、カネはこの法人の生命を維持する血液のようなものだ。カネ（血液）が流れなくなったときは、ほぼ確実に死を迎える。法人の死は、自然人の葬儀や埋葬ではなく、破たん企業として社会から消え去り、法律的には破産処理や清算処理を以て終わることになる。

　しかし、社会に有用な機能を提供し続けている法人が、一時的なカネ不足だけで死に逝くのは残念でならない。また社会的評価としても、有用な機能を持ち続ける法人の死を望まなくなった。近年、そのための法的整備や社会ルール、社会慣行が整備されてきた。「整備されつつある」ということが重要なキーワードで、本書の各章でさまざまなターンアラウンド手法を紹介するが、それらは執筆時点での情報や手法（スキーム）、再生構造（ストラクチャ）、方法論（メソッド）、技法（テクノロジー）に過ぎない。ターンアラウンドに関わる人々（経営者、経営管理者、再生指導者等、下表参照）は、関連法律を初めとするターンアラウンドに関する情報のたゆまぬ収集とその活用法の研究を望みたい。

●ターンアラウンドに関わる人々

事業再生の全体を担う人、指揮する人		
ターンアラウンド・マネジャー	Manager	経営破たんした企業、あるいは経営破たんしかけている企業を再生するために登用された経営者。財務、組織、事業とあらゆる観点から企業を改革する責任を担う。事業再生請負人。事業再生に関する監督者、管理者。
事業再生アドバイザー	Adviser	事業再生に係る助言者、指導者。ある民間会社が登録した事業再生顧問業の登録商標（登録第4906101号、第35類）。事業再生に関する顧問人、補佐人、助言者。
事業再生コンサルタント	Consultant	事業再生に関する顧問人。事業再生を請け負うコンサルタント（顧客が抱える課題策を示す人）。

1 ■ ターンアラウンドとは

		事業再生の指揮者を補佐し、助言する人
アレンジャー	Arranger	編曲者からスポンサーや資金の貸し手を調達するものをこう呼ぶようになった
事業再生に係る各種の専門家	Professional	・弁護士(法律判断、法的処理など) ・司法書士(法的処理、法的手続きなど) ・公認会計士(会計的判断、事業価値査定など) ・税理士(税務的判断、税務処理など) ・不動産鑑定士(不動産価格の鑑定、査定など) ・中小企業診断士、経営コンサルタント(市場分析など)

		事業再生の一部を担う人、執行する人
事業再生に係る機関	Organization	・サービサー(金融機関所有の不良債権の買取など) ・中小企業再生支援協議会(中小企業再生の公的機関) ・再生ファンド(金融機関や自治体等による出資、融資)
事業再生を支援する事業者	Agency	・不動産業者(不動産の買取、一時保有など) ・レンダー、資金アドバイザー(新規資金調達など) ・M&A業者(ノンコア事業の売却など)

※上記は主なもの。選別コメントは著者独自のもの。

2 ターンアラウンドの出口(戦略)

　出口戦略は、元々は軍事用語で「軍隊の損害を最小限にとどめて戦線から撤退するための軍事行動や作戦」を意味し、撤退戦略と同義で使われていたようだ。転じて、事業再生では、窮境な経営状況から被害を最小に抑えた撤退方法の策定に使われる。さらに最近は、事業再生の最終結果や成果のイメージをターンアラウンドの出口、その方策を出口戦略と呼ぶようになった。

　窮境に陥った企業の出口は、法人とその代表者(連帯保証人)が同時に破産し、経済社会から一気に退場するという、極めて厳しいケースが少なくない。一方で、市場環境の変化やスポンサーの出現などによって事業が再び上場し、社会機能も継続し雇用も守られるケースもある。本項では、ターンアラウンドの出口戦略の大まかなバリエーションを考えてみたい。

　次ページの図のABC社は、諸事情により窮境な状況に追い込まれている。このABC社の出口戦略を考えてみる。再生のバリエーションとしては、

A、B、Cすべての事業を生き残らせ経営全体を健全化するという選択がある。一方、A、B、Cすべてを市場から撤退し、保証債務に絡んでいない一部の経営陣が持っている人的資源だけでゼロからスタートする、という選択もある。何が最適か、どの方法が最良か、幅広く考えたい。

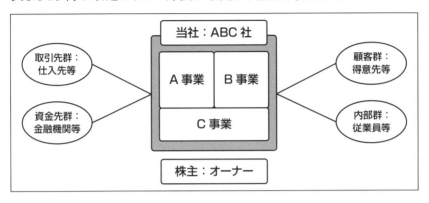

2-1 ◆ 再生させる事業の選択

　ABC社のA〜Cの事業ごとに、事業構造、業務体制、財務体質の視点で分析する。分析は、事業構造、業務体制、財務体質の現状分析に加えて、再構築(リストラクチャリング：リストラ)の可能性も探る。現状分析の結果と取引先等の利害加権者への影響を踏まえ、残すべき事業を選択する。残すべき事業を選択するプロセスにおいて、A、B、Cそれぞれの事業の一部統合、入れ替えなどがあってもいい。何れにしても、窮境に至った原因の事業をそのまま継続することは、事業再生の道を閉ざす要因となり、避けなければならない。

2-2 ◆ ノンコア事業の対応

　分析結果を踏まえ、例えばB事業をコア事業として残すことを決めた場合は、ノンコア事業の出口を考えなければならない。

①ノンコア事業をM&Aで売却する

　出口戦略を含む再生計画を策定し、利害関係者とは必要な協議を続けながら、A事業、C事業をM&A売却する。M&Aのストラクチャは、会社分割後の株式譲渡でも良いし、営業譲渡でも良い。何れにしても、売却収入は滞っている支払いの弁済とB事業の成長戦略に充てられる。M&Aに関わる事業の従業員や取引先等は、各事業との結びつきの中で、検討し対応する。

②A事業、C事業の廃棄

　出口戦略を含む再生計画策定のなかで、利害関係者と充分な協議を続けながら、A事業、C事業の廃棄(廃業)を債権者に提案する。債権者から同意を取り付ける際の胆となるのは「事業廃棄の経済合理性」というキーワードだ。不採算事業を廃棄し、経営資源を再生対象事業(B事業)に集中という選択が、債権者にとって合理性が高いという提案をする。この提案に理解を得たなら、これを実現するスキームも示す。

　事業廃棄の手続きは、社内的な事業部の閉鎖であったり会社法による会社分割であったりする。債権者との協議を続けながら、廃棄事業に係る債務圧縮やニューマネー拠出の合意も取り付ける。

2-3 ◆ 主要株主(オーナー経営者)の処遇

　窮境化企業の「事業再生」の過程では、債権者をはじめ従業員や取引先などの利害関係者に痛みを与えることが多い。オーナーが経営者であることが多く、経営者として債務の不履行や支払いの遅延など、関係者の損害を伴う意思決定を行っている。従って「事業再生」では多くの場面にオーナーの責任問題を伴う。

　利害関係者は、その会社(の一部)に社会的な意義が残っている時は、再建計画への同意や事業再生の支援を行うことが多い。一方で、経営陣(オーナー)がそのまま支援を受け再生を図ることに違和感を持つことも多い。痛みを与えた本人が支援や慈善を受ける状況にモラル(倫理)上の問

題を指摘される。経営環境の急激な変化など、同情の余地はあるが、モラルハザード（倫理の欠如）も配慮したい。これ等のことから、経営陣からの退陣や株式の放棄などを迫られることが多い。

経営やオーナーからの撤退を了解したとして、オーナーには保障債務履行の問題が残る。自宅などを担保提供しているケースもあり、この処分も出口戦略のひとつとして考えなければならない。

①オーナーの自宅等を残す

事業再生の出口戦略を組まなかった場合、事業を窮境に追い込んだ責任者としてオーナーが「事業を追われ、住まいも追われる」ことが多い。バブル崩壊以降、15年間に渡って自殺者が3万人を超えた原因のひとつに保証債務の問題が上げられる。因みに内閣府の発表によると、2012年の自殺者は、27,858人（前年比2,793人減）で、多重債務者やうつ病の対策が自殺者減少につながったとしている。

事業再生指導の現場では「オーナーが慣れ親しんだ自宅を残す」対策を組むことがある。この場合、債務弁済の一環として、担保不動産の任売を債務者に提案する。任売の先は、信頼できる近親者（一般に親子・夫婦は除く）として、売却後も賃借人として居住する。

②オーナーに仕事を残す

経営責任を取って経営の一線から退陣するが、オーナー個人が持つ技術や人脈、手腕などが事業再生に不可欠なことがある。この場合は、総会議決権や役員権利の一切ない一般社員やパートタイム、顧問などとして働く形態をとる。労働する以上、社会通念に見合う給与や報酬を得ても問題ない。生活のために社員等として雇用されるケースもある。

2-4 ◆ 従業員の処遇

事業再生の出口として、役職者を含む従業員の処遇も配慮する。給与未払いや不当解雇などによる労働争議、訴訟は避けたい。これ等の事態

は、事業再生の集中力を阻むことになる。残す事業との兼ね合い、再生計画上のキャッシュフローとの兼ね合いの中で、残したい人、辞められては困る人材を明確にした対応を行う。辞めざるを得ない人たちへの再就職や公的制度の活用の情報提供なども考えたい。

①未払賃金立替払制度

「未払賃金立替払制度」は、倒産等により賃金が支払われないまま退職した労働者に対して、未払賃金の一部を立替払する制度で、厚生労働省が所管している。未払となっている賃金の概ね80％が給付される。

②雇用調整助成金（中小企業緊急雇用安定助成金制度）

景気の変動、産業構造の変化、その他の経済上の理由により、事業活動の縮小を余儀なくされた事業主が、一時的な雇用調整（休業、教育訓練または出向）を実施することによって、従業員の雇用を維持した場合に助成される制度で、厚生労働省が所管している。条件を満たすことによって休業の場合で1人1日約7,800円の助成金が1年で100日、3年で300日を上限として雇用主に支払われる。

③源泉税や社会保険料の未納

資金繰りの悪化から、源泉税や社会保険料の納付を滞納するケースがある。消費税や法人税も含め税金、社会保険料は（一般）優先債権であり、支払いを遅延させた場合の社会的ペナルティが一般債権よりも大きいと言える。督促等の対応を怠ると、税務署や社会保険事務所から、会社の銀行預金と得意先に対する売掛金を差し押さえられることがある。また、債権者等に示す再生計画に、税や社会保険の未納があると拒絶されることが多いので、充分な配慮をしたい。

2-5 ◆ 顧客群への配慮

顧客や市場は、わずかな不安や不満で当該事業の商品やサービスから

離れていく。事業が窮境な状況にあることは、徹底的に秘匿したい。社会上の必要から知られることになったり、知らせざるを得なかったりする場合は、スポンサーの開示など商品提供、サービスの継続に支障が出ないと思せるだけの材料やデータを示す必要がある。

先の例で、A事業およびC事業を閉鎖する場合は、代替の会社やサービス事業者と予め打ち合わせし了解を得た上で、顧客に案内すべきだろう。

2-6 ◆ 取引先群への対応

仕入先や外注先などの取引先があってこそ事業は成り立っている。経営者の心情として、買掛金の支払い遅延や不払いは避けたいところだろう。しかし、従業員への給与未払いや高利の闇金にまで手を出して約定通り支払うのは、事態を悪化させるだけだ。

長年付き合ってきた取引先を簡単に分別できないだろうが、事業再生に向けてはそれも必要な作業となる。「継続するB事業に関わる取引先なのか?」「事業再生に理解と協力をしてくれる取引先なのか?」。事態を悪化させた上での、偏頗弁済や詐害行為は避けなければならないが、一方で運命共同体や再生チーム作りも必要な行為だ。

2-7 ◆ 資金先群(金融機関等)への対応

事業再生を必要とする企業の表面的な事態は、窮境な資金繰りの顕在化がほとんどだ。原因はまちまちだが、カネが足らない、カネが回らない。従って金融機関への対応は、事業再生の胆の部分で、病気の治療に例えるなら緊急手術や輸血、止血など急性期の処置を必要としている状態だ。しかし、治療の例えでいうならば、金融機関は名医でも名カウンセラーでもない。生命体を維持する、血液や薬剤といったところだろう。

生命体に相当するのが会社(法人)であり、その頭脳が経営陣だ。生命体のどこを手術し、どの部位を強化するのか。本書(『事業再生学〜中小企業の経営管理と危機対応〜』)の中核テーマとして、金融機関への対応

を取りあげている。

3 ターンアラウンドの設計

3-1 ◆ ターンアラウンドの認識と対応

　ターンアラウンドは、経営者層の誰かがターンアラウンドの必要性を感じた時から始まる。ターンアラウンド・マネジメントは日常的なマネジメントと一線を画すものだ。そこにある危機とその対応の必要性は、平時のマネジメントでは対応できない。下表は、経営の「状況判断とマネジメントアクション」を対させたマトリクス表である。筆者監修の下2003年1月アスカ出版から発刊した書籍"事業と社員・生活を守る社長の決断"に記載したものの一部改訂版だが、これを参照して欲しい。

●経営の状況判断とマネジメントアクション（マトリクス）

	危機管理 ※平時こそリスクマネジメントを必要とする	転落回避 ※変化に対応した者だけが生き残れる	有事対応 ※有事には異次元の対応が必要となる
おかれている状況	平時	兆候	破綻
執るべき中核対応	目標管理	現状認識	決断実行
対応の緊急度	長期的視点	中期的対応	短期（緊急事態）
対応の質	計画的	技術的	戦略的
対応の医療的比喩	定期診断	通院加療	入院施術

3-2 ◆ ターンアラウンド・マネジメントのベーシックフロー

　経営の状況判断と執るべきマネジメントアクションの方向性は、上記マトリクスに示した。マトリクスでは、状況の変化をマス目や縦線で区切っているが、実際の経営状況は常に変化し、時間と共に流れている。状況変化、あるいは変化の認識を以て執るべき対応は、行きつ戻りつする。その上で、

ターンアラウンドの必要性を感じた経営陣が執るべきマネジメントの基本的流れを下図に示した。

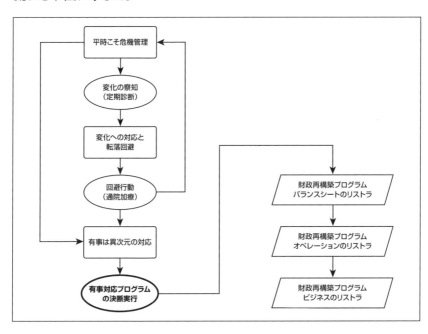

 代表的な再生スキーム(ターンアラウンド)の概要

4-1 ◆ 事業再生の基本的な手続き

　ターンアラウンドは、多くの場合において法的手続きを無視して進められない。ターンアラウンド・マネジメントの結了を、次ページに示す私的手続きだけで済ましてしまうことが無いわけではないが、一部事業（不採算な事業）の清算や廃業も含め、後に示す法的手続きを必要とすることが多い。どの様なケースであっても、ターンアラウンドの関係者は以下の法的手続きについて、十分な理解と配慮が必要となる。

●事業再生の基本的な手続き

	清算型	再建型
法的手続き	破産：破産法（平成16年法律第75号） 特別清算：会社法（平成17年法律第86号）第2編第9章第2節第1款	民事再生：民事再生法（平成11年法律第225号） 会社更生：会社更生法（平成14年法律第154号） 特別調停：特定債務等の調整の促進のための特定調停に関する法律（平成11年法律第158号）
私的手続き	廃業（自主廃業） 任意型とはいえ登記上の手続き（解散登記、清算結了登記）と税務上の手続き（最後の事業年度の確定申告、清算確定申告）が必要。 ※税務署への休眠届出だけで済む場合もある	私的整理（私的再生、任意整理） 私的整理に関するガイドライン（2001年9月） 産業活力の再生及び産業活動の革新に関する特別措置法所定の特定認証紛争解決手続（事業再生ADR手続）

4-2 ◆ ターンアラウンドの代表的なスキーム（計画・手法）とストラクチャ（構造・体制）の概要

　ターンアラウンドは、窮境な状況に陥った企業を立て直すため、経営に係る法務や財務、労務、金融、会計、税務、経営管理、経営戦略など様々な知識や経験を駆使し、その上で"有事対応プログラム"として、財務再構築、業務再構築、事業再構築をほぼ同時並行して取り組む緊急の大事業といえる。この大事業を成功に向けて推進するためのスキームやストラクチャが先人達によって開発され、体験され概して開示されている。

　ここでは、代表的なスキームの名称と概要を紹介するが、次項以降でいくつかのスキームについては活用事例も含め詳解したい。またここに示されたものがスキームの全てではなく、新たなスキームやストラクチャが開発されたり試されたりしていると考えた方がいい。金融や会社関連法の改正をはじめ、政界的な金融情勢、中小企業関連行政の動きなど注視しながら、ターンアラウンド・マネジメントに取り組みたいものだ。

リスケ(リスケジュール)	金融機関への約定弁済が困難となった時などに一時的な返済猶予や返済額の圧縮、期間延長などの計画の変更を申し出ること。リスケジュールを行なうと、月々の返済額が減ることから資金繰りが一時的に楽になる。一方でリスケによって金融機関への信用が棄損し新たな融資を受けることができなくなることもある。
事業譲渡、会社分割によるノンコア事業の分離・廃棄	事業を採算の取れるGood事業と当社として不要なBad事業に分離し、Goodに経営資源を集中させ、ターンアラウンドするという手法や考え方(メソッド)。Bad事業の廃棄(破産や清算)を伴う場合は、債権者保護手続きを丁寧に行う必要がある。
DPO(Discount Pay Off;ディーピーオー、ディスカウント・ペイオフ)	銀行等が債権の全額回収が困難であると判断している場合等に、当該債権を額面金額以下で第三者に売却。その後、最終的に債務者が金融機関等から売却された債権の額面金額以下で債権を買い取ること。または、第三者に一部返済し、債務の残額の免除を受けること。
DDS デット・デット・スワップ(債務の劣後化)	債権者が既存の債権を別の条件の債権に変更すること。金融機関が既存の貸出債権を他の一般債権よりも返済順位の低い「劣後ローン」に切り替える手法。
DES デット・エクイティ・スワップ(債務の資本化)	Debt(債務)とEquity(株式)をSwap(交換)すること。「債務の株式化」ともいう。経営不振や過剰債務などに苦しむ企業の再建支援策の一つとして用いられる手法。債権が融資(貸出金)の一部を株式と交換したり、新株に現物出資したりする。これによって、債務超過の解消や有利子負債の削減が可能になる。
民事再生法の活用	民事再生法に基づく法的手続き。通常同法の利用は、窮境な企業が、現経営者の主導の下、債権者等の利害関係者の同意を得て再生計画を推進する。 同法は、無担保債権者の権利のみを制約し(担保権者は権利行使可)、会社更生手続きと比べ効力が弱い反面、手続きが簡素なため中小企業向きの法的再生手法といわれる。民事再生法の再生ストラクチャ(体制)には、自力再建型とスポンサー型、清算型(Bad事業の廃棄)がある。
事業再生ファンドの活用	中小企業の再生支援を目的とするファンドで、中小企業基盤整備機構、金融機関、地方公共団体などが出資母体となる。ファンドの投資対象は、過剰債務等により窮境な経営状況の中小企業だが、相応の収益力や財務再構築後の債権が見込める場合に限られる。 支援は、中小企業再生支援協議会との連携による再生計画を前提とし、株式や新株予約権付社債の取得等による資金提供、金融機関の保有する貸出債権の買い取り、ファンド運営会社等による経営面のハンズオン(経営参画)等がある。

4-3 ◆ ターンアラウンドの基本的な手順

　ターンアラウンドは、経営が窮境である(に陥ってしまった)という経営者の自覚によってスタートする。経営悪化の自覚や自己認識は本来、適宜な営業報告や定期的な財務報告においてなされるべきだ。しかし、現実に窮境状態に陥ってしまったという自覚は、定期的な報告業務から起こるよりも「期待していた借入交渉が不調に終わってしまった」、「決済日の支払残高不足が発覚した」など、資金繰り悪化が表面化した時に自覚されることが多い。

前項の「経営の状況判断マトリクス」に当てはめると、平常時の危機管理による自覚をあるべき姿とするならば、これよりも状況の悪化した「転落回避」や「有事対応」状態になってようやく自覚するケースが目立つ。身体的病理の治療と同じく、早期発見が早い回復につながる。以下に示す、ターンアラウンドの基本手順は、第10章にも掲載したフローで、経営状況がかなり悪化してからの対応と考えて欲しい。早期発見であれば、様々な再生スキームを使うことなく、販売や財務など、主要な経営計画の見直しで対応できることが多い。

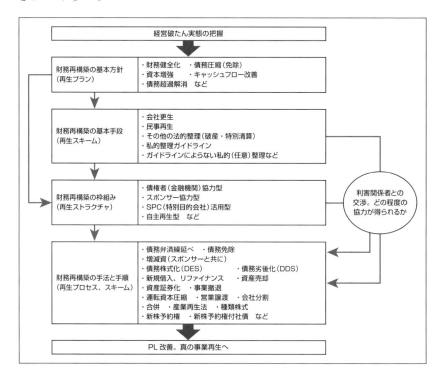

事業再生アドバイザー（コンサルタント）による再生コンサルティング・アプローチのモデル

　窮境な状況に陥った経営の再建や再生を支援する機関がある。民間機関もあれば公的な機関もある。この再生を業として請け負う機関の専

門担当者や個人を「事業再生アドバイザー」や「事業再生コンサルタント」、「事業再生士」、「再建コンサルタント」などと呼んでいる。これ等のコンサルタントは、経営陣からの依頼に基づいて事業再生の支援や指導に着手し、再建計画を推進する。表面的には、金融機関や公的機関からの依頼であっても、その背景には必ず、経営者の意思決定が備わっている。

5-1 ◆ コンサルティングの流れ

再生コンサルティングは、明示的な依頼からスタートするよりも「相談事」から始まることが多い。「相談事」は、ホームページの閲覧や本の購読、経営セミナーの受講、友人や銀行の紹介などによって、再生コンサルタントの存在を知り、そこに電話やFax、e-mailすることから始まる。

相談の最初は、医療の現場と同じように相談者（患者）の「なんとなく調子が悪い」「痛みを取りたい」「死にたくない」などの漠然とした、コンサルタント（医師）への抽象的なコミュニケーションから始まる。コンサルタントは、相談者からの漠然としたコメントから相談者の状態を知り、出口の希望を絞り込み、事業再生に向けて指導や支援を開始することになる。

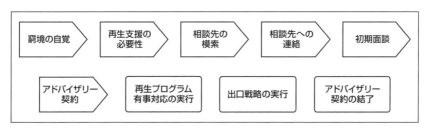

5-2 ◆ 再生コンサルティングの初期に必要な情報

事業再生コンサルティングは、有事対応のケースが多いため、早急な現状把握が望まれる。再生コンサルタントは、ここに示す相談依頼シートなどのツール類を活用し、いち早く現状把握し、初期指導をしなければならない。

● 事業再生(経営相談)必要書類一覧の例

経営相談必要書類

下記の書類は、コピーをお取り頂き、事前にお送り頂くか、ご面談の際に必ず持参下さい。

必　要　書　類	有・無
税務署提出の決算書一式3期分(貸借対照表・損益計算書・法人税申告書・勘定科目内訳書・消費税申告書・減価償却)	有・無・紛失
直近の試算表	有・無・紛失
資金繰り表(過去1年分及び今後3～6月分)日繰り表もあれば	有・無・紛失
保有不動産一覧及びその登記簿謄本(法務局)、借入・担保状況	有・無・紛失
固定資産評価証明書(市役所固定資産税課にてお取り寄せ下さい)	有・無・紛失
事業用不動産の収入明細、管理費用明細	有・無・紛失
リース契約書及びその支払明細	有・無・紛失
借入金一覧表(担保時価がわかれば記載) 銀行借入明細(返済条件・借入利率等記載のもの) ※銀行別に	有・無・紛失
借入金について個人保証の内容・明細 ・保有の不動産：①登記簿謄本(法務局) ②固定資産評価証明書(市役所) ・不動産以外の財産を明記して下さい	有・無・紛失
税金・社会保険料の分割払い又は延滞状況	有・無・紛失
会社の登記簿謄本(法務局)	有・無・紛失
定款	有・無・紛失
組織図(会社、親子会社、兄弟会社)	有・無・紛失

● 初期相談シートの例

「危機回避」相談依頼シート

この相談シートを、来所時にご持参いただくか、事前にFAX送信をお願いいたします

■依頼者プロフィール

氏名		生年月日	T・S　年　月　日　(　才)
住所		TEL	
		FAX	
職業		携帯番号	

■相談案件の概要

【現状】

【相談事項】

【本人希望】

【特記事項】

事業再生研究会

BFCA 経営財務支援協会　事業再生研究会
〒160-0004 東京都新宿区四谷 3-13-20 四谷YSビル2階　Tel：03-5367-1558 Fax：03-5367-1668

第13章　ターンアラウンドの実務

5-3 ◆ 事業再生の初期段階で(利害関係者説明のために)整理すべき情報

　事業再生の初期段階で重要なことは「現状の把握」だ。一方で当該企業は既に財務や資金繰りが破たんしていることが多く、この場合は金融機関始め利害関係への早急な説明が必要となる。利害関係者への当面の説明は、経営と財務の現状と対策方針と再起の見通しだ。コンサルタントによって使用する説明資料はまちまちだが、以下に何点かWeb公開資料や筆者使用のツールを紹介する。

金融機関別借入金明細表

㈱あけぼの工業　　　　　　　　　　　　　　　　　　　　　　　　　　（単位：千円）　作成日：H24.1.31

No	金融機関名	借入日	貸付種類	当初借入額	現在残高	金利%	変・固	返済期日	借入種類	保証協会	毎月返済額	保全	備考
1	あけぼの信金	H23.10.31	証書貸付	24,000	23,000	2.00	固	H24.10.31	マル振	付保	1,000	無担保	
2	あけぼの信金	H22.10.1	当座貸越	10,000	5,000	2.50	変	H24.10.1	一般	付保	0	不動産	
3	あさひ銀行	H23.9.15	手形貸付	10,000	10,000	2.00	固	H24.3.31	－	無	0	保証人	一括返済
4													
5													
6													
7													
8													
9													
10													
11													
12													
13													
14													
15													
16													
17													
18													
19													
20													
	合計				38,000						1,000		

☆金融機関別にまとめて入力
☆金利は現在の金利を入力
☆備考は借入金の担保条件、返済条件等を入力

《金融機関別》

金融機関名	短期	長期	合計	備考
あけぼの信金		28,000	28,000	
あさひ銀行	10,000		10,000	
			0	
			0	
			0	
合計	10,000	28,000	38,000	

不動産明細書（土地・建物）

　　　　　　　　　　　　　　　　見　本　　　　　　　　　　　　　　　　作成日：H23.10.1

㈱あけぼの工業　　　　　　　　　　　　　　単位：千円

								設定日	H10.3.5	H13.8.5	H20.7.5	
								設定者	会社	代表者	会社	
								共担目録	12,345	6,785	5,951	

No	所在地	地目種類	現況構造	面積(床)㎡	借地権割合	固定資産税評価額a	時価a/0.7×b	担保評価額b×0.7	所有者	○○信金極10,000	○○銀行極20,000	○○銀行極50,000	現況及び利用状況
1	あけぼの市本町1-1	宅地	駐車場	250.00		17,500	25,000	17,500	会社	①		②	
2	あけぼの市本町1-2	宅地	宅地	300.00		21,000	30,000	21,000	会社	①		②	
3	あけぼの市本町1-2(家番1-2)	事務所	軽量鉄骨造2階建	①80.00 ②60.00		17,857	25,510	17,857	会社	①		②	
4	あけぼの市本町2-1	雑種地	駐車場	450.00		22,500	32,143	22,500	会社			①	
5	あけぼの市本町2-2	宅地	付合地	850.00		42,500	60,714	42,500	会社			①	
6	あけぼの市本町2-1(家番2-2)	工場	重量鉄骨造平屋建	500.00		50,000	71,429	50,000	会社			①	
7	あけぼの市夕陽丘1-1	宅地	借付地	450.00		7,500	10,714	7,500	代表者		①		
8	あけぼの市夕陽丘1-1(家番1-1)	居宅	木造平屋建	150.00		15,800	22,571	15,800	代表者		①		
9	あけぼの市夕陽丘1-2	宅地	更地	350.00		10,200	10,200	7,140	代表者				
10〜26													
	合計					204,857	288,281	201,797					

有効担保額

6 法的整理

　法的整理とは、裁判所等の関与の下に行われる整理形態をいい、大きく清算型と再生型に分けることができる。ターンアラウンドにおける清算型の法的処理は、会社分割や営業譲渡した際にノンコア事業として残った事業や会社の最終処理として使用する手段と捉えたい。ターンアラウンド（事業再生）の設計段階で、法的手段を活用するか否かの判断をターンアラウンド・マネジャーは迫られる。当然のことながら、この判断は容易でない。当該案件におけるターンアラウンドの究極の目的が、会社の再生なのか、事業の再生なのか、それとも連帯保証に苦しむ経営者の生活の防衛なのかによって採用すべき手段が大きく異なる。また、事業の将来性や社会性、資産や負債の状況によっても異なってくる。

　わが国の事情再生に係る法整備は、米国や英国をモデルにしながら日本経済の実情に合わせる形で、企業の再生・再建を支援する方向に進んでいる。しかし一方で、連帯保証制度や過剰な債権者保護政策など事業再生の視点では改善の余地が残されたものもある。経営者の連帯責任という無限責任の追及という制度が改善されない限り、中小企業の再生は常に経営者の生活防衛と密接に連携し、法的再生の選択を困難なものにしている。中小企業の事業再生において法的再生を選択する判断基準は、この連帯保証の問題と、個人の信頼関係を重視する日本の商慣行を充分に検討した上で行われなければならない。

①清算型

破産	破産申し立てにより、裁判所は破産原因を検討・判断する。その結果で、破産宣告が行われ、破産管財人が選任される。破産手続きが終了まで、破産者の財産の管理処分権限は管財人だけが握る。管財人は財産を調査・評価・換価し、配当（弁済）する。債権者集会が開かれ、破産終結決定により破産手続きは終了。破産では機械的に配当（案分配当）が決められるのに対し、特別清算では関係者の意思を尊重した処理も可能となる。法人や個人の「最後の受け皿」としての清算手続となっている。
特別清算	解散して清算手続きに入った会社が、債務超過などで清算の遂行に著しく支障をきたす場合などに、裁判所の下で清算業務を行なうこと。「破産」は債権者の全財産を債権者に平等に配分するが、特別清算は債権者の多数決で分配額を決める。また破産手続きと異なり、原則として従前の清算人がそのまま清算手続きを行なえる。株式会社のみ適用可能。

②再建型（詳細を後述）

民事再生	和議法に代えて創設され、中小企業向き再生手段といわれている。ただし、「そごう」のような大企業にも使え、法人の他に個人企業者や給与所得者も利用可能な制度。
会社更生	会社更生法は、手続きが非常に複雑で厳格なため、多数の関係人の利害調整を要するため、大企業向けの制度といえる。 ●会社の経営権は管財人に引き継がれ、旧経営陣は経営から離脱しなければならない ●担保権は全て手続きに取り込まれ、手続き外では行使できない ●多くの場合は100％減資となり、株主は出資の範囲で責任を負う
特定調停	民事調停法の特例として、支払不能に陥るおそれのある債務者（特定債務者）の経済的再生を図るための制度。特定債務者と利害関係人の金銭債務について、内容の変更や調整を行う。調停が成立した場合は、調停調書に記載し、確定判決と同一の効力を得る。

6-1 ◆ 民事再生法の活用

　民事再生法は、それまでの和議法に代わる再建型の倒産処理手続として2000年4月に施行された。それまでは、中小企業が再建を図る場合には、和議手続（旧破産法第9章、強制和議手続き。和議法）が一般的だった。この和議手続は、手続きが煩雑であることや、成立した強制和議か和解に同意しない債権者に対しても拘束力を持つことから、法的解釈論が残るなど、中小企業には利用が難しかった。

　これに対し、民事再生法は、再建計画（再生計画）の可決要件を緩和する一方で、債務者が経営権や財産管理処分権を失うことなく、再建を図る手続を定めるなど、使い勝手のよい再建型の倒産法制といわれている。民事再生法は、株式会社だけでなく有限会社や個人事業者も利用できる。

①民事再生法のポイント

　再生債務者が、従来どおり経営権（業務の遂行、財産の管理処分権）を原則として保持しつつ、事業（または、経済生活）の再生を図ることが可能な手続のこと。裁判所に対し、再生計画案を作成提出し、債権者の法定多数の同意により可決された再生計画に基づいて、事業再生等を図るスキームである。

事業経営権の保持	再生手続が開始された後も、再生債務者が業務を遂行し、その財産を管理する権限を継続できる。
手続開始時期の早期化	破産状態(資産を負債が上回る債務超過となる、不渡りを2回出して銀行取引停止処分になる等)に至る前に、再生手続の申立ができる。
財産保全措置	担保権が実行され、生産に不可欠な工場等の競売等を阻止できず企業の存続が不可能となるなどのケースを防ぐことが、一定の要件により可能となる。
手続の概要	1) 債務者は、再生計画案(弁済計画)を作成し、裁判所に提出する。 2) 再生計画案では、債務弁済の変更を盛り込むことができる(例えば、債権者が会社に対して有している債権を削減したり、返済期間を延長したりすること)。 3) 再生計画案を可決するには、出席した再生債権者の過半数であって、再生債権者の総債権額の1/2以上に当たる者の賛成があれば良いことになっている。

②民事再生手続の概要

民事再生法の活用を選択し失敗すると破産せざるを得なくなる可能性が高く、またスポンサー不在の民事再生申請が早まる等、同法の利用には、慎重を期する必要がある。

検討事項は以下のもので、一つでも欠けるようであれば、他(民事再生以外)のスキームを検討すべきだろう。

- 得意先や取引先等の間に信頼関係が築かれているか。
- 民事再生手続きを申し出た場合は、倒産企業と社会的に評価されるが、仕入れ先や従業員の離脱を食い止められるか。
- 民事再生申立て後は、資金繰りが厳しくなることから、これを支援するスポンサー等が確保できるか。
- 再生計画は実現可能でコア事業で利益が出せるものか。

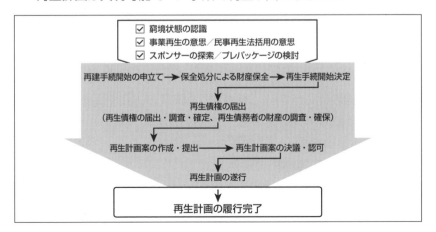

6 ■ 法的整理

③民事再生法活用のメリット&デメリット

メリット
- 現経営陣で事業を継続しながら再建策を探ることができる
- 従業員の給与、取引先の債権（民事再生申立て後の取引）の支払いは、優先的に弁済できる
- 従来の債務の支払いを一旦ストップできる
- 再生計画案には債権者の全員の同意は不要（債権額の過半数かつ債権者数の過半数の同意）

デメリット
- 民事再生は、再建型とはいえ法的倒産処理のため事態が公になり、信用不安や社会的信用を失うことが多い
- 担保権は別除権として民事再生手続外での行使が可能であり、これに係る弁済協議を担保権者と別途に行う必要がある
- 再生計画によって債務の免除がされると、免除額について債務免除益課税が発生する
- 民事再生は、裁判所選任の監督委員によって裁判所の監督下におかれるが、原則として，債務者自身が事業を継続することから裁判所の監視が間接的である

④民事再生法の特徴

民事再生法は、主に債務者の事業・経済生活の再生を図ることを目的として2000年4月より施行された。再生債務者に破産など生じる恐れがあるときは、手続きの申立ができる。倒産に伴う資産の劣化や従業員の離散を食い止め、早期の再建を促すとともに営業譲渡などもスムーズに進める事ができ、再建型倒産とM&Aを組み合わせた新しい形として、期待される。

- 現在の経営陣が残れる
- 破綻する前に申請できる
- 再生計画案は開始決定後に提出する

- 監督委員が再生計画の履行を監督する
- 否認権の導入(破綻、会社更生法と同じ)
- 申立てから6ヶ月位で認可決定予定(会社更生法2年、和議法1年)
- 会社の再生というよりむしろ事業の再生といえる

⑤民事再生法成立の背景

アメリカの倒産法である「チャプターセブン」及び「チャプターイレブン」を利用して"倒産"扱いされる企業数は、日本よりはるかに多い。しかしアメリカでは、消滅して行く企業数に比較して、創業される企業数が上回っている。この現象を同法の効用と考え、同法をモチーフにして民事再生法が企画されたといわれている。

統計によると、1999年(平成12年)に倒産した15,352件のうち「法的手続き」によるものは2,651件で、これは全体の17.2%を占める。そのうち再建型の会社更生法、和議法、商法整理は209件で、7.8%に過ぎない。つまり、法的手続きのうち実に、92.2%が破産や特別清算という消滅型だった。日本企業の再建率の低さは、失敗を許さない国民性に加えて、一度事業に失敗したら、まず再起出来ないという社会システムに起因している。また現実の倒産事例では、夜逃げや一家離散、自殺といった悲惨な結末が少なくない。これでは、社会全体に独立心や創業心が失われて行くことになる。チャレンジ精神を失わせる原因の一つが日本の倒産法にあるという認識が、新倒産法制定の大きな要因となった。

⑥民事再生法の実務的な課題
(1)申立ての資金はあるか

民事再生の申立てには、別表のとおり、相当額の裁判所予納金と弁護士費用(予納金と同額程度)が必要となる。また、民事再生の申立て後の運転資金が課題となる。以降の借入や信用取引はストップし、すべてが現金取引となると考えなければならない。民事再生申し立てのタイミングとして

は、大口の売掛金入金後や支払手形等決済前など、企業としてキャッシュが最も多い瞬間を選択すべきだろう。

(2) 申立て後、仕入先、販売先の協力が得られるか

民事再生を申し立てることにより、当該会社は社会から破綻企業と捉えられる。法の趣旨が何処にあるかは別として、申し立て以降は、資金繰りを含め、今まで以上に厳しい事業運営を要求される。仕入先の同意を得られない場合は、掛け仕入れはもとより、破産による商品の闇ルート流出を懸念して、現金仕入れまで拒否されたケースがあるほどだ。また、安定的な商品供給懸念から、得意先の離脱による売上減少も考えられる。事業継続のためのスポンサーや提携先、協力会社の見通しも立てたい。その他、許認可事業がある場合は、業務継続のための許認可についても事前調査が必要だろう。

(3) 再生するための営業利益を出せる計画を立てられるか

民事再生による事業再建には、通常の営業経費の他に再生計画による支払（別除権債権＋優先債権＋一般債権×弁済率＝支払金額）が必要となる。これを賄うだけの営業利益があることが前提条件になる。

(4) 租税債務等の滞納が多くないか

租税債務や社会保険の滞納は、民事再生によっても免除が受けられない。交渉により若干の支払い猶予や分納は可能だろうが、滞納が多い企業の民事再生は難しい。

(5) 担保物権の時価は低いか

民事再生により、担保物権の時価評価額を超える債権は、一般債権と同等に債務免除の対象となる。担保物件時価が低いほど、免除される債権が増え、民事再生に有利に働く。

(6) 破産の清算配当と比較してどうか

民事再生法では「破産の清算配当額を上回る金額を弁済しなければならない」と規定されている。清算配当率が低いほど弁済率が低くなることから、清算配当の概算額が多い企業は民事再生に向かない。

(7) 債権者に公的金融機関があるか

公的金融機関や保証協会付き融資は、民事再生においても債務免除されない。これらの機関は、再生計画に賛成も反対もしない立場をとることによって債務免除を履行しないため、これらからの借入が多い企業には民事再生は向かない。

(8) 保証債務の問題

銀行等の一般債権は、別除権債権を除いて再生計画の弁済率による債務免除が発生する。しかし、中小企業の借入は経営者が個人保証をしているケースがほとんどで、この場合は会社の債務は免除されても、保証人の保証債務は免除されない（再生法177条②）。この問題をどのように対処するか、事前の検討が必要となる。

(9) 債務免除益の問題

民事再生による債務免除には、特別な条件を満たす場合を除き、債務免除益が発生する。免除益に相当する各種の評価損（棚卸資産、有価証券、固定資産、繰延資産）や繰越欠損金等があるか否か検討する必要がある。さらに、民事再生認可後5年程度の利益相当額の評価損や欠損金があると納税額が減ることからキャッシュフロー上有利だ。

(10) 仮装経理の問題

民事再生申し出の前段階で、借入を有利にするため、架空売上や在庫の水増し等の仮装経理を行う企業は少なくない。この場合、仮装経理に基づく過大申告の更正に伴う法人税額の還付（法人税法70条）が必要となる。この処理は、法人税の還付や以後の免除などの特典はあるが、後

述のとおり手数と時間を要する作業であり、これを活用するか否か事前の検討が必要となる。

⑦民事再生の税務

(1)債務免除益の処理

再生申し立て会社には、裁判所の認可決定により、再生債権(民再法84)が法的に消滅し債務免除益が発生する。ただし、免除益の発生(計上)時期は、債務弁済完了時などのように再生計画で変更することも可能となっている。

(2)評価損の計上

民事再生の「再生手続の開始決定」会社には、棚卸資産、金銭債権、有価証券、固定資産、繰延資産その他の資産について評価損の計上が認められている。税務上の評価損は、「帳簿価額−そのときの時価」であり、その時の時価とは「当該資産が使用収益されるものとして、その時において譲渡される場合に通常付される価額」とされている。

(3)欠損金の損金算入

民事再生手続の開始決定があったことにより、資産の整理に伴う私財提供または債務免除を受けた場合において、欠損金の繰入損金算入が認められる(会社更生法269③にも同規定あり)。

(4)仮装経理に基づく過大申告の場合の更正に伴う法人税の控除

仮装経理に基づく過大申告の場合の更正に伴う法人税の控除を受けることができるが、ここで言う仮装経理とは、架空売上計上や仕入等の過少計上、在庫の過大計上を指す。狭義の粉飾決算にあたる、引当金や経費の計上不足または減価償却費の過少計上などは、仮装経理にあたらないとしている。

⑧簡易再生

　債権届出期間経過後、債権調査期間開始前に届出債権額の5分の3以上の債権を有する債権者が再生計画に同意し、債権調査手続を経なくてもよいと承諾した場合には、簡易再生の決定がなされる(法200条)。この場合には債権調査手続を省略し、速やかに債権者集会開催の手続が始められ、計画案が決議に付される(法201条)。但し、債権者集会において議決権を確定させることが条件となるので、書面による決議は認められない(法117条)。簡易再生においては遂行の可能性、精度(法174条)等を調査するため監督委員ではなく調査委員(法62条)が選任されるケースもある。簡易再生の決定がなされ、再生計画認可決定が確定しても、再生債権が免責されたり、再生債権者の権利が変更されたり、再生債権者表の記載に確定判決と同一の効力が認められることはない(同法216条)。

⑨同意再生

　全債権者が同意した場合は、簡易再生より更に手続期間が短縮される同意再生手続きが可能となる(法206条)。この申立は、すべての届出再生債権者が、書面により、再生債務者等が提出した再生計画案について同意し、再生債権の調査・確定手続を経ないことに同意している場合に可能となる。

6-2 ◆ 会社更生法の活用

　窮境な状況に陥っているがまだ再建の可能性がある株式会社についての法的手続きである。会社が事業を継続しつつ裁判所の手にゆだね再建をはかる会社更生手続についての法律を指す。1952年にアメリカの制度を範として制定された。倒産の処理に関する法制としては破産法が代表的だが、破産が清算を目的とするのに対し、会社更生法は再建を目的としている。

　会社更正法では、裁判所の任命により必ず管財人が選任される。管財

人は一般的に弁護士（法律管財人）かスポンサー企業の役員・従業員等の（事業管財人）が任命され、厳格な管理型の手続となる。

①和議法との比較

従来、企業再建のための裁判上の手続としては和議法（1922年公布）による和議手続および商法に規定される会社整理の手続（1938年改正で新設）があったが、株式会社企業の再建手続として不充分とし、2000年4月1日の民事再生法の施行に伴い和議法は廃止された。

②民事再生法との比較

会社更正法は、大規模な株式会社の最も強力な最期の再建手段として活用され、民事再生法よりかなり事例も少なく年間数十件程度である。会社更正法は、2003年4月1日に改正法が施行され、敏速で使い勝手のよい民事再生法の制度を取り入れ、使いやすい手続となった。民事再生と違いDIP型（従来の経営者続投）では無く、明確に経営陣へ責任追及がおこなわれる点から、経営陣の余程の覚悟がないと活用されない。

会社更生法が中小企業で活用する視野から外れる点として、多くの中小企業が同族経営（株主＝役員）であることが上げられる。中小企業では、社長や経営陣がトップセールスであったり、企業信用そのものであったりして、退陣すると事業そのものが成り立たない構図になっている点があげられる。

③法改正によりスピーディーな手続に

法改正により手続の開始決定から認可決定まで敏速に進められるようになった。改正前は、開始決定までに3ヶ月も要していたような案件が、東京地裁の事例では1週間で開始決定となったケースも報告されている。

④更正計画案の可決要件

- 一般債権者…議決権の総額の2分の1超
- 担保権付き債権者（期限の猶予を定める場合）…議決権の総額の3分の2以上

- 担保権付き債権者（債権額の減免等を定める場合）…議決権の総額の4分の3以上
- 申立時点で「明らかに更正計画案を作成できない」などと判断されない企業

※可決要件は債権者の立場により異なることもある。

⑤会社更生法の特徴を活かす

　会社更生法は厳格かつ強力な企業再建手段であり、大手企業の「最期の切り札」ともいえる法的手続きだ。実務上の更正計画案では優先債権と担保付き債権がカットされる事例はあまり見当たらないが、法的にはそこまで可能な手続きといえる。

　また債務カットによる過剰債務の解消に留まらず、第三者割当増資をしたり、資産を簿価から時価へ評価換えをしたり、営業権（のれん代）の計上を容認したりするなど、バランスシートを抜本的に改善できる強力な手段として捉えておきたい。

6-3 ◆ 特定調停の活用

　特定調停は、経済的に破綻するおそれのある個人、または法人がその経済的再生を図るために債務の弁済方法などの調整を求める、民事調停のひとつの法的手続き（特定調停法）である。申立ての債務者は、今後も支払をしていくことを前提に、生活や事業の建て直しを図るため、返済方法等（返済月額の減少、返済期限の延長、返済総額の確定など）を債権者に申し立てる。

　特定調停は、専門的な知識や経験を有する調停委員（調停委員会）が、当事者間の合意の形成を図るため、当事者同士が直接交渉することは無い。この合意が成立した場合は、調停の当事者だけに効力が及ぶ。そのため、当事者間の合意の成立が絶対要件となる。

　調停条項は、債務者の経済的再生に資する観点から、特定の債権者との間で経済的合理性を有する公正かつ妥当なものでなければならないと

されている。当事者間の合意(当該債権者の同意)が得られない場合は、調停は不成立となり、手続は終了する。

①事業再生における特定調停のメリット
- 調整債権者を選定できる。
- 倒産に至らずに債務の調整を図ることができ、申立人にとって抵抗が少ない。
- 特に大口債権者の協力が得られ、一部の債権者との調整をするような場合は有効である。
- 秘密性がある。
- 迅速で柔軟な手続きである。
- 破産を回避し経済生活の再生を図る場合において有効な手段である。
- 特に法人の場合は債権者との間に意見の対立が少ないような場合に利用が可能。
- 調停が成立しなくても、民事再生法と異なり直ちに破産に移行することはない。
- 申立手数料等、費用が安い(独自対応は、収入印紙と郵便切手代で数千円。司法書士等のプロに依頼しても20万円程度)。

②事業再生における特定調停で考えられるデメリット
- 反対債権者に対する強制力がない(多数決などによる強制など)。
- 弁済禁止の保全処分がない。
- 租税債務等(税金、社会保険料等)は申立てることができない。
- 公的金融機関は、特定調停に原則として参加しない。

③特定調停の申し立て手続き
特定調停の申し立て者は、所轄の簡易裁判所へ次のものを提示する。
- 財産状況の明細書(不動産所有の場合は登記簿謄本、固定資産税の評価証明書等)
- 債務者であることを明らかにする資料(契約書、弁済の領収書、銀行

の送金書類等）
- 関係権利者の一覧表（債務一覧表）
- 事業内容を示すもの（会社案内や製品カタログ等）
- 財務諸表（貸借対照表、損益計算書、資金繰り表、返済計画書等）
- 個人の場合は、職業や収入（給与明細書）、家族構成（住民票）、家計の実情を示すもの

7 事業再生のモデル・スキーム

7-1 ◆ コア事業集中スキーム（第二会社方式、グッド・バッド分離対策、会社分割、ノンコア事業の分離と廃棄など）

　コア事業集中スキームとは、事業再生を必要とする会社を、事業単位に分解し、分析し、営業利益を出せる事業体を選別し、ここに経営資源を集中させる事業再生手法の総称。事業体に分解、選別する方法は、地域（国）別や客層（富裕層、婦人層、若年層など）、商品群（住宅関連、請負事業、店舗サービスなど）など多様な観点から行う。一方、分離する手法は、会社法に基づく会社分割手続きや事業譲渡手続き、あるいは一般的な商取引として、新設会社等へ事業の一部を漸次的に移転する方法などがある。

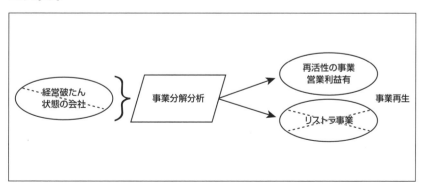

7-2 ◆ 会社分割

　会社分割とは、企業組織再編の手法の一つで、会社法に規定される事業譲渡手続きである。会社が事業(営業)の一部を切り離し、新会社として独立させたり、他の会社に承継させたりする、事業再生やM&Aを行う手続きやスキーム。会社全体としては、資金繰りの悪化等で破たん状態であったとしても、事業の一部を新会社として独立させたり、他の会社に継承させたりすることで、事業の効率化や財務体質の改善を図る。事業再生局面での活用が多いが、特定事業の成長戦略や大型の資金調達目的、特殊事業の分離によるリスク回避などの組織再編としても活用される。また、事業の一部のM&Aや複数承継者のための事業承継手段としても利用されることがある。

　会社分割には、新設分割と吸収分割の2つの形態がある。新設分割は、新設会社に事業の一部を移転し、優良部門や成長部門を本体企業から分離・独立させる場合や、分離・売却させる場合などに利用する。吸収分割は、切り離した事業を他の会社に承継させる手法である。事業再生局面以外では、同一企業グループ内の重複する事業部門を整理・統合や、M&Aの買収に利用することがある。

　会社分割に限らないが、組織再編を進める上での大きな課題として「債権者保護」の手続きがある。例えば、会社が複数に分割することによって、債権者の権利や担保保全状態に変化が生じることがある。変化が生じる場合は、商法や会社法等に規定された債権者保護手続きに準拠するとともに、債権者との合意形成に努めなければならない。

①新設分割のイメージ

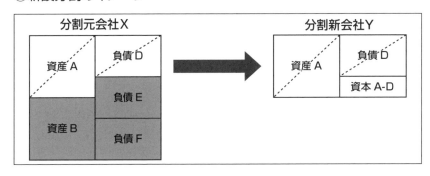

　新会社Yは、元会社X社の資産Aと負債Dを切り出して会社法上の新設会社となる。資産Aと負債Dの差額がY社の資本として計上され、この株(価値)はX社の資産(関係会社株式)として計上される。

　事業再生では一般に、分割会社Yの株(資本A-D)を、X以外の第三者に売却することによってX社との従属関係から離脱させる。この資本A-Dの売買課価格の算定や売買先の選定は、債権者による詐害の疑義を回避する上で、債権者との協議と同意を必要とする。一般に会社分割後の分割元会社は、不良債権を抱えるBad会社であり、清算したりM&Aで売却したりすることが多く、債権者保護手続きには充分留意する。

②吸収分割のイメージ

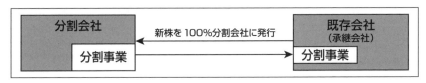

　吸収分割は、会社分割と同時に分割事業の資本金相当額(純資産額)を既存の会社が買い取る方法。買取対価の支払いは、承継会社の株式、社債、新株予約権、新株予約権付社債、株式等以外の財産のいずれかでおこなわれる。吸収分割であっても、債権者保護手続きは必要である。

③経産省も推奨した第二会社方式

改正産活法（2009年4月30日施行、産業活力の再生及び産業活動の革新に関する特別措置法（産業活力再生特別措置法の改正））で示された「中小企業の事業再生支援の強化」は、事業再生指導に係る関係者の多くを驚かせた。それは、わが国における産業活動の革新等を図るための措置とし、中小企業の事業再生手法として、「不採算部門は切り捨ててでも生き残れる事業を見出し、これを再生しなさい」と明示したものだった。

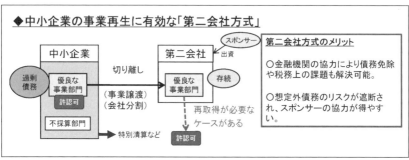

（出典：中小企業庁ホームページ 「中小企業の事業再生支援の強化について」
http://www.chusho.meti.go.jp/keiei/saisei/2009/download/090622SaiseiPower.pdf）

上図は、経産省が同法を広報するために作ったスライド（PowerPoint）の抜粋である。この法案が政府機関（経産省）から提示される以前は、第二会社方式（SPCや会社分割）による再生スキームは、金融機関等の債権者からの理解が得られなかった。事業再生を指導する経営コンサルタントは、この第二会社方式に対する一定の理解や同意を債権者から得るために多くの時間とエネルギーを費やした。

従って、再建を目指す窮境経営者にとって同法は有り難いものだった。同法制定の背景は、長引く不況と金融機関の不良債権処理という政策課題があったと思われる。経産省の示すこのスライドにおいて、法律の目的を次のとおり示している（以下引用）。

- 平成20年9月に閣議決定した「新経済成長戦略改訂版」を実行に移し、資源価格の不安定化や世界的な金融危機などの経済構造の急激

な変化への我が国産業の積極的な対応を支援し、雇用を下支えするとともに、将来に向けた雇用創出を図る。
- そのため、事業者の資源生産性の向上、円滑な資金供給の実施、他の事業者の経営資源を有効に活用して新たな付加価値を創出する事業活動(オープン・イノベーション)の推進等を図るとともに、地域経済を支える中小企業の事業再生支援をより一層強化する。
- 財務状況が悪化している中小企業者の事業を他の事業者に承継させ、その再生を図ることを支援するため、新たに「中小企業承継事業再生計画」の認定制度を創設し、事業に係る許認可の承継、税負担の軽減、低利融資等の支援を行う。(産業活力再生特別措置法)

④改正産活法に示された「第二会社方式」の意味するもの

　第二会社方式による事業再生とは、窮境企業の中から「生き残り可能な事業」=Good事業を見つけ出すこと。そして、ここに経営資源を集中し事業を継続したり蘇らせたりする。しかし、ここで考えなければならないことは、Bad事業の処理だろう。資金繰り等がうまくいかずに、全体としては窮境でややBadな会社から良い事業を取り出すわけで、残った事業は超Badとなることが必須だ。残ったBad事業は、窮境というよりは「死に体事業」となってしまうかもしれない。Bad事業、つまり元の会社の行く末は、余程の事がない限り廃業か倒産となる。

　倒産には、破産や特別清算という法的処理も含め債務処理という問題がついて回る。Good事業が繁栄しその返済資力を以て、Bad事業が抱える債務を遅滞無く、全額弁済できるのならば債務処理の問題はない。しかし、実際の事業再生処理では、Good事業の再建に経営資源を費やし、Bad事業の債務や債務保証を引き継ぐことは滅多に無い。

　したがって「第二会社方式」による事業再生は、再建会社と破綻会社の2つを作ることになる。中小企業の債務は、金融機関からの借入金が大半を占め、中小企業の破たんは、債権者である金融機関に債権回収問題を発生させることになる。日本経済の成長や活性をマクロの視点(経産省の

構想)では、「第二会社方式」による事業再生を推奨するが、個別金融機関の立場(ミクロの視点)では、「第二会社方式」による事業再生に積極的には取り組めない。

　経済産業省や中小企業庁は、「第二会社方式」を採用してでも事業再生を図ることを推奨する。その一方で、債権者である金融機関は、このスキームへの取組を拒んだり躊躇したりする。この2者の思惑(視点)の狭間で、経営者や事業再生コンサルタントは、事業と雇用の継続を求めては奮闘する。事業再建に向けた熱意と決意をもって、債権者と粘り強く協議し再建計画の合意を取り付けることが、遠回りのように思えるが結果として早道なのかもしれない。

⑤会社分割による「第二会社方式」のモデル・ケース

　会社分割制度を利用した「第二会社方式」による事業再生をモデル・ケースで考える。X社は、債務超過100の窮境企業。X社は新設(物的)分割手続きで新会社(Y)を誕生させ、ここに経営資源を集中し、経営再建を図る、というものだ。

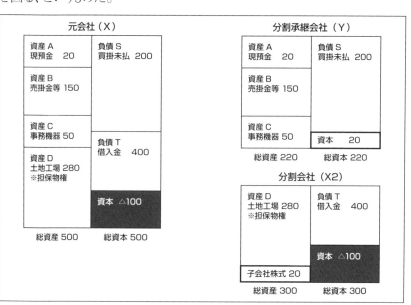

(1) 分割新会社(Y)の誕生

会社分割手続(詳細は後述)によって、元会社(X)から新会社(Y)が誕生する。Yの株式(20)をXは100％引受け、Xの資産(子会社株式)として計上する。この方式を新設(物的)分割という。債務超過100の窮境法人(X)を親として、自己資本20の立派な法人が誕生したことになる。PL状況は不明だが、YをBSだけで観察すると、買掛金は多いものの無借金の優良法人だ。

(2) 元会社(X)は分割後(X2)となる

元会社(X)は、総資本500、自己資本マイナス100の債務超過。債務超過の要因は、400という大きな借入金であることを読み取れる。このX社からY社を分割した結果、X社のBSは、X2社に変化する。X2社のBSは、土地建物の不動産280と子会社株式20の総資産300の会社となる。X2社のBS貸方は、借入金400が残り、自己資本マイナス100の債務超過会社となる。

(3) Y社の事業運営方針

Y社はX社から会社分割時に、工場の土地と設備を引き継いでいない。Y社は、工場の設備が事業上で必要であるため、これをX2社から賃借するか、同様の設備を第三者から賃借せざるを得ない。何れにしても分割直後は、固定資産を保有することなく賃借で経営する。

会社分割の方針や手続きは、会社分割計画の段階で利害関係者に明示する。このケースの場合は、固定資産を持たずに経営するわけで、賃貸料を支払った後のCF(キャッシュフロー)がプラスであることを必須条件とするだろう。

(4) 分割後会社(X2)の爾後処理

分割後会社(X2)は、自己資本マイナス100の債務超過会社として残る。土地建物の不動産を中心に計上されている資産280は、時価評価すると更に低い価格となる。ここでは簿価の約1/3の90と想定する。その結果、資産110(90+20)、負債400、自己資本マイナス290の超が付くほどの債務

超過会社と評価される。破たん処理をせざるを得ない状況といえるだろう。現状の事業再生スキームや再生事例を検討すると、X2社にはいくつかの取るべき道があるように思える。何れも債権者（金融機関）との粘り強い交渉が鍵となる。

- DPO（ディスカウント・ペイオフ）

 金融機関等の債権者が、400の債権の一部または全部を減額することをDPOと呼ぶ。一般にDPOは、金融機関債権をサービサーなどへ譲渡するスキームを通じて行う。

 仮にX2社の債権が400から100に減額された場合、同社の資産（工場土地：280）を時価100に引き直したとして、X2社の資産は120（100+20：子会社株式）となり、実態BSとしては負債100、自己資本20の会社になる。このBS状況で、Y社からの工場賃料が順調に入ってきた場合は、X2社も生き残れることになる。

 X2社の救済スキームは、ここではサービサーへの債権譲渡としているが他のスキームとして、DDS（債権の劣後化）やDES（債権の資本化）などもある。またDPOにおける債務免除益の対応や連帯保証者の責任問題などについては、別項に記載するものとする。

- 破産処理

 金融機関等の債権者が分割後のX2社に400の債権回収を図っても全額返済は難しい。X2社の返済原資は、Y社に賃貸している工場の賃貸料だけだ。中長期の視野で債権者と協議を行い、その上でX2社の再建が困難と判断する場合は、X2社の破産が考えられる。破産には、債務者から行う「自己破産」と債権者が破産申請する「債権者破産」がある。

 事例の破産財団（回収原資）は、固定資産の時価90と子会社株式20に連帯保証人（通常は代表取締役）の弁済能力を加えたものである。

 一般に窮境企業の代表取締役は、自身の財産状況もマイナスのことが多く、破産財団の原資とはあまり期待できない。また、代表者を含む連

帯保証人に不動産などの資産がある場合は、この時価とローン残高の差額が弁済原資となる。事業に直接係りのない方であっても、保証人となっている場合は弁済の義務を負うことになる。

※破産財団(はさんざいだん)とは、破産債権者に配当せられるべき破産者の総財産。内容は、破産宣告のときに破産者に属し、差押えることのできる一切の財産であって、内国にあるもの(破産法6)。破産財団の法的性格をどのように構成するかについてはさまざまな学説が対立しているが、破産宣告によって成立し、破産の解止(破産宣告の取消し、破産廃止、配当および強制和議による終結など)まで存続する法人であるとする考え方、破産財団の法人格を否定し破産者の総財産が管財人によって管理されている状態であるとする考え方がある。(「ブリタニカ国際大百科事典 小項目事典」より)

- 制裁的存続

窮境な会社が資金ニーズを満たすため、金融機関等の債権者に多くの連帯保証人を提供することがある。このようなケースでは連帯保証者の生活を守るため、X2社は容易に自己破産できないことになる。また、債権者とのX2社の再建交渉(DPOやDDSなど)が進展しない場合も、大きな負債を抱えたままX2社は存続する。この場合X2社は、債権者に正常返済できず、一部または全部の債務不履行が続くことになる。

一方の債権者は、権利として債務返済をX2社と連帯保証人に続ける。債務者は「払いたいが払えない」状況をその都度弁明するという、経済合理性に合わない行為が延々と続くことになる。経営者の自殺や一家離散など人権を侵す結果となることもあり、債権者も債務者もこの「制裁的存続」は避けたいところだろう。

⑥会社分割の手続き(概要)

(1)分割契約の締結又は分割計画の作成

新設分割では、分割計画を作成する。吸収分割では、当事会社間で、分割契約を締結する。

(2)労働者との事前協議

労働者の理解と協力を得られるように、分割計画書等の作成に入る前に労働者達と事前協議をしなければならない(労働契約承継法7条)。

(3) 書面の本店備置

　新設分割計画（または吸収分割契約）及びその他法務省令で定める事項を記載・記録した書面・電磁的記録を、本店に備え置く。備置期間は、分割成立の日から6ヵ月間である。

(4) 株主総会での承認決議

　分割計画（または吸収分割契約）は、株主総会の特別決議による承認を得る。なお、略式手続・簡易手続の場合は、株主総会の手続は不要となる。

(5) 通知・公告

　分割会社は、新設分割計画が承認された（株主総会の決議）日から2週間以内に、株主に対して新設分割をする旨等を通知または公告する。

　吸収分割は、分割会社及び承継会社それぞれの株主に、吸収分割の手続が進行中であることを知らせるとともに、株式買取請求の機会を与えるため、効力発生日の20日前までに、株主に対し、吸収分割をする旨並びに分割の相手方会社の商号及び住所等を通知する。

(6) 反対株主の株式買い取り請求権

　新設分割に反対の分割会社のすべての株主には株式買取請求権が認められる。株式買取請求の機会を与えるために、分割会社は新設分割計画が承認された株主総会の決議の日から2週間以内に、株主に対して新設分割をする旨等を通知または公告しなければならない（簡易分割を除く）。

　吸収分割では、分割会社の反対株主は分割会社に対し、承継会社の反対株主は存続会社に対し、自己の有する株式を公正な価格で買い取ることを請求できる。これを株式買取請求という。

(7) 債権者保護手続き

　新設会社（新設分割）並びに分割会社・承継会社（吸収分割）は、債権者に対して、

- 会社分割を行う旨
- 他の当事会社の商号と住所
- 全当事会社の計算書類に関する事項
- 異議のある債権者は一定の期間（1ヵ月以上）内に異議を述べることができる旨

を官報に公告し、かつ、「知れたる債権者」には格別に催告しなければならない。

なお、分割後も分割会社に債権の全額を請求できる債権者については、上記の債権者保護手続は不要とされる。

また、会社分割に伴う労働契約の承継については、労働者保護のための特別な法律（会社分割に伴う労働契約の承継等に関する法律）が定められている。

(8) 分割の効力発生（分割の登記）

分割会社、承継会社、新設会社とも分割の登記をしなければならない。新設分割の効力は、新設会社の設立登記時が効力発生日となり、吸収分割の効力は、分割契約で定めた効力発生日から発生する。

(9) 事後開示

分割の効力が生じたときは、承継会社、分割会社、新設会社は、遅滞なく法務省令で定める分割に関する事項（債権者保護手続の経過、分割登記日、分割により生じた権利義務・財産の価値・債務額等）を記載した書面を6ヵ月または、分割無効訴訟の提訴期間満了日まで、本店に備え置き、株主、債権者、利害関係人の閲覧・謄写に供する必要がある。

(10) 分割無効の訴え

会社分割の手続に瑕疵があった場合、分割を承認しない株主や債権者保護手続において異議を述べた債権者、催告がされず異議を述べなかった債権者は、分割の日（分割登記日）から6ヵ月の間に、分割無効の訴えを提訴することができる。また債権者保護手続において異議を述べな

かった債権者は、分割を承認したとみなされ、分割無効の訴えの提訴権はない。

ただし、訴えを起こしたとしても、分割により債権者が害される恐れがない場合には訴えの利益がないものとして棄却される。その一方で、分割の目的や手続きに詐害行為が認められる場合は、詐害行為取消権や詐害行為に関する否認権を行使される可能性があるので、留意したい。

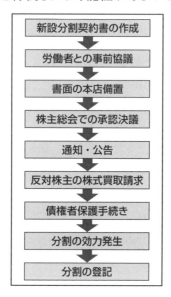

⑦組織再編における会社分割手続きの特徴(メリット)

会社分割手続きは、組織再編の続きとして従来用いられてきた現物出資や財産引受、事後設立、事業譲渡等と比較し、幾つかの特徴を挙げることができる。

(1) 裁判所が選任する検査役や弁護士、公認会計士の調査手続が不要となる。
(2) 法人事業の包括承継と見做されると契約や許認可の継承が容易となることが多い(業務契約やイセンス契約、店舗の賃貸契約など)。
(3) 税務上のメリット(以下は一例)があげられるものの、実際の手続きにおいては、その時点の税制を参照するとともに、税理士等の専門家の指導の下に税務処理を進めて欲しい。

- 税制適格（簿価承継）による分割であれば譲渡損益課税は繰り延べる。
- 不動産取得税は一定の要件を満たせば非課税となることがある。
- 不動産所有権移転の登録免許税の軽減がある。
- 消費税は税制適格・非適格を問わず、資産譲渡に該当しないため、課税対象外となる。

7-3 ◆ 新設法人への事業譲渡

　事業譲渡とは、会社ごと売買するのではなく、会社の中身のうち、必要な事業に関連する資産・負債のみを売買する手続きである。

　図では、窮境な旧会社の中からGood事業であるA事業を新設会社（SPC:特別目的会社と呼ぶこともある）に売り渡す。旧会社は、譲渡したA事業に対する支配権を失う。譲渡先の会社は、A事業を運営可能な人員と資金によって新設する。不採算のB事業は、一般に特別清算などの手続きによって破たん処理されるが、事業継続されることもある。

　土地・建物といった有形固定資産や売掛金・在庫などの流動資産だけでなく、営業権（のれん）や人材、ノウハウといった無形資産も譲渡対象となるため、新設会社は必要な資産のみを譲り受けることができる。また、契約で引き継ぐ債務以外は、原則として引き継ぐ必要がなく、簿外債務などが発覚しても負担する必要はないとされる。なお、会社法施行により、商法上の用語である「営業譲渡」は「事業譲渡」に変更された。

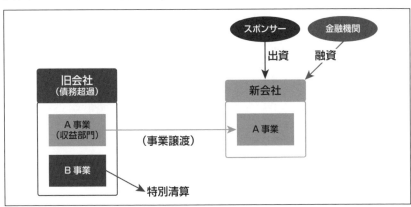

①事業譲渡等の手続
- 重要な財産の処分であるから取締役会で事業譲渡の決議がなされる（取締役会設置会社）。
- 事業譲渡会社において、株主総会の特別決議が必要（事業の全部や重要な一部の譲渡）。
- 事業譲受会社において、株主総会の特別決議が必要である（事業の全部の譲受をする）。
- 株主総会決議を省略できる「簡易事業譲渡」手続きもある（譲受会社が譲渡会社の特別支配会社、譲渡会社の20％以内の譲渡資産）。
- 株主総会決議の後、反対株主は株式買取請求権が認められる（譲渡と同時に解散する場合を除く）。

②譲受人の責任
- 商号の続用がある場合

　譲受人が譲渡人の商号を続用する場合には、事業譲渡後に遅滞なく譲受人が譲渡人の債務を弁済する責任を負わない旨を登記し、あるいは事業譲渡後に遅滞なく譲受人及び譲渡人から第三者に対してその旨の通知をしない限り、その譲受人は譲渡人の営業時に生じた債務を弁済する責任を負わなければならない（会社法22条2項に基づく"免責の登記"）。

　商号の続用がある場合には、譲渡人の営業によって生じた債権について、その営業を譲り受けた譲受人に対して弁済者が善意・無重過失で弁済した場合には有効な弁済として効力を生じる。

- 商号の続用のない場合

　商号の続用のない場合でも、譲渡人の営業によって生じた債務を引き受ける旨の公告をしたときは、譲渡人の債権者は、その譲受人に対して弁済の請求をすることができる。

7-4 ◆ 事業の漸次的移転

　事業の暫時的移転は、組織再編上の手続きを一切行わない事業再建手法である。図のABC社の株主と取締役（特に法人債務の保証人）以外の者による出資と、ABC社以外の経営陣人員でXYZ社を設立する。XYZ社の事業努力により、ABC社の事業モデルの一部や顧客の一部、取引先の一部をXYZ社のものとしていく。ABC社の事業不振によって退職した社員の一部もXYZ社に新規雇用されることもある。

　XYZ社の事業で必要な、工場や機械等の資産や商標等の無体財産があった場合は、正規の市場価格で譲渡もしくは賃貸される。

　当該スキームは、ABC社の経営陣が、自社の経営モデルが長期的に低迷すると予測した場合に選択肢の一つとなる。穏やかな廃業と、成功率の高い創業の組み合わせとなる。事業承継や従業員の独立、経営革新と組み合わせると一層の効果が期待できる。

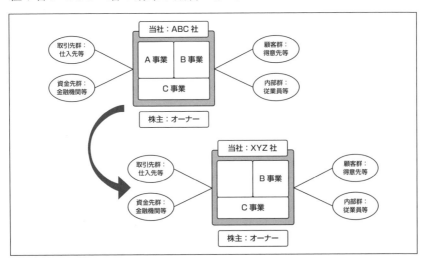

7-5 ◆ 民事信託法の活用

　信託行為とは、財産を持つもの（委託者）から財産権の管理処分を受けた者（受託者）が、その財産（信託財産）を一定の目的（信託契約）に従っ

て行うことである。信託契約とは、管理処分すべき拘束を受ける法律関係をいう。信託財産の利益を享受する者を受益者と呼ぶが、委託者が兼ねることもある。

　信託は、財産代理のように、財産権を本人に帰属したまま権限のみが与えられる制度とは異なり、財産権そのものを受託者に移転する。受託者は名目上信託財産の所有権を有するが、その管理処分は受益者の利益のために行わなければならないという義務（忠実義務）を負う。

　信託法の改正（2007年9月）によって、受託可能財産が大幅に範囲拡大され、事業信託も可能になった。また信託銀行や信託会社に依存することなく一般事業者や個人でも信託受託者になれ、これを民事信託と呼ぶ。民事信託であっても受益権は、運用利益の権利や財産を処分、譲渡した際の利益など多様に設計できる。ただし、受益証券として複数人に提供するためには「みなし有価証券」として金融商品取引法（金証法）の規制を受けることがあるので注意したい。

　信託の特長に、倒産隔離がある。まず「委託者からの倒産隔離」として、信託財産は受託者に移転されるので、原則、委託者の倒産の影響を受けないで済む（ただし、債権者詐害信託は、訴えによって取り消されることがある）。次に「受託者からの倒産隔離」がある。信託財産は、受託者が分別管理等の義務を果たしていれば、受託者からの独立性が法的に担保されており、受託者の倒産の影響を受けない。

　図のケースは、事業法人Z全体では事業モデルが陳腐化し、新たな出資や融資を見込むことができない。しかし、事業Cだけを取り上げれば、収益性も成長性も見込める。信託設計により、C事業は分別管理できる。事業者Zが委託者となり、事業Cを信託財産として分別管理の上に自己信託（受託者もZ）し、その受益（権）を投資家等に与えるスキームによってニューマネー（資金）調達が可能となる。この場合、受託者はこの図に無い第三者（X社）でも可能だ。また、複数の資金提供者に受益権を譲渡することから、出資法や金証法、税法との整合性を確認する必要がある。

● 事業信託による資金調達スキーム

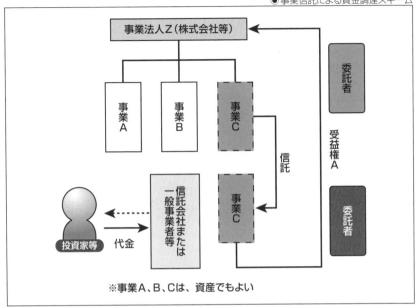

7-6 ◆ DDS　デット・デット・スワップ（債務の劣後化）

　デット・デット・スワップ（DDS、Debt Debt Swap）とは、取引先の企業が破綻したときに金融機関が保有する貸出金の一部を返済順位が通常の融資よりも低い無担保の貸出金（劣後ローン）に振り替えることである。

　金融検査マニュアルにより、金融機関の評価では、DDSの対象となる債権を劣後化し、債務者企業の資本とみなすことができる。劣後化が認定されている間は、債務者企業は実質的に債務超過を解消し当該債務については元本返済がなくなるため、財務内容を改善し、信用力を高めることが可能となる。事業再生に有効なスキームといえる。

　債権者（金融機関）は、DDSを実行した債権でも債権として存続させることができ、所定の期間経過後に元本回収も可能だ。また、劣後化している間でも、利息を受け取ることができる。更に当該DDS債権が一定の条件を満たす場合、DDS以外の債権について、債務者区分を上位遷移することができるとされている。

一般に中小企業の資金調達手段は、限定的で、かつそのほとんどを金融機関に依存している。金融機関からの調達は、長期に及ぶものであるかもしくは恒常的に繰返し行われており、資本的性格が強い債務となっている。このような債務・資金を「擬似エクイティ」と呼ぶことがある。

　金融検査マニュアルにより、金融機関が経営再建計画の一環として、DDSを行った場合は、金融検査において資本とみなすとされた。金融機関はDDSを活用して企業の債務者区分を引き上げることが可能となり、一定のメリットを得られる。一方、窮境な中小企業は、DDS実行分だけ自己資本が増加した評価となる。債務者区分が上位に引き上げられることにより、再生計画の実現可能性が大幅に増加する。DDSを利用できた時のメリットは大きい。

①DDSのケース・モデル

　図のモデルケースでは金融機関債務3億円をDDSを実行することによって、債務超過3億円の会社が、純資産1億円の会社として評価される。

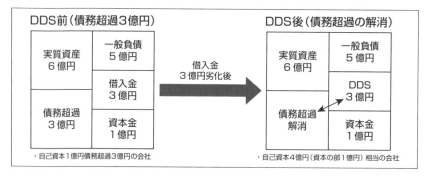

②DDSのメリット

- 一般に、5年～10年の返済計画として、計画中は利息払いのみとし、計画終了後に元金を返済する
- 交渉により、金利の減免や元金返済の棚上げ猶予期間を設定することもできる
- 金融機関としても債権区分の改善による積立金の減少や利息回収を進めることができる

③DDSの課題や問題
- 事業再建後に債務履行することから実質債務免除とはならない（計画後に元金を返済する）
- 債権者の理解と協力が必要（現実にはなかなかDDSに応じない）

④DDS（資本的劣後ローン）利用要件
　DDSの実行の有無は、金融機関との交渉において、金融機関の意思決定において実行される。しかし、DDS「資本的劣後ローンと認められる要件（貸出債権の一部または全部）」実行のガイドラインは、金融検査マニュアル等に示されている。以下にその抜粋と解説を示す。

(1) 対象先企業は、実質債務超過であり、債務者区分が要注意債権（要管理先を含む）とされる。破綻懸念先は原則として外されるが、営業利益やEBITDA（支払利息・税金・減価償却費控除前利益）等を指標とし、再生の可能性が高いとされる場合は対象となる。また、再建計画が抜本的で実現可能と認められる場合もDDSの対象となる。

(2) 企業規模の対象は、中小企業基本法で規定する中小企業。DES（債権の株式化）を利用できない医療法人、学校法人などは株式会社ではないため、DDSの活用が可能とされている。

　中小企業基本法による中小企業の認定条件は、下記の内、資本金、従業員のどちらかを満たすことである。

【製造業その他】	資本金3億円以下	従業員300人以下
【卸売業】	資本金1億円以下	従業員100人以下
【小売業】	資本金5,000万円以下	従業員50人以下
【サービス業】	資本金5,000万円以下	従業員100人以下

(3) 資本的劣後ローンについて、以下の契約が債権者と債務者の間で締結されていること。
- 資本的劣後ローンへの転換時に存在する全ての債権および計画した新たに発生する貸出債権が完済された後に償還の開始を行うこと。

- デフォルト時の請求権を他の全ての債権が弁済された後に発生させること（全ての債権に劣後すること）
- 債務者による財務状況の開示が約束され、債務者のキャッシュフローに対して債権者が一定の関与の権利をもつこと
- 資本的劣後ローンが期限の利益を喪失した場合、当該金融機関に対する他のすべての債務が期限の利益を喪失すること

（4）金融機関は資本的劣後ローンについて、会計ルールに基づいた適正な引当てを行うこと。

⑤DDSの手続き（概要）
（1）メイン行へ再建計画の提示と協力を受ける。
- 再建計画書の提示
- 劣後ローンの債務の範囲、金額の提示
- 劣後ローンの元本および利息の支払時期、金額、支払条件等の提示
- 通常ローンの元本および利息の支払時期、金額、支払条件等の提示
- 非メイン行からの借入状況の提示
- 経営者責任として役員の退任、役員報酬・株式配当・賞与等の削減、私財の無償提供等の検討案

（2）非メイン行の了解を得る。
　メイン行から再建計画の了解・協力を受け、非メイン行に対し説明を行い劣後ローンの了解を得る。

（3）契約書、協定書の締結。
　劣後ローンの契約、通常ローンの変更契約の締結。

7-7 ◆ DES　デット・エクイティ・スワップ（債務の株式化）

　デット・エクイティ・スワップ（DES、Debt Equity Swap）とは、債務の株式化のことである。通常、債権を保有する銀行や経営者などが融資の一部を現物出資する形で株式を取得する。事業再生時の債務超過の解消

策として用いられるスキームである。DESは、現物出資による増資の1種であり、債務者は借入金が減少するとともに、資本金（資本準備金等含む）が増加し、財務指標を改善できる。

DESは近年、上場企業に対する金融支援のスキームとして用いられるケースが多くなっている。経営不振に陥っているものの再生の見込みがある企業に対して、金融機関が、貸付金の一部をその企業の株式に振り替える。同時に一部の債権は放棄する。債務者の財務内容を改善し再生を図るための再生ストラクチャにおける中核スキームとして使用される。

DESによって債務者は、有利子負債が圧縮され債務免除も受けられる。結果、資金繰りやキャッシュフローが改善される。金融機関（債権者）は、債務者の再生によりキャピタルゲイン見込めたり、引当金の減少や戻入、開示債権の減少等を図ることができたりする。

しかし、債務者が中小企業の場合は、DESで取得した株式の売却によるキャピタルゲインを得られる可能性が低いことから、このスキームを採用し難い。また、債務者側の中小企業も金融機関による経営関与を嫌うことが多く、このスキームの採用を敬遠することが多い。

また銀行法や独占禁止法による5％ルールという規制も障害のひとつだ。5％ルールとは銀行法で銀行またはその子会社が、一般事業会社の5％を超える議決権を取得することができず、また独占禁止法においては、銀行は5％、保険会社は10％を超える議決権を取得することが禁止されている。ただし、2012年の銀行法の例外処置の拡大（銀行法施行規則の改正）として「合理的な経営改善計画に基づくデット・エクイティ・スワップ（DES）の場合」20％までのDESが容認された。債務者の経営再建を図るために債務者の株式を銀行等が取得する場合に、金融庁長官の承認を条件に銀行法の5％ルールの例外とされ、独占禁止法の規制についても公正取引委員会の運用が変更される。DES活用の環境が整備されたといって良い

だろう。

- 銀行法では金融庁長官の承認等により、1年以上、5%以上の保有が可能。
- 独占禁止法では公正取引委員会の認可等により1年以上、5%以上の保有が可能。
- 会社更生法の定めに従って行う場合、同ルールは適用外。

①DESのケース・モデル

　図のケースでは総資産50億円、債務超過10億円の会社に10億円のDES（債権の株式化）を実施した。実施後、当該会社の債務超過は解消した。

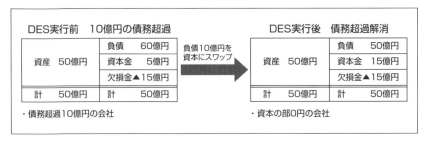

②DESのメリット

- BS上の債務が減少し資本が増加することからバランスシートの自己資本比率が大きく改善する
- 債務者は債務免除を受けられ、キャッシュフローが改善される
- 金融機関等の債権者は、債務者を再生させることによりキャピタルゲイン（将来の株式売却）が見込める
- 金融機関は、金融検査マニュアル上の債務者区分を改善することができ、引当金の減少や開示債権の減少を図ることができる
- 債務免除益を繰越欠損金と相殺することが可能となり、税負担も軽減することが可能となった

③DESの課題や問題点

- 中小企業に対するDESは、財務諸表や株価算定が不透明で、DESで

取得した株式再売方法やキャピタルゲインが見えにくいため、金融機関はほとんど取り組まない
- 債権者、債務者共に税務が煩雑となる

④債務の株式化の方法

DESによる債務の株式化には現物出資型と現金払込型の2通りの方法がある。

(1)現物出資型

債権者は債務者に現物出資し、新株の割当てを受ける。

現物出資型の場合、検査役の調査、弁護士等の証明が必要。しかし産業活力再生措置法の認定を受けた計画に従って行われる場合は、検査役の調査、弁護士の証明は不要となる。

(2)現金払込型

債権者は債務者に現金で払い込み、新株の割当てを受ける。債務者は、払い込まれた現金を直ちに債権者へ弁済する。

⑤ DESの手続きの流れ

- 債権者と債務者間でDESの合意
- 第三者割当増資について取締役会による決議(株式譲渡制限会社の場合：株主総会の特別決議が必要)
- 債権者から株式申込証による申込み(現物出資の場合：株式引受け証)
- 検査役の調査書または弁護士の証明(現金払込の場合は不要)

7-8 ◆ DPO（ディスカウント・ペイオフ）

DPO（Discount Pay Off）は、銀行等が貸出債権の全額回収が困難であると判断している場合等に、当該貸出債権を額面金額以下でサービサー等の第三者に売却し、その後にその債権を当該債務者が買い戻す事業再生スキーム。一般に当初債務者は、金融機関等から売却された債権の額面

金額以下で債権を買い戻すことからディスカウント(値引き)と名付けられた。また、債務の一部を第三者に返済し、残額の免除を受けることもDPOと呼ぶ。

①DPOのケース・モデル(収益物件の任意売却)

不動産価格が下落すると、不動産の時価は簿価を下回ることになる。この事態は、貸出債権の残高に対して担保価値が不足することを意味し、不良債権化した不動産物件という判断になる。

ケースの不動産は、負債額20億円のままで、担保価値だけが4億円まで下落している。この状態は、元金の返済ができないばかりでなく、利息の支払いも困難な状況だ。一方、時価4億円に相当する負債であれば、元利ともに返済可能な計画を立てることができる。

ケースのストラクチャは、不良債権化した収益不動産を時価相当額で第2会社(新設SPC)に売却し、縮小した資金で元利払いと営業利益を出そうとするものだ。その結果、担保物権を持たない「無担保債権」が16億円生じる。この無担保債権は、サービサーに譲渡され、債務者はサービサーと交渉し、債権額の一部もしくは大半を免除してもらい、残額の支払い債務が消滅する。

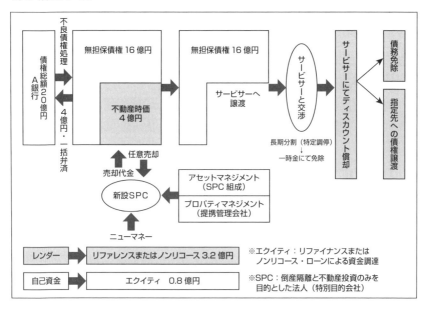

②このケースのDPOのメリット、デメリット

メリット
- 第2会社（SPC）を知人や縁者が所有することによって、後に買い戻すことが可能となる
- サービサーとの交渉により、多大な債務弁済から開放される可能性がある

デメリット
- 不動産物件に融資（ノンリコース・ローン）が出難い
- 債務免除益が発生する
- 連帯保証の問題は別途に処理せざるをえない

③DPO（ディスカウント・ペイオフ）導入の背景

　2005年4月、大手メガバンクは、不良債権処理の峠を越したと各メディアで発表した。だが、メガバンクの不良債権処理の道程はし烈だった。2002年金融再生プログラムが発動され、その後りそな銀行が実質国有化され、三井住友銀行は自己資本比率の低下をカバーするため、外資系金融機関に悪条件で増資を要請した。みずほ銀行は"株の持ち合い解消"という時流に反しても取引先に増資要請をし、生き残りを賭けた。UFJ銀行は不良債権隠しで刑事告発まで発展し、東京三菱銀行に統合された。当初メガバンクが想定していた"不良債権処理"のスピードや内容より、金融庁の本気度はかなり高かった。これに相応し、各行は先送りしてきた不良債権処理を短期で進めることになった。その過程でスタンダードな手法としてディスカウント・ペイ・オフ（DPO）が活用されるようになった。DPOの活用拡大は、1999年に制定されたサービサー法を抜きにしては考えられない。不良債権と認定した債権は、時価（担保がなければきわめて低廉）でサービサーに譲渡した。その時に貸し手金融機関生じる譲渡損は、損金算入できる。無税償却というメリットがあった。

　その後、債権の売買は裾野を広げ、投資ファンドや事業再生ファンド等とサービサーの巨力体制も見て取れる。サービサー（債権回収会社）の資本や資金をファンドのSPCやSPV持分主体というケースもあり、DPOは、ポ

ピュラーなスキームとなった。今後、DPOの活用は地方銀行や信金、信組などでも一般化していくだろう。

7-9 ◆ 再生ファンドの活用

　窮境な事業の再生局面では、新たな資金調達(ニューマネー)を必要とする。この資金の出し手をレンダーや投資家と呼ぶが、彼らはリスクマネー(後の債務不履行可能性)に容易に手を出してくれない。親族や深い縁者であれば、情による出資や融資もあるだろうが、彼らは、経済合理性に基づく確かな事業計画や担保提示によって出資や融資の判断を行う。また、彼ら(投資家等)は、個別事案に対する対応以外に、金融機関や地方自治体、行政機関も含めファンド(集団投資スキーム)を組成し、システマチック(組織的、体系的)に融資や投資を行う仕組みも持っている。

①再生ファンドのケース・モデル

　ファンドによる出資や融資の判断は、以下のケースに準じる経済合理性によって行われることが多い。

　図のケースでは、10億円の資産(不動産あるいは事業資産)を2.5億円の自己資金(資本金)で運用し、年間8000万円の売上を上げることができる。経費は、3000万円の利息(7億5千万円の借入×年利4％)と管理諸費の1000万円の合計で4000万円。8000万円の売上から4000万円の経費を差引で4000万円の税前利益を出すことができる計画だ。

　7億5千万円の出し手が再生ファンド(不動産ファンド)であっても、10億円の担保価値に加えて、年利4％の利払いは魅力的ではなかろうか。また、自己資本(資本金)というリスクマネーの出し手(ファンド等)も、年間16％の利回り(ROE)と資本金(Equity:エクイティ)の再売却時のキャピタルゲインの見込みもあり、魅力的な投資事案となっている。

　このように借入金(Debt:デッド)と自己資本(Equity:エクイティ)をうまく組

み合わせて投資効率を上げる仕組みをレバレッジ効果という。このケースに示す、7億5千万円の融資は、ノンリコース・ローンといい、仮にこのスキームが計画通りいかずに頓挫した時は、担保の換価による弁済だけで、事業者の連帯保証はない。このようにややリスクを伴うが、しっかりとした担保付で4％の利息収入は検討の余地があるだろう。

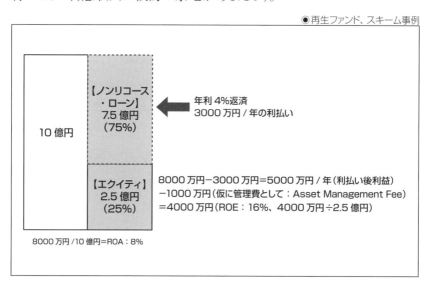

●再生ファンド、スキーム事例

②ケースの再生ファンド出し手のメリット
- 投資家は、レバレッジ効果によるハイリターンがある
- ローン融資者は、担保保全とそれなりの金利がある

③ケースの再生ファンドの課題と問題点
- 金利上昇リスク(エクイティ、ローン共に)
- 物件価格(投資事業価値)の下落リスクがある(特にエクイティ)
- 出資は融資よりも債権回収が劣後するためデフォルト時のダメージが大きい(エクイティ)

7-10 ◆ リスケジュール（リスケ）

　リスケジュールとは一般的に返済繰延や返済条件の変更のことをいう。2009年12月施行の通称モラトリアム法（中小企業者等に対する金融の円滑化を図るための臨時措置に関する法律）施行開始までと、施行期間中、および同法が終了した2013年3月以降の3段階でリスケの環境は大きく変化した。

　モラトリアム施行前のリスケは、債権者の金融機関に対する粘り強い交渉を要した。この時点でのリスケは、金融機関にとっても債務者企業にとっても、債務者区分の下降という大きなデメリットがあった。金融機関は、融資先の債務者区分が下降することによって、貸倒引当金を計上せざるを得なかった。一方の債務者（借り手企業）も債務者区分の悪化は、貸し渋りや貸し剥がしのリスクを伴っていた。

　モラトリアム法の施行期間は、それまでに比較し、容易にリスケ交渉が成立した。交渉というより、「リスケしたい」という伝達に近いものとなった。金融機関は、金融庁の指導の下に債務者区分を下降させることなくリスケに応じることができた。

　モラトリアム法の終了期限である2013年3月を過ぎると、中小企業の資金が回らず大きな混乱が生じる懸念があったが、2013年末の今日まで懸念は現実化していない。しかし、事業計画を伴わないリスケ交渉は、日を追って難しくなってきている。

①リスケの効用と罪

　リスケによって企業の資金繰りは楽になる。資金繰りは改善されるわけではなく、楽になるだけだ。その理屈は簡単で、月額200万円の返済をリスケし、金利のみ40万円返済であれば、毎月160万円分が楽になる。これは半年で約1000万円借入したのに等しくなる。資金繰りが楽になる反面、BSは一向に改善されない。財務を改善しない限り、リスケ後の正常弁済時に起こる「資金繰りの辛さ」を回避することはできない。多くのリスケ企業は、資金繰りの楽さに甘んじ、BSやPLの改善を怠る。モラトリアム期間中の安易

なリスケによって、経営改革の機会や努力を失った企業には、リスケ終了後につらい現実が待っている。

②リスケジュールのケース・モデル

表のケース・モデルで、リスケしていない時の3期目(③)の、元利支払い額は116と推計できる。これに対し、リスケ終了後の元利返済額は、130と14も大きい。しかも、BS上の有利子負債残高は、800と1000で大きな負債比率を持つことになる。おそらく、新規融資の条件もリスケ後の企業に厳しいものとなる。

	リスケ前①	リスケ前②	リスケ中①	リスケ中②	リスケ終了後
借入残高	1,000	900	1000	1000	1000
平均金利	2%	←	←	3%	←
元金弁済額	100	100	0	0	100
利払い額	20	18	20	30	30
弁済後残高	900	800	1000	1000	900
元利合計支払	120	118	20	30	130

確かにリスケ期間中の弁済額は、小さく楽に感じるが、この楽な資金繰り状況の時こそ、遊休資産の売却などのBS改革や、固定費の圧縮、粗利率の改善等のPL改善を図るべきだ。

債権者の金融機関も、融資先の企業に生き残り、成長してほしいと望んでいる。そのような場合は、金融機関からリスケを推奨することもある。しかし、仮に債権者よりリスケジュールの支援を受けたとしても、改善計画が実態に伴わなければ、単なる苦し紛れの延命措置に過ぎなくなってしまう。返せる間は返すという考えもひとつあるが、数十年間、投資もなく借金返済のみを強いられる企業では、資産の陳腐化も進み、結局は無駄な年月を過ごしてしまうことになる。従って、リスケの実施は、経営革新の期間と考えここにフォーカスした経営を行うことだ。逆に、リスケが延命措置となる可能性が高いと判断できる場合は、私的整理や法的整理によって債務免除を念頭に、計画策定や金融機関交渉をすることが必要となるだろう。

中小企業の事業再生に係るシステム的な取り組み

窮境な経営状況に陥った中小企業の事業再生を行う、個別な手法や手続き、スキーム等について解説してきたが、ここでは、中小企業の事業再生に係るシステム的な取り組みを行う機関や制度について紹介する。

8-1 ◆ 私的整理に関するガイドライン

私的整理に関するガイドライン、通称、私的ガイドラインは、会社更生法や民事再生法のような法制度ではない。また、中小零細企業の事業再生は、法的処理を主軸にすることなく、民間同士の話し合いをベースとする私的再生が多い。こういった中で、私的ガイドラインは、私的な事業再生において遵守すべき一定の業務品質やルールを定めたものだ。

① 私的ガイドラインの成立背景

法的整理を主体としない私的整理において、処理方法や手続きに透明性や公平性に疑義を提示されるケースが散見された。この問題解決に取り組むため、私的整理に対する基本的な考え方を整理することが提唱された。解決すべきテーマは、「金融機関の不良債権問題と企業の過剰債務問題の一体的解決」、「経営困難企業の再建およびそれに伴う債権放棄に関する原則の確立」だった。このテーマに基づき、金融界及び産業界の代表、弁護士、公認会計士、金融アナリスト、学者等の学識経験者を委員とし、財務省、金融庁、経済産業省、国土交通省、日本銀行、預金保険機構の担当者をオブザーバーとし「私的整理に関するガイドライン研究会」が組織された。その結果、2001年9月に『私的整理に関するガイドライン』が、全銀協、経団連等が率いる「私的整理に関するガイドライン研究会」によって取りまとめられた。

同ガイドラインが想定している企業の再建は、本来、会社更生法や民事再生法などの法的手続による再建をすべきであるが、これらの手続を行う

ことで、事業価値が著しく毀損し再建に支障が生じるおそれがある場合の再建手法だ。私的整理を選択することによって債権者と債務者の双方に、経済的な合理性が見込める場合のみ、同ガイドラインによる私的整理が行われる。

私的ガイドラインによる手続きは、債権者に債務の猶予・減免などの再建に向けた協力を求めることを前提としている。一方、債務者自身が再建のための自助努力を欠かさず、加えて、株主（特に支配株主が存在する場合にはその支配株主）が最大限の責任を果たすこととしている。

②私的ガイドラインの特徴

私的整理ガイドラインの特徴は、法的拘束力がないという点にある。ガイドライン本文において「真に再建に値する企業の私的整理に関する金融界・産業界の経営者間の一般的コンセンサスである」と定義し、いわば紳士協定という性格付けをした。

同ガイドラインは、その実効性に関して「主要債権者は債務者からこのガイドラインによる私的整理を行いたいとの真摯な申し出があったときには、誠実かつ迅速にこれに対応し、主要債権者と債務者は相互に手続の円滑で速やかな進行に協力する」としているに過ぎない。しかし、ガイドライン成立には、全銀協と経団連が深く関わっており、正当な手続と妥当な内容を備えた申し出に対して、金融機関がこれを全く無視した行動をとることは考えられない。

③私的ガイドラインの対象

私的ガイドラインは、対象となる企業を次の通り限定的に捉えている。
- 多数の金融機関に対して過剰債務がある。
- 主たる事業では収益力があるにもかかわらず、過剰債務により経営困難となり、自力での再建が困難と認められる。
- 法的整理によった場合、営業基盤が著しく毀損され再建そのものに支障をきたす恐れがある。
- 債権者にとっては、私的整理により再建することに経済合理性が認め

られる。

④私的ガイドラインに基づく再建計画案

私的整理ガイドラインに基づく、私的整理を行う際の再建計画の条件（目標）としては、次のような点を満たす必要がある。特に、株主責任と経営責任を明確に求めており、債務者である企業にとっては厳しい条件といわざるを得ない。これは、債権者から見た安易な債権放棄による経営者のモラルハザードの防止という意図があるものと思われる。

(1) 私的整理ガイドラインが求めている再建計画の条件
- 実質債務超過解消 ……… 3年以内に達成
- 経常利益 ………………… 3年以内に黒字化
- 株主責任 ………………… 支配株主の権利消滅、既存株主の希薄化
- 経営責任 ………………… 経営者の退任
- 計画期間 ………………… 概ね5年以内

(2) 私的整理ガイドラインが求めている事業計画の作成条件
- 債務者の自助努力が十分に反映されている
- 経営が困難になった理由の明記と分析がされている
- 事業再構築計画の具体的内容（例：経営困難に陥った原因の除去）が示されている
- 新資本の投入による支援や債務の株式化（デット・エクイティ・スワップ）などを含む自己資本の増強策がある
- 資産、負債、損益の今後の見通し（10年間程度）がある
- 資金調達計画、債務弁済計画等

⑤ 私的ガイドラインの手続

(1) 債務者が再建計画案を提示のうえ主要債権者に対し私的整理を申し出る。
(2) 主要債権者は、再建の可能性を判断し、対象債権者に対し「一時停止」を通知する。同ガイドラインによる私的整理を開始した場合、対象債権者が債権回収策や債権保全策をとり、債務者企業の再建を困難とさせないよ

う、対象債権者にて個別的な権利行使や債権保全措置等をさせないために「一時停止」を通知する。ここでいう「一時停止」は破産法の「支払停止」とは異なる。一時停止通知から2週間+3ヶ月以内(但し債権者集会によって延長は可能)の一時停止期間中、債務者は対象債権者に対し、残高維持に協力してもらう。また債権者だけでなく、債務者が資産処分、新債務の負担、一部の対象債権者に対する弁済などに応じることも禁止されている。
(3) 一時停止から2週間以内に第1回債権者会議を開催し、必要に応じて債権者委員会の設置や専門家アドバイザー(会計士、弁護士、不動産鑑定士等)の選任等を行う。
(4) 第2回債権者会議で再建計画案を提示し、債権者は一定の期間内に賛否を回答する。
(5) 対象債権者全員の同意により、再建計画が成立し、計画の概要等を公表する。また再建計画が成立しない場合は、法的整理等の適宜な措置をとらなければならない。

⑥特定調停の併用と迅速処理

　私的ガイドラインは一時停止の通知により、対象債権者の個別的権利行使は禁止される。第1回債権者会議で「一時停止」が追認されたが、特定調停手続を利用した方が合意成立の可能性が大で、出席対象債権者の大方がこの手続によることを相当としている場合等には、特定調停手続を併用することが考えられる。特定調停の成立により私的整理が終了する場合と、私的整理を成立させて調停を取り下げる場合が考えられる。

　第1回債権者会議の約3ヶ月後には、第2回債権者会議が開催され、この終了後間もなく私的整理を成立させることになっている。従って特定調停手続も申立後3か月以内の成立を目指して、迅速に進行させることが必要である。そのためには申立後1週間から10日以内の日に準備期日を開き、問題点の整理や調停の進行についての打ち合わせを行い、速やかに第1回調停期日を指定する等の早いペースで調停期日を重ねる必要がある。特に第1回債権者会議において選任された専門家による調査報告書が提

出され、または特定調停手続における鑑定書が提出された後は、頻繁に調停期日を開いて進行を図ることが望ましい。

8-2 ◆ 事業再生ADR

　事業再生ADRは、産業活力再生法より創設（2007年）された私的再建手続きの一種で、主に金融機関のみを対象にして、事業を継続しながら企業の再生を目指す制度。法務省と経済産業省に認定を受けた民間の中立的立場の専門家（事業再生ADR機関）が、債務者と債権者の調整を行う。専門家の監督の下、私的再建の透明性を高め、利害関係者の参加インセンティブとする。事業再生ADRは、裁判所を利用せずに債権者との交渉によって再建を図る手法で、私的再建手続きの一つとなっている。

①事業再生ADRの概要

　経営危機に陥った企業の再生手続きのひとつ。民事再生法や会社更生法などの法的手続きに替え、ADRという第三者機関の手を借りながら、債権者と債務者の話し合いをもとに自主的な事業再生を図る手続き。

　過剰債務に陥った企業は、金融機関からの融資について弁済の猶予や債務免除によって再建を図るというもの。融資先企業の倒産は、債権回収を困難なものとする。そのため大手企業が窮境な上場に陥ると、メインバンクの主導で事業再生のための私的整理の調整を行うことが一般的だった。しかし、金融機関にとって債権の放棄や減免は、利益に相反するものであり、安易に取り組めるものではない。

　一方、民事再生法などの法的整理を選択した場合は、法的強制力をもって行われるが、経営危機に至った企業側に不利益な点もある。法的整理では、金融機関への弁済だけでなく、取引先等への支払いも停止する。事業継続に不可欠な取引先へ損失を与えることになり、仮に過剰債務の整理に成功しても、その後の取引には重大な支障をきたし、事業の再建は困難となることが多い。

事業再生ADR制度は、これらの問題を解決するために、新たに設けられた。ADR（Alternative Dispute Resolution）とは、裁判外紛争解決手続きのことで、2007年施行の「裁判外紛争解決手続の利用の促進に関する法律」（ADR法）により、法務大臣の認証を受けた民間の事業者がADR事業を営めるようになった。このうち、事業再生に関する紛争を取り扱う事業者としての要件を満たすものは、同年の「産業活力の再生および産業活動の革新に関する特別措置法」の改正により、経済産業大臣の認定を受けて事業再生ADRの業務を行うことができる。この認定第1号は事業再生実務家協会とされている。

事業再生実務家協会（事業再生ADR）が日本航空の事業再生ADR申請を受理したことで、企業再生支援機構の支援決定までに金融機関への支払いを一時停止することができた。事業再生ADRでは、このように債権者に債権回収や担保設定行為の禁止を要請し、債権者会議の招集を行う。また、弁護士や公認会計士などから手続き実施者を選定し、債権者会議の合意を経て、債務者の再生計画案についての助言や調査を行い、中立の立場から債務調整をすすめる。なお、事業再生ADRは私的整理の一種ではあるが、民事再生同様に、債権者には債権放棄にかかわる損失の無税償却が認められ、債務者にも債務免除にかかわる免除益に税制上の優遇措置が認められている。

②**事業再生ADRのメリット**

事業再生ADRは、私的再建手続きの1つであり、基本的には金融機関のみと協議を進める。仕入先や取引先を巻き込む必要はなく、信用不安を生じさせずに事業を継続しながら経営再建しやすいというメリットがある。

また、事業再生ADR特有のメリットとして「私的再建であるにも拘わらず債権放棄による損失につき無税償却が認められる」、「つなぎ融資に対する債務保証や、法的整理に移行した際のつなぎ融資に対する優先弁済が設定されている」などのメリットがある。

③事業再生ADRのデメリット

　事業再生ADRは、対象債権者が1人でも反対すると、特定調停や民事再生、会社更生手続に移行することになっている。2011年1月に、バイオ関連企業の林原が事業再生ADRを申請したが、調整がつかず、わずか数日で断念し、会社更生法の適用を申請した。

　また、ADRによって紛争が解決されない場合には、最終的には訴訟で解決することになる。そのため、かかる費用が高額になる可能性がある。

8-3 ◆ 中小企業再生支援協議会

　公的な事業再生支援機関として「中小企業再生支援協議会」、通称、支援協がある。支援協は、2003年から全国に順次設置され、現在は全国47都道府県に1ヶ所ずつ設置されている。

　支援協は、産業活力再生特別措置法41条に基づき、中小企業再生支援業務を行う者として認定を受けた商工会議所等の認定支援機関を受託機関として、同機関内に設置されている。

　支援協は、事業再生の経験と知識を有するとされる専門家（金融機関出身者、公認会計士、税理士、弁護士、中小企業診断士など）を統括責任者（プロジェクトマネージャー）や統括責任者補佐（サブマネージャー）として常駐させている。窮境にある中小企業者からの相談を受け付け、解決に向けた助言や支援施策、支援機関の紹介を通じ、事案によっては、弁護士等の専門家も交え第一次対応を行う。第一次対応の中から、事業性など一定の要件を満たす場合には再生計画の策定支援（第二次対応）を実施する。

＜中小企業再生支援協議会の基本方針＞

　中小企業再生支援協議会は、公正中立な第三者機関であり、中小企業者（債務者）の代理人でも金融機関（債権者）の代理人でもありません。また、ファンドやスポンサーの代理人でもありません。したがって、中小企業再生支援協議会では、公正中立な第三者としての立場から、企業の事業

面、財務面の詳細な調査分析（デューデリジェンス）を実施し、かつ当該企業が窮境に至った原因の分析等を実施したうえで、債務者による再生計画案の策定を支援するとともに、金融機関に再生計画案を提示し、金融機関調整を実施しています。

※http://www.smrj.go.jp/keiei/saiseishien/activity/048879.html 参照

＜中小企業再生支援協議会スキームの手続き＞

　支援協スキーム（中小企業再生支援協議会の私的整理手続）は、中小企業庁より2008年4月4日に公表された「中小企業再生支援協議会事業実施基本要領」に準じる。

　相談企業からの相談受付（第一次対応）を行い、一定の要件を満たす中小企業者については再生計画の策定支援（第二次対応）を実施する建付けだ。年度ごと、地域ごとの受付件数や処理件数は、支援協や中小企業庁のホームページに順次掲載されるので、参照されたい。また、2014年現在、以下のPDFレポートが掲載されている。

※http://www.chusho.meti.go.jp/faq/faq/faq09_saisei.htm 参照

- 中小企業再生支援協議会ご利用のイメージ（PDF 14KB、810ページの図参照）
- 再生計画策定支援（第二次対応）における支援手順（PDF 25KB、811ページの図参照）
- FAQ「中小企業の再生支援について」

また、公的機関であることから、問合せ先を記載しておく。

● 中小企業再生支援全国本部
　（中小企業基盤整備機構 事業再生支援センター事業再生支援課）
　【TEL】03-5470-1477

● 中小企業再生支援協議会ご利用のイメージ（PDF 14KB）

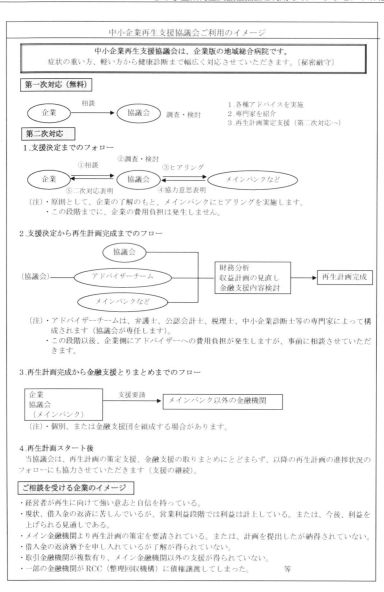

http://www.smrj.go.jp/keiei/dbps_data/_material_/common/chushou/b_keiei/saisei/pdf/
saisei_image_0904.pdf

● 再生計画策定支援(第二次対応)における支援手順(PDF 25KB)

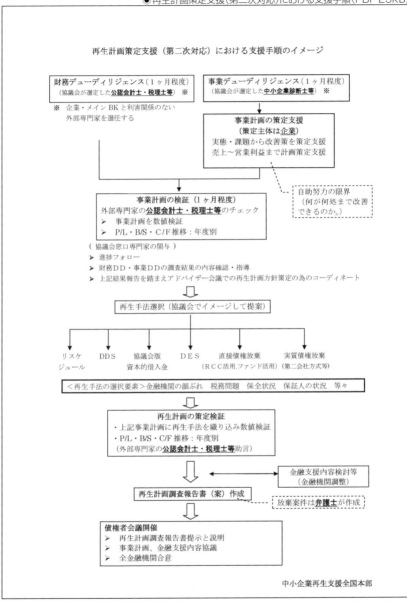

http://www.smrj.go.jp/keiei/dbps_data/_material_/common/chushou/b_keiei/saisei/pdf/saisei_tejyun_220625.pdf

8 ■ 中小企業の事業再生に係るシステム的な取り組み　811

9 中小企業の事業再生支援の諸課題

9-1 ◆ 中小企業の再生を難しくしている連帯保証と担保の問題

　ここまで示した財務再構築や事業再生の手法を使っても、中小企業においては経営者の連帯保証の問題が必ず残る。諸外国と比較してこの連帯保証制度は、あまりにも日本的で前近代的な悪法だという意見もある。また、中小企業の活性化が日本経済の本格的な再生につながるにもかかわらず、連帯保証制度がこれを著しく阻害している、との声もある。しかし、たとえ悪法であっても遵守しなければならない現行法であることには違いない。

　逆説的な言い方をするならば、戦前・戦後を通じて脆弱だった日本経済が著しい成長を遂げたのは、連帯保証制度によって中小零細企業にも資金が供与されたからに他ならない。この連帯保証制度に依存し、無見識に貸し過ぎた金融機関には大きな落ち度があろうが、借り過ぎた経営者や経営コンサルタントにも反省すべき点は残る。

　今、貸し手と借り手の双方の反省に基づき、ノンリコース・ローンや間接金融に依存しない資金調達手法などが実現してきた。また、一部の政治家を通じて、連帯保証制度の見直し論が展開されている。経営者にとって今後の課題は、多様な資金調達方法の研究や、企業ガバナンスを含む資本構造の目標設定と戦略だろう。

　この個人補償(連帯保証人)の問題に漸く政治的な動きが見られた。2013年月の政府設置の「日本経済再生本部」によって「日本再興戦略」の一環として「個人保証の見直し」が議題となり、中小企業における個人補償のあり方研究会が設置された。この中間レポートとして「中小零細企業の成長の阻害要因として個人保証が挙げられる」としている。どのようなルールの下に個人補償が軽減されていくのか、今後の動向に注目したい。

※「経営者保証ガイドライン」2014年2月1日適用
　(中小企業庁、金融庁、経営者保証に関するガイドライン研究会)

①保証人とは

　保証人とは、主たる債務者がその債務を履行しない場合にその履行をなす債務(保証債務)を負う者をいう(民法446条)。保証人には、催告の抗弁権と検索の抗弁権(主たる債務者から先に回収すべきだという主張)が与えられる(同法452条、453条)。しかし、連帯保証人にはこれらの抗弁権はなく、債務者とまったく同じ義務を負う(同法454条)。借入均等の融資契約では、連帯保証人を要求されることが多い。

　連帯保証人には、債権者に対する催告・検索の抗弁権がないため、債務不履行があれば金融機関などの債権者は連帯保証人の資力に関係なく、連帯保証人に直ちに請求できる。また連帯保証人は、連帯保証人が複数いる場合でも、その全額を支払う義務を課せられている。普通の保証人の場合は、分別の利益(3人いれば3分の1でいい)を主張できるが、連帯保証人にはこれも無い。

②連帯保証人の問題点

　連帯保証人の責任は重く、主たる債務者と全く同じだけの弁済責務を負う。債務者は、借入金を元手にして何らかの経済活動上のメリットを享受しているが、連帯保証人はその限りでない。連帯保証人は、自分の資力や信用を供与したことだけで、債務者と同等の責務を負うことを問題視する意見が少なくない。この問題を大きくしている背景には、銀行等の金融機関による融資が担保供与に加えて連帯保証人を前提にしていることにある。一部の金融機関においては、連帯保証人を2人、3人と要求するケースもある。日本の悪しき経済慣習のひとつと言える。

　ノンリコース・ローンという「債務不履行の際は担保提供だけで他の弁済訴求は行わない」融資形態もあるが、欧米では一般化しているものの日本での普及は一部の不動産融資に限られている。

③連帯保証人の保証責務回避の検討
(1)無権限者による代筆(署名は自署か代筆か)

　連帯保証契約は、債権者と連帯保証人との合意によって成立し、連帯

保証契約書に署名・捺印があれば世紀の契約と認められる。そこで問題になるのが、署名が誰のものかという事になる。もし、代筆の権限を与えていない者が代筆すれば、無権代理人による代筆と判定され、本人が追認しない限り連帯保証契約は無効となる。債権者が代筆権限を立証することは、至難の業といわれ、無権代理による契約無効を主張できる。債権者がこれに気づき後日連帯保証人の自署を要求してきた場合は、融資の実行形態を見極めた慎重な対応が必要だ。

(2) 保証意思の否認 (本人の真意かどうか)

融資契約において連帯保証人に面前自署を要求するが、その際に融資者が「これはただ書面上のことですので」とか、「保証人としての責任を追及するようなことはないですから」等の発言をした場合は、通謀虚偽表示 (民法第94条) とみなされ、連帯保証契約を無効認定された例がある。

また、融資先の誤った情報 (たとえば、「融資するからには返済は確実ですので連帯保証をしてください」など) に基づいた連帯保証も、連帯保証人を誤信させたとして要素の錯誤 (民法第95条) と認定され保証責任を否認した判例がある。

従って、契約書に署名・捺印があっても、保証意思を否認して契約無効を主張できるケースがあると認識しておきたい。

(3) 消費者契約法による取消

2001年4月から施行されている消費者契約法の「不実の告知」が、連帯保証契約にも適用される。連帯保証人を引き受ける際は、債務者に強く懇願されることが多い。その際に債務者が「不実の告知」をし、それを真実と信じて連帯保証人になった場合は、連帯保証人は誤信に気付いた後で、連帯保証契約を取消すことができる。

銀行等の債権者は融資の際に、債務者に連帯保証人の媒介 (連帯保証人の紹介) を委託することが多く、この場合の債務者は、連帯保証人にとって連帯保証契約上の「第三者」に当る。その第三者の「不実の告知」にも、消費者契約法が適用されると考えられるからだ。銀行には連帯保証

契約の締結に際して、保証額、債務者の経済状況、連帯保証人の数、返済の見込み等の重要事項を連帯保証人に説明する義務があるとされている。登録貸金業者には、保証契約書の交付義務(保証内容を詳しく説明する文書の交付義務)が課せられている。

9-2 ◆ 担保と抵当権の理解

担保は、融資の支払いを保証するための対象物やその仕組みのことで、債務者以外の者に支払いを保証させる保証人のような「人的担保」と、抵当権や質権のような特定財産について他の債権者に優先して弁済を受ける「物的担保」に分けられる。

①担保
担保とは、債務者が借入等の返済が不可能になった場合に備え、債権者があらかじめ弁済確保のために債務者に提供させる手段の総称。よく知られている担保として、建物や土地の権利などの不動産担保、株券などの債券担保があり、これらを「物的担保」という。また、債務者が債務不履行になった場合に債務者に代わり支払い義務を負う保証人や連帯保証人を「人的担保」という。

②物的担保
物的担保は、債務不履行の際に担保物を債権者に引き渡すことになる。いわば、債務履行の代替物といえる。また債務者が自発的に担保を債権者に引き渡さなかった場合は、強制執行手続きにより差押えや換価、競売を行うことができる。これを優先弁済といい、担保を有している者が他の債権者に先んじて弁済を受けることができる。

不動産や株券を担保にした場合、これらの値段は変動しているため、値下がりが発生すると担保能力も下落する。このように担保が十分に弁済能力を持たなくなっている状態を担保割れと呼ぶ。バブル経済崩壊による不動産価格の下落で担保割れとなった不動産担保が多くなったことが、金

融機関の不良債権増加の大きな原因になった。

③抵当権

　抵当権は、民法上の留置権や先取特権、質権などの、債権者が有する債権の確保を目的とした物件の直接的な支配権（担保物権）のひとつで、債権者が自己の債権を担保するため、不動産などの物や権利に設定する。この場合、担保とされる物や権利の所有者を抵当権設定者という。抵当権が設定されると、登記などにその旨が記載される。

　債務者が債務不履行に陥った場合には、抵当権が行使される。債権者は、担保物をもって債権の回収をする。抵当権を持った債権者（抵当権者）は、担保物の売却（任売や競売）代金から他の一般債権者に優先して弁済を受け、債権を回収することができる（別除権）。

④抵当権と質権

　抵当権の特徴は、抵当権が設定されても債務者から債権者へ担保となっている物の占有を移す必要がないこと。この抵当権としばしば対比されるのが質権で、こちらは質権の目的物を債権者に引き渡さなければならない点が異なる。

　抵当権は同じ物について重ねて設定でき、1番抵当権、2番抵当権というように順位付けがされる。債務不履行の際は、その順番に従って優先弁済を受ける。

　債務者が債務を弁済した場合、それを担保していた抵当権は消滅する。消滅した抵当権の下位にも抵当権が設定されていれば、順位が繰り上がる（順位昇進の原則）。抵当権の実行により競売され、これが競落されるとその物に設定されていた抵当権はすべて消滅する。

⑤抵当権の実行

　抵当権の実行は、抵当権の目的物（担保物件）がある所在地を管轄する地方裁判所に抵当権に基づく競売を申し立てることで始まる。担保物件は、競売に付され、買受人があれば売却許可が与えられ、代金（競売代金）

を納付する。

競売代金は、抵当権の順位に従い、抵当権者に配当される。前順位の抵当権者の債権を弁済してなお競売代金が残存する場合、次順位の抵当権者が弁済を受けていく。抵当権者へ配当してなお代金が残存する場合には一般債権者に、さらに残存すれば抵当権設定者に返還される。競売代金がすべての債権を弁済するのに不足する場合、弁済を受けられなかった債権は存続し、抵当権者は、担保のない一般債権者となる。

⑥物上代位

物上代位とは、抵当権の目的物が滅失した場合でも、それが債権などの形に転化していれば、それに対して抵当権が及ぶことを言う。例えば、抵当権の目的物であった家屋が焼失した場合、その損害を填補するために支払われる保険金や賠償金についても抵当権の効力が及び、抵当権者はそこから優先弁済を受けることができる。この場合、金銭が実際に支払われる前の、債権の状態で差押えなければならない。物上代位の対象となるのは上記の保険金や賠償金の他に、土地収納の際の保証金や代替地がある。

⑦物上代位と賃料

抵当権の目的物が賃貸物件であった場合、賃料に対しても抵当権の効力が及ぶ。2003年の民法371条の改正によって、抵当権が債務不履行後に生じた抵当不動産の果実（法定果実である賃料）にも及ぶとされた。同時に民事執行法において抵当目的物（抵当不動産）からの収益によって債権を回収するための担保不動産収益執行の手続が導入された（民事執行法188条）。

⑧代位弁済

代位弁済は、債務者以外の第三者または共同債務者の一人などが債権者に対して債務の弁済を行うことをいう。一般に債務者以外の第三者が、債務者に代わって弁済を行った場合に、弁済によって消滅すべき債権

およびこれに伴う担保物件・保証債務などが、第三者の債務者に対する求償権の範囲内で第三者に移転することを「弁済による代位」といい、この代位に伴う弁済が「代位弁済」である。

通常、代位弁済が生ずるためには、債権者の承諾を得るか、弁済を行う上で正当な利害関係を有することが必要となる。前者（債権者の承諾を得た場合）を「任意代位」、後者（正当な利害関係を有する場合）を「法定代位」といい、法定代位を行える者は、保証人、物上保証人、連帯債務者、担保財産の第三取得者などである。

⑨根抵当

根抵当（ねていとう）は、継続的に発生する債務を一定額（極限度という）まで担保する抵当権の設定をする契約行為をさす。根抵当には、担保すべき債権が特定されていない。通常の抵当権は、融資とその返済という個別の取引が終わるたび附従性によって抵当権が消滅し、同様な次の融資取引時に改めて抵当権を設定しなければならない。この煩雑さを回避するために、根抵当権を設定することがある。

⑩物上保証

通常、抵当権は債務者の所有物に対して設定され、債務者が抵当権設定者となる。しかし債務者以外の者が抵当権設定者となって債務を担保する場合もある。こうした抵当権設定を物上保証といい、このときの抵当権設定者を物上保証人という。物上保証の場合の抵当権設定者は、債務を負わないが、自己の不動産の上に他人の債務のための責任だけを負担する契約となる。

9-3 ◆ 詐害行為取消権の問題

詐害行為取消権とは、債権者が債務者の法律行為を一定の要件の下に取消してしまうことができる権利で、民法424条以下において規定されている。

この項で改めて「詐害行為取消権」を取り上げる目的は、事業再生のプロセスにおいて債務者が家族や事業協力者への個別な情によって"止むに止まれず"とってしまうことのある「詐害行為」への警鐘だ。情にほだされてとった多くの方の同情に値する行為であっても、一たび詐害行為と認定されると、裁判所を通じてその行為は取り消される。もしその詐害行為によって、損害が認められると損害賠償も付加されることもあるので留意したい。
（本項は、みらい総合法律事務所の谷原誠弁護士の指導、監修を受けています）

●詐害行為取消権の条文（わずか3条）

【民法】
第424条
債権者は、債務者が債権者を害することを知ってした法律行為の取消しを裁判所に請求することができる。ただし、その行為によって利益を受けた者又は転得者がその行為又は転得の時において債権者を害すべき事実を知らなかったときは、この限りでない。
2　前項の規定は、財産権を目的としない法律行為については、適用しない。

第425条
前条の規定による取消しは、すべての債権者の利益のためにその効力を生ずる。

第426条
第424条の規定による取消権は、債権者が取消しの原因を知った時から二年間行使しないときは、時効によって消滅する。行為の時から二十年を経過したときも、同様とする。

※「債権者を害する」とは－債権者の弁済にあてるべき債務者の総財産を減少させる行為をすることによって、債権者が全額弁済を受けられなくすること。

　本項では、「詐害行為」に係ると思われる債務者の行為のケースを通じて、債務者が採った行為が詐害行為取消権の対象となるのか否かを研究してみたい。

①「債権者を害する行為」か

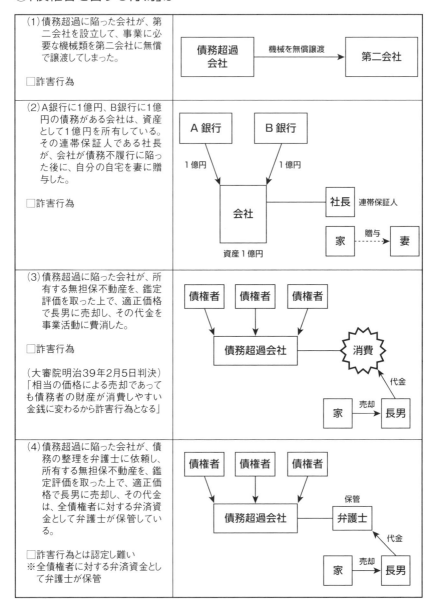

(5) 債務超過に陥った会社が、オーバーローン不動産を売却し、その売却代金を担保権者である銀行に支払った。

☐詐害行為とは認定し難い

(大審院大正13年4月25日判決)
「債務者がある債権者に対する債務を弁済するため相当の価格で不動産を売却したときは、特に他の債権者を害する意思がない限り、これをもって詐害行為ということはできない」

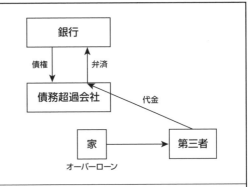

(6) 債務超過に陥った会社が、強硬な取引債権者から自宅に押しかけられたり、執拗に取り立てを受けた結果、その一債権者にのみ弁済をした。

☐詐害行為とは認定し難い

(最高裁昭和33年9月26日判決)
「債務超過の状態にある債務者が一債権者に対してなした弁済は、それが債権者から強く要求せられた結果、当然弁済すべき債務をやむなく弁済したものであるだけでは、これを詐害行為と解することはできない」

(最高裁昭和52年7月12日判決)(要旨)倒産会社の支店長が、暴行を受けるなど債権者から強く要求された結果やむなく弁済したと認められる判示の事情のもとにおいては、弁済が債務者において債権者と通謀し他の債権者を害する意思でされた詐害行為にあたるとはいえない。

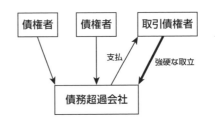

ただし、以下のケースは詐害行為と認定された。

(最高裁平成元年4月13日判決)(要旨)株式会社甲は取引先の倒産等により経営状態が悪化し、商品の仕入先である乙株式会社から資金援助を受け、同時に乙は、その従業員を甲に派遣して債権管理をし、甲に対し債権を有する者が多数存することおよび甲には後記在庫商品と売掛代金債権のほかにみるべき資産がないことを知りながら、甲をして甲の乙に対する債務の弁済に代えて、在庫商品を仕入価格で乙に譲渡させ、かつ201口の売掛代金債権を乙に譲渡させ、預かっていた代表者印を使用して債権譲渡通知をする等、判示の事情のあるときは、右債権譲渡は、甲・乙が通謀してした詐害行為に当たる。

(7) 債務超過に陥った会社が、今までよくしてくれた取引債権者にだけは全額弁済したいと考え、在庫商品の全てを当該取引債権者に売却して、その売却代金と債権と相殺した結果、その会社は倒産し、他の債権者は支払を受けられなかった。 □詐害行為取消しの対象とならない (最高裁昭和33年9月26日判決)「債権者が、弁済期の到来した債務の弁済を求めることは、債権者の当然の権利行使であって、他に債権者あるの故でその権利行使を阻害されるいわれはない。また債務者も債務の本旨に従い履行を為すべき義務を負うものであるから、他に債権者あるの故で、弁済を拒絶することのできないのも、いうをまたないところである。そして、債権者平等分配の原則は、破産宣告をまって初めて生ずるものであるから、債務超過の状況にあって一債権者に弁済することが他の債権者の共同担保を減少する場合においても、右弁済は、原則として詐害行為とならず、唯、債務者が一債権者と通謀し、他の債権者を害する意思をもって弁済したような場合のみ詐害行為となるにすぎない」	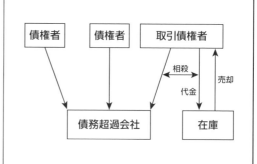 ただし、以下のケースは詐害行為と認定された。 (最高裁昭和39年11月17日判決)「債務超過の債務者が、特にある債権者と通謀して右債権者のみに優先的に債権の満足を得させる意図で自己の有する重要な財産を右債権者に売却して、右売買代金債権と右債権者の債権とを相殺する旨の約定をした場合には、たとえ右売買価格が適正価格であるとしても、右売却行為は詐害行為になる」
(8) 債務超過に陥った会社の連帯保証人である代表者が、離婚をし、離婚に伴う財産分与として、1億円の価値のある自宅を妻に分与するとともに、慰謝料として5,000万円を支払った。これにより、他の債権者は、弁済を受けられなかった。 □過大でない限り、詐害行為として取消しの対象とならない (最高裁昭和58年12月19日判決)「離婚に伴い財産分与をした者が、すでに債務超過の状態にあったとしても、その分与が民法768条3項(財産分与)の趣旨に反して過大でない限り、詐害行為として取消しの対象とはならない」	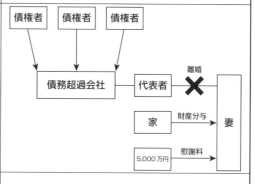 [参考] 慰謝料が詐害行為取消権行使の対象となり得るとされた判例 (最高裁平成12年3月9日)「離婚に伴う慰謝料を支払う旨の合意は詐害行為とならないが、当該配偶者が負担すべき損害賠償債務の額を超えた金額の慰謝料を支払う旨の合意がされたときは、その合意のうち右損害賠償債務の額を超えた部分は慰謝料支払いの名を借りた金銭の贈与ないし対価を欠いた新たな債務負担行為であるから、詐害行為の対象となりうる」

(9) 債務超過に陥った会社が、金融債務のみを残し、取引債務を全て引き継ぐ新設会社分割をし、旧会社は倒産した。 □詐害行為 (最高裁平成24年10月12日)「株式会社を設立する新設分割がされた場合において、新たに設立する株式会社にその債権に係る債務が承継されず、新設分割について異議を述べることもできない新設分割をする株式会社の債権者は、詐害行為取消権を行使して新設分割を取り消すことができる」	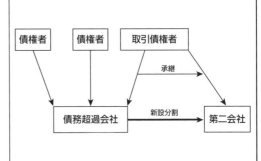
(10) 債務超過状態の個人が、相続にあたり、財産が自分に相続されないように遺産分割協議を行った。 □詐害行為 (最高裁平成11年6月11日)共同相続人の間で成立した遺産分割協議は、詐害行為取消権行使の対象となり得るものと解するのが相当である。	※左記に類似する行為だが被相続人が行う「相続放棄」と相続人による「遺言」の場合は、詐害行為取り消しの対象とならない。 (最判昭和49年9月20日)相続の放棄のような身分行為については、民法424条の詐害行為取消権行使の対象とならない。

②「債権者を害することを知って」した行為か

(11) A銀行に1億円、B銀行に1億円の債務がある会社は、資産として1億円を所有している。その連帯保証人である社長が、会社が通常弁済をしている時に、これまでの妻の貢献に報いるために、自分の自宅を妻に贈与した。その後、急激な円安の影響を受け、2年後に会社は倒産した。 □詐害行為と認定し難い 「債権者を害することを」知らなかった(急激な円安は想像できなかった。と立証しなければならないこともあり得る)	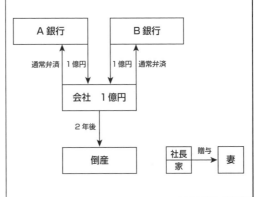

③「利益を受けた者又は転得者がその行為又は転得の時において債権者を害すべき事実を知らなかった」のか この場合の「善意」の立証責任は、受益者・転得者にある。

(12) 債務超過に陥った会社が、所有する無担保不動産を、不動産会社を通じて第三者に時価より少し安い金額で売却した。 □詐害行為取消の対象とならない（不動産会社を通じて時価で購入した第三者は「債権者を害すべき事実を知らなかった」。但し、その価格が異常に低い時などは、原因を疑うべきとの論もある）	債権者・債権者→債務超過会社／不動産—（善意）売却→第三者
(13) 債務超過に陥った会社の連帯保証人である代表者が、その所有する自宅を、会社の事情を一切知らない妻に贈与した。 □詐害行為取消の対象とならない（事情を知らない妻は、善意性がある。但し、妻が事情を知らなかったとの立証を求められることがある）	債権者・債権者→債務超過会社／代表者家—（善意？）贈与→妻
(14) 内縁の夫Sが、Aとの間に生まれた8歳の子Yに住宅を贈与した。SとAは5〜6年同棲後別居し、Sには別の女性ができたため、Aは親元に帰り、Aの父などの尽力で、SがYの養育費として住宅をYの名義にした。 □詐害行為取消の対象とならない（東京高裁昭和31年5月31日判決）（要旨）Yは未成年であるから、詐害行為についての善意悪意は親権者であるAによって検討すべきであるが、Aは別居後Sの資産状態を知らないので、善意というべきである。	N Sの後の妻 — S Aの内縁の夫 ✗ A Yの母／Sの不動産→Y SとAの子8歳

9-4 ◆ 詐害行為否認権の問題

　法的倒産手続(破産、民事再生、会社更生)において、管財人(民事再生手続においては監督委員または管財人)が一定の要件の下で、債務者(破産者、再生債務者、更生会社)またはこれと同視される第三者により手続開始前になされた債務者の財産を減少させる行為(詐害行為)や債権者間の平等を害する弁済・担保提供等の行為(偏ぱ行為)の効力を手続開始後に否定し原状を回復する権利を否認権という。ただし、特別清算手続には否認制度がない。

　否認の基本要件は、詐害行為否認では詐害行為の否認であり、偏ぱ行為否認では既存債務についてされた支払不能または手続開始申立て後の担保提供・債務消滅行為等の否認となる。ただし、具体的な要件は行為類型や時期に即して規定されている。
　事業再生において、財産移転後に、会社を破産させたり民事再生等の手続を取ったりする場合は、管財人等による「否認権」に注意しなければならない。

詐害行為否認の対象と成りうる行為	左記行為の備考や例外等
(1) 破産者が債権者を害することを知って詐害行為を行った場合	但し、相手方が善意の第三者である場合は否認できない。
(2) 破産者が①支払の停止、②破産手続開始の申立、の後にした詐害行為	但し、相手方が当時、①②について善意であれば否認できない。
(3) 債務消滅行為(弁済など)で、債権額より多い弁済をしたときで、かつ上記(1)or(2)に該当する場合	但し、過大部分のみ否認される。
(4) 無償行為(贈与など)及び無償と同視行為(低廉譲渡など)	時期としては、①支払の停止等があった後、②その前6ヶ月以内。
(5) 相当対価による財産の処分は、以下を全て満たす場合のみ否認 ①不動産売却などによる現金化など財産流出の現実的おそれがある場合 ②破産者が行為の当時、受け取った現金を隠匿等の意思を有していたこと ③取引の相手が②の意思を知っていたこと	但し、相手が次の場合は、②の意思を知っていたと推定する。 ・破産者の理事、取締役、監査役など役員 ・過半数株主、過半数を有する子会社の親法人、破産者の親族、同居者
(6) 債務消滅及び担保供与 ①支払不能後の行為で、債権者が支払不能または支払停止を知っていた場合 ②破産手続開始後の行為で、債権者がその事実を知っていた場合 ③破産者が義務もないのに担保供与し、弁済時期でないのに債務消滅させた場合	①の但し、債権者が次の場合は、悪意が推定される。 ・破産者の理事、取締役、監査役など役員 ・過半数株主、過半数を有する子会社の親法人、破産者の親族、同居者 ・義務がないのに、あるいは弁済期でないのにした場合。 ③の但し、支払不能になる前30日以内の行為であり、かつ債権者悪意の場合。
(7) 対抗要件否認	債権譲渡や担保権設定契約をしていても、対抗要件具備を留保していたときは、対抗要件具備自体を否認されることがある。
(8) 執行行為否認	強制執行により取り立てた場合であっても、否認権の要件に該当する時は、否認される。

上記の表内(6)の用語解説

• 支払停止

弁済能力の欠乏のために弁済期が到来した債務を一般的、かつ、継続的に弁済することができない旨を外部に表示する債務者の行為(手形不渡り、弁護士受任)

• 支払不能

弁済能力の欠乏のために弁済期が到来した債務を一般的、かつ、継続的に弁済することができないと判断される客観的状態

索引

数字・英字

5FORCES	355
5分の3以上の債権	769
5%ルール	793
20%までのDESが容認	793
Bad事業	577
Bad事業の処理	777
BCP	339
BEP	341
BPS	397
BSの調査ポイント	632
Corporate Social Responsibility	243
Critical Success Factor	333
CRM	650
cross-section分析	436
CSF	81, 333
CSR	243
DCFM	420
DCF法	417
DES	506
Discounted Cash Flow Model	420
Discount Pay Off	795
DPO	780, 795
Due Diligence	612
ECO	339
EPS	397
FASB	380
FCF	399
GATT	466
GDP	52
GDPデフレーター	57
GNI	52
GNP	52
Good事業	577
Good事業を見つけ出す	777
GP	732
IASC	407
IN-OUT	741
IPO	726
IPOの協力者	729
ITCのデューデリジェンス	649
IT業務処理統制	314
IT全般統制	312
ITに係る内部統制	311
ITへの対応	271
Key Factor for Success	332
KFS	80, 332
LP	732
M&A	669
M&Aのネガティブイメージ	665
MBO	669
MM理論	726
NI	55
NNP	55
OUT-IN	741
PE	552
PEファーム	732
PEファンド	730
PEファンドの資金提供者	731
PLの調査ポイント	629
PPM	349
RCC	568
ROA	399
ROE	397
SCM	651
SFA	650
SOX法	214
SPC活用型	586
STEEPモデル	337, 354
SWOT分析	80, 335, 623
TKC経営指標	400
TOB	677
VEC	550

あ行

アーリーステージ	550, 734
青色申告制度	483
青色申告の特典	485
アカウンタビリティ	387, 392
アセット・ファイナンス	526
アベノミクス	656
アメリカの倒産法	765
新たな資金調達	798
あるべきものがないことの発見	637
安全性分析	442
アンゾフ	347
安定株主の確保	675
安定成長期	567
アントレプレナー	733
アントレプレナー宣言	733
委員会設置会社	199
委員会設置会社の執行役	197
意思決定会計	378
異常な返品や値引き	630
委託者	787
一時的なカネ不足だけで死に逝くのは残念	745
一騎打ちの法則	323
一般原則	382
一般財団法人ベンチャーエンタープライズセンター	550

索引

移転価格税制 …………………………… 736, 737
移転価格の問題 …………………………… 737
イノベーション …………………………… 328
インカムゲイン …………………………… 720
インサイダー取引 ………………………… 246
インターネット銀行 ……………………… 531
インタレストカバレッジレシオ ………… 444
売上計上業務 ……………………………… 279
売上債権を専門業者に売却 ……………… 526
売上の認識(計上)基準 …………………… 629
売上報償金等の制度 ……………………… 630
売掛金の回収サイクル …………………… 637
営業外損益 ………………………………… 631
営業利益を出せる計画 …………………… 766
エイジェンシー理論 ……………………… 386
営利組織 …………………………………… 377
エージェンシー理論 …………………… 98, 195
エクイティ・ファイナンス ……… 525, 547, 724
延滞税 …………………………………… 485, 495
延命 ………………………………………… 562
近江商人 …………………………………… 325
オーナーが慣れ親しんだ自宅を残す …… 749
オーナーに仕事を残す …………………… 749
オーナーには保障債務履行の問題 ……… 749
オーナーの責任問題 ……………………… 748
お互いの調査プロセスにフィードバック … 625
穏やかな廃業 ……………………………… 787
お手盛りの防止 …………………………… 180
オフバランス化 …………………………… 584
オペレーション層 ………………………… 606
オペレーティング・リース ……………… 541
思わぬ出費や刑罰 ………………………… 736
親会社 ……………………………………… 675

か行

海外事業からの撤退 ……………………… 741
海外の親子間企業の取引 ………………… 738
開業資金の調達 …………………………… 542
開業率10%を目指す ……………………… 735
会計監査 …………………………………… 612
会計監査人 ………………………………… 153
会計参与 ………………………………… 186, 384
会計制度 …………………………………… 389
会計責任 …………………………………… 392
会計責任履行機能 ………………………… 379
会計帳簿 …………………………………… 113
会計における資本 ………………………… 717
会計年度独立の原則 ……………………… 431
会計ビッグバン …………………………… 402
解雇 ………………………………………… 297

外国為替市場 ……………………………… 49
外国税額控除制度 ………………………… 736
外国法人 …………………………………… 94
解散会社 …………………………………… 689
会社更生法と税務 ………………………… 507
会社更生法の活用 ………………………… 769
会社支配権の固定化 …………………… 675, 676
会社の解散 ………………………………… 167
会社の最高決議機関 ……………………… 176
会社の再生 ………………………………… 761
会社の清算 ………………………………… 169
会社の清算価値 …………………………… 175
会社の設立 ………………………………… 114
会社の倒産 ………………………………… 166
会社は誰のものか ………………………… 96
会社分割 ……………………………… 668, 693, 774
会社分割後の貸借対照表 ………………… 701
会社分割制度 ……………………………… 693
会社分割手続きの特徴(メリット) ……… 784
会社分割による事業承継 ………………… 673
会社分割法 ………………………………… 663
会社法 ……………………………………… 102
会社法会計 ………………………………… 389
会社法上の会社 …………………………… 689
会社法による開示制度 …………………… 394
回収業務 …………………………………… 281
改正貸金業法 ……………………………… 516
改正金融商品取引法 ……………………… 559
改正産活法 ………………………………… 776
外部環境分析 ……………………………… 364
外部環境リスク …………………………… 228
外部者による犯罪リスク ………………… 230
価格改定が事後的 ………………………… 629
拡大路線 …………………………………… 656
確定決算主義 …………………………… 392, 476
確定申告 …………………………………… 480
確定申告書の提出期限 …………………… 480
家計部門 ………………………………… 39, 515
貸し渋り ………………………………… 565, 582
貸倒損失 …………………………………… 499
貸し出しの総量規制 ……………………… 518
貸し剥がし ……………………………… 565, 582
過剰債務 …………………………………… 745
過剰債務企業の財務再構築 ……………… 583
課税は繰延べされる ……………………… 714
仮装経理の問題 …………………………… 767
仮想的に経験 ……………………………… 352
ガット ……………………………………… 466
合併 ………………………………………… 688
合併と事業譲渡の相違点 ………………… 690
合併と事業譲渡の類似点 ………………… 689

合併の手続	690	株主の期待を実現する	719
金のなる木	350	株主の義務	172
カネボウの粉飾決算	404	株主の共益権	133
可能性を追究	364	株主の自益権	133
ガバナンス	258	株主平等の原則	134, 172
ガバナンス層	605	株主名簿	120
過払金返還請求	516	株主名簿の閲覧	121
株価	658	株主有限責任の原則	132
株価重視の経営	395, 396	株主リスク	236
株価の算定方法	676	貨幣経済	49
株価評価	422	借入金の限度額	582
株券	122	借入限度額	520
株券の発行	122	為替リスク	233
株券不所持制度	125	簡易合併	692
株式移転	706, 712	簡易再生	769
株式会社	96	簡易組織再編	664
株式会社の監査役	612	簡易組織再編行為	680
株式会社の計算書類	155	簡易な事業譲渡	687
株式買取請求権	687, 782	簡易分割	695
株式公開買付	677	環境関連リスク	643
株式交換	705	環境負荷の高い物質	644
株式交換制度	663, 705	監査委員会	200
株式質	130	管財人	825
株式上場	726	監査役会	153
株式上場による経営上のメリット	727	監査役の機能の強化	152
株式上場の経営上のリスク	728	監査役の権限	151
株式上場を目指す動機	727	監査役の役割	150
株式譲渡自由の原則	122, 124	勘定合って銭足らず	602
株式譲渡制限会社	103	勘定科目付属明細	637
株式相互保有	675	関税および貿易に関する一般協定	466
株式相互保有の規制	676	間接金融	390, 523, 524
株式の売却可能性	635	完全親会社を設立	712
株式の発行	122	完全支配関係	490
株式の併合	129	官報に公告	783
株式分割	128, 723	管理会計	378
株式併合	723	キーパーソンの離脱	230
株式無償割当て	724	機関設計	99
株式持合	666	機関投資家	425, 731
株主価値	658	起業家	733
株主権利	171	企業改革法	214
株主資本コスト	719	企業会計	377
株主重視という世相	708	企業会計基準	381, 383
株主主権型	97	企業会計原則	381
株主総会	136	企業価値	657
株主総会の議決権	674	企業価値算定	418
株主総会の決議	136	企業価値の向上	209, 333, 658
株主総会の定足数	683	企業金融	525
株主代表訴訟	136	企業経営の平時	453
株主と債権者の利害	391	企業構想(ビジョン)	64
株主と取締役の情報格差	195	企業行動規範	213
株主の議決権	134	企業組織再編税制	664

索引

企業の社会的責任	244
企業の存在価値(意義)	72
企業の中核能力	72
企業の不祥事	193, 644
企業の法令違反や不祥事	641
企業部門	41
議決権株式	174
議決権株式割合	674
期限の利益の喪失	565, 642
擬似エクイティ	790
季節的変動が激しい事業	630
偽装表示	208
寄附金	503
規模のシナジー	669
機密情報の漏えい	246
キャッシュフロー経営	415
キャッシュフロー計算書	413, 444
キャッシュリッチ	731
キャピタルゲイン	720
窮境な経営状況	576
窮境な状況に陥った企業	754
窮境に陥った企業の出口	746
吸収合併	689
吸収分割	695, 774
休眠会社	169
共益権	171
競業避止義務	182
競業避止条項	641
競合他社分析	624
競合優位の戦略	82
業績管理会計	378
競争優位	346
共同代表	198
業務執行取締役	149
業務プロセス	273, 276
許可と認可	433
許認可	432
許認可事業がある場合	766
緊急保証制度	572
銀行法	427
銀行法の例外処置	793
金庫株	125
金庫株解禁	125
金商法会計	389
金融	512
金融安定化特別保証制度	571
金融緩和	38
金融機関以外からの借入金	634
金融機関と交渉	584, 592
金融機関の経営悪化	567
金融機関の破たんを抑止	568
金融機関のみと協議	807
金融機関のモラルハザード	571
金融機関の融資姿勢	591
金融機関への対応	751
金融機能強化法	570
金融経済	28, 50, 511
金融検査マニュアル	588
金融再生プログラム	570, 797
金融支援のスキーム	793
金融市場	48
金融システムの安定を図る	568
金融証券取引法	390
金融商品会計	635
金融商品取引法	214
金融商品取引法による開示	394
金融政策の動向	592
金融政策論	26
金融仲介機能	527
金融取引	511
金融の役割	510
金融派生商品	409
金利減免	506
金利スワップ	412
金利変動リスク	233
偶発債務	636, 642
クラウド化	339
クラウドファンディング	555
グリーンシート市場	549
クリティカル・シンキング	79
クリティカルな経営計画	454
グループ経営のメリット	671
グループ法人税制	490, 664
苦し紛れの延命措置	801
グレーゾーン金利	516
グローバルスタンダード	407, 656
クロスセクション分析	436
クロスボーダーM&A	665
経営革新等支援機関	575
経営機能	62
経営計画	330, 360
経営権	62
経営財	62
経営参加権	174
経営者と株主の利害	391
経営者のコンプライアンス対応	622
経営者の自覚によってスタート	755
経営者の生活の防衛	761
経営者の連帯責任という無限責任の追及	761
経営上の有事	599
経営陣の余程の覚悟	770
経営戦略	320, 331

索引

経営戦略の策定	331
経営体系	71
経営体系図	63, 320
経営体重視経営	396
経営タイプ	90
経営の三要素	62
経営の状況判断マトリクス	756
経営のスピードアップ	669
経営の全体像	363
経営のパートナー	730
経営のプロに指南を仰ぐ	729
経営破たんの致命的な原因	582
経営モデルが長期的に低迷	787
経営理念	72, 456
経営力	62
計画経済	44
経済学における資本	716
経済市場	48
経済指標	51
経済主体	38, 376, 512
経済成長率	55
経済体制	44
経済的な合理性	803
経済的な利益の供与	503
経済のグローバル化	735
経済の新天地を求めて	735
経済のボーダレス化	666
経産省も推奨した第二会社方式	776
経常収支	600
継続価値	389
継続企業の前提	562
競売代金	817
契約解除権	642
経理プロセス	304
ケイレツ	660
桁外れの投資パフォーマンス	730
決済機能	527
決算公告	156
決算作業	309
月次決算	459
月次決算書の七つの法則	462
月次試算表	308
月次の締切処理	307
欠損金の繰戻しによる還付	486
月例経営会議	460
限界利益分析	341
厳格かつ強力な企業再建手段	771
原価計算	285
減価償却	299
現金払込型	795
検査役	117
減資差益	158
原始定款	114
原状回復策	78
現状の把握	759
源泉税や社会保険料の未納	750
減損会計	301, 388
減損処理	635
現物出資	116
現物出資型	795
コア・コンピタンス	346
コア事業集中スキーム	773
コア事業に特化	664
コア人材	649
公共サービス	464
公正中立な第三者機関	808
公正で妥当な合弁契約	739
公正な価格での買取請求	687
公正なる会計慣行	593
構想力を磨く	74
合同会社	104
高度成長期	567
合弁会社	679
公募	546
ゴーイングコンサーン	562
コーポレート・ガバナンス	192, 198, 605, 661
コーポレート・ファイナンス	525
子会社の株式上場	728
顧客群への配慮	750
顧客づくり	327
顧客の創造	327
顧客別の債権額推移表	632
国際会計基準	407
国際会計基準委員会	407
国際関係リスク	232
国内産業の保護	466
国内総生産	52
国民純生産	55
国民所得	55
国民総所得	52
国民総生産	52
個人事業者も利用できる	762
個人保証の見直し	812
コスト意識	603
コストリーダーシップ	82, 335
護送船団方式	523, 665
コトラー	345
雇用調整助成金	750
混合経済	45
墾田永年私財法	468
コンプラ	208
コンプライアンス	208, 644

索引

コンプラ違反	208
根本規則	682

さ行

サービサー	795
サービサーに譲渡	796
サービサー法	569, 797
サービスの継続に支障が出ない	751
再建会社と破綻会社の2つを作る	777
再建型の倒産法制	762
債権管理業務	282
再建経営者	599
再建計画の条件（目標）	804
再建コンサルタント	757
債権者が1人でも反対する	808
債権者会議	805
債権者破産	780
債権者保護手続きには充分留意	775
債権者保護の手続き	774
債権者を害する行為	820
債権者を害することを知ってした行為	819, 823
債権者を害するストラクチャ	586
再建に支障が生じる	803
債権売却	505
債権放棄額	505
在庫管理プロセス	289
在庫評価	291
財産価格填補責任	119
財産引受	116
財産保全責任	387
財市場	48
再取得価格	634
再生を支援する機関	756
再発防止策	78
裁判外紛争解決手続き	807
財務会計	305, 377
財務会計基準審議会	380
財務再構築	579
財務再構築の基本体系	580
債権者区分	446, 589
債権者区分を引き上げる	790
財務収支	600
財務上の特約	426
財務制限条項	633
債務超過	175
債務超過状態の放置	582
財務デューデリジェンス	625
債務の株式化	792
財務の再構築	346
債務保証	639

債務保証者	633
債務免除益が発生	767
債務履行の代替物	815
財務リストラ	346
債務リストラ以降の経営	604
債務を引き受ける旨の公告	786
詐害行為	784, 825
詐害行為取消権	818
詐害信託	788
サプライチェーン	624
サプライチェーン寸断	229, 235
差別化	82, 335
サラ金	518
サラリーマン重役	194
残額の免除を受ける	796
産業活力再生法	806
産業基盤整備基金	536
三面等価	55
残余財産分配請求権	175
シードステージ	734
仕入先、販売先の協力が得られる	766
自益権	171
ジェネラルパートナー	732
時価	388
時価会計	387, 408
時価主義会計	413
時価相当額で第2会社（新設SPC）に売却	796
時価評価額を超える債権	766
時間を買う	662
事業価値	659
事業機能の売買契約	690
事業計画を伴わないリスケ交渉	800
事業継続	360
事業構想	70, 320, 457
事業再生	562, 579
事業再生ADR	577, 806
事業再生アドバイザー	757
事業再生コンサルタント	757
事業再生士	757
事業再生実務家協会	807
事業譲渡	668, 685
事業譲渡に反対の株主	687
事業信託も可能	788
事業性の評価	614
事業的な意思決定を支援	620
事業デューデリジェンス	615, 622
事業と雇用の継続	778
事業年度	478
事業の概念	685
事業の再生	761
事業の暫時的移転	787

事業の組織構造改革	660	私的手続き	577
事業の廃棄	748	自動調節機能	465
事業の発想	66	シナジー効果	707
事業の方向性を検証	363	シナリオプランニング	352
事業のライフサイクル	562	シニアマネジメントへのインタビュー	622
事業廃棄の経済合理性	748	死に体事業	777
事業売却による資金の入手	672	支配的株主	660
事業利益	438	支払業務	288
事業を追われ、住まいも追われる	749	支払停止	826
事業を継続しながら企業の再生	806	支払不能	826
資金繰り悪化が表面化した時に自覚	755	私募	546
資金繰り表の構造	600	私募債	552
資金計画表	601	資本が企業グループを統括する	707
資金計画表の構造	602	資本金	156
資金需要	523	資本コスト	718
資金循環統計	512	資本充実の原則	717
資金調達ナビ	538	資本主義	44
資金調達リスク	249	資本主義市場経済	45
資金融通条件	510	資本準備金	159, 718
事後開示	783	資本剰余金	718
自己株式	125	資本的支出	301
自己株式の取得制限	125	資本と経営の分離	195, 380, 385
自己査定	590	資本とみなす	789
自己資本比率	443	資本の空洞化	675, 676
自己資本利益率	397	資本の減少	157
事後設立	116	資本の三原則	157
自己取引回避義務	182	資本の支配	707
自己破産	780	資本の充実	716
資産価値の下落	661	資本不変の原則	717
資産金融	526	資本を充実させる手段	716
自社の強み	69, 73	指名委員会	200
自主的納税制度	483	シャウプ勧告	469
市場価格原理	46	社外監査役	153
市場機構	46	社会主義	44
市場経済	44, 46	社会主義計画経済	45
市場浸透戦略	347	社会の使命	66, 72
自然災害・大規模事故リスク	228	社会の責任	329
死蔵	633	社外取締役	202
自宅担保の覚悟を決める	667	社会の潮流	67, 73
質権	816	社会保険	294
執行役員	179	社債	162
執行役員制度	197, 198	社債権者	426
執行役の職務	201	ジャスダック	548
実質GDP	54	社内規則	211
実質金利	520	社内のリソース	359
実績のある会社をM&A（買収）する	709	ジャパン・アズ・ナンバーワン	656
実地棚卸	290, 300, 632	収益性分析	437, 624
実物経済	28, 49	従業員	110
私的再建手続きの一つ	806	従業員の採用	292
私的整理ガイドライン	577	従業員の退職	296
私的整理に関するガイドライン	802	就業規則	293

索引

修繕	301
集団投資スキーム	798
集団内取引の維持強化	675
集中	83, 335
集中効果の法則	323
重要成功要因	81
重要な会計方針	436
授権株式数	115
受託者	787
主たる債務者と全く同じだけの弁済責務	813
受注残や契約残	630
出資法	517
取得価額の計算	299
種類株	677
種類株式	186
種類株式の実務例	188
循環取引	241
純粋持株会社が解禁	707
準則主義	119
ジョイントベンチャー	679
小規模な組織再編行為	680
商業資本時代	47
商業帳簿	113
商業登記	111
承継者の能力不足対策	673
証券会社の主な業務	553
上限金利	516
商号	111
商工中金	530
商号の続用	686, 786
商工ローン	534
少数株主権	135, 171
譲渡制限会社	115
使用人兼取締役	196
少人数私募債	552
消費者金融	517, 534
消費者物価指数	58
商法	108
情報提供機能	379
情報と伝達	218, 267
職場環境が一変する	648
職務権限	266
職務分掌	266
所在不明株主	131
所得税額等の還付	486
書面投票制度	139
知れたる債権者	783
新株引受権付社債	163
新株予約権無償割当	164
新規公開	726
信金中央金庫	532

人権侵害	244
人件費	649
人件費のバラツキ	649
人口増加に急ブレーキ	563
申告納税制度	469, 474
人材と組織のデューデリジェンス	647
紳士協定	803
新市場開拓戦略	348
人事評価	295
人事評価制度	295
新ジャスダック	548
新製品開発戦略	347
新設合併	689
新設分割	695, 774
新設法人への事業譲渡	785
信託関係論	98, 196, 386
信託契約	787
信託行為	787
信託財産	787
信託法の改正	788
人的担保	815
真の事業再生	598
信用格付	446
信用金庫	532
信用組合	532
信用創造	32
信用創造機能	527
信用補完制度	539
信用保証協会	531, 539
信頼関係の構築	597
信頼に足る企業	659
数値化する	366
ステークホルダーの協力見込み	622
ストックオプション制度	164
スポンサー協力型事業再生	585
スポンサーとの協力関係	584
成果配分制度	429
請求書発行業務	280
税効果会計	404
成功要因	80
成功率の高い創業	787
制裁的存続	781
清算価値	388
清算コスト分析	618
政治・行政リスク	231
税制上適格	664
製造物責任法	238
製造プロセス	285
成長戦略	347
制度会計	377
税引後当期純利益	438

索引

製品／市場マトリクス	347
製品保証	638
製品保証引当金	638
政府系金融機関	527
政府通貨	36
政府部門	43
税務会計	389
税務署から差押	497
整理回収機構	568
セーフティネット保証制度	573
責任者等との面談をアレンジ	618
責任者へのインタビュー	618
セクシャル・ハラスメント	244
セクショナリズム	259
セグメンテーション	344
是正勧告	643
絶対的記載事項	118, 682
設備投資計画	299
説明報告責任	387
設立登記	119
ゼロ金利政策	27
善管注意義務	181
前期損益修正が多額	631
全債権者が同意	769
全社的な内部統制	221
戦術	330
選択と集中	662, 669
総会議事録	139
相互保有株式	134
総資産利益率	399
相対的記載事項	118, 682
相談事から始まる	757
組織再編	660
組織再編行為	681
組織再編税制	491, 664
組織再編の特別決議	165
訴訟リスク	253
租税債務等の滞納	766
租税法律主義	471, 473
租庸調の制度	467
損益計算書原則	382
損益分岐点計算式	604
損益分岐点分析	83, 341
損害賠償も付加	819
損害賠償リスク	641
存続会社	689

た行

ターゲティング	344
ターンアラウンド	744
ターンアラウンドの語源	744
ターンアラウンドの必要性	752
ターンアラウンド・マネジメント	562, 579, 752
ターンアラウンド・マネジャー	599, 609
代位弁済	817
第三者に売却する	775
貸借対照表	113
貸借対照表原則	382
貸借対照表に表れない投資	638
貸借対照表の十の視点	462
退職金制度	297
第二会社方式による事業再生をモデル	778
第二地方銀行	531
滞納処分の執行停止	498
代表権	197
代表執行役	202
代表的なスキーム	754
代表取締役	149
代用自己株式	126
多角化戦略	348
竹中プラン	570
多重債務者	517
タックスヘイブン対策税	736
タックスヘイブン対策税制	736
タックスマネジメント	495
妥当性のある利回り	719
他の会社を完全子会社化	705
多様性のある資本設計	677
単元株制度	127
単元未満株式	127
団体法上の特別な契約	690
単独株主権	171
担保	815
担保主義	614
担保主義金融	565
担保の換価	799
担保のない一般債権者	817
担保物をもって債権の回収	816
地価の下落	564
智情意（ち・じょう・い）	74, 89
地租改正	469
知的財産権	238, 642
地方銀行	531
チャレンジャー	345
中央銀行	34
中間申告	482
中期経営計画	360
中国側に有利な判断	740
中国進出	739
中国はWTO加盟	739
忠実義務	181

索引

中小企業基盤整備機構 …………… 536
中小企業金融円滑化法 …………… 573
中小企業経営革新支援法 ………… 572
中小企業経営力強化支援法 … 572, 574
中小企業再生支援協議会 ………… 808
中小企業実態基本調査 …………… 400
中小企業の会計に関する指針 … 384, 594
中小企業の事業再生支援の強化 … 776
中長期経営計画書 ………………… 84
中長期計画 ………………………… 457
長期滞留債権 ……………………… 632
調査結果の利用目的を把握 ……… 617
調査範囲の拡大 …………………… 619
調達サイド ………………………… 720
超担保主義 ………………………… 614
直接金融 ……………… 390, 524, 546
賃金の上昇 ………………………… 739
陳腐化やデットストック ………… 633
通知義務 …………………………… 642
通謀虚偽表示 ……………………… 814
低価法 ……………………………… 633
定款 ………………………… 114, 117
定款自治の拡大 …………………… 185
ディスカウント・キャッシュ・フロー … 417
ディスカウント・ペイオフ ……… 780
定足数 ……………………………… 675
抵当権 ……………………………… 816
抵当権設定者 ……………………… 816
抵当権の実行 ……………………… 816
抵当不動産の果実 ………………… 817
適格組織再編 ………………… 493, 714
適格要件 …………………………… 493
適材適所に配置 …………………… 618
出口戦略 …………………………… 746
撤退条件を合弁契約書に記載 …… 740
撤退に係る費用 …………………… 741
徹底的に秘匿 ……………………… 751
デット・エクイティ・スワップ … 506, 792
デット・デット・スワップ ……… 789
デット・ファイナンス …… 525, 724, 725
デューデリジェンス ……………… 612
デューデリジェンスの結果 ……… 620
デューデリジェンスのコスト …… 617
デューデリジェンスを成功させる要因 … 621
デリバティブ ……………………… 409
デリバティブ取引 …………… 236, 250
転換社債 …………………………… 162
電磁的方法での議決権行使 ……… 138
転落回避 …………………………… 756
同意再生 …………………………… 769
当該債務者が買い戻す …………… 795

統括責任者 ………………………… 808
登記情報システム ………………… 112
東京プロマーケット ……………… 549
当座比率 …………………………… 443
倒産隔離 …………………………… 788
投資育成株式会社 ………………… 535
投資サイド ………………………… 720
投資者 ……………………………… 390
投資ファンド ……………………… 551
東証マザーズ ……………………… 548
統制活動 ……………………… 218, 265
統制環境 ……………………… 218, 221
道府県民税 ………………………… 472
独占禁止法 ………………………… 793
独占禁止法の届出 …………… 688, 703
特定従業員を排除 ………………… 704
特定調停手続を併用 ……………… 805
特定調停の活用 …………………… 771
特別決議で可決 …………………… 682
特別支配会社 ……………………… 681
特別清算 …………………………… 170
特別損益 …………………………… 631
特許権侵害 ………………………… 643
特許と免許 ………………………… 433
トップのリーダーシップ ………… 607
富の再分配 ………………………… 465
トライアングル体制の会計制度 … 406
ドラッカー ……………………… 320, 327
取締役会の決議 …………………… 148
取締役会の権限 …………………… 146
取締役の解任 ……………………… 143
取締役の肩書 ……………………… 179
取締役の選任 ……………………… 140
取締役の退任 ……………………… 142
取締役の報酬 ……………………… 143
取引先群への対応 ………………… 751

な行

内国法人 …………………………… 94
内部環境分析 ……………………… 365
内部環境リスク …………………… 257
内部監査人 ………………………… 271
内部通報制度 ……………………… 269
内部統制 …………………………… 209
内部統制基準 ……………………… 217
内部統制（制度） ………………… 198
内部統制報告制度 ………………… 214
二次破たん ………………………… 599
日銀券 ……………………………… 35
ニッチャー ………………………… 346

索引

日本銀行	34
日本企業の海外進出	735
日本企業の再建率の低さ	765
日本再興計画	735
日本再興戦略	812
日本政策金融公庫	530
日本で課税する制度	737
日本の不動産(＝土地)信仰	645
日本版LLC	104
日本版LLP	104
入庫業務	284
ニューマネー	798
任意準備金	159
任意団体	94
任意的記載事項	683
根抵当	818
年貢制度	468
念書等の保証類似行為	639
年度計画	459
納期の弾力性	617
納税義務者となる法人	476
納税者権利憲章	474
納税地	479
納税猶予制度	497
農林中央金庫	533
残すべき事業を選択	747
ノンコア事業の第三者への売却	664
ノンコア事業の出口	747
ノンコア事業をM&Aで売却	748
ノンバンク	534
ノンリコース・ローン	799, 813

は行

廃棄事業に係る債務圧縮	748
売却可能額	634
売却後も賃借人として居住	749
廃業か倒産	777
買収シナジー	622
配当	160
配当の種類	161
ハイリスク・ハイリターン	434, 720
端株制度	129
破産財団	781
破産の清算配当と比較して	767
パススルー課税	104
破たん回避行為	562
破たん状態	576
発行済み株式	174
発行済み株式数を減らす	723
発行済みの株式数を増やす	723
発生主義で作成	601
発注業務	283
抜本的で実現可能	791
花形製品	350
バブル景気	567
バブル崩壊	567
バランスシートを抜本的に改善	771
反社会的勢力	254
ハンズオン投資	733
販売プロセス	277
非営利組織	377
引当金	636
悲惨な結末	765
ビジネスモデル・キャンバス	85, 371
ビジネスモデルを正しく理解	622
ビジョンに基づく事業の成長	729
筆頭株主	660, 675
筆頭株主(グループ)	174
一株あたり純資産	397
一株当たり利益	397
ビルトイン・スタビライザー	465
ファイナンス	724
ファイナンス・リース	541, 634
ファイブフォース	355
ファイブフォース分析	333
ファクタリング	526, 541
ファンダメンタルズ	434
ファンド	798
風評リスク	236
フォロワー	346
賦課課税制度	475
不確実性に対応	352
複数代表制	198
複数の後継者対策	673
含み資産	388
不採算事業の撤退	618
不採算部門の切り離し	668
負債資本コスト	719
負債増の方が企業価値が高まる	725
不実の告知	814
不正アクセス	247
物上代位	817
物上保証	818
物的担保	815
不動産デューデリジェンス	645
不動産の証券化	526
不動産の暴落による担保不足	567
プライバシーの侵害	247
プライベート・エクイティ・ファンド	551, 730
プラザ合意	567
ブランディング	350

索引

ブランド	350
フリーキャッシュフロー	399
不良債権処理	661
プロジェクトのメンバー構成	617
プロジェクトマネージャー	808
プロダクト・ポートフォリオ・マネジメント	349
プロパー融資	544
分割無効の訴え	783
粉飾決算	251
分納	497
閉鎖会社	115
ヘッジ会計	410
返済可能額	520
ベンチャー企業	733
ベンチャーキャピタル	550, 733
ベンチャーキャピタルの役割	734
偏ぱ行為	825
法学における資本	717
報酬委員会	200
法人格	94, 109, 191
法人税等の還付	486
法人のライフサイクル	667
法治よりも人治	739
法定準備金	159
法定納期限	495
法的拘束力がない	803
法的整理	761
法的整理と税務	507
法的手続き	576
法的手続きを無視して進められない	753
法的なリスクの発見や回避	639
法務大臣の認証	807
法律上の会社の社員	110
法令違反リスク	254
法令遵守(順守)	208, 644
簿価	389
ポジショニング	345
募集設立	115
保証協会の保証枠	545
保証協会保証付融資	544
保証債務は免除されない	767
保証付私募債	552
保証人	813
発起設立	115
発起人	114

ま行

マーケット分析	624
マーケティング	81, 342
マーケティングとイノベーション	328
マーケティング・プロセス	343
マーケティング・ミックス	348
マイケル・E・ポーター教授	333
マクロ会計	376
マクロ環境分析	337
マクロ経済学	51, 512
マクロ分析	51
負け犬	350
マネジメント層	606
ミクロ会計	376
ミクロ経済学	51
ミクロ分析	50
未公開企業に投資する醍醐味	730
ミドルステージ	550
みなし解散	169
みなし事業年度	479
みなし配当課税	723
みなし有価証券	788
未払賃金立替払制度	750
民間金融機関	527
民事再生の税務	768
民事再生法	663, 762
民事再生法活用のメリット&デメリット	764
民事再生法と税務	508
民事再生法との比較	770
民事再生法の特徴	764
民事信託	788
民事調停のひとつの法的手続き	771
民法	109
無記名証券	123
無限責任組合員	732
無権代理による契約無効	814
無税償却	569, 797
無体財産権	642
無担保債権	796
無担保の貸出金	789
名義書換	121
名目GDP	54
名誉税	469
メガバンク	531
メガバンクの不良債権処理	797
免責の登記	686
申立ての資金はあるか	765
目的のはっきりしないデューデリジェンス	615
持株会社	662
持ち株比率と議決権	176
持分会社	96
モチベーション	260
モチベーション分析	625
モチベーションや忠誠心	647
モニタリング	218, 269

索引

モラトリアム法 ………………………… 800
モラルハザード ………………………… 749
問題解決力 ……………………………… 77
問題児 …………………………………… 350
問題点の隠蔽 …………………………… 638

や 行

役員報酬と役員賞与 …………………… 180
約定違反 ………………………………… 576
役職者を含む従業員の処遇 …………… 749
ヤミ金 …………………………… 517, 518
やむを得ず継続している事業 ………… 629
辞められては困る人材を明確に ……… 750
有因証券 ………………………………… 122
有価証券届出書 ………………………… 390
有価証券報告書 ………………………… 394
有形固定資産管理プロセス …………… 298
有限会社 ………………………………… 106
有限責任組合員 ………………………… 732
有限責任事業組合 ……………………… 104
融資交渉 ………………………………… 588
融資実行 ………………………………… 428
融資審査に必要な資料 ………………… 593
有事対応 ………………………………… 756
有事対応のケースが多い ……………… 757
有事対応プログラム …………………… 754
融資リスク判断 ………………………… 592
優先債務 ………………………………… 496
優先弁済を受ける ……………………… 817
有利子負債が圧縮 ……………………… 793
容易に企業グループを編成 …………… 708
容易にリスケ交渉が成立 ……………… 800
予期し得る紛争 ………………………… 643
与信格付査定システム ………………… 449
与信管理 ………………………………… 241

ら 行

ライツイシュー ………………………… 164
ランチェスター ………………………… 320
ランチェスター経営（戦略） ………… 323
ランチェスターの法則 ………… 322, 324
リース契約 ……………………………… 303
リース債務 ……………………………… 634
リーダー ………………………………… 345
リーダーシップ ………………………… 87
リーダーシップ・スタイル …………… 91
リーダーシップのスタイル …………… 89
利益供与の禁止 ………………………… 161
利益準備金 ……………………… 159, 718
利益剰余金 ……………………………… 718

利益の役割 ……………………………… 328
利益配当請求権 ………………………… 175
利害関係者重視型 ……………………… 97
利害関係への早急な説明 ……………… 759
リスク …………………………………… 225
リスクとリターンの度合い …………… 424
リスクの洗い出し ……………………… 227
リスクの評価と対応 …………… 218, 225
リスクのマッピング …………………… 227
リスク・マネジメント ………… 261, 304
リスケ …………………………… 573, 800
リスケジュール ………………………… 800
利息制限法 ……………………………… 516
離脱阻止 ………………………………… 649
リベートを支払う ……………………… 630
リミテッドパートナー ………………… 732
略式合併 ………………………………… 692
略式組織再編行為 ……………………… 681
流動比率 ………………………………… 443
領国支配制度 …………………………… 665
リレーションシップバンキング … 588, 614
倫理の欠如 ……………………………… 749
累進課税制度 …………………………… 465
累積投票制度 …………………………… 141
レイターステージ ……………………… 550
劣後ローン ……………………………… 789
レバレッジ効果 ………………………… 799
連結事業年度 …………………………… 488
連結納税制度 …………………………… 488
レンダーや投資家 ……………………… 798
連帯保証制度 …………………… 546, 812
連帯保証制度に依存 …………………… 812
連帯保証と担保の問題 ………………… 812
連帯保証人 ……………………………… 813
連帯保証人を提供 ……………………… 781
連帯保証の問題 ………………………… 812
労働関連法の遵守状況 ………………… 643
労働金庫 ………………………………… 533
労働組合 ………………………………… 242
労働契約承継法 ………………… 695, 704
労働災害 ………………………………… 244
労働者 …………………………………… 110
労働紛争 ………………………… 243, 643

わ 行

ワラント債 ……………………………… 163

経営財務支援協会のご紹介

1. 経営財務支援協会(BFCA)

東京都新宿区新宿1丁目に本部を置く経営財務支援協会(BFCA)は、中小企業の経営に関する研究や支援を幅広く行う全国組織です。

BFCAの活動は、2002年3月に設立された事業再生研究会(JSK)を起源としています。当時、長期化するデフレと構造不況の中で、多くの中小企業経営者は、経営コンサルタントに対して、親身な生き残り戦略のアドバイスを求めました。にもかかわらず、多くの専門家はその声に応えられず、「破産処理一辺倒」の対策に終始していたのです。こうした、中小企業が望む「生き残り」がかなえられない憂慮すべき状況を打開すべく、全国の税理士・会計士及び各分野の専門家を会員として、企業再生コンサルタントの清水洋氏を会長に迎え設立されたのが、事業再生研究会です。設立以降、税理士や公認会計士、弁護士、金融機関出身者等のコンサルタントを中心的な会員として、現在は約240名の会員が全国で活動しています。

- 役員等

杉田利雄	代表取締役会長	TKCにてコンサルティングマネジャー、情報センター長等歴任。'89マーケティングコンサル会社M.M.Plan、'02BFCAを創業。'10〜MJS税経システム研究所客員研究員。書籍・講演多数。
高橋章	代表取締役社長	東京大学卒業後さくら銀行企画部門にてアットローン等の新規事業を立ち上げ。その後サービサー会社の代表を経て金融コンサルタントして独立。BFCAアドバイザーとして経営再建指導。
山本広高	取締役	S52年生。フロリダ・インターナショナル大学にてMBA取得。アクセンチュア㈱ビジネス統合部門にてコンサルティングに従事。その後経営コンサルタントして独立。BFCAアドバイザーとして活躍中。

1-1. 経営財務支援協会(BFCA)と事業戦略研究会(JSK)

JSKは、コンサルタントのための研究会であり、個別の中小企業に対する事業再生の支援活動は、各会員の活動に委ねられてきました。しかし、会員数の増加とともに、「研究活動に留まらず会員のスキルや専門性を活かし、社会に貢献するための実務支援が必要であろう」という視点が生まれてきました。そこで、2012年経営支援部門(BCC経営支援本部)を発足させ事業再生指導や事業承継、M&A、経営革新などの実務支援を開始しました。

現在BFCAは、事業戦略研究会を中心とする研究部門の経営財務研究所(BFL)と、経営支援部門の経営支援本部(BCC)の2つの事業部門で活動しております。

1-2. BFCAの行動指針

BFCAでは、行動指針として「集合智力・利他大心」という言葉を掲げています。

「集合智力」とは、人が集まれば知恵と力が生まれる、という意味です。10年以上にわたる様々な研究活動を通じて得られた知識・ノウハウを、会員同士が持ち寄り、共通の資産としてチームとして活用し活動することで、中小企業の経営支援においてより大きな成果を実現し、社会貢献を果たしたい、という思いが込められています。

「利他大心」とは、他人のために慈しみの心をもって行動する、という意味です。現代社会は、リーダーが表面上の利益追求に走りすぎるあまり、仕事や組織が顧客のため、社会のために機能していないケースが多いように感じられます。BFCAには、単に自分だけが儲かればよいという考えの会員はいません。BFCAの会員は、他人との協調・協業で、より多くの収益を生みだし、それを全員(社会全体)でシェアしていこうという思いで日々活動しています。

2.経営財務研究所(BFL)

経営財務研究所(BFL:Business Financial Laboratory)は、業務領域拡大並びに顧客獲得に係る、商品の開発及び販売促進戦略の構築、流通組織の編成、標準価格の設定、業務契約上の諸規定等について研究する機関です。BFLの活動は、JSK等の研究会を通じて行います。

2-1. 事業戦略研究会(JSK)

JSKは、事業破綻の危機に直面した中小企業経営者や資産家の支援・指導に係る研究会です。約240名の会員が、税理士、公認会計士、弁護士、司法書士、社会保険労務士、不動産鑑定士、中小企業診断士等、

中小企業の経営指導に主体的な役割を果たす士業やコンサルタントの方を中心としています。

　JSKでは、「事業再生アドバイザー養成講座」を実施し、多くの事業再生アドバイザーを輩出。企業再生に取り組み、多くの実績を上げてきました。会員は各地域で月例会を実施し、経営支援に関する知識を深めると同時に、会員同士の交流を通じてネットワークを強化し、受託した案件の解決にチームで取り組んでいます。

　また会員向けの勉強会である「プロフェッショナルセミナー」や経営者向けの「経営者向けセミナー」を開催し、協力者の増強や中小企業経営者への情報提供に努めています。

・役員等

清水洋	JSK会長	経済アナリスト、経済評論家。中央大学卒業後、税理士資格を取得し、独立。現在、中央総合事務所グループ代表。東京商工会議所経営安定化特別相談室、専門員。著書・講演多数。
向山裕純	JSK顧問	税理士、租税訴訟補佐人、認定事業再生士(CTP)、個人版私的整理ガイドライン運営委員会登録専門員。向山会計社代表。SSK　租税総合研究所理事長、LLP　首都圏ビジネス支援センターパートナー
大高友紀	JSK副会長	大高友紀税理士事務所代表。NPO法人関西事業再生支援センター会長。近畿税理士会にて常務理事、副会長等を歴任。現在、税理士法人大高会計代表。経営革新等認定支援機関としても活動中。

3. 経営支援本部(BCC)

　経営支援本部(BCC)は、BFCAの会員の専門性やスキルを社会貢献につなげる橋渡しを担っています。BCCには、高い専門性を持つコンサルタントが集い、その知恵の集結を力として、活力ある社会の実現と、中小企業の成長を支援します。BCCは、特定分野の支援・指導を指向するコンサルタントの協業化を支援し様々な事業チームを組成しています。事業チームはBCCのサポートにより、単独では難しい分野の経営指導を実現させます。現在、BCCの支援・協力の下に活動する代表的な事業チームを紹介します。

3-1. 実務支援チーム・新宿

　実務支援チーム・新宿は、一級のコンサルタントがプロジェクトチームを

作ることにより現状分析から課題抽出、戦略策定、実行計画と執行管理までを一気通貫で支援することができます。サポート分野も経営革新支援の他に組織再編、M&A、事業承継対策、資金調達、遊休資産の整理や再活用、新規創業、第二創業、海外進出など広範にわたります。

　実務支援チーム・新宿のパートナーコンサルタントは、BFCA役員の3名の他、業界や業態（建設業、飲食業、医業、海外進出など）に精通したメンバーを揃えています。

3-2. なでしコンサル

　なでしコンサルは、メンバー全員が女性のコンサルタントチームです。現在、なでしコンサル東海・なでしコンサル東京の2チームがあります。チームコンセプトは、「女性の持つきめ細やかなサポート力を活かして、中小企業経営者の皆様のお役にたちたい」。サポート対象は女性に絞っていませんが女性の気持ちを汲んだ支援を心がけています。

　女性の社会進出の機会は近年飛躍的に増えています。しかしながら、社会のサポートはまだ十分とは言えず、活力のある社会を実現していく為に、女性の持つ高い潜在力、才能をいかんなく発揮することが出来る環境を社会が整えていく必要があります。

　なでしコンサルは、女性が様々な分野でその真価を発揮し活躍していくことが出来るよう、起業方法や経営管理、法務、労務、税務などの幅広いサポートを、女性の視点からご提供いたします。

なでしコンサル・東海	〒460-0844 名古屋市北区清水3-19-8 オフィスグローブビル e-mail:info@nadeshiconsul-tokai.com	弁護士1名。税理士1名。 FP1名。ITコンサル2名。 社労士等合計12名
なでしコンサル・東京	〒162-0022 新宿区新宿1-9-4 中公ビル604 e-mail:mmplan@kaikei-web.co.jp	弁護士1名。税理士2名。 経営コンサルタント等合計5名

4. BFCA協業ネットワーク

　BFCA協業ネットワークは、中小企業の誕生から成長、ビジネスモデル改革、事業再編、事業承継、事業廃業まで事業ステージを支援する専門家のネットワークです。BFCA経営財務支援協会の行動指針である『集合智力・利他大心』の精神のもと、事業理念である『活力ある社会へ』の実現に向けて業務提携しています。以下に代表的なBFCA協業ネットワークの参加企業・団体を紹介します。

NPO首都圏事業支援機構	東京都豊島区池袋 e-mail:contact@saisei-npo.com	理事長:上野良治 事務局長:山口誠
NPO関西事業支援機構	大阪府大阪市北区本町 電話:06-6809-7981	代表理事:小林進 会長:大高友紀
NPO東海事業支援機構	愛知県名古屋市北区清水 電話:052-508-5153	理事長:佐久間信司 事務局長:岸下淳子
NPO東日本事業支援機構	埼玉県さいたま市浦和区東仲町 電話:048-789-6321	理事長:本間勇 事務局長:高巣忠好
NPO西日本事業支援機構	京都府京都市中京区釜座町 電話:075-746-3521	理事長:青木智平 理事:南潤一
一般社団法人 事業サポートセンター九州	福岡県福岡市博多区博多駅東 電話:092-292-5025	理事長:宮﨑博幸 事務局長:本多俊一
NPO湘南経営支援パートナーズ	神奈川県平塚市松風町 電話:0463-21-6733	代表:芦川孝基
㈱日本医療経営研究所	東京都新宿区市谷本村町 e-mail:noguchi@nichiiken.com	代表取締役:野口哲英 取締役:杉田利雄
JSKパートナーズ㈱	東京都新宿区新宿 e-mail:info@jskpartners.com	代表取締役:片寄敬三 取締役:庄子興

※役職員欄は、代表的な方を2名挙げたもので網羅性と順位性はありません。

編著者・著者・監修者・執筆協力

編著者：杉田利雄（すぎた・としお）
BFCA経営財務支援協会代表取締役会長。MJS税経システム研究所客員研究員。大手情報処理会社にて、システムコンサルタント・マネージャー、情報センター長任務後1989年独立。株式会社エム・エム・プランを創業し、企業向けには経営管理指導を得意とする一方、士業・コンサルタント向けにはマーケティング強化を支援している。

著書は『透明会計と決算公告』『ターンアラウンド・マネジメントの基礎と実務—真の事業再生に向けて』など、他多数。近著に『中小企業の事業承継対策〜ピンチをチャンスに変える承継対策の構築〜』(㈱ミロク情報サービス税経システム研究所編）がある。

監修：BFCA経営財務支援協会
中小企業の経営管理面を指導・支援する士業＆コンサルタントの全国ネットワーク。全国に約200人の会員と6つのNPO等提携団体を持っている。

著者：高橋章（たかはし・あきら）
1963年生まれ。東京大学法学部卒業。メガバンク、一部上場ノンバンクの企画部門で、中小企業、個人に対する様々なファイナンススキームを商品化。2008年、サービサー会社を設立し代表取締役に就任、多くの事業再生案件に取り組む。2011年より経営財務支援協会取締役として、全国の再生案件を手がけるほか、士業・コンサルタント等による中小企業支援を進めるためのマーケティング活動にも従事。
著書に、『中小企業の生き残り計画－あるべき「実抜計画書」の作り方』（平成出版、共著）がある。
BFCA経営財務支援協会代表取締役社長。

著者：山本広高（やまもと・ひろたか）
群馬大学工学部大学院卒業後渡米し、フロリダ国際大学にてMBA取得。
外資系コンサルティング会社にてERP導入などITコンサルティングに従事。退職後、経営財務支援協会取締役、株式会社THINCESS代表取締役に就任。大企業から中小零細企業まで規模、業種を問わず、事業計画策定や、サービス開発のプロジェクトに携わっている。
BFCA経営財務支援協会取締役。

著者：井原吉男（いはら・よしお）
井原司法書士・行政書士事務所所長。アグリアス経営コンサルティング合同会社代表社員
司法書士・行政書士・認定事業再生士（CTP）経営士
JSK事業戦略研究会会員
SSK信託指導研究会会員

昭和34年生。立命館大学法学部卒業。
平成17年司法書士事務所開業。平成20年認定事業再生士として認定。
平成22年アグリアス経営コンサルティング合同会社設立。

著者：紙野愛健（かみの・よしたけ）
公認会計士・税理士
中央監査法人入所、新日本有限責任監査法人パートナーを経て、青山アクセス税理士法人代表社員。財務諸表監査の他に多くの財務デューデリジェンスを実施した。また、上場企業の内部統制構築支援に多く携わった経験をもとに、現在では、金融機関や上場企業に対して、財務デューデリジェンスや税務及び財務に関するアドバイザリー業務を幅広く展開している。上場企業の監査役にも就任。
著書に『内部統制の構築・評価Q&A（中央経済社）』（共著）、『経営者と経営管理者のためのIFRSハンドブック（税務研究会）』がある。

執筆協力：内橋慎一（うちはし・しんいち）
内橋慎一税理士事務所代表。税理士。
JP税務戦略研究会会員。NPO法人関西事業支援機構会員。JSK事業戦略研究会会員。
関西学院大学経済学部卒。
東証1部上場企業にてディスクローズ業務に携わった後、税理士事務所勤務を経て、不動産、IT、アパレル等中小企業の財務担当役員として上場準備、企業グループ内組織再編、資金調達などに携わる。

2004年10月、内橋慎一税理士事務所を開業。
法人税、資産税をベースに事業承継対策、組織再編、事業計画作成のサポートなどを手掛けている。

編集担当：西方洋一／カバーデザイン：秋田勘助

●特典がいっぱいのWeb読者アンケートのお知らせ
　C&R研究所ではWeb読者アンケートを実施しています。アンケートにお答えいただいた方の中から、抽選でステキなプレゼントが当たります。詳しくは次のURLのトップページ左下のWeb読者アンケート専用バナーをクリックし、アンケートページをご覧ください。

C&R研究所のホームページ　http://www.c-r.com/
携帯電話からのご応募は、右のQRコードをご利用ください。

事業再生学 〜中小企業の経営管理と危機対応〜

2016年6月1日　初版発行

編著者	杉田利雄
監修者	BFCA経営財務支援協会
著　者	高橋章、山本広高、井原吉男、紙野愛健
発行者	池田武人
発行所	株式会社　シーアンドアール研究所
	本　　社　新潟県新潟市北区西名目所4083-6（〒950-3122）
	東京支社　東京都千代田区飯田橋2-12-10日高ビル3F（〒102-0072）
	電話　03-3288-8481　　FAX　03-3239-7822
印刷所	株式会社　ルナテック

ISBN978-4-86354-202-0 C0034

©Toshio Sugita, BFCA, Akira Takahashi, Hirotaka Yamamoto, Yoshio Ihara, Yoshitake Kamino, 2016

Printed in Japan

本書の一部または全部を著作権法で定める範囲を越えて、株式会社シーアンドアール研究所に無断で複写、複製、転載、データ化、テープ化することを禁じます。

落丁・乱丁が万が一ございました場合には、お取り替えいたします。弊社東京支社までご連絡ください。